이혼법과 실무사례

이혼법과 실무사례

● 손동권 · 이명기 · 손민정 지음

율곡출판사

들어가는 글

통계청 통계에 따르면 우리나라도 이제 이혼을 일상적인 현상으로 보아야 할 나라가 되었다. 공식 통계표에 잡힌 (법률혼) 이혼건수는 2003년 167,000건으로 최고점을 찍었다. 최근 10년간 평균치 이혼건수는 연 118,000건 정도에 달하고 있다. 1970년 1만 건에 불과하였던 이혼건수와 비교하면 지난 10년간 평균치 이혼건수는 반세기 만에 11배 정도 증가한 수치에 해당하고, 지난 10년간 평균치 혼인건수 289,800건과 비교하면 그 40% 이상에 해당하는 수치이다. 또한 공식 통계표에 잡히지 않은 사실혼과 사실혼 해소의 숫자도 상당할 것으로 추정된다.

그런데 (법률혼) 이혼과 사실혼 해소에는 단순히 양자 사이의 부부관계 해소만이 아니라 수많은 복잡한 법률문제가 함께 개입된다. 예컨대, 상대방의 부정행위를 이유로 한 이혼인 경우 위자료 청구의 문제, 부부 공동 형성 재산에 대한 기여도에 따른 재산분할의 문제, 재산분할의 특별제도에 해당하는 연금 분할청구의 문제, 이혼 배우자에게 (부당) 재산분할해 준 채무자에 의한 파산신청의 문제, 미성년 자녀가 있는 경우의 친권자 내지 양육자의 지정과 양육비 청구의 문제, 비양육부모를 위한 면접교섭권 행사의 문제, 외국 또는 외국인과 관련된 이혼인 경우의 관할법원 내지 준거법의 문제, 이혼 외국인의 경우 비자연장의 문제, 이혼으로 인하여 당사자 사이 또는 제3자에의 재산이동이 있는 경우의 세금문제 등이 이혼 그 자체의 문제와 함께 발생하는 것이다. 따라서 이혼 그 자체와 그에 따르는 법률문제는 이혼 실체법인 민법과 절차법인 가사소송법은 물론이고, 5대 공적연금 분할에 관한 해당 특별법, 채무자 회생 및 파산에 관한 법률, 국제사법, 출입국관리법, 각종 세법, 행정소송법 등의 기타 상당히 많은 법률들을 포괄하여 살펴보아야 하는 종합법학의 영역에 해당하는 것이다. 이 점이 바로 이혼전문 변호사를 포함한 필자 3명이 본서의 공저자가 된 이유이기도 하다.

이와 같이 이혼과 이혼에 따르는 법률문제는 상당히 복잡하고 어려운 전문 영역에 속한다. 따라서 이혼 당사자는 유능한 전문 변호사의 도움을 받아야 자신이 원하는 바를 충실히 실현할 수 있을 것이다. 최근 언론에 뜨겁게 회자되고 있는 SK 최 회장 이혼사건에서 보는 바와 같이, 전문 변호사의 변론전략은 위자료 인정액수에 절대적인 영향을 미친다. 이 사건에서 위자료가 제1심 1억 원에서 항소심 20억 원으로 20배 상향되고, 재산분할 인정액수가 제1심 665억 원에서 항소심 1조 3,800억 원대의 천문학적 금액으로 변경된 것 등의 재판결과가 이를 증명하는 것이다.

그리고 이혼은 혼인으로 이루어지는 부부관계의 해소에 해당하기 때문에 필수적으로 법률상 혼인 제도를 전제한다(사실혼도 일정한 법적 보호를 받을 수 있음). 우리나라 혼인제도에서는 (i) 이혼한 사람도 혼인 무효 확인의 소를 제기할 수 있는가의 문제, (ii) 중혼 및 근친혼 금지의 문제, (iii) 아내 사망 후 처제와의 결혼 문제, (iv) 동성동본 사이의 혼인문제, (v) 동성(남성과 남성, 여성과 여성) 간의 혼인문제, (vi) 겹사돈의 문제, (vii) 특히 자녀 있는 성전환수술자에 의한 성별정정의 문제, (viii) 상대방 재산의 취득을 목적으로 한 위장결혼 내지 일방적 혼인신고의 문제, (ix) 배우자 일방의 사망에 의한 상속의 경우 생존 배우자의 (공동) 상속권 및 상속지분, 대습상속, 유류분 청구 등의 문제, (x) 상속세에서 최대 30억 원에 해당하는 배우자 공제제도의 활용문제, (xi) 사실혼 배우자 일방의 사망 시 생존 사실혼 배우자에게 상속권 내지 재산분할청구권이 인정되는가의 문제 (xii) 사실혼에서의 혼인 외 출생자의 문제 등과 같이, 일반 국민들도 궁금하게 여기는 중요한 논점들이 많이 대두되고 있다. 이러한 이유로 본서에서는 이혼에 대한 본격적인 서술 이전에 상기한 우리나라 혼인제도(법률혼 및 사실혼)의 핵심적 논점들에 대해 먼저 서술하였다.

본서의 저술 목적은 상기한 혼인과 이혼에 관한 논제들을 규율하고 있는 관련 실정법과 그 문제를 해결하여야 하는 실무에 관한 안내서 내지 지침서가 일반 국민은 물론 법조 실무가(특히 초기 실무 입문자)에게도 필수적으로 요구된다는 판단 하에 그 요구에 부응하는 것이다. 이를 위해 본서에서는 실무에서 중요시되는 다양한 결혼 및 이혼의 논점들에 대해 수많은 〈설문〉 제시와 그에 대한 답변의 형식으로 설명하고자 노력하였다. 이를 통해 본서의 독자가 그 서술 내용을 최대한 편하게 읽고 쉽게 이해하여 접근할 수 있을 것이라 믿는다.

아무쪼록 본서가 우리나라 혼인 및 이혼 제도에 대해 정확한 정보와 지식을 얻으려는 일반 국민과 수업을 통해 배우려는 학생(특히 실제사례 해결의 문답식 수업을 지향하는 로스쿨 학생)은 물론이고 가사사건을 처리하여야 하는 법조 실무가(특히 초기 입문자)에게 유용한 교과서 내지 지침서가 되기를 기대한다. 끝으로, 본서의 출간을 흔쾌히 수락해 주신 율곡출판사 박기남 사장님과 편집을 위해 정성을 다해 준 편집부 직원 여러분께 진심으로 감사드린다.

2024년 7월

손동권

차 례

들어가는 글 / iv

제1장 서론

[§ 1] 우리나라 이혼의 실태 ___ 3

I. 통계청 이혼통계 / 3
II. 이혼 실태에 대한 분석 / 11

[§ 2] 이혼 실체법과 절차법에로의 입문 ___ 15

제2장 이혼 실체법(민법)에 대한 주석과 관련 사례(판례)

[§ 3] 이혼에 전제되는 혼인제도 ___ 21

I. 민법상 혼인의 성립요소 / 21
II. 법률혼의 무효와 취소 / 34
III. 사실혼의 보호문제 / 41
IV. 법률혼의 효과 / 51
V. 사실혼 부부의 권리와 의무 / 78
VI. 법률혼 해소로서의 이혼의 효과 개관 / 87

[§ 4] 이혼 종류로서의 협의이혼 ___ 98

I. 협의이혼의 실질적 요건 / 98
II. 피성년 후견인의 협의이혼 / 103
III. 유효한 협의이혼 성립의 절차적 요건 / 105
IV. 협의이혼의 절차 / 107

[§ 5] 이혼 후 (친권자 내지) 양육자 지정과 양육비 부담, 자녀와의 면접교섭 ___ 110

I. 이혼 후 양육자 지정과 양육비 부담 / 110

II. 비양육친과 자녀 사이의 면접교섭 / 130

[§ 6] 협의이혼의 취소 ___ 135

I. 가장이혼과의 구별 / 135 II. 이혼무효와의 구별 / 136

III. 적용 절차법 / 137

[§ 7] 이혼에 따르는 재산분할 문제 ___ 139

I. 이혼과 재산분할의 권리 / 139 II. 청구권자 / 147

III. 재산분할의 대상 / 153 IV. 재산분할의 방법 / 164

V. 재산분할에서의 특수문제(민법 제406조에 따른 채권자취소권, 세금 문제) / 170

VI. 재산분할청구권 보전을 위한 (배우자의) 사해행위취소권 / 177

[§ 8] 이혼 종류로서의 재판상 이혼 ___ 182

I. 재판상 이혼의 청구 / 183

II. 민법 제840조의 재판상 이혼사유 / 187

III. 소 제기 제척기간으로서의 재판상 이혼청구권의 소멸시효 / 211

IV. 이혼소송절차에서 당사자 일방의 사망에 따른 특수문제(소송수계 문제) / 214

[§ 9] 재판이혼에서 협의이혼 규정 등의 준용 ___ 218
Ⅰ. 손해배상(위자료)청구에서 약혼해제와 손해배상청구권 규정(제806조)의 준용 / 218
Ⅱ. 양육조항(제837조)의 준용 / 221
Ⅲ. 면접교섭권 규정(제837조의 2)의 준용 / 223
Ⅳ. 재산분할청구권 규정(제839조의 2)의 준용 / 224
Ⅴ. 재산분할청구권(제839조의 2 제3항)과 사해행위취소권(제839조의 3 제2항) 제척기간 규정의 준용 / 232

제3장 이혼 절차법(가사소송법)과 그에 따른 실무상 문제점

[§ 10] 협의이혼에 대한 절차법적 고찰 ___ 240
Ⅰ. 협의이혼 시 절차적 유의사항 / 240
Ⅱ. 국제적 협의이혼의 절차 / 246
Ⅲ. 사실상 (협의)이혼과 사실혼의 해소 방법 / 252
Ⅳ. 협의이혼의 무효와 취소에 관한 (가사)소송 / 255

[§ 11] 재판상 이혼에 대한 절차법적 고찰 ___ 260
Ⅰ. 재판상 이혼에서의 절차법적 기본사항 / 260
Ⅱ. 재판상 이혼 당사자의 준비사항(대응방안) / 277
Ⅲ. 조정전치주의와 조정이혼 / 281
Ⅳ. 재판상 이혼청구 사건의 심리와 재판 / 287
Ⅴ. 국제적 소송이혼 / 296
Ⅵ. 이혼 무효소송과 이혼 취소소송 / 306

[§ 12] 이혼 및 사실혼 해소에 따르는 실무상 법률문제(개괄) ___ 310
I. 이혼 시 재산문제 / 310 II. 이혼 시 자녀문제 / 313
III. 사실혼 해소에 따르는 특수문제 / 314
IV. 실무상 재산확보 제도 / 320
V. 이혼 시 재산분할에 따른 세금문제(특히 가장이혼의 경우) / 325
VI. 이혼 외국인의 체류연장 문제 / 330

[§ 13] 이혼 시 재산문제 (1) : 위자료(청구권)의 문제 ___ 335
I. 절차법적 기본사항 / 335 II. 청구와 심판 / 339
III. 특수문제(위자료의 확보방법과 세금문제) / 353

[§ 14] 이혼 시 재산문제 (2) : 재산분할(청구권)의 문제 ___ 357
I. 재산분할 청구사건의 절차법적 기본사항 / 357
II. 재산분할청구권 행사의 제척기간 / 365
III. 재산분할의 방법과 내용 / 369
IV. 5대 공적연금에 대한 분할청구(특히 특별법상 연금분할청구제도) / 390
V. 재산분할 관련 채권자 취소권과 채권자 대위권(특히 회생과 파산 사례) / 401
VI. 재판진행 중의 사전청구와 상대방 재산의 파악 / 409
VII. 재산분할에 따른 세금 문제 / 416

[§ 15] 이혼 시 자녀문제 (1) : 자녀에 대한 친권(친권자 지정) ___ 418

[§ 16] 이혼 시 자녀문제 (2) : 자녀에 대한 양육 문제(양육자 지정과 양육비) ___ 424

Ⅰ. 이혼에 따른 미성년 자녀 양육에 관한 기본사항 / 424

Ⅱ. 양육비에 관한 합의 내지 심판청구 / 438

Ⅲ. 양육비 청구 사건의 심판 / 445

Ⅳ. 양육과 관련된 특수한 처분(양육비 확보방안 등) / 458

[§ 17] 이혼 시 자녀문제 (3) : 면접교섭권과 그 행사의 문제 ___ 478

[§ 18] 이혼 후 자녀의 성(姓)과 본(本) 등에 대한 변경 문제 ___ 483

판례 색인 / 493

사항 색인 / 494

제 1 장

서론

[§1] 우리나라 이혼의 실태

[§2] 이혼 실체법과 절차법에로의 입문

[§ 1] 우리나라 이혼의 실태

I. 통계청 이혼통계[1]

〈표 1-1〉에서 보는 바와 같이, 우리나라는 2022년 기준 지난 10년간 최저 93,200건(2022년), 최고 115,500건(2014년)의 이혼건수를 기록하였다.[2] 조이혼율(인구 1천 명당 이혼건수)은 2건을 약간 초과하는 건수를 보였고(2022년, 2023년의 경우는 1.8건), 특히 유배우 이혼율(유배우 인구 1천 명당 이혼건수)은 최저 3.7건(2022년, 2023년), 최고 4.8건(2013년, 2014년)으로 나타났다.

표 1-1 이혼건수, 조이혼율 및 유배우 이혼율, 2012～2022

	2012	2013	2014	2015	2016	2017	2018	2019	2020	2021	2022
이혼건수(천 건)	114.3	115.3	115.5	109.2	107.3	106.0	108.7	110.8	106.5	101.7	93.2
증감(천 건)	0.0	1.0	0.2	−6.4	−1.8	−1.3	2.7	2.1	−4.3	−4.8	−8.4
증감률(%)	0.0	0.9	0.2	−5.5	−1.7	−1.2	2.5	2.0	−3.9	−4.5	−8.3
조이혼율*	2.3	2.3	2.3	2.1	2.1	2.1	2.1	2.2	2.1	2.0	1.8
유배우 이혼율**	4.7	4.8	4.8	4.5	4.4	4.4	4.5	4.5	4.2	4.0	3.7

* 인구 1천 명당 건, ** 15세 이상 유배우 인구 1천 명당 건

1. 〈표 1-1〉의 통계내용은 본서의 저술이 "시작된" 시점에 통계청이 공개하였던 직전 년도 2022년 기준의 통계표에 의한 것이고, 그 이후 2024년에 공개된 2023년 통계내용은 본문에서 추가 언급하기로 함. 통계청의 혼인·이혼 통계는 우리나라 국민이 "통계법(제17조)"과 "가족관계의 등록 등에 관한 법률"에 따라 전국의 시·구청 및 읍·면사무소에 신고한 혼인신고서와 이혼신고서의 신고내용을 기초로 한 것임.
2. 참고로 2023년 이혼건수는 92,394건으로 2022년 대비 0.9%(−8백 건) 감소함으로써 다시 이 기간 최저점을 찍었음.

[그림 1-1]에서 보는 바와 같이 1970년에 1만 건에 불과하였던 이혼건수는 현재 9~10배(최근 10년간 평균이혼건수와 비교하면 11배) 정도 증가하였다.[3]

그림 1-1 [1970년 이후 추세] 이혼건수 및 조이혼율 추이, 1970~2022

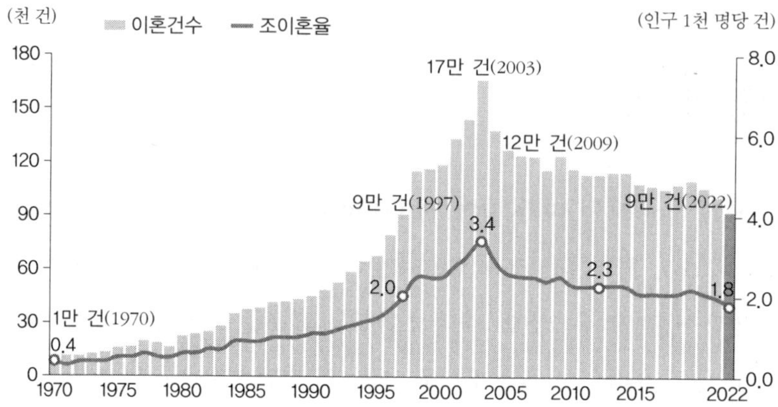

다음으로 〈표 1-2〉에 나타난 바와 같이, 이혼종류(협의이혼과 재판이혼)별 이혼에서 협의이혼은 최저 72,100건, 최고 89,700건으로 나타났고, 재판상 이혼은 최저 21,100건, 최고 27,400건으로 집계되었다. 2022년의 경우 협의이혼은 7만 2천 건, 재판이혼은 2만 1천 건이었고, 협의이혼 비중은 77.3%, 재판이혼 비중은 22.6%로 집계되었다.

3. 구체적으로 분석하면 1970년 이래 해마다 증가 추세를 보이다가 2003년에 최고점(167,000건)을 찍었으며, 그 이후 2004년(139,000건), 2005년(128,000건), 2006년(125,000건), 2007년(124,000건), 2008년(117,000건), 2009년(124,000건), 2010년(117,000건), 2011년(114,000건)에는 차츰 줄어드는 경향을 보였다. 그렇지만 1970년대에 비하면 현재 9~10배(최근 10년간 평균이혼건수와 비교하면 11배)의 이혼 증가율을 보이고 있다.

표 1-2 이혼종류별 이혼건수 및 구성비, 2012～2022 (단위 : 천 건, %, %p)

이혼종류별 이혼건수												
	2012	2013	2014	2015	2016	2017	2018	2019	2020	2021	2022	전년 대비 증감률
계*	114.3	115.3	115.5	109.2	107.3	106.0	108.7	110.8	106.5	101.7	93.2	−8.3
협의이혼	86.9	88.6	89.7	84.6	84.0	83.0	85.6	87.4	83.7	79.2	72.1	−8.9
재판이혼	27.4	26.6	25.8	24.5	23.3	23.0	23.0	23.3	22.8	22.5	21.1	−6.2
구성비												
	2012	2013	2014	2015	2016	2017	2018	2019	2020	2021	2022	전년 대비 증감
계*	100.0	100.0	100.0	100.0	100.0	100.0	100.0	100.0	100.0	100.0	100.0	−
협의이혼	76.0	76.9	77.7	77.5	78.3	78.3	78.8	78.9	78.6	77.9	77.3	−0.5
재판이혼	23.9	23.1	22.3	22.4	21.7	21.7	21.2	21.1	21.4	22.1	22.6	0.5

* 미상 포함

〈표 1-3〉에서 볼 수 있듯, 남자의 평균이혼연령은 대체로 40대 후반으로 나타났고, 여자의 평균이혼연령은 대체로 남자보다 3～4세 낮은 40대 중반으로 나타났다.

표 1-3 평균이혼연령, 2012～2022 (단위 : 세)

	2012	2013	2014	2015	2016	2017	2018	2019	2020	2021	2022	증감	
												전년 대비	10년 전 대비
남자	45.9	46.2	46.5	46.9	47.2	47.6	48.3	48.7	49.4	50.1	49.9	−0.2	4.0
여자	42.0	42.4	42.8	43.3	43.6	44.0	44.8	45.3	46.0	46.8	46.6	−0.1	4.6
평균이혼연령 차이(남−여)	3.9	3.8	3.7	3.6	3.6	3.6	3.5	3.4	3.4	3.4	3.3	−	−

그리고 〈표 1-4〉에 나타난 바와 같이, 2022년의 경우 남자의 연령별 이혼건수는 60세 이상(1만 9천 건, 20.8%), 50대 초반(1만 5천 건, 15.9%), 40대 후반(1만 4천 건, 15.1%)의 순으로 많았다. 남자의 일반이혼율(15세 이상 남자인구 1천 명당 이혼건수)은 4.2건이고, 남자의 연령별 이혼율(해당연령 남자인구 1천 명당 이혼건수)은 40대 초반이 6.9건으로 가장 많고, 40대 후반(6.8건)과 50대 초반(6.5건) 순으로 많았다.

2022년 여자의 연령별 이혼건수는 40대 초반(1만 5천 건, 15.9%), 40대 후반(1만 4천 건, 15.4%), 60세 이상(1만 3천 건, 14.4%) 순으로 나타났다. 여자의 일반이혼율(15세 이상 여자인구 1천 명당 이혼건수)은 4.1건으로 전년 대비 0.4건이고, 연령별 이혼율(해당 연령 여자인구 1천 명당 이혼건수)은 40대 초반이 7.6건으로 가장 많고, 30대 후반(7.5건), 40대 후반(7.1건) 순으로 많았다.

표 1-4 **연령별 이혼건수(남자), 2012~2022** (단위 : 천 건, %)

	2012		2013	2014	2015	2016	2017	2018	2019	2020	2021	2022	전년 대비		
		구성비											구성비	증감	증감률
계*	114.3	(100.0)	115.3	115.5	109.2	107.3	106.0	108.7	110.8	106.5	101.7	93.2	100.0	−8.4	−8.3
19세 이하	0.0	(0.0)	0.0	0.0	0.0	0.0	0.0	0.0	0.0	0.0	0.0	0.0	0.0	−0.0	−9.1
20~24세	0.9	(0.8)	0.8	1.0	1.1	1.1	1.1	1.0	1.0	0.8	0.6	0.6	0.6	−0.1	−8.1
25~29세	3.9	(3.5)	3.8	3.5	3.3	3.2	3.3	3.3	3.5	3.3	3.0	3.0	3.2	0.0	0.2
30~34세	11.3	(9.9)	11.4	11.3	9.9	9.5	8.8	8.1	7.8	6.9	6.4	6.2	6.6	−0.2	−3.8
35~39세	17.5	(15.3)	16.4	15.9	14.7	14.6	14.6	14.7	14.4	13.0	11.3	10.2	11.0	−1.1	−9.8
40~44세	22.4	(19.6)	22.3	21.8	19.5	18.0	16.7	16.1	16.0	15.2	14.2	13.9	14.9	−0.3	−1.9
45~49세	21.0	(18.3)	21.2	21.7	20.3	20.1	19.8	19.7	19.4	17.7	15.8	14.1	15.1	−1.7	−11.0
50~54세	17.9	(15.7)	18.4	18.0	17.2	16.6	16.1	16.6	17.4	16.8	15.9	14.8	15.9	−1.1	−6.8
55~59세	9.8	(8.6)	10.5	11.2	11.6	11.9	12.0	13.2	13.6	13.3	12.9	11.1	11.9	−1.8	−13.9
60세 이상	9.7	(8.5)	10.5	11.3	11.6	12.3	13.6	16.0	17.8	19.5	21.5	19.4	20.8	−2.2	−10.0

* 미상 포함

표 1-5 **연령별 이혼율(남자), 2012～2022** (단위 : 해당 연령 남자인구 1천 명당 건,%)

	2012	2013	2014	2015	2016	2017	2018	2019	2020	2021	2022	전년 대비	
												증감	증감률
일반이혼율*	5.4	5.4	5.4	5.0	4.9	4.8	4.9	5.0	4.8	4.5	4.2	-0.4	-8.5
15～19세	0.0	0.0	0.0	0.0	0.0	0.0	0.0	0.0	0.0	0.0	0.0	-0.0	-16.0
20～24세	0.5	0.5	0.5	0.6	0.6	0.6	0.6	0.6	0.4	0.4	0.4	-0.0	-3.4
25～29세	2.3	2.3	2.1	2.0	1.9	2.0	1.9	1.9	1.8	1.6	1.6	0.0	1.5
30～34세	5.5	5.5	5.5	5.1	5.2	5.1	4.8	4.8	4.3	3.9	3.6	-0.3	-6.8
35～39세	8.3	8.1	8.0	7.4	7.3	7.2	7.1	7.1	6.7	6.2	5.9	-0.3	-4.5
40～44세	9.6	9.6	9.5	8.7	8.3	8.0	8.0	8.1	7.8	7.1	6.9	-0.2	-3.4
45～49세	9.9	9.9	9.9	9.2	8.9	8.6	8.6	8.6	8.0	7.4	6.8	-0.6	-7.6
50～54세	8.3	8.4	8.2	8.0	7.8	7.7	7.9	8.1	7.7	7.1	6.5	-0.6	-8.4
55～59세	6.1	6.1	6.1	6.0	5.9	5.7	6.2	6.4	6.3	6.2	5.4	-0.8	-12.5
60세 이상	2.8	2.9	2.9	2.9	2.8	3.0	3.3	3.5	3.6	3.8	3.2	-0.5	-14.3

* 15세 이상 남자인구 1천 명당 이혼건수

표 1-6 **연령별 이혼건수(여자), 2012～2022** (단위 : 천 건, %)

	2012		2013	2014	2015	2016	2017	2018	2019	2020	2021	2022	전년 대비		
		구성비											구성비	증감	증감률
계*	114.3	(100.0)	115.3	115.5	109.2	107.3	106.0	108.7	110.8	106.5	101.7	93.2	100.0	-8.4	-8.3
19세 이하	0.4	(0.3)	0.4	0.3	0.2	0.2	0.2	0.1	0.1	0.1	0.1	0.0	0.0	-0.0	-38.7
20～24세	3.7	(3.2)	3.6	3.4	3.1	3.0	2.8	2.8	2.6	2.2	1.8	1.6	1.7	-0.3	-14.0
25～29세	8.9	(7.8)	8.3	8.2	7.3	7.2	7.1	6.8	6.8	6.3	5.7	5.3	5.7	-0.4	-7.3
30～34세	16.4	(14.3)	16.6	15.9	14.3	13.6	12.9	11.9	11.6	10.4	9.8	9.3	9.9	-0.5	-5.5
35～39세	20.1	(17.6)	18.9	18.4	17.0	16.7	16.9	17.2	16.7	15.2	13.4	12.3	13.2	-1.1	-8.0
40～44세	22.5	(19.7)	22.8	22.6	20.8	19.2	18.1	17.2	17.2	16.3	15.1	14.8	15.9	-0.3	-2.1
45～49세	18.2	(16.0)	18.8	19.3	18.7	18.9	18.3	19.1	19.3	18.0	16.0	14.4	15.4	-1.7	-10.4
50～54세	13.3	(11.6)	13.7	13.7	13.3	13.0	12.8	13.7	14.6	14.7	14.7	13.3	14.2	-1.4	-9.4
55～59세	6.1	(5.4)	6.8	7.7	8.2	8.6	8.9	10.0	10.4	10.7	10.5	8.9	9.5	-1.6	-15.1
60세 이상	4.7	(4.1)	5.4	5.9	6.2	7.0	8.1	9.8	11.4	12.8	14.6	13.4	14.4	-1.2	-8.2

* 미상 포함

표 1-7 **연령별 이혼율**(여자), **2012~2022** (단위: 해당 연령 여자인구 1천 명당 건, %)

	2012	2013	2014	2015	2016	2017	2018	2019	2020	2021	2022	전년 대비	
												증감	증감률
일반이혼율*	5.3	5.3	5.3	5.0	4.8	4.7	4.8	4.9	4.7	4.5	4.1	−0.4	−8.6
15~19세	0.2	0.2	0.2	0.1	0.1	0.1	0.1	0.1	0.1	0.1	0.0	−0.0	−37.4
20~24세	2.4	2.3	2.1	1.9	1.8	1.7	1.7	1.6	1.4	1.2	1.1	−0.1	−9.8
25~29세	5.4	5.3	5.4	4.9	4.8	4.6	4.3	4.2	3.8	3.4	3.2	−0.2	−6.6
30~34세	8.4	8.4	8.2	7.7	7.7	7.8	7.6	7.6	6.9	6.5	6.0	−0.5	−7.8
35~39세	9.9	9.7	9.7	8.9	8.6	8.6	8.7	8.6	8.2	7.6	7.5	−0.2	−2.2
40~44세	10.0	10.2	10.2	9.6	9.2	8.9	8.8	9.0	8.6	7.8	7.6	−0.3	−3.4
45~49세	9.0	9.1	9.1	8.7	8.6	8.2	8.6	8.8	8.3	7.7	7.1	−0.6	−7.3
50~54세	6.2	6.4	6.4	6.3	6.3	6.3	6.7	6.9	6.8	6.7	6.0	−0.7	−10.8
55~59세	3.8	4.0	4.2	4.2	4.2	4.2	4.7	4.9	5.1	5.1	4.4	−0.7	−13.6
60세 이상	1.0	1.1	1.2	1.2	1.3	1.4	1.6	1.8	2.0	2.1	1.9	−0.3	−11.9

* 15세 이상 여자인구 1천 명당 이혼건수

〈표 1-8〉에 따르면 법적인 결혼(혼인) 여부와 관계없이 실제 결혼생활 시작에서 사실상 이혼(별거)까지의 동거기간을 의미하는 혼인지속기간의 경우 이혼 부부의 평균혼인지속기간은 지난 10년간 최저 13.7년, 최고 17.3년에 이르고(2022년의 경우 17.0년), 2022년의 경우 혼인지속기간별 이혼 구성비는 0~4년(18.6%), 5~9년(18.0%), 10~19년(26.8%), 20~29년(19.9%), 30년 이상(16.8%)으로 집계되었다. 소위 황혼이혼에 해당하는 것으로 볼 수 있는 20년 이상 혼인지속기간의 사람이 36.7%를 차지하고 있다.

표 1-8 혼인지속기간별 이혼건수 및 구성비, 2012～2022 (단위 : 천 건, %, 년)

	2012	2013	2014	2015	2016	2017	2018	2019	2020	2021	2022	전년 대비		
												구성비	증감	증감률
계*	114.3	115.3	115.5	109.2	107.3	106.0	108.7	110.8	106.5	101.7	93.2	100.0	−8.4	−8.3
4년 이하	28.2	27.3	27.2	24.7	24.6	23.7	23.2	23.3	21.1	19.1	17.3	18.6	−1.8	−9.3
5～9년	21.5	21.5	22.0	20.8	20.6	20.5	20.1	20.0	18.4	17.3	16.7	18.0	−0.6	−3.5
10～14년	17.7	16.9	16.3	14.9	14.7	14.8	15.5	16.0	15.4	14.6	13.8	14.8	−0.8	−5.3
15～19년	16.6	17.2	17.0	16.2	14.9	13.8	13.5	13.2	11.9	11.3	11.2	12.0	−0.1	−1.1
20년 이상	30.2	32.4	33.1	32.6	32.6	33.1	36.3	38.4	39.7	39.4	34.2	36.7	−5.2	−13.1
20～24년	13.6	14.4	14.2	13.4	12.8	12.6	13.1	13.5	13.0	12.0	10.3	11.0	−1.7	−14.0
25～29년	8.0	8.7	8.6	8.8	9.0	8.9	9.7	10.0	10.0	9.6	8.3	8.9	−1.3	−13.4
30년 이상	8.6	9.4	10.3	10.4	10.8	11.6	13.6	15.0	16.6	17.9	15.7	16.8	−2.2	−12.4
평균혼인 지속기간	13.7	14.1	14.3	14.6	14.7	15.0	15.6	16.0	16.7	17.3	17.0	−	−0.3	−1.7

* 미상 포함

〈표 1-9〉에 따르면 지난 10년 동안 미성년 자녀가 있는 부부의 이혼은 최저 36,900건, 최고 60,300건으로 나타났는데, 해마다 점차 감소하는 추세에 있다. 2022년의 경우 미성년 자녀가 1명인 이혼 부부의 구성비는 22.1%, 2명은 16.3%, 3명 이상은 3.3%를 차지하고 있고, 미성년 자녀가 없는 이혼 부부의 구성비는 54.9%로 10년 전 대비 7.9%p 증가하였다.

표 1-9 미성년 자녀 유무별 이혼건수 및 구성비, 2012~2022 (단위 : 천 건, %)

	2012	구성비	2013	2014	2015	2016	2017	2018	2019	2020	2021	2022	구성비	전년 대비 증감률
계*	114.3	(100.0)	115.3	115.5	109.2	107.3	106.0	108.7	110.8	106.5	101.7	93.2	100.0	−8.3
미성년 자녀 있음	60.3	(52.8)	59.0	57.2	52.8	51.0	50.1	49.4	49.0	45.0	41.2	38.9	41.7	−5.5
1명	29.9	(26.2)	30.1	30.0	27.8	27.3	26.7	27.0	26.2	23.9	22.0	20.6	22.1	−6.4
2명	26.2	(23.0)	24.7	23.3	21.2	20.0	19.7	18.7	19.0	17.5	15.9	15.2	16.3	−4.8
3명 이상	4.1	(3.6)	4.2	3.9	3.8	3.7	3.7	3.7	3.8	3.5	3.2	3.1	3.3	−3.0
미성년 자녀 없음	53.7	(47.0)	56.1	58.1	55.6	55.4	54.4	57.6	59.4	58.7	57.9	51.2	54.9	−11.6

* 미상 포함

그리고 〈표 1−10〉에서 2022년의 경우 외국인과의 이혼은 6천 건, 외국인 여자와의 이혼은 4천 건, 외국인 남자와의 이혼은 2천 건에 이른다. 전체 이혼 중 외국인과의 이혼 구성비는 6.2%에 달하고, 외국인과의 이혼 중 외국인 여자와의 이혼 비중은 68.2%, 외국인 남자와의 이혼 비중은 31.8%를 차지하였다.[4] 여기서 외국인 아내 국적은 중국(38.1%), 베트남(26.3%), 태국(7.9%) 순이었고, 외국인 남편 국적은 중국(36.8%), 일본(15.4%), 미국(12.9%) 순이었다.

4. 외국인 이혼의 경우 체류 연장의 VISA 문제가 발생할 수 있는데, 이에 대해서는 본문 제3장 절차법편 [§ 12]에서 서술하기로 함.

표 1-10 **외국인과의 이혼, 2012~2022** (단위 : 천 건, %, %p)

	2012	2013	2014	2015	2016	2017	2018	2019	2020	2021	2022	전년 대비 증감	전년 대비 증감률
총 이혼건수	114.3	115.3	115.5	109.2	107.3	106.0	108.7	110.8	106.5	101.7	93.2	-8.4	-8.3
외국인과의 이혼	10.9	10.5	9.8	8.2	7.7	7.1	7.1	6.9	6.2	6.2	5.8	-0.4	-5.9
한국남자 + 외국여자	7.9	7.6	7.0	5.7	5.6	5.2	5.2	4.9	4.4	4.3	4.0	-0.4	-8.2
한국여자 + 외국남자	3.0	2.9	2.8	2.5	2.1	1.9	2.0	2.0	1.8	1.9	1.8	-0.0	-0.5
외국인과의 이혼 비중	9.5	9.1	8.4	7.5	7.1	6.7	6.6	6.2	5.8	6.1	6.2	0.1	-

II. 이혼 실태에 대한 분석

상기한 통계청 통계의 우리나라 이혼 실태에 의하면 1990년 46,000건에 머물렀던 이혼건수가 해마다 증가 추세를 보이면서 2003년 167,000건으로 최고점을 찍었고, 그 이후 차츰 줄어드는 경향을 보이다가, 최근 10여 년간에는 최저 93,200건(2022년, 2023년 이혼건수는 92,394건으로 이 기간 최저점이 다시 갱신되었음)에서 최고 114,300건(2012년)임을 알 수 있다. 10년간 이혼건수의 평균을 산출하면 연 118,800건에 달하는 것이다. 〈표 1-11〉 최근 10년간 혼인건수와 대비하면 우리나라도 이제 이혼이 일상적 현상이 된 나라가 되었다.[5] 즉, 2022년 기준 지난 10년 평균 혼인건수 289,800건에 대비하여 평균 이혼건수 118,800건은 평균 약 41%에

---

5. 한국가정법률상담소가 발간한 『한국의 이혼율 연구 III』에 따르면 1990년대 후반 들어 〈혼인에 대한 이혼율〉이 1987년 11.49였으나 1999년 31.86에 달해 약 2.8배 증가했고, 1987~1999년 재판상 이혼사건의 청구인 가운데 여성이 57.2%로 남성보다 많았다. 그리고 통계청의 "2023년 12월 인구동향"과 국가통계포털(KOSIS)에 따르면 혼인건수는 2011년(32만 9천 87건)까지 증감을 반복하다가 2012년부터 줄어드는 양상을 보였고 2022년(19만 1천 690건)까지 11년째 줄었다. 다만 2023년에는 코로나19로 미뤄왔던 결혼이 진행된 영향 등으로 2022년 대비 1,983건(1.0%) 증가한 193,657건이었다.

달하는 것이다. 특히 2022년의 혼인건수는 19만 2천 건이고,[6] 이혼건수는 9만 3천 건으로 결혼 대비 이혼율이 무려 48.3%에 달한다. 결혼 대비 이혼율이 매우 높다는 것은 결혼생활이 불행하면 끝까지 끌고 가는 것보다 이혼하는 것이 낫다는 의식이 사회적으로 보편화되고 있다는 것을 의미한다.

표 1-11 혼인건수 및 조혼인율, 2012～2022

	2012	2013	2014	2015	2016	2017	2018	2019	2020	2021	2022
혼인건수(천 건)	327.1	322.8	305.5	302.8	281.6	264.5	257.6	239.2	213.5	192.5	191.7
증감(천 건)	−2.0	−4.3	−17.3	−2.7	−21.2	−17.2	−6.8	−18.5	−25.7	−21.0	−0.8
증감률(%)	−0.6	−1.3	−5.4	−0.9	−7.0	−6.1	−2.6	−7.2	−10.7	−9.8	−0.4
조혼인율*	6.5	6.4	6.0	5.9	5.5	5.2	5.0	4.7	4.2	3.8	3.7

* 인구 1천 명당 건

그리고 이혼 시기를 보면 남성의 평균 이혼 연령은 1990년 36.8세에서 지난해 48.7세로 올라갔고, 여성도 32.7세에서 45.3세로 높아졌다. 특히 혼인 지속 기간이 20년 이상인 황혼 이혼건수가 2010년대 이후 급증하는 추세를 보이는데, 이를

6. 통계청의 "2023년 12월 인구동향"과 국가통계포털(KOSIS)에 따르면 2023년 혼인건수(최종 집계)는 193,657건인 바, 10년 전인 2013년(32만 2천 807건)보다 40.0% 감소한 것으로 나타났다. 혼인건수가 큰 폭으로 감소한 데에는 결혼에 대한 인식 변화가 그 배경으로 꼽힌다. 통계청 사회조사에 따르면 13세 이상 인구 중 '결혼을 반드시 해야 한다'고 응답한 비율은 2012년 20.3%에서 2022년 15.3%로 감소하였다. '결혼하는 것이 좋다'고 응답한 비율도 42.4%에서 34.8%로 감소하는 등 결혼에 대한 긍정적 인식은 상당히 줄었다. 같은 기간 '결혼을 해도 좋고 하지 않아도 좋다'고 응답한 비율은 33.6%에서 43.2%까지 늘었다. 결혼하지 않는 이유로 2022년 20대의 32.7%, 30대의 33.7%, 40대의 23.8%가 '혼수비용·주거 마련 등 결혼자금이 부족해서'를 상대적으로 가장 많이 꼽았다. 다음으로 20대(19.3%)와 40대(15.4%)는 '결혼의 필요성을 느끼지 못해서'를, 30대는 '결혼하고 싶은 상대를 만나지 못해서'(14.2%)와 '결혼의 필요성을 느끼지 못해서'(14.2%)를 두 번째로 많이 꼽았다.
그리고 혼인건수가 감소하면서 출생아 수도 줄어들고 있다. 출생아 수는 2013년 43만 6천 455명에서 2023년 23만 명으로 47.3% 줄었다. 맞벌이면서 자녀가 없는 '딩크족' 등의 영향으로 같은 기간 혼인건수보다 더 가파른 감소세를 보인 것으로 풀이된다. 여성 1명이 평생 낳을 것으로 예상되는 평균 출생아 수인 합계출산율은 2023년 0.72명으로 역대 최저치를 갈아치웠다. 심각한 인구절벽 문제가 현실화되어 가고 있는 것이다.

통해 기혼 중·고령자의 이혼에 대한 태도도 이제는 허용적인 방향으로 빠르게 변화하고 있는 것을 알 수 있다. 상기한 통계표에 의하면 소위 황혼이혼에 해당하는 20년 이상의 경우 2020년 39,700건, 2021년 39,400건, 2022년 34,200건(36.7%)에 달한다. 이는 1999년(1만 5천 816건)의 2.4배에 달하는 수준이다.[7] 그런데 2022년 연령에 따른 이혼건수는 남자의 경우 60세 이상(1만 9천 건, 20.8%), 50대 초반(1만 5천 건, 15.9%), 40대 후반(1만 4천 건, 15.1%) 순으로 많았고, 여자의 경우 40대 초반(1만 5천 건, 15.9%), 40대 후반(1만 4천 건, 15.4%), 60세 이상(1만 3천 건, 14.4%) 순이었다. 그리고 2022년 남자의 연령별 이혼율(해당 연령 남자인구 1천 명당 이혼건수)은 40대 초반이 6.9건으로 가장 많고, 40대 후반(6.8건)과 50대 초반(6.5건) 순으로 많았으며, 여자의 연령별 이혼건수는 40대 초반(1만 5천 건, 15.9%), 40대 후반(1만 4천 건, 15.4%), 60세 이상(1만 3천 건, 14.4%) 순이었다.

40대에 이혼건수가 상당히 많은 이유는 결혼 기간이 길어질수록 자녀의 출생,[8] 공동의 재산형성 등이 이루어지기 때문에 결혼 기간이 길지 않은 시기에 이혼을 택하기 때문이다. 젊을수록 이혼한 다음 재혼 등의 대안을 찾는 데 유리하다는 점도 조기의 이혼을 부추기는 요인이 된다. 젊은 사람들은 결혼 만족도가 떨어진다고 느끼는 순간 빨리 헤어진다. 서로가 맞추려고 노력하다가 이를 포기하는 시점이 결혼한 지 5~6년쯤 되는 때여서 그때에 이혼이 상당하게 이루어지는 것으로 분석된다. 종전에는 자녀가 눈에 밟혀서 이혼하려다 참는 경우가 많았지만 요즘에는 자녀가 이혼의 기폭제가 되기도 한다. 부부 생활에서 처음으로 갈등이 가장 고조되는 시기가 첫 아이를 낳고 나서부터이다. 아이 양육 방식이 달라 싸우게 되고 아이 때문에 성생활까지 방해받다 보면 갈등의 골이 점점 깊어지게 된다. 이때 대

7. 통계청이 발표한 "한국의 사회동향 2020"에서는 최근의 황혼 이혼건수가 1999년(1만 5,816건)에 비하여 2배 이상 증가하고, 남성과 여성의 평균 이혼 연령이 1990년(남성 36.8세, 여성 32.7세)에 비하여 10세 이상 높아진 현상과 중·고령층의 '경우에 따라 이혼할 수도 있고, 하지 않을 수도 있다'는 이혼에 대한 인식이 대폭 증가하는 현상을 각각 특별히 지적하였다.

8. 미성년 자녀가 없는 부부의 이혼건수는 1999년 33,579건(전체 이혼의 28.6%)에서 2022년 51,200건(전체 이혼의 54.9%)으로 늘었다.

화를 통해 해결하는 부부는 상관없겠지만, 이를 속으로 삭이는 경우에는 결국 참지 못하고 불만이 폭발해 이혼에 이르게 되는 것이다. 사회적인 변화도 높은 이혼율의 근거가 된다. 과거의 부부들은 사회 환경 자체가 보수적이라 주위 시선을 의식해 웬만하면 참고 살았지만, 현재는 사고가 개방적이고 개인의 행복을 중시하기 때문에 이혼을 선택하는 것이 한결 수월해졌다. 오늘날 여성들의 경제력이 부쩍 향상된 것도 이혼율이 높아진 이유로 작용한다. 이제는 여성들의 활발한 사회 진출로 남편보다 돈을 더 잘 버는 여성들도 상당히 많다. 그리고 설령 전업주부라 할지라도 재산분할 청구소송을 통해 5 대 5의 비율까지 재산분할이 가능하게 되어 당당하게 이혼 소송을 제기하는 주부도 늘어나고 있다.

그런데 상기한 공식통계에 잡히는 법률상 혼인 및 이혼과는 달리 혼인신고를 하지 않고 사는 사실혼(결혼식을 치른 후 혼인신고는 하지 않고 동거하는 부부, 결혼식을 치르지 않았지만 동거하면서 사실혼 관계를 유지하는 부부, 협의이혼을 하고서 사실혼 관계는 계속 유지하는 부부 등의 유형)과 사실혼 해소에 대한 공식통계는 잡히지 않는다. 그러나 사실혼 및 법률혼 이혼에 상응하는 사실혼 해소의 숫자도 상당할 것으로 추정된다.[9] 종래 사실혼의 발생 원인에는 가족법상의 혼인장애, 무지, 경제적 이유 등이 있으며, 이러한 사정에 의하여 사실혼이 불가피하게 발생하였다. 그런데 오늘날에는 자발적 내지 의식적으로 사실혼을 선택하는 모습으로 변화하고 있다. 사실혼을 선택하는 이유는 다양하다. 금전적인 이유로 결혼하지 못하는 경우, 상대에 대한 확신 결여, 당사자 간 혼인신고에 대한 생각 차이, 재혼 부부로 혼인 신고를 다시 하는 것이 신경 쓰이는 경우 등이 있다.

9. 2018. 12. 22. 조선일보 기사[만물상]에 따르면 사실혼 당사자는 약 40만 명이란 학계 추정이 있다고 소개되었음.

[§ 2] 이혼 실체법과 절차법에로의 입문

상기한 우리나라 이혼의 실태 분석을 통하여 알 수 있는 바와 같이, 이혼 문제가 일상적 현상으로 나타나고 있는 오늘날, 이를 규율하는 법과 실무에 관한 안내서 내지 지침서가 일반 국민은 물론이고 법조 실무가(특히 초기 실무 입문자)에게도 필수적으로 요구되고 있다. 본서의 저술 목적은 바로 이러한 요구에 부응하고자 하는 것이다. 물론 이혼 방법으로서의 협의이혼은 당사자들이 알아서 이혼 및 그에 따르는 양육비 등의 합의를 한 뒤 법원의 확인절차를 거쳐 행정관청에 신고하면 실현되는 것이기 때문에 본서의 내용을 충실히 습득한다면 당사자의 자력만으로도 어느 정도 이를 진행시킬 수 있을 것이다.[10] 그러나 이혼 자체는 협의이혼이지만 그에 따르는 재산분할과 같은 중요문제가 법원의 심판절차를 거쳐야 하는 경우도 있을 것이고, 이혼 자체부터 법원의 심판절차를 거쳐야 하는 재판상 이혼(조정이혼과 소송이혼)의 경우는 이혼 당사자 사이에 서로 다투는 사항(이혼 사유의 인정여부, 자녀 양육에 관한 사항, 위자료, 재산분할 등)이 상당히 많고 이에 대한 실체법 및 절차법상 법률문제도 상당히 복잡하고 어려울 것이다. 이러한 경우 이혼 당사자는 전문 변호사의 도움을 받아야 자신이 원하는 바를 충실히 실현할 수 있을 것이다(오늘날 이혼 전문 법무법인과 등록 이혼전문 변호사의 숫자가 상당히 증가하고 있음). 그리고 공식통계에 잡히는 법률혼의 이혼과는 달리 공식통계에 잡히지 않는 사실혼 해소인 경우에도 그 효과에 있어서는 재산분할, 위자료 청구 등의 동일 문제가 발생할 수 있다. 법률혼의 이혼과는 달리 직접적 법 규정이 결여된 사실혼 해소에서 발

10. 상기한 통계청 통계에 의하면 2022년의 경우 협의이혼은 7만 2천 건, 재판이혼은 2만 1천 건이었고, 협의이혼 비중은 77.3%, 재판이혼 비중은 22.6%로 집계되었다. 즉, 협의이혼 건수가 재판상 이혼보다 3배 이상 많다는 것을 알 수 있다.

생하는 법률문제(실무상 매우 중요한 사실혼 입증방법 등)는 상대적으로 더욱 어렵고 복잡한 전문영역이라 할 수 있다.[11]

상기한 법률문제의 해결에 가장 기초가 되는 이혼에 관한 실정 법률은 이혼의 요건과 효과 그 자체를 규정한 실체법과 이혼문제를 절차적으로 규율하는 절차법으로 나누어 보아야 할 것이다. 이혼에 관한 실체법은 "**민법**"인데, 동 법 제834조에서 제843조에 이르는 규정이 이혼(협의이혼과 재판상 이혼)의 요건과 효과에 관한 것이다(민법에도 일부 절차 관련 규정이 있음). 그리고 재판상 이혼에 관한 절차법의 대표는 "**가사소송법**"이지만, 가사소송법에 함께 포함되어 규정되고 있는 가사비송사건의 경우(이혼과 관련한 재산분할, 면접교섭권 등)는 "**비송사건절차법**"도 보충적으로 적용되는 절차법이 된다(비송사건으로는 가사비송사건 이외에도 민사 비송사건, 회사법 비송사건, 과태료 비송사건이 있음). 그리고 가사소송사건에서도 동 법에 특별한 규정이 없으면 민법에 관한 절차법인 **민사소송법(내지 민사조정법)**이 일부 준용되기도 한다. 이와 같은 절차법적 내용은 상당히 복잡하고 어렵기 때문에 비전문가가 혼자서 감당하여 처리하는 것은 거의 불가능하다(이혼 전문 변호사의 도움을 받아야 할 전문 영역임).

본서의 제2장에서는 먼저 이혼에 관한 "실체법인 민법"상 이혼 규정을 주석 형식으로 상세히 연구 분석(관련 판례분석, 사례분석 등)할 것이고, 그 다음 제3장에서는 이혼에 관한 "절차법을 중심으로" 관련된 실무상 주요 문제점을 연구 분석하기로 한다. 그리고 본서는 독자의 이해 편의를 위해 실무에서 중요시되는 다양한 이혼 논점에 대한 수많은 〈설문〉 제시와 그에 대한 답변 형식으로 서술되었다(〈설문〉 제시의 서술방식!!). 이를 통해 본서는 일반국민은 물론이고, 일반국민의 이혼문제에 조력하여야 하는 법조 입문자에게도 유용한 실무 지향적 연구 성과를 알기 쉽고 읽기

---

11. [참고 : 현재 판례의 태도] 당사자 모두가 생존 시 법률혼 이혼과 사실혼 해소의 경우 공통적으로 재산분할 청구권이 인정될 수 있음. 그러나 배우자 일방이 사망하게 되면 법률혼의 경우 상대방 배우자에게는 상속권(즉, 상속권에 기초한 재산분배)만이 인정되는 데 비하여 사실혼의 경우는 사실혼 해소에 따른 재산분할청구권과 사망에 따른 상속권 모두가 인정되지 않음(자세한 내용은 본문 참조).

쉬운 방식으로 제공하고자 하였다. 실무 지향적 연구에 집중하기 위해 본서의 참고 자료로는 이혼에 대한 실정 법률(민법, 가사소송법, 비송사건절차법, 민사소송법 등)의 개별 규정들, 실제 사례를 판시한 법원 내지 헌법재판소의 판례 및 이를 소개한 신문기사들, 법제처가 공개한 관련 법령 해설 정보들, 상기한 통계청의 통계표 등 국가기관에 의한 실증 자료들이 대부분을 차지하였다. 학자들의 지엽적 이론 논쟁에 대한 학술적 연구 자료들은 본서에서 최대한 생략되었다.

그리고 본서는 제2장(실체법 편)과 제3장(절차법 편)의 내용상 서술 순서가 다소 다르게 구성되었다. 본서의 제2장 실체법(민법) 편은 민법 규정에 대한 주석 형식으로 서술하였기 때문에 그 서술의 순서도 **민법 규정의 순서**에 의하였다. 민법상 이혼 규정의 순서는 [(i) **협의이혼(제834조 이하) → (ii) 협의이혼에 따른 각종 문제들, 즉 친권자 내지 양육권자의 지정, 면접교섭권, 양육비, 재산분할 등의 문제(제837조 이하) → (iii) 재판상 이혼(제840조 이하) → (iv) 협의 이혼규정의 준용(제843조)**]으로 되어 있다.

그러나 본서 제3장 절차법(가사소송법) 편에서는 법 규정에 대한 주석 형식이 아니라 **이혼 논점별 순서**로 서술하였다. 따라서 서술의 순서는 [(i) **협의이혼 → (ii) 재판상 이혼 → (iii) 이혼에 따른 재산 문제(위자료, 재산분할)와 자녀 문제(친권 내지 양육권자의 지정, 양육비, 면접교섭권)**]로 되어 있다. 이혼에 따른 각종 문제들은 협의이혼과 재판상 이혼의 공통적인 사항이기 때문에 제3장 절차법 편에서는 이를 함께 묶어 서술하였다. 따라서 이혼에 따른 재산분할 문제를 습득하고자 하는 독자는 3가지 서술지점을 모두 읽어야 할 것이다. 즉, 제2장 실체법(민법) 편에서는 (i) 협의이혼 규정 다음에 있는 재산분할 문제의 서술내용, (ii) 재판상 이혼 규정 다음에 있는 협의이혼 규정 준용에 따른 재산분할의 서술내용, (iii) 제3장 절차법에 있는 (협의이혼과 재판상 이혼에 공통된) 재산분할에 관한 서술 내용의 모두를 읽어야 하는 것이다.

그런데 이혼은 혼인으로 이루어지는 부부관계의 해소에 해당하기 때문에 필수적으로 법률상 혼인 제도를 전제하고 있다(소위 법률혼, 그런데 사실혼도 일정한 법적 보호를 받을 수 있음). 우리나라 혼인제도에서도 (i) 이혼한 사람도 혼인 무효 확인의 소를 제기할 수 있는가의 문제, (ii) 중혼 및 근친혼 금지의 문제, (iii) 아내 사망 후 처제와의 결혼 문제, (iv) 동성동본 사이의 혼인문제, (v) 동성(남성과 남성, 여성과 여성) 간의 혼인문제, (vi) 겹사돈의 문제, (vii) 특히 자녀 있는 성전환수술자에 의한 성별정정의 문제, (viii) 상대방 재산의 취득을 목적으로 한 위장결혼 내지 일방적 혼인신고의 문제, (ix) 배우자 일방의 사망에 의한 상속에서의 생존 배우자의 (공동) 상속권 및 상속 지분, 대습상속, 유류분 청구 등의 문제, (x) 상속세에서 최대 30억 원에 해당하는 배우자 공제제도의 활용문제, (xi) 사실혼 배우자 일방의 사망 시 생존 사실혼 배우자에게 상속권 내지 재산분할청구권이 인정되는가의 문제 (xii) 사실혼에서의 혼인 외 출생자의 문제 등과 같이, 일반 국민과 배우는 학생은 물론이고 법조 입문 실무가도 필수적으로 숙지하여야 할 다양한 논점들이 존재한다. 따라서 본서는 제2장에서 이혼에 대한 본격적인 서술 이전에 상기한 우리나라 혼인제도(법률혼 및 사실혼)의 핵심적 논점들에 대해 먼저 서술하였다(제2장 [§ 3]).

제 2 장

이혼 실체법(민법)에 대한 주석과 관련 사례(판례)

[§ 3] 이혼에 전제되는 혼인제도

[§ 4] 이혼 종류로서의 협의이혼

[§ 5] 이혼 후 (친권자 내지) 양육자 지정과 양육비 부담, 자녀와의 면접교섭

[§ 6] 협의이혼의 취소

[§ 7] 이혼에 따르는 재산분할 문제

[§ 8] 이혼 종류로서의 재판상 이혼

[§ 9] 재판이혼에서 협의이혼 규정 등의 준용

[§ 3] 이혼에 전제되는 혼인제도

본서의 연구 주제인 이혼은 혼인으로 이루어지는 부부관계의 해소에 해당하기 때문에 필수적으로 법률상 혼인 제도를 전제하고 있다(소위 법률혼, 그런데 사실혼도 일정한 법적 보호를 받을 수 있음). 이혼 내지 사실혼 해소의 전제가 되는 우리나라 혼인제도(법률혼 및 사실혼)의 핵심을 정리하면 다음과 같다.

I. 민법상 혼인의 성립요소

〈설문〉 법률혼이 유효하게 성립하기 위해서는 어떠한 요건을 갖추어야 하는가?

(1) 법률혼주의

우리나라는 법률이 정한 요건을 모두 갖춘 경우에만 온전한 부부관계가 인정되는 법률혼과 사실상 혼인실체만 있으면 부부관계가 인정되는 사실혼 중에서 소위 법률혼주의를 채택하고 있다. "법률혼"이란 혼인의 실질적 요건뿐만 아니라 혼인신고라는 명시적인 방법(형식적 요건)까지 갖춘 경우에만 온전한 부부관계가 인정되는 것을 말한다(민법 제812조 제1항).[1] 우리나라에서 혼인의 실질적 성립요건

1. 민법 **제812조(혼인의 성립)** ① 혼인은 "가족관계의 등록 등에 관한 법률"에 정한 바에 의하여 신고함으로써 그 효력이 생긴다. ② 전항의 신고는 당사자 쌍방과 성년자인 증인 2인의 연서한 서면으로 하여야 한다.

으로는 (i) 당사자 사이에 혼인에 관한 합치가 있을 것, (ii) 혼인적령에 이르렀을 것(민법 제807조),[2] (iii) 당사자가 미성년자나 피성년후견인인 경우에는 그 부모 등의 동의가 있을 것(민법 제808조),[3] (iv) 중혼이 아닐 것(민법 제810조),[4] (v) 당사자가 서로 직계혈족, 직계인척 및 8촌 이내의 방계혈족의 친족관계에 있지 아니할 것(민법 제809조)인데,[5] 이와 같은 실질적 요건이 갖추어져야만 혼인신고가 수리되며, 혼인신고를 하여야만 혼인의 형식적 요건을 갖추게 되어 법률상의 혼인으로 온전히 보호받을 수 있게 된다. 아래에서 곧바로 법률혼의 개별요건에 대해 서술하기로 한다. 또한 혼인의 실질적 요건은 갖추었지만 형식적 요건을 갖추지 못한 상태의 혼인을 사실혼이라고 한다. 사실혼에 대해서는 후술하기로 한다.

(2) 혼인의 실질적 요건(혼인의사의 합치)

혼인은 당사자 쌍방이 서로 혼인을 하겠다고 합의를 함으로써 성립되는 것이므로, 혼인의사가 없는 혼인은 민법 제815조(혼인의 무효) 제1호에 따르면 무효사유가 된다. 혼인의사는 법률상 친족관계를 형성하려는 것이므로 의사능력이 필요하다. 따라서 심신 상실상태에 놓여 있는 사람의 혼인의사는 보호받을 수가 없다. 그리고 혼인할 의사는 혼인 신고서를 작성할 때와 제출할 때에 모두 있어야 하므로 만약 신고서의 제출 전에 혼인의사를 철회하면 그 신고서가 제출되더라도 무효로

---

2. 민법 **제807조(혼인적령)** 18세가 된 사람은 혼인할 수 있다.
3. 민법 **제808조(동의가 필요한 혼인)** ① 미성년자가 혼인을 하는 경우에는 부모의 동의를 받아야 하며, 부모 중 한쪽이 동의권을 행사할 수 없을 때에는 다른 한쪽의 동의를 받아야 하고, 부모가 모두 동의권을 행사할 수 없을 때에는 미성년후견인의 동의를 받아야 한다. ② 피성년후견인은 부모나 성년후견인의 동의를 받아 혼인할 수 있다.
4. 민법 **제810조(중혼의 금지)** 배우자 있는 자는 다시 혼인하지 못한다.
5. 민법 **제809조(근친혼 등의 금지)** ① 8촌 이내의 혈족(친양자의 입양 전의 혈족을 포함한다) 사이에서는 혼인하지 못한다. ② 6촌 이내의 혈족의 배우자, 배우자의 6촌 이내의 혈족, 배우자의 4촌 이내의 혈족의 배우자인 인척이거나 이러한 인척이었던 자 사이에서는 혼인하지 못한다. ③ 6촌 이내의 양부모계(養父母系)의 혈족이었던 자와 4촌 이내의 양부모계의 인척이었던 자 사이에서는 혼인하지 못한다.

될 뿐이다. 결혼식을 하고 사실혼 관계에 있었으나 일방이 뇌졸중으로 혼수상태에 빠져 있는 사이에 혼인신고가 이루어졌다면 특별한 사정이 없는 한 이 결혼은 무효라고 보아야 할 것이다(대법원 1996. 6. 28. 선고 94므1089 판결). 혼인의사라는 것은 그 사회에서 일반적으로 부부 관계로 인정되도록 정신적·육체적인 생활공동체를 이룩하려는 의사를 말한다. 따라서 동거하지 않을 것을 조건으로 하거나 일정기간 동안만 혼인생활을 하겠다는 경우, 혼인 이외의 다른 목적을 위한 가장혼인 및 사기혼인·강제혼인 등은 모두가 (진정한) 혼인의사가 없는 경우이므로 무효 또는 취소의 사유가 된다(무효사유를 규정한 제815조, 취소사유를 규정한 제816조).

결혼을 하려면 혼인적령인 18세에 이르러야 하며(민법 제807조), 혼인적령에 이르렀다 하더라도 미성년자(19세 미만)가 결혼하려면 부모 또는 미성년후견인의 동의를 받아야 한다(민법 제808조 제1항). 만일 혼인적령에 도달하지 않은 사람이 결혼하거나 미성년자가 부모 또는 미성년후견인의 동의를 받지 않고 결혼한 경우에는 당사자 또는 그 법정대리인이 그 취소를 법원에 청구할 수 있다(민법 제817조). 혼인적령을 계산할 때는 출생일을 포함시켜 기간을 산정한다(민법 제158조).[6] 미성년자 외에도 피성년후견인이 결혼하려면 부모 또는 성년후견인의 동의를 받아야 한다(민법 제808조 제2항). 이를 위반해서 동의 없이 결혼하면 당사자 또는 법정대리인이 그 결혼의 취소를 청구할 수 있다(민법 제817조). 동의 없는 결혼을 한 경우에도 ① 결혼한 당사자가 19세에 이르거나 ② 성년후견종료의 심판이 있은 후 3개월이 경과되거나 ③ 결혼 중 임신했다면 그 취소를 청구할 수 없다(민법 제819조).

---

6. 민법 **제158조(나이의 계산과 표시)** 나이는 출생일을 산입하여 만(滿) 나이로 계산하고, 연수(年數)로 표시한다. 다만, 1세에 이르지 아니한 경우에는 월수(月數)로 표시할 수 있다. [전문개정 2022. 12. 27.]

(3) 혼인의 형식적 요건(신고주의)

결혼의 형식적 성립요건은 혼인신고이다. 위의 실질적 요건을 갖추더라도 혼인신고라는 행위를 하지 않으면 법률상의 부부로 인정되지 않기 때문에 부부의 권리와 의무의 행사에 제약이 따르게 된다. 따라서 법률상 결혼이 성립하려면 "가족관계의 등록 등에 관한 법률"에 따라 반드시 혼인신고를 해야 한다(민법 제812조 제1항). (임의적) 혼인신고는 당사자 쌍방과 성년의 증인 두 사람이 연서한 서면으로 하는 것이 원칙인데(민법 제812조 제2항) 구술로 하여도 무방하다. 혼인신고는 우송하여도 관계없지만 대리인에 의한 신고는 허용되지 않는다. 우송할 경우 신고인이 사망한 후에 도착하더라도 수리되며, 이때에는 신고인이 사망한 때에 신고한 것으로 본다. 외국에 있는 대한민국 국민 사이에 혼인을 할 때에는 직접 신고서를 우송하거나, 그 외국에 주재하는 대사 공사 또는 영사에게 신고할 수 있으며(민법 제814조 제1항), 그가 거주하는 외국의 법에 따라서도 할 수 있다. 혼인은 제출된 신고서를 담당 공무원이 수리함으로써 성립한다. 담당 공무원은 법령에 위반하는 신고서를 수리해서는 아니 되지만, 그의 심사권은 형식적 심사권을 가진 데 불과하므로 실질적 내용에 개입하여 그 진위(眞僞)를 조사할 권한은 없다. 일단 신고서가 수리되면 비록 그것이 법령에 위배된다고 할지라도 효력이 발생되며, 다만 무효 또는 취소의 문제가 생길 뿐이다. 그런데 당사자 중의 어느 하나가 신고에 협력하지 않아 신고할 수 없을 때에는 법원의 힘을 빌려서 할 수 있다. '사실상 혼인관계 존재확인 청구'를 위한 조정신청을 가정법원에 제출하여 조정이 성립되면, 신청한 사람이 그 조정이 성립한 날로부터 한 달 이내에 혼인신고를 하면 된다. 만약 조정이 성립되지 않는다면 심판을 청구한 사람이 재판확정일로부터 한 달 이내에 재판서의 등본과 확정증명서를 첨부하여 신고하면 된다. 이러한 신고를 '보고적 신고'라 한다.

〈설문〉 혼인을 통해 맺어지는 친족관계인 소위 “인척”은 어느 범위에서 형성되는가?

(1) 민법상 친족의 범위

민법 제767조(친족의 정의)에 따르면 배우자, 혈족 및 인척을 친족으로 한다.[7] 이 중에서 혈족이란 자기와 혈연으로 이어져 있는 사람을 말한다. 이는 자연혈족과 법정혈족으로 구분된다. 자연혈족은 직계혈족과 방계혈족으로 나누어지는데, 민법 제768조가 이를 규정하고 있다. 이에 따르면 자기의 직계존속과 직계비속을 “직계혈족”이라 하고, 자기의 형제자매와 형제자매의 직계비속, 직계존속의 형제자매 및 그 형제자매의 직계비속을 “방계혈족”이라 한다(민법 제768조). 이러한 자연혈족에 비하여 법정혈족은 입양으로 인한 양자·친양자와 그의 직계비속, 양부모·친양부모와 그의 직계존속을 말한다. 양자(일반양자)는 법적 입양을 통해 “친생자”와 같은 신분을 취득한 사람을 의미한다(민법 제866조 이하). 양부모에게 입양이 되더라도 친부모와의 친자관계 등은 유지된다.[8] 따라서 양자는 양부모와 친부모의 법정상속권을 모두 갖는다. 이에 비하여 친양자는 법적 입양을 통해 “혼인 중에 출생한 자”와 같은 신분을 취득한 사람을 의미한다.[9] 친양자는 친부모와의 관

---

7. 민법 **제777조(친족의 범위)** 친족관계로 인한 법률상 효력은 이 법 또는 다른 법률에 특별한 규정이 없는 한 다음 각호에 해당하는 자에 미친다 : (1) 8촌 이내의 혈족 (2) 4촌 이내의 인척 (3) 배우자
8. 민법 **제882조의 2(입양의 효력)** ① 양자는 입양된 때부터 양부모의 친생자와 같은 지위를 가진다. ② 양자의 입양 전의 친족관계는 존속한다.
9. 민법 **제908조의 2(친양자 입양의 요건 등)** ① 친양자(親養子)를 입양하려는 사람은 다음 각 호의 요건을 갖추어 가정법원에 친양자 입양을 청구하여야 한다. : (1) 3년 이상 혼인 중인 부부로서 공동으로 입양할 것. 다만, 1년 이상 혼인 중인 부부의 한쪽이 그 배우자의 친생자를 친양자로 하는 경우에는 그러하지 아니하다. (2) 친양자가 될 사람이 미성년자일 것 (3) 친양자가 될 사람의 친생부모가 친양자 입양에 동의할 것. 다만, 부모가 친권상실의 선고를 받거나 소재를 알 수 없거나 그 밖의 사유로 동의할 수 없는 경우에는 그러하지 아니하다. (4) 친양자가 될 사람이 13세 이상인 경우에는 법정대리인의 동의를 받아 입양을 승낙할 것 (5) 친양자가 될 사람이 13세 미만인 경우에는 법정대리인이 그를 갈음하여 입

계는 끊어지고, 양부모와의 친자관계만이 새로이 발생한다.[10] 친양자는 양부모의 혼인 중 출생한 자와 같은 지위를 갖게 되지만, 친부모의 법정상속권을 갖지는 않는다.

(2) 민법상 인척의 범위

혼인으로 맺어지는 친족관계가 바로 인척이다. 즉, 인척이란 나와는 직접적인 혈연이 없고 혼인에 의해 간접적으로 이어진 사람을 말한다. 민법 제769조가 이에 대해 규정하고 있다. 이에 따르면 혈족의 배우자,[11] 배우자의 혈족,[12] 배우자의 혈족의 배우자[13]를 "인척"으로 한다(민법 제769조). 촌수 계산에 있어서 직계혈족은 자기로부터 직계존속에 이르고 자기로부터 직계비속에 이르러 그 세수를 정하고(민법 제770조 제1항), 방계혈족은 자기로부터 동원의 직계존속에 이르는 세수와 그 동원의 직계존속으로부터 그 직계비속에 이르는 세수를 통산하여 그 촌수를 정한다(제2항). 이에 비하여 인척은 배우자의 혈족에 대하여는 배우자의 그 혈족에 대한 촌수에 따르고, 혈족의 배우자에 대하여는 그 혈족에 대한 촌수에 따른다(민법 제771조).

양을 승낙할 것

10. 민법 **제908조의 3(친양자 입양의 효력)** ① 친양자는 부부의 혼인 중 출생자로 본다. ② 친양자의 입양 전의 친족관계는 제908조의 2 제1항의 청구에 의한 친양자 입양이 확정된 때에 종료한다. 다만, 부부의 일방이 그 배우자의 친생자를 단독으로 입양한 경우에 있어서의 배우자 및 그 친족과 친생자 간의 친족관계는 그러하지 아니하다.

11. 예컨대 형제자매의 배우자(즉, 형수, 형부, 제수, 매형, 매제 등), 그리고 자식의 배우자(즉, 사위, 며느리 등)가 이에 해당한다. 숙모나 고모부 같은 경우도 이에 해당한다.

12. 예컨대 아내 또는 남편의 혈족(장인, 장모, 시아버지, 시어머니, 처제, 처형, 처남, 시동생, 시누이, 처삼촌, 시삼촌 등)

13. 예컨대 처제의 남편(동서)

〈설문〉 법률혼은 언제 해소되는가? 배우자의 사망 시와 이혼의 경우 기존 인척관계의 변화 여부는?

유효하게 성립된 혼인이 그 후 일정한 사유가 발생하여 소멸되는 것을 혼인의 해소라고 한다. 해소되는 원인으로서는 부부의 어느 한 쪽이 **사망하거나 실종선고를 받는 경우**를 들 수 있다. 배우자가 사망하면 혼인관계는 당연히 소멸하므로, 부부간의 동거·부양 등의 모든 의무가 소멸하고, 부부재산제의 구속도 없어지며, 재혼도 자유롭게 할 수 있다. 그러나 혼인으로 맺어진 관계, 즉 인척관계 등은 당연히 소멸하지는 않고, 부부의 일방의 사망 후 생존 배우자가 재혼함으로써만 인척관계는 종료된다(민법 제775조 제2항). 따라서 생존 배우자가 재혼하지 않으면 종래의 인척관계 사이는 그대로 유지될 것이다. 부부의 일방이 실종선고를 받은 때에도 사망한 경우와 같이 취급한다. 그러나 타방이 재혼을 한 후에 그 실종선고가 취소된 때는 재혼을 한 부부 쌍방이 선의어야만 아무런 영향을 받지 않고 그 혼인이 유효하게 된다. 이 밖에 본서에서 상세히 다룰 이혼에 의해서도 혼인은 해소된다. 민법 제775조(인척관계 등의 소멸)에 따르면 혼인으로 맺어진 기존 인척관계는 혼인의 취소 또는 이혼으로 인하여 종료한다(제1항). 따라서 배우자가 사망한 경우 생존 배우자가 재혼하여야 비로소 혼인으로 맺어진 기존 인척관계가 종료되는 것과 비교하여 이혼의 경우에는 이혼이 유효하게 성립하면 곧바로 기존 인척관계가 종료되는 것이다.

〈설문〉 우리 민법상 근친혼(近親婚)과 동성동본(同姓同本) 사이의 혼인이 허용되는가?

(1) 상기한 민법 제767조 이하의 친족관계 중에서 일정 범위의 근친혼 등에 대해서는 혼인을 금지하고 있다. 한때 헌법재판소의 헌법불합치 결정으로 인하여

2005년 개정된 바가 있는 현행 민법 제809조에 따르면 혈족, 인척 등으로 밀접한 관계를 맺고 있는 다음의 경우에는 결혼이 인정되지 않는다. : 8촌 이내의 혈족(친양자의 입양 전의 혈족을 포함)인 경우(제1항), 6촌 이내의 혈족의 배우자, 배우자의 6촌 이내의 혈족, 배우자의 4촌 이내의 혈족의 배우자인 인척이거나 이러한 인척이었던 경우(제2항), 6촌 이내의 양부모계의 혈족이었던 경우와 4촌 이내의 양부모계의 인척이었던 경우(제3항)

그런데 이러한 금지규정의 효과로서 상기한 제809조 제1항에 해당하는 근친혼(즉, 8촌 이내 혈족 사이의 결혼)의 경우는 당사자 간 혼인의 합의가 없는 경우, 결혼 당사자 사이에 직계인척관계에 있거나 있었던 경우, 결혼 당사자 사이에 양부모계의 직계혈족관계가 있었던 경우와 더불어 법률혼의 무효사유가 된다(민법 제815조).[14] 그리고 민법 제815조의 규정에 의하여 혼인의 무효사유에 해당하는 근친혼의 경우를 제외한 제809조의 기타 근친혼 사유는 혼인의 취소사유가 될 뿐이다(민법 제816조 제1호).[15]

참고로, 혼인 무효사유로서의 근친혼에 대한 제815조 제2호 규정에 대해서는 아래의 헌재결 2022. 10. 27. 선고 2018헌바115의 헌법불합치 결정으로 인하여 2024. 12. 31.을 시한으로 개정될 때까지 한시적으로 적용될 뿐이다.[16]

---

14. 민법 **제815조(혼인의 무효)** 혼인은 다음 각 호의 어느 하나의 경우에는 무효로 한다. : (1) 당사자간에 혼인의 합의가 없는 때 (2) 혼인이 제809조 제1항의 규정을 위반한 때 [* 제2호는 헌재결 2022. 10. 27. 선고 2018헌바115의 헌법불합치결정에 따라 2024. 12. 31.을 시한으로 개정될 때까지만 계속 적용] (3) 당사자간에 직계인척관계(直系姻戚關係)가 있거나 있었던 때 (4) 당사자간에 양부모계의 직계혈족관계가 있었던 때

15. 민법 **제816조(혼인취소의 사유)** 혼인은 다음 각 호의 어느 하나의 경우에는 법원에 그 취소를 청구할 수 있다. (1) 혼인이 제807조(* 혼인적령) 내지 제809조(* 근친혼 등의 금지, 제815조의 규정에 의하여 혼인의 무효사유에 해당하는 경우를 제외한다. 이하 제817조 및 제820조에서 같다) 또는 제810조(* 중혼의 금지)의 규정에 위반한 때 (2) 혼인당시 당사자 일방에 부부생활을 계속할 수 없는 악질 기타 중대사유있음을 알지 못한 때 (3) 사기 또는 강박으로 인하여 혼인의 의사표시를 한 때

16. 제809조 제1항 위반의 혼인무효사유와 관련해서는 현재 8촌에서 장차 다소 축소된 내용의 법 개정이 이루어질 것으로 예상됨.

[헌재결 2022. 10. 27. 선고 2018헌바115의 헌법불합치 판시요지] (가) 이 사건 무효조항은 이 사건 금혼조항의 실효성을 보장하기 위한 것으로서 정당한 입법목적 달성을 위한 적합한 수단에 해당한다. 다만, 이미 근친혼이 이루어져 당사자 사이에 부부간의 권리와 의무의 이행이 이루어지고 있고, 자녀를 출산하거나 가족 내 신뢰와 협력에 대한 기대가 발생하였다고 볼 사정이 있는 때에 일률적으로 그 효력을 소급하여 상실시킨다면, 이는 가족제도의 기능 유지라는 본래의 입법목적에 반하는 결과를 초래할 가능성이 있다. 이 사건 무효조항의 입법목적은 근친혼이 가까운 혈족 사이의 신분관계 등에 현저한 혼란을 초래하고 가족제도의 기능을 심각하게 훼손하는 경우에 한정하여 무효로 하더라도 충분히 달성 가능하고, 위와 같은 경우에 해당하는지 여부가 명백하지 않다면 혼인의 취소를 통해 장래를 향하여 혼인을 해소할 수 있도록 규정함으로써 가족의 기능을 보호하는 것이 가능하므로, 이 사건 무효조항은 입법목적 달성에 필요한 범위를 넘는 과도한 제한으로서 침해의 최소성을 충족하지 못한다. 나아가 이 사건 무효조항을 통하여 달성되는 공익은 결코 적지 아니하나, 이 사건 무효조항으로 인하여 제한되는 사익 역시 중대함을 고려하면, 이 사건 무효조항은 법익균형성을 충족하지 못한다. 그렇다면, 이 사건 무효조항은 과잉금지원칙에 위배하여 혼인의 자유를 침해한다. (나) 이 사건 금혼조항에 대한 반대의견에서 밝히는 바와 같이 이 사건 금혼조항은 그 금지의 범위가 지나치게 광범위하여 헌법에 합치되지 아니하므로, 이 사건 무효조항도 무효로 하는 근친혼의 범위가 너무 광범위하여 헌법에 합치되지 아니한다. 이 사건 금혼조항의 개선입법으로 금지되는 근친혼의 범위가 합헌적으로 축소되는 경우에 그와 같이 축소된 금혼 범위 내에서 이 사건 무효조항은 그 입법목적의 정당성과 수단의 적합성이 인정된다. 이 사건 무효조항의 입법목적은 가령 직계혈족 및 형제자매 사이의 혼인과 같이 근친혼이 가족제도의 기능을 심각하게 훼손하는 경우에 한정하여 그 혼인을 무효로 하고 그 밖의 근친혼에 대하여는 혼인의 취소를 통해 장래를 향하여 혼인이 해소될 수 있도록 규정함으로써 기왕에 형성된 당사자나 그 자녀의 법적 지위를 보장하더라도 충분히 달성될 수 있다. 그럼에도 이 사건 무효조항

은 이 사건 금혼조항을 위반한 경우를 전부 무효로 하고 있어서 침해최소성과 법익균형성에 반한다. 그렇다면 이 사건 무효조항은 과잉금지원칙에 위배하여 혼인의 자유를 침해한다. (다) 이 사건 무효조항에 대하여 2024. 12. 31.을 시한으로 입법자가 개정할 때까지 계속 적용을 명하는 헌법불합치 결정을 선고한다. 다만 당해 사건에서는 이 사건 무효조항이 개정될 때를 기다려 개정된 신법을 적용하여야 할 것이다.

(2) 다음으로 〈**동성동본 혼인**〉과 관련하여서 상기한 현행법 이전 구 민법 제809조(* 동성혼 등의 금지)에는 동성동본 혈족 사이의 혼인을 금지하는 규정도 포함되었다. 그러나 동성동본(同姓同本)인 혈족 사이의 결혼을 금지하였던 구 "민법" 조항은 헌법불합치결정을 받아 1999년 1월부터 효력을 상실하였다(헌재결 1997. 7. 16. 선고 95헌가6 전원재판부 결정). 따라서 개정 민법상으로는 금지된 근친혼이 아니라면 동성동본 사이의 결혼은 법적으로 허용된다.

〈설문〉 아내가 사망한 남편은 오랜 기간 아이들을 극진히 보살펴 온 처제와 적법하게 결혼할 수 있는가? 그리고 소위 겹사돈의 경우는?

(1) 처제와의 결혼 문제

아내가 죽은 후 처제가 오랜 기간 아이들을 극진히 보살펴 주어 아이들이 그 처제를 엄마처럼 생각하면서 따르고 있는 경우 남편은 처제와 결혼을 진지하게 고려할 수 있을 것이다. 그런데 처제는 사망한 아내와 2촌의 혈족인 인척에 해당한다(민법 제769조). 그런데 민법에 따르면 배우자의 6촌 이내의 혈족인 사람(인척)이거나 이러한 "인척이었던" 사람과는 결혼할 수 없다(민법 제809조 제2항). 물론 민법 제775조(인척관계 등의 소멸)에 따르면 인척관계는 혼인의 취소 또는 이혼으로 인하여 종료하고(제1항), 부부의 일방이 사망한 경우 생존 배우자가 재혼한 때에도 제1항과 같다(제2항).[17] 그렇지만 사망한 배우자의 혈족(인척)이거나 혈족이었던 사람에 해당하는 처제와의 결혼은 민법 제809조 제2항에 의해 허용되지 않는다(생존 배우자가 재혼하기 전에는 인척관계가 그대로 유지됨). 다만 처제와는 민법 제815조의 혼인무효사유인 "직계" 인척관계가 아니고 민법 제816조의 혼인취소사유가 될 뿐이다. 따라서 만일 처제와 결혼하게 되면 당사자, 그 직계존속 또는 4촌 이내의 방계혈족이 그 취소를 청구할 수 있을 뿐이다(민법 제817조).[18] 다만, 당사자 간에 혼인 중 이미 임신을 한 때는 그 취소를 청구조차 할 수 없다(민법 제820조).[19]

(2) 겹사돈 문제

소위 겹사돈이 법적으로 허용되는지도 문제된다. "겹사돈"이란 한 가족 내에서 형제와 자매가 다른 가족의 형제와 자매와 결혼하여 사돈관계가 겹치는 경우를 말한다. 예를 들어 갑과 을이 형제관계이고, A와 B가 자매 관계일 때 갑과 A가 부부 관계라면 을과 B는 사돈관계가 될 것이고, 이 둘이 결혼하게 되면 소위 겹사돈이 되는 것이다. 과거에는 겹사돈이 법적으로 금지되었지만 1990년 민법 개정으로 '혈족의 배우자의 혈족'이 인척 범위에서 제외되었기 때문에 지금은 사돈끼리 결혼하는 데 아무런 문제가 되지 않는다(민법 제769조에 따르면 혈족의 배우자, 배우자의 혈족, 배우자의 혈족의 배우자만을 인척으로 함). 현행 민법에 따르면 자기 형수(혈족의 배우자)의 언니(혈족)와 결혼하는 것도 가능하고, 아버지(혈족)가

17. 따라서 생존 배우자가 재혼하지 않으면 종래의 인척관계 사이는 그대로 유지될 것임.

18. 민법 **제817조(나이위반 혼인 등의 취소청구권자)** 혼인이 제807조, 제808조의 규정에 위반한 때에는 당사자 또는 그 법정대리인이 그 취소를 청구할 수 있고 "제809조의 규정에 위반한 때"에는 당사자, 그 직계존속 또는 4촌 이내의 방계혈족이 그 취소를 청구할 수 있다.

19. 민법 **제820조(근친혼등의 취소청구권의 소멸)** 제809조의 규정에 위반한 혼인은 그 당사자간에 혼인 중 포태(胞胎)한 때에는 그 취소를 청구하지 못한다.

데려온 새엄마(배우자)의 딸(혈족)과 결혼하는 것도 가능하다. 그러나 갑과 A가 먼저 결혼하고서 이혼한 경우 갑은 B와 혼인할 수 없고, 을도 A와 혼인할 수 없다. 그들 사이는(민법 제775조에 의해 현시점에서는 이혼으로 인척관계는 종료되었지만) 민법 제709조 제2항에 의해 과거 인척이었던 관계이기 때문이다(즉, 갑은 B의 입장에서는 자신의 혈족 A의 배우자, A는 을의 입장에서는 자신의 혈족 갑의 배우자였음). 반면에 을과 B는 결혼할 수 있다. 왜냐하면 그들 사이는 한때 사돈관계(즉, 혈족의 배우자의 혈족인 관계)였지만 현행법상 처음부터 인척관계는 아니기 때문이다.

〈설문〉 우리 민법상 중혼(重婚)이 법률혼으로서 허용되는가? (불허용. 그러나 취소사유)

중혼은 이미 법률혼의 배우자가 있는 상태에서 다른 사람과 또 다시 법률혼(혼인신고가 필수)을 맺는 것이다(배우자가 사망 혹은 이혼하여 배우자가 없는 상태에서 결혼을 하는 재혼과 구별됨). 즉, 개념상 중혼은 법률혼(즉, 혼인신고된 것)을 말하는 것으로서 혼인신고 없이 사실혼이나 첩 관계를 맺는 것은 중혼에 해당되지 않는다. 우리 민법상 배우자가 있는 사람이 다른 사람과 다시 결혼하는 중혼은 허용되지 않는다(민법 제810조). 그리고 실제 중혼은 우리나라 행정체계 상 불가능에 가깝다. 가족관계등록공무원이 혼인신고를 수리할 때에는 혼인신고가 이미 되어 있는지를 심사하여 이미 혼인신고가 되어 있는 경우에는 수리하지 않기 때문이다. 그러나 가족관계등록공무원의 사무착오로 접수되는 경우가 있을 수 있다. 그리고 이혼 후에 재혼했는데 이혼이 무효나 취소가 되어 전혼이 부활하여 중혼이 발생할 수 있을 것이다. 또한 외국에서 외국인과 결혼하면서 결혼한 나라의 관공서에만 신고하고 자국의 관공서(영사관 등)에 신고하지 않은 상황에서 자국민끼리 결혼을 하면 중혼이 발생한다. 또한 북한 부부 중 일방이 먼저 탈북하여 제3자와 혼인을 한 상태에서 나중에 다른 일방이 탈북하여 서로 결합한 경우 중혼이 된다. 배우자 일방이 실종되어 법정기간 경과 후의 사망처리가 이루어진 상태에서 다른 일방이 재혼하였지만 어떤 사정으로 인해 실종자가 발견되어 호적을 회복하게 되면 중혼이 된다(배우자가 실종된 경우 실종선고 심판청구를 하는 대신 허위로 사망신고를 하고서 재혼을 한 경우도 동일할 것임).

그런데 중혼은 혼인의 무효사유가 아니고 취소사유에 해당한다(민법 제816조 제1호). 따라서 만일 중혼을 하게 되면 당사자 및 그 배우자, 직계혈속, 4촌 이내 방계혈족 또는 검사가 그 결혼의 취소를 청구할 수 있다(민법 제818조).[20] 혼인의 취소사유이기 때문에 중혼이 취소되기 전까지는 일단 유효한 혼인이 될 것이다. 그 결과 중혼 관계에서 태어난 아이도 혼인 외 출생자가 아니라 혼인 중 출생자이며 만약 중혼이 해소되지 않은 상태에서 중혼한 자가 사망하면 배우자 두 명이 모두 상속인이 된다. 중혼이 취소사유가 된 이유는 중혼을 무효사유로 하면 중혼 관계에서 태어난 아이가 혼인 외 출생자가 되기에 다시 인지를 받아야 하는 등 번거로움이 있기 때문이다. 그리고 18세 미만의 혼인 및 근친혼(직계인척 이외의 인척에 한해)의 경우는 임신이나 출산을 하게 되면 취소권이 소멸되는 반면에(민법 제820조), 중혼은 임신과 출산을 했더라도 여전히 취소사유가 된다. 중혼이 있게 되면 전혼(이미 한 혼인)의 배우자는 부정행위를 이유로 이혼을 청구할 수 있다(민법 제840조의 재판상 이혼원인).

20. 민법 **제818조(중혼의 취소청구권자)** 당사자 및 그 배우자, 직계혈족, 4촌 이내의 방계혈족 또는 검사는 제810조를 위반한 혼인의 취소를 청구할 수 있다.

II. 법률혼의 무효와 취소

〈설문〉 법률상 혼인이 무효 또는 취소가 되는 사유는 무엇인가?

(1) 혼인의 무효

상기한 바와 같이, 민법 제815조에 따른 혼인의 무효사유로는 (i) 당사자 간에 혼인의 합의가 없는 때(민법 제815조 제1호), (ii) 혼인이 제809조 제1항의 규정을 위반한 때, (iii) 당사자 간에 직계인척관계(直系姻戚關係)가 있거나 있었던 때, (iv) 당사자 간에 양부모계의 직계혈족관계가 있었던 때 각각 인정된다. 이러한 무효원인이 있으면 비록 혼인신고가 되어 있더라도 그 혼인은 처음부터 당연히 무효이므로 재판에 의해 무효판결을 받지 않더라도 혼인의 효과가 없다. 그러나 다툼이 있는 때에는 누구라도 가정법원에 혼인무효 확인의 심판을 청구할 수 있다. 혼인무효 사건은 가류 가사소송사건으로서 자백에 관한 민사소송법의 규정이 적용되지 않고 법원이 직권으로 사실조사 및 필요한 증거조사를 하여야 한다(가사소송법 제12조, 제17조).[21] 민법은 혼인성립 이전의 단계에서 성립 요건의 흠결로 혼인이 유효하게 성립하지 않는 혼인무효(민법 제815조)와 혼인이 성립한 후 발생한 사유로 혼인이 해소되는 이혼(민법 제840조)을 구분하여 규정하고 있다. 판례에 따르면 "혼인의사라는 개념이 다소 추상적이고 내면적인 것이라는 사정에 기대어 상대방 배우자가 혼인을 유지하기 위한 노력을 게을리 하였다거나 혼인관계 종료를 의도하는 언행을 하는 등 혼인생활 중에 나타난 몇몇 사정만으로 혼인신고 당시 혼인의사가 없었다고 추단하여 혼인무효 사유에 해당한다고 단정할 것은 아니다"(대법원 2021. 12. 10. 선고 2019므11584 판결). 그리고 협의이혼에 있어서 이혼의사는 법

---

21. 가사소송법 **제17조(직권조사)** 가정법원이 가류 또는 나류 가사소송사건을 심리할 때에는 직권으로 사실조사 및 필요한 증거조사를 하여야 하며, 언제든지 당사자 또는 법정대리인을 신문할 수 있다.

률상 부부관계를 해소하려는 의사를 말하므로 일시적으로나마 법률상 부부관계를 해소하려는 당사자 간의 합의하에 협의이혼신고가 된 이상 협의이혼에 다른 목적이 있더라도 양자 간에 이혼의사가 없다고는 말할 수 없고 따라서 이와 같은 협의이혼은 무효로 되지 아니한다(대법원 1993. 6. 11. 선고 93므171 판결).

(2) 혼인의 취소

민법 제816조에 따른 혼인의 취소사유로는 (i) 혼인이 제807조 내지 제809조(제815조의 규정에 의하여 혼인의 무효사유에 해당하는 경우를 제외한다. 이하 제817조 및 제820조에서 같다) 또는 제810조의 규정에 위반한 때(즉, 혼인의 실질적 요건을 갖추지 않은 때를 규정한 제1호), (ii) 혼인당시 당사자 일방에 부부생활을 계속할 수 없는 악질 기타 중대 사유 있음을 알지 못한 때(제2호), (iii) 사기 또는 강박으로 인하여 혼인의 의사표시를 한 때(제3호)에 각각 인정된다.

상기 조항에 따르면 민법 제807조(* 혼인적령) 내지 제809조(* 근친혼 등의 금지 ; 다만 제809조 제1항의 위반은 무효사유임) 또는 제810조(* 중혼의 금지)의 규정에 위반한 때에는 혼인취소 사유에 해당한다. 그리고 상기한 제2호에서 말하는 악질이라 함은 성병이나 불치의 정신질환, 암과 같은 것을 예로 들 수 있다. 임신 불능은 혼인취소사유나 이혼사유가 되지 않는다. 혼인취소는 상대방이 그 사유 있음을 안 날로부터 6월을 경과한 때에는 청구하지 못한다. 사기를 안 날 또는 강박을 면한 날로부터 3월을 경과하면 취소를 구하지 못한다. 이 모든 경우에 자녀를 포태하거나 자녀가 출생된 때 또는 부적령자가 적령에 이른 경우에는 취소권이 소멸되므로 취소할 수 없다. 혼인의 취소는 일정한 취소권자, 즉 당사자·법정대리인·일정 범위의 친족 및 공익의 대표기관으로서의 검사 등이 가정법원에 조정 또는 심판을 청구함으로써 이루어진다. 혼인이 취소되면 취소되기 이전의 혼인생활에는 영향을 미치지 않고 장래에 향해서만 소멸되므로 혼인 중에 출생된 자녀는 그 취소 후라도 적출자로서의 신분을 잃지 않는다. 즉, 무효혼인에서 출생된 자녀가 혼인 외의 출생자, 즉 비적출자인 것과는 대조적이다. 혼인이 무효로 된 때에는 물론, 취소된 때에도 잘못이 있는 일방은 상대방에게 무효 또는 취소로 인하여 발생한 재산상의 손해와 정신상의 고통에 대해 손해를 배상하여야 한다.

〈설문〉 부부가 이미 이혼한 경우에도 혼인무효 확인을 구할 소의 이익이 있겠는가?

[실제사례] 법률혼 신고를 하고서 몇 년간 부부관계를 유지하였던 갑(여)과 을은 이혼 조정을 통해 정식으로 이혼하였다. 이혼 후 갑은 (혼인하였다가 이혼한 것처럼 호적상 기재되어 있어 불명예스럽다는 이유 내지 이혼으로 인해 미혼모로서의 법적 보호를 받을 수 없다는 이유로[22]) 과거 혼인 당시 "혼인 의사를 결정할 수 없는 극도의 혼란과 불안·강박 상태에서 혼인에 관한 실질적 합의 없이 혼인신고를 하였다"고 주장하며 법원에 혼인무효 확인을 청구하였다. 갑은 주위적으로는 혼인무효 확인을, 예비적으로는 혼인취소를 청구하였다.

무효인 혼인은 처음부터 혼인의 효력이 발생하지 않는다. 그러나 이혼은 이혼 후에 효력이 발생하기 때문에 이혼 전 혼인을 전제로 발생한 법률관계는 여전히 유효하다. 따라서 혼인무효와 이혼의 법적 효과가 달라 이혼 후에도 혼인관계가 무효임을 확인할 실익이 존재할 수 있다. 예를 들어 혼인이 무효라면 민법상 인척간의 혼인금지 규정 및 형법상 친족상도례 규정이 적용되지 않을 것이다. 또한 민법상 일상가사채무에 대한 연대책임도 물을 수 없을 것이다.

상기한 〈설문〉 및 [실제사례]에 대해 종전의 대법원 판례는 "청구인과 피청구

---

22. 자신이 호적(현 가족관계등록부)상 이혼녀라는 이유로 국가나 지방자치단체로부터 미혼모 가족을 위한 다양한 지원 사업(한부모가족지원법상 한부모 가족에 대한 지원 사업)의 혜택을 받지 못하고 있어, 현재 법률관계에 영향을 받고 있다는 주장.

인 사이의 혼인관계가 이미 협의이혼신고에 의하여 해소되었다면 청구인이 주장하는 위 혼인관계의 무효 확인은 과거의 법률관계의 확인으로서 그것이 청구인의 현재의 법률관계에 영향을 미친다고 볼 자료가 없는 이 사건에 있어서 단순히 여자인 청구인이 혼인하였다가 이혼한 것처럼 호적상 기재되어 있어 불명예스럽다는 사유만으로는 확인의 이익이 없다"는 취지로 판시한 바가 있었다(대법원 1984. 2. 28. 선고 82므67 판결).

그런데 이러한 종전의 판례태도는 다음과 같은 취지의 새로운 전원합의체 판례를 통해 폐기되었다(대법원 2024. 5. 23. 선고 2020므15896 전원합의체 판결) : "특별한 사정이 없는 한 혼인관계가 이미 해소된 이후라고 하더라도 혼인무효의 확인을 구할 이익이 인정된다고 보아야 한다. 이혼으로 혼인관계가 이미 해소됐다면 기왕의 혼인관계는 과거의 법률관계가 되는 것이지만 신분관계인 혼인관계는 이를 전제로 해 수많은 법률관계가 형성되고 그에 관해 일일이 효력의 확인을 구하는 절차를 반복하는 것보다 과거의 법률관계인 혼인관계 자체의 무효 확인을 구하는 편이 관련된 분쟁을 한꺼번에 해결하는 유효·적절한 수단일 수 있다. 부부 중 한 명이 사망해 혼인관계가 해소된 경우 혼인관계 무효 확인의 소를 제기하는 방법에 관한 규정을 두고 있는 가사소송법의 취지에 비춰 볼 때 이혼 후 제기된 혼인무효 확인의 소가 과거의 법률관계라는 이유로 확인의 이익이 없다고 볼 것은 아니다. 무효인 혼인 전력이 잘못 기재된 가족관계등록부의 정정 요구를 위한 객관적 증빙자료를 확보하기 위해서는 혼인관계 무효 확인의 소를 제기할 필요가 있다. 가족관계등록부의 잘못된 기재가 단순한 불명예이거나 간접적·사실상의 불이익에 불과하다고 봐서, 기재의 정정에 필요한 자료를 확보하기 위해 기재 내용의 무효 확인을 구하는 소송에서 확인의 이익을 부정하는 것은 혼인무효 사유의 존부에 대해 법원의 판단을 구할 방법을 미리 막아버리는 것으로 국민이 권리구제를 받을 수 없게 하는 결과를 가져올 수 있다."

〈설문〉 치매가 있는 80대 재력가와 위장 결혼해 재산을 가로채려 한 사람에 대하여 제기한 혼인무효소송은 어떻게 평가되겠는가? (재산편취 목적의 위장결혼)

[실제사례] B는 평생 옆에서 잘 보살펴 주고 함께 하겠다며 치매에 걸린 80대 재력가 A에게 접근하였다. B는 미국에서 뇌수술을 받은 A에게 '반평생 돌봐준 B에게 전 재산을 양도한다'는 내용의 유언장을 쓰게 하고 공증을 받았다. 그 이후 B는 A와의 혼인신고서를 구청에 내고 위장결혼을 하고서 A의 부동산 등 재산을 순차적으로 팔아넘긴 뒤 조정으로 협의이혼을 하였다. 뒤늦게 이 사실을 알게 된 A의 자녀들은 B를 상대로 혼인무효소송을 제기하였다.

상기한 〈설문〉 및 [실제사례]에 대해 2017년 서울가정법원 가사3부는 "B는 고령인 A가 치매질환으로 사고력이나 판단력이 결여된 상태라는 사실을 알고 A의 환심을 사 재산을 편취하고 형사처벌을 면할 목적으로 A와 허위로 혼인신고를 한 것으로 보인다. A와 B 사이에 이뤄진 혼인신고는 정신적·육체적 결합을 생기게 할 혼인의 합의 없이 이뤄진 것으로서 무효이다"는 취지로 판시하였다(A와 B가 조정을 통해 이혼에 합의한 조서의 효력도 취소한 2016드합36447).

〈설문〉 간병하던 동거남이 혼수상태에 빠진 동안 혼자 일방적으로 낸 여성의 혼인신고도 유효하다고 평가될 수 있는가? (일방적 혼인신고)

[실제사례] A(60·여)는 B와 그의 집에서 동거를 시작하였다. B는 다른 여성과의 사이에 결혼한 세 딸을 두었지만 이혼한 상태였다. B는 A의 여동생을 '막내처제'라 부르고 동거 시작일을 결혼기념일이라고 노트에 적어두는 등 혼인신고는 하지 않았지만 사실상의 부부생활을 이어갔다. 그 이후 A는 B가 후두암 절제수술 등으로

몇 차례 입원했을 때 병간호를 정성껏 하였고, 호프집을 함께 운영하기도 하였다. 그러던 중 B가 갑작스러운 가슴 통증을 호소하며 병원에 실려갔고, 의사는 그의 세 딸과 연락이 닿지 않자 옆에 있던 A에게 관상동맥중재수술에 대한 동의서에 서명하라고 하였다. 그 이후 B가 혼수상태에 빠지자 A는 구청에 가서 B와의 혼인신고를 하였다. 다음 날 새벽 B는 급성심근경색으로 숨졌다. B가 사망한 뒤 연락이 닿은 B의 세 딸은 A가 아버지의 재산을 가로채려고 의식이 없는 상태에서 일방적으로 혼인신고를 했으므로 A와 아버지의 혼인신고는 무효라고 주장하며 혼인무효 확인소송을 제기하였다.

상기한 〈설문〉 및 [실제사례]에 대해 2015년 인천지법 가사1단독은 "비록 사실혼 관계에 있는 당사자 일방이 혼인신고를 했더라도 사실혼 관계를 형성시킨 상대방의 행위에 기초해 혼인의사를 추정할 수 있다. 혼수상태에 빠진 동거남에게도 혼인의사를 추정할 수 있는 것이다. 혼인의사를 명백히 철회했다거나 해소하기로 합의했다는 사정이 인정되지 않는 한 그 혼인을 무효라 할 수 없다"는 취지로 판시하였다(2013드단101500).

〈설문〉 외국여성이 결혼 전 성폭행을 당해 출산했던 사실을 숨겼다면 혼인취소 사유에 해당되는가? (사기·강박에 의한 혼인?)

[실제사례] 베트남 여성 A와 한국인 B는 베트남에서 국제결혼을 하고서 한국에 정착하였다. 한국에서 A는 의붓 시아버지에게 성폭행을 당하였고, 우연한 기회에 과거 베트남에서 소수민족 남성에게 납치돼 성폭행을 당한 뒤 임신 출산한 사실이 발각되었다. 그러자 남편 B는 A가 맞선 당시는 물론 결혼 이후에도 출산 사실을 숨겼다며 혼인취소와 위자료 3,000만 원을 요구하는 소송을 제기하였다. 이에 대응하여 A는 의붓 시아버지에게 성폭력을 당했는데도 남편이 방치했다며 이혼과 위자

료 1,000만 원을 청구하는 맞소송을 제기하였다.

민법 제816조 제3호는 '사기 또는 강박으로 인하여 혼인의 의사표시를 한 때'에는 법원에 혼인취소를 청구할 수 있다고 규정하고 있다. 상기한 〈설문〉 및 [실제 사례]에 대해 2016년 대법원 특별3부는 "출산 경력이나 경위는 개인의 내밀한 영역에 속하는 것으로 당사자의 명예 또는 사생활 비밀의 본질적 부분에 해당한다. 출산의 경위와 출산한 자녀의 생존 여부 및 그에 대한 양육책임이나 부양책임의 존부, 실제 양육이나 교류가 이뤄졌는지 여부와 그 시기 및 정도, 출산 경력을 고지하지 않은 것이 적극적으로 이뤄졌는지 아니면 소극적인 것에 불과했는지 등을 살펴야 하고 이를 알리지 않은 것이 신의성실의무에 비춰 비난받을 정도라고 할 수 있는지까지 심리해야 한다. 당사자가 성장과정에서 본인의 의사와 무관하게 아동성폭력범죄 등의 피해를 입어 임신을 하고 출산까지 했지만 이후 그 자녀와 관계가 단절되고 상당한 기간 동안 양육이나 교류 등이 전혀 이뤄지지 않은 경우라면 단순히 출산 경력을 고지하지 않았다고 해서 이를 곧바로 민법 제816조 제3호가 규정하고 있는 혼인취소사유에 해당한다고 봐서는 안 된다. 그리고 이는 국제결혼의 경우에도 마찬가지이다"는 취지로 판시하였다(대법원 2016. 2. 18. 선고 2015므654 판결).[23]

23. 관련 글로는 한경환, 「출산 경력 불고지가 혼인취소사유에 해당하는지 여부」, 『김신 대법관 재임기념 논문집』, 사법발전재단, 2018 ; 최준규, 「출산 경력의 불고지가 혼인취소 사유에 해당하는지 여부 : 대법원 2016. 2. 18. 선고 2015므654, 661 판결」, 『가족법연구』, 제31권 제2호, 한국가족법학회, 2017.

Ⅲ. 사실혼의 보호문제

〈설문〉 남녀가 상당히 오랜 기간 동거하였다면 사실혼으로 보호되는가?

[실제사례] A(여)는 척추교정 전문가 B를 만나 교제를 시작하고서 성관계도 가지는 등 데이트를 즐겼다. 그 이후 A는 주민등록을 옮겨 주민등록상 B의 동거인으로 기록되었다. 한참 후 B의 폭력 등으로 인해 양자의 관계가 악화되자 B는 '사실혼 관계 청산'의 내용이 담긴 문서를 일방적으로 A에게 건네었다. 이에 A는 "B의 지속적인 폭력 등으로 사실혼 관계가 깨졌으므로 위자료 2,000만 원을 달라"며 소송을 제기하였다.

전술한 바와 같이, 우리 민법이 채택하고 있는 "법률혼"이란 결혼의 실질적 요건과 형식적 요건을 모두 갖추어 법에 의해 인정된 결혼을 말한다. 이에 반해 "사실혼"이란 결혼의 형식적 요건을 갖추지 않고, 즉 혼인신고를 하지 않고 실질상 부부공동생활을 하는 것을 말한다. 사실혼은 결혼의 형식적 요건만 갖추지 않았을 뿐 혼인하겠다는 의사의 합치, 결혼적령, 근친혼금지, 중혼금지 등 결혼의 실질적 요건은 충족한 상태라고 할 수 있다. 사실혼의 실질요건이 갖추어지면 사실혼 상태(사실혼 부부가 모두 생존 시)에서도 부부공동생활을 전제로 하는 일반적인 결혼의 효과가 인정되는 것이고(즉, 법률혼에 준하는 효과, 사실혼 부당파기 시 손해배상, 사실혼 해소 시 재산분할 등), 혼인신고를 전제로 하는 결혼의 효과만 인정되지 않을 뿐이다.

그런데 상기한 〈설문〉에서 남녀가 사실혼의 실질요건을 갖추지 못하고 단순히 오랜 기간 동거하였다는 사실만으로는 사실혼으로서 법적 보호를 받을 수는 없다. 상기한 [실제사례]에 대해서도 2015년 서울가정법원 가사6단독은 "사실혼에 해당해 법률혼에 준하는 보호를 받기 위해서는 단순히 동거하거나 간헐적으로 성관계를 맺고 있다는 사정만으로는 부족하다. 당사자 사이에 주관적 혼인의사가 있고, 객관적으로도 부부공동생활을 인정할 만한 혼인생활의 실체가 있어야 한다. 두 사람은 결혼식을 올린 적도 없고 부부로 호칭하지도 않았으며 가족들에게 사실혼 관계라고 알리거나 서로의 가족모임에 함께 참석한 적도 없다. 두 사람이 함께 주민등록이 되어 있던 상가건물의 구조상 혼인생활을 영위하기에 적합하지도 않다. B가 A에게 '사실혼 관계 청산'이라고 적힌 문서를 건넸고 이 문서에 '사실혼'과 '동거'라는 문구가 혼재되어 있긴 하지만 이것만으로 법률적 지식이 많지 않은 B가 A와의 사실혼 관계를 인정하였다고 보기도 어렵다"는 취지로 판시하였다.

〈설문〉 이혼을 하고서도 전 배우자에게 생활비를 보태줬다면 사실혼 관계로 평가될 수 있는가?

[실제사례] A(여)와 B는 결혼해 30년을 넘게 함께 동고동락하던 중 A가 계(契) 사고로 집을 나가 도피생활을 시작하였다. 그 이후 B는 A에 대해 가출신고를 한 후 이혼소송을 제기하였고, 그 재판은 공시송달의 방식으로 진행되어 B의 승소로 확정되었다. 그런데 B는 이혼 판결이 확정된 후에도 A에게 생활비를 매월 송금하였다. 몇 년 후 B는 그 지원을 끊었다. 그러자 A는 사실혼 관계 해소에 따른 재산분할로 B 소유의 주택 소유권을 넘기라며 소송을 내었다.

상기한 〈설문〉 및 [실제사례]에 대해 2015년 서울가정법원 가사6단독은 "B가 매월 생활비를 A에게 꾸준히 송금했지만 이는 상대적으로 경제적 어려움을 겪는 A를 돕기 위해 지급한 것이다. 이를 사실혼 관계 인정의 주요 자료로 삼을 수는 없다. A가 가출한 이후 두 사람이 함께 동거한 적이 없는 점 등을 고려할 때 A와 B 사이에 부부공동생활을 인정할 만한 혼인생활의 실체가 있었다고 볼 수도 없어 사실혼 관계가 인정되지 않는다. 따라서 이를 전제로 한 재산분할 청구도 받아들일 수 없다"는 취지로 판시하였다.

〈설문〉 (특히 배우자와 별거상태에 있는) 법률혼의 일방 당사자에 의한 제3자와의 사실혼은 법적 보호를 받을 수 있는가?

상기한 바와 같이 중혼의 법률혼은 법적으로 허용되지 않는다. 그리고 법률혼 당사자가 아닌 3자 사이의 중복적 사실혼인 경우(즉, 법률혼을 하지 않은 갑이 법률혼을 하지 않은 을 및 병과 이중으로 사실혼 관계를 맺은 경우)에도 어느 일방과의 사실혼 관계의 해소가 없는 이상 법률혼에 준하여 보호받을 수 없을 것이다. 문제는 (특히 배우자와 별거상태에 있는) 법률혼의 일방 당사자에 의한 제3자와의 사실혼이라면(이 경우에는 법률혼 배우자 사이에는 이혼사유가 될 것임) 보호될 것인가에 있다.

상기한 **〈설문〉에 대한 판례에 따르면** "사실혼이란 당사자 사이에 주관적으로 혼인의 의사가 있고, 객관적으로도 사회 관념상 가족질서적인 면에서 부부공동생활을 인정할 만한 혼인생활의 실체가 있는 경우라야 하고, 법률상 혼인을 한 부부가 별거하고 있는 상태에서 그 다른 한 쪽이 제3자와 혼인의 의사로 실질적으로 부부생활을 하고 있다고 하더라도, 특별한 사정이 없는 한 이를 사실혼으로 인정해서 법률혼에 준하는 보호를 할 수는 없다"(대법원 2001. 4. 13. 선고 2000다52943 판결). 따라서 법률상 배우자 있는 자는 그 법률혼 관계가 사실상 이혼상태라는 등의 특별한 사정이 없는 한 사실혼 관계에 있는 상대방에게 그와의 사실혼 해소를 이유로 재산분할을 청구함은 허용되지 않는다(대법원 1995. 7. 3. 선고 94스30 결정).[24] 그러나 법률혼 당사자가 이혼한 경우에는 법률상 보호 받을 수 있는 사실혼 관계가 인정될 수 있다(사실혼 관계의 해소로 인한 재산분할을 인정한 대법원 1995. 9. 26. 선고

24. 사실혼 관계에 있는 자가 법률상 배우자를 상대로 청구한 경우도 동일할 것임 : 남편 갑이 법률상의 처 을이 자식들을 두고 가출하여 행방불명이 된 채 계속 귀가하지 아니한 상태에서 조만간 을과의 혼인관계를 정리할 의도로 병과 동거생활을 시작하였으나, 그 후 갑의 부정행위 및 폭행으로 혼인생활이 파탄에 이르게 될 때까지도 갑과 을 사이의 혼인이 해소되지 아니하였다면, 갑과 병 사이에는 법률상 보호받을 수 있는 적법한 사실혼관계가 성립되었다고 볼 수는 없고, 따라서 **병의 갑에 대한 사실혼관계 해소에 따른 손해배상 청구나 재산분할 청구**는 허용될 수 없다고 한 사례(대법원 1996. 9. 20. 선고 96므530 판결)

94므1638 판결).

〈설문〉 갑(공무원)이 법률상 배우자 을과 별거하면서 병과 혼인의 의사로 실질적인 부부생활을 하던 중 갑이 사망하였고, 그러자 병이 유족으로서 공무원 연금을 청구하였다면 그 청구권은 그대로 인정되겠는가? (법률혼관계의 해소가 없었다면 청구불가)

공무원연금법을 비롯한 여러 법령은 그 법에 따른 급여의 수급권자가 사망하면 그의 사실혼 배우자가 유족으로서 급여를 받도록 규정하고 있으므로, 사망한 사람과의 사실혼 관계는 유족급여수급권과 관련된 법률관계의 전제가 된다. 그러므로 급여수급권을 주장하는 사람이 검사를 상대방으로 하여 과거의 "사실상 혼인관계에 관한 존부 확인의 소"[가사소송법 제2조 제1항 제1호 (나)목 1)]를 제기하는 것은 유족급여와 관련된 분쟁을 한꺼번에 해결하는 적절한 방법이어서 확인의 이익이 인정된다. 문제는 사망한 상대방의 법률혼 상태가 공식적으로 해소되지 않은 경우(예컨대 단순한 별거 상태)에도 생존자가 유족연금(60%)을 수령할 수 있는가에 있다.

상기한 **〈설문〉에 대한 판례**에 따르면 "법률상 혼인을 한 사람이 배우자와 별거하면서 제3자와 혼인의 의사로 실질적인 부부생활을 하더라도, 법률상 배우자와 사실상 이혼상태였다는 등의 특별한 사정이 없는 한 제3자와의 관계를 사실상 혼인관계로 인정하여 법률혼에 준하는 보호를 할 수는 없다"(대법원 2022. 3. 31. 선고 2019므10581 판결). 즉, 중혼적 사실혼의 경우는 법적으로 보호되는 사실혼으로 평가될 수 없는 것이다.

〈설문〉 소위 동성(同性) 간 혼인(남자와 남자, 여자와 여자의 혼인)은 법적으로는 어떻게 평가될 것인가? (2024. 7. 18. 대법원 전원합의체 판례의 태도)

헌법, 민법 및 가족관계의 등록 등에 관한 법률의 '혼인' 규정에는 동성 간의 혼인에 관하여 별도의 언급이 없다. 이에 대해 일부의 견해로서 별도의 금지가 없는 한 헌법합치적 해석의 원칙과 기본권 최대 보장의 원칙에 따라 ① 헌법 제10조의 행복추구권에서 도출되는 혼인에 있어서 상대방 결정의 자유, ② 혼인에 있어서 이성혼이든 동성혼이든 동등하게 취급하여야 한다는 평등의 원칙 등에 비추어 볼 때, 동성 간 혼인도 법적으로 허용 내지 보호받아야 한다는 주장도 있다.[25]

그러나 우리나라 하급심 판례는 다음과 같은 매우 구체적인 논거를 들면서 가족법상 혼인으로서의 적법성을 부정하고 있다 : "인류가 지속할 수 있고 사회나 국가 제도가 존속할 수 있는 것은 상당 부분 결혼과 그로 인한 가족제도에 의존하고 있다. 결혼은 개인에게 안정감을 주고, 타인을 친인척으로 만들어 주며, 새로운 가족을 생성하고 가족 상호 간을 연결하여 주는 역할을 한다. 결혼제도는 지역에 따라 그리고 시대의 흐름에 따라 다양하게 변천을 겪어오기는 하였지만 기본적으로 남녀가 결합하는 관계라는 점은 지금까지 변함이 없었고, 사회적 의미에서의 '결혼'을 법적인 측면에서 바라본 '혼인'의 경우에도 마찬가지다. 혼인생활에 있어서 가장 중요한 덕목으로 흔히 인정되는 사랑과 믿음 혹은 헌신이라는 가치도 기본적으로 남녀의 결합을 전제로 하는 것이지, 사랑과 믿음 혹은 헌신이 있는 사이라고 하

25. 동성 간의 결합인 경우에도 혼인의 효력으로 법령에서 규정하고 있는 부부 혹은 가족으로서의 각종 권리, 즉 상대방에 대하여 동거나 부양을 요청할 권리, 일상가사대리권, 생활비용 공동부담요구권, 상속권이나 유류분을 청구할 권리, 이혼 시의 재산분할청구권, 의료관계에서 입원 수술 등에 적법한 동의를 하고 사망 시 장례를 주관할 권리, 국민건강보험에 있어 피부양자 내지 가족으로 혜택을 받을 권리, "남녀고용평등과 일·가정 양립 지원에 관한 법률"에 따른 간호휴직이나 업무시간 등의 조정을 청구할 권리, 근로기준법이나 국민연금법상 유족보상 혹은 유족연금을 받을 권리, 각종 세법상의 가족공제청구권 등을 누릴 수 있는지의 문제가 실무상 발생할 것임.

여 모두 혼인관계가 성립할 자격이 있는 것은 아니다. 그리하여 이 시대의 가장 보편적인 개념 정의를 내리고 있는 국어사전에서도 혼인을 '남자와 여자가 부부가 되는 일'(표준국어대사전—국립국어원 발간)이라고 정의하고 있고, 대다수의 가족법 학자들도 혼인은 통상 법률적으로 승인된 남녀의 생활공동체적 결합관계라고 정의하면서 '이성' 요건을 혼인의 근본적 요소로 이해하고 있으며(예컨대, 윤진수, 『친족상속법강의』, 18~20쪽), 일반 국민들의 인식 또한 이와 다르지 않은 것으로 보인다. 이러한 혼인에 관한 개념을 바탕으로 대한민국헌법 제36조 제1항에서는 '혼인과 가족생활은 개인의 존엄과 양성(양성)의 평등을 기초로 성립되고 유지되어야 하며, 국가는 이를 보장한다'라고 규정하고 있고, 민법에서는 혼인한 당사자를 지칭할 때 부부, 혹은 부 또는 처, 남편과 아내라는 용어를(민법 제826조, 제827조, 제847조, 제848조, 제850조, 제851조 등), 자녀에 대응하는 개념으로 부모라는 용어를 사용하고 있다(민법 제772조, 제781조 등). 이와 같이 우리 헌법이나 민법 등은 비록 명시적으로 혼인이 남자와 여자의 결합이라고 규정하지는 않았지만, 혼인과 가족생활에 있어서 남녀의 구별과 남녀의 결합을 전제로 한 양성, 부부, 부 또는 처, 남편과 아내, 부모라는 성구별적 용어를 사용한다. 또한 우리 대법원은 지금까지 '혼인은 남녀의 애정을 바탕으로 하여 일생의 공동생활을 목적으로 하는 도덕적, 풍속적으로 정당시되는 결합이다(대법원 1982. 7. 13. 선고 82므4 판결, 대법원 1999. 2. 12. 선고 97므612 판결, 대법원 2000. 4. 21. 선고 99므2261 판결, 대법원 2003. 5. 13. 선고 2003므248 판결, 대법원 2015. 2. 26. 선고 2014므4734, 4741 판결 등)'라고 하거나, '헌법 제36조 제1항은 혼인과 가족생활은 개인의 존엄과 양성의 평등을 기초로 성립되고 유지되어야 하며, 국가는 이를 보장한다고 선언하고 있는바, 무릇 혼인이란 남녀 간의 육체적, 정신적 결합으로 성립하는 것으로서, 우리 민법은 이성 간의 혼인만을 허용하고 동성 간의 혼인은 허용하지 않고 있다(대법원 2011. 9. 2. 선고 2009스117 전원합의체 결정)'라고 하여, 여러 판결이나 결정의 이유에서 비록 방론이라 할지라도 혼인을 '남녀 간의 결합'으로 정의하여 왔다. 헌법재판소도 결정 이유에서 '혼인이 1남 1녀의 정신적 · 육체적 결합이라는 점에 있어서는 변화가 없다(헌재결 1997. 7. 16. 선고 95헌가6 전원재판부 결정)'라고 하거나, 혹은 '혼인은 근본적으로 애정과 신뢰를 기초로 하여 남녀가 결합하는 것(헌재결 2011. 11. 24. 선고 2009헌바146 전원재판부 결정)'이라고 판시하여, 혼인을 '남녀 간의 결합'으로 보고 있다"(남성으로 동성인 갑과 을의 혼인신고에 대하여 관할 구청장이 신고불수리 통지를 하자, 갑과 을이 불복신청을 한 사안에서 현행법의 통상적인 해석으로는 동성인 신청인들의 합의를 혼인의 합의라고 할 수 없고 합의에 따른 신고를 적법한 혼인신고라고 할 수 없다고 판시한 서울서부지방법원 2016. 5. 25. 선고 2014호파1842 결정).

그런데 2024. 7. 18. 대법원 전원합의체는 민법이나 가족법상 '배우자'의 범위를 해석 · 확정하는 문제와는 다른 국면에서 동성 동반자에 대해서도 건강보험의 피부양자로 등록할 수 있다는 판시를 다음과 같은 취지의 다수의견으로서 내렸다 : "동성 동반자는 직장가입자와 단순히 동거하는 관계를 뛰어 넘어 동거 · 부양 · 협조 · 정조 의무를 바탕으로 부부공동생활에 준할 정도의 경제적 생활공동체를 형성하고 있는 사람으로, 공단이 피부양자로 인정하는 '사실상 혼인관계에 있는 사람'과 차이가 없다. 직장가입자와 동성이라는 이유만으로 건강보험 피부양자 자격을 배제하는 것은 전통적인 가족법제가 아닌 기본적인 사회보장제도에서조차도 인정받지 못하는 것으로서 인간의 존엄과 가치, 행복추구권, 사생활의 자유, 법 앞에 평등할 권리를 침해하는 차별행위이고 그 침해의 정도도 중하다(대법원 2024. 7. 18. 선고 2023두36800 전원합의체 판결)." 이러한 전원합의체 판례에 따라 우리나라는 동성 간 결합 관계에 있는 사람들에 대해서도 행복추구권, 사생활의 자유, 법 앞에 평등할 권리 등 헌법상 기본권을 보다 충실하게 보장하는 추세로 나아가고 있다.

〈설문〉 **법률상 남성으로 등재되어 있는 사람이 혼인하여 자녀를 가지게 된 이후 성전환수술 후 가족관계등록부상 성별전환을 하고자 한다면 이것이 가능하겠는가?**

우리나라에서 가족관계등록부상 남성으로 등재되어 있는 갑이 을과 혼인을 하여 미성년자인 자녀 병을 두고 있었는데 심한 성정체성 장애 때문에 수차례 정신과 치료를 받아오다가 결국 성전환수술 등을 받았고 이에 가족관계등록부상의 성별란 정정을 신청한 판례 사례가 발생하였다. 우선 성전환 및 성별정정에 대한 전원합의체 판례의 기본 태도는 다음과 같다 : "(a) 종래에는 사람의 성을 성염색체와 이에 따른 생식기·성기 등 생물학적인 요소에 따라 결정하여 왔으나 근래에 와서는 생물학적인 요소뿐 아니라 개인이 스스로 인식하는 남성 또는 여성으로의 귀속감 및 개인이 남성 또는 여성으로서 적합하다고 사회적으로 승인된 행동·태도·성격적 특징 등의 성 역할을 수행하는 측면, 즉 정신적·사회적 요소들 역시 사람의 성을 결정하는 요소 중의 하나로 인정받게 되었으므로, 성의 결정에 있어 생물학적 요소와 정신적·사회적 요소를 종합적으로 고려하여야 한다. (b) 성전환증을 가진 사람의 경우에도, 남성 또는 여성 중 어느 한쪽의 성염색체를 보유하고 있고 그 염색체와 일치하는 생식기와 성기가 형성·발달되어 출생하지만 출생 당시에는 아직 그 사람의 정신적·사회적인 의미에서의 성을 인지할 수 없으므로, 사회통념상 그 출생 당시에는 생물학적인 신체적 성징에 따라 법률적인 성이 평가될 것이다. 그러나 출생 후의 성장에 따라 일관되게 출생 당시의 생물학적인 성에 대한 불일치감 및 위화감·혐오감을 갖고 반대의 성에 귀속감을 느끼면서 반대의 성으로서의 역할을 수행하며 성기를 포함한 신체 외관 역시 반대의 성으로서 형성하기를 강력히 원하여, 정신과적으로 성전환증의 진단을 받고 상당기간 정신과적 치료나 호르몬 치료 등을 실시하여도 여전히 위 증세가 치유되지 않고 반대의 성에 대한 정신적·사회적 적응이 이루어짐에 따라 일반적인 의학적 기준에 의하여 성전환수술을 받고 반대 성으로서의 외부 성기를 비롯한 신체를 갖추고, 나아가 전환된 신체에 따른 성을 가진 사람으로서 만족감을 느끼고 공고한 성정체성의 인식 아래 그 성에 맞춘 의복, 두발 등의 외관을 하고 성관계 등 개인적인 영역 및 직업 등 사회적인 영역에서 모두 전환된 성으로서의 역할을 수행함으로써 주위 사람들로부터도 그 성으로서 인식되고 있으며, 전환된 성을 그 사람의 성이라고 보더라도 다른 사람들과의 신분관계에 중대한 변동을 초래하거나 사회에 부정적인 영향을 주지 아니하여 사회적으로 허용된다고 볼 수 있다면, 이러한 여러 사정을 종합적으로 고려하여 사람의 성에 대한 평가 기준에 비추어 사회통념상 신체적으로 전환된 성을 갖추고 있다고 인정될 수 있는 경우가 있다 할 것이며, 이와 같은 성전환자는 출생 시와는 달리 전환된 성이 법률적으로도 그 성전환자의 성이라고 평가받을 수 있을 것이다. (c) 성전환자의 경우에는 출생 시의 성과 현재 법률적으로 평가되는 성이 달라, 성에 관한 호적의 기재가 현재의 진정한 신분관계를 공시하지 못하게 되므로, 현재 법률적으로 평가되는 성이 호적에 반영되어야 한다. 호적법(참고로 호적법은 폐지되었지만, 판례의 논지 자체는 타당하기 때문에 그대로 소개하기로 함)에는 출생 시 호적에 기재된 성별란의 기재를 위와 같이 전환된 성에 따라 수정하기 위한 절차 규정이 따로 마련되어 있지 않다. 그러나 진정한 신분관계가 호적에 기재되어야 한다는 호적의 기본원칙과 아울러, 첫째 성전환자도 인간으로서의 존엄과 가치를 향유하며 행복을 추구할 권리와 인간다운 생활을 할 권리가 있고 이러한 권리들은 질서유지나 공공복리에 반하지 아니하는 한 마땅히 보호받아야 한다는 점, 둘째 호적법이 성전환자의 호적상 성별란 기재를 수정하는 절차규정을 두지 않은 이유는 입법자가 이를 허용하지 않기 때문이 아니라 입법 당시에는 미처 그 가능성과 필요성을 상정하지 못하였기 때문이라는 점, 셋째 호적법 제120조에 의한 호적정정사유 중 호적의 기재가 법률상 허용될 수 없는 경우를 해석함에 있어서 호적 기재 후의 법령의 변경 등 사정의 변경에 의하여 법률상 허용될 수 없음이 명백하게 된 경우를 반드시 배제하여야 할 필요가 있다고 보기 어려울 뿐 아니라, 호적법 제120조에 의한 호적정정 절차를 둔 근본적인 취지가 호적의 기재가 부적법하거나 진실에 반하는 것이 명백한 경우에 그 기재 내용을 판결에 의하지 아니하고 간이한 절차에 의하여 사실에 부합하도록 수정할 수 있도록 함에 있다는 점을 함께 참작하여 볼 때, 구체적인 사안을 심리한 결과 성전환자에 해당함이 명백하다고 증명되는 경우에는 호적법 제120조의 절차에 따라 그 전환된 성과 호적의 성별란 기재를 일치시킴으로써 호적기재가 진정한 신분관계를 반영할 수 있도록 하는 것이 호적법 제120조의 입법 취지에 합치되는 합리적인 해석이라는 점을 종합하여 보면, 성전환자에 해당함이 명백한 사람에 대하여는 호적정정에 관한 호적법 제120조의 절차에 따라 호적의 성별란 기재의 성을 전환된 성에 부합하도록 수정할 수 있도록 허용함이 상당하다. 성전환자에 해당함이 명백한 사람에 대하여 호적법 제120조에서 정한 절차에 따라 성별을 정정하는 호적정정이 허가되고 그에 따라 전환된 성이 호적에 기재되는 경우에, 위 호적정정 허가는 성전환에 따라 법률적으로 새로이 평가받게 된 현재의 진정한 성별을 확인하는 취지의 결정이므로 호적정정허가 결정이나 이에 기초한 호적상 성별란 정정의 효과는 기존의 신분관계 및 권리의무에 영향을 미치지 않는다고 해석함이 상당하다"(대법원 2006. 6. 22. 선고 2004스42 전원합의체 결정).

다만 상기한 〈설문〉에 대한 판례에 따르면 "성전환자가 혼인 중에 있거나 미성년자인 자녀가 있는 경우에는 가족관계등록부에 기재된 성별을 정정하여 배우자나 미성년자인 자녀의 법적 지위와 그에 대한 사회적 인식에 곤란을 초래하는 것까지 허용할 수는 없으므로, 현재 혼인 중에 있거나 미성년자인 자녀를 둔 성전환자의 성별정정은 허용되지 않는다"(대법원 2011. 9. 2. 선고 2009스117 전원합의체 결정). 그런데 **새로운 대법원 전원합의체**는 2022. 11. 24. 미성년 자녀가 있는 성전환자 중 혼인관계에 있지 않은 경우(예컨대 이혼한 경우)에 한해서는 성별정정을 허용할 수 있다는 취지로 기존 판례의 태도를 보완하였다(대법원 2022. 11. 24. 선고 **2020스616 전원합의체 결정**). 새로운 판례태도에 대해서는 뒤에서 다시 후술할 것이고, 이혼 후 자녀의 성과 본의 변경 문제에 대해서는 제3장 절차법 편 [§ 18]에서 후술하기로 한다.

Ⅳ. 법률혼의 효과

1. 신분관계의 변화

앞에서 이미 설명한 바와 같이, 결혼하면 부부는 배우자라는 신분을 얻게 되는 동시에 남편 또는 아내의 친족과 인척관계를 맺게 되는데, 인척의 범위는 혈족의 배우자(며느리, 사위 등), 배우자의 혈족(장인·장모, 시부모, 처제, 시동생 등), 배우자의 혈족의 배우자(동서 등)이다(민법 제769조).[26] 민법 제777조(친족의 범위)에 따르면 인척의 경우는 4촌 이내인 경우에만 친족관계로 인한 법률상 효력이 미친다. 그리고 인척은 배우자의 혈족에 대하여는 배우자의 그 혈족에 대한 촌수에 따르고, 혈족의 배우자에 대하여는 그 혈족에 대한 촌수에 따른다(민법 제771조). 결혼이 취소되거나 이혼하면 혼인으로 맺어졌던 인척관계가 종료된다(민법 제775조 제1항). 인척관계는 부부의 일방이 사망하더라도 소멸되지 않지만, 생존배우자가 재혼한 경우에는 소멸된다(민법 제775조 제2항).[27]

2. 부부공동생활상 의무의 발생

(1) 동거(同居)의무

부부는 서로 동거할 의무를 부담한다. 다만, 출장·전근·입원 등 정당한 이유로 일시적으로 동거하지 않는 경우에는 서로 인용(認容)해야 한다(민법 제826조 제1항).[28] 배우자가 동거의무를 이행하지 않으면 법원에 동거에 관한 심판을 청구

---

26. 민법 **제769조(인척의 계원)** 혈족의 배우자, 배우자의 혈족, 배우자의 혈족의 배우자를 인척으로 한다.
27. 민법 **제775조(인척관계 등의 소멸)** ① 인척관계는 혼인의 취소 또는 이혼으로 인하여 종료한다. ② 부부의 일방이 사망한 경우 생존 배우자가 재혼한 때에도 제1항과 같다.
28. 민법 **제826조(부부간의 의무)** ① 부부는 동거하며 서로 부양하고 협조하여야 한다. 그러나 정당한 이

할 수 있으며[가사소송법 제2조 제1항 제2호 나목 1)], 악의(惡意)를 가지고 상대방을 유기(遺棄)했다는 이유로 재판상 이혼을 청구할 수도 있다(민법 제840조 제2호). 부부의 동거 장소는 부부가 협의해서 결정하는 것이 원칙이지만, 협의가 이루어지지 않으면 당사자의 청구에 따라 가정법원이 정하게 된다(민법 제826조 제2항).

(2) 부양의무

부부는 부양이 필요한 상대 배우자를 부양할 의무를 부담한다(민법 제826조 제1항). 판례에 따르면 "민법 제826조 제1항에 규정된 부부간의 상호부양의무는 부부의 일방에게 부양을 받을 필요가 생겼을 때 당연히 발생하는 것"으로서(대법원 2008. 6. 12. 선고 2005스50 결정), 부부의 부양의무가 발생하는 시기는 상대 배우자에게 부양받을 필요가 생긴 때이다. 부양이 필요함에도 불구하고 배우자가 부양의무를 이행하지 않으면 법원에 부양에 관한 심판을 청구할 수 있으며[가사소송법 제2조 제1항 제1호 나목 1)], 악의(惡意)를 가지고 상대방을 유기(遺棄)했다는 이유로 재판상 이혼을 청구할 수도 있다(민법 제840조 제2호).

〈설문〉 이혼 재판 도중이라도 부부 사이의 부양의무는 혼인 중과 동일하게 유지될 것인가?

부부간 부양의무는 혼인관계의 본질적 의무로서 부양받을 자의 생활을 부양의무자의 생활과 같은 정도로 보장하여 부부공동생활의 유지를 가능하게 하는 것이다. 문제는 혼인이 사실상 파탄되어 부부가 별거하면서 서로 이혼소송을 제기하는

유로 일시적으로 동거하지 아니하는 경우에는 서로 인용하여야 한다. ② 부부의 동거장소는 부부의 협의에 따라 정한다. 그러나 협의가 이루어지지 아니하는 경우에는 당사자의 청구에 의하여 가정법원이 이를 정한다.

경우라고 하더라도 부양의무가 그대로 유지될 것인가에 있다. 상기한 〈설문〉에 대한 판례에 따르면 "혼인이 사실상 파탄되어 부부가 별거하면서 서로 이혼소송을 제기하는 경우라고 하더라도, 특별한 사정이 없는 한 이혼을 명한 판결의 확정 등으로 법률상 혼인관계가 완전히 해소될 때까지는 부부간 부양의무가 소멸하지 않는다고 보아야 한다. 그 이유는 다음과 같다 : ① 부부간에 부양받을 자의 생활을 부양의무자와 같은 정도로 보장하고자 하는 부부간 부양의무는 부부가 동거하면서 정상적인 부부관계를 유지하는 경우보다는 부부가 어떤 이유에서든지 별거하여 배우자 일방이 상대방에 대하여 부양의무를 이행할 필요성이 있는 경우에 더 큰 의미가 있다. ② 민법상 혼인관계의 해소는 혼인이 무효이거나 취소된 때가 아닌 한 협의 또는 재판상 이혼에 의해야 하므로 그와 같은 이혼의 효력이 발생되지 않으면 여전히 법률상 부부관계가 남아 있는 것이고 당사자의 의사에 따라 언제든지 다시 정상적인 부부관계로 회복될 여지가 있다. 협의이혼 신고의 수리 전 철회나 재판상 이혼청구(반소 포함)의 종국판결 확정 전 취하를 통해 사실상 종료된 혼인관계를 다시 유지할 수도 있기 때문이다. ③ 재산분할청구 사건에서 혼인 중 이룩한 재산관계의 청산뿐 아니라 이혼 이후 당사자들의 생활보장에 대한 배려 등 부양적 요소, 사실심 변론종결 당시까지의 부양 상황 등을 함께 고려하여 재산분할의 대상과 액수를 정하게 되는데, 이러한 재산분할에 따른 권리는 이혼의 확정을 전제로 발생하는 것이므로 이혼이 확정되기 전까지의 부양적 요소는 별도의 부양료 심판 등에서 고려될 필요가 있고, 특히 부양이 필요한 배우자가 소득이 없는 경우에는 더욱 그러하다. ④ 재판상 이혼의 경우 일방의 이혼, 위자료 및 재산분할 등을 구하는 본소 제기는 물론 이에 대한 상대방의 이혼 등의 반소 제기는, 모두 이혼의 의사가 있으니 법원의 형성판결을 통해 혼인관계를 해소하고 혼인파탄의 책임 및 부부공동재산의 범위를 따져 위자료 및 재산분할 내용을 정해 달라는 재판상 청구권을 행사하는 것이다. 따라서 부양의무자의 이혼 등 본소에 대하여 부양권리자가 이혼 등의 반소를 제기하였다는 사정은 이혼 의사가 합치되었다는 사정에 불과할 뿐 여전히 둘 사이에는 혼인파탄의 책임 및 부부공동재산의 범위에 관한 분쟁이 남아 있어 혼인이 완전히 해소되었다고 볼 수는 없다. ⑤ 따라서 배우자 일방이 스스로 정당한 이유 없이 동거를 거부하면서도 상대방에게 부양료의 지급을 청구할 수는 없지만, 그러한 귀책사유 없는 배우자 일방이 상대방에게 부양료의 지급을 청구하는 것은 부양료 지급의 요건 및 필요성이 인정되지 않는 특별한 사정이 없는 한 비록 당사자 쌍방이 이혼소송을 서로 제기한 경우라도 인정되어야 한다"(대법원 2023. 3. 24. 선고 2022스771, 결정).

(3) 협조의무

부부는 서로 협조할 의무를 부담한다(민법 제826조 제1항). 배우자가 협조의무를 이행하지 않으면 법원에 협조에 관한 심판을 청구할 수 있으며[가사소송법 제2조 제1항 제2호 나목 1)], 결혼생활을 지속하기 어려운 중대한 사유에 해당함을 이유로 재판상 이혼을 청구할 수도 있다(민법 제840조 제6호).

(4) 정조(貞操)의무

부부의 정조의무에 대해서는 민법에 직접적인 규정은 없지만, 관련 규정들을 통하여 부부는 서로 정조의무를 부담하는 것으로 해석된다. 배우자의 부정행위를 근거로 재판상 이혼을 청구할 수 있고(민법 제840조 제1호), 상대 배우자가 불법행위를 한 경우에는 손해배상을 청구할 수 있으며(약혼해제와 손해배상청구권에 관한 민법 제806조 및 이를 준용하는 제843조), 배우자가 있음을 알면서도 통정(通情)한 상대방에 대해서도 공동불법행위책임을 물어 손해배상을 청구할 수 있도록(민법 제760조)[29] 민법이 규정하고 있기 때문이다.

---

29. 민법 **제760조(공동불법행위자의 책임)** ① 수인이 공동의 불법행위로 타인에게 손해를 가한 때에는 연대하여 그 손해를 배상할 책임이 있다. ② 공동 아닌 수인의 행위중 어느 자의 행위가 그 손해를 가한 것인지를 알 수 없는 때에도 전항과 같다. ③ 교사자나 방조자는 공동행위자로 본다.

3. 일상가사대리권(그리고 원칙상 연대책임)의 발생

〈설문〉 결혼 부부는 일상가사로 인한 채무에 대해서 연대책임을 지는가? (원칙상 연대책임)

민법 제832조(가사로 인한 채무의 연대책임)에 따르면 부부의 일방이 일상의 가사에 관하여 제3자와 법률행위를 한 때에는 다른 일방은 이로 인한 채무에 대하여 연대책임이 있다. 그러나 이미 제3자에 대하여 다른 일방의 책임 없음을 명시한 때에는 그러하지 아니하다. 여기서 "일상가사"란 부부의 공동생활에 필요한 통상의 사무를 말한다. 일상가사의 범위는 부부의 직업·재산·수입·생활수준·지역차이·사회적 지위 등 모든 생활 형태를 종합적으로 고려해 사회통념에 따라 개별적·구체적으로 결정되는데, 일반적으로 식료품이나 생활용품의 구입, 주택의 월세 지급, 자녀의 양육비 지출 등이 여기에 포함된다. 부부는 일상가사의 범위에서 서로를 대리할 수 있다(민법 제827조 제1항).[30] 일상가사에 속하지 않는 사항에 관해 배우자를 대리하려면 위임장을 받거나 구두로 확인을 받는 등 별도의 수권(授權)행위가 있어야 한다. 예를 들어 별거를 하여 외국에 체류 중인 배우자의 재산을 처분하는 행위, 매매대금이 거액에 이르는 대규모주택을 구입하기 위해 금전을 빌리는 행위 등은 일상가사에 속하는 것으로 보기 어렵고 별도로 대리권을 수여받아야 한다(대법원 1993. 9. 28. 선고 93다16369 판결 ; 대법원 1997. 11. 28. 선고 97다31229 판결 등). 부부가 생활필수품 구입 등 일상생활에 필요한 지출 때문에 은행이나 다른 사람에게 빚을 지게 된 경우는 공동으로 갚아야 하겠지만 이미 제3자에게 부부의 다른 일방의 책임 없음을 명시했다면 연대책임을 지지 않을 것이다.

---

30. 민법 **제827조(부부간의 가사대리권)** ① 부부는 일상의 가사에 관하여 서로 대리권이 있다. ② 전항의 대리권에 가한 제한은 선의의 제삼자에게 대항하지 못한다.

〈설문〉 생활비용에 대해서 결혼 부부는 공동부담 책임을 지는가? (원칙상 공동부담)

민법 제833조(생활비용)에 따르면 부부의 공동생활에 필요한 비용은 당사자 간에 특별한 약정이 없으면 부부가 공동으로 부담한다. 여기서 '공동부담'이란 산술적으로 균등하게 부담한다는 의미가 아니라, 부부 각자의 경제적 능력에 따라 분담한다는 상대적 개념이다. 의식주 비용, 자녀 양육비 등이 부부의 공동생활에 필요한 비용으로 평가될 수 있을 것이다. 부부 중 일방이 가사노동을 전담하는 경우에도 그 가사노동은 다른 일방이 소득활동을 가능하도록 돕는 노동으로서 사회적·경제적 가치가 있다고 평가되어 공동생활비를 부담하고 있는 것으로 해석되고 있다. 생활비용의 부담 비율·방법 등은 부부간의 협의로 결정할 수 있는데, 이에 관해 협의가 이루어지지 않으면 법원에 조정·심판을 청구할 수 있다[가사소송법 제2조 제1항 제2호 나목 1)].

4. 결혼에 의한 성년의제(成年擬制)

19세 미만의 미성년자가 결혼하면 성년자로 의제되어(민법 제826조의 2),[31] 성년자와 동일한 행위능력을 갖게 된다. 즉, 후견인, 유언의 증인, 유언집행자가 될 수 있으며, 친권과 소송능력(민사소송법 제55조)도 인정된다.[32] 다만, 민사법의 영역을 넘어가는 "공직선거법", "청소년 보호법", "근로기준법", "국세기본법" 등에서는

31. 민법 **제826조의 2(성년의제)** 미성년자가 혼인을 한 때에는 성년자로 본다.

32. 민사소송법 **제55조(제한능력자의 소송능력)** ① 미성년자 또는 피성년후견인은 법정대리인에 의해서만 소송행위를 할 수 있다. 다만, 다음 각 호의 경우에는 그러하지 아니하다 : 1. 미성년자가 독립하여 법률행위를 할 수 있는 경우 2. 피성년후견인이 "민법" 제10조 제2항에 따라 취소할 수 없는 법률행위를 할 수 있는 경우 ② 피한정후견인은 한정후견인의 동의가 필요한 행위에 관하여는 대리권 있는 한정후견인에 의해서만 소송행위를 할 수 있다.

여전히 미성년자로 취급된다. 즉, 해당 법률에서 요구하는 연령기준에 미치지 못하는 미성년 결혼자의 경우는 선거권 · 투표권 · 피선거권이 없으며, 상속세를 납부할 때 미성년자 공제를 받을 수 있다.

5. 부부 사이의 재산권 문제(부부별산제의 원칙)

〈설문〉 혼인 전 별도의 부부재산약정이 체결되지 않은 경우 부부 사이의 재산권 귀속은 어떻게 되는가? (부부별산제로서의 특유재산과 공유재산)

부부재산약정이 체결된 경우가 아니라면 부부재산의 귀속과 관리는 민법에 따라 이루어지는데(법정재산제), 민법은 부부 각자의 재산을 인정하고 이에 따라 부부재산을 산정하도록 하는 **부부별산제**를 채택하고 있다. 민법에 따르면 결혼 전의 고유 재산과 결혼 중 자신의 명의로 취득한 재산은 **특유재산**으로 인정되고, 귀속이 불분명한 재산은 **부부공유재산**으로 추정된다(민법 제830조).[33] 이를 분설하면 다음과 같다.

(1) 특유재산

부부의 일방이 결혼 전부터 가진 고유재산과 결혼 중 자신의 명의로 취득한 재산은 그의 **특유재산**으로 하며(민법 제830조 제1항), 부부는 그 특유재산을 각자가 관리, 사용, 수익한다(제831조).[34] 즉, 부부 중 일방의 명의로 된 재산은 그 명의자의 재산으로 추정되므로 상대 배우자의 재산이 본인소유라거나 공동소유라는 것을

---

33. 민법 **제830조(특유재산과 귀속불명재산)** ① 부부의 일방이 혼인전부터 가진 고유재산과 혼인중 자기의 명의로 취득한 재산은 그 특유재산으로 한다. ② 부부의 누구에게 속한 것인지 분명하지 아니한 재산은 부부의 공유로 추정한다.

34. 민법 **제831조(특유재산의 관리 등)** 부부는 그 특유재산을 각자 관리, 사용, 수익한다.

주장하려면 그 재산취득을 위한 비용을 부담했거나 부부의 재산을 증식하기 위한 노력을 적극적으로 했다는 것을 증명해야 한다(대법원 1995. 10. 13. 선고 95다25695 판결). 따라서 막연히 재산취득에 협력했다거나 상대 배우자를 내조(內助)했다는 것만으로는 그 추정을 번복할 수 없다(대법원 1998. 6. 12. 선고 97누7707 판결). 명의신탁 사례에 대한 판례에 따르면 "특유재산의 추정을 번복하기 위해서는 다른 일방 배우자가 실제로 해당 부동산의 대가를 부담해서 그 부동산을 자신이 실질적으로 소유하기 위해 취득했음을 증명해야 하므로, 단순히 다른 일방 배우자가 그 매수자금의 출처라는 사정만으로는 무조건 특유재산의 추정이 번복되어 해당 부동산에 관해 명의신탁이 있었다고 볼 것은 아니고, 관련 증거들을 통해 나타난 모든 사정을 종합해서 다른 일방 배우자가 해당 부동산을 실질적으로 소유하기 위해 그 대가를 부담했는지 여부를 개별적·구체적으로 가려 명의신탁여부를 판단해야 한다"(대법원 2008. 9. 25. 선고 2006두8068 판결).

(2) 공유재산

부부 중 누구에게 속하는 것인지 분명하지 않은 재산(예를 들어 전세보증금)은 부부의 공유(共有)재산으로 추정된다(민법 제830조 제2항). 그러므로 이 재산을 사용, 관리, 수익하려면 상대 배우자의 동의가 있어야 한다. 또한, 결혼 중에 부부가 공동으로 협력해서 취득한 재산은 비록 그 명의가 부부 일방으로 되어 있어도 실질적으로 공유재산으로 보아 이혼 시 재산분할의 대상이 될 수 있다. 즉, 이혼 시 재산문제로서 대두되는 재산분할에 있어 상기한 특유재산과 공유재산의 구별은 매우 중요한 사항이 된다.

〈설문〉 결혼 전에 미리 결혼 당사자가 재산관계에 대해 계약(부부재산약정)을 체결한 경우 결혼 후에도 그 계약에 따른 효과가 인정되겠는가?

결혼 전에 미리 결혼 당사자가 재산관계에 대해 계약을 체결하는 **소위 부부재산약정이 있는 경우에 결혼 후에 그 약정의 효력이 있는지가 문제된다**. 민법 제829조가 이에 대해 규율하고 있다.[35] 이 규정에 따르면 부부가 혼인성립 전에 그 재산에 관하여 따로 약정을 한 경우에는 당사자 사이에는 당연히 그에 상응하는 효력이 인정될 것이다. 다만 부부가 그 재산에 관하여 따로 약정을 한 때에는 혼인성립까지에 그 등기를 하지 아니하면 이로써 부부의 승계인 또는 제3자에게 대항하지 못한다(민법 제829조 제4항). 즉, 부부재산약정은 혼인성립 전(즉, 혼인신고 전)까지 등기해야 부부의 승계인 또는 제3자에게 대항할 수 있다. 이 때 등기신청자는 결혼 당사자 쌍방이 된다("부부재산약정등기 사무처리 지침"(대법원등기예규 제1646호, 2018. 5. 1. 발령·시행) 1. 가).

부부재산약정은 부부의 결혼 중의 재산관계를 정하는 것이므로, 부부재산약정으로 이혼 등 결혼해소 시의 재산관계를 정할 수는 없다. 그리고 부부재산약정은 혼인신고를 한 후에는 변경할 수 없는 것이 원칙이다(민법 제829조 제2항 전단). 그러나 부부 일방이 배우자의 재산을 관리하면서 부적당한 관리로 그 재산을 위태롭

35. 민법 **제829조(부부재산의 약정과 그 변경)** ① 부부가 혼인성립전에 그 재산에 관하여 따로 약정을 하지 아니한 때에는 그 재산관계는 본관중 다음 각조에 정하는 바에 의한다. ② 부부가 혼인성립전에 그 재산에 관하여 약정한 때에는 혼인중 이를 변경하지 못한다. 그러나 정당한 사유가 있는 때에는 법원의 허가를 얻어 변경할 수 있다. ③ 전항의 약정에 의하여 부부의 일방이 다른 일방의 재산을 관리하는 경우에 부적당한 관리로 인하여 그 재산을 위태하게 한 때에는 다른 일방은 자기가 관리할 것을 법원에 청구할 수 있고 그 재산이 부부의 공유인 때에는 그 분할을 청구할 수 있다. ④ 부부가 그 재산에 관하여 따로 약정을 한 때에는 혼인성립까지에 그 등기를 하지 아니하면 이로써 부부의 승계인 또는 제삼자에게 대항하지 못한다. ⑤ 제2항, 제3항의 규정이나 약정에 의하여 관리자를 변경하거나 공유재산을 분할하였을 때에는 그 등기를 하지 아니하면 이로써 부부의 승계인 또는 제삼자에게 대항하지 못한다.

게 한 경우와 같이 정당한 사유가 있으면 법원의 허가를 받아 변경할 수 있다(민법 제829조 제2항·제3항 및 부부재산약정등기규칙 제4조).

6. 배우자 일방의 사망 시 생존 배우자의 상속권

법률혼 배우자의 일방이 사망하면 생존 배우자는 상속인으로서 상속권을 가지는 반면에 사망 전 이혼하였던 (전)배우자는 상속인으로서 상속권을 가질 수 없다.[36] 아래에서는 법률혼 잔존 배우자의 상속권을 포함하여 민법이 규정하고 있는 상속의 핵심 내용에 대해 설명하기로 한다.

(1) 상속인과 상속순위

〈설문〉 갑(남)은 가족으로 부모님(A, B), 법률혼 배우자(을), 그리고 유효하게 입양한 자녀(C)가 있는 상태에서 사망한 경우 배우자 을은 (공동) 상속인이 될 것인가?

상속은 사람(피상속인)의 사망으로 개시된다(민법 제997조). 상속에 있어서는 다음 순위로 상속인이 된다(즉, 상속순위에 관한 민법 제1000조 제1항) : (1) (* 자녀, 손자녀 등) 피상속인의 직계비속 (2) (* 부모, 조부모 등) 피상속인의 직계존속[37]

36. 구체적으로 상속인이 될 수 있는 사람을 열거한다면 (i) 태아(胎兒), (ii) 이성동복(異姓同腹)의 형제, (iii) 이혼 소송 중인 배우자, (iv) 인지(認知)된 혼외자(婚外子), (v) 양자(養子), 친양자(親養子), 양부모(養父母), 친양부모(親養父母), (vi) 양자를 보낸 친생부모(親生父母), (vii) 북한에 있는 상속인, (viii) 외국국적을 가지고 있는 상속인이다. 그러나 상속인이 될 수 없는 사람을 열거한다면 (i) 적모서자(嫡母庶子), (ii) 사실혼(事實婚)의 배우자, (iii) 상속결격 사유가 있는 사람, (iv) 유효하지 않은 양자, (v) 친양자를 보낸 친생부모, (vi) 이혼한 배우자이다.

37. 2순위이므로 1순위인 직계비속이 없는 경우에 상속인이 될 것임.

(3) 피상속인의 형제자매[38] (4) (* 삼촌, 고모, 이모 등) 피상속인의 4촌 이내의 방계혈족.[39] 이 경우 동순위의 상속인이 수인인 때에는 최근친을 선순위로 하고(예컨대 직계비속 중 손 자녀에 비해 자녀의 우선), 동친 등의 상속인이 수인인 때에는 공동상속인이 된다(제2항). 태아는 상속순위에 관하여는 이미 출생한 것으로 본다(제3항).

배우자는 1순위인 직계비속과 같은 순위로 공동상속인이 되며, 직계비속이 없는 경우에는 2순위인 직계존속과 공동상속인이 된다. 한편, 직계비속과 직계존속이 모두 없는 경우에는 배우자가 단독 상속인이 된다(민법 제1003조 제1항).[40] 여기서 배우자란 법률상 혼인관계에 있는 사람이어야 하고, 사실혼 관계의 배우자는 상속인이 될 수 없다. 다만, 사실혼 배우자는 특별한 연고가 있는 경우 상속인이 없을 때에 한하여 상속재산을 분여(分與)받을 수 있을 뿐이다(민법 제1057조의 2). 판례는 피상속인의 배우자와 자녀 중 자녀 전부가 상속을 포기한 경우 배우자와 손자녀 또는 직계존속이 공동상속인이 되는지, 배우자가 단독상속인이 되는지 여부가 문제된 사안에서, ""민법" 제1043조에 따라 상속을 포기한 자녀의 상속분은 남아 있는 '다른 상속인'인 배우자에게 귀속되므로 배우자가 단독상속인이 되며,[41] 상속을 포기한 피상속인의 자녀들은 피상속인의 채무가 자신은 물론 자신의 자녀에게도 승계되는 효과를 원천적으로 막을 목적으로 상속을 포기한 것이라고 보는 것이 자연스럽다"고 판시하였다(대법원 2023. 3. 23. 선고 2020그42 전원합의체 결정).[42]

---

38. 3순위이므로 1, 2 순위가 없는 경우에 상속인이 될 것임.

39. 1, 2, 3 순위의 사람이 없는 경우에만 상속인이 될 것임.

40. 민법 **제1003조(배우자의 상속순위)** ① 피상속인의 배우자는 제1000조 제1항 제1호와 제2호의 규정에 의한 상속인이 있는 경우에는 그 상속인과 동순위로 공동상속인이 되고 그 상속인이 없는 때에는 단독상속인이 된다.

41. 참고로, 폐기된 종래의 대법원 2015. 5. 14. 선고 2013다48852 판결은 배우자와 피상속인의 손자녀 또는 직계존속이 공동상속인이 된다는 취지로 판시하였음.

42. 관련 글로는 이봉민, "피상속인의 배우자와 자녀 중 자녀 전부가 상속을 포기한 경우 배우자가 단독상속인이 되는지, 배우자와 피상속인의 손자녀 또는 직계존속이 공동상속인이 되는지 여부 : 대상결정 : 대법원 2023. 3. 23. 자 2020그42 전원합의체 결정", 사법 64호, 사법발전재단, 2023

사망한 생부의 직계비속으로 인지되어 상속회복청구권을 행사한 시점이 과거 공동상속인에게 상속이 개시된 때로부터 10년이 경과한 경우에는 민법 제999조 제1항 및 제1014조가 규정하고 있는 소멸시효의 문제가 발생할 수 있다.[43] 이 문제에 대해 헌법재판소는 2024. 6. 27. "상속개시 후 인지에 의하여 공동상속인이 된 자가 다른 공동상속인에 대해 그 상속분에 상당한 가액의 지급에 관한 청구권(상속분가액지급청구권)을 행사하는 경우에도[44] 상속회복청구권에 관한 10년의 제척기간을 적용하도록 한 민법 조항은 청구인의 재산권과 재판청구권을 침해하여 헌법에 위반된다"는 결정을 선고하였다(민법 제999조 제2항의 '상속권의 침해행위가 있은 날부터 10년' 중 제1014조에 관한 부분에 대해 위헌결정을 한 헌재결 2024. 6. 27. 선고 2021헌마1588).[45]

상속은 사망 당시 피상속인의 본국법(本國法)에 따른다(국제사법 제77조 제1항). 따라서 사망한 사람이 베트남 국적을 가지고 있는 경우, 상속인은 한국국적을 가진 한국인이라고 할지라도 상속인, 상속순위, 상속분 등의 모든 상속관계가 베트남의 상속법에 따라 결정된다.

상기한 〈설문〉에서 사망한 갑과의 관계에서 부모님(A, B)은 1촌의 직계존속,

---

43. 민법 제999조(상속회복청구권) ② 제1항의 상속회복청구권은 그 침해를 안 날부터 3년, 상속권의 침해행위가 있은 날부터 10년을 경과하면 소멸된다.

44. 민법 제1014조(분할후의 피인지자 등의 청구권) 상속개시후의 인지 또는 재판의 확정에 의하여 공동상속인이 된 자가 상속재산의 분할을 청구할 경우에 다른 공동상속인이 이미 분할 기타 처분을 한 때에는 그 상속분에 상당한 가액의 지급을 청구할 권리가 있다.

45. [사실관계] 이○○(母)는 1969. 11. 7. 청구인을 출산한 다음 1984. 9. 1. 김□□와 혼인하였다. 김□□(表見父, 법률상 父)는 1984. 9. 17. 청구인을 인지('인지'란, 혼인외 출생자의 생부 또는 생모가 그 출생자를 자신의 子로 인정하여 법률상의 친자관계를 발생시키는 의사표시이다(민법 제855조). 이 사건에서 김□□는 청구인의 생부가 아니었으나 청구인을 子로 인지하여 청구인의 법률상 父가 되었다)하였다. 청구인은 2019. 2.경 이○○로부터 망 김△△(1998. 1. 20. 사망)가 생부(生父)라는 이야기를 듣고, 수원가정법원 여주지원에서 김□□(表見父)의 인지가 무효임을 확인받은 다음, 서울가정법원에서 청구인이 망 김△△(生父)의 친생자임을 인지 받아 그 판결이 2021. 12. 21. 확정되었다. 청구인은 '상속권의 침해행위가 있은 날부터 10년'의 제척기간으로 인하여 다른 공동상속인에게 상속분가액지급청구권을 행사할 수 없게 되어 기본권이 침해된다고 주장하며, 2021. 12. 27. 이 사건 헌법소원심판을 청구하였다.

을은 법률상 배우자, 입양한 자녀(C)는 1촌의 직계비속에 해당한다. 이 경우 직계비속인 입양한 자녀(C)가 1순위의 상속인이 될 것이고, 법률상 배우자 을도 직계비속과 함께 1순위의 (공동)상속인이 될 것이다(법정상속분은 배우자 을이 50% 더 많음). 반면에 갑의 부모(직계존속) A, B는 후순위 상속인이 되어 상속받지 못하게 될 것이다.

(2) 대습상속

〈설문〉 갑은 미성년 자녀 A와 배우자 을을 두고 사망하였다. 그 이후 많은 재산을 가진 A의 친할아버지 B가 친할머니 C를 두고 사망하였다. 그런데 A의 할아버지는 A의 아버지 갑 이외에도 자녀(A의 고모 D)를 한 명 더 두고 있었다. 갑의 배우자 을은 갑 사망 이후 사망한 B(A의 할아버지)의 재산에 대해서도 (공동)상속인이 될 수 있는가, 그리고 그 상속분은 어떻게 계산될 것인가?

상속인이 될 직계비속(즉, 민법 제1000조 제1항이 규정한 제1순위 상속인) 또는 형제자매(즉, 제3순위 상속인)가 상속개시 전에 사망하거나 결격자가 된 경우에 그 "직계비속"이 있는 때에는 그 직계비속이 사망하거나 결격된 자의 순위에 갈음하여 상속인이 된다(민법 제1001조).[46] 민법 제1001조의 대습상속의 경우에 상속개시 전에 사망 또는 결격된 자의 "배우자"는 동조의 규정에 의한 상속인과 동순위로 공동상속인이 되고 그 상속인이 없는 때에는 단독 상속인이 된다(민법 제1003조 제2항). 대습 상속인이 되려면 (사망하지 않았거나 상속결격이 없었더라면) 상속인이 될 직계비속 또는 형제자매가 상속개시 전에 사망하거나 결격자가 되어야 하는 "대습원인"과 (사망하지 않았거나 상속결격이 없었더라면) 상속인이 될 사람의

46. 민법 제1000조 제1항 제2호의 직계존속(즉, 제2순위 상속인)에 대한 대습상속은 인정되지 않음.

직계비속 또는 배우자이어야 하는 대습자로서의 요건을 갖추어야 한다. 따라서 아버지를 여읜 아들 A는 그 이후 할아버지의 사망 시 그 재산을 상속받을 수 있다(만약 할아버지의 직계비속 고모와 배우자 할머니가 생존해 있다면 그들과 동 순위 상속인이 될 것임. 그리고 A의 어머니가 있다면 어머니도 대습상속인일 될 것임). 그리고 상속인이 될 직계비속이 피상속인과 동시에 사망한 경우(아버지와 할아버지가 비행기 사고로 동시에 사망한 경우)에도 대습상속이 이루어진다. 원칙적으로 살아있었으면 상속인이 되었을 피대습자는 상속개시 이전에 사망했어야 하지만, 판례는 피상속인과 피대습자가 동시에 사망하였을 경우에도 대습상속을 인정하였다(대법원 2001. 3. 9. 선고 99다13157 판결).

상기한 〈설문〉에서 B(A의 할아버지)가 사망한 시점에 A의 아버지 갑이 살아있었다면 B의 상속재산에 대해서는 갑(직계비속), 고모 D(직계비속), C(배우자)가 공동상속인이 되었을 것이다. 그러나 상속인이 될 직계비속 갑이 상속개시 전에 사망한 경우에는 갑의 직계비속 A와 배우자 을이 대습상속인이 될 것이다. 따라서 B의 상속재산에 대해서는 B의 배우자 C, 직계비속 D 그리고 갑의 대습 상속인으로서의 A 및 배우자 을이 공동상속인이 될 것이다. 〈설문〉 사례와 같이 대습 상속인들이 포함된 공동상속인 사이의 상속분 계산은 상당히 복잡할 것인데, 다음의 상속분에 대한 민법 규정이 여기서도 그대로 원용되어야 할 것이다.[47]

---

47. 〈설문〉 사례에서 할아버지 B의 사망 시 A의 아버지 갑이 살아 있었다면, 할머니(C)는 할아버지의 법률상 배우자로 직계비속인 아버지 갑과 고모 D보다 5할이 가산된 상속분을 가지게 될 것이다(민법 제1009조). 따라서 A의 할머니 C와 아버지 갑, 고모 D의 상속분은 각각 3/7, 2/7, 2/7가 되었을 것이다. 대습상속인(민법 제1001조)의 상속분은 사망 또는 결격된 사람의 상속분에 따르고(민법 제1010조 제1항), 아버지 갑의 상속분인 2/7를 직계비속 A와 갑의 배우자 을이 대습 상속인으로서 다시 공동으로 상속받게 될 경우에도 갑의 배우자인 을은 직계비속 A보다 5할이 더 가산된 상속분을 가지게 될 것이다. 이에 따르면 A는 할아버지 B 재산의 2/7(갑이 살아있었다면 그의 상속분)에다가 2/5를 곱한 상속분을 갖게 될 것이고, 을은 B의 재산 2/7에다가 3/5을 곱한 상속분을 갖게 될 것이다. 결국, 할아버지가 사망한 후 할머니 C는 사망한 할아버지 B 재산의 3/7, 고모 D는 2/7, 갑의 대습상속인으로서의 을은 6/35, A는 4/35의 상속분을 각각 가지게 될 것이다.

(3) 상속분

〈설문〉 갑은 가족으로 법률상 배우자(을), 3명의 자녀(A, B, C), 그리고 어머니 (D)가 있는 상태에서 사망한 경우 배우자 을은 누구와 공동 상속인이 될 것이고, 각 상속인의 상속분은 어떻게 되겠는가?

[실제사례] A(68)는 동갑인 아내 B와 결혼해 슬하에 3명의 자녀를 두었다. 하지만 행복한 결혼생활은 오래가지 못했다. A가 결혼 7년 만에 다른 여성과 눈이 맞아 처자식을 두고 집을 나가 딴 살림을 차린 것이다. A는 처자식이 자신의 거처를 알 수 없도록 운영하던 공장도 수차례 이전했고, 생활비도 주지 않았다. A는 아내 B에게 이혼을 요구했다가 B가 거부하자 이혼소송까지 냈다. 하지만 법원은 A가 유책배우자임을 들어 A의 이혼청구를 받아들이지 않았다. 그러다 아내 B는 병을 얻었다. 한의사인 B의 장남은 어머니를 돌보기 위해 운영하던 한의원까지 접고 누나와 함께 B를 간호했지만, B는 결국 세상을 떠났다. B는 2억 8,800만 원 상당의 부동산과 예금 등을 남겼지만 B의 자녀들은 따로 상속재산을 분할하지 않은 채 공동상속한 상태로 어머니의 유산을 유지했다. 그런데 B의 장례식에 모습을 보이지도 않던 A가 법률상 남편인 나도 상속받을 권리가 있다고 주장하고 나섰다. A가 "B가 남긴 상속재산의 9분의 3을 달라"며 자식들을 상대로 소송을 낸 것이다. 배우자에게는 자녀보다 50% 더 많은 상속지분이 인정되어야 한다는 것이다. 이에 장남과 장녀는 어머니를 간병하고 부양했기 때문에 우리의 기여분이 각각 50% 인정돼야 한다며 맞소송을 제기하였다.

상속분(相續分)이란 2명 이상의 상속인이 공동으로 상속재산을 승계하는 경우에 각 상속인이 승계할 몫을 말한다. 동순위의 상속인이 수인인 때에는 그 상속분은 균분으로 한다(민법 제1009조 제1항). 피상속인의 배우자의 상속분은 직계비속과 공동으로 상속하는 때에는 직계비속의 상속분의 5할을 가산하고, 직계존속과 공동으로 상속하는 때에는 직계존속의 상속분의 5할을 가산한다(제2항). 그리고 사망 또는 결격된 사람의 순위를 갈음하여 상속인이 된 대습상속인(민법 제1001조)의 상속분은 사망 또는 결격된 사람의 상속분에 의한다(민법 제1010조 제1항). 사망 또는 결격된 사람의 직계비속이 여러 명인 때에는 그 상속분은 사망 또는 결격된 사람의 상속분의 한도에서 같은 순위의 상속인이 여러 명인 때에는 그 상속분은 동일한 것으로 하고, 배우자의 상속분은 직계비속과 공동으로 상속하는 때에는 직계비속의 상속분에 5할(50%)을 가산하고, 직계존속과 공동으로 상속하는 때에는 직계존속의 상속분에 5할(50%)을 가산한다(민법 제1010조 제2항 전단 및 민법 제1009조). 그리고 민법은 특별수익(잔존 상속재산에 추가 계산된 이후 분할 처리됨)과[48] 기여분이[49] 있는 사람에 대해서는 상속분이 특별히 결정될 수 있도록 규정하였다.

상기한 〈설문〉에서 사망한 갑과의 관계에서 을은 법률상 배우자, 3명의 자녀 A, B, C는 1촌의 직계비속, 어머니 D는 직계존속에 해당한다. 이 경우 1순위 상속인은 직계비속 A, B, C이고 배우자 을은 이들과 공동상속인이 된다. 어머니 D는

---

48. 민법 **제1008조(특별수익자의 상속분)** 공동상속인 중에 피상속인으로부터 재산의 증여 또는 유증을 받은 자가 있는 경우에 그 수증재산이 자기의 상속분에 달하지 못한 때에는 그 부족한 부분의 한도에서 상속분이 있다. [관련 판례] 공동상속인 중 특별수익자가 받은 특별수익이 자기의 상속분보다 초과하더라도 그 초과분에 대해 반환의무를 정한 "민법"의 규정이 없을뿐더러 다액의 특별수익자가 있는 경우에는 유류분제도에 의해 다른 공동상속인들이 상속으로부터 배제되는 것을 보호하고 있으므로 이러한 경우에도 특별수익자는 그 초과분을 반환해야 할 의무가 없다(서울고법 1991. 1. 18. 선고 89르2400 판결 참조).

49. 민법 **제1008조의 2(기여분)** ① 공동상속인 중에 상당한 기간 동거·간호 그 밖의 방법으로 피상속인을 특별히 부양하거나 피상속인의 재산의 유지 또는 증가에 특별히 기여한 자가 있을 때에는 상속개시 당시의 피상속인의 재산가액에서 공동상속인의 협의로 정한 그 자의 기여분을 공제한 것을 상속재산으로 보고 제1009조 및 제1010조에 의하여 산정한 상속분에 기여분을 가산한 액으로써 그 자의 상속분으로 한다. ② 제1항의 협의가 되지 아니하거나 협의할 수 없는 때에는 가정법원은 제1항에 규정된 기여자의 청구에 의하여 기여의 시기·방법 및 정도와 상속재산의 액 기타의 사정을 참작하여 기여분을 정한다. ③ 기여분은 상속이 개시된 때의 피상속인의 재산가액에서 유증의 가액을 공제한 액을 넘지 못한다. ④ 제2항의 규정에 의한 청구는 제1013조 제2항의 규정에 의한 청구가 있을 경우 또는 제1014조에 규정하는 경우에 할 수 있다.

상속받지 못하는 후순위 상속인이 될 뿐이다. 공동상속인은 상속분을 균분하되 배우자의 경우에는 직계비속 상속분의 5할을 가산하므로 자녀 A, B, C가 1만큼의 상속재산을 승계 받으면, 배우자 을은 1.5만큼의 상속재산을 승계 받을 것이다(따라서 이 경우 공동상속인의 합계 분모는 4.5가 될 것임). 따라서 A, B, C는 각각 2/9의 상속분을 가지며, 배우자 을은 3/9의 상속분을 가지게 될 것이다.

그리고 상기한 [실제사례]에 대해 2017년 서울가정법원 가사4부는 "사례에서 장녀는 성년이 된 이후부터 B가 사망하기 전까지 약 15년간 한집에 거주하면서 B를 부양하고 간병을 도맡았다. 한의사인 장남도 월 100만 원은 물론 B가 돈이 필요하다고 하자 B에게 2억 원을 건넸고, B가 심부전증으로 병원에 입원하자 한의원을 폐업하고 장녀와 함께 B를 간병했다. 두 사람은 피상속인인 B를 특별히 부양했고 B의 재산 유지 및 증가에 직접적으로 기여했으므로 두 사람의 기여분을 각각 40%로 정한다. 상속재산에서 장남과 장녀의 기여분 80%를 제외한 남은 5,800여만 원을 법정상속비율(9분의 3)로 나눠 A에게 1,900여만 원에 해당하는 재산만 분할하기로 한다"는 취지로 판시하였다(2015느합30335).

(4) 유류분 제도

〈설문〉 갑(남)은 가족으로 배우자 을, 자녀 A, B를 두고 있었는데, 생존 시 그의 모든 재산을 X와의 혼외자인 C에게 모두 남긴다는 내용의 유효한 유언증서를 작성해 둔 이후 사망하였다. 갑의 재산에 대해 법정 (공동) 상속인에 속하는 갑의 배우자 을은 본인의 상속분을 조금이라도 확보하기 위해서는 어떠한 조치를 취하여야 하겠는가?

민법은 유언을 통한 재산처분의 자유를 인정하고 있는바, 피상속인이 유언으로 타인이나 상속인 일부에게만 유증을 하면 상속인에게 상속재산이 이전되지 않을 수 있다. 상속재산처분의 자유를 무제한적으로 인정하게 되면 가족생활의 안정을 해치고, 피상속인 사망 후의 상속인의 생활보장이 침해된다. 이러한 불합리를 막고 상속인의 생활을 보장하기 위해 민법은 소위 유류분 제도를 도입하고 있다. 유류분(遺留分)이란 상속 재산 가운데 일정한 상속인을 위하여 법률상 반드시 남겨 두어야 할 일정 부분을 말한다. 2024년 4월 25일 헌법재판소에 의해 위헌 여부에 관한 결정을 받은 당시 기준 민법 **제1112조(유류분의 권리자와 유류분)에 따르면** 상속인의 유류분은 다음 각 호에 의한다. ; (1) 피상속인의 직계비속은 그 법정상속분의 2분의 1 (2) 피상속인의 배우자는 그 법정상속분의 2분의 1 (3) 피상속인의 직계존속은 그 법정상속분의 3분의 1(제1호부터 제3호까지는 입법개선의 헌법불합치 결정!)[50] [(4) 피상속인의 형제자매는 그 법정상속분의 3분의 1(제4호는 단순위헌 결정으로 2024. 4. 25.부로 실효 폐지됨)][51]

그리고 유류분 계산방법에 있어서 유류분은 피상속인의 상속개시 시에 있어서 가진 재산의 가액에 증여재산의 가액을 가산하고[52] 채무의 전액을 공제하여 이를

50. 헌법재판소는 2024년 4월 25일 유류분상실사유를 별도로 규정하지 아니한 민법 제1112조 제1호부터 제3호를 다음과 같은 취지로 헌법에 합치되지 아니하고(헌법불합치) 2025. 12. 31.을 시한으로 입법자가 개정할 때까지 계속 적용된다는 결정을 하였음(2020헌가4) ; "피상속인을 장기간 유기하거나 정신적·신체적으로 학대하는 등의 패륜적인 행위를 일삼은 상속인의 유류분을 인정하는 것은 일반 국민의 법 감정과 상식에 반한다고 할 것이므로, 민법 제1112조에서 유류분 상실사유를 별도로 규정하지 아니한 것은 불합리하다고 아니할 수 없다."

51. 미혼인 피상속인이 자신의 재산을 공익법인들에게 유증하자, 피상속인의 형제자매(배우자, 직계 비속, 직계존속이 없는 경우의 제3순위 상속인)가 공익법인을 상대로 유류분의 반환을 청구한 사건에서 헌법재판소는 2024년 4월 25일 재판관의 일치된 의견으로 피상속인의 형제자매의 유류분을 규정한 민법 제1112조 제4호를 다음과 같은 취지로 단순위헌으로 결정하였음(2020헌가4). 이에 따라 제4호는 현행 민법에서 삭제되었음 ; "피상속인의 형제자매는 상속재산형성에 대한 기여나 상속재산에 대한 기대 등이 거의 인정되지 않음에도 불구하고 유류분권을 부여하는 것은 그 타당한 이유를 찾기 어렵다"(독일·오스트리아·일본 등은 형제자매 제외).

52. 증여재산의 가액을 산입하여 유류분을 산정하도록 하는 것은 피상속인이 상속재산을 〈공익적 목적으로 증여(기부)하거나 가업승계를 위하여〉 자신의 지분을 특정상속인에게 증여하는 것을 제한할 수 있으나, '피상속인의 재산처분으로부터 유족들의 생존권 보호'와 '가족제도의 종국적 단절의 저지'라는 유류분제도의 입법목적을 고려하면 크게 부당하거나 불합리하다고 보기 어렵다는 취지에서 종국적으로 합헌결정을 내린 헌재결 2013. 12. 26. 선고 2012헌바467 ; 헌재결 2024. 4. 25. 선고 2020헌가4.

산정한다(민법 제1113조 제1항). 하급심 판례에 따르면 며느리에게 증여한 것도 아들의 특별수익으로서 기초재산에 가산되는 것이 원칙이다(서울고법 민사24부 2023나2047627). 여기서 증여는 상속개시 전의 1년간에 행한 것에 한하지만, 당사자 쌍방이 유류분 권리자에게 손해를 가할 것을 알고 증여를 한 때에는 1년 전에 한 것도 마찬가지로 그 가액을 산정한다(민법 제1114조). 그런데 판례는 공동상속인 중 특정인에 대한 증여와 공익재단 등의 제3자에 대한 증여인 경우로 나누어 판단한다. 판례에 따르면 "공동상속인" 가운데 "특별수익"을 한 사람이 있는 경우 그 증여는 상속개시 1년 이전의 것이었는지, 당사자 쌍방이 손해를 가할 것을 알고 한 것인지 관계없이 유류분 산정을 위한 기초재산에 산입된다(대법원 1996. 9. 25. 선고 95다17885 판결).[53] 그러나 "공익재단 등의 제3자에 대한 증여인 경우" 기초재산의 산입에는 상속개시 전의 1년간에 행한 것에 한하고 그 이전의 것은 예외적으로만 산입이 가능하다. 즉, 판례에 따르면 "제3자에 대한" 증여가 유류분권리자에게 손해를 가할 것을 알고 행해진 것이라고 보기 위해서는, 당사자 쌍방이 증여 당시 증여재산의 가액이 증여하고 남은 재산의 가액을 초과한다는 점을 알았던 사정뿐만 아니라, 장래 상속 개시일에 이르기까지 피상속인의 재산이 증가하지 않으리라는 점까지 예견하고 증여를 행한 사정이 인정되어야 하고, 이러한 당사자 쌍방의 가해의 인식은 증여 당시를 기준으로 판단하여야 하는데, 그 증명책임은 유류분반환청구권을 행사하는 상속인에게 있다(대법원 2022. 8. 11. 선고 2020다247428 판결). 이러한 판례의 엄격해석 때문에 실무상 제3자에 대한 증여(기부)인 경우에는 상속개시 전 1년이 넘는 (과거) 시점에 증여(기부)한 부분에 대해서는 유류분반환청구의 대상으로 삼기가 매우 어렵다.

53. 그런데 망인이 생전에 배우자에게 증여한 것에 대해서는 특별수익이라고 평가하기 어렵다고 판시한 하급심 판례로는 창원지방법원 진주지원 2020가단32073 판결[모친에 대한 유류분 청구에 대해 망인이 피고에게 부동산을 증여한 것은 피고가 평생을 함께 하면서 재산의 형성·유지 과정에서 기울인 노력과 기여에 대한 보상, 부부공동재산의 청산 및 배우자에 대한 부양의무의 이행으로 평가하는 것이 합당하므로 위 증여는 피고의 특별수익에 해당하지 않고, 가사 특별수익에 해당한다고 하더라도 유류분 제도의 취지, 공서양속 등을 고려할 때 원고들의 청구가 권리남용에 해당한다고 보아 원고들의 유류분반환 청구를 기각한 사건]

그런데 증여재산의 구체적인 가액산정 방법에 대하여는 법문이 명시하지 않고 있다. 판례에 따르면 "증여재산의 가액을 가산하는 이유가 상속재산에서 유출되지 않고 남아 있었을 경우 유류분권리자가 이를 상속받을 수 있었을 것이라는 점에 근거를 두고 있는 점에 비추어 증여재산은 상속개시 시를 기준으로 산정하여야 한다. 따라서 수증자가 증여재산을 상속개시 시까지 그대로 보유하고 있는 경우에는 그 재산의 상속개시 당시 시가를 증여재산의 가액으로 평가할 수 있다. 증여받은 재산이 금전일 경우에는 그 증여받은 금액을 상속개시 당시의 화폐가치로 환산하여 이를 증여재산의 가액으로 봄이 상당하다. 이에 따라서 부동산 등 현물의 수증자가 상속개시 전에 그 증여재산을 처분하였거나 증여재산이 수용된 경우 그 상태대로 재산에 편입시켜 유류분을 반환하도록 하는 것이 타당하다"(결국 부동산 등의 처분가액에다가 그동안의 물가변동률을 고려하여 증여재산의 가액을 산정하여야 한다는 취지의 대법원 2023. 5. 18. 선고 2019다222867 판결).[54]

그리고 유류분 산정 시 공제되어야 할 채무란 상속채무, 즉 피상속인의 채무를 가리키는 것이고, 여기에 상속세, 상속재산의 관리·보존을 위한 소송비용 등 상속재산에 관한 비용은 포함되지 아니한다(대법원 2015.5.14. 선고 2012다21720 판결).

유류분 권리자는 피상속인의 증여 및 유증으로 인하여 그 유류분에 부족이 생긴 때에는 부족한 한도에서 그 재산의 반환을 청구할 수 있다(민법 제1115조 제1항). 반환의 순서에 있어 먼저 유증을 반환받은 후가 아니면 수증자가 증여받은 것을 청구할 수 없다(민법 제1116조). 따라서 유증을 받은 사람과 증여를 받은 사람이 함께 있는 경우 유류분 권리자는 먼저 유증을 받은 사람으로부터 반환받은 후, 침해금액보다 부족하면 증여받은 사람을 상대로 나머지 부분에 대해 반환청구를 하여야 하는 것이다. 판례에 따르면 유류분 반환순서에 있어서 사인증여의[55] 경우

54. 증여재산의 가액산정 기준시점이 〈상속 시〉이기 때문에—특히 증여 부동산의 가액이 상속 시점에 크게 증가한 경우—유류분 반환 청구자에게는 상당히 유리하겠지만, 반환의무자(예컨대 증여 받은 가업승계자)에게는 상당한 부담이 될 것이다.

55. 생전에 미리 계약을 맺으나 그 효력발생은 증여자의 사망을 법정조건으로 하는 증여(민법 제562조).

에는 유증의 규정이 준용될 뿐만 아니라 그 실제적 기능도 유증과 달리 볼 필요가 없으므로 유증과 같이 본다(대법원 2001. 11. 30. 선고 2001다6947 판결).

그리고 민법 제1118조(준용규정)에 따르면 제1001조(대습상속), 제1008조(특별수익자의 상속분), 제1010조(대습상속분)의 규정은 유류분에 이를 준용한다(입법개선의 헌법불합치 결정!). 그런데 민법 제1118조는 기여분에 관한 민법 제1008조의 2를 유류분에 준용하는 규정은 두고 있지 않다. 이로 인하여 피상속인을 오랜 기간 부양하거나 상속재산형성에 기여한 기여상속인이 그 보답으로 피상속인으로부터 재산의 일부를 증여받더라도, 해당 증여 재산은 유류분 산정 기초재산에 산입되므로, 기여상속인은 비기여상속인의 유류분반환청구에 응하여 위 증여재산을 반환하여야 하는 부당하고 불합리한 상황이 발생할 수 있다. 이러한 문제점을 해결하기 위해 판례는 "기여상속인이 피상속인으로부터 기여에 대한 대가로 받은 생전 증여를 특별수익에서 제외할 수 있다"고 판시한 바가 있다(대법원 2022. 3. 17. 선고 2021다230083, 230090 판결), 더 나아가 헌법재판소는 2024년 4월 25일 유류분 산정에 있어 민법 제1008조의 2(기여분)에 관한 조문을 준용하지 않은 민법 제1118조에 대해 헌법에 합치되지 아니하고(헌법불합치) 2025. 12. 31.을 시한으로 입법자가 개정할 때까지 계속 적용된다는 결정을 내렸다(2020헌가4).

상기한 〈설문〉사례에서 갑의 (공동)상속인으로는 배우자 을, 자녀 A 및 B, 그리고 X와의 사이에서 출생한 혼인 외의 자인 C가 된다. 혼인 외의 자도 부(父)의 인지만 있으면 상속인이 되기 때문이다. 설문사례와 같이 갑이 공동상속인 중 한 사람인 C에게만 생존 시 모든 상속재산을 유효하게 유증하였다면 나머지 공동상속인은 자신의 유류분 반환을 청구할 수 있을 것이다. C에로의 유증이 그대로 이행되면 나머지 상속인들은 상속재산에 대해 한 푼도 이전받을 수 없게 되므로 유류분을 침해받을 것이기 때문이다.

유류분의 산정방법은 상기한 민법 제1113조 제1항 이하에 따르면 될 것이다. 예컨대 상기한 〈설문〉사례에서 피상속인 갑의 상속재산은 3억 원이고 채무는 3천만 원인 경우 배우자 을과 자녀 A, B가 얼마의 유류분을 C에게 청구할 수 있는지를 계산해 보기로 한다(을, A 또는 B의 각자 특별수익은 없었던 것으로 전제함). 을, A, B의 유류분율은 법정상속분(을은 상속재산의 3/9, A와 B는 각각 2/9)의 1/2, 1/2, 1/2일 것이다. 그리고 유류분은 피상속인이 사망한 때 가진 재산의 가액에 증여재산을 가산하고 상속 채무액을 공제하여 일단 기초 상속재산 가액을 산정하고서, 만약 상속인 가운데 증여 또는 유증 받은 사람이 있으면 그 사람에 한해서 그 액수를 제하여야 할 것이다. 따라서 계산식은 [(적극상속재산액 + 증여액 − 상속채무액)×(각 상속인의 유류분율) − 각 상속인의 특별수익액]이 될 것이다. 이러한 방식으로 유류분을 산정하면 을은 [(30,000만 원 − 상속 채무액 3,000만 원)×(3/9 × 1/2) − 특별수익액 0 = 4,500만 원], A와 B는 각각 [(30,000만 원 − 3,000만 원)×(2/9×1/2) − 특별수익액 0 = 3,000만 원]이 될 것이다. 그리고 을 및 A, B의 유류분 반환 청구권은 유류분이 침해되었음을 안 때로부터 1년이 경과하거나 상속이 개시된 때부터 10년이 경과하기 전에 행사해야 한다(민법 제1117조).

참고로, 상기한 〈설문〉사례와는 달리 공동상속인 가운데 결혼자금 증여 등의 특별수익자가 있는 경우에는 기초 상속재산의 산정에서 일단 그 증여액을 더하여야 할 것이고(공동상속인 중 특정인에 대한 특별수익으로 평가될 수 있는 증여는 상속개시 1년 전의 것이었어도 유류분 산정을 위한 기초재산에 산입된다는 대법원 1996. 9. 25. 선고 95다17885 판결), 수증자 개인의 최종 유류분 산정에서는 그 특별수입액을 제하여 계산되어야 할 것이다.[56] 반면에 특별수익을 받은 바가 없는 다른 (공동)상속

56. [법 시행일과 관련된 특수문제] 유류분제도가 민법에 도입 시행된 날인 1979. 1. 1. 이전에 증여가 있는 경우에도 유류분 산정 시 기초재산에 가산되는지의 문제가 발생될 수 있는데, 판례는 증여 시행일 이전에 (약속) 완료까지 된 경우에는 가산되지 않지만(소급금지의 취지), 시행 전 증여약속이 시행일(1979. 1. 1.) 이후에 비로소 완료된 경우에는 가산되는 것으로 판시하였다(대법원 2012. 12. 13. 선고 2010다78722 판결). 그리고 시행일 이전에 증여(완료)받은 (법정) 상속인이 나중 시행일 이후 증여받은 다른 수증자를 상대로 유류분 반환 청구를 할 경우 갑의 시행일 전 수증분이—기초재산에는 가산되지 않지만—본인 유류분 산정 시 특별수익으로서 공제되는지도 문제되는데, 판례는 특별수익으로 공제되는 것으로 판시하였다(대법원 2018. 7. 12. 2017다278422). 따라서 시행일 이전에 증여 완료까지 받은 사람은 상대방(법정 상속인)으로부터 유류분 청구를 당할 경우 기초재산의 산입에 가산되지

인은 특별수익을 포함하여 초과 상속받은 수증자(특별수익자)를 상대로 침해된 유류분 반환을 청구할 수 있을 것이다.

(5) 실무상 유의사항(특히 상속세에서 배우자 공제제도)

〈설문〉 가까운 가족이 사망한 경우 생존 배우자 등은 상속과 관련하여 무엇을 체크하여야 하는가?

부모(남편) 등의 가까운 가족이 사망한 경우 다음의 사항을 기본적으로 파악하여야 한다.

(i) 우선 본인이 상속인의 자격이 있는지를 파악하여야 한다. 민법에 규정된 상속순위에 따라 상속인이 결정되기 때문이다(제1순위는 직계비속과 배우자. 제4순위까지 있음). 상속인으로 확정되면 피상속인(사망한 사람)의 재산상 권리뿐만 아니라 의무도 승계되므로 상속인이 되는지 여부를 빨리 파악해야 원하지 않는 채무를 상속받지 않을 수 있을 것이다.

(ii) 피상속인이 작성한 유언증서가 있는지 찾아보아야 한다. 법적으로 유효한 유언증서가 작성되어 있으면, 법정 유언 사항의 경우 유언의 내용이 지켜져야 하기 때문이다. 특히 유증이 되어 있는 경우에는 수증자에게 먼저 유증이 이루어진 뒤 남은 재산으로 상속이 이루어지므로 유언증서를 찾아 그 내용을 확인해야 한다.

(iii) 자신이 상속인인 경우 피상속인의 재산 상태를 조회하여야 한다. 이를 기

않는 이익은 보겠지만, 본인(법정 상속인)이 상대방에게 유류분 청구를 할 경우에는 본인 유류분 산정 시 특별수익으로 공제되는 불이익을 받게 되는 것이다. 다만, 법 시행 후 40여 년이 경과한 현재에도 이러한 특수문제가 법 쟁송으로까지 발전될 가능성은 거의 없을 것이다.

초로 상속인 자격자는 단순승인, 한정승인, 상속포기의 하나를 선택하는 것이다. 특히 피상속인의 채권자를 위해 청산절차를 이행하여야 하는 한정승인을 한 사람은 민법 제1030조 제2항에 따라 가정법원에 피상속인의 적극재산과 소극재산의 모두가 포함된 재산목록을 제출하여야 한다(참고로, 장례비용은 상속비용으로 공제되기 때문에 장례비 지출 액수의 적시도 요구됨). 피상속인 명의의 예금, 대출, 임대보증금, 증권계좌, 보험계약, 신용카드 관련 채무가 있는지의 여부는 금융감독원(www.fss.or.kr) 본원 1층 금융민원센터 및 각 지원 또는 각 금융협회에서 "상속인 등에 대한 금융거래조회(클릭)"를 통해서 파악할 수 있다[사망자 등 재산조회 통합처리 신청(안심상속)]. 또한, 상속인은 금융거래내역, 국세 및 지방세 체납액·미납액·환급액, 연금(국민연금, 공무원연금, 사립학교교직원연금, 군인연금, 근로복지공단 퇴직연금에 한함), 공제회(건설근로자퇴직공제금, 대한지방행정공제회, 군인공제회, 과학기술인 공제회, 한국교직원공제회에 한함) 가입여부, 자동차 소유여부, 토지 소유내역 등 사망자 재산을 시·구, 읍·면·동에서 한 번에 통합신청할 수 있다["사망자 및 피후견인 등 재산조회 통합처리에 관한 기준"(행정안전부예규 제280호, 2024. 4. 1. 발령·시행) 제1조 및 제4조 참조]. 신청은 시·구청 및 읍·면·동 주민센터에 직접 방문하거나 정부24에 접속하여 할 수 있다.

(iv) 상속인 자격자는 자신의 상속분이 얼마인지 그리고 상속을 통해 받게 되는 상속재산은 얼마인지를 꼼꼼히 따져야 한다. 상속인이 여러 명인 경우에는 공동상속이 이루어지고, 유증이 없으면 각자의 상속분은 (협의분할에 의해 결정되지 않으면) 법정상속분에 따르게 된다("민법" 제1009조).

(v) 상속을 통해 받게 되는 재산보다 채무가 많거나, 그 채무의 액수를 정확히 모르는 경우에는 상속포기 또는 상속의 한정승인을 하여야 할 것이다. 특히 유의할 것은 상속포기 또는 한정승인을 하려고 결심한 자가 상속재산을 처분하면 민법 제1026조에 따라 단순승인으로 인정될 수 있기 때문에

상속재산을 함부로 건드리지 않아야 한다(예금인출, 보험금 수령 등). 그리고 피상속인의 빚 때문에 제1순위 공동상속인 모두가 상속포기를 할 경우에는 차 순위 상속인(손자녀, 직계존속의 순)에게 그 채무이행의 의무가 넘어가는 것을 유의하여야 한다(이를 차단하기 위하여 실무에서는 1순위 공동상속인 중 적어도 1명은 한정승인을 함). 상속의 포기("민법" 제1019조) 또는 상속의 한정승인("민법" 제1028조)은 상속인이 상속 개시 있음을 안 날부터 3개월 내에 가정법원에 신고하는 방법으로 이루어지므로, 신고기한 내에 상속을 포기할 것인지 한정승인을 할 것인지를 결정하여야 한다.

(vi) 피상속인의 채무가 상속재산보다 많은 경우 한정승인을 한 사람은 채권자를 위해 청산절차를 이수하여야 한다(남은 재산이 있을 때). 이러한 청산절차를 방치하여 채권자에게 손해를 입히면 민법 제1030조에 따라 손해배상책임을 질 수 있다(소제기 당하는 위험). 민법에 의한 임의청산(임의배당)과 채무자 회생 파산법에 의한 상속재산파산의 2가지 방법이 있다. 쉽게 현금으로 환가가 가능한 상속재산만 있다면 본인이 (변호사를 통해) 임의청산을 할 수도 있겠지만, 상속재산과 채무에 대해 채권자와의 다툼이 예상되는 부분이 상당하거나 상속재산으로 부동산 및 자동차 등이 있는 경우에는 (법원이 선임한 파산관재인이 개입하여 해결하는) 상속 파산절차를 이용하는 것이 안전하다(파산절차의 단점으로는 상당한 비용과 시간의 소요, 법원 제출 서류의 과다 등. 반면에 파산절차를 이용하면 환가를 위해 부동산을 처분한 경우 한정승인자에게 양도소득세의 문제가 생기지 않지만, 임의청산의 경우에는 상속인이 청산금으로 모두 사용하고도 추가로 양도소득세를 납부하여야 할 경우도 있음).

(vii) 과세대상이 되는 정도의 상속이 이루어진 경우에는 원칙상 6개월 내 상속세를 신고 납부하여야 한다. 상속세는 우리나라의 경우 유산세의 형식이기 때문에 상속재산 전체를 기준으로 부과된다(즉, 공동상속인 사례의 경우 개별 상속인의 분할된 상속 소득금액이 기준이 아님). 따라서 상속재산 전

체에서 공동 상속인 중 어느 누구가 납부하던 관계가 없고(본인의 상속분을 초과하거나 전부 납부한 사람이 있으면 다른 공동 상속인에게 구상 청구할 수 있을 것임), 상속세 불납 및 미납분이 있을 시에는 공동 상속인의 연대책임이 된다(연대책임이기 때문에 실무상 국세청은 징수에 편리한 한 사람에게만 상속세를 부과함).[57] 상속세 납부 시 최대 30억까지 공제 가능한 "배우자 공제제도" 등을 잘 숙지하여 절세 전략을 세우는 것이 좋다. 그리고 상속으로 부동산을 취득한 자는 취득세(등록세)도 납부하여야 할 것이다.

〈설문〉 상속세에서 배우자 공제는 어떻게 계산되는가(특히 유의하여야 할 점은)? (법 개정이 논의되는 공제액수)

상속공제는 기초공제(2억 원), 기타 인적 공제(예컨대 자녀 1명당 일정액수의 공제), 그리고 배우자 공제(최소 5억 원, 최대 30억 원)가 기본적인 공제 요소이다(그리고 금융재산에 대해서는 2억 원을 한도로 한 금융재산의 20% 공제도 있음). 그리고 기초공제(2억 원)와 기타 인적 공제를 합한 계산 금액이 "상속세 및 증여세법" 제21조 제1항에 따른 일괄공제 금액보다 적은 경우에는 후자의 일괄공제금액으로 대신하는 것이 실무관행이다. 다만 민법 제1003조에 따라 동 순위 다른 공동 상속인 자격자의 존재 없이 배우자가 단독 상속하는 경우에는 일괄공제가 적용되지 않는다(상속세 및 증여세법 제21조 제2항). 이 경우는 대개 기초공제(2억 원)만 적용받을 수 있을 것이다(그러나 이 경우 배우자 단독상속의 법정 상속지분율은 100%이기 때문에 뒤에서 설명할 최대 30억 원까지 배우자 공제가 가능할 것임). 다른 공동 상속인 있는 경우 절세전략으로 많이 이용되는 배우자 공제는 원칙상 실제 배우자가 법정 상속지

57. 참고로 전체 상속재산액수를 기준으로 공동상속인에게 연대책임을 지우는 현재의 "유산세" 형식이 아니라, 공동 상속인 개개인이 실제로 상속 취득한 금액에 비례하여 개별책임을 지우는 소위 "유산 취득세" 제도의 도입이 입법론으로서 검토되고 있다.

분율에 따라 계산하여 상속받은 금액만큼 그대로 공제된다. 상속재산의 규모가 커서 그 계산 및 "실제 수령" 금액이 30억 원을 초과하면 상속세 계산 시 최대 30억 원까지만 배우자 공제를 받을 수 있다. 특히 배우자가 자녀를 위해 상속을 포기하여 실제 상속금액이 0원인 경우와 법정 상속분보다 적은 5억 미만의 재산만 실제 상속받은 경우에도 최소 5억 원의 배우자 공제는 상속세 계산 시 보장된다(상증법 제19조 제4항). 따라서 배우자와 자녀가 공동 상속인일 경우 배우자 공제(최소 5억 원), 기초공제(2억 원), 자녀 인적 공제를 합친 액수(또는 배우자 공제와 일괄공제를 합친 액수) 이하에 해당하는 상속재산에 대해서는 상속세가 부과될 수 없을 것이다. 배우자 공제의 최대치인 30억과 관련하여 특히 유의하여야 할 것은 다른 공동 상속인이 상속 포기를 하여 배우자가 단독 상속인으로서 100% 실제상속을 받은 경우에도 상속세 배우자 공제금액의 계산 시에는 다른 공동상속인이 상속포기하지 않은 상태에서의 배우자 법정 상속 지분율로 배우자 공제금액이 계산된다(즉, 다른 공동 상속인의 상속포기는 상속세 배우자 공제액수의 계산에서는 아무런 영향이 없음). 예컨대 35억 원에 상당하는 상속재산에 대해 (공동)상속인 자격이 있는 자녀 2명과 배우자 중에서 자녀 2명은 상속 포기하고 배우자만 100% 실제 상속하더라도 상속세 계산 시 배우자 공제액수는 최대치인 30억 원이 되는 것이 아니라 배우자의 원래 법정 지분율(즉 3/7)에 따른 15억 원이 될 뿐이다.

그리고 피상속인이 남긴 부동산 및 현금에 대해 배우자와 자녀가 공동상속을 할 경우 부동산에 대해서는 자녀가 상속 취득하도록 하고, 배우자는 (최소 5억 원 최대 30억 원의 배우자 공제 제도를 활용하여) 최대한 현금을 상속하여 그 현금으로 상속세를 납부하는 것이 가족 전체를 위한 절세 정책이 될 것이다. 왜냐하면 배우자가 부동산을 상속할 경우에는 배우자 공제금액에 상응하는 부동산 취득 및 등기가 실제로 이루어져야 그 공제금액이 최종적으로 인정되는 것이고, 배우자도 조만간 사망하게 되면 그 부동산에 대해 자녀가 상속할 것인데, 이 때 다시 취득세와 상속세를 납부하여야 하기 때문이다.

V. 사실혼 부부의 권리와 의무

혼인의 실질적 요건은 충족하였지만 형식적 요건(신고)을 결여한 사실혼의 경우도 일정한 법적 보호를 받는다. 사실혼 상태의 부부는 위에서 설명한 법률혼 상태의 부부와 마찬가지로 부부간 동거의무, 부양의무, 협조의무 및 정조의무(민법 제826조 제1항)를 부담하며, 일상가사대리권(민법 제827조 제1항)이 인정된다. 한편, 부부 일방이 결혼 전부터 가진 고유재산과 결혼 중 자신의 명의로 취득한 재산은 특유재산으로 인정되며, 귀속이 불분명한 재산은 부부의 공유(共有)로 추정된다(민법 제830조).

그러나 사실혼 상태에서는 친족관계가 발생하지 않으므로 사실혼 상태의 배우자가 사망하더라도 상속권이 발생하지 않는다. 다만, 사망한 사실혼 배우자에게 상속인이 한 명도 없는 경우에는 특별연고자(特別緣故者)로서 상속재산에 대한 분여권(分與權)을 가질 수 있다(민법 제1057조의 2).[58]

전술한 바와 같이 법률혼의 중혼은 금지되고(민법 제810조), 혼인취소사유가 된다(제816조 제1호). 그러나 사실혼은 혼인신고가 되지 않은 상태이므로 사실혼 배우자가 다른 사람과 결혼하더라도 중혼에는 해당하지 않는다. 그리고 미성년자가 결혼하면 성년에 달한 것으로 보지만(민법 제826조의 2), 사실혼인 경우에는 성년의제가 인정되지 않는다.

또한 사실혼 부부 사이에서 출생한 자녀는 혼인 외의 출생자가 되어 그의 성과 본이 문제될 수 있다. 자의 성과 본에 대해서는 민법 제781조가 규율하고 있다.[59]

---

58. 민법 **제1057조의 2(특별연고자에 대한 분여)** ① 제1057조(* 상속인수색의 공고)의 기간내에 상속권을 주장하는 자가 없는 때에는 가정법원은 피상속인과 생계를 같이 하고 있던 자, 피상속인의 요양간호를 한 자 기타 피상속인과 특별한 연고가 있던 자의 청구에 의하여 상속재산의 전부 또는 일부를 분여할 수 있다. ② 제1항의 청구는 제1057조의 기간의 만료후 2월 이내에 하여야 한다.
59. 민법 **제781조(자의 성과 본)** ① 자는 부의 성과 본을 따른다. 다만, 부모가 혼인신고시 모의 성과 본을 따르기로 협의한 경우에는 모의 성과 본을 따른다. ② 부가 외국인인 경우에는 자는 모의 성과 본을 따를 수 있다. ③ 부를 알 수 없는 자는 모의 성과 본을 따른다. ④ 부모를 알 수 없는 자는 법원

이 규정에 따르면 사실혼 부부 사이에서 출생한 자녀는 혼인 외의 출생자가 되어 어머니의 성(姓)과 본(本)을 따르게 된다(민법 제781조 제3항). 다만, 아버지가 혼인 외의 출생자를 자신의 자녀로 인지(認知)한 경우에는 아버지의 성과 본을 따를 수도 있고, 부모의 협의에 따라 종전대로 어머니의 성과 본을 따를 수도 있다(민법 제781조 제1항 및 제5항).

사실혼의 해소방법과 그에 따른 재산분할 등에 관해서는 법률혼 해소의 이혼에 대한 서술에서 다시하기로 한다.

〈설문〉 사실혼의 경우 사망한 상대 배우자의 연금 등을 수령할 수 있는가? (특히 중혼적 사실혼 상태에서 협의이혼을 한 이후 사망한 특수사례)

[실제사례] A(여)는 법률상 남편인 B가 있었지만 이혼남인 C와 동거하며 사실혼 관계를 유지하였다. 그 이후 A는 B와 협의이혼을 하였다. 그 이후 사실혼 남편 C가 베란다 철거작업을 하던 중 추락해 사망하자 A는 근로복지공단에 유족연금의 지급을 청구하였다. 그러나 공단은 C의 사망은 업무상 재해로 인정되지만 A는 B와 법률상 혼인관계를 유지하였고 그 이후에도 C와 생계를 같이 한 배우자라고 명백히 인정할 수 없다는 이유로 이를 거부하였다. 그러자 A는 근로복지공단을 상대로 유족급여 및 장의비 부지급처분 취소소송을 제기하였다.

의 허가를 받아 성과 본을 창설한다. 다만, 성과 본을 창설한 후 부 또는 모를 알게 된 때에는 부 또는 모의 성과 본을 따를 수 있다. ⑤ 혼인외의 출생자가 인지된 경우 자는 부모의 협의에 따라 종전의 성과 본을 계속 사용할 수 있다. 다만, 부모가 협의할 수 없거나 협의가 이루어지지 아니한 경우에는 자는 법원의 허가를 받아 종전의 성과 본을 계속 사용할 수 있다. ⑥ 자의 복리를 위하여 자의 성과 본을 변경할 필요가 있을 때에는 부, 모 또는 자의 청구에 의하여 법원의 허가를 받아 이를 변경할 수 있다. 다만, 자가 미성년자이고 법정대리인이 청구할 수 없는 경우에는 제777조의 규정에 따른 친족 또는 검사가 청구할 수 있다.

(보호되지 않는 중혼적 사실혼과는 달리) 법적으로 보호되는 사실혼의 경우 상대 배우자가 다음에서 예시하는 사항 중 어느 하나에 해당하는 경우에는 그 상대 배우자가 사망했을 때 생존 (사실혼) 배우자는 유족 자격이 인정되어 보상금, 보험금, 연금 등을 받을 수 있도록 관계 법률이 규정하고 있다. 예컨대 (i) 근로자로 업무상 사망한 경우에는 근로기준법 제82조[60] 및 근로기준법 시행령 제48조 제1항 제1호 (ii) 산업재해로 사망한 경우에는 산업재해보상보험법 제5조 제3호, 제36조 제1항 제5호 및 제62조 제1항 (iii) 국민연금에 가입한 경우에는 국민연금법 제3조 제2항 (iv) 사립학교교직원 연금에 가입한 경우에는 사립학교교직원 연금법 제2조 제1항 제2호 가목 (v) 군인연금에 가입한 경우에는 군인연금법 제3조 제1항 제4호 가목 (vi) 국가유공자 등인 경우에는 국가유공자 등 예우 및 지원에 관한 법률 제5조 제1항 제1호 및 제2항 (vii) 독립유공자인 경우에는 독립유공자 예우에 관한 법률 제5조 제1항 제1호 및 제2항이 각각 이를 규율하고 있다.

상기한 [실제사례]에 대해 2014년 서울행정법원 행정12부는 "A가 B와 법률혼 관계에 있었더라도 그 이후 협의이혼을 해 법률혼 관계가 해소되었으므로 A와 C의 사실혼 관계는 중혼적 사실혼에서 통상적인 사실혼으로 변경되었다. C가 사망할 당시 A와의 사실혼 관계는 통상적인 사실혼이므로 산업재해보상보험법상의 배우자에 해당하기 때문에 유족급여 지급 대상이 된다"는 취지로 판시하였다(2014구합3259).

60. 근로기준법 **제82조(유족보상)** ① 근로자가 업무상 사망한 경우에는 사용자는 근로자가 사망한 후 지체 없이 그 유족에게 평균임금 1,000일분의 유족보상을 하여야 한다. ② 제1항에서의 유족의 범위, 유족보상의 순위 및 보상을 받기로 확정된 사람이 사망한 경우의 유족보상의 순위는 대통령령으로 정한다.

〈설문〉 사실혼의 경우 사망한 상대 배우자의 주택임차권을 승계할 수 있는가? (사실혼 요건이 충족된 경우 관계 법률에 따라 인정됨)

상기한 설문에 대한 답도 관계 법률에 따라 판단하여야 할 것이다. 주택임대차보호법 제9조가 이를 규율하고 있다.[61] 관계 법률에 따르면 상대 배우자의 명의로 주택을 임차해서 같이 살던 중 상대 배우자가 상속인 없이 사망한 경우, 그 주택에서 가정공동생활을 하던 사실혼 배우자가 임차인으로서의 권리와 의무를 승계한다("주택임대차보호법" 제9조 제1항). 그리고 상속인이 있더라도 임차인이 사망한 당시에 그 주택에서 가정공동생활을 하고 있지 않았다면 그 주택에서 가정공동생활을 하던 사실혼 상태의 배우자와 임차인의 2촌 이내의 친족이 공동으로 임차인의 권리와 의무를 승계한다("주택임대차보호법" 제9조 제2항).

〈설문〉 보호가치 있는 사실혼 관계의 일방이 사망한 경우 생존 상대방에게 상속권이 인정될 것인가? (생전 증여와 유증은 가능하지만 법정 상속권 자체는 없음)

[실제사례] 갑은 2007. 12. 7.경부터 을과 동거를 시작하였는데, 을은 2018. 3. 17. 새벽에 갑자기 발작 증세를 보여 병원 응급실로 이송되어 치료를 받았으나 2018. 4. 2. 사망하였다. 그 후 갑은 검사를 상대로 사실상 혼인관계존부 확인의 소를 제

---

61. 주택임대차보호법 **제9조(주택 임차권의 승계)** ① 임차인이 상속인 없이 사망한 경우에는 그 주택에서 가정공동생활을 하던 사실상의 혼인 관계에 있는 자가 임차인의 권리와 의무를 승계한다. ② 임차인이 사망한 때에 사망 당시 상속인이 그 주택에서 가정공동생활을 하고 있지 아니한 경우에는 그 주택에서 가정공동생활을 하던 사실상의 혼인 관계에 있는 자와 2촌 이내의 친족이 공동으로 임차인의 권리와 의무를 승계한다. ③ 제1항과 제2항의 경우에 임차인이 사망한 후 1개월 이내에 임대인에게 제1항과 제2항에 따른 승계 대상자가 반대의사를 표시한 경우에는 그러하지 아니하다. ④ 제1항과 제2항의 경우에 임대차 관계에서 생긴 채권·채무는 임차인의 권리의무를 승계한 자에게 귀속된다.

기하였고, 법원은 2018. 11. 7. 갑과 망인 을 사이에 2007. 12. 7.부터 2018. 4. 2.까지 사실상 혼인관계가 존재하였음을 확인한다'는 판결을 선고하였다. 갑은 2019. 8. 14. 사실혼 배우자에게도 상속권이 인정되어야 함을 전제로, 갑이 망인 을의 단독 상속인이 된다고 주장하면서 망인 을의 형제자매 등 법정상속인들을 상대로 망인 을로부터 상속받은 재산의 반환을 구하는 소를 제기하였다. 갑은 위 소송 계속 중 민법 제1003조 제1항 중 '배우자' 부분에 대하여 위헌법률심판제청 신청을 하였으나 위 본안 청구 및 신청이 모두 기각되자, 2020. 9. 28. 헌법소원심판을 청구하였다. 그리고 갑은 2019. 10. 4. 사실혼이 일방의 사망으로 해소된 경우 생존 사실혼 배우자에게도 재산분할청구권이 인정되어야 한다고 주장하면서 위 망인의 법정상속인들을 상대로 재산분할심판을 청구하였다. 갑은 위 소송 계속 중 민법 제839조의 2 제1항, 제2항, 제843조에 대하여 위헌법률심판제청 신청을 하였으나 위 본안 청구는 기각되고 위 신청은 각하되자, 2021. 1. 26. 헌법소원심판을 청구하였다. 헌법재판소는 상기한 2개의 헌법소원 청구사건을 병합심리하였다.

전술한 바와 같이, 사망으로 상속이 개시될 경우 민법 제1000조(상속의 순위)에 따르면 ① 피상속인의 직계비속, ② 직계존속, ③ 형제자매, ④ 4촌 이내의 방계혈족의 순서로 상속된다. (법률혼) 배우자는 민법 제1003조에 의해 피상속인의 직계비속이나 직계존속이 있는 경우에는 그 상속인과 공동순위가 되고, 직계비속이나 직계존속이 없으면 단독 상속인이 된다. 더 나아가 배우자는 민법 제1009조에서 직계비속과 직계존속에 비해 상속분을 50% 가산하여 상속분을 가진다. 따라서 피상속인의 배우자는 상속순위와 상속분에 있어서 우선적으로 보호를 받게 된다.

그런데 민법에서 상속순위와 상속분의 보장을 받는 배우자는 법률상 배우자만을 의미한다. 따라서 사실혼 배우자에게는 법률상 상속권이 인정되지 않는다. 헌법재판소도 "이 사건 법률조항이 사실혼 배우자에게 상속권을 인정하지 아니하는 것은 상속인에 해당하는지 여부를 객관적인 기준에 의하여 파악할 수 있도록 함으로써 상속을 둘러싼 분쟁을 방지하고, 상속으로 인한 법률관계를 조속히 확정시키며, 거래의 안전을 도모하기 위한 것이다. 사실혼 배우자는 혼인신고를 함으로써 상속권을 가질 수 있고, 증여나 유증을 받는 방법으로 상속에 준하는 효과를 얻을 수 있으며, 근로기준법, 국민연금법 등에 근거한 급여를 받을 권리 등이 인정된다. 따라서 이 사건 법률조항이 사실혼 배우자의 상속권을 침해한다고 할 수 없다. 법률혼주의를 채택한 취지에 비추어 볼 때 제3자에게 영향을 미쳐 명확성과 획일성이 요청되는 상속과 같은 법률관계에서는 사실혼을 법률혼과 동일하게 취급할 수 없으므로, 이 사건 법률조항이 사실혼 배우자의 평등권을 침해한다고 보기 어렵다. 법적으로 승인되지 아니한 사실혼은 헌법 제36조 제1항의 보호범위에 포함되지 아니하므로, 이 사건 법률조항은 헌법 제36조 제1항에 위반되지 않는다"라고 하여 헌법소원 기각결정을 내렸다(헌재결 2014. 8. 28. 선고 2013헌바119 결정).

그리고 상기한 [실제사례]에 대해 헌법재판소는 2024년 3월 28일, ① 재판관 전원일치 의견으로 사실혼 배우자의 상속권을 인정하지 않은 민법 제1003조 제1항 중 '배우자' 부분은 헌법에 위반되지 아니하는 합헌결정을 내려 종래의 태도를 그대로 유지하였고, ② 재판관 6 : 3의 의견으로, 재산분할청구권에 관한 민법 제839조의 2 제1항, 제2항, 제843조 중 제839조의 2 제1항, 제2항에 관한 부분에 대한 심판청구는 부적법하다는 "각하" 결정을 선고하였다(헌재결 2024. 3. 28. 선고 2020헌바494).

그런데 사실혼 배우자도 피상속인에게 "법률상 상속인이 없는 경우"에는 상속재산에 대해 특별연고자로서 가정법원에 분여를 청구할 수 있다(민법 제1057조의 2). 분여의 청구는 법원의 상속인 수색공고기간이 만료된 후 2개월 이내에 하여야 한다. 그리고 피상속인이 사망하기 전에 사실혼 배우자에게 일정 재산을 "증여하거나 유언으로 사후 증여"하는 방법도 가능하다. 다만 이 경우에는 사후 법정 분쟁이 일어날 가능성이 매우 크다. 유증의 경우는 우선 그 유언의 효력을 두고 상속인들과 다툼이 벌어지는 경우가 많다(법률적 효력을 갖춘 유언인가의 다툼). 그리고 생전증여 또는 유증으로 사실혼 배우자에게 일정 재산을 넘겨주는 경우에도 법정상속인들이 자신들의 상속권이 침해받았다는 이유로 유류분반환청구 소송 등을 제기할 수도 있다.

〈설문〉 사실혼 관계의 부당 파기에 대한 손해배상 청구는 가능한가? (보호가치 있는 사실혼 요건이 충족된 경우 인정됨)

[실제사례] A(여)는 B와 재혼했지만 혼인신고는 하지 않은 채로 함께 살았다. 그러다 평소 우울증을 앓던 B가 이상증세를 보이더니 갑자기 자살하였다. 홀로 남겨진 A는 사실혼 관계를 유지하던 B가 갑자기 자살한 것은 악의의 유기에 해당한다며 B의 상속인인 자녀들을 상대로 사실혼관계의 부당파기 책임을 물어 1억 원의 손해배상소송을 제기하였다(2016. 7. 28. 법률신문 기사).

상대 배우자가 정당한 이유 없이 사실혼 관계를 파기한 경우 그로 인해 입은 정신적·물질적 손해에 대해 위자료와 손해배상을 청구할 수 있다. 다만 보호 가치 있는 사실혼으로서의 요건은 충족되어야 한다. 상기한 〈설문〉 관련 사례에 대한 판례에 따르면 "당사자가 결혼식을 올린 후 신혼여행까지 다녀온 경우라면 사실혼에 이른 남녀 간의 결합과 크게 다를 바가 없다고 할 것이므로 이러한 단계에서 일방 당사자의 책임 있는 사유로 파탄에 이른 경우라면 다른 당사자는 사실혼 부당파기에 있어서와 마찬가지로 책임 있는 일방 당사자에 대하여 그로 인한 정신적인 손해의 배상을 구할 수 있다"(대법원 1998. 12. 8. 선고 98므961 판결).

그러나 상기한 [실제사례]에서 사실혼 관계인 부부 일방이 자살한 것을 가지고 다른 일방을 악의적으로 유기했다고 보기는 어렵다. 사실혼 배우자가 자살로 사망해 생존 배우자에게 재산분할청구나 상속이 인정되지 않는다고 해서 자살을 유기로까지 판단해 생존 사실혼 배우자를 보호하는 것은 법 해석의 범위를 넘어서기 때문이다.

〈설문〉 사실혼 상태의 부부 일방이 혼인신고에 협력하지 않을 경우 상대방의 법적 대책은? (사실상혼인관계존재확인청구 ; 가사소송법상 가사“소송” 사건)

진정한 사실혼 상태인 경우 혼인신고를 하게 되면 법률혼이 성립될 것이고, 사실혼 해소의 경우 법률혼에서와 같은 재산분할의 법률효과도 부여될 수 있을 것이다. 그렇다면 사실혼 상태임에도 상대 배우자가 혼인신고에 협력하지 않으면 사실상 혼인관계 존재확인의 청구를 할 수 있어야 한다. 이에 따라 가사소송법은 사실혼 관계의 상대 배우자가 혼인신고에 협력하지 않으면 가정법원에 사실상혼인관계존재확인청구를 할 수 있도록 규정하였고[가사소송법 제2조 제1항 제1호 나목 1)에 해당하는 가사소송사건], 청구를 인용한 확정판결이 있으면 단독으로 혼인신고를 할 수 있다(가족관계의 등록 등에 관한 법률 제72조). 더 자세한 관련 절차법적 내용은 제3장 절차법 편 [§ 10] 참조.

〈설문〉 오랫동안 동거하였던 여자 친구가 출산 직후 아이를 맡기고 종적을 감춘 경우 그 혼외자의 부는 출생신고를 할 수 있는가? (부에 의한 출생신고는 현행법상 까다로움)

혼인 외의 출생자란 혼인 관계가 없는 법률상 부부가 아닌 자 사이에서 출생한 사람을 말한다. ‘사실혼 관계, 부첩 관계, 무효혼 관계 등의 남녀 사이에서 출생한 자’와 ‘친생부인 또는 친생자 관계 부존재확인의 재판에 의해 부의 친생자가 아님이 확정된 자’도 혼인 외의 출생자가 된다. 그런데 이들에 대한 출생신고가 문제된다(출생신고가 안 되어 있는 아이는 어린이집에 맡길 수 없는 등의 애로사항이 있을 것임).

“가족관계의 등록 등에 관한 법률” 제46조(신고의무자)에 따르면 혼인 중 출생자의 출생의 신고는 부 또는 모가 하여야 하지만(제1항),[62] 혼인 외 출생자의 신고는 모가 하여야 한다(제2항). 미혼모의 경우 아이를 낳은 병원에서 발급받을 수 있는 '출생증명서' 또는 법원에서 발급하는 '출생 확인서'를 첨부함으로써 아이의 출생을 신고할 수 있다. 이때 반드시 아이와의 유전자 검사 결과 서류가 필요하다. 미혼모가 신고할 경우 아동의 가족관계등록부에 부(父)의 정보는 기록되지 않는다. 자는 모의 성과 본을 따라 가족관계등록부가 작성된다.

미혼부의 출생신고는 현행법상 미혼모의 출생신고보다 까다롭다. 이전에는 사실상 친모만 출생신고가 가능하였기 때문에 2015년 미혼부도 출생신고를 할 수 있도록 가족관계등록법 제57조 제2항의 내용이 신설되었다.[63] 이 조항은 '모의 이름과 등록 기준지 및 주민등록번호의 전부 또는 일부를 알 수 없어 모를 특정할 수 없는 경우' 또는 '모가 공적 서류·증명서·장부 등에 의해 특정될 수 없는 경우'에는 부의 등록기준지 또는 주소지를 관할하는 가정법원의 확인을 받아 출생신고를 할 수 있도록 하였다. '친생자 출생신고를 위한 확인 신청서'를 미혼 부 본인의 등록기준지 또는 주소지를 관할하는 가정법원에 제출하여 확인을 받아 출생신고를 할 수 있다. 하지만 미혼부가 출생신고를 하기 위해서는 생모의 인적 사항 중 일부라도 알거나, 엄마의 소재를 알아도 협조하지 않는다면 친부 혼자 출생신고를 진행할 수 없다. 이러한 경우 인지청구소송 등을 통해 친모의 행방을 찾아 출생신고에 대한 동의를 받는 등의 절차를 거쳐야 한다. 혼인 외의 출생자에 대한 미혼부의 출생

---

62. 자녀는 부의 성과 본을 따르지만, 부모가 혼인신고 시 모의 성과 본을 따르기로 협의한 경우에는 모의 성과 본을 따른다(민법 제781조 제1항).

63. 가족관계의 등록 등에 관한 법률 **제57조(친생자 출생의 신고에 의한 인지)** ① 부가 혼인 외의 자녀에 대하여 친생자 출생의 신고를 한때에는 그 신고는 인지의 효력이 있다. 다만, 모가 특정됨에도 불구하고 부가 본문에 따른 신고를 함에 있어 모의 소재불명 또는 모가 정당한 사유 없이 출생신고에 필요한 서류 제출에 협조하지 아니하는 등의 장애가 있는 경우에는 부의 등록기준지 또는 주소지를 관할하는 가정법원의 확인을 받아 신고를 할 수 있다. 〈개정 2015. 5. 18., 2021. 3. 16〉 ② **모의 성명·등록 기준지 및 주민등록번호의 전부 또는 일부를 알 수 없어 모를 특정할 수 없는 경우 또는 모가 공적 서류·증명서·장부 등에 의하여 특정될 수 없는 경우에는 부의 등록기준지 또는 주소지를 관할하는 가정법원의 확인을 받아 제1항에 따른 신고를 할 수 있다.** 〈신설 2015. 5. 18, 2021. 3. 16〉

신고는 인지의 효력을 갖는다. 이와 같이 미혼부에 의한 출생신고가 현행법상 가능은 하지만 상당히 까다롭기 때문에 시급한 법 개정이 요구된다(헌법재판소의 판시 태도이기도 함).[64]

VI. 법률혼 해소로서의 이혼의 효과 개관

전술한 바와 같이 이혼은 법률혼을 해소시킨다. 본서의 연구대상인 이혼의 자세한 내용은 후술하기로 하고, 여기서는 이혼의 효과를 다음과 같이 개괄적으로만 적시한다.

1. 부부간 권리 의무관계의 해소와 친족관계의 변화 여부

이혼으로 혼인이 해소되는 것이기 때문에 혼인의 존속을 전제로 하였던 일체의 권리 의무가 소멸한다. 법률혼(보호받는 사실혼)에서의 부부 사이의 권리와 의무 등에 대해서는 이미 상세히 전술하였다. 예컨대 부부공동생활상 의무로는 동거(同居)의무(민법 제826조 제1항), 부양의무(민법 제826조 제1항), 협조의무(민법 제826조 제1항), 정조(貞操)의무(민법 제806조 및 제843조) 등이 있는데, 이혼으로 혼인관계가 해소되면 당사자는 이러한 의무로부터 해방될 것이다.

그리고 결혼하면 부부는 배우자라는 신분을 얻게 되는 동시에 남편 또는 아내의 친족과 인척관계를 맺게 되는데, 인척의 범위는 혈족의 배우자(며느리, 사위 등), 배우자의 혈족(장인·장모, 시부모, 처제, 시동생 등), 배우자의 혈족의 배우자(동서 등)이다(민법 제769조).[65] 결혼이 취소되거나 이혼하면 자기의 의사와 상관없이 발생

---

64. 헌재결 2023. 3. 23. 선고 2021헌마975 ; 혼인 외 생부의 출생신고를 사실상 허용하지 않는 가족관계의 등록 등에 관한 법률은 헌법에 어긋난다는 헌법재판소의 헌법불합치 결정(개선입법 기한을 2025년 5월31일로 결정)

65. 민법 **제769조(인척의 계원)** 혈족의 배우자, 배우자의 혈족, 배우자의 혈족의 배우자를 인척으로 한다.

하였던 계 모자 관계, 적모서자관계 및 그에 부수하는 인척관계는 소멸될 것이고(제775조 제1항)[66] 재혼할 수도 있다. 참고로, 혼인으로 맺어졌던 인척관계는 부부의 일방이 사망하더라도 소멸되지 않지만, 생존배우자가 재혼한 경우에는 소멸된다(민법 제775조 제2항). 그리고 혼인중의 출생자로서의 친자관계도 이혼으로 인해 소멸하지 않는다(다만 추후 친양자관계가 새로이 설정될 경우의 예외는 있음). 아래에서는 이와 관련된 구체적인 판례사례 등에 대해 서술하기로 한다.

〈설문〉 양부모가 이혼한 경우 양부모(특히 이혼 후 가출한 양모)와 자녀 사이의 친생자 관계는 그대로 유지되는가?

민법 제882조의 2(입양의 효력)에 따르면 양자는 입양된 때부터 양부모의 친생자와 같은 지위를 가진다(제1항). 양자의 입양 전의 친족관계는 존속한다(제2항). 상기한 바와 같이 혼인중의 출생자로서의 친자관계는 이혼으로 인해 소멸하지 않고 그대로 유지된다. 문제는 양부모가 이혼한 경우에 양부모(특히 양모)와 양자 사이의 친생자 관계도 그대로 유지되는가에 있다. 상기한 **〈설문〉에 대한 판례**에 따르면 "당사자가 양친자관계를 창설할 의사로 친생자출생신고를 하고 거기에 입양의 실질적 요건이 모두 구비되어 있다면 그 형식에 다소 잘못이 있더라도 입양의 효력이 발생하고, 양친자관계는 파양에 의하여 해소될 수 있는 점을 제외하고는 법률적으로 친생자관계와 똑같은 내용을 갖게 되므로 이 경우의 **허위의 친생자출생신고**는 법률상의 친자관계인 양친자관계를 공시하는 입양신고의 기능을 발휘하게 되는 것이며, 이와 같은 경우 파양에 의하여 그 양친자관계를 해소할 필요가 있는 등 특별한 사정이 없는 한 그 호적기재 자체를 말소하여 법률상 친자관계의 존재를 부인하게 하는 친생자관계부존재확인청구는 허용될 수 없는 것이다. 민

66. 민법 **제775조(인척관계 등의 소멸)** ① 인척관계는 혼인의 취소 또는 이혼으로 인하여 종료한다. ② 부부의 일방이 사망한 경우 생존 배우자가 재혼한 때에도 제1항과 같다.

법 제776조는[67] '양부모의 이혼'을 입양으로 인한 친족관계의 종료사유로 들고 있지 않고, 구 관습 시대에는 오로지 가계계승을 위하여만 양자가 인정되었기 때문에 (1990. 1. 13. 개정 전 민법 제874조 제1항은 '처가 있는 자는 공동으로 함이 아니면 양자를 할 수 없고 양자가 되지 못한다'고 규정하였음) 입양을 할 때 처는 전혀 입양당사자가 되지 못하였으므로 양부모가 이혼하여 양모가 부의 가를 떠났을 때에는 입양당사자가 아니었던 양모와 양자의 친족관계가 소멸하는 것은 논리상 가능하였으나, 개정된 현행 민법 제874조 제1항에서는[68] **부부공동입양제**가 되어 처도 부와 마찬가지로 입양당사자가 되기 때문에 양부모가 이혼하였다고 하여 양모를 양부와 다르게 취급하여 양모자관계만 소멸한다고 볼 수는 없는 것이다"(대법원 2001. 5. 24. 선고 2000므1493 전원합의체 판결).

2. 이혼에 따르는 주요 법률문제

(1) 이혼 시 자녀문제(친권자 내지 양육자의 지정, 양육비 결정, 면접교섭권의 인정)

부모가 이혼하더라도 친자관계는 변함이 없기 때문에 미성년자인 자가 있는 경우 부모는 친권을 행사할 수 있다(민법 제909조 제1항). 부모가 공동친권자로 될 수도 있지만(혼인 중일 때에는 원칙) 이혼의 경우에는 현실적으로 그렇게 되기 어렵다. 부모가 협의이혼하는 경우에는 부모의 협의로 친권자를 정하여야 하고(당연히 모도 친권자가 될 수 있음), 협의할 수 없거나 협의가 이루어지지 아니하는 경우에는 가정법원은 직권으로 또는 당사자의 청구에 따라 〈친권자를 지정〉하여야 한다. 다만, 부모의 협의가 자(子)의 복리에 반하는 경우에는 가정법원은 보정을 명하거

---

67. 민법 **제776조(입양으로 인한 친족관계의 소멸)** 입양으로 인한 친족관계는 입양의 취소 또는 파양으로 인하여 종료한다.

68. 민법 **제874조(부부의 공동 입양 등)** ① 배우자가 있는 사람은 배우자와 공동으로 입양하여야 한다. ② 배우자가 있는 사람은 그 배우자의 동의를 받아야만 양자가 될 수 있다.

나 직권으로 친권자를 정한다(민법 제909조 제4항). 가정법원은 자의 복리를 위하여 필요하다고 인정되는 경우에는 자의 4촌 이내의 친족의 청구에 의하여 정하여진 친권자를 다른 일방으로 변경할 수도 있다(제6항). **판례에 따르면** "자의 4촌 이내 친족이 가정법원에 친권자 변경을 청구하는 것은 미성년인 자의 복리를 위한 것이다. 그러한 청구권을 포기하거나 제한하는 내용의 약정은 민법 제103조의 선량한 풍속 기타 사회질서에 반하는 것이어서 사법상 효력을 인정할 수 없다"(대법원 2012. 4. 13. 선고 2011므4719 판결).

이혼 후 친권자로 지정되지 못한 부모의 일방은 법정대리인이 되지 못한다. 그러나 부모로서의 지위(부양, 상속, 동의문제 등)에는 영향이 없다. 그리고 부부가 이혼한 경우에는 상기한 친권자의 결정과는 별도로 〈양육자와 양육비 부담자도 결정〉되어야 한다. 동시에 비양육친과 자녀 사이의 면접교섭 문제도 당연히 발생한다.

〈설문〉 자녀가 있는 "이혼" 성전환자인 경우 성별정정이 허용될 것인가?

실제사례로서 남성으로 태어났지만 어릴 적부터 여성으로의 귀속감을 가졌던 A는 자신의 성정체성을 숨긴 채 생활하다 결혼했지만 성정체성 문제로 이혼하게 되었다. 이후 A는 외국에서 성전환 수술을 받고 여성으로서 생활하였다. A는 미성년 자녀 2명을 두고 있는 상태에서 가족관계등록부상 성별정정 허가 신청을 하였다. 그런데 신청인에게 미성년 자녀가 있는 경우, 특히 상기 사례와 같이 자녀가 있는 이혼 성전환자인 경우 성별정정이 허용될 것인지가 문제된다.[69]

이미 앞에서 소개한 바와 같이, 종래의 대법원 전원합의체는 **성전환자의 성별정정**을 허가함에 있어 현재 혼인 중에 있거나 성전환자에게 미성년 자녀가 있는 경우에는 성별정정이 허용되지 않는다고 판단하였다(대법원 2011. 9. 2. 선고 2009스

69. 관련 글로는 신윤주, 「성전환자의 성별정정 허가 요건에 관한 대법원 전원합의체 결정의 의미와 한계」, 『사법』 64호, 사법발전재단, 2023.

117 전원합의체 결정). 그러나 **새로운 대법원 전원합의체**는 2022. 11. 24. 미성년 자녀가 있는 성전환자 중 혼인관계에 있지 않은 경우에 한해서는 성별정정을 허용할 수 있다는 취지로 다음과 같이 판시하여 기존 판례의 태도를 변경 보완하였다 : "성전환자도 성정체성을 바탕으로 인격과 개성을 실현하고 우리 사회의 동등한 구성원으로서 타인과 함께 행복을 추구하며 살아갈 수 있어야 하고, 자신의 성정체성에 따른 성을 진정한 성으로 법적으로 확인받을 권리를 가진다. 성전환자 또한 전체 법질서 안에서 가족을 이루는 구성원으로서 동등한 권리와 의무를 부여받아야 하고 국가는 성전환자의 이러한 권리를 보호해야 한다. 성전환자와 그의 미성년 자녀는 성별정정 전후를 가리지 않고 개인적·사회적·법률적으로 친자관계에 있다는 점은 달라지지 않기 때문에 성별정정은 성전환자인 부 또는 모와 그 미성년 자녀 사이의 신분관계에 중대한 변동을 새롭게 초래하거나 권리의무의 내용에 영향을 미치는 것이 아니다. 성별정정 자체가 가족제도 내의 성전환자의 부 또는 모로서의 지위와 역할이나 미성년 자녀가 갖는 권리의 본질적이고 핵심적인 내용을 훼손한다고 볼 수도 없고, 미성년 자녀의 복리를 위해서라도 성전환 된 부 또는 모와 미성년 자녀 사이에 존재하거나 발생할 수 있는 다양한 상황을 살펴 성별정정을 허가하는 것이 바람직하다. 미성년 자녀를 둔 성전환자에 대한 성별정정 허가 여부 성전환자의 기본권의 보호와 미성년 자녀의 보호 및 복리와의 조화를 이룰 수 있도록 법익의 균형을 위한 여러 사정들을 종합적으로 고려해 실질적으로 판단해야 한다"(대법원 2022. 11. 24. 선고, **2020스616 전원합의체 결정**).

(2) 이혼 시 재산 문제

이혼 시 재산문제는 상기한 자녀 문제와 더불어 실무에서 매우 큰 쟁점으로 대두된다. 이혼 시 재산분할이 대표적인 이혼 당사자 사이의 재산문제가 될 것이고, 상기한 자녀 양육비 문제도 재산문제가 될 수 있을 것이다. 그리고 배우자의 불법행위를 이유로 한 (재판상) 이혼인 경우에는 상대 배우자 등의 불법행위에 대한 위자료(손해배상) 청구의 문제도 재산문제가 될 수 있을 것이다. 이혼 시 재산문제는 상기한 이혼 시 자녀 문제와 더불어 뒤의 제2장(실체법)과 제3장(절차법)에서 상세히 다시 서술될 것이다.

3. 사실혼 해소 내지 파탄의 경우

〈설문〉 사실혼 해소의 경우에도 이혼과 같은 재산분할 등의 문제가 동일하게 발생하는가? (특히 일방이 사망한 경우 생존자의 상속권 내지 재산분할 청구권의 문제)

사실혼 부부는 법률상의 부부가 아니므로 헤어질 때 법원의 이혼확인, 이혼신고 등의 법적 절차를 밟을 필요가 없다. 따라서 사실혼은 당사자 간 합의에 의해 해소할 수도 있고, 일방의 통보에 의해 해소할 수도 있다. 합의 또는 통보를 할 때 일정한 형식이 요구되는 것은 아니며, 구두, 전화, 서신 등 자유로운 방법으로 하면 된다. 그리고 사실혼 관계 중 당사자 일방이 사망하면 사실혼은 해소된다. 법률혼에서 일방 배우자가 사망한다고 당연히 혼인관계가 해소(종료)되지 않는다는 점과는 차이가 있다.

판례는 사실혼 배우자 일방이나 제3자(예를 들어 시부모, 장인·장모 등)에게 책임 있는 사유로 사실혼이 파기된 경우에는 그 배우자 또는 제3자에게 그에 따른 정신적 고통에 대한 배상, 즉 **위자료**를 청구할 수 있는 것으로 보고 있다(대법원 1998. 8. 21. 선고 97므544, 551 판결 ; 대법원 1998. 12. 8. 선고 98므961 판결). 또한, 사실혼 기간 동안 부부가 협력해서 모은 재산은 두 사람의 공동소유로 추정되기 때문에 사실혼이 해소되면 부부재산을 청산한다는 의미에서 법률혼 부부가 이혼을 하는 경우와 마찬가지로 **재산분할**을 청구할 수 있는 것으로 보고 있다(대법원 1995. 3. 10. 선고 94므1379, 1386 판결).

그러나 이미 전술한 바와 같이 **사실혼 관계 배우자의 일방이 사망한 경우** 생존자에게는 법률혼에서와 같은 상속권이 인정되지 않고, 생존 시 이혼에서와 같은 재산분할청구권도 인정되지 않는다. 특히 헌법재판소의 판시에 따르면 ① 사실혼 배우자의 상속권을 인정하지 않은 민법 제1003조 제1항 중 '배우자' 부분은 헌법에 위반되지 아니하고 ② 재산분할청구권에 관한 민법 제839조의 2 제1항, 제2항, 제843조 중 제839조의 2 제1항, 제2항의 부분은 "혼인관계가 '일방 당사자의 사망으로 종료된 경우'에는 생존 배우자도 다른 상속인들과 마찬가지로 상속제도의 규율을 받도록 정하고, 혼인관계가 '쌍방 생전에 해소된 경우'에는 재산분할제도의 규율을 받도록 정하여 그 체계를 달리하고 있다. 그러므로 입법자는 이혼과 같이 쌍방 생존 중 혼인이 해소된 경우의 재산분할제도만을 재산분할청구권조항의 입법사항으로 하였다고 봄이 타당하다. 그렇다면 '일방의 사망으로 사실혼이 종료된 경우 생존 사실혼 배우자에게 재산분할청구권을 부여하는 규정을 두지 않은 부작위'는 입법자가 애당초 그러한 입법적 규율 자체를 전혀 하지 않은 소위 진정입법부작위에 해당한다"(헌법재판소법 제68조의[70] 해석상 진정입법부작위는 헌법소원으로 다툴 수 없다는 헌재결 2024. 3. 28. 선고 2020헌바494).

참고로, 고령화 시대를 맞아 황혼 재혼이 늘어나고 있는데, 노인들의 경우 재혼을 해도 자녀들이 재산상속 문제 등을 이유로 부모의 혼인신고를 반대하는 경우가 많아 재혼 노부부들은 사실혼 관계로 지내는 사례가 드물지 않다. 그리고 사실혼 배우자는 재산분할청구권이 인정되지 않기 때문에 실무에서는 배우자가 사망하기 전에 재산을 일부라도 확보하기 위해 병석에 누워 있는 사실혼 배우자를 상대로 이혼 및 재산분할을 청구하는 소를 제기하기도 한다. 이 경우 이후 소송 도중에 배

70. 헌법재판소법 **제68조(청구 사유)** ① 공권력의 행사 또는 불행사(不行使)로 인하여 헌법상 보장된 기본권을 침해받은 자는 법원의 재판을 제외하고는 헌법재판소에 헌법소원심판을 청구할 수 있다. 다만, 다른 법률에 구제절차가 있는 경우에는 그 절차를 모두 거친 후에 청구할 수 있다. ② 제41조 제1항에 따른 법률의 위헌 여부 심판의 제청신청이 기각된 때에는 그 신청을 한 당사자는 헌법재판소에 헌법소원심판을 청구할 수 있다. 이 경우 그 당사자는 당해 사건의 소송절차에서 동일한 사유를 이유로 다시 위헌 여부 심판의 제청을 신청할 수 없다.

우자가 의식불명의 상태로 사망하더라도 사실혼관계는 당사자 일방의 의사에 의해 해소될 수 있기 때문에 재산분할청구권은 그대로 인정될 것이다. 그리고 사실혼 배우자는 상속권자로도 인정받을 수 없기 때문에 사망 직전에 혼인신고를 하는 경우도 있는데, 이런 경우 이를 인정하지 않으려는 자녀들이 혼인무효소송을 제기하는 등 분쟁이 발생하기도 한다.

〈설문〉 성기능 장애 등의 이유로 결혼식을 올린 지 3개월 만에 사실혼 관계의 파탄이 있는 경우 결혼 당사자 각자는 상대방을 위해 지급한 예물과 결혼식 비용을 돌려받을 수 있겠는가?

[실제사례] A와 B(여)는 결혼식을 올렸지만 혼인신고는 하지 않은 채 신혼생활을 시작했다. 결혼 전부터 성생활에 문제를 겪어 온 A는 결혼식 한 달 전 B와 상의해 성기확대 수술을 받기도 했지만 신혼여행뿐만 아니라 이후 결혼생활에서도 성생활 장애를 계속 겪었다. A가 음란동영상을 보며 혼자 음란행위를 하고 있는 것을 B가 목격하게 되면서 부부간에 큰 싸움으로 이어졌다. 결국 부부는 결혼식 3개월 만에 헤어지기로 결정하였다. 그 이후 A는 B를 상대로 자신이 결혼을 조건으로 선물한 예물과 B 대신 지불한 결혼식 비용 등을 돌려달라고 소송을 제기하였다.

상기한 〈설문〉 및 [실제사례]에 대해 2015년 서울고법 가사1부는 "A와 B는 서로 진정한 혼인의사를 갖고 결혼식을 올린 뒤 3개월여간 동거하면서 부부 관계를 유지하였다. 동거기간이 짧고 자녀가 없고 혼인신고를 하지 않았다는 이유만으로 이들 사이에 결혼생활의 실체가 없거나 결혼이 성립하지 않은 것으로 보아야 한다는 A의 주장은 받아들일 수가 없다. 부인 B가 처음부터 혼인생활에 임할 의사가 없었고 그로 인해 파탄에 이르게 됐다고 인정할 증거도 없다. B는 결혼식 비용과 예물을 A에게 돌려줄 의무가 없다"는 취지로 판시하였다.

4. 혼인 외 출생자 문제

전술한 바와 같이 사실혼 부부 사이에서 출생한 자녀는 '**혼인 외의 출생자**'가 된다. 다만, **아버지가 친자식임을 인지(認知)한 경우**에는 자녀에 대한 친권과 양육권을 부부가 공동으로 행사하게 되며, 사실혼 관계가 해소된 경우에는 부부가 합의해서 자녀의 친권, 양육자 및 양육사항을 정하고, 합의가 이루어지지 않으면 법원에 그 지정을 청구할 수 있다(민법 제837조, 제837조의 2, 제843조, 제864조의 2 및 제909조 제4항). 그러나 **인지가 되지 않았다면 혼인 외의 출생자와 아버지는 법적인 부자관계(父子關係)가 아니므로 사실혼 해소 시 사실혼 아내가 남편을 상대로 또는 남편 본인이 자녀의 친권, 양육자 지정 및 양육사항을 정하는 것에 관한 청구를 할 수 없다**. 따라서 이러한 청구를 하려면 인지청구소송을 먼저 하여야 한다[민법 제863조[71] 및 가사소송법 제2조 제1항 제1호 나목 9)].

〈설문〉 (외국 국적) 양육자가 (한국 국적) 비양육자에 대하여 혼인 외 출생자인 자녀에 대한 인지판결 확정 전에 지출한 과거 양육비를 청구할 수 있겠는가?

실제로 다음과 같은 재판사례가 발생하였다 ; 필리핀 여성 A가 한국 남성 B와 교제 중 자녀 C를 출산한 후 필리핀으로 가서 홀로 자녀를 양육하였고, 자녀 C는 그 이후 B를 상대로 인지청구의 소를 제기하여 법원으로부터 C를 B의 친생자로 인지하고, C의 친권자 및 양육자로 A를 지정하는 판결이 선고되어 종국적으로 확정되었으며, 그 이후 A는 B에 대하여 C의 과거 및 장래 양육비를 청구하였다(B는 A와 한국에서 동거하던 중 A가 C를 출산한 사실을 알고 있었음).

---

71. 민법 **제863조(인지청구의 소)** 자와 그 직계비속 또는 그 법정대리인은 부 또는 모를 상대로 하여 인지청구의 소를 제기할 수 있다.

이 사례에서 인지판결이 확정된 혼인 외 출생자 C의 장래 양육비에 대해서 B가 양육비 부담 책임을 져야 하는 것은 명백하다. 문제는 인지판결 확정 전의 과거 양육비에 대해서도 B가 부담책임을 져야 하는지에 있다. 민법 제855조에 따르면 혼인 외의 출생자는 그 생부나 생모가 이를 인지할 수 있다(제1항). 자와 그 직계비속 또는 그 법정대리인은 부 또는 모를 상대로 하여 인지청구의 소를 제기할 수 있다(민법 제863조). 그리고 인지는 그 자의 출생 시에 소급하여 효력이 생긴다. 그러나 제3자의 취득한 권리를 해하지 못한다(민법 제860조). 더 나아가 민법 제864조의 2(인지와 자의 양육책임 등)에 따르면 제837조 및 제837조의 2의 규정(* 협의이혼에 관한 규정)은 자가 인지된 경우에 자의 양육책임과 면접교섭권에 관하여 이를 준용한다.

법률혼 출생자 및 (인지된) 혼인 외 출생자의 부모는 그 소생의 자녀를 공동으로 양육할 책임이 있고, 양육에 소요되는 비용도 원칙적으로 부모가 공동으로 부담하여야 하는 것이며, 이는 부모 중 누가 친권을 행사하는 자인지 또 누가 양육권자이고 현실로 양육하고 있는 자인지를 물을 것 없이 친자관계의 본질로부터 발생하는 의무이다. 어떠한 사정으로 인하여 부모 중 어느 한쪽만이 자녀를 양육하게 된 경우에, 그와 같은 일방에 의한 양육이 그 양육자의 일방적이고 이기적인 목적이나 동기에서 비롯한 것이라거나 자녀의 이익을 위하여 도움이 되지 아니하거나 그 양육비를 상대방에게 부담시키는 것이 오히려 형평에 어긋나게 되는 등 특별한 사정이 있는 경우를 제외하고는, 양육하는 일방은 상대방에 대하여 현재 및 장래에 있어서의 양육비 중 적정 금액의 분담을 청구할 수 있음은 물론이고, 부모의 자녀양육의무는 특별한 사정이 없는 한 자녀의 출생과 동시에 발생하는 것이므로 과거의 양육비에 대하여도 상대방이 분담함이 상당하다고 인정되는 경우에는 그 비용의 상환을 청구할 수 있다. 다만 한쪽의 양육자가 양육비를 청구하기 이전의 과거의 양육비 모두를 상대방에게 부담시키게 되면 상대방은 예상하지 못하였던 양육비를 일시에 부담하게 되어 지나치고 가혹하며 신의성실의 원칙이나 형평의 원칙에 어긋날 수도 있으므로, 이와 같은 경우에는 반드시 이행청구 이후의 양육비와 동일한 기준에서 정할 필요는 없고, 부모 중 한쪽이 자녀를 양육하게 된 경위와 그에 소요된 비용의 액수, 그 상대방이 부양의무를 인식한 것인지 여부와 그 시기, 그것이 양육에 소요된 통상의 생활비인지 아니면 이례적이고 불가피하게 소요된 다액의 특별한 비용(치료비 등)인지 여부와 당사자들의 재산 상황이나 경제적 능력과 부담의 형평성 등 여러 사정을 고려하여 적절하다고 인정되는 분담의 범위를 정할 수 있다.

상기한 〈설문〉에 대한 **판례에 따르면** "민법 제860조는 '인지는 그 자의 출생 시에 소급하여 효력이 생긴다'라고 규정하고 있다. 따라서 인지판결 확정으로 법률상 부양의무가 현실화되는 것이기는 하지만 부모의 법률상 부양의무는 인지판결이 확정되면 그 자의 출생 시로 소급하여 효력이 생기는 것이므로, 양육자는 인지판결의 확정 전에 발생한 과거의 양육비에 대하여도 상대방이 부담함이 상당한 범위 내에서 그 비용의 상환을 청구할 수 있다고 보아야 한다"(대법원 2023. 10. 31. 선고 2023스643 결정).

[§ 4] 이혼 종류로서의 협의이혼

I. 협의이혼의 실질적 요건

민법 제4편 친족 제3장 결혼 제5절 이혼 제1관 협의상 이혼
민법 제834조(협의상 이혼) 부부는 협의에 의하여 이혼할 수 있다.

[주석] 상기한 민법 제4편 친족 제3장 결혼 아래의 제5절(이혼)은 이혼 종류의 전체(협의이혼과 재판이혼)에 대해 규정하고 있고,[72] 제1관(협의상 이혼)은 이 중에서 소위 협의이혼에 대해 규정하고 있으며, 제834조(협의상 이혼)는 협의이혼의 성립과 효력을 위한 〈실질적 요건〉을 규정하고 있다(절차적 요건은 다음의 제836조가 규정하고 있음). 관련 판례 등을 서술하면 다음과 같다.

1. 이혼의사의 합치

협의이혼이란 부부가 서로 합의해서 이혼하는 것을 말한다. 협의이혼은 부부가 이혼과 자녀의 친권·양육 등에 관해 합의해서 법원으로부터 이혼의사확인을 받아 행정관청에 이혼신고를 하는 방식으로 이루어진다. 협의이혼의 성립요건은 실질적 요건과 절차적 요건으로 나누어 볼 수 있다. 실질적 요건으로는 진정한 이혼의사의 합치(合致)가 있어야 한다. 이 때 협의이혼은 부부가 자유로운 의사에 따

72. 우리나라 민법은 크게 제1편 총칙, 제2편 물권, 제3편 채권, 제4편 친족, 제5편 상속으로 편제되어 있고, 제4편 친족 아래에는 제1장 총칙, 제2장 가족의 범위와 자의 성과 본, 제3장 결혼, 제4장 부모와 자, 제5장 후견, 제6장 친족회, 제7장 부양, 제8장 호주승계로 구성되어 있으며, 이 중에서 제4편 친족 제3장 결혼 아래의 제5절에 "이혼"이 규정되어 있다(조문으로는 민법 제834조에서 민법 제843조까지).

라 합의한 것으로 충분하며 이혼사유(예를 들어 성격불일치, 불화, 금전문제 등)는 묻지 않는다. 협의이혼에 있어서 이혼의사는 〈법률상 부부관계를 해소하려는 의사〉를 말하므로 일시적으로나마 법률상 부부관계를 해소하려는 당사자 간의 합의 하에 협의이혼 〈신고가 된 이상〉 협의이혼에 다른 목적이 있더라도 양자 간에 이혼의사가 없다고는 말할 수 없고 따라서 이와 같은 협의이혼은 무효로 되지 아니한다(즉, 이혼의사의 실체와 관련된 실질의사설과 신고의사설의 대립 중에서 후자에 해당하는 대법원 1993. 6. 11. 선고 93므171 판결). 절차적으로는 가정법원에 의한 협의이혼의사의 확인을 거쳐 신고하게 된다.

〈설문〉 가장 (협의)이혼의 경우도 이혼의 효력이 있겠는가?

가장이혼이란 부부가 실제로는 이혼할 의사가 없으면서 채무회피, 해외이민 등의 목적으로 일시적으로 이혼하기로 합의해서 이혼하는 것을 말한다. 실질의사설에 의하면 가장이혼은 유효한 협의이혼이 될 수 없겠지만, 신고의사설에 따르면 가정법원의 확인절차를 거쳐 이혼신고가 된 이상 유효한 협의이혼이 될 수 있을 것이다. 판례는 이혼신고의 중대성에 비추어 그 가장이혼이 누구나 납득할 수 있을 정도로 부부 사이에 진정한 이혼의사의 합치 없이 이루어진 것이라는 증거를 제시해야 무효가 되고, 그렇지 않고 일시적으로나마 법률상 부부관계를 해소하려는 당사자 간의 합의 하에 협의이혼 신고를 한 것이라면 그 이혼은 유효한 것으로 보고 있다(대법원 1993. 6. 11. 선고 93므171 판결 ; 해외이주의 목적으로 가장이혼 신고를 한 사례에서 대법원 1976. 9. 14. 선고 76도107 판결). (하급심) 판례에 따르면 부부가 자녀들이 미국에서 학업을 계속할 수 있도록 하기 위하여 미국 영주권을 취득할 목적으로 이혼신고를 하였다 하더라도, 일시적이나마 법률상 부부관계를 해소하려는 의사가 있었다고 보여지므로, 위 이혼신고는 유효하다 할 것이고(즉, 통정허위표시에 의한 가장이혼으로서 무효가 되는 것이 아님), 또한 부부가 영주권 취득을 위하여 장기간 협의한 끝에 그 방편으로 이혼에 합의한 다음, 그 합의에 따라 6개월이 넘는 기간 동안 사실혼 관계를 계속 유지하였다면 비록 위 사실혼 관계가 부부 일방의 태도 변화로 인하여 파탄되었다 하더라도, 그러한 사정만으로 상대방의 이혼 동의가 기망 행위에 의하여 이루어졌음을 인정하기는 어렵다(부부의 협의이혼이 유효한 이상 협의이혼 당시 이루어진 친권행사자의 지정도 부부의 협의에 의하여 이루어졌다고 봄이 상당하다고 한 서울가법 2004. 4. 22. 선고 2003드합6149 판결).

〈설문〉 가정법원에 의한 이혼의사 확인 후에 일방이 (신고 전) 이혼의사를 철회하면 어떻게 될 것인가?

이혼의사는 가정법원에 이혼의사확인을 신청할 때는 물론이고 이혼신고서가 수리될 때에도 존재해야 한다. 따라서 가정법원으로부터 협의이혼의사를 확인받았더라도 이혼신고서가 수리되기 전에 이혼의사를 철회한 경우에는 이혼이 성립되지 않는다. 판례도 "부부가 이혼하기로 협의하고 가정법원의 협의이혼의사 확인을 받았다고 하더라도 (*구) 호적법에 정한 바에 의하여[73] 신고함으로써 협의이혼의 효력이 생기기 전에는 부부의 일방이 언제든지 협의이혼의사를 철회할 수 있는 것이어서, 협의이혼신고서가 수리되기 전에 협의이혼의사의 철회신고서가 제출되면 협의이혼신고서는 수리할 수 없는 것이므로, 설사 호적공무원이 착오로 협의이혼의사 철회신고서가 제출된 사실을 간과한 나머지 그 후에 제출된 협의이혼신고서를 수리하였다고 하더라도 협의상 이혼의 효력이 생길 수 없다"고 판시한 바가 있다(대법원 1994. 2. 8. 선고 93도2869 판결).

---

73. 2008년 1월 1일부터 호적법이 폐지됨에 따라 현재는 "가족관계의 등록 등에 관한 법률"이 제정 시행되고 있음.

〈설문〉 이혼 무효로 인해 중혼이 된 경우 그 중혼은 혼인 무효 또는 취소의 어느 사유가 되는가?

협의이혼 후에 당사자는 각자 당연히 재혼을 할 수 있다. 그런데 이혼이 무효가 된 경우 그 재혼은 금지되는 중혼이 될 것이다. 전술한 바와 같이 혼인 중의 중혼인 경우에는 민법상 혼인취소사유가 될 뿐이다(민법 제816조). 취소사유에 불과하기 때문에 중혼이 취소되기 전까지는 일단 유효한 혼인이 된다. 그 결과 중혼 관계에서 태어난 아이도 혼인 외 출생자가 아니라 혼인 중 출생자이며 만약 중혼이 해소되지 않은 상태에서 중혼한 자가 사망하면 배우자 두 명이 모두 상속인이 된다. 그리고 18세 미만의 혼인 및 근친혼(직계인척 이외의 인척에 한해)은 임신이나 출산을 하면 취소권이 소멸되는 반면, 중혼은 임신과 출산을 했더라도 여전히 취소사유가 된다. 중혼이 있게 되면 전혼(이미 한 혼인)의 배우자는 부정행위를 이유로 이혼할 수 있다.

문제는 이혼이 무효라서 중혼이 된 경우에는 어떻게 될 것인가에 있다. 이 〈설문〉에 대한 판례에 따르면 "원고와 피고 사이의 **협의이혼이 문서위조에 의한 것으로서 무효**라 할지라도 다른 특별한 사정이 없는 한, 이로 인하여 그 후에 한 피고와 중혼 상대방 간의 혼인이 당연 무효라고는 볼 수 없고 이것이 중혼이 된다면 본법 제816조에 의하여 그 취소를 법원에 청구할 수 있을 뿐이다"(대법원 1964. 4. 21. 선고, 63다770 판결).

〈설문〉 사실상 이혼상태에 있는 을이 다른 사람(A)과 혼인한 이후 사망한 경우 을의 배우자 갑은 A를 상대로 (중혼을 이유로 한) 혼인취소소송을 제기할 수 있는가?

실질적 이혼의사에 따라 사실상 이혼상태에 있더라도 이혼신고가 이루어지지 않은 이상 혼인이 해소되지 않는다(즉, 이혼의 형식적 요건은 이혼신고인데, 이에 대해서는 민법 제836조가 규정하고 있음). 따라서 사실상 이혼상태에서 부부의 일방이 다른 자와 혼인하면 중혼이 될 것이고, 출생자는 혼인 중의 출생자가 될 것이며, 부부의 일방이 사망하면 배우자 상속이 개시될 것이다. 이에 따라 갑과 을이 이혼합의 및 사실상 이혼의 상태(즉, 정식 이혼 성립이 안 된 상태)에서 을이 A와 혼인(중혼)을 하였고(전술한 바와 같이 현재의 행정체계상 중혼은 거의 불가능하지만 특수상황에 따라 발생할 수 있을 것임) 그 이후 을이 사망하자 생존한 불법 중혼의 상대방(A)을 상대로 생존 배우자 갑이 중혼취소의 소송을 제기한 실제사례가 발생하였다(누가 적법한 배우자인가는 상속 문제 등에서 중요사항이 될 것임).[74] 이 사례에 대한 판례에 따르면 "(구) 섭외사법(* 2022년부터 '국제사법'으로 법명변경)에 의하면 재일교포인 부부가 일본에서 이혼한다 하더라도 우리나라 법이 그 준거법이 될 터인데 우리 민법상 일단 혼인이 유효하게 성립하였다면 이혼신고에 의하여 협의이혼하거나 재판상으로만 유효하게 이혼할 수 있는 것이고, 호적에 그 혼인사실이 기재되지 않았다 하여 이혼의 합의만으로 이혼되는 것은 아니다. 중혼자가 사망한 후에라도 그 사망에 의하여 중혼으로 인하여 형성된 신분관계가 소멸하는 것은 아니므로 전혼의 배우자는 생존한 중혼의 일방 당사자를 상대로 중혼의 취소를 구할 이익이 있다. 중혼관계에 있어 전혼의 배우자가 사망한 상대방과 이미 사실상 이혼상태에 있었다든가 그 혼인사실을 뒤늦게 공관장에게 신고하였다는 사정만 가지고 전혼의 배우

74. 민법 **제818조(중혼의 취소청구권자)** 당사자 및 그 배우자, 직계혈족, 4촌 이내의 방계혈족 또는 검사는 제810조를 위반한 혼인의 취소를 청구할 수 있다.

자가 생존한 중혼의 일방 당사자를 상대로 제기한 혼인취소청구가 오로지 피청구인을 괴롭히기 위한 소송으로 권리남용에 해당하거나 신의칙에 반하여 위법한 것이 된다고 할 수 없다"(대법원 1991. 12. 10. 선고, 91므535 판결).

Ⅱ. 피성년 후견인의 협의이혼

민법 제835조(성년후견과 협의상 이혼) 피성년후견인의 협의상 이혼에 관하여는 제808조 제2항을 준용한다.

▲ 민법 제808조(동의가 필요한 혼인) ② 피성년후견인은 부모나 성년후견인의 동의를 받아 혼인할 수 있다.

[주석] 상기한 피성년후견인의 협의이혼에 관한 민법 제835조의 규정은 이혼 합의하려는 사람의 의사능력 내지 행위능력과 관련된 것이다. 이에 대해 구체적으로 설명하면 다음과 같다.

이혼의사의 합치에는 의사능력이 있어야 한다. 의사능력이란 자기가 하는 행위의 의미나 결과를 정상적인 인식력과 예기력을 바탕으로 합리적으로 판단하고 자기 의사를 결정할 수 있는 정신적 능력을 말한다. 의사능력의 유무는 구체적인 법률행위와 관련하여 개별적으로 판단되어야 한다(대법원 2002. 10. 11. 선고 2001다10113 판결).[75] 예컨대 유아 또는 고도의 정신병자는 의사능력이 결여된 것으로

---

75. 원고가 직접 금융기관을 방문하여 금 50,000,000원을 대출받고 금전소비대차약정서 및 근저당권설정계약서에 날인하였다고 할지라도, 원고가 어릴 때부터 지능지수가 낮아 정규교육을 받지 못한 채 가족의 도움으로 살아 왔고, 위 계약일 2년 8개월 후 실시된 신체감정결과 지능지수는 73, 사회연령은 6세 수준으로서 이름을 정확하게 쓰지 못하고 간단한 셈도 불가능하며, 원고의 본래 지능수준도 이와 크게 다르지 않을 것으로 추정된다는 감정결과가 나왔다면, 원고가 위 계약 당시 결코 적지 않은 금액을 대출 받고 이에 대하여 자신 소유의 부동산을 담보로 제공함으로써 만약 대출금을 변제하지 못할 때에는 근저당권의 실행으로 인하여 소유권을 상실할 수 있다는 일련의 법률적인 의미와 효과를 이해할 수 있는 의사능력을 갖추고 있었다고 볼 수 없고, 따라서 위 계약은 의사능력을 흠결한 상태에서 체결된 것으로서 무효라고 본 판례.

평가될 수 있을 것이다. 의사능력에 대해서는 민법에 명문규정이 없지만, 의사능력이 없는 자의 행위는 그 효력이 없다.

의사능력은 독자적으로 유효하게 법률행위를 할 수 있는 능력을 의미하는 행위능력과 구별된다. 그런데 상기한 민법 제835조의 규정은 독자적으로 유효하게 법률행위를 할 수 있는가의 행위능력에 대한 것이다. 스스로 법률행위를 할 수 없는 자를 제한능력자(구 무능력자)라고 하는데, 민법은 19세 미만의 미성년자(민법 제4조), 피한정후견인(구 한정치산자),[76] 피성년후견인(구 금치산자)을[77] 제한능력자로 규정하고 있다. 미성년자와 피한정후견인은 법정대리인의 동의가 있으면 법률행위를 스스로 할 수 있으나 피성년후견인은 혼자서 법률행위를 할 수 없다. 의사능력이 있는 미성년자가 혼인할 경우에는 부모 또는 후견인의 동의가 있어야 하지만, 혼인하면 성년으로 간주되므로(소위 성년의제에 관한 민법 제826조의 2) 이혼할 경우에는 부모 등의 동의 없이 자유롭게 할 수 있다. 상기한 조문에서 규정하고 있는 피성년후견인(구 금치산자)도 의사능력이 있으면 부모나 후견인의 동의를 받아 이혼할 수 있다(민법 제808조 제2항 및 제835조). 미성년자, 피성년후견인, 피한정후견인 등 제한능력자가 독자적으로 한 법률행위는 법정대리인이 취소할 수 있다. 의사 능력조차 없는 사람의 이혼합의가 무효인 것과는 대비되는 것이다.

---

76. 가정법원은 질병, 장애, 노령, 그 밖의 사유로 인한 정신적 제약으로 사무를 처리할 능력이 부족한 사람(소위 피한정후견인)에 대하여 본인, 배우자, 4촌 이내의 친족, 미성년후견인, 미성년후견감독인, 성년후견인, 성년후견감독인, 특정후견인, 특정후견감독인, 검사 또는 지방자치단체의 장의 청구에 의하여 한정후견개시의 심판을 한다(민법 제12조 제1항). 그리고 한정후견인의 동의가 필요한 법률행위를 피한정후견인이 한정후견인의 동의 없이 하였을 때에는 그 법률행위를 취소할 수 있다. 다만, 일용품의 구입 등 일상생활에 필요하고 그 대가가 과도하지 아니한 법률행위에 대하여는 그러하지 아니하다(제13조 제4항).

77. 가정법원은 질병, 장애, 노령, 그 밖의 사유로 인한 정신적 제약으로 사무를 처리할 능력이 지속적으로 결여된 사람(소위 피성년후견인)에 대하여 본인, 배우자, 4촌 이내의 친족, 미성년후견인, 미성년후견감독인, 한정후견인, 한정후견감독인, 특정후견인, 특정후견감독인, 검사 또는 지방자치단체의 장의 청구에 의하여 성년후견개시의 심판을 한다(민법 제9조 제1항). 그리고 피성년후견인의 법률행위는 취소할 수 있다(제10조 제1항). 다만 일용품의 구입 등 일상생활에 필요하고 그 대가가 과도하지 아니한 법률행위는 성년후견인이 취소할 수 없다(제10조 제4항).

Ⅲ. 유효한 협의이혼 성립의 절차적 요건

민법 제836조(이혼의 성립과 신고방식) ① 협의상 이혼은 가정법원의 확인을 받아 "가족관계의 등록 등에 관한 법률"의 정한 바에 의하여 신고함으로써 그 효력이 생긴다.

② 전항의 신고는 당사자 쌍방과 성년자인 증인 2인의 연서한 서면으로 하여야 한다.

[주석] 상기한 민법 제836조는 이혼성립의 〈형식적 요건〉인 이혼신고에 대해 규정하고 있는데, 이에 대해 구체적으로 설명하면 다음과 같다.

이혼의 실질적 요건(이혼합의)을 갖추었더라도 가정법원의 확인을 거쳐 이혼신고를 하지 않으면 협의이혼이 성립하지 않는다(민법 제836조 제1항). 즉, 부부가 이혼에 합의했지만 이혼신고를 하지 않은 경우에는 장기간 별거해서 사실상 이혼상태라고 하더라도 법적으로는 부부관계가 지속된다. 그런데 이혼신고까지 이르기 위해서는 먼저 협의이혼을 하려는 부부는 관할 가정법원에 협의이혼의사 확인을 신청해서 협의이혼의사를 확인받아야 한다.[78] 판례에 따르면 "협의이혼의사의 확인은 어디까지나 당사자들의 합의를 근간으로 하는 것이고 법원의 역할은 그들의 의사를 확인해서 증명해 주는데 그치는 것이므로, 이혼합의의 효력은 민법상의 원칙에 의해 결정되어야 할 것이고 이혼의사 표시가 사기, 강박에 의해 이루어졌다면 민법 제838조 및 제839조에 근거해서 취소할 수 있다"(대법원 1987. 1. 20. 선고 86

---

78. 협의이혼의사확인의 신청은 부부의 등록기준지 또는 주소지를 관할하는 가정법원에 부부가 함께 출석해서 협의이혼의사확인신청서를 제출하면 된다("가족관계의 등록 등에 관한 법률" 제75조 제1항 및 "가족관계의 등록 등에 관한 규칙" 제73조 제1항). 협의이혼의사확인을 신청할 때에는 다음의 서류를 갖추어서 제출해야 한다("가족관계의 등록 등에 관한 규칙" 제73조 제4항) : (1) 협의이혼의사확인신청서 1통(협의이혼의사확인신청서에는 부부 쌍방과 성년자인 증인 2명의 서명·날인이 필요, "민법" 제836조 제2항). (2) 부부 각자의 가족관계증명서 각 1통 (3) 부부 각자의 혼인관계증명서 각 1통 (4) 미성년인 자녀[임신 중인 자녀를 포함하되, 이혼숙려기간("민법" 제836조의 2 제2항 및 제3항에서 정한 기간) 이내에 성년에 도달하는 자녀는 제외]가 있는 경우에는 그 자녀의 양육과 친권자결정에 관한 협의서 1통과 그 사본 2통 또는 가정법원의 심판정본 및 확정증명서 각 3통

므86 판결).

가정법원으로부터 협의이혼의사를 확인받으면 그 확인서를 첨부해서 3개월 이내에 행정관청에 이혼신고를 해야 비로소 이혼의 효력이 발생한다(민법 제836조 제1항 및 가족관계의 등록 등에 관한 법률 제75조 제2항).[79] 판례에 따르면 외국이민을 떠났다가 3년 후에 다시 귀국하여 혼인신고를 하여 주겠다고 하여 이를 믿고 이혼신고를 하였다면 별다른 사정이 없는 한 당사자 간에 일시적이나마 법률상의 부부관계를 해소할 의사가 있었다고 할 것이니 그 이혼신고는 유효하다고 할 것이다(대법원 1981. 7. 28. 선고, 80므77 판결). 이혼합의(확인서)에 따른 신고에는 당사자 쌍방과 성년자인 증인 2인의 연서한 서면으로 하여야 한다(민법 제836조 제2항).

가정법원으로부터 확인서를 교부 또는 송달받은 후 3개월의 기간이 지나면 이혼의사확인의 효력이 상실되므로 이혼을 하려면 법원의 협의이혼의사확인 절차를 다시 거쳐야 한다(가족관계의 등록 등에 관한 법률 제75조 제3항 참조). 따라서 이혼신고를 하기 전에 이혼의사가 없어진 경우에는 이혼신고서를 제출하지 않으면 이혼이 성립되지 않는다.

그리고 이혼신고서가 수리되기 전에 이혼의사확인서 등본을 첨부한 이혼의사철회서를 등록기준지 또는 주소지 관할 시청·구청·읍사무소 또는 면사무소에 제출하면 이혼의사가 철회된다(가족관계의 등록 등에 관한 규칙 제80조 제1항 본문). (일방) 당사자에 의한 이혼철회가 인정되면 지금까지 진행된 협의이혼절차는 무용하게 된다(따라서 새로운 협의이혼을 위해서는 처음부터 절차를 다시 밟아야 할 것임). 그러나 본인의 이혼의사철회서보다 배우자의 이혼신고서가 먼저 제출된 경우에는 이혼이 이미 성립되었기 때문에 철회서를 제출하더라도 그 효력이 발생하지 않는다(가족관계의 등록 등에 관한 규칙 제80조 제2항). 실무적 문제들에 대한 보충 설명은

79. 이혼신고는 부부 중 어느 한 쪽이 가정법원으로부터 확인서 등본을 교부 또는 송달받은 날부터 3개월 이내에 그 등본을 첨부해서 등록기준지 또는 주소지 관할 시청·구청·읍사무소 또는 면사무소에 신고해야 하며, 이 기간이 경과하면 가정법원의 확인은 효력을 잃는다("가족관계의 등록 등에 관한 법률" 제75조 및 "가족관계의 등록 등에 관한 규칙" 제79조).

제3장 절차법 편 [§ 10] 참조.

Ⅳ. 협의이혼의 절차

민법 제836조의 2(이혼의 절차) ① 협의상 이혼을 하려는 자는 가정법원이 제공하는 이혼에 관한 안내를 받아야 하고, 가정법원은 필요한 경우 당사자에게 상담에 관하여 전문적인 지식과 경험을 갖춘 전문상담인의 상담을 받을 것을 권고할 수 있다.

② 가정법원에 이혼의사의 확인을 신청한 당사자는 제1항의 안내를 받은 날부터 다음 각 호의 기간이 지난 후에 이혼의사의 확인을 받을 수 있다.

1. 양육하여야 할 자(포태 중인 자를 포함한다. 이하 이 조에서 같다)가 있는 경우에는 3개월
2. 제1호에 해당하지 아니하는 경우에는 1개월

③ 가정법원은 폭력으로 인하여 당사자 일방에게 참을 수 없는 고통이 예상되는 등 이혼을 하여야 할 급박한 사정이 있는 경우에는 제2항의 기간을 단축 또는 면제할 수 있다.

④ 양육하여야 할 자가 있는 경우 당사자는 제837조에 따른 자의 양육과 제909조 제4항에 따른 자의 친권자결정에 관한 협의서 또는 제837조 및 제909조 제4항에 따른 가정법원의 심판정본을 제출하여야 한다.

⑤ 가정법원은 당사자가 협의한 양육비부담에 관한 내용을 확인하는 양육비부담조서를 작성하여야 한다. 이 경우 양육비부담조서의 효력에 대하여는 "가사소송법" 제41조를 준용한다.

▶ **가사소송법 제41조(심판의 집행력)** 금전의 지급, 물건의 인도(引渡), 등기, 그 밖에 의무의 이행을 명하는 심판은 집행권원(執行權原)이 된다.

[주석] 상기한 민법 조항은 **협의이혼의 절차**에 관해 규정하고 있다. 특히 본 조항은 이혼에 따라 양육할 자가 있는 경우와 없는 경우 사이에 요구되는 절차의 차이도 규율하고 있다. 이 규정에 대해 구체적 설명을 한다면 다음과 같다.

협의이혼의사확인을 신청한 부부는 가정법원이 제공하는 〈이혼에 관한 안내〉를 받아야 하고, 가정법원은 필요한 경우 당사자에게 상담에 관한 전문적인 지식과 경험을 갖춘 전문상담인의 상담을 받을 것을 권고할 수 있다(민법 제836조의 2 제1항). 법원으로부터 이혼에 관한 안내를 받은 부부는 안내를 받은 날부터 다음의 〈이혼숙려기간〉이 지난 후에 이혼의사를 확인받을 수 있다(민법 제836조의 2 제2항) : (i) 양육해야 할 자녀(임신 중인 자녀를 포함. 이하 같음)가 있는 경우 : 3개월 (ii) 양육해야 할 자녀가 없는 경우 : 1개월. 다만, 폭력으로 인해 부부 일방에게 참을 수 없는 고통이 예상되는 등 이혼을 해야 할 급박한 사정이 있는 경우에는 위의 기간이 단축되거나 면제될 수 있다(민법 제836조의 2 제3항). 그리고 양육할 자가 있는 경우에는 양육 부모를 위한 양육비 부담에 관한 절차적 요건도 요구된다. 아래의 〈설문〉 이외 사항에 대한 더 자세한 설명은 제3장 절차법 편에서 다시 개진하기로 한다.

〈설문〉 양육하여야 할 미성년 자녀가 있는 경우 요구되는 협의이혼의 절차적 요건은 무엇인가? (자녀를 위한 친권자 내지 양육자와 양육비부담조서는 필수요건. 그러나 부부 사이의 위자료와 재산분할 문제는 필수사항이 아님)

협의이혼의 절차적 요건으로서 미성년의 자녀나 이혼으로 인하여 불이익을 받는 배우자 일방을 위한 후견적 관여가 요구된다. 양육해야 할 자녀(이혼숙려기간 이내에 성년에 도달하는 자녀는 제외)가 있는 경우에는 협의이혼의사확인을 신청할 때 또는 이혼의사확인기일까지 그 〈자녀의 친권과 양육에 관한 협의서 또는 가정법원의 심판정본을 제출〉하여야 한다(민법 제836조의 2 제4항 및 가족관계의 등록 등에 관한 규칙 제73조 제4항). 협의이혼하려는 부부가 양육비용의 부담에 대해 합의한 경우, 가정법원은 그 내용을 확인하는 양육비부담조서를 작성하여야 한다. 이는 이혼 시 양육비를 효율적으로 확보하기 위한 것으로, 이때의 양육비부담조서는 채무명의로서의 효력을 갖는다(민법 제836조의 2 제5항, 법원의 재판과 같은 효력을 가진 집행권원이 된다는 가사소송법 제41조). 자녀의 친권과 양육에 관해 부부간 합의가 이루어지지 않는 경우에는 가정법원이 직권으로 이를 결정할 수도 있다(민법 제837조 제4항, 제909조 제4항).

참고로, 이혼에 필수적으로 따르는 위자료 문제와 재산분할 문제(즉, 자녀문제가 아닌 부부 사이의 문제)는 협의이혼에 있어서는 국가(가정법원)의 개입사항이 아니다. 따라서 위자료와 재산분할에 관한 사항이 협의이혼의 합의서에 기재되어 있지 않더라도 협의이혼 자체는 이루어 질 수 있는 것이다. 이 부분에 대한 더 자세한 설명도 제3장 절차법 편에서 다시 개진하기로 한다.

[§ 5] 이혼 후 (친권자 내지) 양육자 지정과 양육비 부담, 자녀와의 면접교섭

아래의 민법 제836조의 2 이하는 협의이혼에 따른 중요한 법률문제에 대해 규정하고 있다. 협의이혼에 따른 중요한 법률문제에는 자녀와 관련하여서는 친권자 및 양육자 지정, 양육비 부담, 비양육 부모를 위한 면접교섭권, 부부 사이에는 재산분할청구권 등이 해당된다. 그런데 이러한 협의이혼에 따른 중요 법률문제는 재판상 이혼의 경우에도 동일하게 발생한다. 그렇기 때문에 협의이혼과 관련된 당해 규정들은 재판상 이혼에서도 그대로 준용된다(제843조). 다음으로는 이러한 이혼에 따른 중요한 법률문제에 대해 차례로 살펴보기로 한다(협의이혼에서만 절차적 요건으로서 요구되는 전술한 민법 제836조 제4항과 제5항의 규정도 이혼 후 자녀문제와 관련되는 내용이므로 여기서 다시 언급하기로 함).

I. 이혼 후 양육자 지정과 양육비 부담

민법 제836조의 2 ④ 양육하여야 할 자가 있는 경우 당사자는 제837조에 따른 자의 양육과 제909조 제4항에 따른 자의 친권자결정에 관한 협의서 또는 제837조 및 제909조 제4항에 따른 가정법원의 심판정본을 제출하여야 한다.

⑤ 가정법원은 당사자가 협의한 양육비부담에 관한 내용을 확인하는 양육비부담조서를 작성하여야 한다. 이 경우 양육비부담조서의 효력에 대하여는 "가사소송법" 제41조를 준용한다.

민법 제837조(이혼과 자의 양육책임) ① 당사자는 그 자의 양육에 관한 사항을 협의에 의하여 정한다.

② 제1항의 협의는 다음의 사항을 포함하여야 한다.

1. 양육자의 결정

2. 양육비용의 부담

3. 면접교섭권의 행사 여부 및 그 방법

③ 제1항에 따른 협의가 자(子)의 복리에 반하는 경우에는 가정법원은 보정을 명하거나 직권으로 그 자(子)의 의사(意思)·나이와 부모의 재산상황, 그 밖의 사정을 참작하여 양육에 필요한 사항을 정한다.

④ 양육에 관한 사항의 협의가 이루어지지 아니하거나 협의할 수 없는 때에는 가정법원은 직권으로 또는 당사자의 청구에 따라 이에 관하여 결정한다. 이 경우 가정법원은 제3항의 사정을 참작하여야 한다.

⑤ 가정법원은 자(子)의 복리를 위하여 필요하다고 인정하는 경우에는 부·모·자(子) 및 검사의 청구 또는 직권으로 자(子)의 양육에 관한 사항을 변경하거나 다른 적당한 처분을 할 수 있다.

⑥ 제3항부터 제5항까지의 규정은 양육에 관한 사항 외에는 부모의 권리의무에 변경을 가져오지 아니한다.

[주석] 구 "민법"(2007. 12. 21. 법률 제8720호로 개정되기 이전의 것)은 자녀의 양육사항 및 친권자 지정에 관한 합의 없이도 협의이혼이 가능하도록 해 자녀의 양육 환경이 부당하게 침해되는 문제가 발생하였다. 이를 방지하고 자녀의 복리를 우선시하기 위해 개정된 현행 민법은 협의이혼을 할 때 자녀의 양육사항 및 친권자에 관해 정하지 않은 상태에서는 협의이혼이 이루어질 수 없도록 규정하고 있다. 이러한 내용을 분설하면 다음과 같다.

1. 협의이혼의 필수요건으로서의 친권 내지 양육(자)에 관한 사항

민법은 친권자에 관한 일반규정(제909조)[80] 이외에 이혼의 절차에 관한 민법

80. 민법 **제909조(친권자)** ① 부모는 미성년자인 자의 친권자가 된다. 양자의 경우에는 양부모(養父母)가 친권자가 된다. ② 친권은 부모가 혼인중인 때에는 부모가 공동으로 이를 행사한다. 그러나 부모의 의견이 일치하지 아니하는 경우에는 당사자의 청구에 의하여 가정법원이 이를 정한다. ③ 부모의 일방이 친권을 행사할 수 없을 때에는 다른 일방이 이를 행사한다. ④ 혼인외의 자가 인지된 경우와 부모가 이혼하는 경우에는 부모의 협의로 친권자를 정하여야 하고, 협의할 수 없거나 협의가 이루어지지

제836조의 2가 이혼 시 양육하여야 할 자가 있는 경우 당사자는 제837조에 따른 자의 양육과 제909조 제4항에 따른 자의 친권자결정에 관한 협의서 또는 제837조 및 제909조 제4항에 따른 가정법원의 심판정본을 제출하여야 하는 것으로 특별히 규정하고 있다(제4항). 그리고 협의이혼하려는 부부는 가정법원에 이혼의사확인을 신청할 때 (1) 양육자의 결정 (2) 양육비용의 부담 (3) 면접교섭권의 행사 여부 및 그 방법 등이 기재된 양육사항과 친권자 지정에 관한 합의서를 제출해야 한다(민법 제837조 제1항, 제2항). 협의가 자(子)의 복리에 반하는 경우에는 가정법원은 보정을 명하거나 직권으로 그 자(子)의 의사(意思)·나이와 부모의 재산상황, 그 밖의 사정을 참작하여 양육에 필요한 사항을 정한다(민법 제837조 제3항). 이혼에 따른 자녀의 양육책임에 대하여 이혼 당사자 간에 양육자의 결정과 양육비용의 부담에 관한 사항에 대하여 협의가 이루어지지 않거나 협의할 수 없을 때에는(예컨대, 생사불명, 불치의 정신병 등의 사유가 있을 때) 가정법원은 직권으로 또는 당사자의 청구에 따라 해당 사항을 정한다(민법 제837조 제4항). 즉, 부부가 합의하지 못한 경우에는 법원에 그 결정을 청구해서 심판을 받은 다음 그 심판정본을 제출하도록 의무화하고 있다(민법 제836조의 2 제4항, 제837조 제1항·제2항·제4항). 자녀의 양육에 관한 처분에 관한 심판은 부모 중 일방이 다른 일방을 상대방으로 하여 청구하여야 한다(가사소송규칙 제99조 제1항). 그리고 가정법원은 자(子)의 복리를 위하여 필요하다고 인정하는 경우에는 부·모·자(子) 및 검사의 청구 또는 직권으로 자(子)의 양육에 관한 사항을 변경하거나 다른 적당한 처분을 할 수 있다(민법 제837조 제5항). 이혼한 부모는 정해진 양육에 관한 사항 외에는 부모의 권리의무에 변경을 가져오지 아니한다(민법 제837조 제6항).

아니하는 경우에는 가정법원은 직권으로 또는 당사자의 청구에 따라 친권자를 지정하여야 한다. 다만, 부모의 협의가 자(子)의 복리에 반하는 경우에는 가정법원은 보정을 명하거나 직권으로 친권자를 정한다. ⑤ 가정법원은 혼인의 취소, 재판상 이혼 또는 인지청구의 소의 경우에는 직권으로 친권자를 정한다. ⑥ 가정법원은 자의 복리를 위하여 필요하다고 인정되는 경우에는 자의 4촌 이내의 친족의 청구에 의하여 정하여진 친권자를 다른 일방으로 변경할 수 있다.

〈설문〉 부부가 이혼하면 자녀에 대한 양육의무 자체는 어떻게 되는가? (법적 양육의무 자체는 이혼 부부 공동)

이혼 시 단독양육이 결정되었다 하더라도 비지정 부모의 법적 양육의무 자체가 면제되는 것은 아니다. 단독양육의 경우에는 이혼 배우자의 일방이 자녀를 사실상 키우는 양육권을 가지는 것이고, 상대방 배우자는 (허용된 면접교섭권을 가지면서) 합의 내지 결정된 양육비를 부담하는 것일 뿐이다.[81] 따라서 부모는 자녀를 공동으로 양육할 책임이 있고, 양육에 드는 비용도 원칙적으로 부모가 공동으로 부담하여야 한다. 그런데 어떠한 사정으로 인하여 부모 중 어느 한쪽만이 자녀를 양육하게 된 경우에는 양육하는 사람이 상대방에게 현재와 장래의 양육비 중 적정 금액의 분담을 청구할 수 있다.

상기한 〈설문〉에 대한 판례에 따르면 "(재판상) 이혼 시 친권자와 양육자로 지정된 부모의 일방은 상대방에게 양육비를 청구할 수 있고, 이 경우 가정법원으로서는 자녀의 양육비 중 양육자가 부담해야 할 양육비를 제외하고 상대방이 분담해야 할 적정 금액의 양육비만을 결정하는 것이 타당하다"(대법원 2020. 5. 14. 선고 2019므15302 판결).

〈설문〉 이혼 후 비양육친도 미성년 자녀의 불법행위에 대해 감독의무자로서의 책임을 지는가?

미성년자가 책임능력이 있어 스스로 불법행위책임을 지는 경우에도 그 손해가 미성년자의 감독의무자의 의무 위반과 상당인과관계가 있으면 감독의무자는 민법 제750조에 따라 일반불법행위자로서 손해배상책임이 있다. 이 경우 그러한 감

81. 따라서 실무상 사용되는 (양육자로 지정되지 않은) '비양육인'의 용어는 법적으로는 정확한 것이 아님 (오히려 지정받은 "주" 양육인에 대응하는 "부" 양육인의 용어가 더 정확할 것임)

독의무 위반사실과 손해 발생과의 상당인과관계는 이를 주장하는 자가 증명하여야 한다. 미성년 자녀를 양육하며 친권을 행사하는 부모는 자녀를 경제적으로 부양하고 보호하며 교양할 법적인 의무가 있다(민법 제913조). 〈부모와 함께 살면서 경제적으로 부모에게 의존하는 미성년자〉는 부모의 전면적인 보호·감독 아래 있으므로, 그 부모는 미성년자가 타인에게 불법행위를 하지 않고 정상적으로 학교 및 사회생활을 하도록 일반적, 일상적으로 지도와 조언을 할 보호·감독의무를 부담한다. 따라서 그러한 부모는 미성년자의 감독의무자로서 앞에서 본 것처럼 미성년자의 불법행위에 대하여 손해배상책임을 질 수 있다. 문제는 이혼 후 비양육친에게도 그러한 의무가 인정될 것인가에 있다.[82]

상기한 〈설문〉에 대한 **판례에 따르면** "이혼으로 인하여 부모 중 1명이 친권자 및 양육자로 지정된 경우 그렇지 않은 부모('비양육친')에게는 자녀에 대한 친권과 양육권이 없어 자녀의 보호·교양에 관한 민법 제913조 등 친권에 관한 규정이 적용될 수 없다. 비양육친은 자녀와 상호 면접 교섭할 수 있는 권리가 있지만(민법 제837조의 2 제1항), 이러한 면접교섭 제도는 이혼 후에도 자녀가 부모와 친밀한 관계를 유지하여 정서적으로 안정되고 원만한 인격발달을 이룰 수 있도록 함으로써 자녀의 복리를 실현하는 것을 목적으로 하고, 제3자와의 관계에서 손해배상책임의 근거가 되는 감독의무를 부과하는 규정이라고 할 수 없다. 비양육친은 이혼 후에도 자녀의 양육비용을 분담할 의무가 있지만, 이것만으로 비양육친이 일반적, 일상적으로 자녀를 지도하고 조언하는 등 보호·감독할 의무를 진다고 할 수 없다. 이처럼 비양육친이 미성년자의 부모라는 사정만으로 미성년 자녀에 대하여 감독의무를 부담한다고 볼 수 없다. 다만 비양육친도 부모로서 자녀와 면접교섭을 하거나

82. [사실관계] A의 부모는 A가 만 2세였을 때 이혼했다. A의 친권자 및 양육자는 어머니로 지정되었다. 그런데 만 17세 때 A는 피해자의 나체사진을 유포하겠다고 협박했다. 이후 피해자는 스스로 목숨을 끊었다. A는 성폭력 범죄의 처벌 등에 관한 특례법상 카메라 등 이용촬영 등의 혐의로 기소돼 소년부 송치 결정을 받고 보호처분을 받았다. 피해자의 유족은 A의 부모가 A를 제대로 교육하고 보호·감독해야 할 주의의무가 있음에도 이를 게을리 했다며 A와 공동해 책임을 져야 한다는 소송을 비양육친을 상대로 제기하였다.

양육친과의 협의를 통하여 자녀 양육에 관여할 가능성이 있는 점을 고려하면, ① 자녀의 나이와 평소 행실, 불법행위의 성질과 태양, 비양육친과 자녀 사이의 면접교섭의 정도와 빈도, 양육 환경, 비양육친의 양육에 대한 개입 정도 등에 비추어 비양육친이 자녀에 대하여 실질적으로 일반적이고 일상적인 지도, 조언을 함으로써 공동 양육자에 준하여 자녀를 보호·감독하고 있었거나, ② 그러한 정도에는 이르지 않더라도 면접교섭 등을 통해 자녀의 불법행위를 구체적으로 예견할 수 있었던 상황에서 자녀가 불법행위를 하지 않도록 부모로서 직접 지도, 조언을 하거나 양육친에게 알리는 등의 조치를 취하지 않은 경우 등과 같이 비양육친의 감독의무를 인정할 수 있는 특별한 사정이 있는 경우에는 비양육친도 감독의무 위반으로 인한 손해배상책임을 질 수 있다"(대법원 2022. 4. 14. 선고 2020다240021 판결).

〈설문〉 제3자 내지 부부 모두를 (공동) 양육권자로 지정할 수 있는가? (단독양육이 원칙)

이혼 시 양육자로 부모 중 한 사람을 정하는 것(즉, 단독양육)이 보통이다. 그리고 양육은 친권과는 관계가 없으므로 제3자(예컨대 조부모)를 양육자로 지정할 수도 있다. 문제는 부모 모두가 양육기간을 일부씩 나누어 가지는 공동양육도 가능한가에 있다(예컨대 1주일 중 평일은 모, 주말 공휴일은 부로 나누는 방법. 이러한 공동양육의 경우는 양육비 부담의 내용도 이에 상응하게 조절될 것임).

상기한 〈설문〉에 대한 판례에 따르면 "이혼의 경우 부모 모두를 자녀의 〈공동양육자로 지정하는 것〉은 부모가 공동양육을 받아들일 준비가 되어 있고 양육에 대한 가치관에서 현저한 차이가 없는지, 부모가 서로 가까운 곳에 살고 있고 양육환경이 비슷하여 자녀에게 경제적·시간적 손실이 적고 환경 적응에 문제가 없는지, 자녀가 공동양육의 상황을 받아들일 이성적·정서적 대응능력을 갖추었는지 등을 종합적으로 고려하여 공동양육을 위한 여건이 갖추어졌다고 볼 수 있는 경우에만 가능하다고 보아야 한다"(대법원 2020. 5. 14. 선고 2018므15534 판결).

〈설문〉 이혼 부부 중 양육자(단독양육의 경우)는 무엇을 기준으로 지정될 것인가? 특히 외국인도 양육자로 지정될 수 있는가? (기준은 오직 자녀의 성장과 복지에 가장 도움이 되는가에 있음)

전술한 바와 같이 이혼 시 양육자로 부모 중 한 사람을 정하는 것(즉, 단독양육)이 원칙이다. 그런데 부부가 서로 자신이 양육자로 지정되기를 희망할 경우 법원이 양육자를 결정해 주어야 하는데, 이 경우 양육자 지정의 기준이 무엇인지가 문제된다. 상기한 민법 제837조 제4항에 따르면 양육에 관한 사항의 협의가 이루어지지 아니하거나 협의할 수 없는 때에는 가정법원은 직권으로 또는 당사자의 청구에 따라 이에 관하여 결정한다.

상기한 **〈설문〉에 대한 판례**에 따르면 "자의 양육을 포함한 친권은 부모의 권리이자 의무로서 미성년인 자의 복지에 직접적인 영향을 미친다. 그러므로 부모가 이혼하는 경우에 부모 중에서 미성년인 자의 친권을 가지는 사람 및 양육자를 정함에 있어서는, 미성년인 자의 성별과 연령, 그에 대한 부모의 애정과 양육의사의 유무는 물론, 양육에 필요한 경제적 능력의 유무, 부 또는 모와 미성년인 자 사이의 친밀도, 미성년인 자의 의사 등의 모든 요소를 종합적으로 고려하여 미성년인 자의 성장과 복지에 가장 도움이 되고 적합한 방향으로 판단하여야 한다"(대법원 2012. 4. 13. 선고 2011므4719 판결).

그리고 "외국인이 대한민국 국민과 혼인을 한 후 입국하여 체류자격을 취득하고 거주하다가 한국어를 습득하기 충분하지 않은 기간에 이혼에 이르게 된 경우, 한국어 소통능력이 부족하다는 이유만으로는 미성년 자녀의 양육자로 지정되기에 부적합하다고 평가할 수 없다"(대법원 2021. 9. 30. 선고 2021므12320 12337 판결).

〈설문〉 협의이혼 시 반드시 작성 제출하여야 하는 양육비부담조서는 어떠한 효과가 있겠는가? (가사소송법 제41조에 의한 집행권원의 효과)

협의이혼하려는 부부가 양육비용의 부담에 대해 합의한 경우, 가정법원은 그 내용을 확인하는 양육비부담조서를 작성하여야 한다. 2009년 민법 및 가사소송법 개정으로 도입된 양육비부담조서 제도는 협의이혼 절차 도중 미성년 자녀가 있는 경우 자녀의 양육비에 대해 당사자들이 협의한 사항을 조서로 작성해두는 것이다. 해당 문서의 원본을 영구보존하여 추후 분쟁이 있을 때 근거로 사용하고 합의 내용이 지켜질 수 있도록 보호하는 장치가 되는 것이다. 분실한 경우에는 언제든 법원에 재발급 신청을 통해 다시 교부받을 수 있다.

양육비부담조서는 채무명의로서의 효력을 갖는다(민법 제836조의 2 제5항, 가사소송법 제41조). 가정법원은 판결, 심판, 조정조서, 조정을 갈음하는 결정 또는 양육비부담조서에 의하여 ① 금전의 지급 등 재산상의 의무, ② 유아의 인도 의무, ③ 자녀와의 면접교섭 허용 의무의 어느 하나에 해당하는 의무를 이행하여야 할 사람이 정당한 이유 없이 그 의무를 이행하지 아니하는 경우에는 당사자의 신청에 의하여 일정한 기간 내에 그 의무를 이행할 것을 명할 수 있다(가사소송법 제64조 제1항). 당사자 또는 관계인이 정당한 이유 없이 제29조, 제63조의 2 제1항, 제63조의 3 제1항·제2항 또는 제64조의 명령이나 제62조의 처분을 위반한 경우에는 가정법원, 조정위원회 또는 조정담당판사는 직권으로 또는 권리자의 신청에 의하여 결정으로 1천만 원 이하의 과태료를 부과할 수 있다(가사소송법 제67조 제1항).

2. 양육에 관한 사항의 변경

〈설문〉 합의된 양육 사항에 대한 법원의 변경처분(양육자 변경 등)은 가능한가? 특히, 소송 도중의 사전처분도 가능한가?

민법에 따르면 친권을 행사함에 있어서는 자의 복리를 우선적으로 고려하여야 하고(민법 제912조),[83] 이혼 당사자 사이에 양육에 관한 사항의 협의가 되지 아니하거나 협의할 수 없어서 가정법원이 양육에 필요한 사항을 정하여야 하는 경우 자의 연령, 부모의 재산상황 기타 사정을 참작하여야 한다(민법 제837조 제2항).

그리고 가정법원은 자(子)의 복리를 위하여 필요하다고 인정하는 경우에는 부·모·자(子) 및 검사의 청구 또는 직권으로 자(子)의 "양육에 관한 사항을 변경"하거나 다른 적당한 처분을 할 수 있다(민법 제837조 제5항). 당사자가 협의하여 그 자의 양육에 관한 사항을 정한 후 가정법원에 그 사항의 변경을 청구한 경우에 있어서도 가정법원은 당사자가 협의하여 정한 사항이 위 법조 소정의 제반사정에 비추어 부당하다고 인정되는 경우에는 그 사항을 변경할 수 있고 협의 후에 특별한 사정변경이 있는 때에 한하여 변경할 수 있는 것은 아니다(대법원 1991. 6. 25. 선고 90므699 판결).

그리고 이러한 원칙은 재판상 이혼에서도 그대로 적용될 수 있을 것이고, 소송 도중에 가사소송법 제62조[84] 제1항에 따른 자의 양육에 관한 사전처분에 관한 결

83. 민법 **제912조(친권 행사와 친권자 지정의 기준)** ① 친권을 행사함에 있어서는 자의 복리를 우선적으로 고려하여야 한다. ② 가정법원이 친권자를 지정함에 있어서는 자(子)의 복리를 우선적으로 고려하여야 한다. 이를 위하여 가정법원은 관련 분야의 전문가나 사회복지기관으로부터 자문을 받을 수 있다.

84. 가사소송법 **제62조(사전처분)** ① 가사사건의 소의 제기, 심판청구 또는 조정의 신청이 있는 경우에 가정법원, 조정위원회 또는 조정담당판사는 사건을 해결하기 위하여 특히 필요하다고 인정하면 직권으로 또는 당사자의 신청에 의하여 상대방이나 그 밖의 관계인에게 현상(現狀)을 변경하거나 물건을 처분하는 행위의 금지를 명할 수 있고, 사건에 관련된 재산의 보존을 위한 처분, 관계인의 감호(監護)와 양육을 위한 처분 등 적당하다고 인정되는 처분을 할 수 있다. ② 제1항의 처분을 할 때에는

정을 함에 있어서도 그대로 유지되어야 할 것이다. 판례에 따르면 양육에 관한 현상을 변경하는 사전처분은 자의 복리를 우선적으로 고려하고, 자의 연령, 부모의 재산상황 기타 사정을 참작하여 사건의 해결을 위하여 특히 필요하다고 인정되는 경우에 한하여야 한다(부가 이혼 및 양육자지정 청구를 하면서 그 판결확정시까지 모의 사건본인에 대한 친권 및 양육권행사를 정지하고 자신을 친권자 및 양육자로 지정해 줄 것 등을 구하는 사전처분신청을 하였지만, 〈모가 사건본인의 생모로서 사건본인을 출산한 후 계속하여 양육하고 있고, 현재 별거중이지만 부가 미리 연락할 경우 사건본인을 면접 교섭하는 것을 방해하지 않고 있으며, 이미 우리나라 국적을 취득하여 사건본인을 데리고 출국할 위험도 없다면〉 자의 복리와 자의 연령, 부모의 재산상황 기타 사정을 참작하더라도 미성년자인 사건본인의 양육에 관한 현상을 변경하는 사전처분이 사건의 해결을 위하여 특히 필요하다고 인정되는 경우라고 보기 어렵다고 판시한 대법원 2008. 11. 24. 선고 2008스104 결정).

[관련판례]

(1) 민법 제837조 제2항의 규정에 의하여 가정법원이 일단 결정한 양육에 필요한 사항을 그 후 변경하는 것은 당초의 결정 후에 특별한 사정변경이 있는 경우뿐만 아니라, 당초의 결정이 위 법률규정 소정의 제반 사정에 비추어 부당하게 되었다고 인정될 경우에도 가능한 것이며, 당사자가 조정을 통하여 그 자의 양육에 관한 사항을 정한 후 가정법원에 그 사항의 변경을 청구한 경우에 있어서도 가정법원은 심리를 거쳐서 그 조정조항에서 정한 사항이 위 법률규정 소정의 제반 사정에 비추어 〈부당하다고 인정되는 경우에는 언제든지〉 그 사항을 변경할 수 있고 조정의 성립 이후에 특별한 사정변경이 있는 때에 한하여 이를 변경할 수 있는 것은 아니다(대법원 2006. 4. 17. 선고 2005스18, 19 결정).

제67조 제1항에 따른 제재를 고지하여야 한다. ③ 급박한 경우에는 재판장이나 조정장은 단독으로 제1항의 처분을 할 수 있다. ④ 제1항과 제3항의 처분에 대하여는 즉시항고를 할 수 있다. ⑤ 제1항의 처분은 집행력을 갖지 아니한다.

(2) 당사자 사이에 자의 양육에 관한 사항의 협의가 되지 않은 것을 전제로 법원에 대하여 청구인을 양육자로 지정하고 그 양육비는 피청구인이 부담하는 내용의 심판을 구하나, 이미 청구인과 피청구인 사이에 청구인이 양육자가 되어 그 양육비도 부담하기로 하는 취지의 〈협정이 이루어졌다고 인정되는 경우〉, 위 청구는 당사자 사이에 협의에 의하여 정한 자의 양육에 관한 사항 중 양육비부담 부분의 변경을 구하는 취지로 보아야 한다(대법원 1991. 6. 25. 선고 90므699 판결 ; 혼인이 파탄된 상태에서 부부가 협의이혼하기로 하면서 부부 일방이 미성년자인 자녀들의 양육비 조로 임차보증금 반환채권 중 일부를 양육자에게 귀속시키기로 하는 취지의 협정이 이루어진 후 양육비용의 부담에 대한 협의가 되지 아니한 것을 전제로 양육비의 부담에 관한 심판을 구하는 경우, 그와 같은 양육비 부담에 관한 심판 청구는 당사자 사이에 협의에 의하여 정한 자의 양육에 관한 사항 중 양육비 부담 부분의 변경을 구하는 취지로 보아야 할 것이고, 법원으로서는 당사자가 협의하여 정한 사항이 민법 제837조 제2항이 정하는 그 자의 연령, 부모의 재산상황 기타 사정 등 제반 사정에 비추어 부당하게 결정되었는지 여부를 살펴 그와 같이 인정되는 경우에는 언제든지 이를 변경할 수 있다고 판시한 대법원 1998. 7. 10. 선고 98스17, 18 결정).

(3) 제1심 가정법원이 이혼 청구를 받아들이면서 변론종결 당시 비양육친이었던 부모 일방을 양육자로 지정하고 제1심판결 선고일 다음 날을 기산점으로 삼아 장래양육비의 분담을 정하였는데, 항소심법원이 양육에 관한 사항을 심리한 결과 여전히 비양육친이 양육하지 않고 있는 사실이 확인된 경우, 이를 반영하여 〈장래양육비의 지급을 명하는 기산일을 다시 정〉하여야 한다. 가정법원이 양육비용의 분담을 정하는 경우, 자의 복리를 위하여 청구에 구애받지 않고 직권으로 양육비용의 분담에 관한 기산일을 정할 수 있다(대법원 2022. 1. 14. 선고 2021므15145, 15152 판결).

(4) 별거 이후 (재판상) 이혼에 이르기까지 상당 기간 부모의 일방이 미성년 자녀, 특히 유아를 평온하게 양육하여 온 경우, 이러한 〈현재의 양육 상태에 변경〉을 가하여 상대방을 친권자 및 양육자로 지정하는 것이 정당화되기 위해서는 현재

의 양육 상태가 미성년 자녀의 건전한 성장과 복지에 도움이 되지 아니하고 오히려 방해가 되고, 상대방을 친권자 및 양육자로 지정하는 것이 현재의 양육 상태를 유지하는 경우보다 미성년 자녀의 건전한 성장과 복지에 더 도움이 된다는 점이 명백하여야 한다(대법원 2021. 9. 30. 선고 2021므12320, 12337 판결).

〈설문〉 이미 정해진 양육비에 대한 감액 결정도 할 수 있는가? (불가피한 경우에만 감액이 가능)

양육자에 대한 양육비 증액의 청구는—증액의 여건이 된다면—자녀의 복지를 위해 쉽게 인정될 수 있을 것이다. 문제는 양육비 지급자의 입장에서 경제사정의 악화로 인하여 양육비의 감액 청구를 할 경우에 발생할 것이다.

상기한 〈설문〉에 대한 판례에 따르면 "가정법원이 '재판 또는 당사자의 협의로 정해진 양육비 부담 내용이 제반 사정에 비추어 부당하게 되었다'고 인정하는 때에는 그 내용을 변경할 수 있지만, 종전 양육비 부담이 '부당'한지 여부는 친자법을 지배하는 기본이념인 '자녀의 복리를 위하여 필요한지'를 기준으로 판단하여야 한다. 〈양육비의 감액〉은 일반적으로 자녀의 복리를 위하여 필요한 조치라고 보기 어려우므로, 양육비 감액이 자녀에게 미치는 영향을 우선적으로 고려하되 종전 양육비가 정해진 경위와 액수, 줄어드는 양육비 액수, 당초 결정된 양육비 부담 외에 혼인관계 해소에 수반하여 정해진 위자료, 재산분할 등 재산상 합의의 유무와 내용, 그러한 재산상 합의와 양육비 부담과의 관계, 쌍방 재산상태가 변경된 경우 그 변경이 당사자의 책임으로 돌릴 사정이 있는지 유무, 자녀의 수, 연령 및 교육 정도, 부모의 직업, 건강, 소득, 자금 능력, 신분관계의 변동, 물가의 동향 등 여러 사정을 종합적으로 참작하여 양육비 감액이 불가피하고 그러한 조치가 궁극적으로 자녀의 복리에 필요한 것인지에 따라 판단하여야 한다. 또한 통상적으로 자녀가 성장함에 따라 양육에 소요되는 비용 또한 증가한다고 봄이 타당하다. 따라서 종전에 정해진 양육비의 분담이 과다하게 되었다고 주장하며 감액을 청구하는 경우 법원은 자녀들의 성장에도 불구하고 양육비의 감액이 필요할 정도로 청구인의 소득과 재산이 실질적으로 감소하였는지 심리·판단하여야 한다"(대법원 2022. 9. 29. 선고 2022스646 결정).

3. 양육비 청구와 심판(특히 양육비청구권 소멸시효 문제)

〈설문〉 부모 중 한 쪽만이 자녀를 양육하게 된 경우 (현재 및 장래) 양육비의 청구 이외에 과거 양육비의 상환도 가사사건 절차를 통해 청구할 수 있는가? (과거 양육비 상환 청구도 가능, 다만 일시금이므로 감액 조정은 될 수 있음)

민법 제837조 제1항, 제2항, 가사소송법 제2조 제1항 (나)목 (2)마류 제3호, 같은 법 제3편(가사비송)의 여러 규정은 이혼한 당사자의 아이의 양육에 관하여 가정법원이 관할법원이 되어 비송사건으로서 행하는 심판절차로서 아이의 현재와 장래의 양육에 관한 사항을 정하거나 이미 정하여진 사항을 변경하는 절차를 규율한 것은 의문 없이 명백하다. 문제는 지나간 과거에 이미 지출된 양육비의 분담에 관한 사항을 결정하는 것까지 여기의 가사비송절차 사건에 포함하여 해석할 수 있는가에 있다. 만약 과거 양육비 문제를 여기의 가사비송절차에 포함시키지 않을 경우에는 과거에 마땅히 이행되었어야 할 자녀의 "부양에 관한 사항"을 다시 정하거나 이미 지출된 부양비용의 분담에 관한 사항을 결정하는 절차가 될 뿐이기 때문에 지방법원이 관할법원이 되어 민사소송절차에 따라 판정할 것으로 해석되어야 할 것이다.

그러나 위 〈설문〉에 대한 **대법원 전원합의체 판례**의 태도는 다음과 같다 : "어떠한 사정으로 인하여 부모 중 어느 한 쪽만이 자녀를 양육하게 된 경우에, 그와 같은 일방에 의한 양육이 그 양육자의 일방적이고 이기적인 목적이나 동기에서 비롯한 것이라거나 자녀의 이익을 위하여 도움이 되지 아니하거나 그 양육비를 상대방에게 부담시키는 것이 오히려 형평에 어긋나게 되는 등 특별한 사정이 있는 경우를 제외하고는, 양육하는 일방은 상대방에 대하여 현재 및 장래에 있어서의 양육비 중 적정 금액의 분담을 청구할 수 있음은 물론이고, 부모의 자녀양육의무는 특별한 사정이 없는 한 자녀의 출생과 동시에 발생하는 것이므로 과거의 양육비에 대하여도 상대방이 분담함이 상당하다고 인정되는 경우에는 그 비용의 상환을 청구할 수 있다. 한 쪽의 양육자가 양육비를 청구하기 이전의 과거의 양육비 모두를 상대방에게 부담시키게 되면 상대방은 예상하지 못하였던 양육비를 일시에 부담하게 되어 지나치고 가혹하며 신의성실의 원칙이나 형평의 원칙에 어긋날 수도 있으므로, 이와 같은 경우에는 반드시 이행청구 이후의 양육비와 동일한 기준에서 정할 필요는 없고, 부모 중 한 쪽이 자녀를 양육하게 된 경위와 그에 소요된 비용의 액수, 그 상대방이 부양의무를 인식한 것인지 여부와 그 시기, 그것이 양육에 소요된 통상의 생활비인지 아니면 이례적이고 불가피하게 소요된 다액의 특별한 비용(치료비 등)인지 여부와 당사자들의 재산 상황이나 경제적 능력과 부담의 형평성 등 여러 사정을 고려하여 적절하다고 인정되는 분담의 범위를 정할 수 있다"(대법원 1994. 5. 13. 선고 92스21 전원합의체 결정).

〈설문〉 어린 자녀의 양육비에 관한 합의 없이 협의이혼이 이루어지고서 오랜 기간이 지나 자녀가 성년이 된 이후 시점에 양육자가 법원에 과거 자녀 양육비에 대한 지급을 청구하자 상대방이 시효 소멸을 주장하였다면? (2024. 7. 18. 대법원 전원합의체 판례의 태도)

'양육비부담조서' 제도가 도입된 2009년 8월 이전에 협의 이혼한 경우에는 자녀의 양육비에 관한 합의 없이 협의이혼이 이루어 질 수 있었다(그러나 현재의 양육비부담조서 하에서는 불가능). 그리고 자녀가 임신된 것을 모르고 부부가 이혼한 이후 자녀가 출생하여 일방 당사자가 양육한 경우에는 자녀의 양육비에 관한 합의 없이 이혼이 이루어진 특수한 사례가 될 것이다. 이와 같이 장기간이 경과된 경우에도 자녀를 양육한 자는 이혼 상대방에게 과거 양육비를 상환 청구할 수 있는지가 문제된다. 민법 제162조와 제166조에 따르면 원칙상 채권은 (단기소멸시효의 대상이 아니면) 권리를 행사할 수 있는 때로부터 10년이 경과하면 소멸시효가 완성되기 때문이다.[85] 물론 채권의 시효기간이 경과되기 이전에 그 소멸시효를 중단시키는 방법도 민법에 마련되어 있다.[86]

그런데 상기한 〈설문〉에 대한 판례에 따르면 "이혼한 부부 사이에서 어느 일방이 과거에 미성년 자녀를 양육하면서 생긴 비용의 상환을 상대방에게 청구하는 경우, 당사자의 협의 또는 가정법원의 심판에 의하여 구체적인 청구권으로 확정되지 않은 이상, 자녀의 복리를 위해 실현되어야 하는 과거 양육비에 관한 권리의 성질상 그 권리의 소멸시효는 자녀가 미성년이어서 양육의무가 계속되는 동안에는 진행하지 않고 자녀가 성년이 되어 양육의무가 종료된 때부터 진행한다고 보아야 한다(과거 양육비청구권은 자녀가 성년이 된 시점부터 10년의 소멸시효가 적용된다는 대법원 2024. 7. 18. 선고 2018스724 전원합의체 결정)." 이러한 전원합의체 판례는 "당사자의 협의 또는 가정법원의 심판에 의하여 구체적인 지급청구권으로서 성립하기 전에

---

85. 민법 **제162조(채권, 재산권의 소멸시효)에 따르면** 채권은 10년간 행사하지 아니하면 소멸시효가 완성한다(제1항). 그리고 민법 **제166조(소멸시효의 기산점)에 따르면** 소멸시효는 권리를 행사할 수 있는 때로부터 진행한다(제1항).

86. 민법이 정하고 있는 법정 소멸시효 중단사유는 다음과 같다 : (i) 청구(민법 제168조 제 I 호) : 재판상의 청구인 소의 제기와 권리자가 의무자에 대하여 의무의 이행을 촉구하는 최고, 그 밖에도 지급명령·화해를 위한 소환·임의출석·파산절차의 참가(민법 제170조~제174조) 등이 있다. **다만 일반인이 많이 하는 우편 청구, 문자 송부 등의 "최고"는 이를 한 후에 6개월 이내에 다시 소의 제기나 강제집행 등의 강력한 중단행위를 하여야 한다**(민법 제174조). (ii) 압류, 가압류, 가처분(민법 제168조 제2호) : 압류는 확정판결 기타의 집행권원(채무명의)에 기하여 행하는 강제집행이며 가압류와 가처분은 강제집행을 보전하는 수단이다. (iii) 승인(민법 제168조 제3호) : 시효중단의 효력 있는 승인에는 상대방의 권리에 관한 처분의 능력이나 권한 있음을 요하지 아니한다(민법 제177조).

는 과거의 양육비에 관한 권리는 양육자가 그 권리를 행사할 수 있는 재산권에 해당한다고 할 수 없고, 따라서 이에 대하여는 소멸시효가 진행할 여지가 없다고 보아야 한다"는 기존 판례(대법원 2011. 7. 29. 2008스67 결정)의 태도를 변경한 것이다.

〈설문〉 민법에 '양육비부담조서' 제도가 도입된 2009년 8월 이전에 부부가 협의이혼을 하면서 동시에 양육비에 대한 합의서(증빙서류)를 작성하였던 경우 과거 양육비 청구권의 소멸시효는 어떻게 되는가? (3년의 단기 소멸시효)

민법 제163조(3년의 단기소멸시효)에 따르면 이자, 부양료, 급료, 사용료 기타 1년 이내의 기간으로 정한 금전 또는 물건의 지급을 목적으로 한 채권의 경우 3년의 단기 소멸시효 채권으로 보게 된다. 그런데 법원의 개입이 없는 개인 간의 양육비 합의는 '부양료' 합의와 유사하고, '매달 얼마씩 지급한다'는 내용이기 때문에 이 경우에는 민법 제163조에 따라 양육비 청구권 행사 시점으로부터 과거 3년 치까지만 받을 수 있었을 것이다(매달의 양육비는 개별적으로 3년의 단기소멸시효가 각각 적용되기 때문에 3년 치 이전의 매달 개별 양육비는 이미 시효 소멸되었을 것임). 그러나 현행법상 협의이혼 시 '양육비부담조서'가 필요적으로 도입되었기 때문에 이제는 협의이혼을 하면서 양육비에 관한 합의가 없는 사례는 더 이상 발생하지 않을 것이다(현행법 하에서는 양육비부담조서의 소멸시효에 관한 다음 설문 참조)

〈설문〉 이혼에 따른 가정법원에의 양육비 심판청구에 의해 확정된 과거 양육비 청구권의 소멸시효기간은? (10년의 소멸시효)

민법 제162조(채권, 재산권의 소멸시효)에 따르면 채권은 10년간 행사하지 아니하면 소멸시효가 완성된다(제1항). 그리고 민법 제165조(판결 등에 의하여 확정된 채권의 소멸시효)에 따르면 판결에 의하여 확정된 채권은 단기의 소멸시효에 해당한 것이라도 그 소멸시효는 10년으로 한다(제1항). 파산절차에 의하여 확정된 채권 및 재판상의 화해, 조정 기타 판결과 동일한 효력이 있는 것에 의하여 확정된 채권도 전항과 같다(제2항). 전2항의 규정은 판결확정당시에 변제기가 도래하지 아니한 채권에 적용하지 아니한다(제3항).

상기한 〈설문〉과 관련하여 개인 간 합의된 양육비 채권은 1년 이내의 정기로 지급되는 채권에 해당하기 때문에 민법상 3년의 단기 소멸시효에 걸리지만 법원의 심판에 의해 양육비 채권의 법률관계가 확정되었다면 판결에 의한 채권과 마찬가지로 소멸시효를 10년으로 보아야 할 것이다(양육비 심판청구로 법원결정을 받은 경우 이외에 법원에 의한 재판이혼과 조정조서의 경우도 동일할 것임). 따라서 양육비 청구인은—만약 10년을 넘겨 비로소 청구권을 행사하였다면—청구권 행사 이전의 10년 치에 해당하는 과거 양육비(다만 자녀가 성년이 되기 이전의 양육비에 한할 것임)를 받을 수 있을 것이다. 그리고 상대방이 양육비 지급을 이행하지 않는 경우, 자녀 양육자가 10년이 경과되기 이전에 (소 제기 등) 양육비 지급의 청구권을 행사하였다면 시효중단 및 확정판결에 의한 새로운 10년 시효기간이 부여될 수 있을 것이다.

〈설문〉 양육비부담조서가 필요적으로 도입된 현행법 하에서 협의이혼 시 양육비부담조서에 기재된 양육비 청구권의 소멸시효기간은?

가정법원의 심판청구에 따른 결정, 이혼의 조정조서, 법원의 판결로 양육비가 확정된 경우 10년의 소멸시효가 적용되는 것은 민법 제165조 제1항에 따라 명백하다. 문제는 협의이혼 시 법원이 확인하는 양육비부담조서도 이와 동일하게 볼 것인가에 있다. 민법 제836조의 2 제5항에 따르면 양육비부담조서의 효력에 대하여는 "가사소송법" 제41조를 준용하는데, 가사소송법 제41조(심판의 집행력)에 따르면 금전의 지급, 물건의 인도(引渡), 등기, 그 밖에 의무의 이행을 명하는 심판은 집행권원(執行權原)이 된다. 따라서 양육비부담조서는 확정된 심판에 준하는 집행력이 인정되므로, 추후 상대방이 양육비를 미지급할 시 양육비이행을 강제할 수 있다. 이와 같이 확정된 심판에 준하는 집행력이 인정되므로 민법 제165조에 따라 협의이혼 시 양육비부담조서의 소멸시효기간은 10년이라는 견해도 있지만, 집행력만 인정될 뿐 법원에 의한 양육비 심판 자체는 아니기 때문에 민법 제162조에 따라 소멸시효 기간은 3년이 될 뿐이라는 견해도 있다. 이에 대한 대법원 판례는 아직 없다.

판단컨대, 양육비부담조서에 집행력이 인정된다는 점은 법원의 확정 재판에 상응하는 효과를 부여하는 것이기 때문에 민법 제165조를 원용하여 10년의 소멸시효를 인정하는 것이 타당할 것이다. 또한 양육비부담조서에 대해서는 견해대립이 있기 때문에 채권의 원칙적 소멸시효는 10년이라는 민법 제162조가 여기에 적용되어도 무방할 것이다.

〈설문〉 양육비의 지급을 구할 권리도 상계가 가능한가? (이행기가 도달한 채권을 자동채권으로 한 상계만이 가능)

양육비의 부담은 부양의무의 성격을 가지는 것이므로 양육비 채권을 수동채권으로 하는 양육비 지급 의무자(채무자)에 의한 상계는 민법 제497조(압류금지채권을 수동채권으로 하는 상계의 금지)에 따라 허용되지 않는다.[87] 그런데 실제사례로서 이혼한 부부 사이에 자의 양육자인 일방이 상대방에 대하여 가지는 양육비채권을 자동채권으로 하여 상대방의 양육자에 대한 위자료 및 재산분할청구권과 상계한다고 주장할 수 있는지가 문제되었다. 이 **〈설문〉에 대한 판례**에 따르면 "이혼한 부부 사

87. 민법 **제497조(압류금지채권을 수동채권으로 하는 상계의 금지)** 채권이 압류하지 못할 것인 때에는 그 채무자는 상계로 채권자에게 대항하지 못한다.

이에서 자에 대한 양육비의 지급을 구할 권리는 당사자의 협의 또는 가정법원의 심판에 의하여 구체적인 청구권의 내용과 범위가 확정되기 전에는 '상대방에 대하여 양육비의 분담액을 구할 권리를 가진다'라는 추상적인 청구권에 불과하고 당사자의 협의나 가정법원이 당해 양육비의 범위 등을 재량적·형성적으로 정하는 심판에 의하여 비로소 구체적인 액수만큼의 지급청구권이 발생한다고 보아야 하므로, 당사자의 협의 또는 가정법원의 심판에 의하여 구체적인 청구권의 내용과 범위가 확정되기 전에는 그 내용이 극히 불확정하여 상계할 수 없지만, 가정법원의 심판에 의하여 구체적인 청구권의 내용과 범위가 확정된 후의 양육비채권 중 이미 이행기에 도달한 후의 양육비채권은 완전한 재산권(손해배상청구권)으로서 친족법상의 신분으로부터 독립하여 처분이 가능하고, 권리자의 의사에 따라 포기, 양도 또는 상계의 자동채권으로 하는 것도 가능하다"(가정법원의 심판에 의하여 구체적으로 확정된 양육비 채권 중 이미 이행기가 도달한 부분에 한하여 이를 자동채권으로 하는 상계가 허용된다고 한 대법원 2006. 7. 4. 선고 2006므751 판결).

〈설문〉 특정 시점 이후에는 양육자를 변경하기로 한 소송상 화해내용에 어긋나게 계속 양육한 사람은 이혼 상대방에게 부담 양육비를 청구할 수 있겠는가? (상대방에게는 부담의무 없음)

실제로 양육을 담당하는 이혼한 모에게 전혀 수입이 없어 자녀들의 양육비를 분담할 형편이 못되는 것이 아닌 이상 이혼한 부와 함께 모도 양육비의 일부를 부담하도록 결정하였다 하여 경험칙과 논리칙에 어긋나는 것은 아니다(따라서 이혼한 부모 사이에 미성년의 3자녀에 대한 양육자로 모를 지정하고 부가 부담해야 할 양육비는 도시가구의 평균 소비지출액과 당사자들의 각 재산정도와 수입 등 제반 사정을 참작하여 양육비로 예상되는 금액의 2/3는 부, 나머지 1/3은 모가 각각 부담하는 것으로 결정할 수도 있을 것임).

상기한 **〈설문〉에 대한 판례**에 따르면 "청구인과 피청구인 사이에 자녀의 양육에 관하여 특정 시점까지는 피청구인이 양육비의 일부를 부담하면서 청구인이 양육하기로 하고 그 이후는 피청구인이 양육하도록 인도하기로 하는 의무를 부담하는 〈소송상의 화해〉가 있었다면 이 화해조항상의 양육방법이 그 후 다른 협정이나 재판에 의하여 변경되지 않는 한 (양육자가 변경되는) 위 특정 시점 이후에는 청구인에게는 사건본인(자녀)들을 양육할 권리가 없고 그럼에도 불구하고 이들을 피청구인에게 인도함이 없이 스스로 양육하였다면 이는 피청구인에 대한 관계에서는 위법한 양육이라고 할 것이니 위 화해에 갈음하여 새로운 양육방법이 정하여 지기 전에는 피청구인은 청구인에게 그 위법한 양육에 대한 양육비를 지급할 의무가 있다고 할 수 없다"(대법원 1992. 1. 21. 선고 91므689 판결).

그리고 동일한 맥락에서 "청구인과 상대방이 이혼하면서 사건본인의 〈친권자 및 양육자를 상대방으로 지정하는 내용의 조정이 성립된 경우〉, 그 조정조항상의 양육방법이 그 후 다른 협정이나 재판에 의하여 변경되지 않는 한 청구인에게 자녀를 양육할 권리가 없고, 그럼에도 불구하고 청구인이 법원으로부터 위 조정조항을 임시로 변경하는 가사소송법 제62조 소정의 사전처분 등을 받지 아니한 채 임의로 자녀를 양육하였다면 이는 상대방에 대한 관계에서는 상대적으로 위법한 양육이라고 할 것이니, 이러한 청구인의 임의적 양육에 관하여 상대방이 청구인에게 양육비를 지급할 의무가 있다고 할 수는 없다"(대법원 2006. 4. 17. 선고 2005스18, 19 결정).

Ⅱ. 비양육친과 자녀 사이의 면접교섭

민법 제837조의 2(면접교섭권) ① 자를 직접 양육하지 아니하는 부모의 일방과 자는 상호 면접교섭할 수 있는 권리를 가진다. 〈개정 2007. 12. 21〉

② 자를 직접 양육하지 아니하는 부모 일방의 직계존속은 그 부모 일방이 사망하였거나 질병, 외국거주, 그 밖에 불가피한 사정으로 자(자)를 면접교섭할 수 없는 경우 가정법원에 자와의 면접교섭을 청구할 수 있다. 이 경우 가정법원은 자의 의사, 면접교섭을 청구한 사람과 자의 관계, 청구의 동기, 그 밖의 사정을 참작하여야 한다. 〈신설 2016. 12. 2〉

③ 가정법원은 자의 복리를 위하여 필요한 때에는 당사자의 청구 또는 직권에 의하여 면접교섭을 제한·배제·변경할 수 있다. 〈개정 2005. 3. 31., 2016. 12. 2〉

[주석] 이혼 후 자녀를 직접 양육하지 않는 부모 일방과 자녀는 상호 면접 교섭할 수 있는 권리를 가진다(민법 제837조의 2 제1항). 이와 관련되는 판례 사례 등을 소개하면 다음과 같다.

1. 면접 교섭권의 법적 성질

면접교섭권의 경우 이혼한 비양육인뿐만 아니라 미성년 자녀도 권리의 주체가 된다. 그리고 더 나아가 **〈자녀 사이의 면접교섭권〉을 인정하는 하급심 판례**도 있다(甲과 乙이 이혼하면서 자녀 丙과 丁의 각 친권자 및 양육자로 지정되었는데, 형제간인 丙과 丁의 면접교섭을 인정할 것인지 문제된 사안에서, 민법상 명문으로 형제에 대한 면접교섭권을 인정하고 있지는 아니하나 형제에 대한 면접교섭권은 헌법상 행복추구권 또는 헌법 제36조 제1항에서 규정한 개인의 존엄을 기반으로 하는 가족생활에서 도출되는 헌법상의 권리로서 특별한 사정이 없는 한 부모가 이혼한 전 배우자에 대한 적대적인 감정을 이유로 자녀들이 서로 면접교섭하는 것을 막는 것은 부모의 권리남용이고, 丙과 丁이 서로를 정기적으로 면접교섭하는 것을 간절히 원하고 있다는 등의 이유로, 丙과 丁의 면접교섭을 인정한 수원지법 2013. 6. 28. 선고 2013브33 결정). 면접교섭의 권리는 고유한 권리로서 절대권이며 일신전속적 권리이므로 양도는 물론 포기할 수도 없다.

그리고 **혼인중의 부부가 이혼하지 않은 상태에서 별거하는 경우**에도 자녀를 양육하지 않는 부부 일방에게 자녀에 대한 면접교섭권을 인정할 수 있다(갑과 을이 부부이지만 이혼하지 않은 상태에서 을이 갑에게 이혼소송을 제기하였다가 기각당하는 등 서로에 대한 감정이 악화되어 별거하는 경우에, 자녀를 양육하지 않는 어머니인 갑은 그 자녀들을 면접교섭하는 데 현실적으로 어려움이 있다고 보여지므로, 부부간의 협조의무를 규정한 민법 제826조를 적용하거나 민법 제837조의 2를 유추 적용하여 갑은 구체적으로 그 자녀들을 면접교섭할 수 있는 권리를 행사할 수 있다는 서울가법 1994. 7. 20. 선고, 94브45, 항고부 결정).

그리고 **이혼한 부모가 재혼해서 자녀를 친양자(親養子)로 입양한 경우**에는 친생(親生)부모의 면접교섭권이 더 이상 인정되지 않는다. 친양자는 재혼한 부부의 혼인 중의 출생자로 보아(민법 제908조의 3 제1항), 입양 전의 친족관계가 종료되기 때문이다(민법 제908조의 3 제2항).

〈설문〉 비양육친(예컨대 대리모)의 자녀에 대한 면접교섭권을 원천 배제하는 당사자 간 합의는 유효한가? 그리고 법원은 비양육친의 면접교섭권을 배제 조치할 수 있는가?

전술한 바와 같이 비양육친의 자녀에 대한 〈면접교섭권은 **천부적인 권리**〉이므로 이를 전면적으로 원천 배제하는 당사자 간 합의는 무효가 되어야 한다(양육친의 주장과 같이 설령 비양육친이 '아이를 낳아 주고 이혼해 주면 돈을 주겠다'는 **대리모 약정에 따라 子를 임신하고 출산**하였다 하더라도, 비양육친의 자녀에 대한 면접교섭권은 천부적인 권리인바, 이를 전면적으로 배제하는 당사자 간의 합의는 민법 제103조의 선량한 풍속 기타 사회질서에 위반한 사항을 내용으로 하는 법률행위로서 효력이 없다고 하여, 면접교섭권을 인정하여야 한다는 서울가법 2009. 4. 10. 선고 2009브16 결정).

그리고 비양육친의 면접교섭권 배제와 관련한 상기한 **〈설문〉에 대한 판례**에 따르면 "부모와 자녀의 친밀한 관계는 부모가 혼인 중일 때뿐만 아니라 부모의 이혼 등으로 자녀가 부모 중 일방의 양육 아래 놓인 경우에도 지속될 수 있도록 보호할 필요가 있는바, 면접교섭권은 이를 뒷받침하여 자녀의 정서안정과 원만한 인격발달을 이룰 수 있도록 하고 이를 통해 자녀의 복리를 실현하는 것을 목적으로 하는 제도이다. 이는 자녀의 권리임과 동시에 부모의 권리이기도 하다. 이러한 관련 규정의 문언 및 면접교섭의 취지 및 성질 등을 고려하면, 가정법원이 면접교섭의 허용 여부를 판단할 때에는 자녀의 복리에 적합한지를 최우선적으로 고려하되, 부모에게도 면접교섭을 통해 자녀와 관계를 유지할 기본적인 이익이 있으므로 이를 아울러 살펴야 한다. 따라서 가정법원은 원칙적으로 부모와 자녀의 면접교섭을 허용하되, 면접교섭이 자녀의 복리를 침해하는 특별한 사정이 있는 경우에 한하여 당사자의 청구 또는 직권에 의하여 면접교섭을 배제할 수 있다. 다만 이 경우에도 부모의 이혼 등에 따른 갈등 상황에서 단기적으로 자녀의 복리에 부정적인 영향을 미치는 요인이 일부 발견되더라도 장기적으로 면접교섭이 이루어질 때 자녀의 복리에 미치는 긍정적인 영향 등을 깊이 고려하여, 가정법원은 개별 사건에서 합목적적인 재량에 따라 면접교섭의 시기, 장소, 방법 등을 제한하는 등의 방법으로 가능한 한 자녀의 성장과 복지에 가장 도움이 되고 적합한 방향으로 면접교섭이 이루어질 수 있도록 하여야 하고, 이러한 고려 없이 막연한 우려를 내세워 면접교섭 자체를 배제하는 데에는 신중하여야 한다. 이때 면접교섭이 자녀의 복리를 침해하는지 여부는 자녀의 연령, 건강상태, 면접교섭에 대한 의사와 함께 면접교섭을 청구하는 부모 일방과 자녀 사이의 유대관계나 친밀도, 면접교섭을 청구하는 의도나 목적, 자녀의 현재 양육환경에 비추어 면접교섭이 양육자인 부모 일방과 자녀 사이의 갈등을 유발하거나 자녀가 새로운 양육환경에 적응하는 데 장애가 되는지, 면접교섭 청구인에게 양육자인 부모 일방 또는 자녀에 대한 현저한 비행이나 아동학대 등의 전력이 있는지 등을 종합적으로 고려하되, 면접교섭이 자녀의 복리에 단기적·장기적으로 어떠한 영향을 미치는지를 구체적으로 살펴 자녀의 성장과 복지에 가장 도움이 되고 적합한 방향으로 판단하여야 한다"(대법원 2021. 12. 16. 선고 2017스628, 결정).

2. 면접교섭권의 내용

면접교섭에는 직접적인 만남, 서신교환, 전화통화, 선물교환, 일정기간의 체재(예를 들어 주말 동안의 숙박) 등 다양한 방법이 활용될 수 있다. 이혼 후 자녀를 직접 **양육하지 않는 부모의 직계존속**은 그 부모 일방이 사망하였거나 질병, 외국거주, 그 밖에 불가피한 사정으로 자녀를 만나볼 수 없는 경우 가정법원에 자녀와의 면접교섭을 청구할 수 있다(민법 제837조의 2 제2항 전단). 이 경우, 가정법원은 자녀의 의사(意思), 면접교섭을 청구한 사람과 자녀와의 관계, 청구의 동기, 그 밖의 사정을 참작해서 면접교섭의 허용여부를 결정하게 된다(민법 제837조의 2 제2항 후단).

면접교섭권의 행사는 자녀의 복리를 우선적으로 고려해서 이루어져야 한다(민법 제912조). 따라서 자녀가 부모를 만나기 싫어하거나 부모가 친권상실사유에 해당하는 등 자녀의 복리를 위해 필요한 경우에는 당사자의 청구 또는 가정법원의 직권에 의해 면접교섭이 제한되거나 배제, 변경될 수 있다(민법 제837조의 2 제3항).

면접교섭의 행사방법과 범위에 대해서는 부부가 합의해서 정하고, 합의가 이루어지지 않으면 가정법원에 심판을 청구해서 정할 수 있다[민법 제837조 제2항 제3호, 제843조, 가사소송법 제2조 제1항 제2호 나목 3)].

3. 이행 강제

상대방이 정당한 이유 없이 면접교섭허용의무를 이행하지 않으면 그 의무를 이행할 것을 가정법원에 신청할 수 있다(가사소송법 제64조). 상대방이 가정법원의 이행명령을 받고도 면접교섭을 허용하지 않으면 가정법원 등은 직권 또는 권리자의 신청에 의한 결정으로 1천만 원 이하의 과태료를 상대방에게 부과시킬 수 있다

(가사소송법 제67조 제1항). 그러나 위자료·유아인도청구 등의 사건과 달리 가정법원의 이행명령 위반에 대해 상대방을 감치(監置, 붙잡아 가둠)하는 방법으로 이행을 강제하도록 법원에 신청할 수는 없다(가사소송법 제68조 제1항). 양육자를 감치하게 되면 양육의 공백이 발생하여 자녀의 복리를 해칠 우려가 있기 때문이다. 더 자세한 내용은 제3장 절차법 편에서 후술하기로 한다.

[§ 6] 협의이혼의 취소

민법 제838조(사기, 강박으로 인한 이혼의 취소청구권) 사기 또는 강박으로 인하여 이혼의 의사표시를 한 자는 그 취소를 가정법원에 청구할 수 있다. 〈개정 1990. 1. 13〉

민법 제839조(준용규정) 제823조(*사기 강박으로 인한 혼인취소청구권)의 **규정은 협의상 이혼에 준용한다.**

[주석] 상기한 민법 제838조는 사기 또는 강박으로 인한 이혼의 취소청구권을, 제839조는 청구권행사의 재판상 제척기간을 규정하고 있다. 참고로, 협의이혼의 취소에 관한 본 규정은 협의이혼 자체에 관한 상기의 [§ 4]의 말미에 위치하는 것이 바람직할 것인데, 실제 민법 규정의 순서상 [§ 5] (협의)이혼에 따르는 자녀문제(양육자 지정, 양육비부담, 면접교섭권) 다음에 본 규정이 위치하여 본서는 서술 내용이 많지 않음에도 부득이 [§ 6]의 목차로 주석 처리하기로 한다. 본 규정과 관련된 판례 등을 소개하면 다음과 같다.

I. 가장이혼과의 구별

사기 또는 강박으로 인하여 이혼의 의사표시를 한 것으로 평가되는 경우 그 취소를 가정법원에 청구할 수 있다(민법 제838조). 예컨대 아내가 혼인을 계속할 의사가 없으면서도, 아파트를 자신에게 증여하고 협의이혼의사확인을 받으면 남편의 태도변화를 지켜보아 마치 혼인생활을 계속할 것처럼 남편을 기망하고, 이에 속은 남편으로 하여금 아내와 혼인을 계속할 목적으로 협의이혼의사확인을 받게 한 다음 남편 몰래 이혼신고를 함으로써 협의이혼에 이르게 되었다면 남편이 아내의 기망에 속아 이혼의 의사표시를 한 때에 해당한다고 보아 협의이혼을 취소하고, 이를 전제로 다시 남편의 재판상 이혼청구도 가능할 것이다(협의이혼취소 및 재판상 이혼과 이에 따른 위자료 및 재산분할의 청구를 한 사례에서 서울가법 2006. 12. 19. 선고, 2005드단53135 판결).

협의이혼의사의 확인절차까지 경료된 경우에도 본 조에 의한 취소는 가능하다. 왜냐하면 협의이혼의사확인절차는 확인 당시에 당사자들이 이혼을 할 의사를 가지고 있는가를 밝히는데 그치는 것이고 그들이 의사결정의 정확한 능력을 가졌는지 또는 어떠한 과정을 거쳐 협의이혼 의사를 결정하였는지 하는 점에 관하여서는 심리하지 않고, 따라서 협의이혼의사의 확인은 어디까지나 당사자들의 합의를 근간으로 하는 것이고 법원의 역할은 그들의 의사를 확인하여 증명하여 주는데 그치는 것이며 법원의 확인에 소송법상의 특별한 효력이 주어지는 것도 아니기 때문이다(대법원 1987. 1. 20. 선고, 86므86 판결).

그런데 실무에서는 **가장이혼**을 하였다가 일방이 사기 또는 강박에 의한 이혼이었다고 그 협의이혼의 취소를 구하는 사례가 있다. **판례에 따르면** 외국이민을 떠났다가 3년 후에 다시 귀국하여 혼인신고를 하여 주겠다고 하여 이를 믿고 이혼신고를 하였다면 별다른 사정이 없는 한 당사자 간에 일시적이나마 법률상의 부부관계를 해소할 의사가 있었다고 할 것이니 그 이혼신고는 유효하다고 할 것이다(**이혼의 효력발생 여부에 관한 형식주의** 아래에서의 이혼신고의 법률상 중대성을 강조한 대법원 1981. 7. 28. 선고, 80므77 판결). 따라서 사기 또는 강박에 대한 원고의 입증 성공이 없다면 가장 이혼의 사실만으로는 이혼취소로 귀결될 수는 없을 것이다.

협의이혼의 취소에 준용되는 민법 제823조(사기, 강박으로 인한 혼인취소청구권의 소멸)에 따르면 사기 또는 강박으로 인한 혼인(*이혼)은 **사기를 안 날 또는 강박을 면한 날로부터 3월**을 경과한 때에는 그 취소를 청구하지 못한다(민법 제839조).

II. 이혼무효와의 구별

상기한 이혼의 취소는 협의이혼에서만 문제되지만, 이혼의 무효는 재판상 이혼에서도 문제될 수 있다. 즉, 협의이혼은 물론이고 재판상 이혼에 의해 형식상 이혼신고가 있었더라도 일정한 사유가 있으면 그 이혼은 법률상 무효가 된다. 부부 일방 또는 쌍방이 모르는 사이에 누군가에 의해 이혼신고가 된 경우(민법 제834조), 부부 일방이 모르는 사이에 외국에서 이혼소송이 진행되어 이혼판결이 난 경우(서울가정법원 1993. 12. 9. 선고 92드68848 판결), 이혼신고가 수리되기 전에 부부 일방 또는 쌍방이 이혼의사를 철회했는데 이혼신고가 수리된 경우(대법원 1994. 2. 8. 선고 93도2869 판결), 심신상실자가 의사능력이 결여된 상태에서 이혼한 경우 등에는 이혼의 무효사유가 된다.

Ⅲ. 적용 절차법

이혼취소와 이혼무효에 관한 절차법으로는 가사소송법이 적용된다. 이혼취소에 관한 절차법인 가사소송법 제2조(가정법원의 관장 사항) 제1항 제1호(가사소송사건)에 따르면 **이혼의 취소는 "나류 가사소송사건"**으로 분류된다(참고로, 이혼의 무효는 가류 가사소송사건임). 이혼취소소송의 상대방은 부부 중 어느 한쪽이 소송을 제기한 경우에는 배우자가 그 상대방이 된다(가사소송법 제24조 제1항). 제3자가 이혼취소 소송을 제기한 경우에는 그 상대방이 부부가 되며, 부부 중 어느 한쪽이 사망한 경우에는 그 생존자가 상대방이 된다(가사소송법 제24조 제2항). 소송의 상대방이 될 사람이 사망한 경우에는 검사가 그 상대방이 된다(가사소송법 제24조 제3항). 이혼취소소송을 제기하려면 우선 가정법원의 조정절차를 거쳐야 한다[가사소송법 제2조 제1항 제1호 나목 3), 제50조 제1항].

이혼무효 사유가 있는 경우에도 당사자, 법정대리인 또는 4촌 이내의 친족이 언제든지 가정법원에 〈**이혼무효소송**〉을 제기할 수 있다(가사소송법 제23조). 이혼무효소송의 상대방은 부부 중 어느 한쪽이 소송을 제기한 경우에는 배우자가 상대방이 된다("가사소송법" 제24조 제1항). 제3자가 이혼무효소송을 제기한 경우에는 부부가 그 상대방이 되며, 부부 중 어느 한쪽이 사망한 경우에는 그 생존자를 상대방으로 한다(가사소송법 제24조 제2항). 소송의 상대방이 될 사람이 사망한 경우에는 검사가 그 상대방이 된다(가사소송법 제24조 제3항). 더 자세한 절차법적 사항은 제3장에서 다시 후술하기로 한다.

[§ 7] 이혼에 따르는 재산분할 문제

제839조의 2(재산분할청구권) ① 협의상 이혼한 자의 일방은 다른 일방에 대하여 재산분할을 청구할 수 있다.
② 제1항의 재산분할에 관하여 협의가 되지 아니하거나 협의할 수 없는 때에는 가정법원은 당사자의 청구에 의하여 당사자 쌍방의 협력으로 이룩한 재산의 액수 기타 사정을 참작하여 분할의 액수와 방법을 정한다.
③ 제1항의 재산분할청구권은 이혼한 날부터 2년을 경과한 때에는 소멸한다.

[주석] 이혼으로 인해 부부공동생활이 해소되는 경우에 이혼 당사자는 혼인 중 부부가 공동으로 형성한 재산에 대한 분할을 청구할 수 있다. 재산분할청구권이란 이혼을 한 당사자의 일방이 다른 일방에 대하여 재산의 분할을 청구할 수 있는 권리를 말한다(참고로, 혼인취소나 사실혼 해소의 경우에도 재산분할청구권이 인정된다). 상기한 법 규정은 협의이혼 시의 재산분할에 관한 조문이지만, 이 조문은 재판상 이혼 시에도 준용된다(제843조). 다음으로는 협의이혼과 재판이혼에 공통적으로 발생할 재산분할 문제에 대하여 기술하기로 한다.

I. 이혼과 재산분할의 권리

1. 기본내용

상기한 민법 제839조의 2는 협의상 이혼한 자의 일방은 다른 일방에 대하여 재산분할을 청구할 수 있고(제1항), 그 재산분할에 관하여 협의가 되지 아니하거나 협의할 수 없는 때에는 가정법원은 당사자의 청구에 의하여 당사자 쌍방의 협력으로 이룩한 재산의 액수 기타 사정을 참작하여 분할의 액수와 방법을 정하도록 규정하고 있다(제2항). 이 규정은 민법 제843조에 의하여 재판상 이혼에 준용되고 있다. 재산분할청구권을 인정하는 취지는 배우자의 가사노동에 대해서도 정당하게 평가하고, 헌법 제36조의 양성평등의 원칙을 구현하며, 이혼 후 경제적 자립능력이 없는 배우자를 부양하려는 것에 있다.

〈설문〉 혼인이 해소되기 전에 미리 재산분할청구권을 포기할 수 있는가?

민법 제839조의 2에 규정된 재산분할제도는 혼인 중에 부부 쌍방의 협력으로 이룩한 실질적인 공동재산을 청산·분배하는 것을 주된 목적으로 하는 것이고, 이혼으로 인한 재산분할청구권은 이혼이 성립한 때에 법적 효과로서 비로소 발생하는 것일 뿐만 아니라 협의 또는 심판에 따라 구체적 내용이 형성되기까지는 범위 및 내용이 불명확·불확정하기 때문에 구체적으로 권리가 발생하였다고 할 수 없으므로, 협의 또는 심판에 따라 구체화되지 않은 재산분할청구권을 혼인이 해소되기 전에 미리 포기하는 것은 성질상 허용되지 아니한다. 판례도 "아직 이혼하지 않은 당사자가 장차 협의상 이혼할 것을 합의하는 과정에서 이를 전제로 재산분할청구권을 포기하는 서면을 작성한 경우, 부부 쌍방의 협력으로 형성된 공동재산 전부를 청산·분배하려는 의도로 재산분할의 대상이 되는 재산액, 이에 대한 쌍방의 기여도와 재산분할 방법 등에 관하여 협의한 결과 부부 일방이 재산분할청구권을 포기하기에 이르렀다는 등의 사정이 없는 한 성질상 허용되지 아니하는 '재산분할청구권의 사전포기'에 불과할 뿐이므로 쉽사리 '재산분할에 관한 협의'로서의 '포기약정'이라고 보아서는 아니 된다"고 판시하였다(대법원 2016. 1. 25. 선고 2015스451 결정).

남편이 아내를 상대로 당시 간통고소(* 현재 간통죄는 폐지)와 함께 이혼청구를 하였는데 이로 인하여 구속된 아내에게 위자료와 재산분할청구권을 모두 포기하여야만 고소를 취소하겠다는 강력한 의사를 표명하자 아내가 오직 구금상태에서 벗어나기 위하여 재산분할청구권 포기의 의사표시를 하게 된 사례에서도 판례는 "혼인이 해소되기 전에 미리 재산분할청구권을 포기할 수는 없다. 더 나아가 양자 사이에서 협의이혼을 전제로 하여 재산분할에 관한 협의조차 이루어졌다고 볼 수 없다"는 취지로 판시하였다(대법원 2003. 3. 25. 선고 2002므1787(본소), 2002므1794(반소), 2002므1800(병합) 판결).

〈설문〉 장차 협의이혼할 것을 약정하면서 재산분할에 관한 협의를 하였지만 협의이혼 자체가 이루어지지 않은 경우 재산분할의 협의는 유효하겠는가? (협의이혼 약정은 무효. 추후 재판이혼 시 청구가능)

재산분할에 관한 협의는 혼인 중 당사자 쌍방의 협력으로 이룩한 재산의 분할에 관하여 이미 이혼을 마친 당사자 또는 아직 이혼하지 않은 당사자 사이에 행하여지는 협의를 가리키는 것으로, 아직 이혼하지 않은 당사자가 장차 협의상 이혼할 것을 약정하면서 이를 전제로 하여 재산분할에 관한 협의를 하는 경우에 있어서는 그 협의 후 당사자가 약정한 대로 협의상 이혼이 이루어진 경우에 그 협의의 효력이 발생하는 것이다(대법원 2000. 10. 24. 선고 99다33458 판결 ; 부동산을 처에게 증여하고 실제로 합의이혼에 이른 사례에서 대법원 2001. 5. 8. 선고 2000다58804 판결). 문제는 실제로 이혼에 이르지 못한 경우에 발생한다.

상기한 〈설문〉에 대한 판례에 따르면 "아직 이혼하지 않은 당사자가 장차 협의상 이혼할 것을 약정하면서 이를 전제로 하여 재산분할에 관한 협의를 하는 경우에 있어서는, 특별한 사정이 없는 한, 장차 당사자 사이에 협의상 이혼이 이루어질 것을 조건으로 하여 조건부 의사표시가 행하여지는 것이라 할 것이다. 따라서 그 협의 후 당사자가 약정한 대로 협의상 이혼이 이루어진 경우에 한하여 그 협의의 효력이 발생하는 것이지, 어떠한 원인으로든지 협의상 이혼이 이루어지지 아니하고 혼인관계가 존속하게 되거나 당사자 일방이 제기한 이혼청구의 소에 의하여 재판상 이혼(화해 또는 조정에 의한 이혼도 여기에 포함됨)이 이루어진 경우에는 그 협의는 조건의 불성취로 인하여 효력이 발생하지 않는다"(협의이혼은 강박에 의한 것으로서 무효라고 주장된 사례에서 대법원 2003. 8. 9. 선고 2001다14061 판결).[88]

참고로 협의이혼 시 (상대방이 자녀를 양육하는 조건으로) 본인은 재산 분할권을 포기하겠다는 약정이라면 이것도 협의이혼 불성립 시에는 효력이 없을 것이기 때문에 추후 재판상 이혼 시에는 재산분할을 청구할 수 있을 것이다.

〈설문〉 협의이혼을 전제로 재산분할의 약정을 한 후 협의이혼이 성립되지 않은 경우 재판상 이혼 및 재산분할심판을 청구할 수 있는가? (새로운 재산분할심판청구의 방식으로 하여야 함)

상술한 바와 같이, 협의이혼이 종국적으로 성립하지 않으면 당연히 재판상 이혼을 청구할 수 있다. 또한 재판상 이혼의 경우에도 재산분할심판청구는 이혼소송 제기와 함께 또는 사후에 별개로 할 수 있을 것이다. 그리고 종국적으로 불성립된 협의이혼의 약정에 재산분할문제가 작성되었다 하더라도 재판상 이혼 후 또는 재판상 이혼과 함께 재산분할을 원하는 당사자로서는 이혼성립 후 새로운 재산분할의 협의를 할 수도 있다. 그러나 새로운 협의가 이루어지지 아니하는 한 이혼소송과 별도의 절차로 또는 이혼소송 절차에 병합하여 가정법원에 새로운 재산분할에 관한 심판을 청구하여야 한다(이에 따라 가정법원이 재산분할의 액수와 방법을 정함에 있어서는 그 협의의 내용과 협의가 이루어진 경위 등을 민법 제839조의 2 제2항 소정 '기

88. 동일취지 : 혼인 중 부부가 각자 소유 재산의 반을 서로에게 분배하고 재산분배가 완료된 후 이혼하기로 약정한 경우, 부부가 재산정리를 먼저 한 후 이혼을 하기로 약정하였다고 하더라도 그 약정의 취지는 협의이혼 여부에 관계없이 재산을 분할하겠다는 취지가 아니라, 협의이혼이 성립하는 것을 전제로 재산을 분할하되 협의이혼을 먼저 할 경우 협의이혼 성립 후 부부 일방이 재산분할에 관한 약정을 불이행하여 야기될 수 있는 번거로움을 피하기 위한 것일 뿐이라는 이유로, 그 재산분할약정은 재산분할에 관한 협의로서 여전히 협의이혼의 성립을 조건으로 하고 있다(대법원 2000. 10. 24. 선고 판결).

타 사정'의 하나로서 참작하게 될 것임). 반면에 당초의 재산분할에 관한 협의의 효력이 유지됨을 전제로 하여 민사소송으로써 그 협의 내용 자체의 이행을 구할 수는 없다(협의이혼 시의 재산분할약정에 기하여 소유권이전등기를 청구한 사례에서 대법원 1995. 10. 12. 선고 95다23156 판결).

2. 적용절차법

제3장 절차법 편에서 다시 후술하겠지만, 재산분할사건은 〈가사비송사건〉에 해당하고(가사소송법 제2조 제1항 나. (2) 제4호), 가사비송절차에 관하여는 가사소송법에 특별한 규정이 없는 한 〈비송사건절차법〉 제1편의 규정을 준용하고 있으며(가사소송법 제34조), 비송사건절차에 있어서는 민사소송의 경우와 달리 당사자의 변론에만 의존하는 것이 아니고, 법원이 자기의 권능과 책임으로 재판의 기초가 되는 자료를 수집하는, 이른바 〈직권탐지주의〉에 의하고 있으므로(비송사건절차법 제11조), 법원으로서는 당사자의 주장에 구애되지 아니하고 재산분할의 대상이 무엇인지 직권으로 사실조사를 하여 포함시키거나 제외시킬 수 있다(대법원 1999. 11. 26. 선고 99므1596, 1602 판결).[89]

협의이혼을 할 때 부부간 재산문제 합의 여부는 법원의 확인사항이 아니므로 협의이혼 시 재산분할에 관해 합의되지 않더라도 이혼하는 것이 가능하며, 이혼 후 법원에 재산분할청구심판을 청구해서 재산분할 문제를 다툴 수 있다("가사소송법"

89. 관련판례 : 원고가 본소의 이혼청구에 병합하여 재산분할청구를 제기한 후 피고가 반소로서 이혼청구를 한 경우, 원고가 반대의 의사를 표시하였다는 등의 특별한 사정이 없는 한, 원고의 재산분할청구 중에는 본소의 이혼청구가 받아들여지지 않고 피고의 반소청구에 의하여 이혼이 명하여지는 경우에도 재산을 분할해 달라는 취지의 청구가 포함된 것으로 봄이 상당하다고 할 것이므로(이 때 원고의 재산분할청구는 피고의 반소청구에 대한 재반소로서의 실질을 가지게 된다), 이러한 경우 사실심으로서는 원고의 본소 이혼청구를 기각하고 피고의 반소청구를 받아들여 원·피고의 이혼을 명하게 되었다고 하더라도, 마땅히 원고의 재산분할청구에 대한 심리에 들어가 원·피고가 협력하여 이룩한 재산의 액수와 당사자 쌍방이 그 재산의 형성에 기여한 정도 등 일체의 사정을 참작하여 원고에게 재산분할을 할 액수와 방법을 정하여야 한다(대법원 2001. 6. 15. 선고 2001므626, 633 판결).

제2조 제1항 제2호 나목 4)]. 이혼 시 재산분할 외에도 위자료, 자녀양육 등에 관해 합의되지 않은 사항이 있다면 이를 함께 청구("가사소송법" 제14조 제1항)하는 것이 소송경제상 유리할 것이다.

3. 재산분할청구권의 법적 성질

재산분할청구권의 법적 성질에 대해서는 청산설, 부양설, 청산 및 부양설, 청산 부양 및 손해배상설의 견해대립이 있지만 판례는 대체적으로 이혼에 따른 재산분할은 혼인 중 쌍방의 협력으로 형성된 공동재산의 청산이라는 성격에 상대방에 대한 부양적 성격이 가미된 제도로 보고 있다. 더 나아가 아래의 〈설문〉 관련 판례는 위자료(손해배상)의 성격도 인정하고 있다.

〈설문〉 이혼에 따른 재산분할을 함에 있어 정신적 손해(위자료)를 배상하기 위한 급부로서의 성질까지 포함하여 분할할 수 있는가? (이혼 위자료 명목으로 유일한 재산을 상대 배우자에게 증여한 사례)

상기한 〈설문〉에 대한 판례에 따르면 "이혼에 있어서 재산분할은 부부가 혼인 중에 가지고 있었던 실질상의 공동재산을 청산하여 분배함과 동시에 이혼 후에 상대방의 생활유지에 이바지하는 데 있지만, 분할자의 유책행위에 의하여 이혼함으로 인하여 입게 되는 〈정신적 손해(위자료)를 배상하기 위한 급부로서의 성질까지 포함〉하여 분할할 수도 있다고 할 것인바, 재산분할의 액수와 방법을 정함에 있어서는 당사자 쌍방의 협력으로 이룩한 재산의 액수 기타 사정을 참작하여야 하는 것이 민법 제839조의 2 제2항의 규정상 명백하므로 재산 분할자가 이미 채무초과의 상태에 있다거나 또는 어떤 재산을 분할한다면 무자력이 되는 경우에도 분할자가 부담하는 채무액 및 그것이 공동재산의 형성에 어느 정도 기여하고 있는지 여부를 포함하여 재산분할의 액수와 방법을 정할 수 있다고 할 것이고, 재산분할자가 당해 재산분할에 의하여 무자력이 되어 일반채권자에 대한 공동담보를 감소시키는 결과가 된다고 하더라도 그러한 재산분할이 민법 제839조의 2 제2항의 규정 취지에 반하여 상당하다고 할 수 없을 정도로 과대하고, 재산분할을 구실로 이루어진 재산처분이라고 인정할 만한 특별한 사정이 없는 한 사해행위로서 채권자취소권의 대상이 되지 아니하고, 위와 같은 특별한 사정이 있어 사해행위로서 채권자취소권의 대상이 되는 경우에도 취소되는 범위는 그 상당한 부분을 초과하는 부분에 한정된다고 할 것이다"(이혼 위자료 명목으로 유일한 재산을 처에게 〈증여〉한 것에 대해 일반채권자가 사해행위로서 취소하고자 한 사례에서 위 증여가 이혼에 따르는 재산분할의 성격을 포함하는 이혼급부로 볼 수 있다고 한 대법원 2001. 5. 8. 선고 2000다58804 판결).

〈설문〉 이혼 소송 중 이혼 당사자 각자가 가지는 (잠정적) 재산분할청구권과 위자료청구권은 서로 상계될 수 있는가? (미확정 상태면 상계불가)

협의 또는 법원의 심판에 의하여 구체적인 내용이 형성되지 않은 (잠정적) 재산분할청구채권은 그 범위 및 내용이 불명확, 불확정하기 때문에 구체적으로 권리가 발생하였다고 할 수 없으므로 그 목적이 금전채권인 위자료 채권과는 서로 같은 종류를 목적으로 한 채권이라고 볼 수 없어 상계가 허용되지 않는다(재산분할청구채권과 위자료채권이 상계적상에 있지 않다는 대구지방법원 1999. 5. 25. 선고 97느1666 심판 : 확정). 따라서 재판상 이혼 및 재산 분할 심판 절차 도중에 본인이 가지는 상대방 배우자(부정행위를 하여 이혼소송을 당한 배우자)에 대한 (잠정적) 위자료 채권으로서 상대방 배우자가 가지는 (잠정적) 재산분할채권과 상계를 주장하는 것은 허용될 수 없다.

4. 재산분할청구권 행사의 제척기간(소멸시효)

〈설문〉 위자료 내지 재산분할에 관해 합의하지 않고 일단 협의이혼을 해 둔 배우자가 이혼 후에 가정법원에 위자료 내지 재산분할을 청구하고자 한다면 이는 언제까지 청구하여야 하는가? (유의사항 : 제척기간)

협의이혼을 할 때 부부간 재산문제 합의 여부는 법원의 확인사항이 아니므로 협의이혼 시 위자료 내지 재산분할에 관해 합의되지 않더라도 이혼하는 것이 가능하며, 이혼 후 법원에 위자료 내지 재산분할 청구소송을 제기하여 다툴 수 있다. 그리고 재판상 이혼의 경우에도 이혼재판의 확정 후 별도로 재산분할 심판을 청구하는 경우도 있다. 재산분할청구권은 협의 이혼한 날로부터 2년을 경과하면 소멸한다(민법 제839조의 2 제3항). 이 규정은 민법 제843조에 의해 재판상 이혼에도 준용된다(소멸시효에 대해서는 아래 재판상 이혼 및 제3장 절차법 편 [§ 14]에서 다시 소개하기로 함). 이때의 2년이라는 기간은 일반 소멸시효기간이 아니라 〈제척기간〉으로서 그 기간이 경과하면 분할을 청구할 수 없다. 그 기간이 도과하였는지 여부는 당사자의 주장에 관계없이 법원이 당연히 조사하여 고려할 직권조사사항이다(대법원 1994. 9. 9. 선고 94다17536 판결).

〈비교 : 이혼 시 위자료청구권의 소멸시효〉 협의이혼을 할 때 부부간 재산문제 합의 여부는 법원의 확인사항이 아니므로 협의이혼 시 위자료에 관해 합의되지 않더라도 이혼하는 것이 가능하며, 이혼 후 법원에 위자료청구소송을 제기해서 위자료 문제를 다툴 수 있다["가사소송법" 제2조 제1항 제1호 다목 2)]. 이혼 시 위자료 외에도 재산분할, 자녀양육 등에 관해 합의되지 않은 사항이 있다면 이를 함께 청구(가사소송법 제14조 제1항)하는 것이 소송경제상 유리할 것이다. 이 중에서 위자료 청구권은 그 손해 또는 가해자를 안 날로부터(통상 이혼한 때부터) 3년 이내에 행사하지 않으면 시효로 인해 소멸한다(민법 제766조 제1항). 이혼 위자료청구권의 제척기간에 대한 상세한 설명은 제3장 절차법 편에서 다시 하기로 한다. 판례에 따르면 협의이혼 약정 시에 청구인이 피청구인에게 이혼 위자료 조로 소정의 금원을 지급할 것을 약정한 후에 피청구인이 위 금원 등을 지급 받은 경우라면, 위 금원 등 수수에 관한 당사자 쌍방의 의사는 어디까지나 협의 이혼이건 재판상 이혼이건 간에 그 부부관계를 완전히 청산하는 것을 전제로 그 위자료조로 지급한 취지라고 볼 것이므로 피청구인의 위자료청구권은 소멸된다(대법원 1983. 9. 27. 선고, 83므20 판결).

Ⅱ. 청구권자

이혼의 경우 일방의 배우자는 다른 일방에 대하여 재산분할청구권을 가진다(민법 제839조의 2 제1항, 제843조). 법률혼의 배우자는 물론이고 법률상 보호받을 수 있는 적법한 사실혼의 배우자도 당연히 청구권자가 될 수 있다(대법원 1995. 3. 10. 선고 94므1379, 1386 판결). 그런데 배우자 일방의 사망으로 인한 사실혼의 해소인 경우(대법원 2006. 3. 24. 선고 2005두15595 판결), 중혼적 사실혼인 경우(대법원 1995. 7. 3. 선고 94스30 결정), 유책 배우자인 경우(대법원 1993. 5. 11. 선고 93스6 결정) 등에서도 재산분할청구권이 허용될 것인지가 실무상 문제된다. 이러한 논점들에 대해 〈설문〉을 통해 분설하면 다음과 같다.

〈설문〉 혼인취소 내지 사실혼 해소의 경우에도 재산분할이 인정될 것인가? (혼인취소와 재산분할, 사실혼 해소와 재산분할)

사기 또는 강박에 의하여 혼인을 하게 된 경우 상대방은 혼인취소, 재판상 이혼 또는 협의이혼의 방식을 선택할 수 있다. 이혼의 경우 재산분할의 문제가 뒤따르는 것은 이론상 당연하다 할 것이다. 그리고 혼인취소의 경우에는 사기 또는 강박을 행한 상대방에 대하여 재산상 정신상 손해의 배상을 청구할 수 있는 것도 이론상 당연하다 할 것이다(민법 제825조, 제806조, 특히 대법원 1977. 1. 25. 선고 76다2223 판결은 협의이혼의 경우에도 인정하였음). 그런데 민법에는 준용규정이 없지만 혼인취소의 경우에도 재산분할을 청구할 수 있는 것으로 보아야 한다. 가사소송법 제2조 제1항이 규정하고 있는 마류 가사비송사건 제4호에 그 근거가 있기 때문이다.[90]

그리고 〈보호가치 있는 적법한 사실혼 해소〉의 경우에도 재산분할 청구권이 인정될 수 있다. 판례에 따르면 "사실혼이란 당사자 사이에 혼인의 의사가 있고, 객관적으로 사회관념상으로 가족질서적인 면에서 부부공동생활을 인정할 만한 혼인생활의 실체가 있는 경우이므로, 법률혼에 대한 민법의 규정 중 혼인신고를 전제로 하는 규정은 유추 적용할 수 없다고 할 것이나, 부부재산의 청산의 의미를 갖는 재산분할에 관한 규정은 부부의 생활공동체라는 실질에 비추어 인정되는 것이므로, 〈사실혼관계에도 준용 또는 유추 적용〉할 수 있다고 할 것이다"(대법원 1995. 3. 28. 선고 94므1584 판결 ; 그러나 중혼적 사실혼관계인 경우에는 허용하지 않은 대법원 1996. 9. 20. 선고 96므530 판결). 그러나 법적으로 보호되지 않는 중혼적 사실혼 관계인 경우에는 그 해소가 있더라도 재산분할청구권이 인정될 수 없다(대법원 1996. 9. 20. 선고 96므530 판결).

보호가치 있는 사실혼관계 해소에 따른 재산분할청구사건은 민법과 가사소송법상의 재산분할에 관한 규정이 유추 적용되므로, 민법 제839조의 2 제2항, 가사소송법 제2조 제1항 나. 가사비송사건의 (2) 마류 사건 중 제4호, 제46조의 규정에 의하여 상대방의 보통재판적소재지의 가정법원의 전속관할에 속한다고 할 것이다.

---

90. 규정 내용 : "민법" 제839조의 2 제2항(같은 법 제843조에 따라 준용되는 경우 및 **혼인의 취소를 원인으로 하는 경우**를 포함한다)에 따른 재산 분할에 관한 처분

〈설문〉 협의 이혼 시 유책 배우자에게도 재산분할청구권이 인정될 수 있는가?

유책 배우자라도 협의이혼은 얼마든지 할 수 있다(재판상 이혼의 허용 여부는 별개의 문제임). 그리고 협의이혼 시 재산분할의 합의가 있는 경우는 물론이고 재산분할의 합의가 없더라도 협의이혼 자체는 유효하게 성립될 수 있다. 상기한 〈설문〉에 대한 판례에 따르면 "협의상 이혼한 자의 일방은 민법 제839조의 2가 정하는 바에 따라 상대방에 대하여 당사자 쌍방의 협력으로 이룩한 재산의 분할을 청구할 수 있는바, 혼인 중에 쌍방이 협력하여 이룩한 재산이 있는 경우에는 〈혼인관계의 파탄에 대하여 책임이 있는 배우자〉라도 그 재산의 분할을 청구할 수 있다. 민법 제839조의 2에 규정된 재산분할 제도는 부부가 혼인 중에 취득한 실질적인 공동재산을 청산 분배하는 것을 주된 목적으로 하는 것이므로 부부가 협의에 의하여 이혼할 때 쌍방의 협력으로 이룩한 재산이 있는 한, 처가 〈가사노동을 분담〉하는 등으로 내조를 함으로써 부의 재산의 유지 또는 증가에 기여하였다면 쌍방의 협력으로 이룩된 재산은 재산분할의 대상이 된다"(청구인이 상대방과 이혼할 때까지 가사에 충실하지 아니한 채 돈을 가지고 가출하여 낭비하면서 부정한 행위를 하였다고 하더라도, 이와 같은 사정은 재산분할의 액수와 방법을 정함에 있어서 참작할 사유는 될 수 있을지언정 그와 같은 사정만으로 청구인이 위와 같은 재산의 형성에 기여하지 않았다고 단정할 수는 없을 것이라고 판시한 대법원 1993. 5. 11. 선고 93스6 결정).

〈설문〉 법률혼 배우자의 일방에 의한 중혼적 사실혼이 해소된 경우에도 재산분할청구권이 인정될 수 있는가?

법률혼 당사자가 아닌 제3자 사이의 이중적 사실혼인 경우에는 법률혼 당사자들 사이의 중혼과 같이 법적으로 전혀 보호받을 수 없을 것이다(그리고 이중적 사실혼의 경우는 혼인신고를 기준으로 정의되는 중혼이라는 명칭도 사용할 수 없을 것임). 그런데 법률혼 배우자의 일방이 제3자와 사실혼 관계를 맺을 경우에는 중혼적 사실혼이라고 명명할 수 있을 것이다.

상기한 〈설문〉에 대한 판례에 따르면 "법률상의 혼인을 한 부부의 어느 한 쪽이 집을 나가 장기간 돌아오지 아니하고 있는 상태에서 부부의 다른 한 쪽이 제3자와 혼인의 의사로 실질적인 혼인생활을 하고 있다고 하더라도(* 이른바 중혼적 사실혼관계), 특별한 사정이 없는 한 이를 사실혼으로 인정하여 법률혼에 준하는 보호를 부여할 수는 없다"(남편 갑이 법률상의 처 을이 자식들을 두고 가출하여 행방불명이 된 채 계속 귀가하지 아니한 상태에서 조만간 을과의 혼인관계를 정리할 의도로 병과 동거생활을 시작하였으나, 그 후 갑의 부정행위 및 폭행으로 혼인생활이 파탄에 이르게 될 때까지도 갑과 을 사이의 혼인이 해소되지 아니하였다면, 갑과 병 사이에는 법률상 보호받을 수 있는 적법한 사실혼관계가 성립되었다고 볼 수는 없고, 따라서 병의 갑에 대한 사실혼관계 해소에 따른 손해배상 청구나 재산분할 청구는 허용될 수 없다고 한 대법원 1996. 9. 20. 선고 96므530 판결).

〈설문〉 (법률혼) 이혼 시 상대방 배우자가 사망한 경우 재산분할청구가 가능한가? 그 반대로 청구자가 사망한 경우는? (사망시기가 이혼 확정 이전 또는 이후 사이의 차이)

이혼이 확정되기 이전(즉, 법률혼 해소 전)에 상대방 배우자가 사망한 경우 재산분할심판의 청구 전은 물론이고 형식상 이혼에 따른 재산분할심판 청구자라도 실제로는 법률혼 배우자로서의 상속인이 될 뿐이다(즉, 상속권을 가질 뿐임). 따라서 이혼 및 재산분할 소송의 도중에 재산분할의무자가 사망하게 되면 소송을 유지할 이익이 상실되기 때문에 이혼소송의 종료와 동시에 재산분할소송도 종료될 것이다(대법원 1994. 10. 28. 선고 94므246, 253 판결).[91] 재산분할은 이혼을 전제하기 때문

91. 참고로, 일반 민사사건에 적용될 민사소송법 제233조는 "당사자가 죽은 때에 소송절차는 중단된다"고

에 이혼재판의 확정(협의이혼의 경우는 신고에 의한 성립) 없이는 재산분할도 불가능하기 때문이다.

그러나 협의 "이혼 확정 후" 상대 배우자가 사망한 경우에는 법률혼 관계는 이미 해소되었기 때문에 이혼에 따른 재산분할청구가 허용될 것이다. 다만 재산분할의 제척기간인 이혼한 날로부터 2년 이내에 청구하여야 할 것이다. 그러면 망인의 상속인에 의한 소송절차의 수계가 이루어질 것이다. 절차 수계 이후 청구자는 사망한 재산분할 의무자의 상속인을 상대로 재산분할 심판청구 절차를 계속 진행하면 된다.

이에 반하여 이혼 확정 후 재산분할 "청구권자가 사망"하였다면 그 상속인이 재산분할청구권을 사용할 수 있는지에 대해서는 견해 대립이 있을 수 있다. 다수설에 의하면 재산분할청구권자의 상속인에게 그 권리(청산적 요소 및 위자료적 요소의 권리)가 상속 승계될 수 있겠지만, 이혼 후 이혼 상대방 배우자의 장래를 위한 부양적 요소에 해당되는 부분(일신전속권의 성격)에 대한 상속은 부정되어야 할 것이다.

〈설문〉 법률혼과 사실혼의 유지 상태에서 일방 당사자가 사망한 경우 생존 상대방에게 재산분할청구권 내지 상속권이 인정되겠는가? (재산분할청구권의 경우는 공통적으로 불인정, 상속권의 경우 법률혼에서는 인정, 사실혼에서는 불인정)

전술한 바와 같이, 이혼 당사자 모두 "생존한 경우"라면 법률혼의 이혼이든 사실혼의 해소(의사표시)든 공통적으로 이혼(사실혼 해소) 당사자에게 재산분할 청구권이 인정될 수 있다. 그러나 법률혼과 사실혼의 유지 상태에서 당사자의 일방이

규정하고 있다. 이렇게 중단된 소송절차는 망인의 상속인에로의 소송수계에 의하여 그 중단이 해소되어 다시 소송절차가 진행된다. 다만 사망한 당사자에게 소송대리인이 있는 때에는 소송절차가 처음부터 중단되지 않는다.

"사망한 경우"에는 나누어 살펴보아야 한다.

위의 〈설문〉에서 본 바와 같이, 법률혼의 경우 일방이 사망한 상태에서는 이혼 자체가 성립할 수 없기 때문에 그 상대방에게 재산분할청구권도 발생할 수 없다. 만약 법률혼의 이혼소송 및 재산분할심판 청구의 계속 중 당사자 일방이 사망하면 청구된 이혼 자체와 재산분할은 모두 각하될 것이다. 다만 법률혼의 경우에는 생존 배우자로서의 상속권이 별도로 인정될 것이다. 그러나 사실혼 생존 배우자에게는—법률혼 생존 배우자와는 달리—상속권이 인정될 수 없다(대법원 및 헌법재판소의 판례태도이기도 함). 남은 문제는 사실혼 생존 배우자에게 재산분할청구권이 인정될 것인가에 있는데, 판례에 따르면—여기서는 법률혼에서와 같이—재산분할청구권도 인정될 수 없다(잘못 이루어진 재산분할에 대해 증여세가 부과된 사례에서, 법원의 확정판결이나 조정조서에 의하여 당사자에게 일정한 이행의무가 부과된 경우 이러한 이행의무에 법적 구속력이 있는 것은 분명하지만, 이러한 사정만으로 법원의 확정판결 내지 조정조서에 따른 급부행위의 경우 원칙적으로 증여세 부과대상이 아니라고 볼 수는 없고, 이러한 사안에서 과세관청으로서는 실질과세의 원칙에 따라서 법원의 확정판결 내지 조정조서에 규정된 이행의무의 실질적인 성격을 파악한 다음 증여세 부과 여부를 결정해야 한다고 판시한 대법원 2006. 3. 24. 선고 2005두15595 판결). 결국, 법률혼 생존 배우자에게는 상속권만이 인정되고, 사실혼 생존 배우자에게는 상속권은 물론이고 재산분할청구권도 인정되지 않는다. 그런데 사실혼관계의 당사자 중 일방이 갑자기 의식불명상태에 빠지고 그 의식불명기간에 다른 당사자인 "청구인이 한 사실혼관계를 해소하는 의사표시"를 수령하지 못한 상태에서 끝내 의식을 회복하지 못한 채 사망한 사례에서 상대방이 의식불명인 상태에서의 사실혼 해소의 일방적 의사표시가 생존 중의 의사표시로서 유효한 것인지가 특별히 문제된다(유효한 생존 중의 의사표시로서 해석되면 사실혼 생존 배우자에게는 재산분할청구권이 인정될 것임). 상기 문제점에 대해서는 제3장 절차법 [§ 12]에서 다시 자세히 후술하기로 한다.

Ⅲ. 재산분할의 대상

혼인 중에 부부 쌍방의 협력에 의하여 이룩한 재산은 재산분할의 대상이 된다. 그러나 고유재산(제830조 제1항)과 그로부터 증가된 재산,[92] 혼인 중 부부의 일방이 상속, 증여 또는 유증 받은 재산은 분할의 대상에서 원칙상 제외된다(즉 특유재산으로 일단 추정됨).[93] 그렇지만 부부 중 일방이 상속받은 재산이거나 이미 처분한 상속재산을 기초로 형성된 부동산이더라도 이를 취득하고 유지함에 있어 상대방의 가사노동 등이 직간접으로 기여한 것이라면 재산분할의 대상이 될 수 있다(대법원 1998. 4. 10. 선고 96므1434 판결).

〈설문〉 부부 일방의 "특유재산"에 대해서도 재산분할청구가 가능한가? (원칙은 불가능. 예외 인정 근거가 중요함)

민법 제839조의 2에 규정된 재산분할제도는 혼인 중에 취득한 실질적인 공동재산을 청산 분배하는 것을 주된 목적으로 하는 것이므로, 부부가 이혼을 할 때 쌍방의 협력으로 이룩한 재산이 있는 한, 법원으로서는 당사자의 청구에 의하여 그 재산의 형성에 기여한 정도 등 당사자 쌍방의 일체의 사정을 참작하여 분할의 액수와 방법을 정하여야 하는바, 이 경우 부부 일방의 특유재산은 원칙적으로 분할의 대상이 되지 아니한다(대법원 2002. 8. 28. 선고 2002스36 결정). 그런데 혼인 초기에 특유재산의 성격을 가진 것이라도 이혼 시 재산분할의 대상이 될 수 있는 경우도

92. 관련 논문으로는 전경근, 「혼인 중 증가한 재산의 분할 : 고유재산의 증가분을 중심으로」, 『가족법연구』 제36권 제2호, 한국가족법학회, 2022.

93. 부부 중 〈일방의 명의〉로 된 농지나 예금 등 재산은 그의 〈특유재산으로 추정〉되는바, 그 취득에 상대방 배우자가 대가나 채무를 부담하였다거나 적극적인 재산증식의 노력이 있었다는 등의 실질적인 사유에 관한 아무런 입증이 없는 이상 상대방 배우자가 가정주부로서 남편의 약국 경영을 도왔다는 것만으로는 그 추정을 번복하기에 부족하다(대법원 1998. 6. 12. 선고 97누7707 판결 ; 증여세부과취소소송).

있다.

상기한 〈설문〉에 대한 판례에 따르면 "부부 일방의 특유재산은 원칙적으로 분할의 대상이 되지 아니하나 특유재산일지라도 다른 일방이 적극적으로 그 특유재산의 유지에 협력하여 그 감소를 방지하였거나 그 증식에 협력하였다고 인정되는 경우에는 이것도 분할의 대상이 될 수 있고, 또 부부 일방이 혼인중 제3자에게 부담한 채무는 일상가사에 관한 것 이외에는 원칙으로 그 개인의 채무로서 청산의 대상이 되지 않으나 그것이 공동재산의 형성에 수반하여 부담한 채무인 경우에는 청산의 대상이 된다고 보아야 할 것이다"(대법원 1993. 5. 25. 선고 92므501 판결).[94]

여기의 협력에는 가사노동을 분담하는 등의 내조도 해당될 수 있다(처가 유책배우자이더라도 가사노동을 분담하는 등으로 내조를 함으로써 부의 재산의 유지 또는 증가에 기여하였다면 재산분할의 대상이 된다고 판시한 대법원 1993. 5. 11. 선고 93스6 결정 ; 가사를 전담하는 외에 가업으로 24시간 개점하는 잡화상 연쇄점에서 경리업무를 전담하면서 잡화상 경영에 참가하여 가사비용의 조달에 협력하였다면 특유재산의 감소방지에 일정한 기여를 하였다고 할 수 있어 특유재산이 재산분할의 대상이 된다고 본 대법원 1994. 5. 13. 선고 93므1020 판결).

실무에서는 처음 결혼 시를 기준으로 특유재산(즉, 자신의 부모로부터 상속받은 부동산, 주식 등)의 성격이라 하더라도 결혼기간이 길어지면 적어도 상대 배우자에 의한 재산 유지의 기여가 인정되어 부부 공동재산의 성격으로 바뀌게 되고,[95] 가사노동을 통해 기여하는 전업주부라 하더라도 이혼 시 재산분할 비율은 혼인생활 기

94. 동일취지 : 재산분할의 대상이 된 남편 소유의 부동산 중 대지가 남편의 부 소유의 주택을 매각한 대금을 기초로 구입한 것이라고 하더라도, 이러한 사정만으로는 그 대지가 '부부 쌍방의 협력으로 이룩한 재산'임을 인정함에 아무런 장애가 될 수 없고, 가사 그것을 남편의 특유재산으로 본다고 하더라도 결혼 이후 부가 이를 취득하고 유지함에 있어서 처가 적극적이고 헌신적인 가사노동과 가사비용의 조달로 직접, 간접으로 기여하여 특유재산의 감소를 방지한 이상 재산분할의 대상이 된다(대법원 1994. 12. 13. 선고 94므598 판결).

95. 2024. 5. SK 회장 이혼사건에서 항소심 법원은 부모로부터 상속받은 골동품도 재산분할의 대상으로 삼았다.

간에 비례하여 높아지는 것이다(30년 정도의 결혼 기간이라면 50% 기여도가 인정될 수도 있음).

〈설문〉 SK 회장 이혼사건에서 경영권 지배와 관련되는 최 회장의 보유주식이 재산분할의 대상이 될 것인지가 문제 되었는바, 이에 대한 2024. 5. 선고한 항소심 법원의 태도는 어떠하였는가?

SK 재벌 회장 이혼 사건은 1심과 항소심에서 최 회장이 보유한 SK주식을 재산분할의 대상으로 삼을 것인가에 대한 판단이 바뀌면서 재산 분할 금액도 항소심에서 크게(약 20배) 증가하였다. 그리고 재산분할 방식으로는 제1심에서는 주식 자체의 분할(최 회장의 경영권 방어에 직접 영향 있는 방식)이 청구되었으나 항소심에서는 경영권 방어에 영향이 적은 현금분할이 청구되어 실현되었다. 제1심은 가사노동 등에 의한 간접적 기여만을 이유로 사업용 재산을 재산분할의 대상으로 삼을 수 있도록 하는 것(즉, 보유주식의 분할 청구)은 경영자 내지 소유자와 별개의 인격체로서 독립해 존재하는 회사 기타 사업체의 존립과 운영이 부부 사이의 내밀하고 사적인 분쟁에 좌우되게 하는 위험이 있고, 기타 이해관계인들에게 과도한 경제적 영향이 미치게 될 염려가 있다고 판시한 것에 비하여, 항소심은 제1심과 달리 SK 주식 보유에 대한 노 관장의 기여를 인정해 주식도 공동재산으로서 재산분할의 대상에 포함시켰다.[96] 재산분할 비율은 1심에서의 60(최 회장) 대 40(노 관장)에서 항소심에

---

96. 최 회장은 항소심에서 본인은 승계상속형 사업가에 해당하므로 자신의 SK그룹 경영활동을 통한 기여와 노 관장의 기여는 최 회장의 보수·상여와 이를 바탕으로 형성된 재산을 통한 이익에만 국한된다고 주장하였다(이 주장이 수용된다면 무보수 경영자가 크게 유리할 것임 ; 고 스티브 잡스는 10년간 연봉을 1달러로 고수, 삼성 이재용 회장은 7년여 간 무보수로 경영). 그러나 항소심은 최 회장과 같이 지배주주와 경영자 지위를 겸유하는 사람은 경영자로서 연봉, 주주로서 배당이나 보유한 주식의 가치 상승 등 여러 방법으로 충분한 보상을 받을 수 있다고 보았다. 그러면서 최 회장의 SK그룹 경영활동을 통한 기여와 이에 따른 이익 창출에 대한 노 관장의 기여가 인정되는 경우엔 SK㈜ 주식의 가치 증가에도 최 회장의 경영활동과 이에 대한 노 관장의 기여가 상당 부분 영향을 끼친 것으로 보아야 한다고 설시하

서의 65(최 회장) 대 35(노 관장)로 낮아졌음에도 불구하고, 분할대상 재산에 거액의 보유 SK주식을 포함시킴으로써 1심이 인정한 재산분할 인정 금액 665억 원보다 어마하게 높아진 1조 3800억 원대의 천문학적 금액이 항소심에서 인정된 것이다. 다만 항소심은 재산분할의 방식으로 경영권 지배에 직접 영향을 미치는 보유주식 자체의 분할이 아니라 현금지급의 방식을 취하였다(추후 최 회장이 현금을 마련하는 방법은 주식 담보대출과 주식 매도 처분 등이 있을 수 있는데, 후자의 주식 매도 처분의 경우는 지배 경영권 유지 확보에 문제가 될 수 있고, 주식 양도 소득세의 추가비용도 매우 클 것으로 판단됨).[97]

생각건대, 항소심이 최 회장 보유 SK 주식에 대해서 부부 공동 재산으로 인정한 근거가 노 관장 측의 (전 대통령) 불법 정치 비자금이 그 당시 유입되었다는 것만에 있다면 그 근거의 타당성이 상당히 문제되는 것은 물론이고 불법수익에 대한 환수 문제도 발생할 수 있을 것이다. 예상컨대, 대법원의 상고심에서는 비자금 등 불법바탕의 재산도 재산분할의 대상이 될 것인가, 정경유착의 정치적인 후광을 재산분할에서 기여도로 인정될 수 있는가, 최 회장의 현재 보유주식의 전체를 분할의 대상으로 할 수 있는가(특히 별거기간 동안에 최 회장의 자금으로 취득한 주식이 있다면 적어도 그것은 제외되어야 하지 않는가) 등의 논점이 다투어 질 것으로 보인다.

였다.

97. 만약 상고하지 않고 항소심 판결이 그대로 확정된다면 이행 지체 시 지연이자 금액도 상당할 것으로 판단된다(재산분할은 그 재판이 확정되어야 정식의 강제집행이 가능하고 지연이자도 계산됨. 따라서 상고하면 가집행 및 지연이자의 문제는 발생하지 않을 것임). 참고로 항소심이 판시한 위자료의 경우는 상소로 인해 확정되지 않더라도 가집행의 허용 및 지연이자의 계산이 이루어 질 것임.

〈설문〉 부부 중 일방이 수령한 "보험금"은 재산분할의 대상이 될 것인가? (원칙상 특유재산)

혼인 중 부부의 일방이 받았던 보험금이 소비되지 않고 이혼 시 남아 있다면 그것은 원칙적으로 보험금을 납부한 수급권자의 특유재산으로 보아야하기 때문에 재산분할의 대상이 되지 않을 것이다. 다만 부부 공동의 기금으로 보험금을 납부하였다면 재산분할의 대상이 될 수 있을 것이다. 문제는 보험금 수급권자의 상대 배우자가 이를 대리 수령한 경우에는 어떻게 될 것인가에 있다. 이 문제에 대한 판례에 따르면 남편이 보험수익자인 처의 보험금을 대리 수령한 경우, 그 보험금은 처의 특유재산이고, 당사자 쌍방의 협력으로 이룩한 재산이라고 볼 수도 없어, 남편으로서는 처에 대하여 동액 상당의 지급의무를 부담하는 것이고, 이러한 채무는 재산분할과는 별도로 존속하는 것이므로(즉, 이혼 후 처에게 별도로 지급하여야 할 채무임) 남편이 수령한 금원을 재산분할의 대상으로 삼을 수는 없다(부인의 교통사고 피해로 인해 지급되는 보험금을 남편이 수령하고서 아직 보유하고 있는 것에 대해 이혼 시 재산분할청구가 된 사례에서 대법원 2002. 8. 28. 선고 2002스36 결정). 따라서 보험금 반환청구권의 행사는 가사소송절차가 아니라 민사소송절차를 통하여 이루어져야 할 것이다.

〈설문〉 배우자의 일방이 이혼 성립 전 "별거 중에 취득한 재산"도 이혼 시 재산분할의 대상이 되는가? (될 수 있음. 특히 임대차보증금반환채무와 재산분할)

혼인 중 별거기간이 상당한 경우 그 별거기간에 부부의 일방이 (별거 중이므로 외관상으로는 단독으로) 재산을 형성할 수 있다. 배우자 일방의 단독으로 이룩한 재산은 특유재산이 되기 때문에 이혼 시 재산분할의 대상이 될 수 없을 것이다. 문제는 다른 배우자가 그 재산형성에 기여한 부분이 있는 경우에 발생할 것이다.

상기한 〈설문〉에 대한 판례에 따르면 "혼인 중에 쌍방의 협력에 의하여 이룩한 부부의 실질적인 공동재산은 부동산은 물론 현금 및 예금자산 등도 포함하여 그 명의가 누구에게 있는지 그 관리를 누가 하고 있는지를 불문하고 재산분할의 대상이 되는 것이고, 부부의 일방이 별거 후에 취득한 재산이라도 그것이 별거 전에 쌍방의 협력에 의하여 형성된 유형·무형의 자원에 기한 것이라면 재산분할의 대상이 된다고 할 것이고, 한편 부부 일방이 혼인중 제3자에 대하여 채무를 부담한 경우에 그 채무 중에서 공동재산의 형성에 수반하여 부담하게 된 채무는 청산의 대상이 되는 것인데, 부동산에 대한 임대차보증금반환채무는 특별한 사정이 없는 한 혼인 중 재산의 형성에 수반한 채무로서 청산의 대상이 되는 것이다"(대법원 1999. 6. 11. 선고 96므1397 판결).

별거 기간이 장기간이라 그 사이 재산가액의 변동이 있는 경우의 분할방법에 대해서는 뒤에서 다시 후술하기로 한다.

〈설문〉 재직 중인 자가 장차 받을 연금 또는 퇴직금과 같은 "장래의 수입"도 재산분할의 대상이 될 것인가? (전원합의체 판례, 연금분할청구제도)

국민연금법, 공무원연금법, 군인연금법, 사립학교교직원연금법이 각 규정하고 있는 퇴직급여는 사회보장적 급여로서의 성격 외에 임금의 후불적 성격과 성실한 근무에 대한 공로 보상적 성격도 지니고 이러한 퇴직급여를 수령하기 위하여는 일정기간 근무할 것이 요구된다. 따라서 그와 같이 근무함에 있어 상대방 배우자의 협력이 기여한 것으로 인정된다면(실무상 대부분 인정될 것임) 그 퇴직급여 역시 부부 쌍방의 협력으로 이룩한 재산으로서 재산분할의 대상이 될 수 있다. 따라서 부부 일방이 이혼 당시 이미 퇴직하여 수령한 퇴직금은 재산분할의 대상이 된다(대법원 1995. 3. 28. 선고 94므1584 판결).[98] 그리고 퇴직연금의 경우는 이혼 시 민법상 재산분할의 방식이 아닌 각 해당 법률이 인정하는 분할연금청구의 방식으로 받을 수도 있다(소위 연금분할청구제도 ; 현재 실무상 보편적으로 활용됨).[99]

문제는 아직 재직 중인 자가 장차 받을 연금 또는 퇴직금도 재산분할의 대상이 될 것인가에 있다. 제3장(절차법 편)에서 다시 설명하겠지만 퇴직연금의 경우는 분할연금청구의 방식으로 지급받기를 원한다면 기본요건(5년의 재직 중 혼인기간)을 갖춘 청구자는 이혼 시 "선 청구제도"를 활용하여 미리 확보해 놓을 수 있을 것이다(다만 지급받는 자체는 적어도 이혼 상대 배우자였던 자가 추후 연금수급자가 되어야 할 것임).

연금 형태가 아닌 〈**퇴직급여 수당**〉에 대해서는 종래 판례의 경우 이혼 당시 아직 퇴직하지 아니한 채 직장에 근무하고 있는 경우에는 그의 퇴직일과 수령할 퇴직금이 확정되었다는 등의 특별한 사정이 없는 한 그가 장차 퇴직금을 받을 개연성이 있다는 사정만으로 그 장래의 퇴직금을 청산의 대상이 되는 재산에 포함시킬 수는 없고, 다만 위와 같이 장래 퇴직금을 받을 개연성이 있다는 사정은 민법 제839조의 2 제2항 소정의 분할의 액수와 방법을 정하는 데 필요한 기타 사정으로 참작하면 충분하다는 입장을 견지하였다(대법원1995. 5. 23. 선고 94므1713, 1720 판결 ; 대법원 1998. 6. 12. 선고 98므213 판결).[100] 그러나 대법원 전원합의체는 "비록

98. 분할방법에 관한 전원합의체 판례 : 이미 발생한 공무원 퇴직연금수급권도 재산분할의 대상에 포함될 수 있고, 구체적으로는 연금수급권자인 배우자가 매월 수령할 퇴직연금액 중 일정 비율에 해당하는 금액을 상대방 배우자에게 정기적으로 지급하는 방식의 재산분할도 가능하다(즉, 전체재산에 대한 분할방식의 예외를 긍정한 대법원 2014. 7. 16. 선고 2012므2888 전원합의체 판결).

99. 요건이 완전히 갖추어지기 이전인 이혼 시점의 "선 청구제도"까지 갖추어진 연금분할청구제도에 관한 설명은 아래 제3장(절차법 편)에서 다시 상세히 할 것임.

100. 종래 판례의 문제점 : (1) 현실에서는 정상적으로 퇴직급여를 수령하는 경우가 훨씬 많은데, 위와 같은 불확실성이나 변동가능성을 이유로 퇴직급여채권을 재산분할의 대상에서 완전히 제외할 경우 오히려 불공평한 결과를 초래할 가능성이 큼. 특히 이혼 전에 퇴직한 경우와 비교하여 보면 현저한 차이가 발생하여, 혼인생활의 파탄에도 불구하고 퇴직급여를 수령할 때까지 이혼시기를 미루도록 사실상 강제하는 결과를 초래할 수 있음 (2) 퇴직급여채권을 재산분할의 대상에서 제외하고 기타 사정으

이혼 당시 부부 일방이 아직 재직 중이어서 실제로 퇴직 급여를 수령하지 않았더라도, 이혼소송의 사실심 변론종결 시에 이미 잠재적으로 존재하여 그 경제적 가치의 현실적 평가가 가능한 재산인 퇴직급여채권은 재산분할의 대상에 포함시킬 수 있고, 구체적으로는 이혼소송의 사실심 변론종결시를 기준으로 〈그 시점에서 퇴직할 경우 받을 것으로 예상되는 퇴직급여 상당액의 채권〉이 그 대상이 된다"고 태도를 변경하였다(대법원 2014. 7. 16. 선고 2013므2250 전원합의체 판결).

〈설문〉 부부 일방이 혼인 중 제3자에 대하여 부담한 "채무"도 재산분할(청산)의 대상이 되는가? (부부별산제가 원칙. 그러나 예외 있음)

우리나라 부부재산제도는 부부 별산제를 기본으로 하고 있다. 따라서 부부 각자의 채무는 각자가 부담하는 것이 원칙이다. 부부가 이혼하는 경우 일방이 혼인 중 제3자에게 부담한 채무는 일상가사에 관한 것 이외에는 원칙적으로 그 개인의 채무로서 청산의 대상이 되지 않으나 그것이 공동재산의 형성·유지에 수반하여 부담한 채무인 때에는 청산의 대상이 되며, 그 채무로 인하여 취득한 특정 적극재산이 남아있지 않더라도 그 채무부담행위가 부부 공동의 이익을 위한 것으로 인정될 때에는 혼인 중의 공동재산의 형성·유지에 수반하는 것으로 보아 청산의 대상

로만 참작할 경우에는 실제 어느 정도로 참작할지 그 기준이 명확하지 않고, 분할할 다른 재산이 없는 경우에는 아예 재산분할을 할 수 없으므로 공평한 재산분할을 담보하기 어려움 (3) 재산분할의 대상으로 인정되고 있는 다른 재산도 정도의 차이가 있을 뿐 장래 그 경제적 가치가 변동할 수 있고, 특히 채권은 기본적으로 장래 이행되지 않을 가능성이 내포되어 있음 (4) 근로자는 퇴직하기 전에도 근로자퇴직급여보장법 제8조 제2항의 요건을 갖추면 계속근로기간에 대한 퇴직금을 미리 정산하여 지급받을 수 있고, 일반적으로 퇴직하기만 하면 그때부터 14일 이내에 퇴직급여를 받을 수 있다는 점에서 퇴직급여채권은 이행기의 정함이 없는 일반채권과 실질적으로 큰 차이가 없음. 같은 법 제12조가 퇴직급여의 우선변제를 규정하고, 같은 법 제44조가 퇴직급여지급의무를 위반한 사용자의 형사처벌을 규정하고 있는 점을 고려하면 오히려 일반 채권보다 이행가능성이 크다고 볼 수도 있음.

이 된다(대법원 2006. 9. 14. 선고 2005다74900 판결).[101]

청산의 대상이 될 경우에 재산분할의 비율 또는 액수를 정함에 있어서는, 〈금전의 지급을 명하는 방식〉의 경우에는 그 채무액을 재산가액으로부터 공제한 잔액을 기준으로 지급액을 산정하여야 하고, 〈목적물의 지분을 취득시켜 공유로 하는 방식〉의 경우에는 상대방의 취득비율을 줄여 주는 등으로 분할비율을 합리적으로 정하여야 한다(대법원 1994. 12. 2. 선고 94므1072 판결).

그리고 재산분할에 관한 판결의 이유에서 부부의 공동채무를 처에게 귀속시킨다고 설시한 경우, 그 판결이 그대로 확정된다고 하더라도 그로써 위 채무 중 남편이 부담하여야 할 부분이 처에게 면책적으로 인수되는 법률적 효력이 발생한다고 볼 근거는 없으므로,[102] 위 채무가 모두 처에게 귀속됨을 전제로 이를 재산분할금에 가산하여 재산분할의 판결을 할 수는 없다(가산으로 인해 처에게 과도하게 재산분할 결정된 사례에서 대법원 1999. 11. 26. 선고 99므1596, 1602 판결).

〈설문〉 피청구인의 혼인 중 채무액을 공제하면 남는 금액이 없는 경우에도 재산분할 청구가 가능한가? (전원합의체 판례. 부양적 요소도 고려하여 판단)

상기한 〈설문〉에 대한 종래 판례에 따르면 부부 일방이 혼인 중 제3자에게 채무를 부담한 경우에 그 채무 중에서 공동재산의 형성에 수반하여 부담하게 된 채무는 청산의 대상이 되는 것이므로, 부부 일방이 위와 같이 청산의 대상이 되는 채무

---

101. 부동산에 대한 〈임대차보증금반환채무〉는 특별한 사정이 없는 한 혼인 중 재산의 형성에 수반한 채무로서 청산의 대상이 되는 것이다(대법원 1999. 6. 11. 선고 96므1397 판결).

102. 동일취지 : 임대차의 목적물인 부동산의 소유권이 이전되는 경우 그 부동산이 주거용 건물로서 주택임대차보호법에 따라 임대인의 지위가 당연히 승계되는 등의 특별한 사정이 없는 한, 재산분할의 방법으로 부동산의 소유권이 이전된다고 하여 그에 수반하여 당해 부동산에 대한 임대차보증금반환채무가 새로운 소유자에게 면책적으로 인수되는 것은 아니다(대법원 1997. 8. 22. 선고 96므912 판결).

를 부담하고 있어 총 재산가액에서 위 채무액을 공제하면 남는 금액이 없는 경우에는 상대방의 재산분할 청구는 받아들여질 수 없었다(다만, 위자료와 양육비를 지급하도록 결정한 것은 인정한 대법원 1997. 9. 26. 선고 97므933 판결).

그러나 그 이후 전원합의체를 통해 대법원 판례의 태도가 변경되었다. 〈대법원 2013. 6. 20. 선고 2010므4071, 4088 전원합의체 판결〉에 따르면 "이혼 당사자 각자가 보유한 적극재산에서 소극재산을 공제하는 등으로 재산 상태를 따져 본 결과 재산분할 청구의 상대방이 그에게 귀속되어야 할 몫보다 더 많은 적극재산을 보유하고 있거나 소극재산의 부담이 더 적은 경우에는 적극재산을 분배하거나 소극재산을 분담하도록 하는 재산분할은 어느 것이나 가능하다고 보아야 하고, 후자의 경우라고 하여 당연히 재산분할 청구가 배척되어야 한다고 할 것은 아니다. 그러므로 소극재산의 총액이 적극재산의 총액을 초과하여 재산분할을 한 결과가 결국 채무의 분담을 정하는 것이 되는 경우에도 법원은 채무의 성질, 채권자와의 관계, 물적 담보의 존부 등 일체의 사정을 참작하여 이를 분담하게 하는 것이 적합하다고 인정되면 구체적인 분담의 방법 등을 정하여 재산분할 청구를 받아들일 수 있다 할 것이다. 그것이 부부가 혼인 중 형성한 재산관계를 이혼에 즈음하여 청산하는 것을 본질로 하는 재산분할 제도의 취지에 맞고, 당사자 사이의 실질적 공평에도 부합한다. 다만 재산분할 청구 사건에 있어서는 혼인 중에 이룩한 재산관계의 청산뿐 아니라 이혼 이후 당사자들의 생활보장에 대한 배려 등 부양적 요소 등도 함께 고려할 대상이 되므로, 재산분할에 의하여 채무를 분담하게 되면 그로써 채무초과 상태가 되거나 기존의 채무초과 상태가 더욱 악화되는 것과 같은 경우에는 채무부담의 경위, 용처, 채무의 내용과 금액, 혼인생활의 과정, 당사자의 경제적 활동능력과 장래의 전망 등 제반 사정을 종합적으로 고려하여 채무를 분담하게 할지 여부 및 분담의 방법 등을 정할 것이고, 적극재산을 분할할 때처럼 재산형성에 대한 기여도 등을 중심으로 일률적인 비율을 정하여 당연히 분할 귀속되게 하여야 한다는 취지는 아니라는 점을 덧붙여 밝혀 둔다".

〈설문〉 "제3자 명의의 재산"도 분할의 대상이 될 수 있는가? (실질상 부부의 재산이면 대상이 됨)

재산분할은 부부가 공동으로 형성한 재산의 분배이기 때문에 원칙상 부부의 일방 또는 쌍방의 명의로 되어 있는 재산이어야 할 것이다. 그렇지만 해당 재산의 형식적 명의와는 관계없이 실제로 부부의 협력으로 획득한 재산이라면 재산분할의 대상이 될 수 있다. 따라서 제3자에게 해 준 정식의 명의신탁 재산이라면 재산분할의 대상이 될 수 있는 것은 명확하다. 문제는 자녀 등 제3자에게 증여나 매매 등의 방법으로 명의를 변경한 경우에는 어떻게 되는가에 있다.

상기한 〈설문〉에 대한 판례에 따르면 "제3자 명의의 재산이더라도 그것이 부부 중 일방에 의하여 명의신탁된 재산 또는 부부의 일방이 실질적으로 지배하고 있는 재산으로서 부부 쌍방의 협력에 의하여 형성된 것이거나 부부 쌍방의 협력에 의하여 형성된 유형, 무형의 자원에 기한 것이라면 재산분할의 대상이 된다. 부부 중 일방이 상속받은 재산이거나 이미 처분한 상속재산을 기초로 형성된 부동산이더라도 이를 취득하고 유지함에 있어 상대방의 가사노동 등이 직간접으로 기여한 것이라면 재산분할의 대상이 되는 것이고, 이는 부부 중 일방이 제3자로부터 증여받은 재산도 마찬가지이다(* 청구인의 아버지로부터 증여받은 돈이 청구인과 상대방의 공동재산인 부동산 매입자금으로 사용된 사례). 민법 제839조의 2에 규정된 재산분할제도는 혼인 중에 취득한 실질적인 공동재산을 청산 분배하는 것을 주된 목적으로 하는 것이므로, 부부가 이혼을 할 때 쌍방의 협력으로 이룩한 재산이 있는 한, 법원으로서는 당사자의 청구에 의하여 그 재산의 형성에 기여한 정도 등 당사자 쌍방의 일체의 사정을 참작하여 분할의 액수와 방법을 정하여야 하는 것이고, 재산 분할액 산정의 기초가 되는 재산의 가액은 객관성과 합리성이 있는 자료에 의하여 평가하여야 한다"(자녀 명의인 예금인출액에 대한 대법원 2009. 6. 9. 선고 2008스111 결정).

Ⅳ. 재산분할의 방법

〈설문〉 부동산이 이혼 시 재산분할의 대상이 되었다면 그 액수는 어떠한 가액을 기준으로 산정하여야 하는가? 그리고 자녀가 성인인 경우 배우자 일방이 자녀에 대해 지는 부양의무는 이혼 시 재산분할의 액수를 정하는 데 참작될 수 있는가?

재산분할의 방법은 협의 또는 조정에 의하여 정하여 지거나, 협의가 되지 아니하거나 협의할 수 없는 때에는 가정법원이 당사자의 청구에 의하여 당사자 쌍방의 협력으로 이룩한 재산의 액수 기타 사정을 참작하여 분할의 액수와 방법을 정한다(제839조의 2 제2항). 민법 제839조의 2, 제843조에서 말하는 〈재산분할에 관한 협의〉는 혼인중 당사자 쌍방의 협력으로 이룩한 재산의 분할에 관하여 이미 이혼을 마친 당사자 또는 아직 이혼하지 않은 당사자 사이에 행하여지는 협의를 가리키는 것이다. 가정법원에 의한 결정은 당사자 사이에 협의가 되지 아니하거나 협의할 수 없는 때에 한하는 것이므로, 당사자 사이에 이미 재산분할에 관한 협의가 성립하였다면 당사자 일방에 의한 재산분할의 청구가 있더라도 그 청구의 이익이 없어 각하를 면하지 못할 것이다(대법원 1993. 12. 28. 선고 93므409 판결). 실무상 소송이혼의 경우 대개 이혼소송의 제기와 동시에 재산분할심판의 청구를 한다(물론 소송이혼의 경우에도 재산분할에 대한 합의가 가능할 것임).

민법 제839조의 2에 규정된 재산분할제도는 혼인 중에 취득한 실질적인 공동재산을 청산 분배하는 것을 주된 목적으로 하는 것이므로, 부부가 이혼을 할 때 쌍방의 협력으로 이룩한 재산이 있는 한, 법원으로서는 당사자의 청구에 의하여 그 재산의 형성에 기여한 정도 등 당사자 쌍방의 일체의 사정을 참작하여 분할의 액수와 방법을 정하여야 하는 것이고, 재산분할액 산정의 기초가 되는 재산의 가액은 객관성과 합리성이 있는 자료에 의하여 평가하여야 한다(대법원 2009. 6. 9. 선고

2008스111 결정).[103] 법원실무에 따르면 부동산의 경우는 KB시세에 따라 가액이 결정된다.[104] 법원은 재산분할을 함에 있어 방법이나 비율 또는 액수는 당사자 쌍방의 협력으로 이룩한 재산의 액수 기타의 사정을 참작하여 정하면 되고 기타의 사정 중 중요한 것은 명시하여야 할 것이나 그 모두를 개별적, 구체적으로 일일이 특정하여 설시하여야 하는 것은 아니다(대법원 1993. 5. 25. 선고 92므501 판결).

상기한 〈설문〉에 대한 판례에 따르면 이혼하는 부부의 자녀들이 이미 모두 "성년에 달한 경우" 부가 자녀들에게 부양의무를 진다하더라도 이는 어디까지나 부와 자녀들 사이의 법률관계일 뿐, 이를 부부의 이혼으로 인하여 이혼 배우자에게 지급할 위자료나 재산분할의 액수를 정하는 데 참작할 사정으로 볼 수는 없다(대법원 2003. 8. 19. 선고 2003므941 판결). 법원으로서는 당사자 쌍방의 일체의 사정을 참작하여 분할의 액수와 방법을 정할 수 있는 것이므로, 가사소송규칙 제98조에 불구하고 당사자 일방의 단독소유인 재산을 쌍방의 공유로 하는 방법에 의한 분할도 가능하다(대법원 1997. 7. 22. 선고 96므318, 325 판결).

---

103. 동일취지 : 분할대상이 되는 재산은 적극재산이거나 소극재산이거나 그 액수가 대략적으로나마 확정되어야 할 것이다. 재산분할액 사정의 기초가 되는 재산의 가액은 〈반드시 시가감정에 의하여 인정하여야 하는 것은 아니지만〉 객관성과 합리성이 있는 자료에 의하여 평가하여야 한다(대법원 1999. 6. 11. 선고 96므1397 판결).

104. 상대방 주장만 가지고 판단하여서는 안 되고, 부동산 가액을 알 수 없으면 공시지가 등의 대체방법으로 결정하여야 한다는 대법원 2002. 8. 28. 선고 2002스36 결정

〈설문〉 재산분할의 대상재산(실무상 각자의 적극재산과 소극재산) 및 액수가 확정되었다면 그 다음 이혼부부 각자에게 돌아갈 재산분할비율은 어떻게 정하는가? (원칙은 전체재산의 액수를 대상으로 기여도에 따라 비율을 정함)

실무상 재산분할의 방식은 (i) 부부 공동재산에 해당하는 이혼 당사자 모두의 전체 재산(각자의 적극재산은 물론이고 소극재산도 포함)을 파악하고, (ii) 이것을 기초로 법원은 당사자 각자의 기여도를 결정한 다음, (iii) 분할 받을 당사자의 기여도를 곱한 금액에서 분할 받을 당사자가 보유하는 재산액수를 공제하여 최종적인 재산분할 금액으로 확정하는 것이다(이에 대한 판례의 예를 소개한 본서 제3장 절차법 편 [§ 14] 참조). 최종 분할금액에 상응하는 구체적 분할 방식으로는 현금분할의 방식이 원칙(부동산 또는 주식의 경우는 기존 명의자의 계속 보유가 원칙)이지만 당사자 쌍방의 합의가 있으면 부동산 또는 주식의 현물분할도 가능하다(현물분할의 경우 취득세의 발생 가능).

이러한 절차에서 이혼 부부 각자에게 돌아갈 재산분할비율은 무엇보다도 지난 혼인 중 공동재산의 형성에 각자 어느 정도 기여하였는가에 의해서 정하여 진다(재산분할의 청산적 기능, 기타 장래의 부양적 기능, 상대의 유책행위에 대한 위자료적 기능도 고려됨).[105] 그리고 재산분할비율은 개별재산에 대한 기여도를 일컫는 것이 아니라 기여도 기타 모든 사정을 고려하여 전체로서의 형성된 재산에 대하여 상대방 배우자로부터 분할 받을 수 있는 비율을 일컫는 것이다.[106]

상기한 〈설문〉에 대한 판례에 따르면 "법원이 합리적 근거 없이 적극재산과 소극재산을 구별하여 분담비율을 달리 정한다거나, 분할대상 재산들을 개별적으로 구분하여 분할비율을 달리 정함으로써 분할할 적극재산의 가액을 임의로 조정

105. 이에 대한 상세는 제3장(절차법 편)에서 다시 설명함.

106. 참고로, 혼인 중 공동 형성 재산으로 사치하면서 과도하게 소비한 이혼 당사자 측은 재산분할의 비율을 결정함에 있어서 부정적으로 작용할 것임.

하는 것은 허용되지 않는다"(대법원 2006. 9. 14. 선고 2005다74900 판결 ; 다만 대법원 2014. 7. 16. 선고 2012므2888 전원합의체 판결에 의해 연금 퇴직금에 대한 개별적 비율 결정의 예외가 인정됨).

〈설문〉 재판상 이혼 및 재산분할 심판청구 시 분할의 대상이 되는 재산과 그 액수를 결정하는 기준 시기는 언제인가? 특히 "오랜 기간 별거 후"에 이혼하면? (사실심 변론종결일 기준)

분할의 대상재산으로 결정된 것은 부동산, 주식 등과 같이 취득 시와 이혼 시 사이에 재산가액의 변동이 크게 있을 수 있다. 이 경우에는 재판상 이혼 시 분할의 대상이 되는 재산과 그 액수를 결정하는 기준 시기가 문제된다(재산분할 청구자의 입장에서는 그 가액이 크면 좋을 것이고, 상대방은 작으면 좋을 것임).

상기한 〈설문〉에 대한 판례에 따르면 "재판상 이혼시의 재산분할에 있어 분할의 대상이 되는 재산과 그 액수는 이혼소송의 사실심 변론종결일을 기준으로 하여 정하여야 하므로, 법원은 변론종결일까지 기록에 나타난 객관적인 자료에 의하여 개개의 공동재산의 가액을 정하여야 하고, 부부 각자에게 귀속하게 한 재산가액의 비율과 법원이 인정한 그들 각자의 재산분할 비율이 다를 경우에는 그 차액을 금전으로 지급·청산하게 하여야 한다"(IMF 사태 이후 국내 부동산 값이 상당 부분 하락하였고, 부동산의 변론 종결일 기준 시가가 감정서 작성일 당시의 시가에 비해 낮아진 사례에서 시가 감정 등 객관적인 자료에 의하지 않고 막연하게 경제사정의 변동으로 인하여 사실심 변론종결 당시 재산분할의 대상이 되는 재산의 시가가 감정서 작성 당시의 시가에 비해 낮아질 것이라는 전제하에 법원이 인정한 재산분할비율과 부부 각자에게 귀속되는 재산의 가액비율이 근사하게 되었다고 판단한 원심을 파기한 대법원 2000. 9. 22. 선고 99므906 판결).

참고로, 오랜 기간 별거 후에 이혼하는 경우 별거 중 일방 당사자가 취득한 재산(예컨대 부동산)은 원칙적으로 특유재산이 될 것이지만(즉, 분할대상 재산이 아님), 다른 이혼 당사자도 기여한 재산으로 이를 취득하였다면 재산분할의 대상이 될 것이다. 분할대상이 되었다면 그 재산의 가액이 취득 시와 이혼 시 사이에 변동이 있을 수 있는데, 이 경우에도 가액결정의 기준 시기는 사실심 변론 종결일이 되어야 할 것이다.

〈설문〉 협의이혼 시 분할의 대상이 되는 재산과 액수의 기준 시기는? 협의이혼 성립일까지의 기간 내에 재산분할 대상인 "채무의 일부가 변제"된 경우 분할대상 재산액은 변동되겠는가? (협의이혼이 성립한 날 기준. 기간 내 채무변제의 경우 전체 재산액 산정에서 공제됨)

전술한 바와 같이, 재판상 이혼과 병합된 재산분할 심판인 경우 분할대상 재산과 그에 대한 가액산정의 기준시점은 이혼소송의 사실심 변론종결 시가 된다. 그렇다면 상기한 〈설문〉에서 협의이혼에 따른 재산분할에 있어 분할의 대상이 되는 재산과 액수는 협의이혼이 성립한 날(이혼신고일)을 기준으로 정하여야 재판상 이혼에 따른 재산분할과 상응하게 될 것이다. 판례도 "협의이혼을 예정하고 미리 재산분할 협의를 한 경우 협의이혼에 따른 재산분할에 있어 분할의 대상이 되는 재산과 액수는 협의이혼이 성립한 날(이혼신고일)을 기준으로 정하여야 한다. 따라서 재산분할 협의를 한 후 협의이혼 성립일까지의 기간 동안 재산분할 대상인 채무의 일부가 변제된 경우 그 변제된 금액은 원칙적으로 채무액에서 공제되어야 한다. 그런데 채무자가 자금을 제3자로부터 증여받아 위 채무를 변제한 경우에는 전체적으로 감소된 채무액만큼 분할대상 재산액이 외형상 증가하지만 그 수증의 경위를 기여도를 산정함에 있어 참작하여야 하고, 채무자가 기존의 적극재산으로 위 채무를 변제하거나 채무자가 위 채무를 변제하기 위하여 새로운 채무를 부담하게 된 경우에는 어느 경우에도 전체 분할대상 재산액은 변동이 없다. 이에 반하여 협의이혼 성립일 이후에 부부 일방이 새로운 채무를 부담하거나, 부부 일방의 채무가 변제된 경우에도 이와 같은 재산변동 사항은 재산분할의 대상이 되는 재산과 액수를 정함에 있어 이를 참작할 것이 아니다"는 취지로 판시하였다(대법원 2006. 9. 14. 선고 2005다74900 판결).[107]

〈설문〉 SK 회장 이혼사건에서 나타난 바와 같이, 불륜 등 부정행위로 인해 혼인 생활을 이어갈 수 없도록 원인을 제공한 사람이 부정행위 상대방에게 경제적 이익을 제공했다면, 이렇게 유출된 재산은 재산분할의 대상 내지 분할 비율의 결정에 있어서 반영되어야 하는가?

종전의 실무는 배우자의 부정행위를 재산분할의 비율을 산정함에 있어 판단 근거로 고려하지 않았다. 배우자의 부정행위는 위자료 청구에서 위자료 인정 여부 및 위자료 액수를 정함에 있어서 고려 대상이었다. 그런데 부정행위 상대방에게 경제적 이익을 제공하거나 부정행위 상대방과 함께 금전을 소비한 경우에도 그러하여야 하는지가 문제된다. 왜냐하면 배우자 및 불륜 상대방의 부정행위 자체(위자료 청구의 사유)와 부정행위에 따른 재산적 손실(재산분할의 사유)은 다른 것이기 때문이다. 부정행위 기간 동안 상대방에게 상당한 규모의 재산을 이전하거나 함께 소비한 경우, 최소한 배우자와의 관계에서는 그러한 처분행위가 적법하다고 볼 수 없고 부부공동재산을 감소시킨 행위에 해당하므로, 재산분할 비율에서 부정행위 배우자에게 불리하게 처리될 수 있어야 하는 것이다. 따라서 부정행위 상대방에게 유출된 재산도 관념상 재산분할의 대상으로 삼고서(다만 이혼 상대방이 그의 특유재

---

107. 남편(기업경영자)이 이혼협의 후 부인에게 부동산을 증여하고서 (i) 최종 이혼성립 전에 제3자(회사)로부터 돈을 빌려 본인의 채무를 변제하고(빌려서 채무 변제하였으므로 전체적 채무액에는 변동 없음), 이혼 성립 후에도 채무를 변제한(이혼 성립 후 변제이므로 분할재산액수에 영향이 없음) 사례에서 국세청이 증여계약 시(즉, 사해행위 시) 남편의 채무액을 고려하면 남는 재산이 없음에도 불구하고 처에게 재산분할해 준 것에 대해 사해행위취소권을 행사하였음. 판례는 남편에게 사해 의사가 인정되는 이상 수익자인 부인의 악의도 추정된다고 판시하였음.

산만으로 사용한 경우는 제외), 그 현실화는 적어도 남은 분할대상 재산의 각자의 분할비율을 정함에 있어서 이러한 사정이 고려되어야 할 것이다.

상기한 〈설문〉과 관련하여 2024. 5. 선고한 SK 그룹 최 회장과 노 관장 사이의 이혼사건 항소심도 최 회장이 불륜 동거인을 위해 지출한 219억여 원(혼외자 학비,[108] 부부공동생활과 무관한 임차비용, 동거녀가 운영하는 티앤씨재단에의 출연금, 동거녀 가족에 대한 대여금, 동거녀에게 이체한 금원의 합계)에 대하여 "최 회장이 부부공동재산을 임의로 부정행위의 상대방인 동거녀에게 지출하는 등 일방적인 처분행위를 한 것이고 이는 '부부공동재산의 유출'이다"는 취지로 판시하였다.

V. 재산분할에서의 특수문제(민법 제406조에 따른 채권자취소권, 세금문제)

이혼으로 인한 재산분할청구권은 이혼을 한 당사자의 일방이 다른 일방에 대하여 재산분할을 청구할 수 있는 권리로서 이혼이 성립한 때에 그 법적 효과로서 비로소 발생하는 것이다. 재산분할은 부동산의 경우는 등기, 동산의 경우는 인도가 있어야 재산이전의 효과가 완성될 수 있다. 부부의 혼인 중 공동채무가 일방에게 귀속되도록 분할되었더라도 그로 인하여 타방이 면책되는 것은 아니다(면책을 위해서는 채권자의 동의가 있어야 함).

법원이 이혼과 동시에 재산분할로서 금전의 지급을 명하는 판결을 하는 경우 그 금전 지급 채무에 관하여는 그 판결이 확정된 다음날부터 이행지체 책임을 지게 될 것이다. 이 경우 불복하지 않는다면 이혼과 재산분할의 재판 확정일이 동일할 것이다. 그런데 이혼과 별개로 재산분할의 심판을 청구한 경우에는 재산분할 재판이 확정된 시점부터 지연이자가 계산되어야 할 것이다. 해당 재판이 확정되면 정

108. 미성년자인 혼 외자에 대해서도 최 회장에게 양육비부담의무가 있기 때문에 대법원 상고심에서는 이 부분이 다툼의 여지가 있을 것이다.

식의 강제집행도 당연히 가능할 것이다. 그러나 확정 전(즉, 상소심 계속 중)의 가집행 가능성에 대해서 판례는 "당사자가 이혼이 성립하기 전에 이혼소송과 병합하여 재산분할의 청구를 하고, 법원이 이혼과 동시에 재산분할을 명하는 판결을 하는 경우에도 이혼판결은 확정되지 아니한 상태이므로, 그 시점에서 가집행을 허용할 수는 없다"는 논지로 판시하였다(대법원 1998. 11. 13. 선고 98므1193 판결).[109] 이와 같이 재산분할의 경우에는 가집행이 허용되지 않기 때문에 분할대상이 될 재산을 미리 보전하기 위하여 가압류 내지 가처분 제도가 상당히 이용되고 있다.

〈설문〉 재산분할을 해 주어야 하는 이혼 배우자의 "일반 채권자"는 (어떠한 조건에서) 재산분할행위에 대해 취소권을 행사할 수 있겠는가? (판례에 따르면 행사조건이 매우 엄격함)

민법 제406조(채권자취소권)에 따르면 채무자가 채권자를 해함을 알고 재산권을 목적으로 한 법률행위를 한 때에는 채권자는 그 취소 및 원상회복을 법원에 청구할 수 있다. 그러나 그 행위로 인하여 이익을 받은 자나 전득한 자가 그 행위 또는 전득 당시에 채권자를 해함을 알지 못한 경우에는 그러하지 아니하다(제1항). 전항의 소는 채권자가 취소원인을 안 날로부터 1년, 법률행위 있은 날로부터 5년 내에 제기하여야 한다(제2항).

그런데 재산 분할자가 이미 채무초과의 상태에 있다거나 또는 어떤 재산을 분할한다면 무자력이 되는 경우에도 분할자가 부담하는 채무액 및 그것이 공동재산의 형성에 어느 정도 기여하고 있는지 여부를 포함하여 재산분할의 액수와 방법을 정할 수 있다. 다만 재산 분할자가 당해 재산분할에 의하여 무자력이 되어 "일반채권자"에 대한 공동담보를 감소시키는 결과가 된다면 일반 채권자는 사해행위를 근

109. 관련 글로는 김영욱, 「재산분할에 있어서 가집행선고와 지연손해금 문제에 관한 고찰」, 『가사재판연구 II』, 서울가정법원 가사재판연구회, 2011.

거로 한 취소권(민법 제406조)을 행사하여 재산을 원상회복시킬 수 있을 것이다(재산 분할 청구권자에 의한 취소권 행사는 후술함). 따라서 상대방 배우자에게 한 소유권 이전행위가 진정한 재산분할행위라기보다는 강제집행을 회피하거나 면탈하고자 통모한 행위라면 일반 채권자(제3자)는 채권자 취소권을 행사할 수 있을 것이다.

상기한 〈설문〉에 대한 판례에 따르면 "재산 분할자가 당해 재산분할에 의하여 무자력이 되어 일반채권자에 대한 공동담보를 감소시키는 결과가 된다고 하더라도 그러한 재산분할이 민법 제839조의 2 제2항의 규정 취지에 반하여 상당하다고 할 수 없을 정도로 과대하고, 〈재산분할을 구실로 이루어진 재산처분〉이라고 인정할 만한 특별한 사정이 없는 한 사해행위로서 채권자취소권의 대상이 되지 아니하고(법률상 부부였던 갑과 을 사이에 부동산 소유자인 갑이 이혼에 따른 재산분할을 원인으로 을에게 소유권이전등기의 경료가 이루어진 사례에서 여기의 소유권이전행위는 진정한 재산분할행위라기보다는 강제집행을 회피하거나 면탈하고자 갑과 을이 통모한 행위이므로 정당한 재산분할의 범위 내의 것인지 여부를 따질 필요도 없이 사해행위에 해당한다는 취지로 판단한 원심 판결을 파기하고 종국적으로 사해행위가 아니라고 판시한 대법원 2016. 12. 29. 선고 2016다249816 판결), 위와 같은 특별한 사정이 있어 사해행위로서 채권자취소권의 대상이 되는 경우에도 취소되는 범위는 그 상당한 부분을 초과하는 부분에 한정된다. 상당한 정도를 벗어나는 과대한 재산분할이라고 볼 특별한 사정이 있다는 점에 관한 입증책임은 채권자에게 있다"(대법원 2001. 5. 8. 선고 2000다58804 판결).

〈설문〉 부동산에 대해 재산분할이 이루어진 경우 분할 받은 사람에게는 "증여세"를, 분할 해 준 사람에게는 "양도소득세"를 국세청이 부과할 수 있는가? 재산분할 받은 자가 그 부동산을 제3자에게 매도한 경우 양도소득세의 계산에서 문제되는 부동산 취득가액의 기준시점은? (증여세 및 양도소득세의 대상이 될 수 없음)

민법 제839조의 2에 규정된 재산분할제도는 그 법적 성격, 분할대상 및 범위 등에 비추어 볼 때 실질적으로는 공유물 분할에 해당하는 것이어서 공유물 분할에 관한 법리가 준용되어야 할 것인바, 공유물의 분할은 법률상으로는 공유자 상호간의 지분의 교환 또는 매매라고 볼 것이나 실질적으로는 공유물에 대하여 관념적으로 그 지분에 상당하는 비율에 따라 제한적으로 행사되던 권리, 즉 지분권을 분할로 인하여 취득하는 특정 부분에 집중시켜 그 특정 부분에만 존속시키는 것으로 소유형태가 변경된 것뿐이어서 이를 과세의 대상이 되는 자산의 유상양도라고 할 수 없다.

상기한 〈설문〉에 대한 판례에 따르면 "이러한 법리는 이혼 시 재산분할의 방법으로 부부 일방의 소유명의로 되어 있던 부동산을 상대방에게 이전한 경우에도 마찬가지라고 할 것이고, 또한 재산분할로 인하여 이전받은 부동산을 그 후에 양도하는 경우 그 양도차익을 산정함에 있어서는 취득가액은 최초의 취득시를 기준으로 정할 것이지 재산분할을 원인으로 한 소유권이전시를 기준으로 할 것은 아니다"(대법원 2003. 11. 14. 선고 2002두6422 판결 [양도소득세부과처분취소]).

따라서 정당한 재산분할인 경우에는 증여세와[110] 양도소득세의 부과대상이 될

110. 증여세 부과에 대한 헌법재판소의 태도(헌재결 1997. 10. 30. 선고 96헌바14) : (1) 이혼시의 재산분할제도는 본질적으로 혼인 중 쌍방의 협력으로 형성된 공동재산의 청산이라는 성격에, 경제적으로 곤궁한 상대방에 대한 부양적 성격이 보충적으로 가미된 제도라 할 것이어서, 이에 대하여 재산의 무상취득을 과세원인으로 하는 증여세를 부과할 여지가 없으며, 설령 증여세나 상속세를 면탈할 목적으로 위장 이혼하는 것과 같은 경우에 증여와 동일하게 취급할 조세정책적 필요성이 있다 할지라도, 그러한 경우와 진정한 재산분할을 가리려는 입법적 노력 없이 반증의 기회를 부여하지도 않은 채 **상속세 인적공제액을 초과하는 재산을 취득하기만 하면 그 초과부분에 대하여 증여세를 부과한**

수 없다. 다만 부부가 이혼을 하게 되어 남편이 아내에 대한 〈위자료〉를 지급하기 위한 방법으로 자신의 소유인 주택의 소유권을 이전하는 것은 아내에 대한 위자료 채무의 이행에 갈음한 것으로서 그 주택을 양도한 대가로 위자료를 지급할 채무가 소멸하는 경제적 이익을 얻게 되는 것이므로, 그 주택의 양도는 양도소득세의 부과 대상이 되는 유상양도에 해당한다(대법원 1995. 11. 24. 선고 95누4599 판결). 그러나 "적법하게" 위자료를 받는 것(배우자 측)은 이혼에 따른 정신적 고통을 배상받는 일종의 손해배상금이므로 이는 증여세 및 소득세 부과의 대상이 될 수 없는 것이다(다만 부동산 소유권을 이전받은 경우 취득세는 납부하여야 할 것임).

다는 것은 입법목적과 그 수단 간의 적정한 비례관계를 벗어난 것이며 비민주적 조세관의 표현이다. 그러므로 이혼 시 재산분할을 청구하여 상속세 인적공제액을 초과하는 재산을 취득한 경우 그 초과부분에 대하여 증여세를 부과하는 것은, 증여세제의 본질에 반하여 증여라는 과세원인 없음에도 불구하고 증여세를 부과하는 것이어서 현저히 불합리하고 자의적이며 재산권보장의 헌법이념에 부합하지 않으므로 실질적 조세법률주의에 위배된다. (2) 이혼 시의 재산분할청구로 취득한 재산에 대하여 증여세를 부과하는 주된 입법목적은, 배우자의 사망으로 상속받는 재산에 대하여 상속세를 부과하는 것과 과세상 형평을 유지한다는 데 있다고 하나, 이혼과 배우자의 사망은 비록 혼인관계의 종료를 가져온다는 점에서 공통점이 있다 하더라도 그로 인한 재산관계, 신분관계는 여러 가지 면에서 차이가 있다. 그러므로 증여세의 상속세 보완세적 기능을 관철하는 데에만 집착한 나머지 배우자 상속과 이혼 시 재산분할의 재산관계의 본질적이고도 다양한 차이점을 무시하고 이를 동일하게 다루는 것은, 본질적으로 다른 것을 같게 다룸으로써 자신의 실질적 공유재산을 청산 받는 혼인당사자를 합리적 이유 없이 불리하게 차별하는 것이므로 조세평등주의에 위배된다.

〈설문〉 협의이혼 시 부당한 재산분할의 대상 재산에 대한 과세 채권자인 국세청은 채권자취소권을 행사할 수 있는가? 그리고 제척기간의 기산시점은 어떻게 평가될 것인가? (조만간 확정될 과세채권이라면 채권자취소권 행사 가능. 소멸시효 기산점은 국세청이 단순히 재산처분 사실을 안 시점만으로는 부족)

전술한 바와 같이 정상적인 재산분할인 경우에는 과세의 대상이 될 수 없겠지만, 부당한 재산분할의 경우에는 일반채권자는 민법 제406조(채권자취소권)에 따른 채권자취소권을 행사할 수 있을 것이고, 과세채권의 당사자인 국세청(지방세의 경우는 지방관청)의 입장에서는 세금부과도 할 수 있을 것이다. 판례에 따르면 이혼에 따른 재산분할이 상당한 정도를 벗어난다고 볼 특별한 사정이 있는 때에는 그 초과하는 부분은 사해행위로서 취소의 대상으로 될 수 있다(대법원 2000. 7. 28. 선고 2000다14101 판결 ; 2000. 9. 29. 선고 2000다25569 판결). 이 때 채무자의 재산분할이 상당한지 여부는 민법 제839조의 2가 정한 재산분할의 일반원칙에 따라 판단하되, 이혼한 당사자 일방의 이익과 채권자의 이익을 비교·형량하여 그 재산분할이 분할자의 채권자와의 관계에서도 상당한 것인지를 함께 고려하여야 한다(대법원 1984. 7. 24. 선고 84다카68 판결 ; 2000. 9. 29. 선고 2000다25569 판결).

채권자취소권에 의하여 보호될 수 있는 (피보전) 채권은 원칙적으로 사해행위라고 볼 수 있는 행위가 행하여지기 전에 발생된 것임을 요하지만, 그 사해행위 당시에 이미 채권 성립의 기초가 되는 법률관계가 발생되어 있고, 가까운 장래에 그 법률관계에 터 잡아 채권이 성립되리라는 점에 대한 고도의 개연성이 있으며, 실제로 가까운 장래에 그 개연성이 현실화되어 채권이 성립된 경우에는 그 채권도 채권자취소권의 피보전 채권이 될 수 있다(대법원 1997. 10. 28. 선고 97다34334 판결 ; 1999. 11. 12. 선고 99다29916 판결). 이는 부부의 이혼으로 인한 협의재산분할이 사해행위취소의 대상으로 된 경우에도 같다(대법원 2001. 2. 9. 선고 2000다63516 판결). 따라서 1년의 과세 주기 이내에 확정적으로 발생될 과세채권은 채권자취소권의 보호대상이 될 수 있는 것이다.

그런데 민법 제406조 제2항은 채권자취소권의 제척기간을 규정하고 있는데, 특히 그 기산시점이 실무에서 상당히 문제된다. 판례에 따르면 "구 국세징수법(1999. 12. 28. 법률 제6053호로 개정되기 전의 것) 제30조가 규정하는 사해행위의 취소의 소도 민법 제406조가 정하는 사해행위취소의 소의 일종이므로, 그 행사에 관한 특별한 규정이 없는 한 민법 제406조 제2항의 제소기간 내에(즉, 취소원인을 안 날로부터 1년, 법률행위가 있은 날로부터 5년 이내) 제기되어야 한다(대법원 2003. 12. 12. 선고 2003다30616 판결 등 참조). 그런데 민법 제406조 제2항에 정해진 '채권자가 취소원인을 안 날'이라 함은 채권자가 채권자취소권의 요건을 안 날, 즉 채무자가 채권자를 해함을 알면서 사해행위를 하였다는 사실을 알게 된 날을 말하므로, 단순히 채무자가 재산을 처분한 사실을 안 것만으로는 부족하고, 채무자의 처분행위로 인하여 채권의 공동담보가 부족하게 되거나 이미 부족한 공동담보가 더 부족하게 되어 채권을 만족시킬 수 없게 되고 나아가 채무자에게 사해의 의사가 있다는 사실까지 알아야 하며, 채권자가 세무조사를 통하여 채무자의 재산에 보전압류처분을 하였다는 사정만으로 그 취소의 원인을 알았다고 추정할 수도 없다"(이혼협의에 따른 증여 계약 당시 적극재산액에서 소극재산액을 공제하면 남는 금액이 없는 상태에서 재산 분할을 해 준 것에 대해 국세청이 채권자취소권을 행사한 사례에서 사해 행위성을 긍정한 대법원 2006. 9. 14. 선고 2005다74900 판결 ; 이 사례에서 분할대상 재산액수의 구체적 평가방법에 대해서는 이미 전술하였음).[111]

---

111. [비교판례] 채무자가 유일한 재산인 부동산을 매각하여 소비하기 쉬운 금전으로 바꾸는 것은 특별한 사정이 없는 한 사해행위가 되는 것이고, 사해행위의 주관적인 요건인 채무자의 사해의 의사는 채권의 공동담보에 부족이 생기는 것을 인식하는 것을 말하는 것으로서 채권자를 해할 것을 기도하거나 의욕하는 것을 요하지 아니하며, 채무자가 유일한 재산인 부동산을 매각하여 소비하기 쉬운 금전으로 바꾸는 경우에는 채무자의 사해의 의사는 추정된다 할 것이므로, 채무자가 유일한 재산인 부동산을 매도한 경우 그러한 사실을 채권자가 알게 된 때에 채권자가 채무자에게 당해 부동산 이외에는 별다른 재산이 없다는 사실을 알고 있었다면 그때 채권자는 채무자가 채권자를 해함을 알면서 사해

VI. 재산분할청구권 보전을 위한 (배우자의) 사해행위취소권

민법 제839조의 3(재산분할청구권 보전을 위한 사해행위취소권) ① 부부의 일방이 다른 일방의 재산분할청구권 행사를 해함을 알면서도 재산권을 목적으로 하는 법률행위를 한 때에는 다른 일방은 제406조 제1항을 준용하여 그 취소 및 원상회복을 가정법원에 청구할 수 있다.
② 제1항의 소는 제406조 제2항의 기간 내에 제기하여야 한다.

[주석] 민법 제406조 제1항은 일반적인 채권자의 사해행위취소권에 대해 규정하고 있다. 그런데 상기한 민법 제839조의 3은 특수 분야로서의 이혼에 따른 재산분할청구권 보전을 위한 "이혼 배우자가 행사할 수 있는" 사해행위취소권을 특별히 규율하고 있는 것이다. 관련 판례 등을 소개하면 다음과 같다.

1. 입법취지

〈설문〉 이혼과 관련하여 민법 제406조 제1항에 의한 채권자취소권 행사와 제839조의 3에 의한 재산분할청구권 보전을 위한 사해행위취소권 행사 사이의 차이는 무엇인가?

이혼에 의해 재산분할을 하여야 하는 자가 일반 채권자의 권리를 해하는 것을 알면서 과도한 재산분할, 즉 사해행위(詐害行爲)에 해당하는 법률행위를 할 수 있다. 이 경우 사해행위에 해당하는 재산분할 처분을 한 자의 일반 채권자는 일정한 요건 하에서 그 사해행위를 취소하여 원상회복을 할 수 있는 사해행위취소권을 가진다("민법" 제406조 제1항). 사해행위란 채무자가 채권자에게 피해가 갈 것을 알면서도 자신의 재산을 감소시키는 행위를 말한다. 이 사해행위를 취소하여 채무자의

행위를 한 사실을 알게 되었다고 할 것이다(대법원 1997. 5. 9. 선고 96다2606, 2613 판결).

재산을 회복시켜 변제의 의무를 다하도록 보존하는 제도를 사해행위 취소라고 한다. 채권자가 채무자의 재산에 대하여 보전처분이나 가압류를 신청하기 이전에 채무자가 의도적으로 재산을 처분한 경우에 이용되는 것이다. 취소권 행사의 요건으로서 (i) 사해행위의 존재, (ii) 사해의사의 존재, (iii) 피보전채권의 존재, (iv) 피보전채권의 발생시점이 사해행위 이전일 것(다만 가까운 시일 내에 법률관계를 바탕으로 한 채권이 발생할 수 있는 개연성이 있으면 인정)이 갖추어져야 한다. 사해행위 취소소송 중에도 사해행위가 발생할 수 있으니 실무에서는 이전에 가처분을 신청한다. 사해행위를 취소하게 되면 채무자가 제3자에게 양도한 부동산이나 다른 재산들이 채무자의 명의로 원상회복된다. 유의할 것은 소송의 상대방은 채무자가 아닌 채무자와 거래를 통해 수익을 얻은 제3자이다(만일 채무자를 피고로 한 소송은 각하될 것임).

그런데 이혼에 의해 재산분할을 해 주어야 하는 배우자가 "이혼 상대방의 재산분할청구권을 침해"하는 것을 알면서도 분할대상 재산권을 제3자에게 처분하는 법률행위, 즉 사해행위(詐害行爲)를 할 수도 있다. 상기한 조문은 이혼 시 사해행위를 한 배우자의 상대 배우자도 "민법"의 채권자취소권에 관한 조항을 준용해서 그 사해행위의 취소 및 원상회복을 가정법원에 청구할 수 있도록 규정한 것이다. 이는 2007년 민법 개정을 통해 도입된 것으로서 재산분할청구권을 보전하기 위한 사해행위취소권을 인정한 것이다.

배우자 일방에 의한 사해행위취소소송은 그 취소원인을 안 날부터 1년, 법률행위가 있은 날로부터 5년 이내에 제기하여야 한다("민법" 제406조 제2항 및 제839조의3 제2항). 이 조문의 신설에 의해 이혼 및 재산분할청구의 소를 제기하면서 이와 병합하여 사해행위취소소송을 제기하거나 장래의 이혼에 대비하여 미리 사해행위 취소소송을 제기하는 것이 가능하게 되었다.

2. 채권자 대위권과의 비교

〈설문〉 이혼으로 인한 재산분할청구권을 보전하기 위하여(즉 "피보전채권"으로) 분할 청구권자가 분할 의무자의 채무자를 상대로 채권자 대위권을 행사할 수 있는가? 다른 한편 분할 청구권자의 채권자가 분할 의무자를 상대로 채권자 대위권을 행사하는 사례와 같이 재산분할 청구권을 대위의 객체, 즉 "피대위채권"으로 삼을 수 있는가?[112]

민법 제404조(채권자대위권)에 따르면 채권자는 자기의 채권을 보전하기 위하여 채무자의 권리를 행사할 수 있다. 그러나 일신에 전속한 권리는 그러하지 아니하다(제1항). 채권자는 그 채권의 기한이 도래하기 전에는 법원의 허가 없이 전항의 권리를 행사하지 못한다. 그러나 보전행위는 그러하지 아니하다(제2항).[113] 그리고 민법 제405조(채권자대위권행사의 통지)에 따르면 채권자가 전조 제1항의 규정에 의하여 보전행위 이외의 권리를 행사한 때에는 채무자에게 통지하여야 한다(제1항). 채무자가 전항의 통지를 받은 후에는 그 권리를 처분하여도 이로써 채권자에게 대항하지 못한다(제2항). 채권자대위권은 (i) 피보전채권의 존재, (ii) 피대위채권의 존재, (iii) 보전의 필요성(채무자의 무자력 여부),[114] (iv) 채무자의 권리불행사, (v) 피보전채권의 이행기 도래의 요건이 충족되어야 행사할 수 있다.[115] 강제

112. 관련 글로는 박종권, 「재분할청구권을 보전하기 위한 채권자대위권의 행사여부」, *Jurist* 413호, 청림인터렉티브, 2007.

113. 채권자대위권 규정에 의해서 채무자가 제3자에 대하여 가지는 권리를 행사하지 않기 때문에 그 채권이 소멸시효에 걸릴 염려가 있는 경우 또는 채무자가 타인으로부터 부동산을 매수하였으나 그가 매도인에 대하여 등기청구권을 행사하지 않기 때문에 소유권을 취득하지 못하게 될 위험이 있는 경우 채권자는 채무자의 권리("피대위채권")를 대신 행사하여 시효를 중단시키거나 채무자의 등기청구권을 대신 행사하여 채무자가 소유권을 취득하게 할 수 있다.

114. 피보전채권이 "금전채권"인 경우에는 채무자가 무자력 상태이어야 한다는 것이 실무경향임.

115. 예컨대, (i) 세금체납자가 제3자에게 부동산을 명의 신탁한 경우, 국세청은 채권자대위권을 행사하여 제3자를 상대로 체납자에로의 '소유권이전청구 소송'을 제기할 수 있고, (ii) 보험계약자인 채무자가

집행은 집행권원의 존재 기타 번거로운 절차를 필요로 하지만 채권자대위권의 행사는 집행권원을 필요로 하지 않고, 청구권뿐만 아니라 취소권, 해제권, 환매권 등도 행사의 대상이 되는 점에서 효용성이 상당하다.

그런데, 이혼 및 재산분할을 청구한 배우자도 상대방 배우자가 제3자에게 가지는 채권을 미리 확보할 필요가 있을 것이다. 그런데 이혼에 따른 재산분할청구권을 보전하기 위하여 채권자 대위권을 행사할 수 있는지가 문제된다.

상기한 〈설문〉에 대한 판례에 따르면 "이혼으로 인한 재산분할청구권은 협의 또는 심판에 의하여 그 구체적 내용이 형성되기까지는 그 범위 및 내용이 불명확·불확정하기 때문에 구체적으로 권리가 발생하였다고 할 수 없으므로 이를 보전하기 위하여 채권자대위권(민법 제404조)을 행사할 수 없고, 위자료청구권을 피보전권리로 하는 경우에도 채무자의 무자력이 인정되지 아니하는 한 보전의 필요성이 있다고 할 수 없어 권리보호의 자격이 없다"(대법원 1999. 4. 9. 선고 98다58016 판결).

판단컨대, 채권자 대위권 행사를 위해 요구되는 채권의 기한이 도래되기 전이라도 보전행위의 경우는 예외로 인정하는 제404조 제2항 단서의 문언에 비추어 이혼으로 인한 재산분할청구권을 보전하기 위하여 채권자 대위권을 행사할 수 있는 것으로 해석하는 것이 더욱 타당한 것 같다.

다른 한편 재산분할 청구권자의 채권자가 자신의 채권을 보전하기 위하여 해당 재산분할 청구권을 대위객체로 삼아 분할 의무자를 상대로 채권자 대위권을 행사할 수 있는지도 문제되는데, 재산분할에는 부양적 요소가 포함되어 있어 일신 전속적 권리로서의 성격이 있기 때문에 대위의 객체가 될 수 없다는 해석도 가능하겠지만, 협의 또는 재판에 의하여 구체적 청구권으로 확립되었다면 대위의 객체가 되

돈을 갚지 않는 경우, 채권자는 채권자대위권을 행사하여 보험회사에 대해 해지환급금의 지급을 청구하거나 보험계약자의 해약환급금청구권을 압류하고 압류채권자로서 추심권에 의해 보험계약을 해지하고 해약환급금을 받아갈 수 있을 것이며, (iii) 물품대금을 지급하지 않는 채무자가 제3자에게 가지는 부동산 소유권 이전을 요구하고 있지 않는 경우, 물품대금 채권자는 채권자대위권을 행사하여 소유권이전등기청구를 하여서 일단 채무자명의의 등기로 만든 후 그 부동산을 가압류하고서 채무자에 대해 물품대금청구소송을 제기할 수 있을 것이다.

는 것으로 해석하여야 할 것이다.

[§ 8] 이혼 종류로서의 재판상 이혼

민법 제5절(이혼)은 이혼 종류의 전체(협의이혼과 재판이혼)에 대해 규정하고 있고, 전술한 제1관의 협의이혼에 이은 다음의 제2관(재판상 이혼)은 이 중에서 소위 재판상 이혼에 대해 규정하고 있다. 제3장 절차법 편에서 다시 상세히 후술하겠지만, 재판상 이혼은 이루어지는 방법(절차)에 따라 조정이혼과 소송이혼으로 구분할 수 있다(따라서 실제로 이혼의 종류로는 협의이혼, 조정이혼, 소송이혼의 3가지가 있는 것임). 우리나라는 이혼소송을 제기하기 전에 먼저 조정절차를 거치는, 이른바 조정전치주의(調停前置主義)를 채택하고 있다. 재판상 이혼에 관한 입법주의로는 유책주의와 파탄주의가 대비되고 있다. 유책주의는 이혼재판 청구인의 무책성과 피청구인의 유책성이 인정될 경우에만 재판상 이혼이 인정될 수 있다는 것이다. 이에 반해 파탄주의는 유책성 여부와 관계없이 혼인의 파탄이라는 객관적 사실의 존부에 의하여 재판상 이혼이 인정될 수 있다는 것이다. 다음으로 살펴볼 재판상 이혼 사유에 의하면, 우리나라는 유책주의를 취하고 있는데, 다만 파탄주의적 요소를 완전히 배제하지는 않는 것 같다. 그리고 재판상 이혼의 경우에도 친권자 내지 양육자 지정, 양육비 산정, 면접교섭권, 재산분할청구권 등의 문제가 전술한 협의이혼의 경우와 동일하게 발생한다. 협의이혼 시 이에 관한 규정들은 민법 제843조에 의해 재판상 이혼에서도 그대로 준용된다. 즉, 이에 관하여 앞에서 서술하였던 내용은 재판상 이혼에서도 그대로 원용될 수 있을 것이다.

제2관 재판상 이혼

민법 제840조(재판상 이혼원인) 부부의 일방은 다음 각 호의 사유가 있는 경우에는 가정법원에 이혼을 청구할 수 있다. 〈개정 1990. 1. 13〉

1. 배우자에 부정한 행위가 있었을 때
2. 배우자가 악의로 다른 일방을 유기한 때
3. 배우자 또는 그 직계존속으로부터 심히 부당한 대우를 받았을 때
4. 자기의 직계존속이 배우자로부터 심히 부당한 대우를 받았을 때
5. 배우자의 생사가 3년 이상 분명하지 아니한 때
6. 기타 혼인을 계속하기 어려운 중대한 사유가 있을 때

[주석] 상기한 민법 제840조(재판상 이혼)는 재판이혼의 성립과 효력을 위한 실질적 요건을 규정하고 있다. 재판상 이혼이란 "민법"에서 정하고 있는 이혼사유가 발생해서 부부 일방이 이혼하기를 원하지만 다른 일방이 이혼에 불응하는 경우 이혼소송을 제기해서 법원의 판결에 따라 이혼하는 것을 말한다. 본 규정과 관련된 이론 및 판례 등을 서술하면 다음과 같다.

I. 재판상 이혼의 청구

재판상 이혼의 청구권자는 이론적으로는 유책주의와 파탄주의에 따라 달리 이해될 것이다. 유책주의에 의하면 유책 배우자는 재판상 이혼의 청구권자가 될 수 없겠지만, 파탄주의에 의하면 유책배우자의 재판청구권도 인정될 수 있을 것이다. 유책주의를 기본으로 하는 우리나라의 경우는 혼인파탄에 대해 주된 책임이 있는 배우자는 그 파탄을 이유로 스스로 이혼청구를 할 수 없는 것이 일단 원칙이 되어야 하는 것이다. 그 이유에 대한 설시는 다음 전원합의체 판례에 잘 나타나 있다.

〈설문〉 유책 배우자의 이혼청구에 대한 대법원 2015. 9. 15. 선고 2013므568 전원합의체 판결의 태도는?[116] (유책성이 희석되는 사유가 없는 한 유책배우자의 소송이혼은 불인정)

유책 배우자의 재판상 이혼청구에 관한 전원합의체 판례의 태도를 그대로 기술하면 다음과 같다 : "(가) 이혼에 관하여 파탄주의를 채택하고 있는 여러 나라의 이혼법제는 우리나라와 달리 재판상 이혼만을 인정하고 있을 뿐 협의상 이혼을 인정하지 아니하고 있다. 우리나라에서는 유책배우자라 하더라도 상대방 배우자와 협의를 통하여 이혼을 할 수 있는 길이 열려 있다. 이는 유책배우자라도 진솔한 마음과 충분한 보상으로 상대방을 설득함으로써 이혼할 수 있는 방도가 있음을 뜻하므로, 유책배우자의 행복추구권을 위하여 재판상 이혼원인에 있어서까지 파탄주의를 도입하여야 할 필연적인 이유가 있는 것은 아니다. 우리나라에는 파탄주의의 한계나 기준, 그리고 이혼 후 상대방에 대한 부양적 책임 등에 관해 아무런 법률 조항을 두고 있지 아니하다. 따라서 유책배우자의 상대방을 보호할 입법적인 조치가 마련되어 있지 아니한 현 단계에서 파탄주의를 취하여 유책배우자의 이혼청구를 널리 인정하는 경우 유책배우자의 행복을 위해 상대방이 일방적으로 희생되는 결과가 될 위험이 크다. 유책배우자의 이혼청구를 허용하지 아니하고 있는 데에는 중혼관계에 처하게 된 법률상 배우자의 축출이혼을 방지하려는 의도도 있는데, 여러 나라에서 간통죄를 폐지하는 대신 중혼에 대한 처벌규정을 두고 있는 것에 비추어 보면 이에 대한 아무런 대책 없이 파탄주의를 도입한다면 법률이 금지하는 중혼을 결과적으로 인정하게 될 위험이 있다. 가족과 혼인생활에 관한 우리 사회의 가치관이 크게 변화하였고 여성의 사회 진출이 대폭 증가하였더라도 우리 사회가 취업, 임금, 자녀양육 등 사회경제의 모든 영역에서 양성평등이 실현되었다고 보기

116. 이미정, 민법 제840조 제6호 이혼사유에 관하여, 유책배우자의 이혼 청구를 허용할 것인지 여부 : 대법원 2015. 9. 15. 선고 2013므568 전원합의체 판결, 판례연구 28집, 부산판례연구회, 2017.

에는 아직 미흡한 것이 현실이다. 그리고 우리나라에서 이혼율이 급증하고 이혼에 대한 국민의 인식이 크게 변화한 것이 사실이더라도 이는 역설적으로 혼인과 가정생활에 대한 보호의 필요성이 그만큼 커졌다는 방증이고, 유책배우자의 이혼청구로 인하여 극심한 정신적 고통을 받거나 생계유지가 곤란한 경우가 엄연히 존재하는 현실을 외면해서도 아니 될 것이다.

(나) 이상의 논의를 종합하여 볼 때, 민법 제840조 제6호 이혼사유에 관하여 유책배우자의 이혼청구를 원칙적으로 허용하지 아니하는 종래의 대법원판례를 변경하는 것이 옳다는 주장은 아직은 받아들이기 어렵다. 유책배우자의 이혼청구를 허용하지 아니하는 것은 혼인제도가 요구하는 도덕성에 배치되고 신의성실의 원칙에 반하는 결과를 방지하려는 데 있으므로, 혼인제도가 추구하는 이상과 신의성실의 원칙에 비추어 보더라도 책임이 반드시 이혼청구를 배척해야 할 정도로 남아 있지 아니한 경우에는 그러한 배우자의 이혼청구는 혼인과 가족제도를 형해화할 우려가 없고 사회의 도덕관·윤리관에도 반하지 아니하므로 허용될 수 있다. 그리하여 상대방 배우자도 혼인을 계속할 의사가 없어 일방의 의사에 따른 이혼 내지 축출이혼의 염려가 없는 경우는 물론, 나아가 이혼을 청구하는 배우자의 유책성을 상쇄할 정도로 상대방 배우자 및 자녀에 대한 보호와 배려가 이루어진 경우, 세월의 경과에 따라 혼인파탄 당시 현저하였던 유책배우자의 유책성과 상대방 배우자가 받은 정신적 고통이 점차 약화되어 쌍방의 책임의 경중을 엄밀히 따지는 것이 더 이상 무의미할 정도가 된 경우 등과 같이 혼인생활의 파탄에 대한 유책성이 이혼청구를 배척해야 할 정도로 남아 있지 아니한 특별한 사정이 있는 경우에는 예외적으로 유책배우자의 이혼청구를 허용할 수 있다. 유책배우자의 이혼청구를 예외적으로 허용할 수 있는지 판단할 때에는, 유책배우자 책임의 태양·정도, 상대방 배우자의 혼인계속의사 및 유책배우자에 대한 감정, 당사자의 연령, 혼인생활의 기간과 혼인 후의 구체적인 생활관계, 별거기간, 부부간의 별거 후에 형성된 생활관계, 혼인생활의 파탄 후 여러 사정의 변경 여부, 이혼이 인정될 경우의 상대방 배우자의 정신적·사회적·경제적 상태와 생활보장의 정도, 미성년 자녀의 양육·교육·복지

의 상황, 그 밖의 혼인관계의 여러 사정을 두루 고려하여야 한다."

그리고 다른 판례는 "유책배우자의 이혼청구가 허용되는 예외적인 경우인 상대방 '배우자가 혼인을 계속할 의사가 없어 일방의 의사에 따른 이혼 내지 축출이혼의 염려가 없는 경우에 해당하는지 여부'를 판단함에 있어서는, ① 상대방 배우자의 혼인계속의사를 인정하려면 혼인생활의 전 과정 및 이혼소송이 진행되는 중 드러난 상대방 배우자의 언행 및 태도를 종합하여 그 배우자가 악화된 혼인관계를 회복하여 원만한 공동생활을 영위하려는 노력을 기울임으로써 혼인유지에 협조할 의무를 이행할 의사가 있는지 객관적으로 판단하여야 하고, ② 과거 이혼소송이 확정된 후로 상대방 배우자 또한 혼인관계의 회복과 양립하기 어려운 언행이나 비난을 계속하고, 쌍방 간 별거가 고착화되었으며, 이미 혼인관계가 와해되어 회복될 가능성이 없음에도 협의이혼도 불가능한 상태에 이른 경우에는 과거의 유책성이 희석되었다고 볼 수 있고 이는 현재 이혼소송의 사실심 변론종결시를 기준으로 판단하여야 하며, ③ 다만 이혼에 불응하는 상대방 배우자의 의사가 자신 및 미성년 자녀의 정신적·사회적·경제적 상태와 생활보장에 대한 우려에서 기인한 것으로 볼 여지가 있는 때에는 혼인계속 의사가 없다고 섣불리 단정하여서는 안 되며, ④ 자녀가 미성년자인 경우에는 혼인의 유지가 자녀의 복리에 긍정적 영향을 미칠 측면과 더불어 파탄된 혼인관계를 유지함으로써 오히려 자녀의 복리에 부정적 영향을 미칠 측면에 관하여 모두 심리·판단하여야 한다"는 판단기준을 제시하였다(종전 이혼소송에서 유책배우자라고 판단되어 이혼청구가 기각된 원고가 다시 이혼을 청구한 사건에서 대법원 2022. 6. 16. 선고 2021므14258 판결).[117]

---

117. [사실관계] 원고(30대 후반, 남성)와 피고(30대 후반, 여성)는 2010. 3. 25. 혼인신고를 마친 부부이고, 그 사이에 2010. 12. 출생한 딸인 사건본인을 두고 있음. 원고는 피고와의 크고 작은 갈등을 겪어오다가 이를 극복하지 못하여 2016. 5.말경 집을 나가 피고를 상대로 이혼 등 청구의 소를 제기하였으나, 원고에게 혼인관계 파탄에 대한 더 큰 책임이 있다는 이유로 원고의 청구가 기각되었음. 원고는 종전 이혼소송 이후로도 여전히 피고와 별거 중이나, 피고에게 사건본인의 양육비를 지급하고 있고, 피고와 사건본인이 거주하고 있는 원고 명의의 아파트에 관한 담보대출금 채무를 변제해 오고 있음. 피고는 원고에게 사건본인을 만나기 위해서는 자신에게 연락하고 집으로 들어오라고 요구하

이와 같이 판례는 특수한 사정이 있는 경우 예외적으로 유책 배우자의 이혼청구를 인정하고 있다. 예컨대, 상대방도 혼인을 지속할 의사가 없음이 객관적으로 명백함에도 불구하고 오기나 보복적 감정에서 이혼에 불응하는 등의 특별한 사정이 있는 경우(대법원 2004. 9. 24. 선고 2004므1033 판결), 유책배우자의 이혼청구에 대해 상대방이 반소(反訴)로 이혼청구를 하는 경우(대법원 1987. 12. 8. 선고 87므44, 45 판결 ; 그러나 유책배우자의 이혼청구에 대해 상대방이 그 주장사실을 다투면서 오히려 다른 사실을 내세워 반소로 이혼청구를 하더라도 그 사정만으로 곧바로 상대방은 혼인을 계속할 의사가 없으면서도 오기나 보복적 감정에서 유책배우자의 이혼청구에 응하지 않는 것이라고 단정할 수는 없다고 판시한 대법원 1998. 6. 23. 선고 98므15, 22 판결), 부부 쌍방의 책임이 동등하거나 경중(輕重)을 가리기 어려운 경우(대법원 1997. 5. 16. 선고 97므155 판결, 대법원 1994. 5. 27. 선고 94므130 판결) 등에는 유책 배우자의 이혼청구가 예외적으로 허용될 수 있다.

II. 민법 제840조의 재판상 이혼사유

〈설문〉 민법 제840조의 재판상 이혼사유(6가지)에 대하여 이를 긍정한 판례와 이를 부정한 판례로 각각 나누어 적시하면?

민법 제840조는 재판상 이혼 사유로 여섯 가지를 규정하고 있다. 재판상 이혼 사유에 관한 민법 제840조는 동조가 규정하고 있는 각 호 사유마다 각 별개의 독립된 이혼사유를 구성하는 것이고, 이혼청구를 구하면서 각 호 소정의 수개의 사유를 주장하는 경우 법원은 그중 어느 하나를 받아들여 청구를 인용할 수 있다. 이혼

고, 일방적으로 아파트의 잠금장치를 변경한 후 원고에게 열쇠 교부를 거절하면서 원고가 먼저 집으로 들어와야만 한다는 태도를 바꾸지 않았음. 그러나 원고는 관계 개선이 선행되어야 한다는 입장이어서 쌍방의 견해차를 전혀 좁히지 못하였음. 원고는 2019. 9.경 이 사건 이혼청구의 소를 제기하였고, 피고는 이 사건 소송계속 중 일관하여 이혼할 생각이 없다는 의사를 밝혔음.

의 소는 원고가 주장하는 사유에 의한 재판상 이혼청구의 이유의 유무에 관한 판단을 구하는 것이며 민법 제840조 각 호가 규정한 이혼사유마다 재판상 이혼청구를 할 수 있는 독립된 이혼청구원인이므로 법원은 원고가 주장한 이혼사유에 관하여만 심판하여야 하며 원고가 주장하지 아니한 이혼사유에 관하여는 심판을 할 필요가 없고 그 사유에 의하여 이혼을 명하여서는 안 되는 것이다(대법원 1963. 1. 31. 선고 62다812 판결). 재판상 이혼사유를 분설하면 다음과 같다 :

1. 제1호 : 배우자에게 부정(不貞)한 행위가 있었을 때

배우자의 부정행위란 혼인한 이후에 부부 일방이 자유로운 의사로 부부의 정조의무(貞操義務), 성적 순결의무를 충실히 하지 않은 일체의 행위를 말하는 것으로 성관계를 전제로 하는 간통보다 넓은 개념이다(대법원 1992. 11. 10. 선고 92므68 판결). 헌법재판소는 2015년 2월 26일 (구)형법 제241조에 따른 간통죄에 대해 위헌 법률 결정을 내려 (구)"형법" 제241조에 대한 합헌 결정이 있었던 2008년 10월 30일의 다음 날로 소급하여 그 효력을 상실하였지만, 간통 행위가 제1호의 재판상 이혼사유가 되는 것에는 변함이 없다.

〈설문〉 배우자(남)가 간통(첩 계약)한 경우 상대방 배우자는 재판상 이혼청구와 더불어 상간 여에 대해서도 손해배상청구를 할 수 있는가? 특히 그 간통을 상대방 배우자가 묵인해 온 경우에도 가능한가?

소위 첩 계약은 선량한 풍속에 반하는 사항을 내용으로 하는 법률행위로서 무효일 뿐만 아니라 위법한 행위이므로, 부는 물론이고 그 첩도 특별한 사정이 없는 한 그로 인하여 본처가 입은 정신상의 고통에 대하여 배상할 의무가 있고, 이러한 손해배상책임이 성립하기 위하여 반드시 부첩관계로 인하여 혼인관계가 파탄에 이를 필요까지는 없다. 그런데 배우자의 부정행위가 있더라도 상대방 배우자가 그 것을 사전에 동의했거나 사후에 용서한 경우에는 이혼을 청구하지 못한다("민법" 제841조). 그러나 소위 첩 계약은 본처의 동의 유무를 불문하고 선량한 풍속에 반하는 사항을 내용으로 하는 법률행위로서 무효이기 때문에 이혼청구가 가능할 것이다. 판례에 따르면 본처가 장래의 부첩관계에 대하여 동의하는 것은 그 자체가 선량한 풍속에 반하는 것으로서 무효라고 할 것이나, 기왕의 부첩관계에 대하여 용서한 때에는 그것이 손해배상청구권의 포기라고 해석되는 한 그대로의 법적 효력이 인정될 수 있다(원고는 피고 B와 사이에 〈아들을 갖지 못한 자신의 처지를 운명으로 돌리고 피고들의 동거생활을 계속 묵인〉해 오면서 자신의 주거지에서 피고들 사이의 자인 소외 F의 돌잔치를 베풀어 주고 자신의 막내딸인 소외 G로 하여금 피고들의 거주지에서 생활하도록 하였으며 그동안 자신의 거주지에서 모셨던 조상들의 봉제사를 서울에 거주하는 피고들에게 물려주는 등 집안의 대소사를 피고 C와 서로 도우면서 함께 치러 온 사례에서 대법원 1998. 4. 10. 선고 96므1434 판결).[118]

여기서 배우자에 부정한 행위가 있었을 때라 함은 혼인 중 부부간의 일방이 부정한 행위를 한 때를 말하는 것이므로 〈혼인 전 약혼단계에서 부정한 행위〉를 한 때에는 제1호의 이혼사유에 해당한다고 할 수는 없다(약혼기간 중 다른 남자와 정교하여 임신하고는 그 혼인 후 남편의 자 인양 속여 출생신고를 한 것이 그 혼인생활의 경과 등에 비추어 혼인을 계속할 수 없는 중대한 사유가 된다고 하기 어렵다고 한 대법원 1991. 9. 13. 선고 91므85, 92 판결 ; 배우자가 이혼을 요구하는 상대방에게 혼인관계 파탄의 책임이 상대방에게 있다고 인정되는 것을 조건으로 이혼의사를 표명하였다고 하여 배우자 사이에 서로 다른 이성과의 정교관계가 있어도 묵인한다는 의사가 있은 것으로 평가하기 어렵다는 서울가법 2006. 11. 16. 선고 2005드합6952 판결).

---

118. 참고로, 원심법원은 원고와 피고 B 사이의 혼인관계가 파탄에 이르게 된 것은 피고 B의 부정한 축첩행위에 있다기보다는 피고 B가 악의로 원고를 유기함에 있었다 할 것이므로 피고 C(상간 여)에 대하여 원고와 피고 B 사이의 혼인파탄에 따른 손해배상책임을 묻기는 어렵다고 하여, 원고의 피고 C에 대한 청구를 기각하였다.

부정행위인지 여부는 개개의 구체적인 사안에 따라 그 정도와 상황을 참작해서 평가된다. 이에 대한 기존 판례의 태도는 다음과 같다.

[부정행위 이혼사유의 긍정판례]

(1) 피청구인의 동거녀가 고령이고 중풍으로 정교능력이 없어 실제로 정교를 갖지는 못하였다 하더라도 〈배우자 아닌 자와 동거한 행위〉는 배우자로서의 정조의무에 충실치 못한 것으로서 위 "가"항의 "부정한 행위"에 해당한다(대법원 1992. 11. 10. 선고 92므68 판결).

(2) 처가 다른 남자를 알게 되어 친숙하게 지내다가 거주지 서울을 벗어나 인천 소재 여관에 투숙하여 팬티만 입고 앉아 있고, 남자는 팬티차림으로 욕실에 들어가 있다가 뒤좇은 청구인에게 발각되었다면 처의 행위는 부정한 행위에 해당한다(대법원 1988. 5. 24. 선고 88므7 판결).

(3) 피청구인의 〈축첩행위〉는 민법 제840조 제1호의 부정행위에 해당하고 그 구타행위는 동조 제3호의 배우자로부터 심히 부당한 대우를 받은 경우에 해당한다(대법원 1971. 2. 23. 선고 71므1 판결).

(4) 여자와 동거생활을 하여 오고 있는데, 그들 사이에는 이미 1남 2녀의 소생까지 있는 경우 이러한 피심판청구인의 행위는 남편으로써 부정한 행위를 범한 경우에 해당한다(대법원 1967. 8. 29. 선고 67므24 판결).

[부정행위 이혼사유의 부정판례]

(1) 피청구인이 카바레에 춤을 추러 갔다가 그 곳에서 다른 남자를 만나 알게 되어 친하게 되고 그 남자와 기차를 타고 대천에서 서울에 있는 피청구인의 집까지 동행한 사실만으로는 피청구인이 민법 제840조 제1호 소정의 부정한 행위를 한 것으로 단정할 수 없다(대법원 1990. 7. 24. 선고 89므1115 판결).

(2) 처가 남편 아닌 남자와 식사를 하거나 카바레에 출입하고 동인이 운전하는 차에 타고 귀가한 사실이 있다 하더라도 이것이 부가 요구하는 사업자금을 마련

하기 위한 것이었고 또한 처가 동인과 둘이서만 다닌 것이 아니라 친구 등 다른 사람과 함께 참여한 것이라면 이를 가리켜 처가 부정한 행위를 하였다고 보기 어렵다(대법원 1986. 6. 10. 선고 86므8 판결).

〈부정행위를 이유로 한 재판상 이혼청구의 제척기간〉 부정행위로 인한 이혼의 경우 배우자의 부정행위를 안 날로부터 6개월, 그 부정행위가 있은 날로부터 2년이 지나면 부정행위를 이유로 이혼을 청구하지 못한다(제841조). 부첩계약과 같은 계속적인 부정행위인 경우 제척기간의 기산점은 그 부정행위의 종료시점이 될 것이다. 참고로, 부정행위를 이유로 부부가 이혼하는 경우의 "**위자료청구권**"은 그 손해 또는 가해자를 안 날부터 3년이 지나면 시효로 인해 소멸한다(민법 제766조 제1항).[119] 그리고 이혼의 원인인 불법행위를 한 날로부터 10년을 경과한 때에도 시효로 인해 소멸한다(민법 제766조 제2항). 이혼에 따른 위자료청구권의 제척기간에 대한 상세한 설명은 **제3장 절차법 편 [§ 13]**에서 다시 후술하기로 한다.

2. 제2호 : 배우자가 악의(惡意)로 다른 일방을 유기(遺棄)한 때

민법 제840조 제2호 소정의 배우자가 악의로 다른 일방을 유기한 때라 함은 배우자가 정당한 이유 없이 서로 동거, 부양, 협조하여야 할 부부로서의 의무를 포기하고 다른 일방을 버린 경우를 뜻한다(대법원 1998. 4. 10. 선고 96므1434 판결). 배우자의 악의적 무단가출이 대표적인 사례가 된다.

---

119. 민법 제766조(손해배상청구권의 소멸시효) ① 불법행위로 인한 손해배상의 청구권은 피해자나 그 법정대리인이 그 손해 및 가해자를 안 날로부터 3년간 이를 행사하지 아니하면 시효로 인하여 소멸한다. ② 불법행위를 한 날로부터 10년을 경과한 때에도 전항과 같다. [단순위헌, 2014헌바148, 2018. 8. 30. 민법(1958. 2. 22. 법률 제471호로 제정된 것) 제766조 제2항 중 '진실·화해를 위한 과거사정리 기본법' 제2조 제1항 제3호, 제4호에 규정된 사건에 적용되는 부분은 헌법에 위반된다.] ③ 미성년자가 성폭력, 성추행, 성희롱, 그 밖의 성적(性的) 침해를 당한 경우에 이로 인한 손해배상청구권의 소멸시효는 그가 성년이 될 때까지는 진행되지 아니한다. 〈신설 2020. 10. 20.〉

[악의유기의 제2호 사유를 긍정한 판례]

(1) 피고가 C와 부첩(부첩)관계를 맺고 서울에서 동서생활을 하면서 이 사건 이혼 청구 당시까지 20년 이상 원고로 하여금 홀로 소재 집이나 출가한 딸들의 집 등에서 기거하게 한 이상, 설사 피고가 원고의 생활을 위하여 맏사위와 딸의 공동명의로 주택을 마련해 주었다 하더라도 피고의 위와 같은 축첩행위 자체가 부당하게 동거의무를 불이행한 것으로서 악의의 유기에 해당함에 충분하다(대법원 1998. 4. 10. 선고 96므1434 판결).

(2) 부부의 혼인 후 7년 동안이나 자녀가 없자, 남편의 어머니가 며느리를 데리고 절에 기도드리러 가서 비정상적 행동을 하자 며느리가 갑자기 정신이상의 증세를 보이기 시작하여 계속 재발을 반복해 왔고, 부부는 서로 종교가 달라 혼인 초부터 갈등이 있어 왔고 남편의 노력에도 불구하고 아내가 남편의 종교인 불교에 대하여 계속 적대적인 태도를 취하여 왔으며 이러한 사정으로 남편이 이혼을 요구하였으나 아내가 불응하자 남편은 집을 나와 입산하여 비구승이 됨으로써 부부가 10년 넘게 별거하게 되어 서로의 배타적 신앙생활로 인한 애정의 결핍과 장기간의 별거로 혼인관계가 돌이킬 수 없는 파탄에 빠지게 되었다면 이러한 파탄은 남편이 정신적으로 완전하지 아니한 아내를 악의로 유기함에서 비롯되었다(아내가 남편의 악의적 유기에 대해 위자료 청구의 반소를 제기한 사례에서 대법원 1990. 11. 9. 선고 90므583, 590 판결).

(3) 청구인과 피청구인이 혼인신고를 한 후 약 20일간 동거하다가 피청구인이 농사일이 힘들고 청구인의 건강이 나쁘다는 이유로 집을 나가 돌아오고 있지 않다면 이는 민법 제840조 제2호의 '배우자가 악의로 다른 일방을 유기한 때'에 해당한다(대법원 1986. 10. 28. 선고 86므83, 84 판결).

(4) 결혼한 지 약 4개월이 지날 무렵 아내가 오파 상에 취직하여 거의 매일 밤 10시 이후에 귀가하는 등 가사를 소홀히 하자 저녁밥 준비와 세탁 등을 하여온 시어머니가 아내에 대하여 가정생활에 충실하도록 하라고 타이르기도 한 바 이러한 시어머니와의 동거생활에 불만을 품은 아내는 남편에게 시어머니와 별거할

것을 주장하였으나 남편이 불응하자 2달 내지 3달 간격으로 5, 6회 가량 가출한 후 귀가하고 하다가 남편과 협의이혼하기로 합의하여 서울지방법원 북부지원에서 협의이혼의사의 확인을 받았는데 아내는 지난날의 잘못을 반성하고 다시 결합하여 살기로 남편과 합의하여 집으로 돌아와 동거하여 왔으나 다시 가출 및 귀가를 반복하다가 드디어 의복 등을 챙겨 집을 나간 후(이 때 아내는 시어머니에게 "개쌍년"이라는 욕설을 하였으며 헤어드라이어가 들어 있는 상자 곽으로 머리를 내려치는 등 폭행을 가하였음) 별거상태에 이르렀다면 아내의 위와 같은 소위는 민법 제840조 제2호 및 제4호 소정의 재판상 이혼사유에 해당한다(대법원 1985. 7. 9. 선고 85므5 판결).

(5) 아내가 정신박약자인 장남의 감호양육을 소홀히 하고 춤바람이 나서 각지로 돌아다니면서 세 차례 10일 내지 1개월간 가출한 점에 대하여 남편의 용서를 받고도 또 다시 가재도구 일체를 챙겨서 무단가출하여 행방을 감추었다면 악의의 유기 및 혼인을 계속하기 어려운 중대한 사유에 해당한다(남편은 18년 동안 농협직원으로 근속하여 온 비교적 착실한 사람이지만 그 성격이 대범하지 못하고 약간의 의처증까지 있으며 부부싸움을 자주하게 되고 남편이 아내를 이따금 구타하고 아내는 그와 같이 구타당하고 나서 분에 못 이겨 가출을 하게 되고 그 사이에 춤도 배우게 되었는데, 남편이 그때까지의 청구인의 잘못을 모두 용서하고 원만한 부부생활로 돌아온 적이 있으나 또다시 아내가 가출한 사실관계에서 아내의 이혼청구와 남편의 반 심판청구가 있은 소송사건에서 대법원 1984. 7. 10. 선고 84므27, 28 판결).

[악의유기의 제2호 사유를 부정한 판례]

(1) 처가 남편의 무관심과 행패, 사망한 전처소생의 딸을 양육하는 과정에서의 질책, 폭언 등에 견디지 못하고 친정으로 돌아간 것이라면 처의 위와 같은 가출은 그에게 귀책사유가 될 수 없다(대법원 1990. 3. 23. 선고 89므1085 판결).

(2) 악의의 유기라 함은 정당한 이유없이 배우자를 버리고 부부공동생활을 폐지하는 것을 말하는 바, 가정불화가 심화되어 처 및 자녀들의 냉대가 극심하여지자

가장으로서 이를 피하여 자제케 하고 그 뜻을 꺾기 위하여 일시 집을 나와 별거하고 가정불화가 심히 악화된 기간 이래 생활비를 지급하지 아니한 것뿐이고 달리 부부생활을 폐지하기 위하여 가출한 것이 아니라면 이는 민법 제840조 제2호 소정의 악의의 유기에 해당할 수 없다(더 나아가 배우자로부터 심히 부당한 대우를 받았을 때라 함은 혼인관계의 지속을 강요하는 것이 참으로 가혹하다고 여겨질 정도의 폭행이나 학대 또는 모욕을 받았을 경우를 말하고 가정불화의 와중에서 서로 격한 감정에서 오고간 몇차례의 폭행 및 모욕적인 언사는 그것이 비교적 경미한 것이라면 이는 민법 제840조 제3호 소정의 심히 부당한 대우를 받았을 때에도 해당하지 않는다는 대법원 1986. 6. 24. 선고 85므6 판결).

(3) 피청구인이 청구인을 버리고 근 8년간 자식들의 집에 전전하게 된 내면적인 원인이 청구인의 주벽과 사업실패로 인한 가정파탄 때문이고 30여 년간 피청구인과 살면서 6명의 자녀를 낳고 손자까지 본 청구인으로서 좀 더 적극적으로 피청구인을 이해하고 설득하여 원만한 가정생활을 이루도록 하여야 함에도 자식들의 집으로 전전 생활해 온 피청구인을 찾아보지도 않고 자식들에게 연락하지도 아니한 것은 청구인이 남편으로서의 소임을 다하지 못한 처사라 할 것이어서 피청구인이 청구인의 곁을 떠나 자식들의 집으로 전전한다는 것만으로는 피청구인이 청구인을 악의로 유기하였다거나 이로 인하여 그들 사이의 혼인이 도저히 계속할 수 없을 정도로 파경 이르렀다고 볼 수 없다(대법원 1986. 8. 19. 선고 86므75 판결).

(4) 악의의 유기라 함은 정당한 이유 없이 배우자를 버리고 부부공동생활을 폐지하는 것을 말하는 바, 가정불화가 심화되어 처 및 자녀들의 냉대가 극심하여지자 가장으로서 이를 피하여 자제케 하고 그 뜻을 꺾기 위하여 일시 집을 나와 별거하고 가정불화가 심히 악화된 기간이래 생활비를 지급하지 아니한 것뿐이고 달리 부부생활을 폐지하기 위하여 가출한 것이 아니라면 이는 민법 제840조 제2호 소정의 악의의 유기에 해당할 수 없다(또한 배우자로부터 심히 부당한 대우를 받았을 때라 함은 혼인관계의 지속을 강요하는 것이 참으로 가혹하다고 여겨질 정

도의 폭행이나 학대 또는 모욕을 받았을 경우를 말하고 가정불화의 와중에서 서로 격한 감정에서 오고간 몇차례의 폭행 및 모욕적인 언사는 그것이 비교적 경미한 것이라면 이는 민법 제840조 제3호 소정의 심히 부당한 대우를 받았을 때에 해당하지 않는다는 대법원 1986. 6. 24. 선고 85므6 판결).

(5) 피청구인이 청구인과의 주거에서 나와 별거하게 된 것이 청구인의 폭행과 일본대판 가정재판소의 조언 및 청구인의 동의에 의한 것이라면 이를 민법 제840조 제2호에서 규정한 악의의 유기라고 볼 수 없다(대법원 1986. 5. 27. 선고 85므87 판결).

(6) 청구인이 공사현장 식당을 경영하면서 피청구인의 만류에도 불구하고 모든 경영을 그의 형수와 의논할 뿐 아니라 식당에 있는 방에서 같이 기거하면서 외출, 여관출입을 같이 하는 등 그 관계를 의심받을 행위를 계속하고, 한편으로는 피청구인을 따로 형의 집에 살게 하면서 냉대하였기 때문에 피청구인이 가출한 것이라면 피청구인이 청구인을 악의로 유기한 경우라고 볼 수 없을 것이다(피청구인이 위와 같은 청구인과 그의 형수와의 관계를 의심하여 불륜관계를 맺고 있다는 말을 가족들에게 퍼뜨렸다 하여 혼인관계가 회복할 수 없을 정도로 파탄에 이르러 혼인을 계속하기 어려운 중대한 사유가 있는 경우에 해당한다고 보기도 어렵다고 한 대법원 1986. 5. 27. 선고 86므26 판결).

(7) 배우자 일방이 상대방의 의사에 반하여 소지품을 가지고 자주 친정에 간 사실만으로는 악의로 배우자를 유기한 것이라 할 수 없다(대법원 1959. 5. 28. 선고 4291민상190 판결).

3. 제3호 : 배우자 또는 그 직계존속(시부모, 장인, 장모 등)으로부터 심히 부당한 대우를 받았을 때

배우자 또는 그 직계존속의 심히 부당한 대우란 혼인관계의 지속을 강요하는 것이 가혹하다고 여겨질 정도로 배우자 또는 직계존속으로부터 폭행, 학대 또는 모욕을 당하는 것을 말한다(대법원 2004. 2. 27. 선고 2003므1890 판결). 실무에서는 부부싸움 중에 모욕적인 언사나 폭행을 한 사실이 여기에 해당하는지가 대표적으로 문제된다.

[심히 부당한 대우로 본 판례]

(1) 남편이 혼인 초부터 처가 아기를 낳을 수 없다는 트집을 잡아 학대를 하고 이혼을 요구하여 왔고 이에 응하지 아니하면 자살하겠다고 하면서 실제로 두 차례에 걸쳐 자살한다고 농약을 마시는 소동을 벌여 이에 견디다 못한 처가 집을 나와 친정에 복귀함으로써 부부 사이가 파탄에 빠졌다면, 이는 재판상 이혼사유인 배우자로부터 심히 부당한 대우를 받은 경우에 해당한다(대법원 1990. 11. 27. 선고 90므484 판결).

(2) 남편이, 처와 제3자와의 관계가 결백함을 알면서도 처를 간통죄로 고소하고 위 제3자 등으로 하여금 간통사실 등에 관한 거짓진술을 하도록 부탁함으로써 혼인관계가 파탄에 이르게 하였다면 그 행위는 민법 제840조 소정의 배우자로부터 심히 부당한 대우를 받은 때 또는 기타 혼인을 계속하기 어려운 중대한 사유가 있을 때에 해당한다(대법원 1990. 2. 13. 선고 88므504, 511 판결).

(3) 피청구인이 청구인과 혼인을 한 이후, 청구인이 지참금을 가지고 오지 아니하였다는 이유로 불만을 품고 계속 구타하여 상처를 입힌 일이 있을 뿐 아니라 청구인의 친가 아버지에게까지 행패를 부린 행위는 배우자 및 그 직계존속을 심히 부당하게 대우한 경우에 해당한다(대법원 1986. 5. 27. 선고 86므14 판결).

(4) 남편이 처의 춤바람과 남녀관계를 추궁한데 대하여 남편이 심한 의처증의 증세를 나타내는 정신병자가 아님에도 처가 남편을 정신병자로 몰아 정신병원이나 요양원등에 강제로 보내기 위해 납치를 기도하고, 수업중인 학생들 앞에서 수갑을 채우는 등으로 폭행과 모욕등 부당한 대우를 하여 혼인생활을 계속하기 어려운 지경에 이르렀다면 이는 민법 제840조 제3호 소정의 이혼사유에 해당한다(대법원 1985. 11. 26. 선고 85므51 판결).

(5) 피청구인은 혼인전에 사귀던 소외인을 못잊어 청구인을 학대하고, 7년간 청구인에게 아무런 이유없이 욕설과 폭행을 일삼아 오다가 나중에는 청구인이 10여일 동안 병원에 입원할 정도의 폭행을 가한 사실은 민법 제840조 소정의 재판상 이혼사유인 배우자로부터 심히 부당한 대우를 받은 경우에 해당된다(대법원 1983. 10. 25. 선고 82므28 판결).

(6) 시부와 부로부터 평계 이언 이행 등을 당하여 자살을 기획한 사실이 있으며 강제적으로 친정에 가출당하였다면 이는 본조 제3호의 이혼사유에 해당한다(대법원 1969. 3. 25. 선고 68므29 판결).

[심히 부당한 대우로 보지 않은 판례]

(1) 피고(아내)가 원고(남편)를 형사고소하고, 원고가 무면허 운전 등으로 형사재판을 받게 되자 원고의 구속 및 엄벌을 바라는 취지의 탄원서를 2회 제출한 것은 원고와 피고의 혼인관계가 이미 파탄된 이후의 일이라는 점과 그 행위의 종류 및 피고가 그러한 행위에 이르게 된 경위에 비추어 볼 때, 민법 제840조 제3호 소정의 이혼사유에 해당한다고 보기는 어렵다고 할 것이다(대법원 2004. 2. 27. 선고 2003므1890 판결).

(2) 만 75세의 처가 민법 제840조 제3호, 제6호 소정의 이혼사유가 있음을 전제로 만 83세의 남편을 상대로 제기한 (황혼)이혼청구 사례에서 부부의 나이가 고령인 점 및 혼인기간, 혼인 당시의 가치기준과 남녀관계 등을 종합하면 민법 제840조 제3호와 제6호의 이혼사유를 인정하기 어렵다(대법원 1999. 11. 26. 선고 99므180 판결).

(3) 처가 남편에게 여러차례 욕을 하고 직장으로 남편을 찾아가 행패를 부리거나 직장으로 전화를 하여 비방한 것이 남편이 전에 제기하였던 이혼심판청구가 기각된 후에도 다른 여자와 가까이 지내면서 처와의 재화합을 위한 노력을 전혀 하지 않고 있는데에 그 원인이 있었다면 위와 같은 처의 행위만으로는 처가 남편을 부당하게 대우하였다거나 처의 책임 있는 사유로 혼인생활이 회복하기 어

려울 정도로 파탄되었다고 볼 수 없다(대법원 1989. 10. 13. 선고 89므785 판결).

(4) 처가 가정에 불성실한 탓으로 부와 불화가 심화되던 중 부로부터 몇 번 구타당하여 경미한 상처를 입었다는 사실만으로서는 혼인생활을 계속할 수 없을 정도로 심히 부당한 대우를 받았다고 할 수 없다(대법원 1986. 9. 9. 선고 86므68 판결).

(5) 처가 타인과 간통을 하여 구속된 뒤 부가 자식들의 장래를 위하여 고소를 취하하여 풀려났으면서도 집안일을 돌보지 않고 자주 가출을 하는 등 하여 부가 처를 구타하여 약 1주간의 치료를 요하는 상처를 입히고 자식들 앞에서 모욕적인 말을 한 사실만으로 부에게 책임 있는 이혼이유에 해당한다고 볼 수 없다(대법원 1986. 9. 9. 선고 86므56 판결).

(6) 가정불화의 와중에서 서로 격한 감정에서 오고간 〈몇 차례의 폭행 및 모욕적인 언사〉는 그것이 비교적 경미한 것이라면 이는 민법 제840조 제3호 소정의 심히 부당한 대우를 받았을 때에 해당하지 않는다(대법원 1986. 6. 24. 선고 85므6 판결).

(7) 피청구인이 청구인의 친정에서 청구인을 구타하여 10일간의 치료를 요하는 상해를 입힌 것이 무정자증으로 생식불능이라는 검사결과로 인하여 충격을 받아 약간 신경질적이 된 피청구인을 포용하지 못하고 오히려 피청구인의 성적기능, 경제상태에 대한 불만을 이유로 이혼을 선언하고 친정으로 돌아가 버린 청구인을 찾아가 귀가를 종용하였으나 불응하므로 일시격한 감정으로 구타하여 일어난 결과라면 이같은 사유만으로는 민법 제840조 제3호 소정의 배우자로부터 심히 부당한 대우를 받은 경우에 해당한다고 볼 수 없다(대법원 1982. 11. 23. 선고 82므36 판결).

(8) 처가 혼인생활 중에 취득한 부동산을 남편 이름으로 등기하거나 남편이 어려운 생활환경하에서 음주하여 부부싸움을 하게 되고 부부가 다투던 중에 다소 모욕적인 언사나 약간의 폭행을 한 사실이 있다고 하더라도 그것만으로 혼인관계의 지속을 요구함이 심히 가혹한 정도의 것이라고 할 수 없다(대법원 1981. 10. 13.

선고 80므9 판결)

4. 제4호 : 자기의 직계존속이 배우자로부터 심히 부당한 대우를 받았을 때

자기의 직계존속에 대한 심히 부당한 대우란 혼인관계를 지속하는 것이 고통스러울 정도로 자기의 직계존속이 배우자에게 폭행, 학대 또는 모욕을 당하는 것을 말한다(대법원 1986. 5. 27. 선고 86므14 판결). 판례에 따르면 피청구인이 청구인과 혼인을 한 이후, 청구인이 지참금을 가지고 오지 아니하였다는 이유로 불만을 품고 계속 구타하여 상처를 입힌 일이 있을 뿐 아니라 청구인의 친가 아버지에게까지 행패를 부린 행위는 배우자 및 그 직계존속을 심히 부당하게 대우한 경우에 해당한다(대법원 1986. 5. 27. 선고 86므14 판결).

그러나 시모에 대한 다소 불손한 행위가 있었다 하더라도 피청구인의 귀책사유로 비롯되었다고 볼 수 없고(대법원 1986. 2. 11. 선고 85므37 판결), 눈만 뜨면 피청구인에게 소리를 지르고 행패를 부리는 시아버지를 잘 모시고 농사일을 도우고 살아오는 동안에 몸이 허약해지고, 신경이 예민하여 있던 중 첫 아이를 낳고 둘째 아이를 임신한 때부터 〈정신분열의 증세〉를 나타내게 되어 본의 아니게 시아버지에게 부당한 대우를 하였더라도 이것만으로 이혼사유를 인정할 수는 없다(대법원 1984. 8. 21. 선고 84므49 판결).

5. 제5호 : 배우자의 생사가 3년 이상 분명하지 않을 때

배우자의 생사불명이란 배우자가 살아있는지 여부를 전혀 증명할 수 없는 상태가 이혼 청구 당시까지 3년 이상 계속되는 것을 말한다. 배우자의 생사불명으로 인한 이혼은 실종선고(민법 제27조)에 의한 혼인해소와는 관계가 없다.[120] 즉, 실종선고에 의해 혼인이 해소되면 배우자가 살아 돌아온 경우에 실종선고 취소를 통해 종전의 혼인이 부활하지만(민법 제29조 제1항),[121] 생사불명을 이유로 이혼판결이 확정된 경우에는 배우자가 살아 돌아오더라도 종전의 혼인이 당연히 부활하는 것은 아니다.

6. 제6호 : 그 밖에 혼인을 계속하기 어려운 중대한 사유가 있을 때

혼인은 일생의 공동생활을 목적으로 하여 부부의 실체를 이루는 신분상 계약으로서, 그 본질은 애정과 신뢰에 바탕을 둔 인격적 결합에 있다. 부부는 동거하며 서로 부양하고 협조하여야 할 의무가 있는데(민법 제826조 제1항), 이는 혼인의 본질이 요청하는 바로서, 혼인생활을 하면서 부부는 애정과 신의 및 인내로써 상대방을 이해하고 보호하여 혼인생활의 유지를 위한 최선의 노력을 기울여야 한다. 민법 제840조 제6호에서 정한 이혼사유인 '혼인을 계속하기 어려운 중대한 사유가 있을 때'란 부부간의 애정과 신뢰가 바탕이 되어야 할 혼인의 본질에 상응하는 부부공동생활관계가 회복할 수 없을 정도로 파탄되고 혼인생활의 계속을 강제하는 것이 일방 배우자에게 참을 수 없는 고통이 되는 경우를 말한다(대법원 2005. 12. 23. 선고 2005므1689 판결 ; 대법원 2022. 5. 26. 선고 2021므15480 판결). 이를 판단할 때에는 혼인계속의사의 유무, 파탄의 원인에 관한 당사자의 책임 유무, 혼인생활의 기간, 자녀의 유무, 당사자의 연령, 이혼 후의 생활보장 등 혼인관계에 관한 여

120. 민법 **제27조(실종의 선고)** ① 부재자의 생사가 5년간 분명하지 아니한 때에는 법원은 이해관계인이나 검사의 청구에 의하여 실종선고를 하여야 한다. ② 전지에 임한 자, 침몰한 선박 중에 있던 자, 추락한 항공기 중에 있던 자 기타 사망의 원인이 될 위난을 당한 자의 생사가 전쟁종지후 또는 선박의 침몰, 항공기의 추락 기타 위난이 종료한 후 1년간 분명하지 아니한 때에도 제1항과 같다.

121. 민법 **제29조(실종선고의 취소)** ① 실종자의 생존한 사실 또는 전조의 규정과 상이한 때에 사망한 사실의 증명이 있으면 법원은 본인, 이해관계인 또는 검사의 청구에 의하여 실종선고를 취소하여야 한다. 그러나 실종선고후 그 취소전에 선의로 한 행위의 효력에 영향을 미치지 아니한다.

러 사정을 두루 고려하여야 하고, 이러한 사정을 고려하여 부부의 혼인관계가 돌이킬 수 없을 정도로 파탄되었다고 인정된다면 파탄의 원인에 대한 원고의 책임이 피고의 책임보다 더 무겁다고 인정되지 않는 한 이혼 청구를 받아들여야 한다(대법원 2022. 5. 26. 선고 2021므15480 판결 ; 대법원 2000. 9. 5. 선고 99므1886 판결). 기존 대법원 판례에서 판시된 사례들을 정리하면 다음과 같다.

[혼인을 계속하기 어려운 중대한 사유, 즉 제6호의 이혼사유를 긍정한 판례]

(1) 남편이 〈처에게 폭력을 행사〉하여 처가 집을 나가 이혼소송을 제기하고 재결합의사가 없음을 명백히 한 사안에서, 부부공동생활관계가 회복할 수 없을 정도로 파탄되고 그 혼인생활의 계속을 강요하는 것이 처에게 참을 수 없는 고통이 된다고 보기 어렵다고 판단한 원심판결을 파기한 대법원 2005. 12. 23. 선고 2005므1689 판결

(2) 가정은 단순히 부부만의 공동체에 지나지 않는 것이 아니고 그 자녀 등 모든 구성원의 공동생활을 보호하는 기능을 가진 것으로서 부부 중 일방이 〈불치의 정신병〉에 이환되었고, 그 질환이 단순히 애정과 정성으로 간호되거나 예후가 예측될 수 있는 것이 아니고 그 가정의 구성원 전체에게 끊임없는 정신적·육체적 희생을 요구하는 것이며, 경제적 형편에 비추어 많은 재정적 지출을 요하고 그로 인한 다른 가족들의 고통이 언제 끝날지 모르는 상태에 이르렀다면, 온 가족이 헤어날 수 없는 고통을 받더라도 타방 배우자는 배우자 간의 애정에 터잡은 의무에 따라 한정 없이 참고 살아가라고 강요할 수는 없는 것이므로, 이러한 경우는 민법 제840조 제6호 소정의 재판상 이혼사유에 해당한다(일정한 조건충족을 요하는 한정인정의 판시에 해당하는 대법원 2004. 9. 13. 선고 2004므740 판결 ; 불치의 정신병에 대해 이혼사유를 긍정한 대법원 1991. 1. 15. 선고 90므446 판결).

(3) 혼인 중 처에게 발생한 〈조울증〉이 장기간 지속되어 회복이 거의 불가능한 정신질환으로 이환되어 그 증상이 가벼운 정도에 그치는 경우라 할 수 없고, 그 질환이 단순히 애정과 정성으로 간호되거나 예후가 예측될 수 있는 것이 아닌

경우, 남편에게 계속하여 배우자로서의 의무에 따라 한정 없는 정신적, 경제적 희생을 감내한 채 처와의 혼인관계를 지속하고 살아가라고 하기에는 지나치게 가혹하다고 보아 민법 제840조 제6호 소정의 재판상 이혼사유에 해당한다고 한 대법원 1997. 3. 28. 선고 96므608, 615 판결

(4) 부가 처의 〈정신분열증〉의 치료를 위하여 나름대로의 노력을 기울였으나 치료되지 아니하여 처가 정신분열증 치료를 위하여 친정으로 가면서 장모가 사위에게 새출발을 하라고 말하여 처와의 혼인관계가 사실상 종료된 것으로 믿은 부가 그 직후부터 다른 여자와 동거하면서 처에게 치료비나 생활비 등을 지급하지 아니하고 소식마저 끊고 지냈으며 처의 정신분열증은 현재까지도 완치되지 아니한 상태이고 일시 호전된다 하더라도 재발이 예상되어 정상적인 가정생활은 어렵다면, 그 혼인관계는 어느 쪽에도 책임지울 수 없는 처의 정신분열증으로 인하여 처가 친정으로 돌아간 때부터 파탄에 이르러 현재까지 그러한 상태가 계속되고 있다고 보아, 민법 제840조 제6호 소정의 재판상 이혼사유에 해당한다고 본 대법원 1991. 12. 24. 선고 91므627 판결

(5) 처가 뚜렷한 합리적인 이유 없이 남편과의 〈성행위를 거부〉하고 결혼생활 동안 거의 매일 외간 남자와 전화통화를 하였으며 그로 인하여 남편이 이혼소송을 제기하고 별거에 이르게 되었다면 부부공동생활관계는 회복할 수 없을 정도로 파탄되었고, 그 혼인생활의 계속을 강제하는 것이 남편에게는 참을 수 없는 고통이 된다고 볼 여지가 있다고 한 대법원 2002. 3. 29. 선고 2002므74 판결

(6) 〈78세의 처가 92세의 남편을 상대로 제기한 이혼청구(황혼이혼사례)〉에 대하여 피고의 평소 생활방식과 결혼생활에서의 불화원인 및 이에 대한 대처방식, 전번 이혼소송에서의 재판상 화해 후 피고의 반성문 작성강요와 별거중의 생활비 미지급 등 원·피고 사이의 불화를 증폭, 확대시킨 경위 및 피고의 재산기부경위 등과 같은 사실관계 아래서 원·피고 사이의 부부공동생활관계가 회복할 수 없을 정도로 파탄되었다고 보아 민법 제840조 제6호 소정의 이혼사유인 '혼인을 계속하기 어려운 중대한 사유'가 있음을 이유로 이혼청구를 인용한 원심의

판단을 수긍한 대법원 2000. 9. 5. 선고 99므1886 판결

(7) 처가 1개월에 20일 정도 외박을 하면서 〈도박을 하고 빚〉을 지는 등 하여 2차례에 걸쳐 앞으로는 도박을 청산하겠다는 내용의 각서를 작성하고서도 도박을 계속하면서 가사와 자녀를 돌보지 아니한 경우, 처에게 민법 제840조 제6호 소정의 재판상 이혼사유가 있다고 본 대법원 1991. 11. 26. 선고 91므559 판결

(8) 가정주부로서 〈가사에 등한하고 계에 관계〉하여 가정경제에 위협을 주고 가정의 평화를 깨뜨린 것이 혼인을 계속하기 어려운 중대한 사유에 해당한다고 한 대법원 1966. 1. 31. 선고 65므50 판결

(9) 피청구인(처)이 조직한 계가 깨어진 뒤로부터 빚을 지게 됨으로써 1966. 10경 집을 나가 청구인(남편)의 귀가종용에 응하지 아니하여 청구인은 피청구인이 가출한 지 1년쯤 될 무렵부터 다른 여자와 내연관계를 맺어 오늘에 이르고 있고, 한편 피청구인도 1972년경부터 다른 남자와 동거하고 있어 청구인과 피청구인이 20여 년간을 부부로서의 실체 없이 지내 온 것, 즉 〈부부가 20여 년간 별거하면서 각자 다른 사람과 동거하는 경우〉 혼인을 계속할 수 없는 중대한 사유에 해당한다고 본 대법원 1991. 1. 11. 선고 90므552 판결

(10) 피청구인이 청구인과의 혼인생활을 함에 있어서 청구인의 월 급여 대부분을 수령하여 다른 식구 없이 부부만이 생활하면서도 저축하기는커녕 뚜렷한 소비처도 밝히지 아니한 채 〈재산을 탕진〉하고 청구인에게는 그간 저축하여 모은 돈으로 아파트를 샀다고 거짓말을 하면서 타인 소유 아파트를 거짓으로 보여주는 등으로 청구인을 속여 그 신뢰를 저버리는 행동 등을 하였다는 근거로 이혼사유를 긍정한 대법원 1987. 8. 18. 선고 87므33, 34 판결

(11) 피청구인이 애정과 신뢰가 바탕이 되어야 할 청구인과의 혼인을 함에 있어서 처음부터 원심판시와 같이 여러 가지 점에 관하여 청구인을 속이는 등으로 그 신뢰를 저버리는 행동을 하였을 뿐 아니라, 그 혼인 후에도 애정과 신뢰를 쌓을 노력은 전혀 하지 아니한 채 근무하지도 아니하는 회사에 출근하는 것처럼 가장하는 등의 행위로 〈계속 청구인을 속여 왔다는 근거〉로 이혼사유를 긍정

한 대법원 1987. 7. 21. 선고 87므24 판결

(12) 의과대학 교수로 재직하고 있는 청구인과 피청구인은 성격의 차이로 불화가 계속된 생활을 하면서 피청구인이 청구인에게 수시로 이혼요구를 하여 이혼합의서를 작성한 사실, 남편의 시중을 들어주지 않을 뿐 아니라 청구인의 책을 임의로 팔고 청구인이 가꾸어 놓은 정원수를 팔았으며 시부모님께 인사드리러 가자는 요구를 거절하면서 혼인선물인 목걸이를 끊고 잠옷을 찢어버리는 거친 행동을 수시로 한 사실, 청구인의 여자제자와의 관계를 까닭 없이 의심하여 여학생의 가족에게 항의를 하는 등 청구인의 입장을 난처하게 하였고, 학부형으로 위장하여 청구인을 비방하는 편지를 대학장 앞으로 보내어 학교 안에서 청구인의 명예를 손상하게 하고 결국은 청구인의 보직마저 박탈케 한 사실, 청구인의 의사를 무시한 채 경찰관과 방범대원을 대동하고 청구인을 강제로 데려가 정신감정을 한다며 여러 병원을 찾았다가 되돌려 보내고, 학교로 찾아와 동행한 남자 4명과 함께 병원으로 가자며 청구인을 강제로 끌고 가다가 학생들의 만류로 중단한 사실 등의 피청구인의 일련의 행위는 대학교수인 청구인으로 하여금 학생지도, 학문연구 등 〈교수로서의 본분을 다할 수 없게끔 심히 부당한 대우를 한 소위〉로 인하여 더 이상 회복할 수 없는 파탄상태에 이르렀다고 보아 민법 제840조 제3호, 제6호 소정의 이혼사유에 해당한다고 판단한 대법원 1986. 3. 25. 선고 85므72 판결

(13) 〈청구인과 피청구인이 각각 타인과 사실혼관계를 맺고 그 사이에 자녀를 출산〉하고 있다면 위 양인이 다시 부부로 돌아가는 것은 불가능하고, 또 위 부부관계의 파탄은 청구인과 피청구인 모두에게 책임이 있는 것이어서 이는 민법 제840조 제6호 소정의 기타 혼인을 계속하기 어려운 중대한 사유있는 때에 해당한다는 대법원 1986. 3. 25. 선고 85므85 판결

(14) 피청구인이 〈유부녀강간, 현금 강취라는 파렴치범죄〉로 인한 징역 4년이라는 〈장기 복역형〉을 선고받아 본건 이혼심판청구서가 제1심법원에 접수된 이후까지 복역하고 있었다면 적어도 이 사유는 민법 840조 6호 소정의 혼인을 계

속하기 어려운 중대한 사유가 있을때에 해당한다는 대법원 1974. 10. 22. 선고 74므1 판결

(15) 청구인과 피청구인은 결혼하여 동거하면서 5녀를 출산하였고 동 부부는 원래 기독교를 신봉하는 가정태생으로 결혼 후에도 종교생활을 계속하던 중 1954. 7.경부터 〈종교관계로 서로 반목하기 시작하여 드디어 별거〉하다가 협의 이혼하기로 한 후 청구인은 청구외인을 맞아들여 그 사이에 3남매를 출산하였다는 사실이 확정되었다면, 피신청인이 신청인과 이혼을 할 의사가 없다하여도 특별한 사정이 없는 한 신청인과 피신청인은 다시 원만한 부부생활로 되돌아가기 어려운 상태로 해석되며 그 되돌아가기 어려운 상태가 피청구인의 귀책사유로 인한 것이라 보기 어렵다고 하여 청구인의 귀책사유로 인한 것이라고도 인정되기 어려운 바로서 그렇다면 위 인정사실 관계는 민법 제840조 제6호 소정사유에 해당하여 청구인은 이혼을 청구할 수 있다고 해석함이 상당하다고 본 대법원 1970. 2. 24. 선고 69므13 판결

(16) 갑이 "성병에 감염"되어 치료를 받았고, 을 때문에 성병에 감염된 것으로 의심하였는데, 을의 부정한 행위가 증명되지는 않았다고 하더라도 위 사정은 갑과 을의 혼인관계의 바탕이 되는 신뢰가 훼손될 수 있는 사정에 해당하고, 현재까지도 그 사정이 혼인관계에 영향을 미치고 있는지 살펴볼 필요가 있는 점, 을로부터 해외 사업에 관한 구체적인 내용을 듣지 못한 갑으로서는 을을 신뢰하기 어려웠던 것으로 보이고, 해외 체류 사유에 관한 심리를 통하여 을이 가정을 소홀히 하면서까지 "장기간 해외에 체류"한 것이 정당화될 수 있는지 살펴볼 필요가 있는 점, 을이 갑에게 생활비를 제대로 지급하지 않고 가정을 소홀히 한 탓으로 갑은 홀로 생활비를 책임지면서 자녀들의 육아와 가사 및 직장생활을 하여야만 했던 반면, 을은 장기간 가정을 등한시하면서 경제적인 지원이나 자녀들에 대한 보호, 양육 등의 공동책임에서 완전히 벗어나 있었는데, 을의 이러한 행위가 악의로 갑과 자녀들을 유기한 것까지는 아니더라도 부모의 의무인 자녀에 대한 양육의무를 성실히 이행하지 않는 것에 해당하는

바, 이러한 사정은 갑이 을에 대한 신뢰를 갖지 못하게 하고 지속적으로 혼인관계를 유지할 수 없다는 생각을 갖게 하기에 충분한 점 등에 비추어, 갑과 을의 혼인관계는 을의 책임 있는 사유로 인하여 애정과 신뢰가 상실되어 회복할 수 없을 정도로 파탄되었다고 볼 여지가 충분함(대법원 2022. 5. 26. 선고 2021므15480 판결).[122]

[혼인을 계속하기 어려운 중대한 사유, 즉 제6호의 이혼사유를 부정한 판례]

(1) 부부의 일방이 〈정신병적 증세〉를 보여 혼인관계를 유지하는 데 어려움이 있다고 하더라도 그 증상이 가벼운 정도에 그치는 경우라든가, 회복이 가능한 경우인 때에는 그 상대방 배우자는 사랑과 희생으로 그 병의 치료를 위하여 진력을 다하여야 할 의무가 있는 것이고, 이러한 노력을 제대로 하여 보지 않고 정신병 증세로 인하여 혼인관계를 계속하기 어렵다고 주장하여 곧 이혼청구를 할 수는 없다. 부부의 일방이 정신병에 이환되었으나 그 증세가 불치의 것이라고 보기 어렵다는 이유로 이혼청구를 배척한 대법원 2004. 9. 13. 선고 2004므740 판결

(2) 혼인생활 중에 일방이 〈우울증 증세〉를 보였으나 그 동안 병원의 치료를 받아 현재 일상생활을 하는 데 별다른 지장이 없고 상대방과의 혼인생활을 계속할 것을 바라고 있으므로 부부 사이에 혼인을 계속할 수 없는 중대한 사유가 있다고 할 수 없을 뿐만 아니라, 또한 부부 사이에는 동거, 부양 및 협조의무가 있으므로 혼인생활을 함에 있어서 부부는 서로 협조하고 애정과 인내로써 상대방을 이해하며 보호하여 혼인생활의 유지를 위한 최선의 노력을 기울여야 하는바,

122. 갑과 을은 혼인신고를 마친 부부로 을이 해외 사업을 추진하면서 필리핀과 태국을 자주 드나들었고 상당 기간 해외에 체류하다가 귀국하였는데, 갑이 위 기간에 성병에 감염되자, 을 때문에 감염된 것이라 의심하게 되었으며, 그 후로 을이 해외 체류를 빈번하게 하면서도 생활비를 거의 지급하지 않아 갑이 홀로 자녀들의 양육비와 생활비를 책임지게 되었고, 이에 갑이 을을 상대로 이혼 등을 구한 사안

혼인생활 중 일방이 질병에 걸렸다면 상대방은 그 일방을 보호하고 애정과 정성을 다하여야 할 것이고, 가사 일방이 다시 시댁에 들어가 시부모를 모시고 살 경우 우울증이 재발할 가능성이 있다면 상대방으로서는 그를 시댁에 들어가게 하는 대신 그들이 시부모의 집 근처에 살면서 부모를 돌보게 하거나 누이들로 하여금 부모를 모시게 하는 등의 다른 방법을 찾는 등 애정을 가지고 재발방지를 위한 노력을 다하여야 할 입장에 있는 것이어서 그러한 사유도 이혼사유가 될 수 없다는 대법원 1995. 12. 22. 선고 95므861 판결

(3) 혼인생활 중 부부가 일시 이혼에 합의하고 위자료 명목의 금전을 지급하거나 재산분배를 하였다고 하더라도 그것으로 인하여 부부관계가 돌이킬 수 없을 정도로 파탄되어 부부 쌍방이 이혼의 의사로 사실상 부부관계의 실체를 해소한 채 생활하여 왔다는 등의 특별한 사정이 없다면 그러한 〈이혼 합의사실의 존재〉만으로는 이를 민법 제840조 제6호의 재판상 이혼사유인 혼인을 계속할 수 없는 중대한 사유에 해당한다고 할 수 없다는 대법원 1996. 4. 26. 선고 96므226 판결; 혼인생활 중 부부가 〈일시 이혼에 합의〉하고 위자료 명목의 금전을 주고받았더라도 그것으로 인하여 부부관계가 돌이킬 수 없을 정도로 파탄되어 부부 쌍방이 이혼의 의사로 사실상 부부관계의 실체를 해소한 채 생활하여 왔다는 등의 특별한 사정이 없다면 그러한 이혼합의 사실의 존재만으로는 이를 민법 제840조 제1항 제6호의 재판상 이혼사유인 혼인을 계속할 수 없는 중대한 사유에 해당한다고는 할 수 없다는 대법원 1990. 9. 25. 선고 89므112 판결

(4) 심인성 음경발기부전증으로 인하여 〈일시적으로 발기불능 또는 삽입불능의 상태〉에 있다 하더라도 부부가 합심하여 전문의의 치료와 조력을 받는 경우 정상적인 성생활로 돌아갈 가능성이 있었다고 한다면, 그 정도의 성적 결함을 지닌 부에 대하여 혼인파탄에 대한 책임을 지울 수 없다는 대법원 1993. 9. 14. 선고 93므621, 638 판결

(5) 〈약혼 후 혼인신고 전에 다른 남자와 정교관계를 가진 것〉은 민법 제840조 제1호 소정의 재판상 이혼사유에 해당하지 아니한다(피청구인이 약혼기간 중 다

른 남자와 정교하여 임신한 후 청구인의 자식을 임신한 것처럼 속여 동거생활을 하고, 출산한 딸을 혼인 후 청구인의 친생자로 출생신고하게 하였으며 청구인 소유부동산의 전세금과 임대료 등을 임의로 소비하고, 그 부동산에 관하여 임의로 청구인 명의로 임대계약을 체결한 사실이 있다 하더라도, 재일교포인 청구인이 35세 연하의 피청구인과 이혼한 이후 피청구인에 대하여 폭행 기타 심히 부당한 대우를 함으로써 그 이혼이 파탄에 이르게 된 점 등에 비추어 보면, 피청구인의 위와 같은 행위가 같은 조 제6호 소정의 재판상 이혼사유에 해당한다고 보기는 어렵다는 대법원 1991. 9. 13. 선고 91므85, 92 판결).

(6) 처가 전자궁적출술의 수술결과 〈임신 불능〉이 되자, 남편이 종가의 종손임을 이유로 이혼을 주장하여 혼인관계가 파탄에 이르렀다면, 그와 같이 된 데에는 출산불능이 법률상의 이혼사유로 되지 아니하는 이상 남편 측에게 보다 더 큰 책임이 있다고 하여 남편의 이혼심판청구를 기각하고 처의 반 심판 청구를 인용한 대법원 1991. 2. 26. 선고 89므365, 367 판결

(7) 일방 배우자의 책임 있는 사유(악의의 유기)로 인하여 혼인생활이 파탄에 빠지게 된 이후에 그 갈등을 해소하려는 과정에서 상대방이 재판상 이혼사유에 해당할 수도 있는 잘못(직계존속에 대한 폭행)을 저질렀더라도 그 잘못이 상대방의 유책사유로 인한 혼인의 파탄과는 관계없이 저질러졌다거나 그 정도가 상대방의 유책사유에 비하여 현저하게 책임이 무거운 것이라는 등의 특별한 사정이 없는 한 혼인을 파탄시킨 유책배우자가 이를 사유로 삼아 이혼을 청구할 수는 없는 것이고 그러한 갈등이 쌓여서 혼인관계가 돌이킬 수 없을 정도에 이르렀다 하여도 상대방이 사실은 혼인을 계속할 의사 없이 오로지 배우자를 괴롭힐 의사로 표면적으로만 이혼에 응하지 아니하고 있다는 등의 특별한 사정이 있는 경우가 아니라면 〈혼인을 파탄에 이르게 한 사유에 관하여 당초 책임 있는 배우자〉는 민법 제840조 제1항 제6호의 사유가 있다 하여 이혼을 청구할 수 없다는 대법원 1990. 9. 25. 선고 89므112 판결

(8) 시어머니가 중풍으로 누워있을 때 처가 3년간이나 그 용변을 받아내면서 간호

하느라고 그 용변냄새 때문에 가끔 담배를 피운 일이 있고 남편의 여자관계 때문에 다툰 일이 있다는 사정 등은 혼인을 계속하기 어려운 중대한 사유라고 보기 어렵다는 대법원 1984. 6. 26. 선고 83므46 판결

(9) 피청구인이 〈무정자증으로 생식불능이고 성적기능이 다소 원활하지 못하다는 사실〉만으로는 다른 특별한 사정이 없는 한 민법 제840조 제6호 소정의 혼인을 계속하기 어려운 중대한 사유에 해당한다고 보기 어렵다(또한 피청구인이 청구인의 친정에서 청구인을 구타하여 10일간의 치료를 요하는 상해를 입힌 것이 무정자증으로 생식불능이라는 검사결과로 인하여 충격을 받아 약간 신경질적이 된 피청구인을 포용하지 못하고 오히려 피청구인의 성적기능, 경제상태에 대한 불만을 이유로 이혼을 선언하고 친정으로 돌아가 버린 청구인을 찾아가 귀가를 종용하였으나 불응하므로 일시격한 감정으로 구타하여 일어난 결과라면 이 같은 사유만으로는 민법 제840조 제3호 소정의 배우자로부터 심히 부당한 대우를 받은 경우에도 해당한다고 볼 수 없다고 판시한 대법원 1982. 11. 23. 선고 82므36 판결).

(10) 부부가 가정불화로 〈이혼하기로 합의하고 이혼신고서나 각서를 작성하고 별거하고 있다는 사정〉만 가지고는 부부간의 애정을 되찾는 것이 불가능하다고 단정할 자료가 없는 한 민법 제840조 제6호 소정의 이혼사유에 해당하지 아니 한다(또한 민법 제840조 제3호 소정의 "배우자로부터 심히 부당한 대우를 받았을 때"라 함은 혼인관계의 지속을 강요하는 것이 참으로 가혹하다고 여겨질 정도의 폭행이나 학대 또는 중대한 모욕을 받았을 경우를 말하므로, 처가 혼인생활 중에 취득한 부동산을 남편 이름으로 등기하거나 남편이 어려운 생활환경하에서 음주하여 부부싸움을 하게 되고 부부가 다투던 중에 다소 모욕적인 언사나 약간의 폭행을 한 사실이 있다고 하더라도 그것만으로 혼인관계의 지속을 요구함이 심히 가혹한 정도의 것이라고 할 수 없다고 판시한 대법원 1981. 10. 13. 선고 80므9 판결).

(11) 신앙생활과 가정생활이 양립할 수 없는 객관적 상황이 아님에도 상대방 배우자가 부당하게 〈양자택일을 강요하기 때문에 부득이 신앙생활을 택〉하여 혼인관계가 파탄에 이르렀다면 그 파탄의 주된 책임은 양자택일을 강요한 상대

방에게 있다고 할 것이므로 이 배우자의 이혼청구는 허용할 수 없다는 대법원 1981. 7. 14. 선고 81므26 판결

(12) 전처 소생의 3남매까지 있었음에도 불구하고 부부인 것 같이 가장하여 결혼을 하게 된 사실에 대하여 처가 항상 불만을 가지게 되어 종종 부부싸움이 있었고 양인 간에 성격차이도 있어 크게 부부싸움을 한 후 이혼하기로 합의하고 남편은 전처 소생을 데리고 동거하던 집에서 나왔으며 처는 이혼합의당시 받아가기로 한 그 집 전세보증금 18만 원을 받은 사실이 있다 하여도 〈그 부부 사이에 출생한 자녀가 있다면〉 위와 같은 사실만으로는 혼인을 계속하기 어려운 중대한 사유가 있는 경우에 해당하지 않는다는 대법원 1967. 2. 7. 선고 66므34 판결

(13) 이혼당사자 사이나 그의 배우자의 친족 특히 직계존속과의 사이에 행동이 수반하지 않는 〈단순한 감정의 갈등, 균열 방지 내지 대립〉이 생겼다는 것을 본조 제6호 소정의 혼인을 계속하기 어려운 중대한 사유에 해당된다고는 할 수 없다는 대법원 1965. 9. 25. 선고 65므16 판결

(14) 처가 임신 불능이고 처와 별거생활하기로 합의하였으며 처가 별거생활의 자금 및 3개월간의 생활비를 수령하였다는 사실, 〈처가 가명으로 남편에게 경고하는 취지의 서신을 발송하고 관계요로에 투서 등을 함으로써 남편이 축첩 공무원으로서 권고해직을 당한 사실〉, 처가 남편의 바바리코트 등을 잡아당겨 찢어지게 한 사실만으로는 처에게 재판상의 이혼사유가 있다고 할 수 없다 (또한 남편이 가정의 평화와 남녀의 본질적 평등을 무시하고 그 책임에 속하는 축첩 행위를 하였을 뿐만 아니라 그 내연의 처에게 대한 애정에만 사로잡혀 정처를 돌보지 않고 냉대한 결과, 가정의 파경을 초래하였다면 남편은 축첩생활에 기인한 애정의 냉각이 있다하여 재판상 이혼을 주장할 수 없다고 판시한 대법원 1965. 9. 21. 선고 65므37 판결).

Ⅲ. 소 제기 제척기간으로서의 재판상 이혼청구권의 소멸시효

민법 제841조(부정으로 인한 이혼청구권의 소멸) 전조 제1호의 사유는 다른 일방이 사전 동의나 사후 용서를 한 때 또는 이를 안 날로부터 6월, 그 사유 있은 날로부터 2년을 경과한 때에는 이혼을 청구하지 못한다.
민법 제842조(기타 원인으로 인한 이혼청구권의 소멸) 제840조 제6호의 사유는 다른 일방이 이를 안 날로부터 6월, 그 사유 있은 날로부터 2년을 경과하면 이혼을 청구하지 못한다.

[주석] 상기한 조문은 이혼과 관련된 제척기간 중에서 부정행위로 인한 재판상 이혼청구권에 대해서는 제841조(제1호 재판상 이혼사유), 기타 원인으로 인한 재판상 이혼청구권(제6호 재판상 이혼사유)에 대해서는 제842조가 각각 직접 규정하고 있는 것이다. 이 규정과 관련된 사항을 더욱 구체적으로 기술하면 다음과 같다.

민법 제841조와 제842조의 제척기간에 관한 규정 이외의 이혼사유에 대해서는 별도로 판단하여야 할 것이다. 따라서 민법 제842조는 민법 제840조 제6호의 사유에 기한 이혼청구에만 적용될 뿐 같은 법 제840조 제3호의 사유에 기한 이혼청구에 유추 적용될 수 없다(대법원 1993. 6. 11. 선고, 92므1054, 판결). 예컨대, 악의의 유기를 원인으로 하는 재판상 이혼청구권(제2호 사유)의 경우는 법률상 그 행사기간의 제한이 없는 "형성권으로서 10년의 제척기간"에 걸릴 것이다(다만 피고가 부첩관계를 계속 유지함으로써 민법 제840조 제2호에 해당하는 배우자가 악의로 다른 일방을 유기하는 것이 이혼청구 당시까지 존속되고 있는 경우에는 기간 경과에 의하여 이혼청구권이 소멸할 여지는 없다는 대법원 1998. 4. 10. 선고, 96므1434, 판결).

그리고 협의이혼 관련 재산분할청구권에 대해서는 전술한 제839조의 2 제3항, 재산분할청구권 보전을 위한 사해행위취소권에 대해서는 제839조의 3 제2항이 각각 별개로 규정하고 있고, 이 규정을 재판이혼에 대한 다음의 제843조가 준용하고 있는 것이다. 제1호 재판상 이혼사유에 대한 제841조와 제6호 이혼

사유에 대한 제842조의 규정을 나누어 주석처리하면 다음과 같다 :

1. 제841조(부정으로 인한 이혼청구권의 소멸)

제841조의 소멸시효에 대해 이미 전술한 바와 같이, 부정으로 인한 이혼청구권(제840조 제1호의 사유)의 경우는 다른 일방이 사전 동의나 사후 용서를 한 때 또는 이를 안 날로부터 6월, 그 사유 있은 날로부터 2년을 경과한 때에는 이혼을 청구하지 못 한다(제841조). 여기서 〈사전 동의〉는 당사자의 일방이 다른 당사자의 부정행위 이전에 그 부정행위에 동의의 의사표시 하는 것을 말하는데, 간통과 관련하여서는 종전 형법상 종용이라는 용어가 사용되었다. 판례에 따르면 간통과 관련하여 "민법 제841조에 규정되어 있는 〈사후용서〉(종전 형법상 간통죄 용어로는 유서)는 배우자의 일방이 상대방의 간통사실을 알면서도 혼인관계를 지속시킬 의사로 악감정을 포기하고 상대방에게 그 행위에 대한 책임을 묻지 않겠다는 뜻을 표시하는 일방행위라고 할 것인바, 위 법조들의 취지는, 간통한 배우자를 용서하겠다는 당사자의 선량한 의사를 존중하여 그 의사에 법적 효과를 부여하고, 혼인관계가 쉽게 해소되는 것을 방지하여 혼인생활의 안정을 보호하려는 데에 있으므로, 유서하였는지 여부를 판단함에 있어서는 다른 가족법관계에 있어서와 마찬가지로 당사자의 진실한 의사가 절대적으로 존중되어야 하고, 선의의 상대방 보호 및 거래의 안전과 신속을 도모하기 위하여 주로 재산법관계에 적용되는 표시주의의 이론을 적용할 수는 없다. 사후용서(유서)는 명시적으로 할 수 있음은 물론 묵시적으로도 할 수 있는 것이어서 그 방식에 제한이 있는 것은 아니지만, 감정을 표현하는 어떤 행동이나 의사의 표시가 유서로 인정되기 위하여는, 첫째 배우자의 간통사실을 확실하게 알면서 자발적으로 한 것이어야 하고, 둘째 그와 같은 간통사실에도 불구하고 혼인관계를 지속시키려는 진실한 의사가 명백하고 믿을 수 있는 방법으로 표현되어야 하는 것이므로, 단순한 외면적인 용서의 표현이나 용서를 하겠다는 약속만으로는 유서를 하였다고 인정하기 어렵다"(배우자의 객관적인 의사표시, 즉 "용서해 줄

테니 자백하라"고 말한 것만으로는 간통을 유서한 때에 해당한다고 보기 어렵다고 한 대법원 1991. 11. 26., 선고, 91도2049 판결).

간통을 유서하였는지 여부는 법원의 직권조사사항이 아니다(민사소송법상 직권으로 증거를 조사하도록 규정되어 있다고 하여 이혼소송의 당사자가 주장하지도 않고 심리과정에서 나타나지도 아니한 독립한 공격방어방법에 대한 사실까지 법원이 조사하여야 하는 것은 아니므로 원심이, 청구인이 간통한 피청구인을 유서하였는지 여부를 조사, 심리하지 아니한 것이 위법하다고 할 수 없다는 대법원 1990. 12. 21., 선고, 90므897 판결). 민법 제841조 소정의 제척기간은 부정행위를 원인으로 한 "이혼청구권"의 소멸에 관한 규정으로서 이는 부권침해를 원인으로 하여 그 정신상 고통에 대한 "위자료를 청구"하고 있는 경우에는 적용될 수 없다(대법원 1985. 6. 25., 선고, 83므18, 판결). 부정행위를 원인으로 한 이혼에 따른 "위자료청구권"의 소멸시효에 대해서는 **제3장 절차법 편 [§ 14]**에서 다시 상세히 후술하기로 한다.

2. 제842조(기타 원인으로 인한 이혼청구권의 소멸)

〈설문〉 기타 원인으로 인한 이혼청구권의 소멸시효 기산점은 어떻게 정하는가? (해당 이혼사유가 계속되면 그 종료시점이 기산점이 될 것임, 특히 장기복역수)

기타 원인으로 인한 이혼청구권(제840조 제6호의 사유)의 경우는 다른 일방이 이를 안 날로부터 6월, 그 사유 있은 날로부터 2년을 경과하면 이혼을 청구하지 못한다(민법 제842조). 재판상 이혼원인인 민법 제840조 제6호에 대해서 제소기간을 규정한 민법 제842조는 혼인을 계속하기 어려운 중대한 사유가 발생하여 혼인이 파탄되었으나 그 후 파탄상태가 해소되어 원만한 부부관계로 돌아간 경우에 어느 일방이 새삼스레 그 전에 있었던 혼인을 계속하기 어려운 중대한 사유를 들어 이혼

심판을 제기한 경우에 이를 제한하기 위하여 적용되어야 할 규정이라고 보아야 할 것이다. 그런데 소멸시효의 기산점과 관련하여 그 밖에 혼인을 계속하기 어려운 중대한 사유가 이혼청구 당시까지 계속되고 있는 경우에는 이 기간이 적용되지 않는다(대법원 2001. 2. 23. 선고 2000므1561 판결 ; 대법원 1996. 11. 8. 선고 96므1243 판결). 이 경우에는 계속되었던 그 사유가 종료될 때를 기산점으로 하여 계산하여야 하기 때문이다.

하급심 판례에 따르면 "피청구인에 대한 징역 15년과 자격정지 15년의 형이 확정되었고, 비록 그에 대한 재심청구가 아직 종결되지 않은 상태에 있기는 하나 그것이 받아들여질 특별한 사정이 없는 한, 이미 5년 이상 청구인으로 하여금 남편 없이 자녀들을 돌보아 오게 한 피청구인이 앞으로 9년 이상 지난 후에야 출소하여 청구인과 동거할 수 있는 형편이라면, 이는 민법 제840조 제6호 소정의 재판상 이혼사유인 〈혼인을 계속하기 어려운 중대한 사유가 있을 때〉에 해당한다. 청구인이 피청구인에 대한 〈형이 확정된 날로부터 2년이 경과한 후에 이혼청구〉를 한 사실을 인정할 수 있으나, 피청구인이 장기형의 선고를 받아 현재 복역 중에 있는 한, 청구인과 피청구인 사이에 현재 혼인을 계속하기 어려운 중대한 사유가 있다 할 것이고 위 사유가 있은 날로부터 2년이 경과된 후에 이혼이 청구된 것이라 할 수 없다."(서울고법 1987. 4. 13., 선고, 86르358, 제1특별부판결)

Ⅳ. 이혼소송절차에서 당사자 일방의 사망에 따른 특수문제 (소송수계 문제)

제3장 절차법 편에서 다시 상세히 후술하겠지만, 일반 민사사건의 경우 사망한 자를 피고로 하여 제기한 소송에 대해 법원의 판결이 있었다면 그 판결은 무효가 된다. 그러나 민사소송법 제233조 제1항에 따르면[123] 변론 심리 절차가 진행

123. 민사소송법 **제233조(당사자의 사망으로 말미암은 중단)** ① 당사자가 죽은 때에 소송절차는 중단된

중에 피고가 사망한 경우에는 일단 소송절차가 중단되고—일신전속권이어서 승계할 사람이 없는 경우가 아니면—상속인에 의한 소송수계 절차가 진행되어야 한다(수계 신청권자에 대해서는 민법 제1153조, 제1103조, 민사소송법 제241조). 그리고 변론종결 이후에 사망한 경우에는 재판의 효력이 그 상속인에게도 미친다.

〈설문〉 확정된 이혼심판에 대한 재심소송에서 이혼 청구인(재심에서는 재심 피청구인)이 사망하였다면 소송수계의 문제는 어떻게 되는가?[124] (검사를 수계자로 하여 재심 진행하고서 대상 심판 취소는 가능. 그러나 이혼취소의 문제는 소송종료)

재판상 이혼청구권은 부부의 일신전속적 권리이므로 이혼소송 계속 중 배우자 일방이 사망한 때에는 상속인이 수계할 수 없음은 물론 검사가 수계할 수 있는 특별한 규정도 없으므로 이혼소송은 종료된다(대법원 1993. 5. 27. 선고 92므143 판결). 문제는 이혼소송 청구인의 승소판결 확정 후 그 상대방이 청구한 재심절차(예컨대, 이혼 피청구인이 확정된 기존 이혼 심판의 취소와 아울러 그 이혼청구의 기각을 구하는 재심청구 절차)가 진행 중 이혼 청구인(재심피청구인)이 사망한 경우에 발생한다. 이 경우 재심 피청구인(이혼 청구인)의 상속인 수계를 인정할 것인가(인정하면 상속인으로의 "당사자표시변경신청"이 요구됨), 아니면 상속인 수계가 인정되지 않으므로 수계자가 없게 되었다 하여 확정된 이혼 심판의 취소와 아울러 그 이혼청구의 기각을 구하는 재심소송 자체가 종료된다고 볼 것인가의 문제가 발생한다.

상기한 〈설문〉에 대한 판례에 따르면 "신분관계소송에 있어서는 재산상의 분쟁의 경우와는 달리 위법한 신분관계가 존속함에도 그 상대방이 될 자가 사망하였

다. 이 경우 상속인·상속재산관리인, 그 밖에 법률에 의하여 소송을 계속하여 수행할 사람이 소송절차를 수계(受繼)하여야 한다. ② 상속인은 상속포기를 할 수 있는 동안 소송절차를 수계하지 못한다.

124. 관련 글로는 김홍엽, "이혼소송 및 재산분할청구의 계속 중 당사자 일방의 사망과 소송상 처리", 대법원판례해설 22호(95. 05), 법원도서관, 1995

고 그 법률관계는 상속되지 않아 소송의 상대방이 될 자가 존재하지 않는 경우에는 관련된 다수 이해관계인들의 이익을 위하여 공익의 대표자인 검사를 소송의 상대방으로 하여 소송을 하는 방법으로 이를 바로잡는 방안이 마련되어 있는데(민법 제849조, 제864조, 제865조 등, 가사소송법 제24조 제3항, 제4항)[125] 이는 위법한 신분관계가 존재하는 경우에 이를 다툴 구체적 상대방이 없다는 이유로 방치하는 것은 공익에 반하므로 공익의 대표자인 검사를 상대로 하여 소송을 제기하게 하고자 함에 있는 것이며, 한편 민사소송제도가 일정한 경우에는 재심의 방법에 의하여 기판력을 해소시키는 제도를 마련하여 두고 있는 것은 그 판결에 이르는 과정에서 묵과할 수 없는 큰 위법이 있었음이 밝혀진 경우에까지 기판력만을 존중하여 그 판결의 효력을 유지하는 것이 당사자의 이익을 지나치게 해치게 된다는 것을 고려한 결과라고 할 것인바 이러한 재심제도와 신분관계소송에 관한 입법취지에 비추어 보면, 이혼의 심판이 확정된 경우에 그 심판에 재심사유가 있다면 그 확정판결에 의하여 형성된 신분관계(정당한 부부관계의 해소)는 위법한 것으로서 재심에 의하여 그 확정판결을 취소하여 그 효력을 소멸시키는 것이 공익상 합당하다고 할 것이므로 그 재심피청구인이 될 청구인이 사망한 경우에는 위에서 본 바의 규정들을 유추적용하여 검사를 상대로 재심의 소를 제기할 수 있다고 해석함이 합리적이라고 할 것이고 같은 이치에서 재심소송의 계속 중 본래 소송의 청구인이며 재심피청구인이었던 당사자가 사망한 경우에는 검사로 하여금 그 소송을 수계하게 함이 합당하다고 할 것이다"(이혼심판에 대한 재심소송의 제1심 계속 중 이혼청구인이 사망하였다면, 제1심으로서는 청구인의 상속인들로 하여금 청구인을 수계하도록 할 것이 아니라 검사로 하여금 청구인의 지위를 수계하도록 하여 재심사유의 존재 여부를 살펴보았어야 하고

---

125. 가사소송법 **제24조(혼인무효·취소 및 이혼무효·취소의 소의 상대방)** ① 부부 중 어느 한쪽이 혼인의 무효나 취소 또는 이혼무효의 소를 제기할 때에는 배우자를 상대방으로 한다. ② 제3자가 제1항에 규정된 소를 제기할 때에는 부부를 상대방으로 하고, 부부 중 어느 한쪽이 사망한 경우에는 그 생존자를 상대방으로 한다. ③ 제1항과 제2항에 따라 상대방이 될 사람이 사망한 경우에는 검사를 상대방으로 한다. ④ 이혼취소의 소에 관하여는 제1항과 제3항을 준용한다.

심리한 결과 재심사유가 있다고 밝혀진다면 재심대상 심판을 취소하여야 하며 이 단계에서는 이미 혼인한 부부 중 일방의 사망으로 소송이 그 목적물을 잃어버렸기 때문에 이를 이유로 소송이 종료되었음을 선언하였어야 한다고 판시한 대법원 1992. 5. 26. 선고 90므1135 판결).

〈설문〉 이혼소송 계속 중 배우자 일방이 사망한 경우 이혼 위자료청구권 내지 재산분할청구권은 상속인에게 그 귀속의 승계가 가능한가?

전술한 바와 같이 재판상 이혼청구권(이혼 자체에 대한 청구권)은 부부의 (귀속상) 일신 전속적 권리이므로 이혼소송 계속 중 배우자 일방이 사망한 때에는 상속인이 수계할 수 없음은 물론이고 검사가 수계할 수 있는 특별한 규정도 없으므로 (상기한 재심 사례에서의 예외는 인정될 수 있을 것임) 이혼소송은 종료되는 것이다. 문제는 이혼소송과 함께 제기된 위자료청구권 내지 재산분할청구권의 심판절차도 당사자 일방의 사망 시 종료될 것인지, 아니면 소송승계가 가능한지에 있다. 이에 대한 판단은 위자료청구권 내지 재산분할 청구권의 법적 성질(이혼 자체와 같이 귀속상 일신 전속적 권리인지의 여부)에 의하여 결정될 것인 바, 다음의 관련되는 곳과 **제3장 절차법 편** [§ 13]에서 상세히 후술하기로 한다.

[§ 9] 재판이혼에서 협의이혼 규정 등의 준용

민법 제843조(준용규정) 재판상 이혼에 따른 손해배상책임에 관하여는 제806조를 준용하고, 재판상 이혼에 따른 자녀의 양육책임 등에 관하여는 제837조를 준용하며, 재판상 이혼에 따른 면접교섭권에 관하여는 제837조의 2를 준용하고, 재판상 이혼에 따른 재산분할청구권에 관하여는 제839조의 2를 준용하며, 재판상 이혼에 따른 재산분할청구권 보전을 위한 사해행위취소권에 관하여는 제839조의 3을 준용한다.

[주석] 제843조(준용규정)에 의하면, 재판상 이혼에 따른 손해배상책임에 관하여는 제806조(약혼해제와 손해배상청구권)를 준용하고, 재판상 이혼에 따른 자녀의 양육책임 등에 관하여는 전술한 〈합의 이혼 규정에 속하는〉 제837조(이혼과 자의 양육책임)를, 재판상 이혼에 따른 면접교섭권에 관하여는 제837조의 2(면접교섭권)를, 재판상 이혼에 따른 재산분할청구권에 관하여는 제839조의 2(재산분할청구권), 재판상 이혼에 따른 재산분할청구권 보전을 위한 사해행위취소권에 관하여는 제839조의 3(재산분할청구권 보전을 위한 사해행위취소권)을 각각 준용한다. 따라서 전술한 합의이혼에 관한 규정이 재판이혼에서도 그대로 준용되기 때문에 기본적인 것은 그곳의 설명을 참조하면 된다. 다음으로는 재판상 이혼에 있어서 나타나는 특수한 문제를 설명하기로 한다.

I. 손해배상(위자료)청구에서 약혼해제와 손해배상청구권 규정(제806조)의 준용

앞에서 살펴본 바와 같이 이혼에 따른 위자료에 대해서는 상기한 협의이혼의 규정에는 존재하지 않는다. 따라서 위자료와 관련하여서는 협의이혼에 관한 규정이 재판상 이혼에 준용될 여지가 없는 것이다. 그 때문에 재판상 이혼에 따른 손해배상책임(위자료)에 관하여는 제806조(약혼해제와 손해배상청구권)를 준용한다

(제843조). 부부가 이혼하는 경우에 이혼사유를 유책적으로 야기한 자는 피해 당사자에게 손해배상의무를 진다. 이 경우 피해자에 의한 손해배상청구에 대해서는 약혼해제와 손해배상청구권 규정(제806조)이 준용된다. 이 규정에 따르면 약혼을 해제한 때에는 당사자 일방은 과실 있는 상대방에 대하여 이로 인한 손해의 배상을 청구할 수 있다(제806조 제1항). 전항의 경우에는 재산상 손해 외에 정신상 고통에 대하여도 손해배상의 책임이 있다(제2항). 정신상 고통에 대한 배상청구권은 양도 또는 승계하지 못한다. 그러나 당사자 간에 이미 그 배상에 관한 계약이 성립되거나 소를 제기한 후에는 그러하지 아니하다(제3항).

실무에서는 배우자 등의 불법행위를 이유로 한 재판상 이혼의 경우 대개 그 불법행위의 피해자(상대방 배우자)는 손해배상(위자료) 청구 소송을 제기하기도 한다. 이혼에 따른 위자료 청구 소송에서 발생하는 아래 〈설문〉 이외의 기타 중요한 논점(특히 소멸시효 기산점의 문제)에 대해서는 **제3장 절차법 편 [§ 13]**에서 다시 상세히 다루기로 한다.

〈설문〉 이혼 위자료 청구사건에서 대등한 정도의 쌍방책임이 있는 것으로 밝혀진 경우 법원이 내려야 할 조치는? (각 자의 유책 정도도 고려)

상기한 〈설문〉에 대한 판례에 따르면 혼인의 파탄에는 원고와 피고 쌍방에게 각각 귀책사유가 있고 그 정도를 비교하여 볼 때 어느 쪽에게 더 무거운 책임이 있다고 하기 어려울 정도로 쌍방의 책임정도가 대등하다면 위자료청구는 기각할 수 있고(대법원 1994. 4. 26. 선고 93므1273, 1280 판결), 배우자의 직계존속으로부터 심히 부당한 대우를 받은 것을 이유로 한 위자료청구가 인용되려면 그 전체로서 그 직계 존속으로부터 심히 부당한 대우를 받은 것을 이유로 한 이혼판결이 있어야 할 것이고, 단순히 그 직계존속으로부터 심히 부당한 대우를 받았다는 것만으로는 위자료를 청구할 수 없다(대법원 1969. 8. 19. 선고 69므17 판결).

이와 반대로 위자료 청구가 인용된 경우 유책배우자에 대한 위자료 수액을 산정함에 있어서는, 유책행위에 이르게 된 경위와 정도, 혼인관계파탄의 원인과 책임, 배우자의 연령과 재산상태 등 변론에 나타나는 모든 사정을 참작하여 법원이 직권으로 정한다(대법원 2004.7.9. 선고 2003므2251,2268 판결).

〈설문〉 이혼소송 계속 중 배우자 일방이 사망한 경우 이혼 그 자체와 이혼 "위자료" 청구권은 상속인에게 소송승계가 될 것인가? (아내가 남편의 계속적 구타행위를 이유로 제기한 이혼 및 위자료 지급 소송에 대해 법원이 원고 승소 판결을 내리자, 이에 대해 피고 남편이 항소하여 절차가 계속되던 중 청구인 아내가 사망하면서 그 부모가 소송수계를 신청한 판례사례)

이혼 자체에 대한 소송수계의 문제에 대해서는 이미 전술한 바와 같이, 재판상 이혼청구권은 부부의 일신전속적 권리이므로 이혼소송 계속 중 배우자 일방이 사망한 때에는 상속인이 수계할 수 없음은 물론 검사가 수계할 수 있는 특별한 규정도 없으므로 이혼소송 자체는 종료된다.

문제는 이혼소송과 함께 제기된 이혼 위자료청구권의 행사도 종료될 것인지, 아니면 일신전속권이지만 승계가 가능한지에 있다. 이혼 위자료청구권의 양도 내지 승계의 가능 여부에 관하여 민법 제806조 제3항은 약혼해제로 인한 손해배상청구권에 관하여 정신상 고통에 대한 손해배상청구권은 양도 또는 승계하지 못하지만 당사자 간에 배상에 관한 계약이 성립되거나 소를 제기한 후에는 그러하지 아니하다고 규정하고 같은 법 제843조가 위 규정을 재판상 이혼의 경우에 준용하고 있으므로 이혼 위자료청구권은 원칙적으로 일신전속적 권리로서 양도나 상속 등 승계가 되지 아니하나 이는 행사상 일신전속권이고 귀속상 일신전속권은 아니라 할 것인바, 그 청구권자가 위자료의 지급을 구하는 소송을 제기함으로써 청구권을 행사할 의사가 외부적 객관적으로 명백하게 된 이상 양도나 상속 등 승계가 가능하다.

상기한 〈설문〉에 대한 판례에 따르면 "이혼 위자료청구권은 상대방 배우자의 유책불법한 행위에 의하여 혼인관계가 파탄상태에 이르러 이혼하게 된 경우 그로 인하여 입게 된 정신적 고통을 위자하기 위한 손해배상청구권으로서 이혼시점에서 확정, 평가되고 이혼에 의하여 비로소 창설되는 것이 아니며, 이혼 위자료청구권의 양도 내지 승계의 가능 여부에 관하여 민법 제806조 제3항은 약혼해제로 인한 손해배상청구권에 관하여 정신적 고통에 대한 손해배상청구권은 양도 또는 승계하지 못하지만 당사자 간 배상에 관한 계약이 성립되거나 소를 제기한 후에는 그러하지 아니하다고 규정하고 같은 법 제843조가 위 규정을 재판상 이혼의 경우에 준용하고 있으므로 이혼 위자료청구권은 원칙적으로 일신전속적 권리로서 양도나 상속 등 승계가 되지 아니하나 이는 행사상 일신전속권이고 귀속 상 일신전속권은 아니라 할 것인바, 그 청구권자가 위자료의 지급을 구하는 소송을 제기함으로써 청구권을 행사할 의사가 외부적 객관적으로 명백하게 된 이상 양도나 상속 등 승계가 가능하다"(수계신청인은 망 이혼청구인의 부모로서 피고와 함께 공동재산상속인들이므로[126] 그들이 한 이 사건 수계신청 중 이혼청구사건에 관한 부분은 부적법하다 할 것이나, 이혼 위자료청구사건에 관한 부분은 그들의 상속분 범위 내에서 적법하다 할 것이다고 판시한 대법원 1993. 5. 27. 선고 92므143 판결).

Ⅱ. 양육조항(제837조)의 준용

재판상 이혼의 경우에 당사자의 청구가 없다 하더라도 법원은 직권으로 미성년자인 자녀에 대한 친권자 및 양육자를 정하여야 한다. 따라서 법원이 이혼 판결을 선고하면서 미성년자인 자녀에 대한 친권자 및 양육자를 정하지 아니하였다면

126. 위자료청구소송의 상속인 수계를 긍정한다면 남편이 망 아내에게 지급하는 위자료는 결국 상속재산이 될 것이고, 이 경우 상대방 배우자의 소송 중 사망으로 이혼되지 않는 남편은 생존 배우자로서 다른 상속인과 공동상속인이 되는 것임(자신이 준 손해배상금을 상속으로 되받음).

재판의 누락이 있다(대법원 2015. 6. 23. 선고 2013므2397 판결). 재판상 이혼에 따른 자녀의 양육책임 등에 관하여는 협의이혼 시 관련사항을 규정한 제837조를 준용한다(제843조). 자녀의 양육은 부모의 권리이자 의무로서 미성년인 자녀의 복지에 직접적인 영향을 미친다. 따라서 부모가 이혼하는 경우에 미성년인 자녀의 양육자를 정할 때에는, 미성년인 자녀의 성별과 연령, 그에 대한 부모의 애정과 양육의사의 유무는 물론, 양육에 필요한 경제적 능력의 유무, 부와 모가 제공하려는 양육방식의 내용과 합리성·적합성 및 상호 간의 조화 가능성, 부 또는 모와 미성년인 자녀 사이의 친밀도, 미성년인 자녀의 의사 등의 모든 요소를 종합적으로 고려하여, 미성년인 자녀의 성장과 복지에 가장 도움이 되고 적합한 방향으로 판단하여야 한다. 재판상 이혼의 경우 부모 모두를 자녀의 공동양육자로 지정하는 것은 부모가 공동양육을 받아들일 준비가 되어 있고 양육에 대한 가치관에서 현저한 차이가 없는지, 부모가 서로 가까운 곳에 살고 있고 양육환경이 비슷하여 자녀에게 경제적·시간적 손실이 적고 환경 적응에 문제가 없는지, 자녀가 공동양육의 상황을 받아들일 이성적·정서적 대응능력을 갖추었는지 등을 종합적으로 고려하여 공동양육을 위한 여건이 갖추어졌다고 볼 수 있는 경우에만 가능하다고 보아야 한다(대법원 2020. 5. 14., 선고, 2018므15534, 판결).[127]

[관련판례]

(1) 양육자로 지정된 양육친이 비양육친을 상대로 제기한 양육비 청구 사건에서 제1심 가정법원이 자녀가 성년에 이르기 전날을 종기로 삼아 장래양육비의 분

127. 〈이혼 후의 공동 양육〉은 자녀가 두 가정을 오가면서 두 명의 의사결정자 아래에서 생활함으로써 생활의 안정성이 보장되지 않게 되는 점, 부모 사이에 적대적 관계가 계속되는 경우에는 자녀가 충성갈등에 빠져 번민하게 될 우려가 있는 점, 아직 우리 사회에서는 이혼한 당사자들이 자주 접촉하는 것을 자연스럽게 받아들이지 않는 실정이고, 특히 일방 또는 쌍방이 재혼한 경우에는 부정적인 측면이 더욱 발현될 우려가 있는 점 등 현실적인 어려움과 자녀에게 부정적인 영향을 미칠 가능성이 상당한 점 등의 문제점이 있음을 지적한 하급심 판례로는 인천가법 2017. 11. 3. 선고 2017르10884, 10891, 판결

담을 정한 경우, 항고심법원이 양육에 관한 사항을 심리한 결과 일정 시점 이후에는 양육자로 지정된 자가 자녀를 양육하지 않고 있는 사실이 확인된다면 이를 반영하여 장래양육비의 지급을 명하는 기간을 다시 정하여야 한다. 민법 제843조, 제837조 제3항, 제4항은 이혼 소송에서 당사자 사이에 미성년 자녀의 양육에 관한 사항의 협의가 이루어지지 아니하거나 협의할 수 없는 때에 가정법원이 직권으로 자녀의 의사, 연령과 부모의 재산상황, 그 밖의 사정을 참작하여 양육에 관한 사항을 결정하도록 규정하고 있고, 여기에는 양육자의 결정, 양육비용의 부담, 면접교섭권의 행사 여부 및 그 방법이 포함된다. 가사소송규칙 제93조 제2항은 가정법원이 금전의 지급을 구하는 청구에 대하여는 청구의 취지를 초과하여 의무의 이행을 명할 수 없으나, 자의 복리를 위하여 양육에 관한 사항을 정하는 경우에는 그렇지 않은 것으로 규정하고 있다. 따라서 가정법원은 양육비용의 분담을 정함에 있어 자녀의 복리를 위하여 청구에 구애받지 않고 직권으로 양육비용의 분담에 관한 기간을 정할 수 있다. 위 양육비용의 분담을 포함하여 가정법원이 양육에 관한 사항을 정함에 있어서는 친자법을 지배하는 기본이념인 '자녀의 복리를 위하여 필요한지'를 기준으로 하여야 하고, 그 결정이 궁극적으로 자녀의 복리에 필요한 것인지에 따라 판단하여야 한다(대법원 2022. 11. 10. 선고 2021스766 결정).

Ⅲ. 면접교섭권 규정(제837조의 2)의 준용

재판상 이혼에 따른 면접교섭권에 관하여는 협의이혼에서의 당해사항을 규정한 제837조의 2를 준용한다. 면접교섭권의 구체적 내용에 대해서는 전술하였다. 하급심 판례에 따르면 "甲과 乙의 이혼 등 소송에서 '자녀 丙의 친권자 및 양육자로 甲을 지정하고, 乙은 丙을 매주 면접교섭 하되, 甲이 면접교섭 허용의무를 이행하지 아니하는 경우 위약벌로 乙에게 30만 원씩 지급한다'는 내용의 조정을 갈음하는 결정이 확정되었는데, 그 직후 甲이 丙을 데리고 일본으로 출국하여 그곳에서 丙을 양육하면서 乙을 상대로 조정을 갈음하는 결정 중 면접교섭 내용의 변경을 구하는 본 심판을 제기하고, 이에 대하여 乙이 甲을 상대로 친권자 및 양육자의 변경을 구하는 반 심판을 제기한 사안에서, 면접교섭의 내용을 변경하는 것은 허용할 수 없고, 丙의 친권자 및 양육자를 현재와 같이 甲으로 두는 것이 바람직하다"(서울가법 2016. 2. 4. 선고 2015브30044, 30045).

Ⅳ. 재산분할청구권 규정(제839조의 2)의 준용

재판상 이혼에 따른 재산분할청구권에 관하여는 협의이혼 시 관련사항을 규정한 제839조의 2를 준용한다(제843조). 앞에서 협의이혼과 관련하여 이미 설명한 내용을 다시 요약한다면 다음과 같다(다음의 핵심적 내용 요약 이외의 더 자세한 설명은 제3장 절차법 편 [§ 14]에서 다시 후술하기로 함).

1. 사실혼 해소의 경우도 적용

사실혼 해소의 경우에도 이혼 시 재산분할에 관한 규정이 적용될 수 있다. 판례에 따르면 "사실혼은 당사자 사이에 혼인 의사가 있고 객관적으로 사회 관념상 부부공동생활을 인정할 만한 혼인생활의 실체가 있는 경우이므로 법률혼에 관한 민법 규정 중 혼인신고를 전제로 하는 규정은 유추적용 할 수 없다. 그러나 부부재산 청산의 의미를 갖는 재산분할 규정은 부부의 생활공동체라는 실질에 비추어 인정되는 것이므로 사실혼 관계에 유추 적용할 수 있다. 부부 일방이 혼인 중 제3자에게 부담한 채무는 일상가사에 관한 것 이외에는 원칙적으로 개인의 채무로서 청산 대상이 되지 않으나 그것이 공동재산의 형성에 수반하여 부담한 채무인 경우에는 청산 대상이 된다. 따라서 사실혼 관계에 있는 부부 일방이 혼인 중 공동재산의 형성에 수반하여 채무를 부담하였다가 사실혼이 종료된 후 채무를 변제한 경우 변제된 채무는 특별한 사정이 없는 한 청산 대상이 된다"(대법원 2021. 5. 27. 선고

2020므15841 판결).[128]

2. 재산분할의 대상

판례에 따르면 배우자의 일방이 주로 마련한 자금과 노력으로 취득한 재산(원칙상 특유재산)이라 할지라도 타방 배우자가 가사비용의 조달 등으로 직간접으로 재산의 유지 및 증가에 기여하였다면 그와 같이 쌍방의 협력으로 이룩된 재산은 재산분할의 대상이 된다(대법원 1995. 10. 12. 선고 95므175 판결).

그리고 제3자 명의의 재산도 그것이 부부 중 일방에 의하여 명의신탁 된 재산 또는 부부의 일방이 실질적으로 지배하고 있는 재산으로서 부부 쌍방의 협력에 의하여 형성된 유형, 무형의 자원에 기한 것이라면 그와 같은 사정도 참작하여야 한다는 의미에서 재산분할 대상이 된다(대법원 2002. 12. 10. 선고 2002므722 판결).

현행 부부재산제도는 부부별산제를 기본으로 하고 있어 부부 각자의 채무는 각자가 부담하는 것이 원칙이므로 부부가 이혼하는 경우 〈일방이 혼인 중 제3자에게 부담한 채무〉는 일상가사에 관한 것 이외에는 원칙적으로 그 개인의 채무로서 청산의 대상이 되지 않으나 그것이 공동재산의 형성·유지에 수반하여 부담한 채무인 때에는 청산의 대상이 되며, 그 채무로 인하여 취득한 특정 적극재산이 남아 있지 않더라도 그 채무부담행위가 부부 공동의 이익을 위한 것으로 인정될 때에는 혼인 중의 공동재산의 형성·유지에 수반하는 것으로 보아 청산의 대상이 된다(부부 일방이 위와 같이 청산의 대상이 되는 채무를 부담하고 있어 총재산가액에서 위 채무액을 공제하면 남는 금액이 없는 경우에는 상대방의 재산분할 청구는 받아들여질 수 없다는

---

128. [비교] 서울가법 2004. 4. 22., 선고, 2003드합6149, 판결 : 부부가 협의이혼 후 일정 기간 동안 부부의 생활공동체라는 실질을 여전히 유지하고 있었으나, 그 뒤 사실상의 혼인관계마저 파탄되게 된 경우, 사실상의 혼인관계가 지속되고 있던 시기에 위 혼인관계의 일방이 취득한 부동산 및 부동산의 취득과 자녀들의 양육을 위하여 이미 부담한 채무를 변제하기 위하여 위 부동산을 담보로 취득한 채무가 재산분할의 대상이 된다고 한 사례.

대법원 2002. 9. 4. 선고 2001므718 판결).

이혼 당시 부부 일방이 아직 공무원으로 재직 중이어서 실제 퇴직급여 등을 수령하지 않았더라도 이혼소송의 사실심 변론종결 시에 이미 잠재적으로 존재하여 경제적 가치의 현실적 평가가 가능한 재산인 〈퇴직급여 및 퇴직수당 채권〉은 이에 대하여 상대방 배우자의 협력이 기여한 것으로 인정되는 한 재산분할의 대상에 포함시킬 수 있다. 원칙적으로 일정한 수급요건을 갖춘 이혼배우자는 국민연금법 제64조에 따라 상대방 배우자의 국민연금 가입기간 중 혼인 기간에 해당하는 노령연금액을 균등하게 나눈 금액을 분할연금으로 받을 수 있다. 다만 국민연금법 제64조의 2 제1항에 따라 협의상 또는 재판상 이혼에 따른 재산분할절차에서 이혼당사자의 협의나 법원의 심판으로 연금의 분할 비율에 관하여 달리 정할 수 있다(대법원 2019. 6. 13. 선고 2018두65088 판결).

그리고 이혼 성립 전 장기간 별거한 경우라면 별거 중 배우자의 일방이 취득한 재산도 이혼 시 재산분할의 대상이 되는지가 문제된다. 하급심 판례에 따르면 "장기간 별거한 경우라면 별거 후에 취득한 재산이 별거 전에 쌍방의 협력에 의하여 형성된 유형·무형의 자원에 기한 것이 아닌 한 재산분할의 대상이 될 수 없고, 부부로서의 공동생활이 사실상 종료한 시점 후에 일방이 부담한 채무는 부부로서의 공동생활상 일상가사에 관한 것이라거나 공동재산의 형성, 유지에 수반하여 부담한 채무라고 볼 수 없다"(그러나 재판상 이혼 시 재산분할의 대상을 정함에 있어 부부가 장기간 별거한 경우에 〈재산분할 대상인 재산〉을 별거하기 시작할 무렵을 기준으로 정하더라도, 별거 당시 재산분할 대상인 아파트에 대하여 재산분할이 이루어지지 않은 이상 아파트의 가액 산정을 별거 당시를 기준으로 하게 되면 별거 후 사실심 변론종결일까지 사이에 아파트의 가액이 증가하였음에도 불구하고 그로 인한 이득이 일방에게만 귀속되어 타당하지 않으므로, 위 아파트의 가액은 사실심 변론종결일 무렵의 가액으로 보아야 한다. 부부가 별거하더라도 부부간의 부양의무가 없어지지 않으므로 생활비용의 부담자는 다른 일방에 대하여 생활에 필요한 비용을 주어야 하지만, 부부의 일방에게 자력과 수입이 있어서 생활에 필요한 비용의 조달이 가능한 경우에는 다른 일방이 생활에 필요한 비용을 지급할 의무가 없다고 판시한 서울가법 2006. 11. 16. 선고, 2005드합6952 판결).

3. 재산분할의 방법과 액수(평가기준시기)

민법 제839조의 2에 규정된 재산분할제도는 혼인 중에 취득한 실질적인 공동재산을 청산 분배하는 것을 주된 목적으로 하는 것이다. 부부가 재판상 이혼을 할 때 쌍방의 협력으로 이룩한 재산이 있는 한, 법원으로서는 당사자의 청구에 의하여 그 재산의 형성에 기여한 정도 등 당사자 쌍방의 일체의 사정을 참작하여 분할의 액수와 방법을 정하여야 한다. 민법 제839조의 2 제2항의 취지에 비추어 볼 때, 재산분할비율은 개별재산에 대한 기여도를 일컫는 것이 아니라 기여도 기타 모든 사정을 고려하여 〈전체로서의 형성된 재산에 대하여〉 상대방 배우자로부터 분할받을 수 있는 비율을 일컫는 것이다. 따라서 법원이 합리적 근거 없이 적극재산과 소극재산을 구별하여 분담비율을 달리 정한다거나, 분할대상 재산들을 개별적으로 구분하여 분할비율을 달리 정함으로써 분할할 적극재산의 가액을 임의로 조정하는 것은 허용되지 않는다(대법원 2006. 9. 14. 선고 2005다74900 판결 ; 소극재산이 적극재산을 초과한 사안에서 분할대상 재산을 영업 관련 재산과 그 밖의 재산으로 구분하여 분할비율을 달리하여 재산분할을 명한 원심판결을 합리적인 근거가 없다고 본 대법원 2002. 9. 4. 선고 2001므718 판결).

판례에 따르면 "이혼하는 부부의 자녀들이 이미 모두 성년에 달한 경우, 부(父)가 자녀들에게 부양의무를 진다하더라도 이는 어디까지나 부(父)와 자녀들 사이의 법률관계일 뿐, 이를 부부의 이혼으로 인하여 이혼 배우자에게 지급할 위자료나 재산분할의 액수를 정하는 데 참작할 사정으로 볼 수는 없다"(대법원 2003. 8. 19. 선고, 2003므941 판결).

재판상 이혼을 전제로 한 재산분할에 있어 분할의 대상이 되는 재산과 그 액수는 이혼소송의 〈사실심 변론종결일을 기준〉으로 하여 정하여야 한다(대법원 2000. 5. 2., 선고 2000스13, 결정). 문제는 혼인관계가 파탄된 이후 사실심 변론종결일 사이에 생긴 재산관계의 변동이 있는 경우(아파트 분양에 따른 가액 변경)에 발생한다. 판례에 따르면 "혼인관계가 파탄된 이후 사실심 변론종결일 사이에 생긴 재산관계의 변동이 부부 중 일방에 의한 후발적 사정에 의한 것으로서 혼인 중 공동으로 형성한 재산관계와 무관하다는 등 특별한 사정이 있는 경우 그 변동된 재산은 재산분할 대상에서 제외하여야 하나, 부부의 일방이 혼인관계 파탄 이후에 취득한 재산이라도 그것이 혼인관계 파탄 이전에 쌍방의 협력에 의하여 형성된 유형·무형의 자원에 기한 것이라면 재산분할의 대상이 된다"(甲이 혼인 전에 개설한 주택청약종합저축 계좌를 통해 청약주택 관련 1순위 자격요건을 충족한 상태에서 乙과 혼인신고를 한 다음 아파트의 예비당첨자로 당첨되어 아파트에 관한 공급계약을 체결하였고, 그 후 별거로 인하여 혼인관계가 파탄된 시점까지 아파트의 분양대금 중 계약금 및 중도금 등을 납입하였으며, 혼인관계의 파탄 이후 잔금을 지급하고 甲 명의로 소유권이전등기를 마친 사안에서, 재산분할의 대상은 〈혼인관계 파탄 이전에 납입한 분양대금이 아니라 사실심 변론종결일 이전에 취득한 아파트〉가 되어야 하는데도, 이와 달리 본 원심판단에 법리오해의 잘못이 있다고 한 대법원 2019. 10. 31. 선고, 2019므12549, 12556 판결).

재산분할 액수를 정함에 있어서 파탄 이전의 정상적인 혼인생활 중에 주 수입원으로 영위하였던 사업상의 거래관계에서 발생하여 상대방도 용인하였던 채무는 결국 부부 공동의 이익을 위한 것으로 공동재산의 형성에 수반하여 부담한 것이라고 평가되어야 할 것이다. 그리고 혼인관계가 사실상 파탄에 이른 후에 부부 일방이 공동재산을 처분하였다고 하더라도 그 매각이 적정한 시가에 따라 이루어졌고 그 대금으로 부부 공동으로 부담하여야 하는 동액 상당의 채무를 변제하였다면 그 매각대금을 재산분할의 대상이 되는 재산의 가액에 산입할 수는 없으며, 혼인생활 중에 부부의 일방이 부담하였다가 이미 변제하여 파탄 이전에 소멸한 채무에 대하여까지 단지 그 채무의 사용처가 불명하다는 이유로 이를 일방이 개인적으로 탕진한 후 공동재산으로 개인의 채무를 변제한 것으로 보아 그 액수를 재산분할 대상이 되는 재산의 가액에 산입할 수는 없다고 할 것이다(변론종결 당시 피고 명의로 남아 있던 적극재산만이 이혼에 따른 재산분할의 대상이 되는 경우에 특히 의미가 있을 것임).

그리고 법원이 재산분할의 방법 등을 정함에 있어서 그 모든 사정을 개별적 · 구체적으로 일일이 특정하여 설시하여야 하는 것은 아니다(대법원 1998. 2. 13. 선고 97므1486, 1493 판결). 또한 재산 분할액 산정의 기초가 되는 재산의 가액을 반드시 시가감정에 의하여 인정하여야 하는 것은 아니다(토지 가액을 공시지가에 의하여 산정하는 데 대하여 쌍방이 다툼이 없다고 진술한 경우 이를 인정한 대법원 2005. 8. 19. 선고 2003므1166, 1173 판결 ; 대법원 1995. 10. 12. 선고 95므175, 182 판결 ; 2002. 8. 28.자 2002스36 결정).

소극재산의 총액이 적극재산의 총액을 초과하여 재산분할을 한 결과가 결국 채무의 분담을 정하는 것이 되는 경우에도 법원은 채무의 성질, 채권자와의 관계, 물적 담보의 존부 등 일체의 사정을 참작하여 이를 분담하게 하는 것이 적합하다고 인정되면 구체적인 분담의 방법 등을 정하여 재산분할 청구를 받아들일 수 있다(대법원 2013. 6. 20. 선고 2010므4071, 4088 전원합의체 판결). 재산분할자가 이미 채무초과의 상태에 있다거나 또는 어떤 재산을 분할한다면 무자력이 되는 경우에도 분할자가 부담하는 채무액 및 그것이 공동재산의 형성에 어느 정도 기여하고 있는지 여부를 포함하여 재산분할의 액수와 방법을 정할 수 있다.

4. 절차법적 사항

민법 제839조의 2의 규정에 의한 재산분할사건은 가사비송사건으로서, 법원으로서는 당사자 쌍방의 일체의 사정을 참작하여 분할의 액수와 방법을 정할 수 있는 것이므로, 가사소송규칙 제98조에 불구하고 당사자 일방의 단독소유인 재산을 쌍방의 공유로 하는 방법에 의한 분할도 가능하다(대법원 1997. 7. 22. 선고 96므318, 325 판결).

하급심 판례에 따르면 "법률상 부부인 甲과 乙이 서로 이혼에 따른 재산분할을 청구하였는데, 乙의 소극재산 총액이 적극재산 총액을 초과하고, 甲과 乙의 순재산을 합하더라도 소극재산 총액이 적극재산 총액을 초과하는 사안에서, 甲과 乙 모두 혼인 무렵 별다른 재산이 없었던 점, 甲은 혼인 파탄 무렵 적극재산만을 소유하고 있었으나 재산의 상당 부분을 甲 부모의 금전적 지원으로 마련한 점, 乙이 채무초과 상태에 이른 것은 사업 실패의 결과인 점 등 甲과 乙의 혼인 생활 과정과 기간 및 파탄 경위 등을 종합하면, 甲과 乙이 보유하고 있는 적극재산 및 소극재산은 명의대로 귀속되도록 함이 타당하고, 재산분할에 관하여 따로 정할 필요가 없다"(부산가법 2015. 12. 24., 선고, 2013드합2446, 2014드합478, 1297 판결).

〈설문〉 재산분할심판 사건의 심리 결과 청구인이 보유하고 있는 재산이 재산분할 비율에 따른 청구인의 몫을 초과한다는 점이 밝혀진 경우 법원이 내려야 할 조치는? (상대방의 반심판청구가 없었다면 기각)

재산분할심판 사건은 마류 가사비송사건에 해당하는데[가사소송법 제2조 제1항 제2호 (나)목 4)], 금전의 지급 등 재산상의 의무이행을 구하는 마류 가사비송사건의 경우 원칙적으로 청구인의 청구취지를 초과하여 의무의 이행을 명할 수 없다(가사소송규칙 제93조 제2항 본문). 따라서 설령 재산분할심판 사건의 심리 결과 청구인이 보유하고 있는 재산이 재산분할 비율에 따른 청구인의 몫을 초과한다는 점이 밝혀지더라도, 상대방이 반심판을 청구하지 않는 이상 원칙적으로 청구인의 재산분할 청구가 기각될 뿐, 나아가 청구인에게 초과 보유분의 재산분할을 명할 수는 없다. 상대방이 반심판 청구를 하여 당사자 간 소멸시효의 문제가 발생한 판례 사례에 대한 상세한 분석은 제3장 절차법 편 [§ 14]에서 후술하기로 한다.

〈설문〉 일방 당사자가 배우자를 상대로 재산분할을 청구하는 외에 결혼식 등 혼인 생활을 위하여 지출한 비용 또는 예물·예단 등의 반환을 구하거나 그 상당액의 손해배상을 구할 수 있는가? (이혼 전 정상적인 혼인생활이었다면 이 청구는 불가함)

혼례식 내지 결혼식은 특별한 사정이 없는 한 혼인할 것을 전제로 남녀의 결합이 결혼으로서 사회적으로 공인되기 위한 관습적인 의식이므로 당사자가 거식후 부부공동체로서 실태를 갖추어 공동생활을 하는 것이라고 사회적으로 인정될 수 없는 단시일 내에 사실혼에 이르지 못하고 그 관계가 해소되어 그 결혼식이 무의미하게 되어 그에 소요된 비용도 무용의 지출이라고 보아지는 경우에는 그 비용을 지출한 당사자는 사실혼관계 파탄의 유책당사자에게 그 배상을 구할 수 있다(대법원 1984. 9. 25. 선고 84므77 판결). 위에서 소개한 민법 제806조(약혼해제와 손해배상청구권)와 재판상 이혼에 이를 준용하는 제843조의 준용규정이 이에 대한 법적 근거가 될 것이다. 문제는 상당히 오랜 기간 혼인생활을 유지하다가 재판상 이혼 및 재산분할의 심판을 청구한 사례에서도 이와 동일할 것인가에 있다.

상기한 〈설문〉에 대한 판례에 따르면 "일단 혼인이 성립되어 지속된 이상, 부부공동체로서 의미 있는 혼인생활을 하였다고 인정할 수 없을 만큼 단기간에 파탄되거나 당초부터 혼인을 계속할 의사가 없어 그로 인하여 혼인의 파국을 초래하였다고 인정되는 등 신의칙 내지 형평의 원칙에 비추어 혼인 불성립에 준하여 처리함이 타당한 특별한 경우가 아니라면, 일방 당사자는 배우자를 상대로 재산분할을 청구하는 외에 결혼식 등 혼인 생활을 위하여 지출한 비용 또는 예물·예단 등의 반환을 구하거나 그 상당액의 손해배상을 구할 수 없다(대법원 1984. 9. 25. 선고 84므77 판결 ; 대법원 1999. 2. 24. 선고 98므1827 판결 등). 더욱이 법률혼주의를 채택하고 있는 우리나라 법제 아래에서 유효한 혼인의 합의가 이루어져 혼인신고를 마치고 법률상의 혼인이 성립되면 부부공동체로서의 동거·부양·협조 관계가 형성되고 그 혼인관계의 해소는 민법에서 정한 이혼 절차에 따라야 하므로 쉽게 그 실체를 부정하여 혼인 불성립에 준하여 법률관계를 처리하여서는 아니 될 것이다"(대법원 2014. 6. 12. 선고 2014므329, 336, 343 판결).

V. 재산분할청구권(제839조의 2 제3항)과 사해행위취소권 (제839조의 3 제2항) 제척기간 규정의 준용

이혼과 관련된 제척기간에 대해서는 협의이혼에 따른 재산분할청구권의 경우는 제839조의 2 제3항, 사해행위취소권은 제839조의 3 제2항, 이혼재판 청구 자체의 경우는 부정으로 인한 재판상 이혼청구권에 대해서는 제841조, 기타 원인으로 인한 재판상 이혼청구권에 대해서는 제842조가 각각 직접 규정하고 있다(이 규정들에 대한 더 자세한 설명은 앞의 [§ 7] 및 제3장 절차법 편 [§ 14] 참조).

민법 제843조는 이 중에서 협의이혼과 관련된 재산분할청구권에 대한 규정(제839조의 2 제3항)과 재산분할청구권 보전을 위한 사해행위취소권 제척기간 규정(제839조의 3 제2항)을 재판상 이혼에도 준용하고 있다. 위에서 살펴본 바와 같이 협의이혼의 경우는 재산분할의 합의가 없더라도 일단 가능하기 때문에 협의이혼 후 재산분할심판이 청구될 수 있을 것이고, 재판상 이혼의 경우는 예컨대 전심 이혼 및 재산분할 재판에서 누락된 이혼 상대방의 분할재산에 대하여 재판상 이혼 후 다시 재산분할심판을 청구할 수 있을 것이다. 민법 제843조, 제839조의 2 제3항은 협의상 또는 재판상 이혼 시의 재산분할청구권에 관하여 '이혼한 날부터 2년을 경과한 때에는 소멸한다'고 정하고 있는데, 위 기간은 〈제척기간〉이고, 나아가 재판 외에서 권리를 행사하는 것으로 족한 기간이 아니라 그 기간 내에 재산분할심판 청구를 하여야 하는 〈출소기간〉이다(대법원 2022. 6. 30. 선고 2020스561). 재산분할청구 후 제척기간이 지나면 그때까지 청구 목적물로 하지 않은 재산에 대해서는 특별한 사정이 없는 한 제척기간을 준수한 것으로 볼 수 없다.

〈설문〉 이혼 후 재산분할청구권에 대한 제척기간의 준수 여부는 그 기간 내 청구 목적물로 특정한 재산에 대해서만 적용되는가? (제척기간에서도 재산의 특정을 요함)

상기한 재산분할청구권의 제척기간은 이혼한 날로부터 2년이 경과하기 전 재산분할심판을 청구하는 것으로 족한 것이 아니라 그 2년의 제척기간 내에 재산을 청구목적물로 특정을 하여야 한다. 실무에서는 명시적으로 재산분할청구의 목적물로 한 것은 물론이고, 최소한 재산분할 청구의 목적물에 해당함을 전제로 그 구체적인 내역 및 가액을 특정하기 위하여 금융거래정보제출명령 신청 등을 한 사실이 있는지 여부를 기준으로 판단한다(부산고등법원 2022. 5. 27. 선고 2022르30028 판결).

상기한 〈설문〉에 대한 판례에 따르면 "2년 제척기간 내에 재산의 일부에 대해서만 재산분할을 청구한 경우 청구 목적물로 하지 않은 나머지 재산에 대해서는 제척기간을 준수한 것으로 볼 수 없으므로, 재산분할청구 후 제척기간이 지나면 그때까지 청구 목적물로 하지 않은 재산에 대해서는 청구권이 소멸한다.[129] 재산분할재판에서 분할대상인지 여부가 전혀 심리된 바 없는 재산이 재판확정 후 추가로 발견된 경우에는 이에 대하여 추가로 재산분할청구를 할 수 있다. 다만 추가 재산분할 청구 역시 이혼한 날부터 2년 이내라는 제척기간을 준수하여야 한다"(대법원 2018. 6. 22. 선고 2018스18 결정).

129. 분할대상으로 추가한 재산에 대한 부분은 제척기간 도과로 부적법 각하 재판의 대상이 될 것임.

〈설문〉 재산분할 제척기간은 재산분할청구의 "상대방"에게도 적용되는가?

[실제사례] 갑은 전심재판에서 누락된 이혼 상대방 을의 분할대상 재산이 있다는 것을 근거로 이혼 후 제척기간 2년 경과가 임박한 시점에 다시 재산분할심판을 법원에 청구하였다. 이 청구에 대응하여 상대방 배우자 을은 심리절차에서 전심에서 누락된 갑의 퇴직수당도 재산분할의 대상에 포함되어야 한다고 이혼 후 2년이 경과한 시점에 주장하였다.

재판상 이혼 당사자(갑)에 의해 이혼 후(상대방 이혼 당사자 을의 누락재산에 대한) 재산분할의 청구가 있자 이에 대응하여 을이 갑에게도 누락재산이 있다는 것을 근거로 반심판을 제기하였다면 이 경우에는 을의 반심판 "청구"에 대해서도 제척기간이 적용되어야 할 것이다. 문제는 반심판의 제기 없이 을이 갑의 재산분할 청구 사건에서 상대방의 지위에서 이를 "주장"만 한 경우에도 동일할 것인가에 있다.

재산분할사건과 같은 가사비송절차에 관하여는 가사소송법에 특별한 규정이 없는 한 비송사건절차법 제1편의 규정을 준용하며(가사소송법 제34조 본문), 비송사건절차에 있어서는 민사소송의 경우와 달리 당사자의 변론에만 의존하는 것이 아니고, 법원이 자기의 권능과 책임으로 재판의 기초가 되는 자료를 수집하는, 이른바 직권탐지주의에 의하고 있으므로(비송사건절차법 제11조), 법원으로서는 당사자의 주장에 구애되지 아니하고 재산분할의 대상이 무엇인지 직권으로 사실조사를 하여 포함시키거나 제외시킬 수 있다. 따라서 상대방의 지위에서 분할대상 재산을 주장하는 것은 재산분할의 대상 확정에 관한 법원의 직권 판단을 구하는 것에 불과하다(상대방에게도 제척기간 규정이 적용될 것인가의 설문사례에서 의미가 있음).

상기한 〈설문〉 및 [실제사례]에 대한 판례에 따르면 "청구인 지위에서 대상 재산에 대해 적극적으로 재산분할을 청구하는 것이 아니라, 이미 제기된 재산분할청구 사건의 상대방 지위에서 분할대상 재산을 주장하는 경우에는 제척기간이 적용되지 않는다"(상대방의 분할대상 재산 주장에 대하여 제척기간을 적용하면, 제척기간 도과가 임박한 시점에 청구인이 자신에게 일방적으로 유리하게 분할대상 재산을 선별하여 재산분할심판을 청구한 경우 상대방으로서는 이에 대응할 수 있는 방법이 봉쇄되는바, 이는 부부가 혼인 중 형성한 재산관계를 청산·분배하는 것을 본질로 하는 재산분할제도의 취지에 맞지 않고, 당사자 사이의 실질적 공평에도 반하여 부당할뿐더러, 가사소송법이 재산분할 등 사건에서 직권 또는 신청에 따른 재산명시·재산조회 제도, 가사소송법 제48조의 2, 제48조의 3의 규정을 둔 취지에도 맞지 않다고 판시한 대법원 2022. 11. 10. 선고 2021스766 결정).

제3장

이혼 절차법(가사소송법)과 그에 따른 실무상 문제점

[§ 10] 협의이혼에 대한 절차법적 고찰
[§ 11] 재판상 이혼에 대한 절차법적 고찰
[§ 12] 이혼 및 사실혼 해소에 따르는 실무상 법률문제(개괄)
[§ 13] 이혼 시 재산문제 (1) : 위자료(청구권)의 문제
[§ 14] 이혼 시 재산문제 (2) : 재산분할(청구권)의 문제
[§ 15] 이혼 시 자녀문제 (1) : 자녀에 대한 친권(친권자 지정)
[§ 16] 이혼 시 자녀문제 (2) : 자녀에 대한 양육 문제(양육자 지정과 양육비)
[§ 17] 이혼 시 자녀문제 (3) : 면접교섭권과 그 행사의 문제
[§ 18] 이혼 후 자녀의 성(姓)과 본(本) 등에 대한 변경 문제

이혼 절차법 서론

전 장에서 기술한 바와 같이, 이혼 방법에는 크게 협의이혼과 재판상 이혼의 두 가지가 있다. 그리고 재판상 이혼은 조정이혼과 소송이혼으로 나누어진다. 부부가 이혼에 합의한 경우에는 협의이혼을 할 수 있으며, 합의가 이루어지지 않는 경우에는 당사자 일방의 청구에 의해 법원의 재판으로 이혼하는 재판상 이혼을 할 수 있다. 양 자의 실체법적 요건과 효과에 대해서는 전 장의 실체법(민법) 규정에 대한 주석에서 살펴보았다. 본 장에서는 이혼 "절차법을 중심으로" 하여서 전 장에서 설명한 내용을 다시 핵심적으로 복습하거나 거기서 다 설명하지 못한 실무상 문제점에 대해서 추가적으로 상론하기로 한다. 다만 앞에서 서술한 이혼 실체법인 민법(주석)에서는 〈협의이혼의 규정(제834조 이하) → 협의이혼에 따른 친권자 및 양육자 지정, 양육비, 면접교섭권, 위자료, 재산분할의 규정(제837도 이하) → 재판상 이혼의 규정(제840조 이하) → 협의이혼 규정의 준용(제843조)〉의 법 조문 순서로 기술되었지만, 여기의 이혼절차법(특히 가사소송법)에서는 〈협의이혼 → 재판상 이혼 → 이혼에 따르는 문제점〉의 순서 체계로 기술하고자 한다. 이혼에 따르는 친권자 및 양육자 지정, 양육비, 면접교섭권, 위자료 청구, 재산분할청구의 문제는 협의이혼과 재판상 이혼에 공통적인 사항이기 때문에 본 장에서는 함께 묶어 설명하고자 하는 것이다.

그리고 본 장의 절차법 설명은 독자(일반인)의 이해에 편의를 주기 위하여 먼저 〈설문〉을 제시하고 이에 대한 답변의 방식으로 진행하기로 한다. 특히 여기의 절차법 설명에서는 실무가(로스쿨 학생 포함)에게 도움이 되는 실제 소송 사례도 많이 제시될 것이다.

[§ 10] 협의이혼에 대한 절차법적 고찰

이혼 문제에 있어 당사자 간 다툼이 있는 경우 이를 규율하는 직접적 절차법은 가사소송법이다. 그런데 당사자의 의사합의에 의해 이루어지는 협의이혼 그 자체는 법원에 다툼을 해결해 달라는 심판청구와는 관계가 없겠지만, 협의이혼의 무효 내지 취소의 문제, 협의이혼에 따르는 양육비 청구 내지 재산분할의 문제 등에 대해서는 당사자 간 다툼이 있을 수 있을 것이고 이를 규율하는 절차법도 당연히 가사소송법이 될 것이다.

I. 협의이혼 시 절차적 유의사항

〈설문〉 협의이혼 절차는 개괄적으로 어떻게 진행되는가?

앞의 제2장 실체법 편에서 협의이혼의 절차적 요건과 관련된 규정(민법 제836조와 제836조의 2)에 대한 주석이 이루어졌다. 여기의 제3장에서는 절차법적 관점에서 추가 설명을 하기로 한다. 협의이혼 자체는 변호사의 도움을 받을 수 있겠지만 변호사에 의한 대리는 허용되지 않는다(이혼 자체는 당사자 부부가 가정법원에 출석하는 등 함께 하여야 함). 협의이혼은 [부부의 이혼합의 → 가족관계증명서와 혼인관계증명서("일반"이 아닌 "상세"로 발급받아야 함) 및 주민등록등본의 준비 → 가정법원에 함께 출석하여 협의이혼의사확인의 신청을 위한 서류제출 → 가정법원의 이혼안내[1] 및 이혼숙려기간의 진행(미성년 자녀 있으면 3개월, 없으면 1개월)[2] → 가정법원의 이혼의사(실무 양식 : "협의이혼의사확인신청서"), 미성년 자녀가 있으면 양육 및 친권에 관한 사항의 확인 및 확인서 등의 작성 교부(실무 양식 : "자의 양육 및 친권자 결정에 관한 협의서") → 가정법원의 이혼의사확인서 등본을 교부 송달받은 날로부터 "3개월 이내"에 등록기준지 또는 주소지 관할 시청 구청 읍사무소 또는 면사무소에 이혼신고(부부 중 일방이 신고하여도 됨)[3]의 순으로 진행된다.

협의이혼을 위해서는 미성년 자녀의 양육 문제(친권자, 양육자, 양육비, 면접교섭)는 절차적 필수 요건으로 포함되어 있지만, 이혼에 따르는 위자료와 재산분할의 문제에 대해서는 법원이 전혀 관여하지 않으므로 양 문제의 합의가 없더라도 협의이혼 자체는 얼마든지 가능하다. 이 경우에는 협의이혼 이후에 당사자가 별도로 재산분할(주의 : 이혼한 날로부터 2년 내의 제척기간) 내지 위자료(이혼한 날로부터 3년 내)를 청구할 수 있다. 그러나 추후 별도의 소송절차를 거치지 않기 위해서는 협의이혼 시 "이혼합의서"에는 상기한 모든 사항을 내용으로 갖추어 작성하는 것이(차후 분쟁예방을 위해 명확하게 작성하여야 함) 실무 관례의 하나이기도 하다. 참고로, 협의이혼은 물론이고 조정이혼이나 소송이혼 시 재산분할에 대해 이미 정하였더라도 재산분할을 함에 있어 누락된 재산이 추가로 발견된 경우 그 누락된 재산에 대하여 별도로 재산분할을 청구할 수도 있다(이 경우도 이혼한 날로부터 2년 이내. 그러나 실무상 승소할 확률은 적음).

---

1. 가정법원에 따라서는 대학 교수, 정신과 의사와 같은 전문가에 의해 진행되는 "의무상담" 제도가 시행되기도 함(국가비용으로 시행).
2. 실무에서는 법원이 신청 당일에 숙려기간을 2번 정도 정하여 줌(첫 숙려기간이 경과한 후 "협의이혼확인기일"에 한 명이 법원에 출석하지 않은 경우 또 한 번의 기회를 주기 위함).
3. 신고 시 부부 모두의 서명 날인이 있어야 함(서명 날인을 거부하는 당사자가 있으면 재판상 이혼으로 가야 할 것임). 신고기간 3개월을 넘기면 협의이혼은 확정적으로 불성립. 그리고 한 명이라도 신고 전에 "먼저" 철회(접수)하면 역시 협의이혼은 확정적으로 불성립.

〈하급심 판례에서 발췌한 협의이혼 합의서의 예〉

1. 협의이혼의 시기 : 원고와 피고는 2013. 9. 24. 협의이혼하기로 하고, 부산가정법원에 합의이혼서류를 제출하고, 협의이혼확인기일에 반드시 출석한다.

2. 친권행사자 및 양육자 지정 및 면접교섭권

(생략)

3. 위자료 및 재산분할

가. 위자료 : 원고와 피고는 위자료에 관하여 서로 청구하지 않기로 합의한다.

나. 재산분할

(1) 현금 : 피고는 원고에게 5억 원을 아래와 같은 방법으로 지급한다.

(가) 2013. 9. 24.에 1억 5천만 원, (나) 2014. 12. 31. 이전에 1억 2,500만 원,

(다) 2015. 12. 31. 이전에 1억 원, (라) 2016. 12. 31. 이전에 1억 원,

(마) 나머지 2,500만 원은 피고가 원고의 형제 등에게 건넨 돈으로 상계한다.

(2) 전세보증금 및 시설 : 현재 원고가 운영하는 '경상남도 창원시 성산구 (주소 1 생략)빌딩 ○○○호'에 대한 전세보증금 7,000만 원과 권리 및 시설일체 도합 5억 원 상당은 원고의 소유로 한다. 단, 원고는 2013. 12. 31.까지 위 시설을 처분할 수 있고, 위 기한까지 처분될 경우 피고는 처분에 따른 일체의 서류를 원고에게 구비해 주고, 처분하고 받는 돈에 대해서는 일체 관여하지 않는다. 그리고 위 기한까지 처분하지 못할 경우 피고는 원고에게 전세권자 명의변경을 하여 권리 일체를 원고에게 이전하기로 하고, 그때까지 발생한 모든 제세공과금 및 월세, 관리비 등은 전부 원고의 책임으로 한다.

(3) 유체동산 : 현재 피고가 자녀들과 거주하고 있는 '부산광역시 사하구 (주소 2 생략)아파트 △△△동 △△△△호'의 유체동산(생활도구 등)은 전부 피고의 소유로 하고, 이후 원고는 어떤 경우라도 유체동산의 소유를 주장할 수 없다.

(4) 자동차 : 현재 원고가 타고 있는 차량[(차량등록번호 생략) 아우디]은 원고의 소유로 한다.

(5) 보험 : 현재 피고가 원고를 피보험자로 가입하여 납입하고 있는 보험(약 3개 정도)은 전부 원고의 명의로 변경한다.

4. 원고, 피고의 의무와 벌칙

가. 피고는 위 3.항의 사항을 이행하기 위해 필요한 모든 서류를 지체 없이 원고에게 구비해주고, 3억 2,500만 원에 대해서는 별도로 집행공증서를 원고에게 교부해 준다.

나. 원고는 피고의 사전 허락 없이 피고와 자(자)가 생활하는 집을 방문할 수 없으며, 만약 이를 위반하여 무단으로 방문할 경우 민·형사상 책임을 면하지 못한다.

5. 원고, 피고는 본 이혼사실에 대하여 타인에게 절대 발설하지 않는다.

6. 전항의 모든 사항이 지켜지지 않을 경우 본 합의는 무효로 한다.

〈설문〉 이혼숙려기간을 거치고 나서 협의이혼의 확인절차와 신고절차는 구체적으로 어떻게 되는가? ("가족관계의 등록 등에 관한 법률"과[4] 시행 대법원 규칙)

민법 제836조의 2(이혼의 절차) 제2항과 제3항에 따르면 협의이혼을 하려면 가정법원의 이혼 안내를 받은 날부터 다음의 이혼숙려기간이 지나야만 협의이혼의사의 확인을 받아 이혼 신고를 할 수 있다 : (1) 양육해야 할 자녀가 있는 경우 : 3개월 (2) 그 밖의 경우 : 1개월 그러나 폭력으로 인해 당사자 일방에게 참을 수 없는 고통이 예상되는 등 이혼해야 할 급박한 사정이 있는 경우에는 이 기간이 단축되거나 면제될 수 있다.

협의이혼의 당사자는 먼저 관할 법원에서 부부가 협의이혼의사를 확인받은 후, 그중 1인이라도 위 확인서등본을 첨부하여 관할 시청·구청·읍(면)사무소의 가족관계등록계 담당공무원에게 이혼신고를 하면 이혼의 효력이 발생한다. '협의이혼 의사 확인' 신청 시에는 ① 이혼여부와 ② 미성년자인 자식이 있을 경우 친권자와 양육권자를 누구로 정했는지를 확인해주는 절차를 거친다. 그 외에 ③ 위자료나 ④ 재산분할에 대하여는 확인해주지 않으므로 별도로 약정을 해야 하며, 이 경우 공증업무를 처리하는 '공증인가 법무법인' 등 공증사무소에 가서 공증까지 받아 놓는 것이 좋다.

4. 가족관계의 등록 등에 관한 법률 **제74조(이혼신고의 기재사항)** 이혼의 신고서에는 다음 사항을 기재하여야 한다. (1) 당사자의 성명·본·출생연월일·주민등록번호 및 등록기준지(당사자가 외국인인 때에는 그 성명·국적 및 외국인등록번호) (2) 당사자의 부모와 양부모의 성명·등록기준지 및 주민등록번호 (3) "민법" 제909조 제4항 또는 제5항에 따라 친권자가 정하여진 때에는 그 내용

제75조(협의상 이혼의 확인) ① 협의상 이혼을 하고자 하는 사람은 등록기준지 또는 주소지를 관할하는 가정법원의 확인을 받아 신고하여야 한다. 다만, 국내에 거주하지 아니하는 경우에 그 확인은 서울가정법원의 관할로 한다. ② 제1항의 신고는 협의상 이혼을 하고자 하는 사람이 가정법원으로부터 확인서등본을 교부 또는 송달받은 날부터 3개월 이내에 그 등본을 첨부하여 행하여야 한다. ③ 제2항의 기간이 경과한 때에는 그 가정법원의 확인은 효력을 상실한다. ④ 가정법원의 확인 절차와 신고에 관하여 필요한 사항은 대법원규칙으로 정한다.

협의이혼의사 확인에 있어 이혼하고자 하는 부부의 등록기준지 또는 주소지를 관할하는 법원에 부부가 함께 출석하여 신청한다. 부부의 주소가 각기 다르거나 등록기준지와 주소가 다른 경우에는 그중 편리한 곳에 신청서를 제출하면 된다.[5] 변호사 또는 대리인에 의한 신청은 할 수 없다. 부부 중 일방이 외국에 있거나 교도소에 수감 중인 경우에만 다른 일방이 혼자 출석하여 신청서를 제출할 수 있다. 재외국민인 당사자가 협의이혼을 하고자 하는 경우에는 그 거주지(그 지역을 관할하는 재외공관이 없는 때에는 인접지역)를 관할하는 재외공관의 장에게 협의이혼의사확인 신청을 할 수 있다.

확인절차를 거쳤다면 관할 시청·구청·읍(면)사무소 가족관계 등록계에 협의이혼을 신고하여야 한다. 이 경우 (i) '이혼의사확인서 등본'을 교부받은 날로부터 3월 내에 (ii) 당사자 일방 또는 쌍방이 (iii) 등록기준지 또는 주소지 관할 시청·구청·읍(면)사무소에 ① 법원에서 발급한 '협의이혼 의사 확인서' 등본 1통과 ② 신고인의 '주민등록증' 및 '도장'을 소지하고 이혼신고를 하면 된다.

법원에서 이혼의사확인을 받았더라도 이혼신고를 하지 않으면 이혼이 되지 않

5. 협의이혼의사확인절차 ; (가) 반드시 부부가 함께 본인의 신분증(주민등록증, 운전면허증, 여권 중 하나)과 도장을 가지고 통지받은 확인기일(시간)에 법원에 출석하여야 함 ; (i) 첫 번째 확인기일에 불출석하였을 경우에는 두 번째 확인기일에 출석하면 되나, 두 번째 확인기일에도 불출석한 경우에는 확인신청을 취하한 것으로 봄 (ii) 부부 모두 이혼의사가 있음이 확인되면 법원에서 부부에게 확인서등본 1통씩을 교부함 (iii) 부부 중 일방이 외국에 있거나 교도소에 수감중인 경우에만 다른 일방이 혼자 출석하여 신청서를 제출할 수 있음 (iv) 부부 중 일방이 외국 또는 교도소에 있는 경우에는 법원에서 그 재외공관 또는 수감된 교도소로 이혼의사확인을 요청하는 촉탁서를 보내 이혼의사가 있다는 회신이 오면, 상대방을 법원에 출석하도록 하여 이혼의사확인을 함. (나) 지정된 기일에 부부가 같이 법원에 출석하여 협의이혼의사확인을 받음 ; (i) 판사는 두 사람의 신분증을 통해 본인인지 여부, 이혼에 합의했는지 여부, 미성년 자녀들이 있다면 그 친권자는 누구로 정했는지 여부에 대해서만 확인하고, 그 자리에서 이혼(친권자지정)신고서와 확인을 한 판사의 서명날인이 있는 협의이혼의사확인서 등본 1통을 부부 각자에게 1통씩 나누어 줌 (ii) 반드시 부부가 함께 본인의 신분증(주민등록증, 운전면허증, 여권 중 하나)과 도장을 가지고 통지받은 확인기일(시간)에 법원에 출석하여야 한다. 첫 번째 확인기일에 불출석하였을 경우에는 두 번째 확인기일에 출석하면 되나, 두 번째 확인기일에도 불출석한 경우에는 확인신청을 취하한 것으로 봄.

는다. 그리고 위 3개월이 지난 경우에는 다시 법원의 이혼의사확인을 받아야 하고, 3개월이 지난 '이혼의사확인서'로는 이혼신고를 할 수 없다. 확인서등본을 분실한 경우에는 ㉠ 다시 법원에 이혼의사확인신청을 하거나, ㉡ 확인서등본을 교부받은 날로부터 3월이 지나지 않았다면 이혼의사확인을 하여 준 법원에서 확인서등본을 다시 교부받아 이혼신고서를 다시 작성하여 이혼신고를 하면 된다.

〈설문〉 협의이혼의 신청 및 확인절차는 어디에서 밟아야 하는가? (협의이혼 확인신청의 관할법원)

'재판상 이혼'은 서울의 경우 서울 서초구 양재동에 있는 '서울가정법원'에 이혼소장을 접수해야 하지만, '협의이혼'의 경우는 등록기준지 또는 주소지를 관할하는 법원에 협의이혼의사확인 "신청서"를 접수해야 한다.[6] 등록기준지 또는 주소지를 관할하는 법원이란 서울의 경우 구청별로 나누면 서울가정법원(가족관계등록과 : 종로구, 중구, 강남구, 서초구, 관악구, 동작구), 서울동부지방법원(총무과 가족관계등록계 : 성동구, 광진구, 강동구, 송파구), 서울남부지방법원(총무과 가족관계등록계 ; 영등포구, 강서구, 양천구, 금천구, 구로구), 서울북부지방법원(총무과 가족관계등록계 ; 강북구, 노원구, 도봉구, 동대문구, 성북구, 중랑구), 서울서부지방법원(총무과 가족관계등록계 ; 서대문구, 마포구, 은평구, 용산구)을 말한다. 서울 이외의 지역에서는 가정법원이 설치

6. '협의이혼의사 확인신청'시 제출하여야 할 서류 ; (가) 협의이혼의사확인신청서 1통 : 부부가 함께 작성하며, 신청서양식은 법원의 신청서 접수창구 또는 각 법원 홈페이지에 있음 (나) 부부 쌍방의 가족관계증명서, 혼인관계증명서 각 1통 : 시청·구청·읍(면)사무소 또는 동사무소에서 발급받을 수 있음 (다) 이혼신고서 3통 : 신고서양식은 시청·구청·읍(면)사무소 및 법원의 신청서 접수창구에 있음. 이혼신고서에는 성년자인 증인 2명의 서명 또는 날인이 있어야 하나, 증인이 법원에 출석할 필요는 없음 (라) 주민등록등본 1통 : 시청·구청·읍(면)사무소 또는 동사무소에서 발급받을 수 있고, '협의이혼 의사 확인'신청을 '등록기준지' 관할법원이 아니라 '주소지' 관할 법원에 제출하는 경우에만 필요함. (마) 부부 중 일방이 외국에 있으면 재외국민등록부등본 1통이, 교도소에 수감 중이면 재감인증명서 1통이 필요하고, 송달료(등기우편요금) 2회분도 납부하여야 함.

된 지역에서는 가정법원 또는 그 지원에서, 가정법원이 설치되지 않은 지역에서는 지방법원 또는 그 지원에서 협의이혼의사확인신청서를 접수해야 한다.

Ⅱ. 국제적 협의이혼의 절차

외국 또는 외국인과 관련한 이혼 문제가 대두된다면, 그것은 넓은 의미의 국제적 이혼 문제로서 평가될 수 있을 것이다. 예컨대 우리나라 국적의 해외거주 부부가 외국에서 (협의)이혼을 진행하려는 경우가 있을 수 있고, 외국인과 결혼한 국내인이 외국 또는 국내에서 또는 외국인 부부가 국내에서 (협의)이혼을 진행하려는 경우도 있을 것이다. 특히 국제적 (재판)이혼 사건에서는 관할법원 및 준거법 등이 문제될 수 있다. 다음으로는 이러한 국제적 (협의)이혼 문제에 대해서 설명하기로 한다.

〈설문〉 외국 거주의 한국인이 협의이혼을 할 경우의 절차는 어떻게 진행되는가?

(1) 부부 양쪽이 외국에 거주하면서 협의이혼을 하려는 경우

협의이혼을 하려면 부부의 거주지를 관할하는 재외공관의[7] 장에게 협의이혼의사 확인을 신청할 수 있다(가족관계의 등록 등에 관한 규칙 제75조 제1항, 제3항). 협의이혼의사확인을 신청 받은 재외공관의 장은 신청서를 제출한 당사자에게 이혼에 관한 안내서면을 교부한 후 ① 부부의 이혼의사 유무와 ② 미성년인 자녀가 있는지 여부 및 ③ 미성년인 자녀가 있는 경우에는 그 자녀에 대한 양육과 친권자결정

7. 대한민국 대사관·총영사관·영사관·분관 또는 출장소를 말하며, 그 지역을 관할하는 재외공관이 없는 경우에는 인접지역을 관할하는 재외공관을 말하고, 부부의 거주국가가 다른 경우에는 부부 중 어느 한 쪽의 거주지를 관할하는 재외공관을 말함

에 관한 협의서 1통 또는 가정법원의 심판정본 및 확정증명서(이하 "이혼사항"이라 함) 3통을 제출받아 확인하고 그 요지를 기재한 서면(이하 "진술요지서"라 함)을 작성해서 기명날인한 후 제출받은 협의이혼의사확인신청서를 첨부하여 지체 없이 서울가정법원으로 송부한다(가족관계의 등록 등에 관한 규칙 제75조 제4항).

서울가정법원은 재외공관으로부터 송달받은 진술요지서 및 첨부 서류에 의하여 이혼확인신청 당사자의 이혼의사 등을 확인하고, 부부 양쪽이 이혼에 관한 안내를 받은 날부터 일정기간(양육해야 할 자녀가 있는 경우에는 3개월, 그렇지 않은 경우에는 1개월)이 지난 후 이혼의사 등을 확인한다. 다만, 폭력으로 인해 당사자 일방에게 참을 수 없는 고통이 예상되는 등 이혼을 해야 할 급박한 사정이 있는 경우에는 그 기간이 단축되거나 면제될 수 있다. 부부의 거주 국가가 다른 경우 서울가정법원은 이혼확인신청 당사자가 아닌 상대방의 관할 재외공관에 촉탁해서 이혼사항을 확인할 수 있다(가족관계의 등록 등에 관한 규칙 제76조 제3항).

서울가정법원이 이혼의사 등을 확인한 후 법원사무관등은 협의이혼의사확인서등본, 미성년인 자녀가 있는 경우 양육과 친권자결정에 관한 협의서등본 및 양육비부담조서정본 또는 심판정본 및 확정증명서를 재외공관의 장에게 송부하고, 재외공관의 장은 이를 부부에게 교부 또는 송달하게 된다(가족관계의 등록 등에 관한 규칙 제78조 제4항). 부부 중 어느 한 쪽이 협의이혼의사확인서등본을 교부·송달받은 날로부터 3개월 이내에 그 확인서등본을 첨부한 이혼신고서를 관할 재외공관에 제출하면 이혼의 효력이 발생한다(민법 제836조 제1항, 가족관계의 등록 등에 관한 법률 제34조, 가족관계의 등록 등에 관한 법률 제75조, 가족관계의 등록 등에 관한 규칙 제79조).

(2) 부부 중 한쪽이 외국에 있고 국내에 있는 배우자가 협의이혼의사확인을 신청하는 경우

이 경우에는 등록기준 또는 주소지를 관할하는 가정법원에 출석해서 협의이혼의사확인서를 제출하고, 이혼에 관한 안내(외국에 있는 배우자는 이혼에 관한 안내서면)를 받아야 한다(가족관계의 등록 등에 관한 법률 제75조 제1항, 가족관계의 등록 등에 관한 규칙 제73조 제2항). 가정법원은 이혼의사확인 신청자가 아닌 상대방 관할 재외공관에 촉탁해서 이혼사항을 확인하고, 부부 중 한쪽인 재외국민이 이혼에 관한 안내를 받은 날부터 일정기간(양육해야 할 자녀가 있는 경우에는 3개월, 그렇지 않은 경우에는 1개월)이 지난 후에 이혼확인 신청자를 출석시켜 이혼의사 등을 확인한다. 다만, 폭력으로 인해 당사자 일방에게 참을 수 없는 고통이 예상되는 등 이혼을 해야 할 급박한 사정이 있는 경우에는 그 기간이 단축되거나 면제될 수 있다. 가정법원이 이혼의사 등을 확인한 후 법원사무관등은 협의이혼의사확인서등본, 미성년인 자녀가 있는 경우 양육과 친권자 결정에 관한 협의서등본 및 양육비부담조서정본 또는 심판정본 및 확정증명서를 이혼확인 신청자에게 교부하거나 송달하고, 외국에 있는 상대방에게는 재외공관의 장을 통해 교부 또는 송달하게 된다(가족관계의 등록 등에 관한 규칙 제78조 제4항). 협의이혼의사확인서 등본을 교부·송달받은 날로부터 3개월 이내에 ① 이혼확인 신청자가 자신의 등록기준지 또는 주소지를 관할하는 시청·구청·읍사무소 또는 면사무소에 이혼신고서를 제출하거나, ② 외국에 있는 상대방이 관할 재외공관에 이혼신고서를 제출하면 이혼의 효력이 발생한다(민법 제836조 제1항, 가족관계의 등록 등에 관한 법률 제34조, 가족관계의 등록 등에 관한 법률 제75조, 가족관계의 등록 등에 관한 규칙 제79조).

(3) 부부 중 한쪽이 외국에 있고 외국에 있는 배우자가 협의이혼의사확인을 신청하는 경우

이 경우에는 그 거주지를 관할하는 〈재외공관의 장에게〉 협의이혼의사확인서를 제출하면 된다(가족관계의 등록 등에 관한 규칙 제75조 제2항). 협의이혼의사확인을 신청 받은 재외공관의 장은 신청서를 제출한 당사자에게 이혼에 관한 안내서면을 교부한 후 이혼사항을 확인하고 진술요지서를 작성해서 기명날인한 후 제출받은 협의이혼의사확인신청서를 첨부하여 지체없이 서울가정법원으로 송부한다(가족관계의 등록 등에 관한 규칙 제75조 제4항). 서울가정법원은 재외공관으로부터 서류를 송달받으면 국내에 있는 이혼의사확인신청 상대방을 출석시켜 이혼에 관한 안내를 한 후 이혼사항을 확인하고, 부부 양쪽이 이혼에 관한 안내를 받은 날부터 일정기간(양육해야 할 자녀가 있는 경우에는 3개월, 그렇지 않은 경우에는 1개월)이 지난 후 이혼의사 등을 확인한다. 다만, 폭력으로 인해 당사자 일방에게 참을 수 없는 고통이 예상되는 등 이혼을 해야 할 급박한 사정이 있는 경우에는 그 기간이 단축되거나 면제될 수 있다. 서울가정법원이 이혼의사 등을 확인한 후 법원사무관등은 협의이혼의사확인서등본, 미성년인 자녀가 있는 경우 양육과 친권자결정에 관한 협의서등본 및 양육비부담조서정본 또는 심판정본 및 확정증명서를 재외공관의 장을 통해 이혼확인 신청자에게 교부 또는 송달하고, 국내에 있는 상대방에게는 직접 교부하거나 송달하게 된다(가족관계의 등록 등에 관한 규칙 제78조 제4항). 협의이혼의사확인서 등본을 교부·송달받은 날로부터 3개월 이내에 ① 이혼확인 신청자가 관할 재외공관에 이혼신고서를 제출하거나, ② 국내에 있는 상대방이 자신의 등록기준지 또는 주소지를 관할하는 시청·구청·읍사무소 또는 면사무소에 이혼신고서를 제출하면 이혼의 효력이 발생한다(민법 제836조 제1항, 가족관계의 등록 등에 관한 법률 제34조, 가족관계의 등록 등에 관한 법률 제75조, 가족관계의 등록 등에 관한 규칙 제79조).

〈설문〉 외국 거주자의 이혼 성립 내지 중혼 여부의 판단에 있어서 그 준거법은 우리나라 법률인가?

현행 국제사법 제66조(이혼)에 따르면 이혼에 관하여는 제64조를 준용하고, 동 법률 제64조(혼인의 일반적 효력)에 따르면 혼인의 일반적 효력은 다음 각 호의 법의 순위에 따른다. : (1) 부부의 동일한 본국법 (2) 부부의 동일한 일상거소지법 (3) 부부와 가장 밀접한 관련이 있는 곳의 법. 다만, 부부 중 한쪽이 대한민국에 일상거소가 있는 대한민국 국민인 경우 이혼은 대한민국 법에 따른다.

이 규정에 따르면 재일교포인 부부가 일본에서 이혼한다 하더라도 우리나라 법이 그 준거법이 될 터인데 우리 민법상 일단 혼인이 유효하게 성립하였다면 이혼신고에 의하여 협의이혼하거나 재판상으로만 유효하게 이혼할 수 있는 것이고, 호적(참고로, 과거에는 호적법에 따라 호적부와 제적부로 나뉘어져 있었으나, 2008년 1월 1일부터는 호적법의 폐지에 따라 가족관계등록부로 통합)에[8] 그 혼인사실이 기재되지 않았다 하여 이혼의 합의만으로 이혼되는 것은 아니다. 중혼자가 사망한 후에라도 그 사망에 의하여 중혼으로 인하여 형성된 신분관계가 소멸하는 것은 아니므로 전혼의 배우자는 생존한 중혼의 일방 당사자를 상대로 중혼의 취소를 구할 이익이 있다.

판례에 따르면 "중혼관계에 있어 전혼의 배우자가 사망한 상대방과 이미 사실상 이혼상태에 있었다든가 그 혼인사실을 뒤늦게 공관장에게 신고하였다는 사정만 가지고 전혼의 배우자가 생존한 중혼의 일방 당사자를 상대로 제기한 혼인취소청

---

8. 가족관계등록부에 따라 발급되는 증명서로는 가족관계증명서, 기본증명서, 혼인관계증명서, 입양관계증명서, 친양자입양관계증명서가 있다. : (1) 가족관계증명서 : 본인과 부모, 배우자, 생존한 현재의 혼인 중의 자녀에 관한 사항 (2) 기본증명서 : 본인의 출생, 사망, 국적상실에 관한 사항 (3) 혼인관계증명서 : 본인 및 배우자에 관한 사항과 현재의 혼인에 관한 사항 (4) 입양관계증명서 : 본인 및 친생부모·양부모 또는 양자에 관한 사항과 현재의 입양에 관한 사항 (5) 친양자입양관계증명서 : 본인 및 친생부모·양부모 또는 친양자에 관한 사항과 현재의 친양자입양에 관한 사항

구가 오로지 피청구인을 괴롭히기 위한 소송으로 권리남용에 해당하거나 신의칙에 반하여 위법한 것이 된다고 할 수 없다"(이혼 합의만 된 상태, 즉 사실상 이혼상태에 있는 자가 중혼배우자의 사망 후 생존한 중혼의 일방 당사자를 상대로 중혼취소의 소송을 제기한 사례에서 대법원 1991. 12. 10. 선고 91므535, 판결).

〈설문〉 한국인과 외국인 배우자 사이의 협의이혼은 어떻게 진행되는가?

국내에 체류하는 외국인과의 협의이혼 절차는 한국인 사이의 협의이혼 절차와 다르지 않다. 외국인 배우자와 협의이혼을 하기 위해서는, 먼저 부부가 함께 출석하여 이혼 의사를 확인하는 신청서를 가정법원에 제출하여야 한다. 그 이후 가족관계등록 (호적)관서에서 이혼신고를 하면 이혼의 효력이 발생한다. 협의이혼의사확인신청서, 부부 각자의 가족관계증명서, 혼인관계증명서, 주민등록등본, 외국인등록부등본, 교도소에 수감 중이면 재감인증명서 등의 서류를 제출하여야 한다. 미성년인 자녀가 있다면 그 자녀의 양육과 친권자결정에 관한 협의서와 사본 2통 또는 가정법원의 심판정본 및 확정증명서 3통을 제출해야 한다. 이러한 서류들을 제출하면 협의이혼의 효력이 발생한다. 그 사이 귀화 내지 영주권을 취득하지 않은 이혼 외국인의 경우 비자 연장의 문제가 대두되는데, 이에 관하여는 다음 [§ 12]에서 서술하기로 한다.

그런데 외국인 배우자가 해외에 체류 중이어서 국내에 들어오지 못하는 경우에는 협의이혼 절차가 진행되기 어렵기 때문에 대부분 재판 이혼 절차에 따라 이혼을 진행하는 경우가 많다. 만일 외국인 배우자의 나라에서 협의이혼제도를 인정하지 않는다면 한국에서의 가족관계등록부에는 이혼 처리가 되겠지만, 배우자는 본인의 나라 법에 따라 다시 이혼절차를 밟아야 이혼이 되기 때문에 이 경우에도 법원에 협의이혼이 아닌 조정신청을 하여 이혼을 하는 것이 좋을 것이다.

Ⅲ. 사실상 (협의)이혼과 사실혼의 해소 방법

〈설문〉 사실상 이혼의 개념과 그 법적 효과는 무엇인가?

혼인신고를 한 부부가 이혼에 합의하고 서로 별거하는 등 실질적으로 부부공동생활의 실체가 소멸되었지만 형식적으로는 이혼신고를 하지 않은 상태를 사실상 이혼이라고 한다. 따라서 이혼할 것을 전제로 별거하는 경우는 사실상 이혼에 해당되지만, 부부싸움으로 인한 일시적 별거나 가출은 사실상 이혼에 해당되지 않는다. 우리나라 법은 협의이혼인 경우 법원의 확인을 받아 행정관청에 이혼신고를 한 경우에, 재판상 이혼인 경우 법원의 이혼판결을 받은 경우에만 이혼의 효력이 발생하는 것으로 규정하고 있다(민법 제836조 제1항, 제840조 및 가족관계의 등록 등에 관한 법률 제75조, 제78조). 따라서 이러한 절차를 거치지 않는 한 사실상 이혼을 했다고 해서 자동으로 이혼이 성립되지는 않는다. 특히, 재혼과 같이 이혼이 전제되어야 하는 경우에는 사실상 이혼상태라 하더라도 협의이혼 또는 재판상 이혼절차를 밟아 그 전 혼인을 해소해야만 재혼이 법적으로 인정될 수 있다.

〈설문〉 결혼식을 올리고 동거하였지만 혼인신고는 하지 않은 상태에서 남편의 폭력이 심해 헤어지려고 하는데 어떻게 해야 할 것인가? (사실혼과 사실혼의 해소)

앞의 제2장 실체법 편에서 이미 설명한 바와 같이, 우리나라 가족법 체제는 법률혼주의를 채택하여 혼인은 신고를 함으로써 그 효력이 발생한다. 그러나 남녀가 혼인의사의 합치에 의해서 부부로서 공동생활을 영위하고 있지만 혼인신고를 하지 못한 경우가 있는데, 우리나라 법은 이러한 경우를 '사실혼'이라고 하여 원칙적으로는 법률혼과 같이 보호를 받지 못하지만 일정한 경우에 한하여 법률의 해석 또는 특별법에 의하여 '법률혼'에 준하여 보호하고 있다. 법적으로 보호될 수 있는 사실혼은 혼인신고가 없기 때문에 법률혼으로 인정받지는 못하지만, 당사자에게 명백하게 혼인의 의사가 있어야 하고, 주위의 사람들로부터 부부로서 인정받을 정도로 공동생활을 하고 있어야 한다. 결혼식을 하고 동거하는 경우에는 당사자 사이에 혼인의 의사가 있다고 보이므로, 사실혼이 쉽게 인정될 수 있을 것이다. 그러나 결혼식을 하지 않은 경우에는 상당한 기간 동안 동거를 하여야 할 것이고, 자녀가 있다든지, 주변의 친지 등이 부부로서 인정하고 있다든지 하는 사정이 있어야 혼인의 의사가 추단될 수 있을 것이다.

그러나 혼인의 의사가 없이 단순히 동거를 한 경우, 간헐적으로 정교관계를 맺고 있는 경우에는 그러한 관계로 인하여 당사자 사이에 자녀가 있다고 하더라도 사실혼이 성립될 수 없다. 또한 법률상 부인이 있는 남자가 다른 여자와 딴살림을 차리고 동거를 한 경우는 부첩관계에 불과하여 사실혼과는 구별된다. 다만 이러한 경우에도 법률혼 관계가 사실상 이혼상태에 이르렀다면 사실혼이 성립될 여지도 있을 것이다.

사실혼은 법률혼과 달리 그 판단기준이 반드시 명확한 것은 아니다. 판례를 보더라도 가사사건에서의 사실혼 판단기준과 형사사건(친족 간 성폭력)에서의 사실혼 판단기준이 일치한다고 단정할 수 없다. 이것은 법원이 자의적으로 판단하는 것이 아니라 규범의 목적 등을 고려한 것으로 보인다.

상기한 설문에서와 같이 결혼식만 올리고 혼인신고를 하지 않은 것은 사실혼 관계의 상태일 뿐이다. 이 경우 당사자가 헤어지는 방법은 사실혼 관계의 해소이다. 이를 위해서는 특별한 절차가 요구되지 않는다. 따라서 이혼절차를 거칠 필요 없이 당사자 간 합의나 일방적 통보의 방법으로 형식에 구애 없이 사실혼 관계를 해소시킬 수 있다.

〈설문〉 당사자 사이에 사실혼 관계의 여부가 다투어지는 경우 재판상 쟁송 방법과 사실혼 입증방법은? (가사소송법상 "사실상 혼인관계 존부 확인의 소")

사실혼 해소의 경우에도 이혼에서와 같이 위자료청구, 재산분할청구와 같은 재산문제 등이 발생할 수 있다. 그런데 이 문제의 전제가 되는 사실혼 관계인 여부가 당사자 사이에 먼저 다투어지는 경우가 실무상 상당히 발생한다. 이 경우 재판상 쟁송방법은 "사실상 혼인관계 존부 확인의 소"를 제기하는 것이다. 이 소송은 가사소송법 제2조 제1항 제1호가 규정하는 가사소송사건의 나류 사건에 속하는 것으로 설정되어 있다. 이 소송사건의 관할법원은 상대방의 주소지 가정법원, 상대방이 사망 시 사망을 안 날로부터 2년 내에 망인의 주민등록상 최후주소지 가정법원이다. 사실혼 관계에 있는 부부의 일방이 상대방에 대해 소를 제기하는 것이 일반적이지만 제3자가 사실혼관계에 있는 부부를 상대방으로 하거나, 사실혼 부부가 제3자를 상대방으로 하여 확인의 소를 제기하는 것도 확인의 이익이 있을 수 있다. 사실상 혼인관계에 있던 부부 중 일방이 사망한 경우에 생존한 상대방은 그 사망을 안 날부터 2년 내에 검사를 상대로 소를 제기할 수 있다. 4촌 이내의 친족(법 제28조, 제24조)도 원고가 될 수 있고, 후견인, 유언집행자, 기타의 이해관계인 역시 확인의 이익이 있을 수 있다. 사실혼 관계 존부확인의 청구를 인용한 확정판결은 제3자에게도 효력이 있고, 그 청구를 기각한 확정판결은 그 소송의 사실심의 변론종결 전에 참가하지 못한 데 대하여 정당한 사유가 있지 아니한 다른 제소권자에게도 효력이 미친다. 사실혼관계 존재 확인판결이 확정된 때에는 소를 제기한 사람은 상대방의 협력 없이도 단독으로 확정 후 1개월 이내에 재판서 정(등)본 및 확정증명서를 첨부하여 시(구)·읍·면의 장에게 그 내용을 신고할 수 있다. 다만 사망자와의 혼인은 인정되지 않으므로 사망자에 갈음하여 검사를 상대방으로 하여 사실혼관계 존재 확인의 확정판결을 받았더라도 그에 의해서 혼인신고는 수리될 수 없다(대법원 1991. 8. 13. 선고 91스6결정).

사실혼 관계의 입증방법으로서 일반적으로는 혼인신고를 제외한 실질적 부부 관계, 즉 당사자들이 동거를 하면서 서로 정조, 부양 등의 부부 간 의무를 지켰는지에 대한 입증자료를 제출하여야 할 것이다. 구체적으로는 결혼식 사진, 평소 부부로서의 호칭 사용 사실, 양가 부모들과의 대면 사실, 가족 경조사의 참석이나 상호부조 사실, 부부로서의 공동 비용의 지출내역, 공동명의의 전/월세 계약서, 동일주소지의 주민등록등본 등이 중요한 입증자료가 될 수 있을 것이다.

Ⅳ. 협의이혼의 무효와 취소에 관한 (가사)소송

이에 관해서는 이미 제2장 실체법 편 [§ 6]에서 서술하였지만, 여기의 제3장 절차법 편에서 다시 추가 서술하기로 한다.

1. (협의)이혼의 무효

[실제사례] 갑과 A는 1962. 6. 26. 혼인신고를 마친 법률상 부부로서, 갑이 처가 집에 들어가 농사일에 종사하던 중 1980. 5.경부터 장인 을 및 장모 B와 불화하여 을이 갑에게 나갈 것을 요구하자 사위의 신분으로는 그 동안의 농사일을 한 것에 대한 노임을 청구할 수 없는 것으로 오인하고, 노임청구를 하기 위한 방편으로 A와 합의하에 1981. 1. 16. 협의이혼신고를 하였지만, 그 후에도 A와 갑은 계속적으로 (사실상) 부부관계를 유지하였다. 그 이후 이혼무효확인소송이 제기되었다.

협의이혼에 의해 형식상 이혼신고가 있었더라도 일정한 사유가 있으면 그 이혼은 법률상 무효가 된다. 이혼무효는 혼인의 합의가 없는 경우, 이혼신고가 부적합한 경우, 미성년 후견인이 적법한 대리인의 동의 없이 이혼한 경우 등에 해당한다. 예컨대 부부 일방 또는 쌍방이 모르는 사이에 누군가에 의해 이혼신고가 된 경우(민법 제834조), 이혼신고가 수리되기 전에 부부 일방 또는 쌍방이 이혼의사를 철회했는데 이혼신고가 수리된 경우(대법원 1994. 2. 8. 선고 93도2869 판결), 심신상실자가 의사능력이 결여된 상태에서 이혼한 경우 등에는 이혼의 무효사유가 된다.

참고로, 재판상 이혼의 경우에도 무효사유가 발생할 수 있다. 예컨대 부부 일방이 모르는 사이에 외국에서 이혼소송이 진행되어 이혼판결이 난 경우(서울가정법원 1993. 12. 9. 선고 92드68848 판결)가 무효사유가 될 것이다. 판례사례로서 갑이 아내 을과 혼인 후 미국 뉴욕 주에서 함께 거주하다가 네바다 주 클라크카운티 지방법원에 이혼소송을 제기하여 (미 송달 문제로 을은 불출석) 이혼판결을 받았고, 대한민국에서 위 이혼판결에 기하여 이혼신고를 하여 가족관계등록부상 갑과 을 사이에 이혼이 성립되었다고 등재되었는데, 이를 알게 된 을이 대한민국에서 이혼의 무효 확인 등을 구한 사안에 대해 하급심 판례는 "갑은 을과 함께 거주하였던 뉴욕 주가 아니라 전혀 연관성이 없는 네바다 주에서 이혼소송을 제기하였고 을이 이혼소송의 소장 부본을 송달받았다고 볼 객관적인 정황이 전혀 나타나지 아니하여 적법한 송달을 받았다고 보기 어려운 점 등에 비추어 위 이혼판결을 근거로 갑이 대한민국에서 신고한 이혼은 무효이고, 갑은 을의 배우자이자 을이 양육하고 있는 미성년 자녀인 병의 아버지로서 을과 병의 부양료를 지급할 의무가 있다"는 취지로 판시하였다(서울가정법원 2015. 7. 17. 선고 2014드단312270 판결).

가사소송법 제2조(가정법원의 관장 사항) 제1항 제1호(가사소송사건)에 따르면 이혼의 무효는 "가류 가사소송사건"으로 분류된다. 이혼무효확인소송을 청구할 수 있는 사유는 다양하며, 주로 협의이혼의 무효를 확인하는 경우가 많다. 이혼무효사유가 있는 경우 당사자, 법정대리인 또는 4촌 이내의 친족이 언제든지 가정법원에 〈**이혼무효소송**〉을 제기할 수 있다(가사소송법 제23조). 이혼무효소송의 상대방은 부부 중 어느 한쪽이 소송을 제기한 경우에는 배우자가 상대방이 된다(가사소송법 제24조 제1항). 제3자가 이혼무효소송을 제기한 경우에는 부부가 그 상대방이 되며, 부부 중 어느 한쪽이 사망한 경우에는 그 생존자를 상대방으로 한다(가사소송법 제24조 제2항). 소송의 상대방이 될 사람이 사망한 경우에는 검사가 그 상대방이 된다(가사소송법 제24조 제3항). 이혼무효확인소송은 확인의 이익이 있는 한 언제든지 제기할 수 있다. 이혼무효확인소송은 이혼의 효력을 무효화시키는 절차로, 판결의 확정과 동시에 이혼무효의 효력이 발생한다.

상기한 [실제사례]에 대해 판례는 "이혼의 효력발생 여부에 관한 형식주의 아래에서의 이혼신고의 법률상 중대성에 비추어, 협의이혼에 있어서의 이혼의 의사는 법률상의 부부관계를 해소하려는 의사를 말한다 할 것이므로, 일시적으로나마 그 법률상의 부부관계를 해소하려는 당사자 간의 합의하에 협의이혼신고가 된 이상, 그 협의이혼에 다른 목적이 있다 하더라도 양자 간에 이혼의 의사가 없다고는 말할 수 없고 따라서 그 협의이혼은 무효로 되지 아니한다 할 것이다(대법원 1976. 9. 14. 선고 76도107 판결 ; 1981. 7. 28. 선고 80므77 판결). 따라서 갑과 A가 일시적으로나마 이혼신고를 하기로 하는 합의하에 협의이혼신고를 한 사실이 인정되는 이상, 그 이혼신고를 함에 있어 사실상의 부부관계까지 해소할 의사는 없었고 갑이 그 장인, 장모를 상대로 노임청구를 하기 위한 목적이 있었다 하더라도 이혼의사가 결여되어 무효라고는 할 수 없는 것이다"는 취지로 판시하였다(대법원 1993. 6. 1. 선고 93므171 판결).

2. (협의)이혼의 취소

재판상 이혼은 부부간 이혼합의가 이루어지지 않는 경우에 부부 일방의 소송제기에 의해 이루어지므로 이혼이 취소될 여지가 없다. 그러나 협의이혼의 신고는 되었지만 이혼의 의사표시가 사기 또는 강박에 의해 이루어진 경우에는 사기를 안 날 또는 강박을 면한 날부터 3개월 이내에 이혼취소소송을 통해 이혼을 취소할 수 있다. 민법이 이를 규정하고 있다. 사기 또는 강박으로 인하여 이혼의 의사표시를 한 것으로 평가되는 경우 그 취소를 가정법원에 청구할 수 있다(민법 제838조). 그리고 협의이혼의 취소에 준용되는 민법 제823조(사기, 강박으로 인한 혼인취소청구권의 소멸)에 따르면 사기 또는 강박으로 인한 혼인(* 이혼)은 사기를 안 날 또는 강박을 면한 날로부터 3월을 경과한 때에는 그 취소를 청구하지 못한다(민법 제839조).

가사소송법 제2조(가정법원의 관장 사항) 제1항 제1호(가사소송사건)에 따르면 이혼의 취소는 "나류 가사소송사건"으로 분류된다. 이혼취소소송의 상대방은 부부 중 어느 한쪽이 소송을 제기한 경우에는 배우자가 그 상대방이 된다(가사소송법 제24조 제1항). 제3자가 이혼취소소송을 제기한 경우에는 그 상대방이 부부가 되며, 부부 중 어느 한쪽이 사망한 경우에는 그 생존자가 상대방이 된다(가사소송법 제24조 제2항). 소송의 상대방이 될 사람이 사망한 경우에는 검사가 그 상대방이 된다(가사소송법 제24조 제3항). 이혼취소소송을 제기하려면 우선 가정법원의 조정절차를 거쳐야 한다[가사소송법 제2조 제1항 제1호 나목 3) 및 제50조 제1항]. 이혼취소청구를 인용하는 확정판결의 효력은 제3자에게도 적용된다. 따라서 이혼취소사유를 제공한 사람이 제3자인 경우에는 그 사람에게 재산상 정신상 손해에 대한 배상을 청구할 수 있다. 이혼취소판결이 확정되면 그 이혼은 처음부터 없었던 것과 같아지므로 취소판결 전에 다른 일방이 재혼을 했다면 그 재혼은 중혼이 된다. 이혼취소소송에 관한 가정법원의 판결에 대해 불복하는 경우에는 판결정본의 송달 전 또는 판결정본이 송달된 날로부터 14일 이내에 항소할 수 있다. 이혼취소소송에 관한 항소법원의 판결에 대해 불복하는 경우에는 판결정본의 송달 전 또는 판결정본이 송달된 날로부터 14일 이내에 대법원에 상고할 수 있다.

판례에 따르면, 아내가 혼인을 계속할 의사가 없으면서도, 아파트를 자신에게 증여하고 협의이혼의사확인을 받으면 남편의 태도변화를 지켜보아 마치 혼인생활을 계속할 것처럼 남편을 기망하고, 이에 속은 남편으로 하여금 아내와 혼인을 계속할 목적으로 협의이혼의사확인을 받게 한 다음 남편 몰래 이혼신고를 함으로써 협의이혼에 이르게 되었다면 남편이 아내의 기망에 속아 이혼의 의사표시를 한 때에 해당한다고 보아 협의이혼을 취소하고, 이를 전제로 다시 남편의 재판상 이혼청구도 가능할 것이다(협의이혼취소 및 재판상 이혼과 이에 따른 위자료 및 재산분할의 청구를 한 사례에서 서울가법 2006. 12. 19. 선고, 2005드단53135 판결).

그리고 협의이혼의사의 확인절차까지 경료된 경우에도 본 조에 의한 취소는 가능하다. 왜냐하면 협의이혼의사 확인절차는 확인 당시에 당사자들이 이혼을 할 의사를 가지고 있는가를 밝히는데 그치는 것이고 그들이 의사결정의 정확한 능력을 가졌는지 또는 어떠한 과정을 거쳐 협의이혼 의사를 결정하였는지 하는 점에 관하여서는 심리하지 않고, 따라서 협의이혼의사의 확인은 어디까지나 당사자들의 합의를 근간으로 하는 것이고 법원의 역할은 그들의 의사를 확인하여 증명하여 주는데 그치는 것이며 법원의 확인에 소송법상의 특별한 효력이 주어지는 것도 아니기 때문이다(대법원 1987. 1. 20. 선고, 86므86 판결).

그런데 실무에서는 **가장이혼**을 하였다가 일방이 사기 또는 강박에 의한 이혼이었다고 그 협의이혼의 취소를 구하는 사례가 있다. 판례에 따르면 외국이민을 떠났다가 3년 후에 다시 귀국하여 혼인신고를 하여 주겠다고 하여 이를 믿고 이혼신고를 하였다면 별다른 사정이 없는 한 당사자 간에 일시적이나마 법률상의 부부관계를 해소할 의사가 있었다고 할 것이니 그 이혼신고는 유효하다고 할 것이다(이혼의 효력발생 여부에 관한 형식주의 아래에서의 이혼신고의 법률상 중대성을 강조한 대법원 1981. 7. 28. 선고, 80므77 판결). 따라서 사기 또는 강박에 대한 원고의 입증 성공이 없다면 가장 이혼의 사실만으로는 이혼취소로 귀결될 수는 없을 것이다.

[§ 11] 재판상 이혼에 대한 절차법적 고찰

I. 재판상 이혼에서의 절차법적 기본사항

전술한 협의이혼의 경우에는 이혼의 무효와 취소의 문제(그리고 협의이혼 시 합의된 내용의 불이행이 있거나, 협의이혼 시 합의되지 않은 이혼에 따르는 재산분할 문제 등)에서 쟁송 절차법으로서의 가사소송법이 적용되겠지만, 재판상 이혼의 경우에는 이혼 그 자체에서부터 가사소송법의 직접적 적용대상이 된다("나류 가사소송사건"으로 분류됨). 재판상 이혼에 대한 실체법적 기본사항에 대해서는 이미 제2장 실체법 편 [§ 8] 이하에서 상세히 서술하였다. 여기서는 재판상 이혼(조정이혼과 소송이혼)에서의 절차법적 기본사항을 〈설문〉에 추가하면서 동시에 제2장 실체법 편에서의 기존 서술을 더욱 보완하기로 한다.

〈설문〉 재판상 이혼 절차는 개괄적으로는 어떻게 진행되는가? (가사조사절차, 조정절차, 부부상담절차로의 회부)

재판상 이혼을 하려면 먼저 가정법원에 조정신청을 해서 조정절차를 거쳐야 한다. 조정이 성립되면 이혼이 성립되지만, 그렇지 않은 경우에는 소송절차로 이행되어 이혼소송이 진행된다. 재판상 이혼(소송이혼)은 [소장제출과 소장 부본의 송달 → 피고의 답변서 제출(* 그 이후 원 피고는 각자 상대방이 제출한 서면에 대해 수시로 대응 준비서면을 제출할 수 있음) → 변론기일의 지정 및 이혼 당사자 소환 → 이혼 당사자의 변론기일 참석(통상 선임 변호사가 참석) 및 쌍방의 변론 → 법원의 심판]

의 순서로 진행될 것이다(14일 이내에 항소 가능). 법원의 재판이 확정되면 확정일로부터 1개월 이내에 등록기준지 또는 주소지 관할 시청, 구청, 읍사무소 또는 면사무소에 이혼신고(부부 중 일방이 신고함)를 하여야 한다.

참고로, 변론기일에 쌍방 진술을 들은 법원은 소송이혼의 종국적 심판 이전에 가사조사가 필요하다면 "가사조사절차"로,[9] 원만한 합의로 종결될 수 있다고 판단되면 "조정절차"로(조정전치주의에 의해 적어도 1회는 조정을 거쳐야 함),[10] 상대방이 이혼을 거부하고 특별한 이혼사유도 없다면 "부부 상담절차"로[11] 각각 회부할 수 있다.

〈설문〉 재판상 이혼은 민법이 규정한 재판상 이혼사유(6가지 중)가 있어야만 가능한가? 유책배우자도 재판상 이혼에 성공할 수 있는가? (양자 모두 이혼을 원하는 경우, 유책주의)

재판상 이혼을 하려면 먼저 가정법원에 조정신청을 해서 조정절차를 거쳐야 하는데, 조정이혼의 경우는 재판상 이혼사유가 없어도 얼마든지 당사자 사이의 합의(위자료, 재산분할, 자녀의 양육문제 등에 관한 합의)로 가능하다(판결 선고 없이 종결). 문제는 소송이혼의 경우 법정 재판이혼 사유가 반드시 요구되는가에 있다. 조정절차에서 위자료, 재산분할, 자녀의 양육문제 등에 관한 합의가 어느 하나라도

9. 가정법원은 가사소송법 제6조, 가사소송규칙 제8조 내지 제11조에 따라 가사조사관에게 조사명령을 하고, 이에 따라 사실조사를 마친 가사조사관이 작성한 조사보고서를 보고받는 방법으로 양육 상태나 양육자의 적격성 심사에 필요한 자료 등을 얻을 수 있다.

10. 조정이 성립하면 판결문과 동일한 효과가 있음.

11. 이 절차에서 원고의 소 취하 또는 원만한 합의로 조정조서(조정이혼)가 작성되어 종국적 소송이혼 결정까지는 가지 않기도 함. 이렇게 마무리되지 않고 피고가 자신은 잘못이 전혀 없으므로 이혼 동의를 해 줄 수 없다는 주장만 하다가 설령 "이혼기각"의 재판이 내려지더라도 부부 사이가 회복될 수는 없을 것임(이혼을 원하지 않는 피고라면 가사조사 내지 부부 상담을 통해 법원의 이혼기각 재판보다는 원고의 소 취하를 유도하여야 할 것임).

이루어지지 않으면 소송이혼의 절차로 넘어가 법원은 판결을 선고하여야 한다. 이 때 법원은 당사자 모두에게 이혼의사가 명백하다면 이혼판결에 굳이 법정이혼사유를 제시할 필요는 없을 것이다. 법정된 재판상 이혼사유는 이혼을 원하지 않는 당사자가 있을 때에만 갖추어질 것이 요구된다고 제한 해석되어야 할 것이다.

이혼을 원하지 않는(그리고 특별한 본인 이혼사유도 없는) 배우자를 상대로 유책(외도, 학대 등의 강한 유책) 배우자가 이혼소송을 제기한다면 유책주의를 취하는 민법에 따르면 법원에 의해 원칙상 기각될 것이다. 다만 상대 배우자에게도 (다소 경하더라도) 유책 이혼사유가 존재한다면 예외적으로 성공할 수 있을 것이다. 실무에서는 유책 배우자가 재판상 이혼에 성공하기 위해 컨설팅을 받으면서 상당 기간의 플랜 하에 상대 배우자에게 의도적으로 시비를 거는 등의 방법으로 차차 상대방 측 이혼사유를 만들어 가는 사례도 있다(정상적인 변호사라면 이런 컨설팅을 하면 안 될 것임).

〈설문〉 재판상 이혼을 절차적으로 규율하는 절차법(관할법원)은 무엇인가? (가사소송법, 가정법원)

재판상 이혼에 대한 실체법은 이미 제2장에서 주석 처리한 민법이지만 이를 절차적으로 달성하기 위해 규율하는 절차법은 '가사소송법'이다. 동 법 제1조(목적)에 따르면 "이 법은 인격의 존엄과 남녀 평등을 기본으로 하고 가정의 평화 및 친족 간에 서로 돕는 미풍양속을 보존하고 발전시키기 위하여 가사(家事)에 관한 소송(訴訟)과 비송(非訟) 및 조정(調停)에 대한 절차의 특례를 규정함을 목적으로 한다."

동 법 제2조(가정법원의 관장 사항) 제1항에 따르면 "다음 각 호의 사항(이하 "가사사건"이라 한다)에 대한 심리(審理)와 재판은 〈가정법원의 전속관할(專屬管轄)〉로 한다"는 본문 아래 제1호(가사소송사건), 나목 "나류(類) 사건"의 4)번째에 재판상 이혼을 나열 적시하고 있다. 그리고 재판상 이혼 그 자체를 넘어 이혼의 무효(가류 2번째), 이혼의 취소(나류 3번째)도 제1호의 가사소송사건으로 나열하여 규정되어 있다. 더 나아가 이혼의 무효·취소 또는 이혼을 원인으로 하는 손해배상청구(제3자에 대한 청구를 포함한다) 및 원상회복의 청구, 그리고 "민법" 제839조의 3에 따른 재산분할청구권 보전을 위한 사해행위(詐害行爲) 취소 및 원상회복의 청구에 대해서는 다류(類) 가사소송사건으로서 규정하고 있다.[12]

그리고 동 법 제12조(적용 법률)에 따르면 "가사소송 절차에 관하여는 이 법에 특별한 규정이 있는 경우를 제외하고는 "민사소송법"에 따른다. 다만, 가류 및 나류 가사소송사건에 관하여는 "민사소송법" 제147조(제출기간의 제한) 제2항, 제149조(실기한 공격·방어방법의 각하), 제150조(자백간주) 제1항, 제284조(변론준비절차의 종결) 제1항, 제285조(변론준비기일을 종결한 효과), 제349조(당사자가 문서를 제출하지 아니한 때의 효과), 제350조(당사자가 사용을 방해한 때의 효과), 제410조(제1심의 변론준비절차의 효력)의 규정 및 같은 법 제220조(화해, 청구의 포기·인낙조서의 효력) 중 청구의 인낙(認諾)에 관한 규정과 같은 법 제288조[13] 중 자백에 관한 규정은 적용하지 아니한다."

12. 동 조항은 다류(類) 가사소송사건으로서 다음의 4가지를 나열하고 있다 : (1) 약혼 해제(解除) 또는 사실혼관계 부당 파기(破棄)로 인한 손해배상청구(제3자에 대한 청구를 포함한다) 및 원상회복의 청구 (2) 혼인의 무효·취소, **이혼의 무효·취소 또는 이혼을 원인으로 하는 손해배상청구(제3자에 대한 청구를 포함한다) 및 원상회복의 청구** (3) 입양의 무효·취소, 파양의 무효·취소 또는 파양을 원인으로 하는 손해배상청구(제3자에 대한 청구를 포함한다) 및 원상회복의 청구 **(4) "민법" 제839조의 3에 따른 재산분할청구권 보전을 위한 사해행위(詐害行爲) 취소 및 원상회복의 청구**

13. 민사소송법 **제288조(불요증사실)** 법원에서 당사자가 자백한 사실과 현저한 사실은 증명을 필요로 하지 아니한다. 다만, 진실에 어긋나는 자백은 그것이 착오로 말미암은 것임을 증명한 때에는 취소할 수 있다.

〈설문〉 외국인 배우자가 가출하여 소재불명이 된 경우 (혼인무효 또는) 이혼소송의 토지 관할법원은 어디인가?

[실제사례] A와 베트남 출신 아내 B는 혼인신고를 하고 대전에서 신혼생활을 시작했다. 그런데 혼인생활을 하던 중 B가 갑자기 가출하였다. A는 아내가 돌아오길 기다렸지만 소식이 없었고 행방도 찾을 수 없었다. 한국에 온 이유가 자신과의 결혼이 목적이 아니었다는 생각에 A는 B를 상대로 서울가정법원에 혼인무효소송을 제기하였다. A는 대전에 살고 있었지만, '당사자 또는 관계인의 주소, 거소, 또는 마지막 주소에 따라 관할이 정하여지는 경우에 그 주소, 거소 또는 마지막 주소가 국내에 없거나 이를 알 수 없을 때에는 대법원이 있는 곳의 가정법원이 관할한다'고 규정한 가사소송법 제13조 제2항에 따라 서울까지 올라와 소송을 낸 것이다.

상기한 〈설문〉사례에 대해 2017년 서울가정법원 가사1부는 "가사소송법 제22조는 부부가 마지막으로 같은 주소지를 가졌던 가정법원의 관할 구역 내에 부부 중 어느 한쪽의 보통 재판적이 있을 때에는 그 가정법원이 전속관할이라고 규정하고 있다. 소 제기 당시 A의 주소는 대전 ○○구이고, A와 B가 마지막으로 같은 주소지를 가졌던 곳 역시 대전 ○○구이므로, 이 사건은 A와 B의 최후 공통주소지이자 A의 현 주소지인 대전 ○○구를 관할하는 대전가정법원의 전속관할에 속한다"고 판시하였다(이송결정을 내린 2016르654). 이에 따라 외국인 배우자와 혼인해 지방에서 함께 주소지를 가지고 생활하다가 외국인 배우자가 가출 후 소재불명이 되는 경우 상대방 배우자가 그 주소지에 여전히 거주하고 있다면 외국인 배우자를 상대로 한 혼인무효 또는 재판상 이혼청구의 소는 그 주소지를 관할하는 가정법원에 제기해야 하는 것이다.

〈설문〉 일반 민사사건에서와는 달리 가사사건에 대한 절차법인 가사소송법은 그 이름에 걸맞는 가사"소송"사건은 물론이고 가사"비송"사건도 함께 규율하고 있는데, 이혼과 관련하여서는 가사소송사건과 가사비송사건 사이에 어떻게 나누어지는가?

일반 민사사건의 경우 소송사건과 비송사건을 구별하여 전자의 절차법으로는 민사소송법, 후자의 절차법으로는 비송사건절차법이 따로 적용되는 것에 비하여 이혼사건 등 가사사건의 경우는 가사소송법이라는 하나의 법률이 소송사건과 비송사건 모두에 대해 절차법으로서 규율하고 있다. 가사소송법이 가사소송사건으로 규정한 것은 앞에서 서술하였다. 그런데 가사소송법 제2조(가정법원의 관장 사항) 제1항 제1호(가사소송사건)에 이어서 제2호는 소위 〈가사비송사건〉을 규정하고 있다. 여기에는 〈가. 라류(類) 사건〉과 〈나. 마류(類) 사건〉으로 다시 나누어진다. 이혼과 관련하여서는 마류의 가사비송사건으로서 〈(3) "민법" 제837조 및 제837조의 2(같은 법 제843조에 따라 위 각 조항이 준용되는 경우 및 혼인의 취소 또는 인지를 원인으로 하는 경우를 포함한다)에 따른 〈자녀의 양육에 관한 처분과 그 변경, 면접교섭권(面接交涉權)의 처분 또는 제한·배제·변경〉 (4) "민법" 제839조의 2 제2항(같은 법 제843조에 따라 준용되는 경우 및 혼인의 취소를 원인으로 하는 경우를 포함한다)에 따른 〈재산 분할에 관한 처분〉이 규정되어 있다.

결국, 이혼에 따른 재산분할청구는 여기의 가사비송사건(마류)이 되지만, 재산분할청구권 보전을 위한 사해행위(詐害行爲) 취소 및 원상회복의 청구는 위에서 설명한 가사소송사건(다류)이 되는 것이다.

〈설문〉 (가사)비송사건은 (가사)소송사건과 비교하여 절차상 어떠한 특징이 있는가?

가사소송은 신분관계 및 그와 관련된 재산관계에 관하여 대립하는 당사자 사이의 분쟁을 소송절차에 의하여 처리하는 재판절차이다. 반면에 가사비송은 대립하는 당사자 사이의 법적 분쟁을 전제로 하지 아니하고, 법원이 후견적 또는 감독적 지위에서 재량에 의하여 합목적적으로 사건을 처리하는 절차이다. 비송사건의 인정근거는 비 분쟁 사건에 대한 법원의 중립적이고 간이·신속한 사건처리가 필요한 것에 있다. 비송사건의 특징으로는 법원이 합목적적 재량에 의하여 간이·신속하고 탄력성 있게 처리할 성질의 것이기 때문에 소송사건처럼 엄격한 절차에 의할 필요가 없다는 점에 있다. 따라서 소송사건과 달리 비송사건은 당사자 대립구조가 아닌 편면적 구조이고, 처분권주의와 변론주의가 아닌 직권탐지주의 및 직권조사주의에 의하며, 필요적 변론에 의하지 아니하고, 재판의 형식에서는 결정에 의하며, 기판력이 없기 때문에 취소변경이 가능하다. 가사(비송)사건 이외의 비송사건의 종류로는 민사, 상사, 과태료 사건이 있고, 이에 대한 규율 절차법으로는 〈비송사건절차법〉이 제정 시행되고 있다.[14]

그러나 "가사" 비송사건에 대해서는 가사소송법이 절차법이고, 동 법 제3편의 제1장이 '통칙' 규정을 다음과 같이 설정하고 있다(이혼과 관련된 가사비송사건은 아래에 별도로 규정되어 있음) :

- 제34조(준용 법률) 가사비송 절차에 관하여는 이 법에 특별한 규정이 없으면 "비송사건절차법" 제1편을 준용한다. 다만, "비송사건절차법" 제15조는 준용하지

14. 비송사건절차법은 동법 상 비송사건으로서 (i) 민사비송사건(이는 다시 법인에 관한 사건, 신탁에 관한 사건, 재판상의 대위에 관한 사건, 보존·공탁·보관과 감정에 관한 사건, 법인의 등기 사건, 부부재산 약정의 등기 사건으로 나눠진다) (ii) 상사비송사건(이는 다시 회사와 경매에 관한 사건, 사채에 관한 사건, 회사의 청산에 관한 사건으로 나눠진다) (iii) 과태료사건을 규율하고 있다.

아니한다.[15]

– 제35조(관할) ① 이 법과 대법원규칙으로 관할법원을 정하지 아니한 가사비송사건은 대법원이 있는 곳의 가정법원이 관할한다. ② 가사비송사건에 관하여는 제13조 제2항부터 제5항까지의 규정을 준용한다.

– 제36조(청구의 방식) ① 가사비송사건의 청구는 가정법원에 심판청구를 함으로써 한다. ② 심판의 청구는 서면 또는 구술로 할 수 있다. ③ 심판청구서에는 다음 각 호의 사항을 적고 청구인이나 대리인이 기명날인하거나 서명하여야 한다 : (1) 당사자의 등록기준지, 주소, 성명, 생년월일, 대리인이 청구할 때에는 대리인의 주소와 성명 (2) 청구 취지와 청구 원인 (3) 청구 연월일 (4) 가정법원의 표시 ④ 구술로 심판청구를 할 때에는 가정법원의 법원사무관등의 앞에서 진술하여야 한다. ⑤ 제4항의 경우에 법원사무관등은 제3항 각 호의 사항을 적은 조서를 작성하고 기명날인하여야 한다.

– 제37조(이해관계인의 참가) ① 심판청구에 관하여 이해관계가 있는 자는 재판장의 허가를 받아 절차에 참가할 수 있다. ② 재판장은 상당하다고 인정하는 경우에는 심판청구에 관하여 이해관계가 있는 자를 절차에 참가하게 할 수 있다.

– 제37조의 2(절차의 구조) ① 가정법원은 가사비송사건의 절차에 소요되는 비용을 지출할 자금능력이 없거나 그 비용을 지출하면 생활에 현저한 지장이 있는 사람에 대하여 그 사람의 신청에 따라 또는 직권으로 절차구조(節次救助)를 할 수 있다. 다만, 신청인이 부당한 목적으로 심판청구를 하는 것이 명백한 경우에는 그러하지 아니하다. ② 제1항의 절차구조에 관하여는 "민사소송법" 제128조 제2항부터 제4항까지, 제129조부터 제133조까지를 준용한다. 다만, "민사소송법" 제132조 및 제133조 단서는 마류 가사비송사건에 한정하여 준용한다.

– 제37조의 2(절차의 구조) ① 가정법원은 가사비송사건의 절차에 소요되는 비용

15. 비송사건절차법 **제15조(검사의 의견 진술 및 심문 참여)** ① 검사는 사건에 관하여 의견을 진술하고 심문에 참여할 수 있다. ② 사건 및 그에 관한 심문의 기일은 검사에게 통지하여야 한다.

을 지출할 자금능력이 없거나 그 비용을 지출하면 생활에 현저한 지장이 있는 사람에 대하여 그 사람의 신청에 따라 또는 직권으로 절차구조(節次救助)를 할 수 있다. 다만, 신청인이 부당한 목적으로 심판청구를 하는 것이 명백한 경우에는 그러하지 아니하다. ② 제1항의 절차구조에 관하여는 "민사소송법" 제128조 제3항부터 제5항까지, 제129조부터 제133조까지를 준용한다. 다만, "민사소송법" 제132조 및 제133조 단서는 마류 가사비송사건에 한정하여 준용한다.

- 제38조(증거 조사) 가정법원은 필요하다고 인정할 경우에는 당사자 또는 법정대리인을 당사자 신문(訊問) 방식으로 심문(審問)할 수 있고, 그 밖의 관계인을 증인 신문 방식으로 심문할 수 있다.
- 제39조(재판의 방식) ① 가사비송사건에 대한 제1심 종국재판(終局裁判)은 심판으로써 한다. 다만, 절차상의 이유로 종국재판을 하여야 하는 경우에는 그러하지 아니하다. ② 심판서에는 다음 각 호의 사항을 적고 심판한 법관이 기명날인하여야 한다. 심판한 법관이 기명날인하는 데 지장이 있는 경우에는 다른 법관이 그 사유를 적고 기명날인하여야 한다 : (1) 당사자와 법정대리인 (2) 주문(主文) (3) 이유 (4) 법원 ③ 라류 가사비송사건의 심판서에는 이유를 적지 아니할 수 있다. ④ 심판에 관하여는 "민사소송법" 중 결정에 관한 규정을 준용한다.
- 제40조(심판의 효력발생 시기) 심판의 효력은 심판을 받을 사람이 심판을 고지받음으로써 발생한다. 다만, 제43조에 따라 즉시항고를 할 수 있는 심판은 확정되어야 효력이 있다.
- 제41조(심판의 집행력) 금전의 지급, 물건의 인도(引渡), 등기, 그 밖에 의무의 이행을 명하는 심판은 집행권원(執行權原)이 된다.
- 제42조(가집행) ① 재산상의 청구 또는 유아(幼兒)의 인도에 관한 심판으로서 즉시항고의 대상이 되는 심판에는 담보를 제공하게 하지 아니하고 가집행할 수 있음을 명하여야 한다. ② 가정법원은 직권으로 또는 당사자의 신청에 의하여 이행의 목적인 재산에 상당한 금액을 담보로 제공하고 가집행을 면제받을 수 있음을 명할 수 있다. ③ 판결로 유아의 인도를 명하는 경우에도 제1항을 준용한다.

– 제43조(불복) ① 심판에 대하여는 대법원규칙으로 따로 정하는 경우에 한정하여 즉시항고만을 할 수 있다. ② 항고법원의 재판 절차에는 제1심의 재판 절차에 관한 규정을 준용한다. ③ 항고법원은 항고가 이유 있다고 인정하는 경우에는 원심판을 취소하고 스스로 적당한 결정을 하여야 한다. 다만, 항고법원이 스스로 결정하기에 적당하지 아니하다고 인정하는 경우에는 사건을 원심법원에 환송하여야 한다. ④ 항고법원의 결정에 대하여는 재판에 영향을 미친 헌법, 법률, 명령 또는 규칙 위반이 있음을 이유로 하는 경우에 한정하여 대법원에 재항고할 수 있다. ⑤ 즉시항고는 대법원규칙으로 정하는 날부터 14일 이내에 하여야 한다.

다음으로 제3장은 〈이혼과 관련되는 마류 가사비송사건〉에 대해 특별히 다음과 같이 규정하고 있다[16]:

– 제46조(관할) 마류 가사비송사건은 상대방의 보통재판적이 있는 곳의 가정법원이 관할한다.
– 제47조(공동소송에 관한 규정의 준용) 마류 가사비송사건의 청구인 또는 상대방이 여러 명일 때에는 "민사소송법" 중 공동소송에 관한 규정을 준용한다.
– 제48조(심리 방법) 마류 가사비송사건의 심판은 특별한 사정이 없으면 사건관계인을 심문하여 하여야 한다.
– 제48조의 2(재산 명시) ① 가정법원은 재산분할, 부양료 및 미성년자인 자녀의 양육비 청구사건을 위하여 특히 필요하다고 인정하는 경우에는 직권으로 또는 당사자의 신청에 의하여 당사자에게 재산상태를 구체적으로 밝힌 재산목록을 제출하도록 명할 수 있다. ② 제1항의 재산 명시 절차, 방법 등에 대하여 필요한

16. 이혼 등에 따른 마류 가사비송사건은 일반적으로 쟁송성이 강하고 소송 사건적 성격을 띠고 있어 전형적인 비송사건과는 다소 거리가 있다. 특히 당사자가 금전의 지급과 같은 재산상의 의무이행을 청구함에 있어서 청구취지를 특정하여 청구를 한 경우에는 쟁송적 성격이 더욱 강하게 드러난다.

사항은 대법원규칙으로 정한다.

– 제48조의 3(재산조회) ① 가정법원은 제48조의 2의 재산 명시 절차에 따라 제출된 재산목록만으로는 재산분할, 부양료 및 미성년자인 자녀의 양육비 청구사건의 해결이 곤란하다고 인정할 경우에 직권으로 또는 당사자의 신청에 의하여 당사자 명의의 재산에 관하여 조회할 수 있다. ② 제1항의 재산조회에 관하여는 그 성질에 반하지 아니하는 범위에서 "민사집행법" 제74조를 준용한다. ③ 재산조회를 할 공공기관, 금융기관, 단체 등의 범위 및 조회절차, 당사자가 내야 할 비용, 조회결과의 관리에 관한 사항, 과태료의 부과절차 등은 대법원규칙으로 정한다. ④ 누구든지 재산조회의 결과를 심판 외의 목적으로 사용하여서는 아니 된다.

〈설문〉 예컨대 양친자관계존재확인의 소와 같이 가사소송법상 직접적 근거규정이 없는 경우에도 소제기가 가능하겠는가?

신분관계 존부의 확정에 관하여는 민법이나 가사소송법 등에서 구체적으로 소송유형을 규정하고 있다(가사소송법 제2조 제1항 가. 가사소송사건의 (1) 가류사건 중 1 내지 6호, (2) 나류사건 중 1 내지 3호, 5 내지 11호가 이에 속한다). 그런데 양친자관계존재확인의 소를 제기하는 직접적 근거규정은 보이지 않는데, 여기서 쟁송방법에 대한 가사소송법상 직접적 근거규정이 없는 경우에도 소제기가 가능한지가 문제된다. 상기한 〈설문〉에 대한 판례에 따르면 "실정법상 소송유형이 규정되어 있는 경우에 한하여 신분관계존부확인에 관한 소송을 제기할 수 있는 것으로 볼 것은 아니며, 소송유형이 따로 규정되어 있지 아니하더라도 법률관계인 신분관계의 존부를 즉시 확정할 이익이 있는 경우라면 일반 소송법의 법리에 따라 그 신분관계존부확인의 소송을 제기할 수 있다. 양친자 중 일방이 원고로 되어 양친자관계존재확인의 소를 제기하는 경우에는 친생자관계존부확인소송의 경우에 준하여 양친자 중 다른 일방을 피고로 하여야 할 것이고, 피고가 되어야 할 다른 일방이 이미 사망한 경우에는 역시 친생자관계존부확인소송의 경우를 유추하여 검사를 상대로 소를 제기할 수 있다. 민법 제864조와[17] 제865조 제2항은[18] 인지청구의 소와 친생자관계존부확인의 소에 관하여 당사자 일방이 사망한 경우에 검사를 상대로 하여 소를 제기할 수 있음을 규정하면서 그 소제기는 사망사실을 안 날로부터 1년 내에 하여야 하는 것으로 출소기간을 정하고 있으므로, 양친자관계존재확인의 소에 있어 위 각 법조의 유추적용에 의하여 검사를 상대로 하는 소제기를 허용하는 경우에도 그 각 법조가 정하는 출소기간의 적용을 받는 것으로 해석함이 타당하다"(비록 양친자관계존부확인소송이 민법이나 가사소송법등에 규정된 바가 없다고 하더라도, 스스로 원고가 되어 양친자관계존재확인의 소를 제기할 수 있다 할 것이라고 판시한 대법원 1993. 7. 16. 선고 92므372 판결)[19]

---

17. 민법 **제864조(부모의 사망과 인지청구의 소)** 제862조(인지에 대한 이의의 소) 및 제863조(인지청구의 소)의 경우에 부 또는 모가 사망한 때에는 그 사망을 안 날로부터 2년내에 검사를 상대로 하여 인지에 대한 이의 또는 인지청구의 소를 제기할 수 있다.
18. 민법 **제865조(다른 사유를 원인으로 하는 친생관계존부확인의 소)** ① 제845조, 제846조, 제848조, 제850조, 제851조, 제862조와 제863조의 규정에 의하여 소를 제기할 수 있는 자는 다른 사유를 원인으로 하여 친생자관계존부의 확인의 소를 제기할 수 있다. ② 제1항의 경우에 당사자일방이 사망한 때에는 그 사망을 안 날로부터 2년내에 검사를 상대로 하여 소를 제기할 수 있다.
19. [사실관계] 소외 망 B는 1920.경 당시 8세이던 원고를 양자로 입양하기로 하고 당시의 관습에 따라 양친과 실친 사이의 합의를 거쳐 양가의 조선사당에 고함으로써 적법하게 입양절차를 마쳤으며 그 후 원고는 망 B의 집에서 양육되었고 1920.경 망 B가 사망한 후에도 봉제사를 하고 종손으로서 시제를 주재함은 물론 족보에도 망 B의 아들로서 등재되어 있는 등 사실상으로도 망 B의 양자로 행세하여 왔음에도 불구하고(다만 위 입양 당시에는 아직 구 조선민사령이 공포 시행되기 전이어서 그 입양신고를 하지 아니하여 호적에 양자로서 등재되지는 아니하였음), 망 B의 친손녀인 소외 C, D 등이 원고와 위 망 B 사이의 양친자관계를 다투므로 망 B가 이미 사망한 이 사건에서 검사를 상대로 하여 원고와 위 망 B 사이에 양친자관계가 존재함의 확인을 구하는 소송제기 사례

〈설문〉 배우자가 부정행위(간통)를 한 경우 그를 상대로 한 이혼소송은 제기하지 않고 상간자만을 상대로 한 손해배상 소송(소위 상간자 소송)을 제기할 수 있는가? 이혼 없이 상간자 소송만을 해 두면 좋은 점은 무엇인가?

배우자가 부정행위를 했더라도 이혼하지 않는 것이 본인에게 경제적으로 유리할 수도 있고(이혼 시 재산분할 대상이 될 재산의 명의가 전부 본인인 경우, 배우자의 자력이 막강하여 이혼 시 상간자에게만 좋게 될 경우, 이혼 시 본인의 생계가 어려울 경우 등), 본인의 가치관 내지 자녀의 미래를 위해서도 바람직 할 수 있다. 이 경우에는 이혼할 이유가 없다. 이 경우에는 상간자 소송만 제기하는 것이 여러모로 본인에게 유리할 것이고 법적으로도 가능하다. 우선 상간자 소송을 통해 위자료를 받을 수 있는데, 이것은 본인의 "특유재산"이 되어 추후 이혼 시 재산분할에서 유리하게 된다. 특히 이 때 증거확보를 위한 흥신소 비용과 변호사 비용(위자료 산정에서 증액요소로서 고려될 것임)은 추후 이혼 시 재산분할에서 본인이 소비한 금액으로도 반영되지 않을 것이다. 그리고 상간자의 급여를 가압류하는 방법, 사업자인 경우 사업자 계좌를 가압류하는 방법, 상간자의 직장으로 소장을 송부하는 방법(해고의 위험) 등의 합법적 방법으로 상간자를 압박시킬 수도 있다(다만 이러한 방법은 추가 법률 문제를 야기할 수 있기 때문에 주의를 요함).[20] 다음으로 상간자 소송을 제기하여 판결문을 받으면 배우자는 부정행위를 한 유책배우자로 확인될 것이기 때문에 추후 배우자가 재판상 이혼을 청구하더라도 법원은 유책배우자의 소제기에 대해 기각결

20. 상간사실을 상간자의 배우자에게 알리는 경우(또는 상간자에게 알리겠다고 겁을 주는 경우)도 있다. 이 때에는 간통한 본인의 배우자를 상대로 상간자의 배우자가 상간자 소송을 제기할 수 있다. 그러면 본인의 배우자가 피해를 볼 확률이 크다. 그리고 상간자의 배우자에게 알리는 것은 탈법적인 행위이기 때문에 본인 자신도 형사책임(상간자에게 당신의 배우자에게 간통사실을 알리겠다고 한 경우에 협박죄 성립 가능성, 외도 증거가 확실하면 기소유예처분 가능성) 내지 민사책임(위자료 가능성)의 대상이 될 가능성도 있다.

정을 내릴 수 있을 것이다. 다른 한편 추후 본인이 제기할 수 있는 이혼 소송 시에도 배우자의 부정행위를 입증할 수 있는 명백한 증거가 될 것이다.

〈설문〉 식물인간 상태의 의사무능력자인 피성년후견인(구 금치산자)의 어머니가 그 피성년후견인(구 금치산자)의 배우자(가출하여 간통한 며느리)를 상대로 이혼소송을 제기할 수 있는가? (민사소송법에 따른 특별대리인으로서의 선임이 전제)

의식불명의 식물인간 상태와 같이 의사무능력자인 피성년후견인(구 금치산자)의 경우, 민법 제947조,[21] 제949조에[22] 의하여 피성년후견인(구 금치산자)의 요양·감호와 그의 재산관리를 기본적 임무로 하는 후견인이 피성년후견인(구 금치산자)을 대리하여 그 배우자를 상대로 재판상 이혼을 청구할 수 있고, 그 후견인이 이혼 상대방 배우자인 때에는 가사소송법 제12조 본문,[23] 민사소송법 제62조 제1, 2항에 따라[24] 수소법원에 특별대리인의 선임을 신청하여 그 특별대리인이 배우자를

21. 민법 **제947조(피성년후견인의 복리와 의사존중)** 성년후견인은 피성년후견인의 재산관리와 신상보호를 할 때 여러 사정을 고려하여 그의 복리에 부합하는 방법으로 사무를 처리하여야 한다. 이 경우 성년후견인은 피성년후견인의 복리에 반하지 아니하면 피성년후견인의 의사를 존중하여야 한다.

22. 민법 **제949조(재산관리권과 대리권)** ① 후견인은 피후견인의 재산을 관리하고 그 재산에 관한 법률행위에 대하여 피후견인을 대리한다.

23. 가사소송법 **제12조(적용 법률)** 가사소송 절차에 관하여는 이 법에 특별한 규정이 있는 경우를 제외하고는 "민사소송법"에 따른다. 다만, 가류 및 나류 가사소송사건에 관하여는 "민사소송법" 제147조 제2항, 제149조, 제150조 제1항, 제284조 제1항, 제285조, 제349조, 제350조, 제410조의 규정 및 같은 법 제220조 중 청구의 인낙(認諾)에 관한 규정과 같은 법 제288조 중 자백에 관한 규정은 적용하지 아니한다.

24. 민사소송법 **제62조(제한능력자를 위한 특별대리인)** ① 미성년자·피한정후견인 또는 피성년후견인이 당사자인 경우, 그 친족, 이해관계인(미성년자·피한정후견인 또는 피성년후견인을 상대로 소송행위를 하려는 사람을 포함한다), 대리권 없는 성년후견인, 대리권 없는 한정후견인, 지방자치단체의 장 또는 검사는 다음 각 호의 경우에 소송절차가 지연됨으로써 손해를 볼 염려가 있다는 것을 소명하여 수소법원(受訴法院)에 특별대리인을 선임하여 주도록 신청할 수 있다. 1. 법정대리인이 없거나 법정대리인에게

상대로 재판상 이혼을 청구할 수 있다.

상기한 〈설문〉에 대한 판례에 따르면 "식물인간 상태의 의사무능력자인 피성년후견인(구 금치산자)의 어머니가 민사소송법상 특별대리인으로 선임되어 피성년후견인(구 금치산자)을 대리하여 후견인인 피성년후견인(구 금치산자)의 배우자를 상대로 이혼소송을 제기하고, 그 후 후견인으로 개입되자 친족회의 동의를 얻어 그 소송을 수행하는 것은 적법하고, 병상에 누워있는 식물인간 상태의 남편을 내버려 둔 채 친정으로 돌아가 버린 뒤 다른 남자와 간통을 하는 등 그 배우자에게 혼인관계를 파탄에 이르게 한 이혼사유가 존재하고, 나아가 남편 본인의 이혼의사도 객관적으로 추정할 수 있다"(대법원 2010. 4. 8. 선고, 2009므3652, 판결).

〈설문〉 "가정에 최선을 다 하겠다"는 남편의 말을 믿고 이혼소송을 취하했지만 그 이후 약속을 지키지 않아서 다시 이혼소송을 제기할 경우 절차법적으로는 어떻게 되는가?

[실제사례] A는 남편 B가 여성들과 부정행위를 했다는 등의 이유로 이혼 및 위자료, 상간녀 C에게 위자료를 청구하는 소송을 제기하였다. 법원은 '원고와 피고는 이혼한다. B는 A에게 위자료로 5,000만 원, C는 그중 1,500만 원을 B와 연대해 지급하라'고 판결하였다. 그러자 B는 항소하였고 항소심 재판 중 '진정성 있게 가정에 최선을 다하겠다, 화해조건으로 1억 원을 지급하겠다'는 내용이 담긴 각서를 작성해 A에게 주었다. A는 이를 믿고 소를 취하하였다. 그러나 B는 돌변해 예전의 상태로 되돌아갔다. 그러자 A는 B를 상대로 다시 소송을 제기하였다.

소송에 관한 대리권이 없는 경우 2. 법정대리인이 사실상 또는 법률상 장애로 대리권을 행사할 수 없는 경우 3. 법정대리인의 불성실하거나 미숙한 대리권 행사로 소송절차의 진행이 현저하게 방해받는 경우 ② 법원은 소송계속 후 필요하다고 인정하는 경우 직권으로 특별대리인을 선임·개임하거나 해임할 수 있다.

민사소송법 제267조 제2항에 따르면 본안에 대한 종국판결이 있은 뒤에 소를 취하한 사람은 같은 소를 제기하지 못한다(소위 재소금지의 원칙). 그리고 가사소송법 제12조에 따르면 가사사건 절차에는 민사소송법을 준용한다.

이에 따라 상기한 〈설문〉 및 [실제사례]에 대해 2016년 부산가정법원 가사1부는 "A가 첫 번째 소송의 항소심에서 소를 취하한 후, 다시 동일한 이유로 이혼을 청구하는 것은 재소금지의 원칙에 반해 허용되지 않는다. A는 소 취하 이후로도 B가 C와 부정한 행위를 하면서 각서 내용을 위반했기 때문에 재소를 허용해야 할 사정변경이 발생했다고 주장하지만, 이것만으로는 이혼 청구를 다시 허용할 만한 새로운 사정이 발생했다고 볼 수는 없다"는 취지로 판시하였다(이혼 등 청구소송 기각결정으로 귀결).

〈설문〉 위자료 내지 양육비와 재산분할의 법원 심판에 대해—당해 심판의 확정 전—불이행이 있는 경우 실무상 어떠한 조치가 이루어지겠는가? (특히 가집행 허용여부, 지연이자의 기산시점)

이혼 재판에서는 이혼 자체와 더불어 재산분할, 위자료 내지 양육비 지급에 관한 판결이 함께 이루어지기도 한다. 다만 조정이혼에서는 당사자 간에 위자료, 양육비 또는 재산분할금에 대해서 서로 합의해서 정할 수 있고, 이 경우 기한 내 지급하지 않을 것을 대비해 지연이자에 대해서도 합의를 하게 될 것이다(보통 5~15%의 범위에서 정함). 그러나 조정이 아닌 (이혼)소송을 통해 판결이 내려지는 경우 실무상 위자료 내지 양육비는 제1심 판결문에 '가집행 할 수 있다'는 조항이 붙는다. 이것은 의무자가 항소하였더라도—즉, 재판확정 전이라 하더라도—의무자의 재산에 압류와 같은 강제집행을 할 수 있다는 의미를 가진다(이를 위해 청구자는 법원에 집행문 부여신청을 하여 집행문을 부여받을 것임).[25] 그리고 판결문이 정한 지급일에 위

25. 실무에서는 이혼소송(함께 재산분할과 위자료의 심판)을 제기하는 사람은 가압류·가처분을 신청하거나

자료 내지 양육비 지급이 이루어지지 않게 되면 지연이자 가산도 부과될 것이다. 이혼 위자료의 경우는 대개 소장부본이 송달된 날을 기산점으로 하여 재판 선고 시까지는 연 5%, 그 이후부터 실제 이행완료한 날까지는 연 12%가 지연이자로서 부가적으로 선고된다. 이러한 위자료에 대한 가집행 및 지연이자의 사항은 상대방의 무분별한 상소권 남용을 방지해 주는 효과를 가지게 된다.

그런데 위자료 내지 양육비와는 달리 이혼 재판 그 자체와 함께 병합 청구된 재산분할청구권에 대해서는 법원이 가집행을 선고할 수 없다. 재산분할청구권은 부부간 이혼이 성립한 것을 전제로 발생하는 것이므로 이혼 판결이 확정되어야 비로소 발생하는 것이고, 그 불이행 시 강제집행도 할 수 있는 것이기 때문이다(대법원 1998. 11. 13. 선고 98므1193 판결 ; 재산의 분할방법으로 금전지급을 명한 부분도 가집행의 선고를 할 수 없고, 이혼이 먼저 성립하고 재산분할만 별도로 청구한 경우에도 마찬가지라는 대법원 2014. 9. 4. 선고 2012므1656 판결). 따라서 재산분할 청구권은 그에 관한 최종 판결이 확정되어야 지급일이 시작되는 것이고, 불이행 시 지연이자의 기산도 당연히 이때부터 이루어지는 것이다(그리고 지연이자율은 연 5%. 부본송달·심리·선고·(상소절차)·확정에 이르기까지의 기간도 지연이자가 붙는 이혼 위자료와의 차이점). 이런 점 때문에 재산분할 의무자는 지급일을 연기하기 위하여 2심 내지 3심까지 상소 불복하기도 한다. 여하튼 재산분할 지급일이 지난 뒤에도 상대방이 지급을 미루고 있다면 당연히 (정식) 강제집행이 가능할 것이고 지연이자도 부과될 것이다. 재산분할의 경우 소송 중 상대방이 재산을 함부로 처분하지 못하도록 청구자가 가압류, 가처분 등의 사전조치를 미리 취해 두었다면 판결확정 후 강제집행은 용이하게 이루어질 수 있을 것이다.

재산명시·재산조회를 신청하여 상대방 재산을 미리 보전하거나 재산 보유상태를 파악해 두고 있음.

Ⅱ. 재판상 이혼 당사자의 준비사항(대응방안)

〈설문〉 이혼(특히 재판상 이혼)을 위한 사전 준비사항으로는 무엇이 필요한가?

협의이혼 시에는 이혼 그 자체는 물론이고 재산, 자녀 등 이혼에 따른 각종 문제를 부부간 합의로 결정할 여지가 많다. 따라서 협의이혼을 하려는 사람은 상대방 배우자와의 원활한 합의를 도출시키는 공동 노력을 기울이면 될 것이다. 그리고 재판상 이혼 중에서 조정이혼의 경우도 협의이혼과 같이 이혼 성사를 위한 상대방 배우자와의 공동 노력이 무엇보다 중요할 것이다. 그러나 소송이혼의 경우는 법적 쟁송이기 때문에 개인적으로 준비할 것이 많다. 재판상 이혼을 하려는 사람은 다음의 사항을 미리 준비해서 재판상 이혼에 대처하여야 할 것이다.

(1) 사실관계의 정리 : 이혼소송은 배우자 또는 배우자 직계존속의 책임 있는 사유로 혼인파탄에 이르게 된 경우에 이혼을 청구하는 소송이다. 그런데 재판상 이혼사유는 민법상 법정되어 있는데, 그 재판상 이유사유에 따르면 —완전한 또는 주된—유책 배우자는 이혼소송을 제기할 수 없는 것이 원칙이다(소위 유책주의. 다만 본문에서 다루어지겠지만 소송이혼으로의 귀결이 불가능한 것은 아님). 따라서 이혼소송을 제기하려는 사람은 본인이 혼인파탄의—완전한 또는 주된—유책자가 아님을 추후 주장할 수 있는 사실관계를 미리 정리해 둘 필요가 있다. 예컨대 혼인생활 동안 있었던 상황(특히 상대방의 가해와 본인 피해의 상황)들을 시간의 흐름에 따라 정리해 두는 것이 좋다. 왜냐하면 상대방의 가해와 본인의 피해의 상황에 관한 사실관계를 정리하는 것은 배우자의 행위가 "민법"에서 정한 재판상 이혼사유에 해당하는지를 입증하는 데 도움이 되기 때문이다.

(2) 관련 증거의 수집 : 이혼소송을 제기하면 법원은 당사자의 진술과 증거에

기초해서 판결을 내리게 된다(증거재판주의). 따라서 본인이 소송에서 이기기 위해서는 자신에게 유리한 증거를 미리 수집해 두었다가 소 제기 후 법정에 제출하여야 할 것이다. 또한, 이혼 그 자체와 결부된 자녀 양육비 청구, 위자료 청구 또는 재산분할의 청구와 관련하여서는 상대방 명의의 재산 등에 대해 사전처분이나 보전처분 등도 필요할 것인데, 이를 위해서도 관련 증거가 필요할 것이다. 따라서 재판상 이혼사유의 입증을 위한 병원 진단서, 부정한 행위를 찍은 사진, 문자메시지 등과 추후 자신에게 유리한 재산분할 등을 위해서 은행계좌 현황, 임대차계약서, 차용증 등 관련 증거를 미리 수집해 놓는 것이 좋다.

(3) 재산상 조치 : 혼인 중 공동으로 형성한 재산은 이혼할 때 재산분할의 대상이 된다. 그러나 재산이 부부공동명의가 아닌 배우자 단독명의로 되어 있으면 상대방이 재산분할을 피하거나 줄일 목적으로 재산을 임의로 처분할 수 있다. 따라서 재판상 이혼과 재산분할 청구를 준비하는 당사자는 상대방의 재산상황(부동산의 종류와 가액, 보험금, 예금상황 등)에 대해 정확히 파악하고, 법원에 상대방 배우자 명의의 재산에 대해 가압류(부동산가압류, 예금채권가압류, 주식가압류 등) 또는 가처분(부동산처분금지가처분, 부동산점유이전금지가처분 등)을 신청해서 재산에 대한 보전처분을 해 놓는 것을 생각해 볼 수 있다("가사소송법" 제63조, "민사집행법" 제276조 및 제300조).[26]

(4) 신분상 조치 : 재판상 이혼의 경우 이혼소송의 상대방인 배우자 또는 배우자의 가족으로부터 폭행 협박을 당할 수 있는데, 이 때에는 생명 · 신체의 안전을 도모할 필요가 있을 것이다. 그리고 상대방 배우자와 자녀 양육권

26. 가사소송법 **제63조(가압류, 가처분)** ① 가정법원은 제62조에도 불구하고 가사소송사건 또는 마류 가사비송사건을 본안(本案) 사건으로 하여 가압류 또는 가처분을 할 수 있다. 이 경우 "민사집행법" 제276조부터 제312조까지의 규정을 준용한다. ② 제1항의 재판은 담보를 제공하게 하지 아니하고 할 수 있다. ③ "민사집행법" 제287조를 준용하는 경우 이 법에 따른 조정신청이 있으면 본안의 제소가 있는 것으로 본다.

을 둘러싸고 첨예한 갈등이 야기될 수도 있다. 이혼소송이 진행되는 기간 동안의 자녀양육사항을 정할 필요가 있는 경우에는 법원에 사전처분이나 보전처분(가처분)을 신청하는 것을 생각해 볼 수 있다("가사소송법" 제62조 제1항 및 제63조 제1항). 구체적으로 배우자의 폭행에 대해서는 접근금지사전처분, 접근금지가처분을, 자녀의 친권·양육에 대해서는 친권·양육자지정 사전처분, 면접교섭사전처분 등을 신청할 수 있다.

〈설문〉 이혼소송을 당한 사람(배우자)은 어떻게 대응하여야 하는가?

이혼소송을 당한 배우자 중에는 본인은 이혼을 원하지 않는 유형과 본인도 이혼을 원하면서 자신에게 유리한 주장을 적극적으로 개진하고자 하는 유형이 크게 대비될 수 있을 것이다(뒤에서 더 다양한 유형을 소개함). 전자의 경우에는 상대방 배우자의 제소에 대해 피고로서만 방어하겠지만, 후자의 경우는 상대방 배우자의 제소에 대해 원고로서 반소를 제기할 것이다. 이혼소송을 당한 배우자의 유형에 따른 대응전략을 소개하면 다음과 같다.

(1) 답변서 제출의무 및 제출기한 : 이혼소송을 당한 배우자는 이혼소장의 부본(副本)을 공시송달(公示送達)의 방법으로 송달받은 경우를 제외하고는 그 부본을 송달받은 날부터 30일 이내에 답변서를 제출해야 한다(민사소송법 제256조 제1항). 만약 위 기한 내에 답변서를 제출하지 않으면 법원은 소장에서 상대방이 주장한 내용을 피고가 인정한 것으로 보고 변론 없이 원고승소판결(피고패소판결)을 할 수 있다(민사소송법 제257조 제1항).

(2) 본인도 이혼을 원하면서 상대방의 요구를 모두 들어주는 경우 : 배우자가 제기한 이혼소송에 대해 본인도 이혼을 원하고 배우자가 주장한 조건을 모두 받아들인다면 ① 배우자와 합의해서 이혼소송을 취하하고 협의이혼을 할 수도 있

고, ② 답변서 제출기한 내에 답변서를 제출하지 않거나, 이혼소장의 내용을 모두 인정하는 취지의 답변서를 제출하고 따로 항변하지 않음으로써 이혼소송을 종료할 수도 있다(민사소송법 제257조 제1항 및 제2항). 그러나 재판상 이혼에서 이러한 유형의 배우자는 거의 기대하기 어려울 것이다.

(3) 이혼은 원하되 배우자가 제시한 재산 및 자녀문제 등의 이혼조건을 받아들일 수 없는 경우(이혼조건 만에 대한 반소) : 이혼소송을 당한 배우자는 상대방이 제기한 이혼 자체에 대해서는 받아들이지만 이혼에 따르는 재산분할 문제와 자녀 양육 문제 등에 대해서는 다툴 수 있다. 이 경우에는 답변서 제출 외에도, 배우자의 주장과는 다른 조건으로 이혼을 원한다는 취지의 "반소"장을 변론 종결 시까지 제출해서(민사소송법 제269조 제1항) 재판으로 문제를 해결할 수 있다. 답변서는 소송을 제기한 배우자의 주장에 대한 답변에 불과하므로, 본인의 주장을 제기하기 위해서는 답변서와는 별도로 반소장(反訴狀)을 제출해야 한다.

(4) 이혼을 원하지 않고 응소(應訴)만 하는 경우 : 배우자가 제기한 이혼소송에 대해 본인이 이혼을 원하지 않는다면 제출기한 내에 답변서를 법원에 제출해서 배우자의 주장이 사실이 아님을 밝히거나, 민법 제840조에 따른 재판상 이혼 사유에 해당하지 않음을 밝힘으로써 판결·화해권고 또는 강제조정을 통해 이혼소송을 종료할 수 있다.

(5) 전면적 반소를 제기하는 경우 : 이혼소송을 제기한 배우자에게 혼인파탄사유가 있거나 재산·자녀문제 등 이혼조건을 받아들일 수 없는 경우에는 답변서 제출 외에도 배우자의 주장과는 다른 사유와 조건으로 이혼을 원한다는 취지의 반소장(反訴狀)을 사실심의 변론 종결 시까지 제출해서(민사소송법 제269조 제1항) 이혼판결을 구할 수 있다.

Ⅲ. 조정전치주의와 조정이혼

〈설문〉 재판상 이혼을 위해서는 먼저 조정절차를 거쳐야 하는가? (조정전치주의)

재판상 이혼을 하려면 먼저 가정법원의 조정을 거쳐야 한다(조정전치주의). 즉, 이혼소송을 제기하기 전에 먼저 가정법원에 조정을 신청해야 하며, 조정신청 없이 이혼소송을 제기한 경우에는 가정법원이 그 사건을 직권으로 조정에 회부한다. 다만, 다음의 경우에는 조정절차를 거치지 않고 바로 소송절차가 진행된다[가사소송법 제2조 제1항 제1호 나목 4) 및 제50조] : (1) 공시송달(公示送達)에 의하지 않고는 부부 일방 또는 쌍방을 소환할 수 없는 경우 (2) 이혼사건이 조정에 회부되더라도 조정이 성립될 수 없다고 인정되는 경우

이혼조정을 신청하는 경우에는 재산분할, 위자료, 양육사항 및 친권자지정 등 부부 간 합의되지 않은 사항이 있다면 이를 함께 신청해서 조정 받을 수 있다(가사소송법 제57조). 이혼조정 신청은 다음의 가정법원에 조정신청서를 제출하면 된다(가사소송법 제22조, 제51조) : (1) 부부가 같은 가정법원의 관할구역 내에 보통재판적이 있는 경우에는 그 가정법원 (2) 부부가 마지막으로 같은 주소지를 가졌던 가정법원의 관할구역 내에 부부 중 어느 한쪽의 보통재판적이 있는 경우에는 그 가정법원 (3) 위 (1)과 (2)에 해당되지 않는 경우로서 부부 중 한쪽이 다른 한쪽을 상대로 하는 경우에는 상대방의 보통재판적이 있는 곳의 가정법원 (4) 부부가 합의로 정한 가정법원

〈설문〉 가사소송법은 가사조정에 대해서는 구체적으로 어떻게 규율하고 있는가? (가사소송법 제49조 이하)

가사조정에 대해서는 가사소송법 제4편이 규정하고 있다. 제4편의 해당 규정을 적시하면 다음과 같다 :

- 제49조(준용법률) 가사조정에 관하여는 이 법에 특별한 규정이 있는 경우를 제외하고는 "민사조정법"을 준용한다. 다만, "민사조정법" 제18조 및 제23조는 준용하지 아니한다.
- 제50조(조정 전치주의) ① 나류 및 다류 가사소송사건과 마류 가사비송사건에 대하여 가정법원에 소를 제기하거나 심판을 청구하려는 사람은 먼저 조정을 신청하여야 한다. ② 제1항의 사건에 관하여 조정을 신청하지 아니하고 소를 제기하거나 심판을 청구한 경우에는 가정법원은 그 사건을 조정에 회부하여야 한다. 다만, 공시송달의 방법이 아니면 당사자의 어느 한쪽 또는 양쪽을 소환할 수 없거나 그 사건을 조정에 회부하더라도 조정이 성립될 수 없다고 인정하는 경우에는 그러하지 아니하다.
- 제51조(관할) ① 가사조정사건은 그에 상응하는 가사소송사건이나 가사비송사건을 관할하는 가정법원 또는 당사자가 합의로 정한 가정법원이 관할한다. ② 가사조정사건에 관하여는 제13조 제3항부터 제5항까지의 규정을 준용한다.
- 제52조(조정기관) ① 가사조정사건은 조정장 1명과 2명 이상의 조정위원으로 구성된 조정위원회가 처리한다. ② 조정담당판사는 상당한 이유가 있는 경우에는 당사자가 반대의 의사를 명백하게 표시하지 아니하면 단독으로 조정할 수 있다.
- 제53조(조정장 등 및 조정위원의 지정) ① 조정장이나 조정담당판사는 가정법원장 또는 가정법원지원장이 그 관할법원의 판사 중에서 지정한다. ② 조정위원회를 구성하는 조정위원은 학식과 덕망이 있는 사람으로서 매년 미리 가정법원장이

나 가정법원지원장이 위촉한 사람 또는 당사자가 합의하여 선정한 사람 중에서 각 사건마다 조정장이 지정한다.

- 第54조(조정위원) 조정위원은 조정위원회에서 하는 조정에 관여할 뿐 아니라 가정법원, 조정위원회 또는 조정담당판사의 촉탁에 따라 다른 조정사건에 관하여 전문적 지식에 따른 의견을 진술하거나 분쟁의 해결을 위하여 사건 관계인의 의견을 듣는다.
- 第55조(조정의 신청) 조정의 신청에 관하여는 제36조 제2항부터 제5항까지의 규정을 준용한다.
- 第56조(사실의 사전 조사) 조정장이나 조정담당판사는 특별한 사정이 없으면 조정을 하기 전에 기한을 정하여 가사조사관에게 사건에 관한 사실을 조사하게 하여야 한다.
- 第57조(관련 사건의 병합신청) ① 조정의 목적인 청구와 제14조에 규정된 관련 관계에 있는 나류, 다류 및 마류 가사사건의 청구는 병합하여 조정신청할 수 있다. ② 당사자 간의 분쟁을 일시에 해결하기 위하여 필요하면 당사자는 조정위원회 또는 조정담당판사의 허가를 받아 조정의 목적인 청구와 관련 있는 민사사건의 청구를 병합하여 조정신청할 수 있다.
- 第58조(조정의 원칙) ① 조정위원회는 조정을 할 때 당사자의 이익뿐 아니라 조정으로 인하여 영향받게 되는 모든 이해관계인의 이익을 고려하고 분쟁을 평화적·종국적(終局的)으로 해결할 수 있는 방안을 마련하여 당사자를 설득하여야 한다. ② 자녀의 친권을 행사할 사람의 지정과 변경, 양육 방법의 결정 등 미성년자인 자녀의 이해(利害)에 직접적인 관련이 있는 사항을 조정할 때에는 미성년자인 자녀의 복지를 우선적으로 고려하여야 한다.
- 第59조(조정의 성립) ① 조정은 당사자 사이에 합의된 사항을 조서에 적음으로써 성립한다. ② 조정이나 확정된 조정을 갈음하는 결정은 재판상 화해와 동일한 효력이 있다. 다만, 당사자가 임의로 처분할 수 없는 사항에 대하여는 그러하지 아니하다.

– 第60조(이의신청 등에 의한 소송으로의 이행) 제57조 제2항에 따라 조정신청된 민사사건의 청구에 관하여는 "민사조정법" 제36조를 준용한다. 이 경우 가정법원은 결정으로 그 민사사건을 관할법원에 이송하여야 한다.

– 第61조(조정장 등의 의견 첨부) 조정의 목적인 가사사건의 청구에 관하여 "민사조정법" 제36조에 따라 소가 제기된 것으로 의제(擬制)되거나, 제50조 제2항에 따라 조정에 회부된 사건을 다시 가정법원에 회부할 때에는 조정장이나 조정담당판사는 의견을 첨부하여 기록을 관할가정법원에 보내야 한다.

(1) 조정전치주의 내지 조정이혼의 신청

〈설문〉 협의이혼 및 소송이혼과 비교한 조정이혼의 장점은 무엇인가?

재판상 이혼은 이루어지는 방법(절차)에 따라 조정이혼과 소송이혼으로 구분할 수 있다. 〈조정(調停) 이혼〉은 소송과 달리 자유로운 분위기에서 조정 당사자의 의견을 충분히 듣고 여러 사정을 참작해서 상호 타협과 양보에 의해 문제를 평화적으로 해결하는 제도이다. 조정이혼은 전술한 협의이혼보다 유리한 점이 있다. 협의이혼은 부부 모두가 보모교육을 받은 날로부터 기산되는 이혼숙려기간, 그 이후의 확인기간 등이 있어 소요기간이 상당히 길다. 그리고 해외거주자의 경우는 협의이혼을 위한 법원(대사관) 출석 등의 번거로움도 크다. 반면에 조정이혼은 신청서를 제출한 날로부터 기산되는 숙려기간이 만료되는 날에 바로 종결하는 것도 가능하고, 변호사에게 의뢰하여 법원출석 및 서류준비의 번잡한 절차를 대신하게 할 수도 있다. 그리고 협의이혼은 위자료, 재산분할, 미성년 자녀에 대한 면접문제에 대해서는 법원이 간섭하지 않는다. 그렇기 때문에 이혼 후 이에 관한 별도의 재판청구가 있을 가능성이 상당하다(그리고 합의서에 대한 공증비용도 상당할 것임). 그러나 판결문과 동일한 효력이 있는 조정조서가 작성되는 조정이혼은 이러한 우려가 불식될 수 있다.

그리고 소송이혼과 비교하여서도 법정에서 감정대립을 자제하여야 하는 자녀가 있는 부부는 조정이혼을 이용하면 좋을 것이다. 그리고 조정이혼도 소송이혼절차에서 할 수 있는 가사조사절차, 증거신청, 증거보전신청, 석명요구 신청, 사전처분신청, 사실조회신청, 문서제출명령신청, 금융거래내역조회신청 등을 할 수 있다. 특별한 이혼사유가 없는 당사자가 이혼을 하고 싶은 경우에도 조정이혼을 신청해서 조정위원의 도움을 받아 원하는 이혼을 성사시킬 수도 있을 것이다.

우리나라는 이혼소송을 제기하기 전에 먼저 조정절차를 거치는, 이른바 조정전치주의(調停前置主義)를 채택하고 있다. 따라서 재판상 이혼을 하려면 이혼소송을 제기하기 전에 먼저 조정을 신청해야 하며, 조정신청 없이 바로 이혼소송을 제기한 경우에는 가정법원이 그 사건을 조정에 회부한다[가사소송법 제2조 제1항 제1호 나목 4) 및 제50조]. 그러나 ① 공시송달(公示送達)에 의하지 않고는 부부 일방 또는 쌍방을 소환할 수 없거나 ② 이혼사건이 조정에 회부되더라도 조정이 성립될 수 없다고 인정되는 경우에는 조정절차 없이 바로 소송절차가 진행된다(가사소송법 제50조 제2항 단서).

조정은 당사자 사이에 합의된 사항을 조서에 기재함으로써 성립한다(가사소송법 제59조 제1항). 이 조서는 재판상 화해와 동일한 효과가 있다(동조 제2항). 그리고 조정을 신청한 자는 조정 성립의 날부터 1월 이내에 이혼신고를 하여야 한다(가족관계등록법 제78조, 제58조).

(2) 소송이혼의 재판절차

조정단계에서 부부 사이에 이혼합의가 이루어지면 바로 이혼이 성립되며(가사소송법 제59조), 조정이 성립되지 않으면 소송으로 이행된다(가사소송법 제49조, 민사조정법 제36조). 민사소송법 제55조에 따르면[27] 미성년자는 결혼에 따른 성년의제에 의하여(민법 제826조의 2), 피한정후견인(구 한정치산자)은 가족법상의 행위에 관하여 독자적으로 소를 제기할 수 있지만,[28] 피성년후견인(구 금치산자)의 경우는 단독으로 소를 제기하지 못하고 법정대리인이 대리하여야 한다. 피성년후견인(구 금치산자)의 배우자가 법정 대리인인 경우에는 소 제기자와 그 상대방이 동일인이 되는 모순 문제가 발생한다(이 경우 특별대리인 선임의 근거규정은 없음).

전치된 조정절차에서 당해 사건에 대한 조정을 하지 않기로 하는 결정이 있거나 조정이 성립되지 않는 것으로 종결된 경우 또는 조정에 갈음하는 결정이 이의신청에 의해 효력을 상실하는 경우 조정신청을 한 때를 기준으로 소가 제기된 것으로 본다(가사소송법 제49조, 민사소송법 제38조).

소송이혼의 경우에는 이혼소송을 통해 이혼 여부가 정해진다(가사소송법 제49조, 제50조 제2항 단서, 민사조정법 제36조). 가사소송 절차에 관하여는 이 법에 특별한 규정이 있는 경우를 제외하고는 민사소송법에 따른다(가사소송법 제12조). 이혼심판은 선고로 그 효력이 발생한다(민사소송법 제205조). 가정법원의 판결에 대하여 불복하는 경우에는 판결정본이 송달된 날부터 14일 이내에 항소할 수 있다. 다만, 판결정본 송달 전에도 항소할 수 있다(가사소송법 제19조 제1항). 항소법원은 항소의 이유가 있는 경우에도 제1심 판결을 취소하거나 변경하는 것이 사회정의와 형평의 이념에 맞지 아니하거나 가정의 평화와 미풍양속을 유지하기에 적합하지 아니하다고 인정하는 경우에는 항소를 기각할 수 있다(제3항). 항소법원의 판결에 대하여 불복하는 경우에는 판결정본이 송달된 날부터 14일 이내에 대법원

---

27. 민사소송법 **제55조(제한능력자의 소송능력)** ① 미성년자 또는 피성년후견인은 법정대리인에 의해서만 소송행위를 할 수 있다. 다만, 다음 각 호의 경우에는 그러하지 아니하다. 1. 미성년자가 독립하여 법률행위를 할 수 있는 경우 2. 피성년후견인이 "민법" 제10조 제2항에 따라 취소할 수 없는 법률행위를 할 수 있는 경우 ② 피한정후견인은 한정후견인의 동의가 필요한 행위에 관하여는 대리권 있는 한정후견인에 의해서만 소송행위를 할 수 있다.

28. 민법 **제13조(피한정후견인의 행위와 동의)** ① 가정법원은 피한정후견인이 한정후견인의 동의를 받아야 하는 행위의 범위를 정할 수 있다.

에 상고할 수 있다. 다만, 판결정본 송달 전에도 상고할 수 있다(제20조).

이혼청구를 인용하는 확정판결을 받은 소 제기자는 확정된 때부터 1개월 내에 재판의 등본과 그 확정증명서를 첨부하여 이혼신고를 하여야 한다(가족관계등록법 제78조, 제58조).

Ⅳ. 재판상 이혼청구 사건의 심리와 재판

〈설문〉 주거 불명의 배우자를 상대로 한 재판상 이혼 청구 시 상대방 배우자는 어떻게 소제기된 사실을 알게 되는가? (공시송달)

소송이 제기되면 소송 상대방에게 소송이 제기된 사실을 알리고 이에 대한 방어기회를 주기 위해 법원이 직권으로(민사소송법 제174조) 소송 상대방에게 소송 관련 서류를 보내는데, 이를 송달이라고 한다. 송달은 우편 또는 집행관에 의하거나, 그 밖에 대법원 규칙이 정하는 방법에 따라서 하여야 하기 때문에 개인이 직접 상대방에게 전달하는 방식은 법적인 효력이 없다. 즉, 송달의 방법은 송달받을 사람에게 직접 서류를 교부하는 교부송달을 원칙으로 한다(민사소송법 제178조). 그러나 이러한 교부송달이 불가능한 경우나 민사소송법 제186조 제1항(보충 송달)에 의거하여 송달장소에서 송달받을 사람을 만나지 못한 때에는 가족 등에게도 송달할 수 있다. 그리고 서류를 송달받을 사람 또는 서류를 넘겨받을 사람이 정당한 사유 없이 송달받기를 거부하는 때에는 송달할 장소에 서류를 놓아둘 수 있는 유치(留置)송달(민사소송법 제186조 제3항), 민사소송법 **제186조(보충송달·유치송달)**에 따라 송달할 수 없는 때에는 법원사무관등이 서류를 등기우편 등 대법원규칙이 정하는 방법으로 발송할 수 있다는 우편(발송)송달(민사소송법 제187조), 법원 안에 송달할 서류를 넣을 송달함"을 설치하여 송달할 수 있는 송달함(送達函)송달(민사소송법 제188조 제3항에 따르면 송달받을 사람이 송달함에서 서류를 수령하여 가지 아니한 경우에도 송달함에 서류를 넣은 지 3일이 지나면 송달된 것으로 봄), 전화에 의한 송달(민사소송규칙 제46조 제1항) 또는 공시(公示)송달(민사소송법 제195조)의 방법으로 송달할 수 있다.

공시송달이란 상대방의 주소 또는 근무 장소를 알 수 없는 등의 이유로 상대방에게 통상의 방법으로 서류를 송달할 수 없을 경우에 당사자의 신청 또는 법원이 직권으로 행하는 것으로서 법원사무관 등이 송달할 서류를 보관하고 그 사유를 ① 법원게시판에 게시하거나 ② 관보·공보 또는 신문에 게재하거나 ③ 전자통신매체를 이용해 공시하는 방법으로 상대방이 언제라도 송달받을 수 있게 하는 송달방법을 말한다(민사소송법 제194조, 제195조, 민사소송규칙 제54조 제1항). 이혼소송 상대방의 주소를 몰라 법원에 공시송달을 〈신청〉하려면 다음의 서류를 갖추어서 이혼소송을 제기한 가정법원에 제출하면 된다 : (1) 공시송달 신청서["각급법원에 비치된 일부 민원서식의 통합에 따른 안내 지침"(재판예규 제1367호, 2011. 11. 28. 발령, 2011. 11. 29. 시행) 제1조] (2) 말소된 주민등록등본, 최후 주소지 통·반장의 불거주확인서, 상대방의 친족(부모, 형제, 자매 등)이 작성한 소재불명확인서 등 상대방의 현주소를 알 수 없음을 밝히는 자료.

법원은 당사자의 공시송달 신청을 기대할 수 없거나 소송지연을 방지할 필요가 있는 경우에 〈직권〉으로 공시송달하게 된다. 공시송달은 소장 부본 전달, 출석통지 등 소송진행과정에 따라 여러 차례 할 수도 있다. 이 때 첫 번째 공시송달은 공시송달한 날부터 2주가 지나면 효력이 발생하고, 같은 당사자에게 하는 그 뒤의 공시송달은 공시송달을 실시한 다음 날부터 효력이 발생해서(민사소송법 제196조) 재판절차가 진행된다. 외국인이 일방적으로 본국으로 출국한 경우의 공시송달 이혼 재판에 대해서는 뒤에서 별도로 설명하기로 한다.

〈설문〉 배우자의 부정행위를 이유로 한 재판상 이혼 청구 시 배우자와 상간자의 핸드폰 통화기록내역에 대한 조회가 가능한가?

민사소송법 제344조 이하에 의하면 법원은 통신사실확인자료에 대한 문서제출명령을 할 수 있고 전기통신사업자는 특별한 사정이 없는 한 이에 응할 의무가 있다. 그런데 통신비밀보호법 제3조 제1항 본문에 따르면 전기통신사업자는 정당한 이유가 있으면 문서제출명령의 대상이 된 통신사실확인자료의 제출을 거부할 수 있다. 이와 같이 서로 대비되는 법 규정으로 인해 실무에서는 상간자 소송이나 배우자 외도를 이유로 한 이혼소송에서 배우자 외도를 입증하기 위하여 배우자나 상간자의 핸드폰 통화기록내역을 법원을 통하여 받아 볼 수 있는지가 오랜 기간 문제되었다. 그런데 2023년 7월 내려진 전원합의체 판례를 통해 이제는 확정적으로 배우자나 상간자의 핸드폰 통화기록내역을 소송 중 법원을 통하여 받아 볼 수 있게 되었다. 다만 동 판례는 다음과 같은 문서제출명령의 한계도 밝혔다 : “통신비밀보호법은 개인의 사생활 및 대화의 비밀과 자유를 보호하기 위해 통신사실확인자료에 대한 제공을 원칙적으로 금지하고 있으므로, 법원은 통신사실확인자료에 대하여 문서제출명령을 심리·발령할 때에는 이러한 통신비밀보호법의 입법 취지를 고려하여 통신과 대화의 비밀 및 자유와 적정하고 신속한 재판의 필요성에 관하여 엄격한 비교형량을 거쳐 그 필요성과 관련성을 판단하여야 한다. 그러므로 법원은 문서제출명령 신청의 대상이 된 통신사실확인자료의 내용 및 기간이 신청인이 제시한 증명사항과 밀접한 관련성이 있는지, 나아가 그 문서에 대한 서증조사를 통하여 증명사항이 사실로 인정되면 그러한 사실에 기초하여 신청인이 구체적으로 특정한 주장사실을 추단할 수 있는지를 심리함으로써 문서제출명령 신청의 채택 여부 및 범위를 신중히 결정하여야 한다”(대법원 2023. 7. 17. 선고 2018스34 전원합의체 결정). 그리고 상대방 측의 입장에는 법원의 문서제출명령에 대해서 즉시항고를 통하여 다툴 수 있다.

민사소송법 및 통신비밀보호법에 의해 조회되는 것은 통화기록내역일 뿐이고 통화내용이나 문자내용까지 조회되는 것은 아니다. 따라서 이것만으로 외도사실을 입증하기에는 한계가 있으므로 승소를 위해서는 다른 증거자료를 최대한 확보하여야 할 것이다.

〈설문〉 중혼적 사실혼으로 인해 동거녀와 자녀까지 두게 된 법률혼 배우자(남, 사회적 지위 있는 자)가 —호적부(가족관계등록부)에 정식 배우자로 등재되기를 바라는 동거녀의 사주를 받아— 오랜 기간 가정에 헌신해 온 본처를 상대로 이혼소송을 제기한 경우, 본처가 반소를 제기하는 것과 남편이 제기한 이혼소송에서 이혼은 원하지 않는다는 등의 방어만 하는 것의 차이는?

이 사례는 유책 배우자에 의한 이혼소송의 제기이기 때문에 법률혼의 처가 이혼을 원하지 않는다고 방어만 하는 경우에는 대개 이혼청구 기각결정이 내려질 것이다. 반면에 법률혼의 처가 남편이 괘씸하다고 반소를 제기하면 남편과 상간 동거녀로부터 위자료를 받을 수는 있겠지만 반소를 통해 의사를 밝힌 이혼에 따른 재산분할을 통해 경제적으로 더 많은 부분을 잃을 수도 있는 것이다(특히 본인 명의의 재산이 많은 경우에는 손해. 그리고 자녀 양육비는 성인이 될 때까지만 인정될 뿐임). 본인 입장에서 반소를 제기하는 것이 손해라고 판단되면 본처는 남편의 이혼소송에서 끝까지 방어를 하여 기각결정을 받아 낼 수도 있고(이혼 소송과는 별개로 외도한 남편을 상대로 생활비 및 월별 부양료 지급의 반소를 제기할 수 있고, 상간녀에 대해서는 별도의 손해배상소송을 제기할 수도 있을 것임), 다른 한편 남편이 끝까지 이혼을 고집한다면 본인에게 유리한 합의 조건을 제시하여(남편 특유재산도 포함된 재산분할, 상당한 위자료, 상당한 자녀 양육비의 조건 제시) 법원의 조정절차를 통해 본인에게 최대한 유리한 조정이혼이 되게 하는 방법도 있을 것이다.

〈설문〉 제1심의 이혼소송 절차 중에 당사자 일방이 사망하였다면 상속인 소송수계 문제는 어떻게 되는가? (특히 일반 민사사건 및 이혼 재심절차와의 비교, 제2장 실체법 편 [§ 8]의 설명도 참조)

(1) 일반 민사사건의 경우

일반 민사사건의 경우 사망한 자를 피고로 하여 제기한 소송에 대해 법원의 판결이 있었다면 그 판결은 무효가 된다(소 제기 후 즉시 사망 사실을 알았다면 그 상속인을 피고로 하는 당사자표시 변경신청을 하여야 할 것임. 심리 기일까지 이루어지지 않으면 소 각하 판결을 받을 것임). 그리고 변론 심리 절차가 진행 중에 피고가 사망한 경우에는 민사소송법에 따르면[29] 일단 소송절차가 중단되고—일신전속권이어서 승계할 사람이 없는 경우가 아니면—상속인에 의한 소송수계 절차가 진행되어야 한다(수계 신청권자에 대해서는 민법 제1153조, 제1103조, 민사소송법 제241조). 이러한 수계 절차 없이 재판이 선고된 경우 전원합의체 판례에 의하면 재판무효가 되는 것이 아니라 상소 내지 재심 사유가 될 뿐이다(대법원 1995. 5. 23. 선고 94다28444 전원합의체 판결). 그리고 변론종결 이후에 사망한 경우에는 재판의 효력이 그 상속인에게도 미친다.

(2) 제1심 이혼 소송절차와 이혼 재심절차의 비교

상기한 바와 같이 민사소송으로 청구한 권리의 법적 성질이 (귀속적) 일신 전속권이라면[30] 소송 도중 사망한 권리자의 상속인에 의한 소송수계가 이루어질 수

29. 민사소송법 **제233조(당사자의 사망으로 말미암은 중단)** ① 당사자가 죽은 때에 소송절차는 중단된다. 이 경우 상속인·상속재산관리인, 그 밖에 법률에 의하여 소송을 계속하여 수행할 사람이 소송절차를 수계(受繼)하여야 한다. ② 상속인은 상속포기를 할 수 있는 동안 소송절차를 수계하지 못한다.

30. 일신전속권은 귀속 일신전속권과 행사 일신전속권으로 나누어 진다. 특정 주체만이 향유할 수 있는

없다. 이것은 가사소송에서도 다르지 않다. 그런데 재판상 이혼청구권은 부부의 일신전속적 권리이므로 이혼소송 계속 중 배우자 일방이 사망한 때에는 상속인이 수계할 수 없음은 물론 검사가 수계할 수 있는 특별한 규정도 없으므로 진행 중인 이혼소송은 종료된다(대법원 1993. 5. 27. 선고 92므143 판결). 문제는 이혼소송 청구인의 승소판결 확정 후 그 상대방이 청구한 재심절차(예컨대, 이혼 피청구인이 확정된 기존 이혼 심판의 취소와 아울러 그 이혼청구의 기각을 구하는 재심청구 절차)가 진행 중 이혼 청구인(재심피청구인)이 사망한 경우에 발생한다. 이 경우 재심피청구인(이혼청구인)의 상속인 수계를 인정할 것인가(인정하면 상속인으로의 "당사자표시변경신청"이 요구됨), 아니면 상속인 수계가 인정되지 않으므로 수계자가 없게 되었다 하여 확정된 이혼 심판의 취소와 아울러 그 이혼청구의 기각을 구하는 재심소송 자체가 종료된다고 볼 것인가의 문제가 발생할 것이다.

판단컨대, 혼인관계와 같은 신분관계는 성질상 상속될 수 없는 것이고 그러한 신분관계의 재심당사자의 지위 또한 상속될 성질의 것이 아니므로 이혼소송의 재심소송에서 당사자의 일방이 사망하였더라도 그 재산상속인들이 그 소송절차를 수계할 까닭이 없는 것이 원칙이다. 그러나 신분관계소송에 있어서는 재산상 분쟁의 경우와는 달리 위법한 신분관계가 존속함에도 그 상대방이 될 자가 사망하였고 그 법률관계는 상속되지 않아 소송의 상대방이 될 자가 존재하지 않는 경우에는 관련된 다수 이해관계인들의 이익을 위하여 공익의 대표자인 검사를 소송의 상대방으로 하여 소송을 하는 방법으로 이를 바로잡는 방안이 마련되어 있는데(민법

권리를 귀속 일신전속권이라고 하고, 특정 주체만이 행사할 수 있는 권리를 행사 일신전속권이라고 한다. 귀속 일신전속권은 양도·상속에 제한을 받는다(따라서 소송 진행 중 사망에 따른 상속인의 소송수계가 불가능할 것임). 행사 일신전속권은 민법 제404조에 의한 채권자 대위권의 목적이 될 수 없다(반면에 본인이 직접 소송을 제기하여 권리를 행사한 이후 소송 도중에 사망하였다면 그 상속인에 의한 소송수계가 가능할 것임). 일신 전속권은 절차법으로서 주로 가사소송법 적용의 대상이 되는 신분상 권리에 많은데 비하여, 절차법으로 주로 민사소송법 적용의 대상이 되는 재산권은 원칙적으로 비전속권이지만 예외적으로 일신전속적인 경우도 있다. 참고로, 이혼 위자료청구권은 행사 일신 전속권에 해당한다.

제849조, 제864조, 제865조, 가사소송법 제24조 제3항, 제4항)[31] 이는 위법한 신분관계가 존재하는 경우에 이를 다툴 구체적 상대방이 없다는 이유로 방치하는 것은 공익에 반하므로 공익의 대표자인 검사를 상대로 하여 소송을 제기하게 하는 것이다.

이러한 이유에 근거하여 상기한 〈설문〉에 대한 판례는 "이혼의 심판이 확정된 경우에 그 심판에 재심사유가 있다면 그 확정판결에 의하여 형성된 신분관계(정당한 부부관계의 해소)는 위법한 것으로서 재심에 의하여 그 확정판결을 취소하여 그 효력을 소멸시키는 것이 공익상 합당하다고 할 것이므로 그 재심피청구인이 될 청구인이 사망한 경우에는 위에서 본 규정들을 유추적용하여 검사를 상대로 재심의 소를 제기할 수 있다고 해석함이 합리적이라고 할 것이고 같은 이치에서 재심소송의 계속 중 본래 소송의 청구인이며 재심피청구인이었던 당사자가 사망한 경우에는 검사로 하여금 그 소송을 수계하게 함이 합당하다고 할 것이다. 이혼심판에 대한 재심소송의 제1심 계속 중 이혼청구인이 사망하였다면, 제1심으로서는 청구인의 상속인들로 하여금 청구인을 수계하도록 할 것이 아니라 검사로 하여금 청구인의 지위를 수계하도록 하여 재심사유의 존재 여부를 살펴보았어야 하고 심리한 결과 재심사유가 있다고 밝혀진다면 재심대상심판을 취소하여야 하며 이 단계에서는 이미 혼인한 부부 중 일방의 사망으로 소송이 그 목적물을 잃어버렸기 때문에 이를 이유로 소송이 종료되었음을 선언하였어야 한다"고 판시하였다(대법원 1992. 5. 26. 선고, 90므1135, 판결).

31. 가사소송법 **제24조(혼인무효·취소 및 이혼무효·취소의 소의 상대방)** ① 부부 중 어느 한쪽이 혼인의 무효나 취소 또는 이혼무효의 소를 제기할 때에는 배우자를 상대방으로 한다. ② 제3자가 제1항에 규정된 소를 제기할 때에는 부부를 상대방으로 하고, 부부 중 어느 한쪽이 사망한 경우에는 그 생존자를 상대방으로 한다. ③ 제1항과 제2항에 따라 상대방이 될 사람이 사망한 경우에는 검사를 상대방으로 한다. ④ 이혼취소의 소에 관하여는 제1항과 제3항을 준용한다.

〈설문〉 상대방에 의한 반소의 제기 없이 유책 배우자가 제기한 이혼소송도 인용될 수 있는가? (예외적 인용과 그 기준)

재판상 이혼원인에 관한 민법 제840조는 원칙적으로 유책주의를 채택하고 있는 것으로 해석되며, 민법 제840조 제6호의 이혼사유에 관하여도 혼인생활의 파탄에 주된 책임이 있는 배우자는 그 파탄을 사유로 하여 이혼을 청구할 수 없는 것이 원칙이다. 이와 같이 판례가 유책주의를 취하는 이유로는 (i) 협의이혼제도가 마련되어 있으므로 파탄주의까지 도입할 필요가 없음, (ii) 파탄주의에 따른 유책배우자의 상대방을 보호할 직접적인 법 규정이 아직 마련되어 있지 않음(실무 판례만으로는 한계가 있음), (iii) 파탄주의를 도입하면 간통죄 폐지에 따라 중혼을 인정하는 결과가 될 것임 등이 제시될 수 있을 것이다.

그러나 상기한 〈설문〉에 대한 판례에 따르면 "이혼청구 배우자의 유책성을 상쇄할 정도로 상대방 배우자 및 자녀에 대한 보호와 배려가 이루어진 경우, 세월의 경과에 따라 파탄 당시 현저하였던 유책배우자의 유책성과 상대방 배우자가 받은 정신적 고통이 약화되어 쌍방의 책임의 경중을 엄밀히 따지는 것이 더 이상 무의미할 정도가 된 경우 등 혼인 파탄의 책임이 반드시 이혼청구를 배척해야 할 정도로 남아있지 않은 경우 그러한 배우자의 이혼청구는 예외적으로 허용될 수 있다. 이를 판단할 때에는 유책배우자의 책임의 태양·정도, 상대방 배우자의 혼인계속의사 및 유책배우자에 대한 감정, 당사자의 나이, 혼인기간과 혼인 후의 구체적인 생활관계, 별거기간, 별거 후에 형성된 부부의 생활관계, 혼인생활의 파탄 후 여러 사정의 변경 여부, 이혼이 인정될 경우 상대방 배우자의 정신적·사회적·경제적 상태와 생활보장의 정도, 미성년 자녀의 양육·교육·복지의 상황, 그 밖의 혼인관계의 여러 사정을 두루 고려하여야 한다"(대법원 2022. 6. 6. 선고 2021므14258 판결).

따라서 유책배우자의 책임이 성격차이로 인한 가출 별거에 머문 사정(외도 내지 지속적 폭행보다는 비난가능성이 상대적으로 낮을 것임), 상대 배우자가 이혼청구를 기각시키고 부양료 청구의 소를 제기하여 이에 따라 부양료 및 자녀 양육비를 지급한 사정(유책 배우자의 비난가능성을 낮추는 요인이 될 것임), 반면에 상대방 배우자에게는 부부 상담에 성실히 임하는 등의 혼인관계 회복을 위한 노력이 없었던 정황, 상대방 배우자도 혼인을 계속할 의사가 없다고 판단되는 정황 등이 있는 경우에는 유책 배우자에 의한 이혼소송도 예외적으로 인용될 수 있을 것이다.

〈설문〉 이혼재판 "이유"만에 대해 상소한 경우 상소이익을 인정할 수 있겠는가? (상소이익이 없으면 상소각하, 다만 위자료 액수에 대한 상소인 경우는 상소기각)

상소는 자기에게 불이익한 재판에 대하여 자기에게 유리하게 취소변경을 구하기 위하여 하는 것이고, 재판이 상소인에게 불이익한 것인지 여부는 원칙적으로 재판의 주문을 표준으로 하여 판단하여야 하는 것이어서, 재판의 주문상 청구의 인용부분에 대하여 불만이 없다면 비록 그 판결 이유에 불만이 있더라도 그에 대하여는 상소의 이익이 없다(대법원 1994. 11. 25. 선고 94므826, 833 판결 ; 1994. 12. 27. 선고 94므895 판결).

상기한 〈설문〉에 대한 판례에 따르면[32] "피고는 원심판결의 주문상 이혼청구 부분에 대하여 불만이 없고, 다만 그 판결 이유에서 혼인관계가 파탄에 이르게 된 데에는 피고에게도 일부 책임이 있다는 설시 부분에 잘못이 있다고 하여 상고를 제기하고 있음이 분명하므로, 피고의 상고 중 이혼청구에 관한 부분은 상소의 이익이

---

32. [판례사례의 내용] 제1심에서 원고의 이혼및위자료 등 청구가 일부 인용되자(제1심 재판내용 : 혼인관계가 파탄에 이르게 된 주된 책임이 원고에게 있음을 이유로 원고의 본소 이혼청구를 기각하고, 피고의 반소 이혼청구를 인용하면서 위자료 및 재산분할의 결정도 하였음) 원고만이 패소 부분에 대하여 항소를 제기하고, 피고는 항소나 부대항소를 제기하지 않았다가 원고의 항소가 기각되자 피고가 판결 이유에서 혼인관계가 파탄에 이르게 된 데에는 피고에게도 일부 책임이 있다는 설시 부분과 재산분할 내용에 각각 잘못이 있다고 하여 상고한 사례

없는 것이어서 부적법하다 할 것이다. 제1심에서 원고의 피고에 대한 청구가 일부 인용되자 패소 부분에 대하여 원고만 항소를 제기하고, 피고는 항소나 부대항소를 제기하지 않고 있다가 원고의 항소가 기각되자 피고가 상고한 경우 그 상고는 상소의 이익이 없어 부적법하다. 원고가 피고에 대하여 재산분할로 1억 2,000만 원을 지급하라는 청구를 하였는데 제1심법원이 피고에게 재산분할로 6,000만 원만의 지급을 명하자 패소 부분에 대하여 원고만 항소를 제기하였고, 피고는 항소나 부대항소를 제기하지 않고 있다가 재산분할청구 부분에 대한 원고의 항소가 기각되자 피고 명의의 채무 및 원고의 채권 등이 분할대상 재산에서 제외되었다는 이유로 상고를 제기하고 있음이 분명하므로, 피고의 상고 중 재산분할청구에 관한 부분도 상소의 이익이 없는 것이어서 부적법하다 할 것이다"(원고의 상고 중 이혼청구 및 재산분할청구에 관한 부분을 각하하고, 위자료청구에 관한 부분을 기각하며[33] 상고비용은 패소자가 부담하도록 한 대법원 2004. 7. 9. 선고, 2003므2251 판결).

V. 국제적 소송이혼[34]

이미 [§ 10]에서 전술한 바와 같이 외국 또는 외국인과 관련한 이혼 문제가 대두된다면, 그것은 넓은 의미의 국제적 이혼 문제로서 평가될 수 있을 것이다. 예컨대 우리나라 국적의 해외 거주 부부가 소송이혼을 진행하려는 경우가 있을 수 있고, 외국인과 결혼한 국내인이 외국 또는 국내에서 또는 외국인 부부가 국내에서 소송이혼을 진행하려는 경우도 있을 것이다. 특히 국제적 소송이혼 사건에서는 관할법원 및 준거법 등이 문제될 수 있다. 다음으로는 이러한 국제적 소송이혼 문제에 대해서 설명하기로 한다.

---

33. 위자료청구 부분에 대한 기각 이유 : 유책배우자에 대한 **위자료 수액을 산정**함에 있어서는, 유책행위에 이르게 된 경위와 정도, 혼인관계파탄의 원인과 책임, 배우자의 연령과 재산상태 등 변론에 나타나는 모든 사정을 참작하여 **법원이 직권으로 정하는 것**이다(대법원 1987.5.26. 선고 87므5, 6 판결).

34. 관련 글로는 김원태, 「국제이혼의 법적 문제」, 『가족법연구』 20권 1호, 한국가족법학회, 2006.

〈설문〉 외국인이 국내에서 이혼소송을 제기할 수 있는가?

외국인의 재판상 이혼 청구에 있어서는 우리나라에 재판 관할권 자체가 있는지, 있다면 그 준거법은 무엇인지가 문제된다. 대한민국 법원에 소송을 제기하기 위해서는 대한민국 법원이 해당 이혼사건에 대해 국제재판 관할권을 가지고 있어야 한다. 이에 대해 판례는 원칙적으로 피고 주소지 주의를 채택하고 있으며(대법원 2006. 5. 26. 선고 2005므884 판결), "국제사법" 제2조에서는 당사자 또는 분쟁이 된 사안이 대한민국과 실질적 관련이 있는 경우에 우리나라 법원이 국제재판 관할권을 가진다고 규정하고 있다. 이에 따르면 국내에 체류하는 외국인은 한국인 배우자를 상대로 이혼소송을 제기할 수 있고, 그 절차는 한국인 사이의 이혼소송 청구 사건과 다르지 않을 것이다. 재판상 이혼 이후 이혼 외국인의 비자 연장 문제에 대해서는 [§ 12]에서 서술하기로 한다. 그리고 국내 입국이 어려운 해외 거주 외국인이 한국인 배우자를 상대로 이혼소송을 제기하고자 하는 경우에는 변호사 선임을 통하여 소송대리를 시킬 수 있을 것이다.

〈설문〉 행방불명(연락두절, 특히 일방적 본국 출국)의 외국인 배우자를 상대로 어떻게 재판상 이혼 등을 진행시킬 수 있는가? (공시송달 재판)

외국인 배우자의 행방을 알 수 없는 상황에서 이혼을 하고자 한다면 공시송달에 의한 이혼절차를 밟아야 한다. 재판상 이혼 청구를 위해서는 상대방이 국내에서 가출하여 행방을 알 수 없다면 가출 신고서, 본국으로 출국하였다면 출입국 사실 증명서나 외국인 등록 사실증명원 등의 증거자료가 필요할 것이다. 이 증거자료를 근거로 공시송달 재판을 법원에 청구하여 진행시키면 될 것이다(비교적 장기간의 재판기간이 소요될 것임). 그런데 외국인 배우자가 처음부터 결혼 목적 없이 국적 취득의 사유로 혼인신고만 한 뒤 잠적해 가출하였다면 이혼 이전에 혼인무효 또는 취소 사유에 해당하는지 여부도 판단해 볼 필요가 있다(다만 실무상 혼인무효 소송에 대한 법원판단은 매우 엄격함).

앞에서 기술한 바와 같이, 재판상 이혼 내지 혼인무효의 소에 대한 (토지) 관할 법원은 가사소송법 제13조 제2항에 따르면 '당사자 또는 관계인의 주소, 거소, 또는 마지막 주소에 따라 관할이 정하여지는 경우에 그 주소, 거소 또는 마지막 주소가 국내에 없거나 이를 알 수 없을 때에는 대법원이 있는 곳의 가정법원이 되겠지만, 외국인 배우자와 혼인해 함께 주소지를 가지고 생활하다가 외국인 배우자가 가출 후 행방불명이 된 경우에는(보편적 실무사례가 될 것임) 외국인 배우자를 상대로 한 혼인무효 또는 재판상 이혼청구의 소는 대법원이 있는 서울가정법원이 아닌 자신의 주소지 관할 가정법원이 토지관할 법원이 된다(가사소송법 제22조).

〈설문〉 우리나라 국민이 외국인 배우자에 대하여 혼인의 의사가 없었다는 이유로(*부모 이름을 다르게 알려준 점, 동거한 기간이 40일에 불과하고 외국인 등록증을 발급받은 직후 가출한 점 등) 혼인무효 소송을 제기하자 피고가 반소로서의 이혼을 청구한 경우 법원은 어떻게 조치하여야 하는가?

민법은 혼인성립 이전의 단계에서 성립 요건의 흠결로 혼인이 유효하게 성립하지 않은 혼인무효(민법 제815조)와 혼인이 성립한 후 발생한 사유로 혼인이 해소되는 이혼(민법 제840조)을 구분하여 규정하고 있다. 민법 제815조 제1호가 혼인무효의 사유로 규정하는 '당사자 간에 혼인의 합의가 없는 때'란 당사자 사이에 사회관념상 부부라고 인정되는 정신적·육체적 결합을 생기게 할 의사의 합치가 없는 경우를 의미한다. 혼인무효 사건은 가류 가사소송사건으로서 자백에 관한 민사소송법의 규정이 적용되지 않고 법원이 직권으로 사실조사 및 필요한 증거조사를 하여야 하는바(가사소송법 제12조, 제17조), 일방 배우자가 상대방 배우자를 상대로 혼인신고 당시에 진정한 혼인의사가 없었다는 사유를 주장하면서 혼인무효 확인의 소를 제기하는 경우, 가정법원으로서는 직권조사를 통해 혼인의사의 부존재가 합리적·객관적 근거에 의하여 뒷받침되는지 판단하여야 한다. 또한 혼인무효는 이혼의 경우에 비하여 가족관계등록부의 처리 방식이 다르고, 이혼과 달리 혼인무효의 소가 제기되지 않은 상태에서도 유족급여나 상속과 관련된 소송에서 선결문제로 주장할 수 있어 유리한 효과가 부여된다. 따라서 가정법원은 상대방 배우자에게 혼인신고 당시 혼인의사가 없었던 것인지, 혼인 이후에 혼인을 유지할 의사가 없어진 것인지에 대해서 구체적으로 심리·판단하여야 하고, 혼인의사라는 개념이 다소 추상적이고 내면적인 것이라는 사정에 기대어 상대방 배우자가 혼인을 유지하기 위한 노력을 게을리 하였다거나 혼인관계 종료를 의도하는 언행을 하는 등 혼인생활 중에 나타난 몇몇 사정만으로 혼인신고 당시 혼인의사가 없었다고 추단하여 혼인무효 사유에 해당한다고 단정할 것은 아니다.

상기한 〈설문〉에 대한 판례에 따르면 "우리나라 국민이 외국인 배우자에 대하여 혼인의 의사가 없다는 이유로 혼인무효 소송을 제기한 경우, 가정법원은 위 법리에 더하여 통상 외국인 배우자가 자신의 본국에서 그 국가 법령이 정하는 혼인의 성립절차를 마친 후 그에 기하여 우리나라 민법에 따른 혼인신고를 하고, 우리나라 출입국관리법령에 따라 결혼동거 목적의 사증을 발급받아 입국하는 절차를 거쳐 비로소 혼인생활에 이르게 된다는 점, 언어장벽 및 문화와 관습의 차이 등으로 혼인생활의 양상이 다를 가능성이 있는 점을 고려하여 외국인 배우자의 혼인의사 유무를 세심하게 판단할 필요가 있다"(사례의 경우 피고가 혼인 이후 혼인을 유지하기 위한 노력을 하지 않고, 혼인관계의 지속을 쉽게 포기하였다는 이혼 사유에 가까운바, 원심이 애초부터 혼인의사가 없었다고 단정하는 것은 쉽게 수긍하기 어렵다고 판시한 대법원 2021. 12. 10. 선고 2019므11584, 11591 판결).

〈설문〉 이혼 당사자 모두가 외국인 경우에도 대한민국 법원이 국제재판 관할권을 가지는가? 그리고 관할권을 가질 경우 적용하여야 할 준거법은 어느 나라의 것인가?

[비교 실제사례] 러시아 국적의 A와 B는 러시아에서 결혼하였다. 남편 B는 부산과 러시아를 오가며 사업을 하다 차츰 부산에 정착하게 됐는데 부산에 살고 있던 C와 만나 내연관계를 맺고 아이도 낳았다. B는 C에게 자신이 소유한 아파트를 매매 형식으로 넘겨주고 소유권이전등기를 해 주었다. B의 외도로 A 부부는 결국 러시아에서 이혼하였다. A는 이후 우리나라 법원에 남편 B를 상대로 C에게 넘긴 아파트 지분 절반에 해당하는 금액을 지급하라며 소송을 제기하였다. A는 또 이혼으로 인한 재산분할청구권 및 위자료청구권을 피보전채권으로 하여서 C를 상대로 한 아파트 매매계약은 사해행위에 해당하기 때문에 취소하고 이를 소유권이전등기를 말소하라고 청구하였다.

대한민국 국제사법 제2조(일반원칙)에 따르면 "대한민국 법원은 당사자 또는 분쟁이 된 사안이 대한민국과 실질적 관련이 있는 경우에 국제재판관할권을 가진다. 이 경우 법원은 실질적 관련의 유무를 판단할 때에 당사자 간의 공평, 재판의 적정, 신속 및 경제를 꾀한다는 국제재판관할 배분의 이념에 부합하는 합리적인 원칙에 따라야 한다"(제1항). 그리고 국제사법 제66조에 의하여[35] 준용되는 같은 법 제64조에 따르면[36] 원·피고의 국적이 동일한 외국거소 외국인의 경우에는 동일한 본국법의 이혼법이 우선적인 적용 준거법이 된다. 따라서 이혼사유의 인정 여부, 재산분할 청구, 재산분할 비율 등에 대하여는 우리나라 법이 아니라 원·피고에게

35. 국제사법 **제66조(이혼)** 이혼에 관하여는 제64조를 준용한다. 다만, 부부 중 한쪽이 대한민국에 일상거소가 있는 대한민국 국민인 경우 이혼은 대한민국 법에 따른다.

36. 국제사법 **제64조(혼인의 일반적 효력)** 혼인의 일반적 효력은 다음 각 호의 법의 순위에 따른다. (1) 부부의 동일한 본국법 (2) 부부의 동일한 일상거소지법 (3) 부부와 가장 밀접한 관련이 있는 곳의 법

동일한 본국법에 의하여 결정되는 것이 원칙이다. 그러나 동 법에는 후순위 준거법도 규정되어 있다.

상기한 〈설문〉에 대한 가사사건 판례에 따르면, "국제사법 제2조는 가사사건에도 마찬가지로 적용된다. 따라서 가사사건에 대하여 대한민국 법원이 재판관할권을 가지려면 대한민국이 해당 사건의 당사자 또는 분쟁이 된 사안과 〈실질적 관련〉이 있어야 한다(* 즉, 원·피고의 국적과 주소지가 좌우하는 것이 아님). 그런데 가사사건은 일반 민사사건과 달리 공동생활의 근간이 되는 가족과 친족이라는 신분관계에 관한 사건이거나 신분관계와 밀접하게 관련된 재산, 권리, 그 밖의 법률관계에 관한 사건으로서 사회생활의 기본토대에 중대한 영향을 미친다. 가사사건에서는 피고의 방어권 보장뿐만 아니라 해당 쟁점에 대한 재판의 적정과 능률, 당사자의 정당한 이익 보호, 가족제도와 사회질서의 유지 등 공적 가치를 가지는 요소도 고려할 필요가 있다. 재판상 이혼과 같은 혼인관계를 다투는 사건에서 대한민국에 당사자들의 국적이나 주소가 없어 대한민국 법원에 국내법의 관할 규정에 따른 관할이 인정되기 어려운 경우라도 이혼청구의 주요 원인이 된 사실관계가 대한민국에서 형성되었고, 이혼과 함께 청구된 재산분할사건에서 대한민국에 있는 재산이 재산분할대상인지 여부가 첨예하게 다투어지고 있다면, 피고의 예측가능성, 당사자의 권리구제, 해당 쟁점의 심리 편의와 판결의 실효성 차원에서 대한민국과 해당 사안 간의 실질적 관련성을 인정할 여지가 크다"(대법원 2021. 2. 4. 선고 2017므12552 판결).[37]

---

37. [사안의 내용] 원고와 피고는 모두 캐나다 국적을 가진 사람으로, 2013. 7. 2. 외국에서 혼인신고를 하고 캐나다 퀘벡주에서 거주하였음. 피고는 2013. 11. 11.부터 2015. 5. 22.까지 중 상당한 기간 동안 대한민국에서 체류하다가 캐나다로 돌아갔고, 2015. 5. 22.부터는 원고가 있는 곳이 아닌 캐나다의 다른 곳에서 거주하였음. 2015. 8. 11. 다시 대한민국에 입국한 이후 이 사건 원심 재판이 진행되는 중에도 대한민국에 거주하였음. 피고는 2013. 11. 22. 서울출입국관리사무소에 피고와 전 남편 사이의 아들(이하 '갑'이라 함)의 주소지를 국내거소로 신고하였는데, 서울출입국관리사무소장이 발급한 국내거소 사실증명서에는 체류기간이 2016. 11. 22.까지로 되어 있음. 원고는 2015. 3. 19. 서울가정법원에 피고를 상대로 이혼 등을 청구하는 소를 제기하였는데 원고가 청구한 이혼 사유는 이 사건의 준거법인 캐나다 이혼법에서 규정하는 '1년 이상의 별거'와 '상대방 배우자가 동거생활을 유지할 수

그리고 상기한 채권자취소권에 관한 [실제사례]에 대해서 대법원 민사3부는 "채권에 관한 법률관계에 외국적 요소가 있는 경우, 당사자가 그 준거법을 선택한 바가 없고 국제사법에도 해당 법률관계에 적용할 준거법을 정하는 기준에 관한 직접적 규정이 없는 경우에는 국제사법 제26조 등에 따라 그 법률관계와 가장 밀접한 관련이 있는 국가의 법을 따라야 한다. 외국의 법률에 의해 권리를 취득한 채권자가 우리나라에서 채권자취소권을 행사할 경우의 준거법에 관해 국제사법이 달리 정한 바가 없으므로, 이때에도 그 법률관계와 가장 밀접한 관련이 있는 국가의 법이 준거법이 되어야 할 것이다. 외국적 요소가 있는 채권자취소권의 행사에서 가장 밀접한 관련이 있는 국가의 법은 취소대상인 사해행위에 적용되는 국가의 법이라고 할 것이고, 특히 그 계약이 부동산에 관한 권리를 대상으로 하는 경우에는 부동산이 소재하는 국가의 법이 가장 밀접한 관련이 있는 것으로 추정하므로 결국 이 사건 채권자취소권의 행사에 적용할 준거법도 대한민국법이라고 봄이 타당하다"는 취지로 판시하였다(대법원 2016. 12. 29. 선고 2013므4133 판결).

〈설문〉 외국에 거주하고 있는 한국인이 국내에 이혼소송을 제기하면 그 이혼의 준거법은 어느 나라 것인가? 그리고 그 이후 요구되는 절차는?

상기한 바와 같이, 원·피고의 국적이 동일한 외국인 경우에는 동일한 본국법의 이혼법이 적용 준거법이 된다. 따라서 이혼사유의 인정 여부, 재산분할 청구, 재산분할 비율 등에 대하여는 원·피고에게 동일한 본국법에 의하여 결정되는 것이다. 따라서 이혼소송의 당사자(부부)가 대한민국 국민인 경우 외국에 거주하고 있더라도 이혼, 양육권 등에 관한 판단에 있어서 대한민국 법이 적용된다(국제사법 제64조 제1호, 제66조).

변론기일, 심리기일, 또는 조정기일에 소환을 받은 때에는 소송 당사자 또는

없을 만큼 육체적·정신적 고통을 가한 경우'였음.

법정대리인이 출석하여야 하는데, 외국에 있는 자가 국내에서 이혼소송을 하는 경우와 같이 특별한 사정이 있는 경우에는 재판장, 조정장, 조정담당판사의 허가를 받아 대리인을 출석하게 할 수 있다(가사소송법 제7조).

이혼소송을 통해 이혼판결이 확정되면 부부 중 어느 한 쪽이 조정성립 또는 재판 확정일로부터 1개월 이내에 이혼신고서에 재판서의 등본 및 확정증명서를 첨부해서 재외공관(대한민국 대사관·총영사관·영사관·분관 또는 출장소를 말하며, 그 지역을 관할하는 재외공관이 없는 경우에는 인접지역을 관할하는 재외공관을 말함. 이하 같음) 또는 국내의 등록기준지 또는 주소지를 관할하는 시청·구청·읍사무소 또는 면사무소에 이혼신고를 해야 한다(가족관계의 등록 등에 관한 법률 제34조, 제58조, 제78조).

〈설문〉 (유책주의를 취하는) 대한민국 법원에서 이혼청구기각판결이 확정된 후 동일한 청구원인으로 (파탄주의를 취하는) 외국 법원에 다시 제소하여 이혼판결을 받은 경우 국내에서도 그 효과가 인정되겠는가?

외국 법원에 이혼소송을 제기해서 이혼판결을 받은 경우 이 판결의 효력이 국내에서 바로 유효하게 인정되는 것은 아니다. 외국법원의 확정판결 또는 이와 동일한 효력이 인정되는 재판(이하 "확정재판 등"이라 함)은 다음의 요건을 모두 갖추어야 승인된다(민사소송법 제217조 제1항) : (1) 대한민국의 법령 또는 조약에 따른 국제재판관할의 원칙상 그 외국법원의 국제재판관할권이 인정될 것 (2) 패소한 피고가 소장 또는 이에 준하는 서면 및 기일통지서나 명령을 적법한 방식에 따라 방어에 필요한 시간여유를 두고 송달받았거나(다만, 공시송달이나 이와 비슷한 송달에 의한 경우는 제외) 송달받지 않았더라도 소송에 응했을 것 (3) 그 확정재판 등의 내용 및 소송절차에 비추어 그 확정재판 등의 승인이 대한민국의 선량한 풍속이나 그 밖의 사회질서에 어긋나지 않을 것 (4) 상호보증이 있거나 대한민국과 그 외국법원이 속하는 국가에 있어 확정재판 등의 승인요건이 현저히 균형을 상실하지 않고 중요한 점에서 실질적으로 차이가 없을 것.

상기한 〈설문〉에 대한 판례에 따르면 "동일 당사자 간의 동일 사건에 관하여 대한민국에서 판결이 확정된 후에 다시 외국에서 판결이 선고되어 확정되었다면 그 외국판결은 대한민국 판결의 기판력에 저촉되는 것으로서 대한민국의 선량한 풍속 기타 사회질서에 위반되어 "민사소송법" 제203조 제3호(1993. 6. 11. 법률 제4561호로 개정되기 전의 것)에 정해진 외국판결의 승인요건을 흠결한 경우에 해당하므로 대한민국에서는 효력이 없다"(대법원 1994. 5. 10. 선고 93므1051, 1068 판결).

〈설문〉 바람 난(유책의) 독일인 남편이 한국인 아내를 상대로 독일법원에서 받아낸 이혼 판결은 한국에서도 효력이 있는가?

[실제사례] A(여)는 독일 유학 중 만난 독일인 남편 B와 독일에서 혼인신고를 한 뒤 한국에 들어와 다시 혼인신고를 하였다. 그 이후 부부가 남편의 직장이동으로 독일에서 거주하게 된 후 어느 날 A는 한국에서의 생활을 마저 정리하기 위해 둘째 아들을 데리고 잠시 귀국하였다. 그런데 그 사이 B는 독일인 여자 C와 바람이 났고, 그 이후 독일법원에 이혼소송을 제기하였다. 파탄주의를 채택하고 있는 독일의 법원은 B의 이혼청구를 받아들였다. A는 유책주의를 취하는 한국으로 돌아와 B와 C를 상대로 자신이 이혼 및 위자료 소송을 제기하였다.

앞에서 기술한 바와 같이, 민사소송법 제217조 제1항의 요건이 갖추어진 경우에는 외국 법원의 (이혼)재판은 국내에서도 효력이 있다. 상기한 [실제사례]에 대해 2015년 서울고법 가사3부는 "유책배우자가 독일에서 이혼소송을 제기하였지만 유책주의를 채택하고 있는 우리나라와는 달리 파탄주의를 채택하고 있는 독일의 이혼 판결은 적법하고 우리나라에서도 효력이 있다. 독일 국적 남편이 한국 민법 적용을 피하기 위한 목적으로 독일 법원에 이혼소송을 낸 것으로 보기 어렵다. 다만 A의 위자료 청구에 대해서는 B가 5,000만 원, C가 2,000만 원을 A에게 지급하라"는 취지로 판시하였다.

〈설문〉 외국 법원의 이혼판결에 따라 이혼이 확정된 경우 당사자가 취하여야 할 후속 절차는?

외국 법원의 이혼판결에 따라 이혼이 확정되면 부부 중 어느 한 쪽이 조정성립 또는 재판 확정일로부터 1개월 이내에 이혼신고서에 다음의 서류를 첨부해서 재외공관 또는 국내의 등록기준지 또는 주소지를 관할하는 시청·구청 읍·면사무소 또는 재외국민 가족관계등록사무소 가족관계등록관에 이혼신고를 해야 한다[가족관계의 등록 등에 관한 법률 제58조, 제78조, 외국에 거주하고 있는 한국인의 가족관계등록신고절차 등에 관한 사무처리지침(가족관계등록예규 제486호, 2016. 2. 17. 발령, 2016. 3. 1. 시행) 제2호, 외국법원의 이혼판결에 의한 가족관계등록사무 처리지침(가족관계등록예규 제419호, 2015. 1. 8. 발령, 2015. 2. 1. 시행) 제2조] : (1) 판결의 정본 또는 등본 및 확정증명서[다만, 외국 법원의 정본 또는 등본과 그 확정증명서를 갈음하는 이혼증명서를 발급한 경우에는 그 증명서] (2) 패소한 피고가 소장 또는 이에 준하는 서면 및 기일통지서나 명령을 적법한 방식에 따라 방어에 필요한 시간 여유를 두고 송달받았거나(공시송달이나 이와 비슷한 송달에 의한 경우는 제외) 송달받지 않았더라도 소송에 응한 서면(판결의 정본 또는 등본에 의해 이 점이 명백하지 않은 경우에만 첨부) (3) 위 각 서류의 번역문

VI. 이혼 무효소송과 이혼 취소소송

〈설문〉 형식상 신고(성립)된 (재판상) 이혼은 어떤 사유로 무효가 되는가? (이혼무효소송)

이미 협의이혼 서술 부분에서 설명한 바와 같이, 이혼의 무효는 당사자 간의 의사합치에 의해 성립되는 협의이혼에서 주로 문제된다. 부부 일방 또는 쌍방이 모르는 사이에 누군가에 의해 이혼신고가 된 경우(민법 제834조), 이혼신고가 수리되기 전에 부부 일방 또는 쌍방이 이혼의사를 철회했는데 이혼신고가 수리된 경우(대법원 1994. 2. 8. 선고 93도2869 판결), 심신상실자가 의사능력이 결여된 상태에서 이혼한 경우 등에는 (협의)이혼의 무효사유가 된다. 그런데 공권력 있는 법원의 재판에 의해 성립되는 재판상 이혼의 경우에도 이혼의 무효가 예외적으로 문제될 수 있다. 예컨대, 갑이 아내 을과 혼인 후 미국 뉴욕 주에서 함께 거주하다가 네바다 주 클라크카운티 지방법원에 이혼소송을 제기하여 (미송달 문제로 을은 불출석) 이혼판결을 받았고, 대한민국에서 위 이혼판결에 기하여 이혼신고를 하여 가족관계등록부상 갑과 을 사이에 이혼이 성립되었다고 등재되었는데, 이를 알게 된 을이 대한민국에서 이혼의 무효 확인 등을 구한 사안에 대해 우리나라 하급심 판례가 "갑은 을과 함께 거주하였던 뉴욕 주가 아니라 전혀 연관성이 없는 네바다 주에서 이혼소송을 제기하였고 을이 이혼소송의 소장 부본을 송달받았다고 볼 객관적인 정황이 전혀 나타나지 아니하여 적법한 송달을 받았다고 보기 어려운 점 등에 비추어 위 이혼판결을 근거로 갑이 대한민국에서 신고한 이혼은 무효이고, 갑은 을의 배우자이자 을이 양육하고 있는 미성년 자녀인 병의 아버지로서 을과 병의 부양료를 지급할 의무가 있다"는 취지로 판시한 바가 있다(서울가정법원 2015. 7. 17. 선고 2014드단312270 판결).

이혼무효 사유가 있는 경우에는 당사자, 법정대리인 또는 4촌 이내의 친족이 언제든지 가정법원에 〈이혼무효소송〉을 제기할 수 있다(가사소송법 제23조). 이혼무효소송의 관할법원은 다음에 해당하는 가정법원이다(가사소송법 제22조) : (1) 부부가 같은 가정법원의 관할구역 내에 보통재판적이 있는 경우에는 그 가정법원 (2) 부부가 마지막으로 같은 주소지를 가졌던 가정법원의 관할구역 내에 부부 중 어느 한쪽의 보통재판적이 있는 경우에는 그 가정법원 (3) 위 (1)과 (2)에 해당되지 않는 경우로서 부부 중 어느 한쪽이 다른 한쪽을 상대로 하는 경우에는 상대방의 보통재판적소재지가 있는 곳의 가정법원, 부부 모두를 상대로 하는 경우에는 부부 중 어느 한쪽의 보통재판적이 있는 곳의 가정법원 (4) 부부 중 어느 한쪽이 사망한 경우에는 생존한 다른 한쪽의 보통재판적이 있는 곳의 가정법원 (5) 부부가 모두 사망한 경우에는 부부 중 어느 한쪽의 마지막 주소지의 가정법원.

이혼무효소송의 상대방은 부부 중 어느 한쪽이 소송을 제기한 경우에는 배우자가 상대방이 된다(가사소송법 제24조 제1항). 제3자가 이혼무효소송을 제기한 경우에는 부부가 그 상대방이 되며, 부부 중 어느 한쪽이 사망한 경우에는 그 생존자를 상대방으로 한다(가사소송법 제24조 제2항). 소송의 상대방이 될 사람이 사망한 경우에는 검사가 그 상대방이 된다(가사소송법 제24조 제3항).

이혼무효소송은 가정법원의 조정절차를 거치지 않는다[가사소송법 제2조 제1항 제1호 가목 2), 제50조 제1항]. 이혼무효청구를 인용(認容)하는 확정판결의 효력은 제3자에게도 적용된다(가사소송법 제21조 제1항). 이혼무효청구를 배척하는 판결이 확정된 경우 다른 제소권자는 사실심의 변론종결 전에 참가하지 못한 것에 대해 정당한 사유가 있지 않으면 다시 소송을 제기할 수 없다(가사소송법 제21조 제2항). 이혼무효판결이 확정되면 그 이혼은 처음부터 없었던 것과 같아지므로 이전의 혼인은 중단 없이 계속된 것으로 된다.

이혼무효소송에 관한 가정법원의 판결에 대해 불복하는 경우에는 판결정본의 송달 전 또는 판결정본이 송달된 날로부터 14일 이내에 항소할 수 있다(가사소송법 제19조 제1항). 이혼무효소송에 관한 항소법원의 판결에 대해 불복하는 경우에는 판결정본의 송달 전 또는 판결정본이 송달된 날로부터 14일 이내에 대법원에 상고

할 수 있다(가사소송법 제20조).

〈설문〉 형식상 신고(성립)된 이혼이 어떤 사유로 취소될 수 있는가? (이혼취소 소송)

전술한 바와 같이 협의이혼의 경우 이혼합의는 부부의 자유로운 의사에 근거해서 이루어져야 하므로, 사기 또는 강박(强迫)으로 인해 이혼의 의사표시를 한 경우는 가정법원에 그 취소를 청구할 수 있다(민법 제838조). 그러나 재판상 이혼은 공권력을 가진 국가기관인 법원의 판단에 의해 이루어지기 때문에 사기 또는 강박으로 인한 이혼취소 문제가 발생할 여지가 없을 것이다(다만 소송사기의 경우는 형사법적 문제가 될 수 있을 것임). 협의이혼에서 주로 문제될 이혼취소소송의 관할법원은 다음에 해당하는 가정법원이 된다(가사소송법 제22조) : (1) 부부가 같은 가정법원의 관할구역 내에 보통재판적이 있는 경우에는 그 가정법원 (2) 부부가 마지막으로 같은 주소지를 가졌던 가정법원의 관할구역 내에 부부 중 어느 한쪽의 보통재판적이 있는 경우에는 그 가정법원 (3) 위 (1)과 (2)에 해당되지 않는 경우로서 부부 중 어느 한쪽이 다른 한쪽을 상대로 하는 경우에는 상대방의 보통재판적이 있는 곳의 가정법원, 부부의 모두를 상대로 하는 경우에는 부부 중 어느 한쪽의 보통재판적이 있는 곳의 가정법원 (4) 부부 중 어느 한쪽이 사망한 경우에는 생존한 다른 한쪽의 보통재판적이 있는 곳의 가정법원 (5) 부부가 모두 사망한 경우에는 부부 중 어느 한쪽의 마지막 주소지의 가정법원.

이혼취소소송의 상대방은 부부 중 어느 한쪽이 소송을 제기한 경우에는 배우자가 그 상대방이 된다(가사소송법 제24조 제1항). 제3자가 이혼취소소송을 제기한 경우에는 그 상대방이 부부가 되며, 부부 중 어느 한쪽이 사망한 경우에는 그 생존자가 상대방이 된다(가사소송법 제24조 제2항). 소송의 상대방이 될 사람이 사망한 경우에는 검사가 그 상대방이 된다(가사소송법 제24조 제3항).

이혼취소소송을 제기하려면 우선 가정법원의 조정절차를 거쳐야 한다(가사소송법 제2조 제1항 제1호 나목 3), 제50조 제1항). 사기 또는 강박으로 인하여 이혼의 의사표시를 한 경우 그 사기를 안 날 또는 강박을 면한 날로부터 3월 이내에 그 취소를 청구해야 하며, 3월이 경과한 때에는 그 취소를 청구할 수 없다(민법 제823조, 제839조).

이혼취소청구를 인용(認容)하는 확정판결의 효력은 제3자에게도 적용된다(가사소송법 제21조 제1항). 따라서 이혼취소사유를 제공한 사람이 제3자인 경우에는 그 사람에게 재산상·정신상 손해에 대한 배상을 청구할 수 있다. 이혼취소판결이 확정되면 그 이혼은 처음부터 없었던 것과 같아지므로 취소판결 전에 다른 일방이 재혼을 했다면 그 재혼은 중혼(重婚)이 된다(대법원 1984. 3. 27. 선고 84므9 판결).

이혼취소소송에 관한 가정법원의 판결에 대해 불복하는 경우에는 판결정본의 송달 전 또는 판결정본이 송달된 날로부터 14일 이내에 항소할 수 있다(가사소송법 제19조 제1항). 이혼취소소송에 관한 항소법원의 판결에 대해 불복하는 경우에는 판결정본의 송달 전 또는 판결정본이 송달된 날로부터 14일 이내에 대법원에 상고할 수 있다(가사소송법 제20조).

[§ 12] 이혼 및 사실혼 해소에 따르는 실무상 법률문제(개괄)

〈설문〉 이혼(협의이혼과 재판상 이혼)이 이루어지는 절차에서 어떠한 추가적 법률문제가 실무절차상 발생하는가?

이혼 시 따르는 중요한 실무상 문제로는 재산문제 및 자녀문제가 발생한다. 이에 대한 실체법적 서술은 이미 제2장 주석 민법 [§ 3] 이하에서 이루어졌다. 절차법적 관점에서 추가적으로 개괄 서술한다면 다음과 같다(더욱 상세한 실무상 문제점에 대해서는 다음의 개별적 쟁점으로 서술한 내용 참조).

I. 이혼 시 재산문제

1. 손해배상 및 위자료 청구

먼저 재산문제로서는 배우자의 책임 있는 사유로 이혼하는 경우에는 그 배우자에게 재산상의 〈손해를 배상〉 받을 수 있을 뿐만 아니라 정신상의 손해에 대한 배상, 즉 〈위자료〉를 지급받을 수 있다(민법 제806조, 제843조). 만일 이혼할 때 위자료에 관해 합의가 이루어지지 않았다면, 이혼소송과 함께 또는 단독으로 소송을 제기해 위자료를 지급받을 수 있다(가사소송법 제2조 제1항 제1호 다목 2), 제14조 제1항). 그리고 배우자뿐만 아니라 혼인에 부당하게 간섭해서 혼인을 파탄에 이르게 한 제3자(시부모, 장인·장모, 배우자의 부정행위자 등)에 대해서도 위자료를 청구할 수 있다. 위자료청구권은 그 손해 및 가해자를 안 날로부터 3년간 행사하지 않으면 소멸한다(민법 제766조 제1항). 만일 위자료에 관해 합의가 이루어지지 않은 채 이혼했다면, 이혼한 날로부터 3년 이내에 별도로 위자료 청구를 하면 된다. 이 문제에 대한 상세한 설명은 [§ 13] 참조.

〈설문〉 혼인신고를 한 후 약 10개월 만에 별거에 이르게 된 甲이 배우자 乙을 상대로 이혼을 청구하면서 원상회복으로 甲이 乙과 乙의 부모 등에게 지급한 예물과 현금 등의 반환 및 재산상 손해배상으로 신혼집 인테리어 비용 등의 지급을 구한 경우(즉, "원상회복청구 및 손해배상청구"), 법원의 조치는 어떻게 되겠는가?

혼인의 무효 내지 취소의 사유가 확인되면 민법 제806조 및 제825조에 의하여[38] 상기한 "원상회복청구 및 손해배상청구"는 법원에 의해 인용될 것이다. 그러나 하급심 판례에 따르면 "甲과 乙이 혼인신고를 한 후 약 10개월 만에 별거에 이르게 되었고, 乙이 타 지역에서 공보의로 근무하여 甲과 乙이 혼인기간 중 주말부부로 생활한 사실 등이 인정되나, 甲과 乙은 양가 부모를 비롯한 하객들 앞에서 결혼식을 올리고 혼인신고를 한 점, 비록 乙의 병역 문제로 주말부부 생활을 하였으나 신혼집을 임차하여 함께 생활하였던 점, 甲과 乙은 결혼 직후 자녀를 잉태하여 출산한 점과 함께 甲과 乙의 혼인생활의 내용 등을 종합하여 보면, 甲과 乙의 혼인관계가 부부공동체로서 의미 있는 혼인생활을 하였다고 인정할 수 없을 만큼 단기간에 파탄되거나 당초부터 혼인을 계속할 의사가 없어 그로 인하여 혼인의 파국을

38. 민법 **제806조(약혼해제와 손해배상청구권)** ① 약혼을 해제한 때에는 당사자 일방은 과실있는 상대방에 대하여 이로 인한 손해의 배상을 청구할 수 있다. ② 전항의 경우에는 재산상 손해 외에 정신상 고통에 대하여도 손해배상의 책임이 있다. ③ 정신상 고통에 대한 배상청구권은 양도 또는 승계하지 못한다. 그러나 당사자 간에 이미 그 배상에 관한 계약이 성립되거나 소를 제기한 후에는 그러하지 아니하다.
민법 **제825조(혼인취소와 손해배상청구권)** 제806조의 규정은 혼인의 무효 또는 취소의 경우에 준용한다.

초래하였다고 인정되는 등 신의칙 내지 형평의 원칙에 비추어 혼인 불성립에 준하여 처리함이 타당한 경우라고 인정할 수 없다"(부산가법 2020. 7. 9. 선고, 2018드합200795, 202111 판결).

2. 재산분할

다음으로 혼인 중 부부가 공동으로 형성한 재산에 대해서는 이혼 시 분할 받을 수 있다(민법 제839조의 2 제1항). 만일 이혼할 때 재산분할에 관해 합의가 이루어지지 않았다면, 이혼소송과 함께 또는 단독으로 소송을 제기해 재산을 분할 받을 수 있다[가사소송법 제2조 제1항 제2호 나목 4), 제14조 제1항]. 위자료와 달리 재산분할은 이혼에 책임 있는 배우자도 청구할 수 있다. 재산분할청구권은 이혼한 날부터 2년을 경과한 때에 소멸한다(민법 제839조의 2 제3항). 재산분할과 관련한 구체적이고 중요한 실무문제에 대한 상세한 설명은 제2장 실체법 편 [§ 7] 및 다음의 [§ 14] 참조.

3. 위자료와 재산분할의 관계

위자료와 재산분할의 관계에 있어서 과거에는 위자료 산정 시 재산분할적 요소를 포함하는 것이 관례였지만, 민법(법률 제4199호, 1990. 1. 13. 공포, 1991. 1. 1. 시행)이 개정되어 재산분할제도가 도입되면서 위자료와 재산분할을 각각 청구할 수 있는 법적 근거가 만들어졌다. 위자료는 혼인파탄에 원인을 제공한 배우자에게 책임을 묻는 손해 배상적 성격을 가지는 반면, 재산분할은 혼인 중 부부가 공동으로 형성한 재산에 대해 본인의 기여도만큼 돌려받는 상환적 성격을 가진다. 따라서 위자료와 재산분할은 별개의 것으로 각각 청구할 수 있다.

가사소송법에 따르면 민법 제839조의 2 제2항(같은 법 제843조에 따라 준용되는 경우 및 혼인의 취소를 원인으로 하는 경우를 포함한다)에 따른 재산 분할에 관한 처분은 "마류 가사비송사건"에 해당하고, 이혼을 원인으로 하는 손해배상청구(제3자에 대한 청구를 포함한다) 및 원상회복의 청구는 "다류 가사소송사건"에 각각 해당한다(가사소송법 제2조).

위자료청구권은 법원에 의한 가집행 선고의 대상이 될 수 있지만(즉, 원심법원에 의해 가집행이 허용된 경우 상대방의 상소로 인해 재판이 확정되지 않더라도 상대방 재산에 대해 강제집행을 할 수 있음. 그리고 소장부본이 송달된 시점을 기산점으로 하여 지연이자도 산정될 것인데, 실무상 대개 부본송달·심리·선고까지의 기간은 연 5%, 그 이후부터 확정·이행완료까지의 기간은 연 12%의 지연이자가 산정됨), 판례에 따르면 이혼의 성립을 전제하면서 법원의 재판 확정으로 비로소 그 권리가 구체적으로 형성되는 재산분할 청구권은 법원에 의한 가집행 선고의 대상이 될 수 없다(대법원 1998. 11. 13. 선고 98므1193 판결 ; 재산의 분할방법으로 금전지급을 명한 부분도 가집행의 선고를 할 수 없고, 이혼이 먼저 성립하고 재산분할만 별도로 청구한 경우에도 마찬가지라는 대법원 2014. 9. 4. 선고 2012므1656 판결). 그리고 재산분할의 지연이자도 해당 재판이 확정된 시점을 기산점으로 하여 이행종료까지의 기간 동안 5%의 지연이자가 산정될 것이다.

Ⅱ. 이혼 시 자녀문제

이혼을 하게 되면 자녀 문제가 발생한다. 먼저 이혼 시에는 친권자 지정의 문제가 발생한다. 친권은 자녀의 보호·교양, 거소 지정, 징계, 재산관리 등 미성년인 자녀의 신분과 재산에 관한 사항을 결정할 수 있는 부모의 권리로서, 혼인 중에는 부부가 공동으로 행사하지만 이혼 시에는 친권을 행사할 부모, 즉 친권자를 정해야 한다. 친권자 지정에 관해 합의가 이루어지지 않으면 법원에 친권자 지정을 청구할 수 있다[민법 제909조 제4항, 가사소송법 제2조 제1항 제2호 나목 5)]. 다음으로 이혼 시에는 자녀 양육권을 가질 양육자 지정의 문제도 발생한다. 양육권은 자녀의 양육에 필요한 사항을 결정할 수 있는 부모의 권리로서, 혼인 중에는 부부가 공동으로 행사하지만 이혼 시에는 양육권을 행사할 부모, 즉 양육자를 정해야 한다. 또한, 양육자 외에 양육비, 면접교섭권 등 양육사항에 관해서도 정해야 하는데, 이에 관한 합의가 이루어지지 않으면 법원에 양육사항에 관한 결정을 청구할 수 있다[민법 제837조, 가사소송법 제2조 제1항 제2호 나목 3)]. 가사소송법 제42조 제1항 및 가사소송 규칙 제94조 제1항(즉시항고의 대상이 되는 심판에는 가집행을 할 수 있고, 마류 가사비송사건은 즉시 항고할 수 있다는 규정)에 근거하여, 판례에 따르면 양육비 청구사건은 마류 가사비송사건으로서 즉시항고의 대상에 해당하고 가집행 선고의 대상이 된다(대법원 2014. 3. 4. 선고 2012므1656 판결).

Ⅲ. 사실혼 해소에 따르는 특수문제

당사자는 언제든지 부부로서의 공동생활을 파기함으로써 사실혼관계를 해소할 수 있다(당사자의 사망, 해소 합의, 일방적 파기에 의하여 해소될 수 있음). (특히 생존 중) 사실혼 해소의 경우에도 정식 이혼과 같이 재산문제와 자녀문제가 동일하게 발생할 수 있다.

1. 사실혼 해소 시 재산문제

〈설문〉 가정이 있는 유부남과 오랜 기간 동거한 내연녀는 유부남으로부터 일방적 내연관계 파기에 근거하여 위자료를 받아 낼 수 있겠는가?

[실제사례] A(여)는 유부남인 B와 내연관계를 맺고 함께 숙식을 하며 사실상 동거했다. 그러던 어느 날 A는 매물로 나온 아파트를 사자고 B를 졸라 승낙을 받아냈다. A는 본인 명의로 그 아파트를 샀고, 돈은 B가 지급하였다. A는 B에게 '아파트 구입대금으로 4억 원을 차용한다'는 내용의 현금보관증을 써주었다. 그 이후 사이

가 나빠지자 B는 A가 살고 있는 아파트에서 나와 연락을 끊었고 두 사람의 밀월관계도 마침표를 찍었다. 나중에 B는 A에게 집을 사면서 빌려간 돈을 갚으라고 요구하였다. 그러자 A는 'B가 일방적으로 사실혼 관계를 파탄 내었다며 4억 원의 위자료를 지급하라'고 소송을 제기하였다. B도 대여금 반소를 제기하여 이에 대응하였다.

사실혼이 부당하게 파기되면, 당사자 일방은 그 상대방에 대하여 정신적 고통에 대한 손해배상, 즉 '위자료'를 청구할 수 있다. 그리고 사실혼 배우자의 부모가 사실혼을 파기하는데 가담하였다면, 그 부모에 대해서도 손해배상을 청구할 수 있다. 한편 사실혼은 혼인신고만을 경료하지 않았을 뿐, 당사자 사이에 혼인생활의 실체가 있다는 점에서 법률혼과 마찬가지이다. 따라서 사실혼 기간 중 공동으로 형성한 재산이 있고, 가사노동 등에 종사하여 그 재산을 형성하고 유지, 관리하는데 기여하였다면, 이혼을 하는 경우와 마찬가지로 '재산분할'을 청구할 수도 있다.

그러나 상기한 〈설문〉 및 [실제사례]에 대해 2015년 서울중앙지법 민사26부는 "법률상 부부가 별거하고 있는 상태에서 다른 한쪽이 제3자와 실질적 부부생활을 하고 있다고 해서 사실혼으로 인정해 법률혼에 준하는 보호를 할 수는 없다. B가 아내와 별거상태에 있었고, B의 아내가 이혼을 전제로 재산분할청구권을 보전하기 위해 B의 재산을 가압류했다가 해제하는 등의 행위를 했더라도 B 부부의 혼인관계는 유지되고 있다고 보아야 한다. 결국 A와 B 사이에 (보호받는) 사실혼 관계가 있다고 볼 수 없고, A가 B에게 아파트 구입을 위해 돈을 빌린 사실은 인정되므로 A는 그 차용금을 갚아야한다"는 취지로 판시하였다(2014가합28171).

〈설문〉 "사실혼 상태"에서 (그리고 당사자 모두 사실혼 해소 의사표시 없이) 일방 당사자가 사망한 경우 생존 상대방에게 재산분할청구권 내지 상속권을 인정할 수 있겠는가?

당사자 모두가 "생존한 경우"라면 법률혼의 이혼이든 사실혼의 해소(의사표시)이든 공통적으로 이혼(사실혼 해소) 당사자에게 재산분할 청구권이 인정될 수 있다. 법률혼 이혼으로 인한 재산분할청구권은 이혼을 한 당사자의 일방이 다른 일방에 대하여 재산분할을 청구할 수 있는 권리로서 이혼이 성립한 때에 그 법적 효과로서 비로소 발생하는 것이기 때문이다(대법원 2001. 9. 25. 선고 2001므725, 732 판결). 부부재산에 관한 청산의 의미를 갖는 재산분할에 관한 법률 규정은 부부의 생활공동체라는 실질에 비추어 인정되는 것으로서 사실혼관계에도 이를 준용 또는 유추적용할 수 있다.

문제는 당사자의 일방이 "사망한 경우"에도 동일한가에 있다. 사망한 경우에는 법률혼과 사실혼 사이의 효과가 다소 구별된다. 법률혼의 이혼소송 및 재산분할심판 청구의 계속 중 당사자 일방이 사망하면 이혼 자체가 성립하지 않기 때문에 그 상대방에게 재산분할청구권도 발생할 수 없다. 따라서 당사자 일방이 사망하면 청구된 이혼 자체와 재산분할은 모두 기각될 것이다. 다만 법률혼의 경우에는 생존 배우자로서의 상속권이 별도로 인정될 것이다.

문제는 사실혼의 경우에도 동일할 것인가에 있다. 우선 상속권은 법률혼 배우자에게만 인정되기 때문에 사실혼 생존 배우자에게는 상속권이 인정될 수 없다. 그러면 사실혼 생존 배우자에게 재산분할청구권이 인정될 것인지가 문제된다. 상기한 〈설문〉에 대한 판례에 따르면 "사실혼관계에 있었던 당사자들이 생전에 사실혼관계를 해소한 경우 재산분할청구권을 인정할 수 있으나, 법률상 혼인관계가 일방 당사자의 사망으로 인하여 종료된 경우에도 생존 배우자에게 재산분할청구권이 인정되지 아니하고 단지 상속에 관한 법률 규정에 따라서 망인의 재산에 대한 상속권만이 인정된다는 점 등에 비추어 보면, 사실혼관계가 일방 당사자의 사망으로 인하여 종료된 경우에는 그 상대방에게 재산분할청구권이 인정된다고 할 수 없다"(분할에 의한 재산이전에 대해 국세청의 과세가 있은 사례에서 대법원 2006. 3. 24. 선고 2005두15595 판결). 즉, 법률혼 생존 배우자에게는 상속권만이 인정되고, 사실혼 생존 배우자에게는 상속권은 물론이고 재산분할청구권도 인정되지 않는다.

그러나 사실혼관계의 당사자 중 일방이 갑자기 의식불명상태에 빠지고 그 의식불명기간에 다른 당사자인 "청구인이 한 사실혼관계를 해소하는 의사표시"를 수령하지 못한 상태에서 끝내 의식을 회복하지 못한 채 사망한 사례(아래의 〈설문〉 사례)에서 상대방이 의식불명인 상태에서의 사실혼 해소의 일방적 의사표시가 생존 중의 의사표시로서 유효한 것인지가 특별히 문제된다. 이에 대해서 곧바로 후술하기로 한다.

〈설문〉 (상대방이 의식불명인 상태에서 생존 중) 사실혼을 일방적으로 해소한 경우 사실혼 해소에 따른 재산분할이 인정되겠는가?

[실제사례] 갑과 사실혼 관계에 있던 A는 갑자기 의식을 잃고 쓰러져 B 병원에 입원하였다. 그 이후 A는 갑과는 혈연관계가 없는 그의 아들들에 의하여 C 병원으로 옮겨졌다. 그러자 갑은 A의 사망 전에 사실혼관계의 해소를 주장하면서 재산분할의 심판을 법원에 청구하였고, 그 이후 A는 의식을 회복하지 못하고 사망하였다.

전술한 바와 같이 사실혼관계는 사실상의 관계를 기초로 하여 존재하는 것으로서 당사자 일방의 의사에 의하여 해소될 수 있고 당사자 일방의 파기로 인하여 공동생활의 사실이 없게 되면 사실상의 혼인관계는 해소되는 것이며, 다만 정당한 사유 없이 해소된 때에는 유책자가 상대방에 대하여 손해배상의 책임을 지는 데 지나지 않는다(대법원 1977. 3. 22. 선고 75므28 판결). 그리고 판례는 당사자의 사망으로 인한 사실혼관계 해소의 경우 생존 (사실상) 배우자의 재산분할청구권을 부인하는 태도를 취하고 있다(대법원 2006. 3. 24. 선고 2005두15595 판결). 문제는 사실혼 해소에 따른 재산분할심판을 청구한 이후에 상대 (사실상) 배우자가 사망한 경우에도 동일한가에 있다.

상기한 〈설문〉 및 [실제사례]에 대한 대법원 판례에 따르면[39] "청구인과 소외인(A)의 사실혼관계는 청구인의 일방의 의사에 의하여 해소되었고 공동생활의 사실도 없게 되었다고 봄이 상당하다. 따라서 사실혼 관계의 해소에 따라 청구인에게 재산분할청구권이 인정된다고 할 것이다. 이 사건과 같이 일방이 의식불명이 된 상태에서 상대방이 일방적으로 사실혼관계를 해소하는 것을 인정하는 것은 전자로서는 사실혼이라는 중대한 신분관계의 변동을 알 수 없어서 부당하지 않은가 하는 점이 문제될 수 있겠다. 그러나 상대방이 의사능력이 없거나 생사가 3년 이상 불명인 경우 등에서의 재판상 이혼과의 균형상으로도 굳이 상대방에 대한 의사표시 및 그 수령 등을 그 해소의 요건으로 할 필요는 없다. 나아가 현재 우리 판례는 당사자의 사망으로 인한 사실혼관계 해소의 경우에 재산분할청구권을 부인하는 태도를 취하고 있는데, 이러한 법 상태를 전제로 하더라도 재산분할청구제도의 제반 취지를 살릴 방도는 무엇인지를 강구할 필요가 있다는 점도 고려되어야 할 것이다. 그렇게 보면 이 사건 재산분할심판청구 이후 일방 당사자인 소외인이 사망하였으므로 그 상속인들에 의한 수계를 허용함이 상당하다"(대법원 2009. 2. 9. 선고 2008스105 결정). 그렇다면 적법한 사실혼 해소 이후 상대방 배우자가 사망한 경우에는 생존 (사실상) 배우자에 의한 재산분할심판 청구소송은 상속인에게로 소송절차가 수계되어야 하는 것이다.

---

39. 참고로, 원심은 사실혼관계의 당사자 중 일방인 소외인이 갑자기 의식불명상태에 빠지고 그 의식불명 기간에 다른 당사자인 청구인이 한 사실혼관계를 해소하는 의사표시를 수령하지 못한 상태에서 끝내 의식을 회복하지 못한 채 사망한 경우 그 사실혼관계는 청구인의 의사표시에 의해서 해소된 것이 아니라 망인의 사망으로써 종료된 것으로 보아야 할 것이므로 청구인에게는 재산분할청구권이 인정된다고 할 수 없다는 이유로, 청구인의 이 사건 신청을 기각한 제1심 결정을 유지하였다.

2. 사실혼 해소 시 자녀문제 등

사실혼 관계가 파기되면, 사실혼부부는 자녀를 함께 양육할 수 없게 된다. 이러한 경우에 자식에 대한 인지가 되었다면 자녀를 양육하고자 하는 일방 당사자는 자신을 그 자녀의 친권자 및 양육자로 지정하여 달라고 청구할 수 있고, 그와 함께 양육을 담당하지 않는 상대방에게 자녀의 '양육비'를 청구할 수 있다. 양육비는 자녀가 성년에 달하는 날까지 매월 일정액을 정기적으로 지급하여 달라고 청구하면 된다. 사실혼부부 중 일방이 양육비 청구 등의 소를 제기하기 이전부터 혼자서 자녀를 양육하여 왔다면, 과거의 양육비까지도 청구할 수 있다. 그러나 인지가 되지 않았다면 친권자 및 양육자 지정이나 양육비 청구를 아버지에 대하여 할 수가 없다. 따라서 인지가 되어 있지 아니하다면 먼저 인지청구와 동시에 위의 청구를 하여야 한다.

참고로, 사실혼 배우자의 사망에 의한 사실혼 해소의 경우에는 사회 보장적 측면에서 사실혼 미망인 등에 대하여 다음과 같은 보호 문제가 발생할 것이다 : (가) 임차권의 상속 : 사실혼 남편이 사망한 경우 그 임차권에 대하여 ① 다른 상속권자가 없는 경우에는 당연히 사실혼관계에 있는 부인이 단독 상속하게 되며 ② 상속권자가 있지만 그 주택에서 동거하고 있지 않는 경우에는 2촌 이내의 친족과 사실혼의 부인은 공동으로 임차권을 승계하게 된다. 만약 남편의 부모님과 같이 살고 있던 경우라면 사실혼 아내의 상속권은 부인된다(주택임대차보호법 제9조). (나) 교통사고 등으로 인한 사망 시 위자료 청구 : 사실혼 남편(아내)이 교통사고로 사망했을 경우 사실상 배우자는 가해자를 상대로 정신적 고통에 대하여 위자료를 청구할 수 있다(민법 제752조). (다) 공무원 연금 등 : 사실혼 남편(아내)이 공무원연금을 받다가 사망하였을 때는 사실상의 혼인관계에 있는 아내(남편)는 유족연금과 사망조위금 등을 수령할 수 있으며(공무원연금법 제3조 3호 등), 사실혼 남편(아내)이 공장에서 일하다 사망한 경우에는 사실혼 아내(남편)도 유족연금과 유족보상금 등을 받을 권리가 있다(산업재해보상보험법 제5조 등).

IV. 실무상 재산확보 제도

1. 사전처분

〈설문〉 이혼소송의 제기를 전제하여 이혼 상대방의 행위 내지 재산에 대하여 재판 선고 전이라도 내릴 수 있는 조치는 무엇인가? (사전처분)

가사사건의 소 제기, 심판청구 또는 조정의 신청이 있는 경우에 가정법원, 조정위원회 또는 조정담당판사가 사건의 해결을 위해 특히 필요하다고 인정한 경우에는 직권 또는 당사자의 신청에 의해 상대방이나 그 밖의 관계인에 대해 다음과 같은 처분을 할 수 있는데, 이것을 사전처분이라고 한다(가사소송법 제62조 제1항) : (1) 현상을 변경하거나 물건을 처분하는 행위를 금지하는 처분[40] (2) 사건에 관련된 재산의 보존을 위한 처분[41] (3) 관계인의 감호와 양육을 위한 처분[42] (4) 그 밖의 적당하다고 인정되는 처분

사전처분은 이혼소송을 제기하거나, 심판청구를 하거나, 조정신청을 한 이후에 그 사건을 관할하는 법원에 신청할 수 있다(가사소송법 제62조 제1항). 그런데 사전처분에는 강제적 집행력까지 부여되는 것은 아니다. 당사자 또는 관계인이 정당한 이유 없이 사전처분을 위반하면 가정법원, 조정위원회 또는 조정담당판사의 직권 또는 권리자의 신청에 의해 결정으로 1천만 원 이하의 과태료가 부과될 수 있다(가사소송법 제67조 제1항).

사전처분 제도는 이혼에 따르는 자녀 문제인 양육인 지정, 자녀 양육비, 아동인도 및 면접교섭권 행사에서 주로 활용될 수 있는 제도이다. 예컨대, 이혼소송 중

40. 예컨대, 부부의 부양·협조·생활비용의 부담에 관한 처분, 재산관리자의 변경에 관한 처분 등
41. 예컨대, 재산분할 대상·위자료 지급 재원이 되는 재산처분 금지에 관한 처분 등
42. 예컨대, 자녀의 면접교섭 및 양육비지급에 관한 처분 등

양육을 담당하고 있는 당사자(양육인으로서 임시 지정된 자)는 상대방으로부터 양육비를 받아낼 필요가 있는 바, 이 때 사전처분 제도를 활용할 수 있는 것이다. 그리고 (이혼) 상대 배우자가 생활비 지급을 전면적으로 끊는 경우와 같이 이로 인해 본인의 생계가 위협받는다면 부부 사이의 부양료 지급에 대한 사전청구 제도를 활용할 수 있을 것이다.

2. 보전처분(가압류, 가처분)

〈설문〉 이혼소송을 제기하기 전이라도 이혼 상대방의 재산처분 등을 미리 방지하기 위한 조치는 무엇인가? (별도 비용이 요구되는 보전처분, 가압류와 가처분)

보전처분은 이혼소송(조정청구 포함)의 제기를 전제로 하는 상기한 사전처분과는 달리 이혼소송을 제기하기 전에도 신청할 수 있다.[43] 사전처분과 달리 보전처분은 소송과 별도로 신청하기 때문에 비용이 지출된다. 보전처분에는 가압류와 가처분의 두 가지가 있다.

(1) 가압류

민사집행법 제276조와[44] 제277조에[45] 근거하고 있는 가압류(假押留)란 금전채

43. 부부의 일방이 행사하는 재산분할청구권 보전을 위한 사해행위취소권에 대해서는 제2장 실체법 편 민법 제939조의 3 주석 참조

44 민사집행법 제276조(가압류의 목적) ① 가압류는 금전채권이나 금전으로 환산할 수 있는 채권에 대하여 동산 또는 부동산에 대한 강제집행을 보전하기 위하여 할 수 있다. ② 제1항의 채권이 조건이 붙어 있는 것이거나 기한이 차지 아니한 것인 경우에도 가압류를 할 수 있다.

45 민사집행법 제277조(보전의 필요) 가압류는 이를 하지 아니하면 판결을 집행할 수 없거나 판결을 집행하는 것이 매우 곤란할 염려가 있을 경우에 할 수 있다.

권이나 금전으로 환산할 수 있는 채권에 관해 장래 그 집행을 보전하려는 목적으로 미리 채무자(즉, 배우자)의 재산을 압류해서 채무자가 처분하지 못하도록 하는 것을 말한다. 가압류의 유형에는 ① 건물, 토지 등 부동산가압류, ② 가구, 가전용품 등 유체동산가압류, ③ 임대차보증금, 예금, 급여 등 채권가압류 등이 있다.

가압류 신청을 하려면 가압류신청서(가압류 대상에 따라 부동산가압류 신청서, 유체동산가압류 신(예시) 재산분할 대상 · 위자료 지급 재원이 되는 재산처분 금지에 관한 처분등청서, 채권가압류 신청서)와 소명자료를 다음의 법원 중 한 곳에 제출하면 된다(민사집행법 제278조, 제279조) ; (1) 가압류할 물건이 있는 곳을 관할하는 법원 (2) 본안(즉, 이혼소송)이 제기되었을 경우 이를 관할하는 법원.

법원의 가압류 결정에 따라 가압류 집행이 완료되면 채무자는 자기 재산에 대해 일체의 처분을 할 수 없다. 즉, 가압류된 부동산을 매매하거나 증여하는 등의 처분을 할 수 없으며, 처분을 한 경우에도 채무자와 제3취득자 사이의 거래가 유효함을 권리자(즉, 가압류를 집행한 상대 배우자)에게 주장할 수 없다(이혼 위자료 재판에서 인정되는 가집행과의 효과상 차이점에 대해서는 [§ 16]에서 자세히 후술하기로 함). 부동산가압류나 자동차압류와 같은 등기 및 등록이 되는 재산에 대해서는 등기부등본에 공시가 이루어지기 때문에 재산을 처분하더라도 타인이 이것을 알기 때문에 사실상 타인에게 재산 처분이 어려운 상태가 될 수 있고, 채권가압류 시에는 계좌에서 돈을 출금하는 것이 어려운 상태가 되기 때문에 채무자가 받는 금전에 대한 보전도 가능하게 된다. 이와 같이 가압류의 처분금지효는 상대적 효력만 있다. 가령 채무자 A의 토지를 채권자 갑이 가압류하여 두었더라도 A가 이를 B에게 매도하고서 소유권이전등기를 경료하는 것 자체는 가능하다. 다만, 갑이 추후 A를 상대로 판결 등 집행권원을 받은 후에는 해당 토지에 대하여 강제경매를 신청할 수 있다. 해당 부동산 처분이 갑에 대해서는 효력이 없기 때문이다.

판례에 따르면 "부동산에 대한 가압류집행 후 가압류목적물의 소유권이 제3자에게 이전된 경우 가압류의 처분금지적 효력이 미치는 것은 가압류결정 당시의 청구금액의 한도 안에서 가압류목적물의 교환가치이고, 위와 같은 처분금지적 효력은 가압류채권자와 제3취득자 사이에서만 있는 것이므로 제3취득자의 채권자가 신청한 경매절차에서 매각 및 경락인이 취득하게 되는 대상은 가압류목적물 전체라고 할 것이지만, 가압류의 처분금지적 효력이 미치는 매각대금 부분은 가압류채권자가 우선적인 권리를 행사할 수 있고 제3취득자의 채권자들은 이를 수인하여야 하므로, 가압류채권자는 그 매각절차에서 당해 가압류목적물의 매각대금에서 가압류결정 당시의 청구금액을 한도로 하여 배당을 받을 수 있고, 제3취득자의 채권자는 위 매각대금 중 가압류의 처분금지적 효력이 미치는 범위의 금액에 대하여는 배당을 받을 수 없다"(대법원 2006. 7. 28. 선고 2006다19986 판결).

채무자는 다음 어느 하나에 해당하는 사유가 있으면 가압류가 인가된 뒤에도 〈가압류의 취소〉를 신청할 수 있다(민사집행법 제288조 제1항) ; (1) 가압류 이유가 소멸되거나 그 밖에 사정이 바뀐 경우 (2) 법원이 정한 담보를 제공한 경우 (3) 가압류가 집행된 뒤에 3년간 본안의 소를 제기하지 않은 경우(이 경우에는 이해관계인도 신청 가능).

(2) 가처분

가처분은 민사집행법상 강제집행을 보전하기 위해 법원이 결정하는 일시적인 명령으로, 가압류와 함께 규정되어 있는 제도이다. 구체적으로 ① 금전채권이 아닌 특정계쟁물(다툼의 대상이 되고 있는 것)에 관해 장래 그 집행을 보전할 목적으로 그 계쟁물을 현상변경하지 못하도록 하거나 ② 당사자 사이에 다툼이 있는 권리관계가 존재하고 그에 대한 확정판결이 있기까지 현상의 진행을 그대로 방치한다면 권리자가 현저한 손해를 입거나 목적을 달성하기 어려운 경우에 잠정적으로 임시의 지위를 정하는 것을 가처분이라고 한다(민사집행법 제300조). 이를 통해 다툼의 대상이 되는 물건이나 지위에 대하여 잠정적인 법률관계를 형성시켜 채권자가 입게 될 손해를 사전에 예방하는 것이다. 가처분의 대상과 유형은 다양하지만 부동산처분금지가처분, 점유이전금지가처분, 금전지급가처분, 영업금지가처분 등이 대표적이다.

권리자의 신청에 의하여 절차가 개시되면, 법원이 가압류절차에 준하여 가처분명령을 할 것인가를 심리하는 가처분명령절차를 거쳐 가처분명령이 발령된다. 종전에는 판결로 재판하는 경우도 많았으나, 현행 민사집행법은 모든 경우에 결정으로 재판하도록 하고 있다. 가처분 신청을 하려면 가처분신청서와 소명자료를 다음의 법원 중 한 곳에 제출하면 된다(민사집행법 제279조, 제301조, 제303조) ; (1) 다툼의 대상이 있는 곳을 관할하는 지방법원 (2) 본안(즉, 이혼소송)이 제기되었을 경우 이를 관할하는 법원.

법원의 가처분 결정에 따라 가처분 집행이 완료되면 채무자는 특정계쟁물의 현상 또는 임시의 지위에 대해 일체의 변경을 할 수 없다. 즉, 처분금지가처분의 경우 그 목적이 된 특정계쟁물을 처분할 수 없으며, 처분을 한 경우에도 채무자와 제3취득자 사이의 거래가 유효하고 권리자에게 주장할 수 없다.

판례에 따르면 "부동산에 관하여 처분금지가처분의 등기가 마쳐진 후에 가처분권자가 본안소송에서 승소판결을 받아 확정되면 그 피보전권리의 범위 내에서 그 가처분에 저촉되는 처분행위의 효력을 부정할 수 있고, 이 때 그 처분행위가 가처분에 저촉되는 것인지의 여부는 그 처분행위에 따른 등기와 가처분등기의 선후에 의하여 정해진다"(대법원 2003. 2. 28. 선고 2000다65802, 65819 판결).

채무자는 다음 어느 하나에 해당하는 사유가 있으면 가처분이 인가된 뒤에도 가처분의 취소를 신청할 수 있다(민사집행법 제288조 제1항 및 제301조) ; (1) 가처분 이유가 소멸되거나 그 밖에 사정이 바뀐 경우 (2) 법원이 정한 담보를 제공한 경우 (3) 가처분이 집행된 뒤에 3년간 본안의 소를 제기하지 않은 경우(이 경우에는 이해관계인도 신청 가능).

V. 이혼 시 재산분할에 따른 세금문제(특히 가장이혼의 경우)

〈설문〉 사망이 임박한 A의 재혼 배우자 B는 추후 A의 사망 시 그의 전 부인(A와는 정식 이혼상태)이 낳은 자녀들과의 상속 분쟁을 피하려고,[46] A와 형식상 이혼을 하고 거액의 재산 분할을 받은 경우(사실상 부부관계는 그대로 유지) 세무당국이 '위장이혼'이라며 증여세를 부과한 것은 적법한가?[47]

정식 이혼 시 재산변동을 둘러싼 세금 문제에 대해서는 제2장 실체법 편의 관련 논제에서 이미 상세히 서술하였다. 이를 요약 정리한다면, 이혼 시 재산분할제도는 본질적으로 혼인 중 쌍방의 협력으로 형성된 공동재산의 청산이라는 성격을 가지고 있고 경제적으로 곤궁한 상대방에 대한 부양적 성격이 보충적으로 가미된 제도로 보기 때문에 이에 대하여 원칙상 재산의 무상취득을 과세 원인으로 하는 증여세를 부과할 여지가 없다(조세 실무상 조세포탈 목적이 있으면 과세 대상이 될 수 있음). 다만, 부동산을 받는 자의 경우 (등기) 취득세는 납부하여야 할 것이다(이혼재산 분할 특례세율의 적용). 그리고 이혼 위자료는 일종의 손해배상금이기 때문에 받은 자의 경우 증여세와 소득세는 부과되지 않을 것이고(다만 부동산등기 취득세는 부과 대상), 반면에 위자료로서 부동산을 양도한 자의 경우 양도소득세의 부과대상이 될 수 있을 것이다(채무면제에 해당하는 양도수익으로 계산될 것임). 이러한 이혼 재산분할 세금 혜택은 사실혼(해소) 재산분할에서도 그대로 적용된다. 문제는 가장이혼의 협의가 있는 경우에도 이와 동일할 것인가에 있다.

---

46. 법적으로 혼인신고를 하지 않고 함께 사는 사실혼 배우자는 상속인이 될 수 없지만 전처와 이혼한 사람의 (재혼) 법적 배우자는 상대 배우자 사망 시 전처 자녀와 공동 상속인이 될 것임.

47. 관련 글로는 김두형, 「위장이혼 및 재산분할에 대한 증여세 과세의 문제점」, 『홍익법학』 제20권 제3호, 홍익대학교, 2019 ; 박훈, 「가장이혼 및 재산분할 관련 증여세 과세문제」, 『서울법학』 제27권 제3호, 서울시립대학교, 2019.

상기한 〈설문〉사례에 대해 판례는 "법률상의 부부관계를 해소하려는 당사자 간의 합의에 따라 이혼이 성립한 경우 그 이혼에 다른 목적이 있다 하더라도 당사자 간에 이혼의 의사가 없다고 말할 수 없고, 이혼이 가장이혼으로서 무효가 되려면 누구나 납득할 만한 특별한 사정이 인정되어야 한다. 그리고 이혼에 따른 재산분할은 부부가 혼인 중에 취득한 실질적인 공동재산을 청산·분배하는 것을 주된 목적으로 하는 제도로서 재산의 무상이전으로 볼 수 없으므로 이혼이 가장이혼으로서 무효가 아닌 이상 원칙적으로 증여세 과세대상이 되지 않는다. 다만 민법 제839조의 2 제2항의 규정 취지에 반하여 상당하다고 할 수 없을 정도로 과대하고 상속세나 증여세 등 조세를 회피하기 위한 수단에 불과하여 그 실질이 증여라고 평가할 만한 특별한 사정이 있는 경우에는 〈상당한 부분을 초과하는 부분에 한하여〉 증여세 과세대상이 될 수 있다"고 판시하였다(대법원 2017. 9. 12. 선고 2016두58901 판결). 이 판례에 따르면 상속재산 분쟁을 회피하기 위해 부부가 미리 의견을 맞춰 남편의 사망이 임박한 시점에 이혼을 한 것으로 의심된다는 사정만으로는 무효에 해당하는 (가장)이혼이라고 보기 어렵다고 판시한 것이다.[48]

참고로, 과세관청은 납세자가 가장이혼을 하면서 재산 분할을 한 경우(사해행위가 될 수 있음) 채권자 취소권을 행사하여 그 재산을 원상회복시킬 수 있을 것인데, 만약 채권자 취소권 행사로 원상회복된 경우 그 이전 재산 분할 받은 것에 대해 이미 증여세가 부과되었다면 그 증여세도 취소(납세의무의 취소)되어야 할 것이다.

48. 만약 과세관청이 무효에 해당하는 위장이혼임을 소송절차에서 입증 성공한다면 증여세 부과의 적법성이 인정될 것임.

〈설문〉 사실혼 해소 시 재산분할에 의한 부동산 취득에 대해서도 (등기) 취득세 특례세율이 적용될 수 있는가?

[실제사례] A와 B(여)는 2002년 법률상 이혼하였지만 이후에도 함께 살았다. 그러다 결국 2011년 이 사실혼 관계마저 파경을 맞게 되었다. 이후 A는 부인 B를 상대로 사실혼 해소에 따른 재산분할소송을 제기하여 시가 29억 8,000만 원 상당인 B 명의의 부동산을 넘겨받게 되었다. 그런데 광명시가 일반적인 증여에 적용하는 3.5%의 취득세율을 적용해 A에게 1억 400여 만 원의 세금을 부과하자, A는 사실혼에도 법률혼과 같이 혼인관계 해소에 따른 재산분할에 적용되는 취득세 특례세율인 1.5%가 적용되어야 한다는 이유로 취득세 등 부과처분 취소소송을 제기하였다.

상기한 〈설문〉 및 [실제사례]에 대해 2016년 대법원 특별2부는 "구 지방세법(2015. 7. 24. 법률 제13427호로 개정되기 전의 것) 제15조 제1항 제6호(이하 '법률조항'이라고 한다)는 민법 제834조 및 제839조의 2에 따른 재산분할로 인한 취득에 대하여 같은 법 제11조 등에 따른 표준세율에서 중과기준세율인 1,000분의 20을 뺀 세율을 적용하도록 규정하고 있다. 이는 부부가 혼인 중 공동의 노력으로 이룩한 재산을 부부관계 해소에 따라 분할하는 것에 대하여 통상보다 낮은 취득세율을 적용함으로써 실질적 부부공동재산의 청산으로서의 성격을 반영하는 취지이다. 그리고 법률조항에서의 민법 제834조 및 제839조의 2는 협의상 이혼 시 재산분할에 관한 규정이지만, 민법 제839조의 2는 민법 제843조에 따라 재판상 이혼 시 준용되고 있고, 혼인 취소는 물론 사실혼 해소의 경우에도 해석상 준용되거나 유추적용되는데, 이는 부부공동재산의 청산의 의미를 갖는 재산분할은 부부의 생활공동체라는 실질에 비추어 인정되는 것이라는 점에 근거한다. 위 각 법률조항의 내용 및 체계, 입법 취지, 사실혼 해소의 경우에도 민법상 재산분할에 관한 규정이 준용되는 점, 법률혼과 사실혼이 혼재된 경우 재산분할은 특별한 사정이 없는 한 전체 기간 중에 쌍방의 협력에 의하여 이룩한 재산을 모두 청산 대상으로 하는 점, 실질적으로 부부의 생활공동체로 인정되는 경우에는 혼인신고의 유무와 상관없이 재산분할에 관하여 단일한 법리가 적용됨에도 세법을 적용할 때 혼인신고의 유무에 따라 다르게 과세하는 것은 합리적이라고 보기 어려운 점, 사실혼 여부에 관하여 과세관청으로서는 이를 쉽게 파악하기 어렵더라도 객관적 자료에 의해 이를 증명한 사람에 대해서는 그에 따른 법률효과를 부여함이 상당한 점 등을 더하여 보면, 법률조항은 사실혼 해소 시 재산분할로 인한 취득에 대해서도 적용된다"는 취지로 판시하였다(대법원 2016. 8. 30. 선고 2016두36864).[49]

〈설문〉 주택을 여러 채 가진 부부가 부동산 매매 시 양도소득세 면제(특례) 요건인 '1가구(세대) 1주택' 상태를 만들기 위해 (가장) 협의이혼을 하고서 사실상 부부관계를 계속 유지한 상태에서 자신이 유일하게 소유하는 1주택을 제3자에게 처분한 일방 배우자(상대방 배우자는 다 주택 소유)의 경우 1세대 1주택 양도소득세 면제(특례)가 가능할 것인가?

과거 실제사례로서 주택을 여러 채 가진 부부가 부동산 매매 시 양도소득세 면제 요건인 '1가구(세대) 1주택' 상태를 만들기 위해 (가장) 협의이혼을 하고서 사실상 부부관계를 계속 유지한 상태에서 자신이 소유하는 1주택을 처분한 일방 배우자(상대방 배우자는 다 주택 소유)의 경우 양도소득세 면제(특례)가 가능할 것인지가 문제되었다.

상기한 〈설문〉사례에 대한 2017년 당시의 (구) 판례에 따르면 "조세법규의 해석은 특별한 사정이 없는 한 법문대로 해석해야 한다. 소득세법이 규정하는 양도

49. 관련 글로는 이의영, 「사실혼 재산분할 시 취득세 특례세율의 적용」, 『대법원판례해설』 제110호, 법원도서관, 2017.

소득세의 비과세요건인 '1세대 1주택'에 해당하는지를 판단할 때는 거주자와 함께 1세대를 구성하는 배우자는 법률상 배우자만을 의미한다고 봐야 한다. 거주자가 주택 양도 당시 이미 이혼해 법률상 배우자가 없다면, 그 이혼을 무효로 볼 수 있는 사정이 없는 한 종전 배우자와는 분리되어 따로 1세대를 구성하는 것으로 봐야 한다. 협의이혼에서 이혼의 의사는 법률상의 부부관계를 해소하려는 의사를 말하므로, 일시적으로나마 당사자 간 합의 하에 협의이혼 신고가 된 이상 그 협의이혼에 다른 목적이 있다고 하더라도 이혼의 의사가 없다고는 말할 수 없고, 그 협의이혼은 무효가 되지 않는다. 양도소득세를 회피할 목적으로 이혼했다거나 이혼 후에도 전 부인과 사실상 혼인관계를 유지했다는 사정만으로는 이혼을 무효로 볼 수 없다. 주택을 여러 채 가진 부부가 부동산 매매 시 양도소득세 면제 요건인 '1가구 1주택' 상태를 만들기 위해 일시적으로 위장이혼을 했다는 의심이 들더라도 이혼을 무효라고 볼만한 증거가 없는 한 적법하게 세대 분리가 된 것으로 봐야 한다"(양도소득세 등 부과처분 취소 소송인 2015두35083).

그러나 그 후 소득세법 제88조의 개정을 통해 제6호에서 "1세대란 거주자 및 그 배우자(법률상 이혼을 하였으나 생계를 같이 하는 등 사실상 이혼한 것으로 보기 어려운 관계에 있는 사람을 포함한다)가 그들과 같은 주소 또는 거소에서 생계를 같이 하는 자[거주자 및 그 배우자의 직계존비속(그 배우자를 포함한다) 및 형제자매를 말하며, 취학, 질병의 요양, 근무상 또는 사업상의 형편으로 본래의 주소 또는 거소에서 일시 퇴거한 사람을 포함한다]와 함께 구성하는 가족단위를 말한다. 다만, 대통령령으로 정하는 경우에는 배우자가 없어도 1세대로 본다"는 문언 내용이 시행되고 있다. 결국 현행법에 따르면 법률상 이혼을 하였으나 사실혼 관계를 유지하고 있는 배우자도 동일 세대의 구성원으로 보아야 하기 때문에 상기한 〈설문〉사례에서의 양도 소득세 면제(특례)는 현 시점에서는 불가능할 것이다.

VI. 이혼 외국인의 체류연장 문제

1. F-6 결혼이민비자

외국인이 대한민국 국민과 결혼하게 되면 국민의 배우자로서의 지위를 가지게 된다. 따라서 외국인이 대한민국 국민과 대한민국에서 결혼한 경우에는 기존의 국내 체류자격을 국민의 배우자에게 주어지는 체류자격인 결혼이민(F−6)자격으로 변경 신청할 수 있다. 다만, 외국에서 결혼한 경우에는 바로 결혼이민(F−6)자격 사증으로 입국하게 되므로 별도로 변경 신청할 필요가 없다.

결혼이민(F−6)자격을 가질 수 있는 사람으로는 (1) 국민의 배우자 (2) 국민과 혼인관계(사실상의 혼인관계를 포함)에서 출생한 자녀를 양육하고 있는 부 또는 모로서 법무부장관이 인정하는 사람 (3) 국민인 배우자와 혼인한 상태로 국내에 체류하던 중 그 배우자의 사망이나 실종, 그 밖에 자신에게 책임이 없는 사유로 정상적인 혼인관계를 유지할 수 없는 사람으로서 법무부장관이 인정하는 사람이다("출입국관리법 시행령" 별표 1의 2). 결혼이민(F−6)자격은 취업활동에 제한이 없고, 결혼이민(F−6)자격으로 2년 이상 대한민국에 체류하면 영주(F−5)자격으로 변경신청을 할 수 있다.

F−6비자는 F−6−(가)~(다)까지의 종류로 나누어진다. 가장 기본적인 F−6비자는 대한민국 국민의 배우자 자격인 F−6−(가) 비자이다(F6−1). 대한민국 국민과 혼인한 배우자로 장기체류의 자격을 갖게 된다. F−6−(나) 비자는 대한민국 국민과 혼인관계(사실혼 포함)에서 출생한 자녀를 양육하고 있는 경우를 말한다(F6−2). F−6−(다) 비자는 대한민국 국민인 배우자와 혼인한 상태로 국내에 체류하던 중 배우자의 사망이나 실종, 그 밖에 자신에게 책임 없는 사유로 정상적인 혼인관계를 유지할 수 없는 경우를 말한다(F6−3).

2. 이혼 외국인의 비자 연장

〈설문〉 이혼 외국인의 경우 F-6비자 등에 의한 체류 연장이 가능한가?

F6 결혼이민 비자로 들어온 외국인(혼인 중에는 F6-1비자)은 일정한 요건을 갖추면 영주권 취득(F5 영주비자), 귀화 및 간이 귀화도 할 수 있다.[50] 그러나 실제로 그 요건취득이 어려워 상당수의 외국인은 F6 비자의 연장을 통해 계속 체류하게 된다. 결혼이민(F-6)자격의 외국인이 정해진 체류기간을 초과해서 계속 체류하려는 경우에는 체류기간이 끝나기 전에 법무부장관의 체류기간 연장허가를 받아야 한다("출입국관리법" 제25조, "출입국관리법 시행령" 제31조 제1항, "출입국관리법 시행규칙" 제76조 제2항 제6호 및 별표 5의 2). 그런데 대한민국 국민과 결혼하여 결혼이민비자인 F-6비자를 받은 외국인은 이혼 후 비자연장과 관련한 어려움을 겪을 수 있다. 물론 이혼하더라도 그 시점에서 부여받은 남은 결혼 이민 비자 기간 동안은 일단 체류할 수 있다. 그 이후에도 대한민국 국민 사이에서 출생한 자녀를 양육하고 있는 경우에는 F-6-(나) 자격의 F6-2비자, (한국인 배우자의 사망, 실종 이외에) 본인에게 책임이 없는 사유로 이혼한 경우에는 F-6-(다) 자격 (혼인단절)의 F6-3비자로 각각 변경되어 계속해서 장기체류자격을 갖게 되지만 그렇지 않은 경우에는 이혼 후 대한민국을 떠나야 하는 것이 원칙이다.

이에 따라 이혼 후에도 F-6비자 연장이 가능한 대표적인 사례가 이혼 외국인

---

50. 참고로, 2018년 서울행정법원 행정7부는 한국인 남편과 결혼해 아이를 낳고 정상적으로 10여 년 이상 국내에 거주해 온 네팔 출신 여성 A가 법무부장관을 상대로 낸 국적신청 불허가처분 취소소송에서 13년 전(결혼 전) 위명여권을 사용하여 한 때 입국한 적이 있었다는 '품행 미단정'의 이유로 귀화 불허처분을 내린 것은 부당하다는 판시를 하였음(2017구합89315). 그리고 동일한 시기에 서울고법 행정8부도 2001년 한국인 남편과 결혼한 뒤 성격 차이로 불화를 겪다가 2013년 협의이혼한 국내 거주 중국 국적의 여성 B가 법무부장관을 상대로 낸 국적신청 불허가처분 취소소송에서 진정성 없는 혼인관계(소위 가장혼인)이었다는 "품행 미단정"의 이유로 귀화 불허처분을 내린 것은 부당하다는 판시를 하였음(2017누88703).

이 (양육할) 미성년 자녀를 둔 경우이다(협의이혼과 재판이혼 모두에 동일할 것임). 우선 이혼 시 자녀 양육권을 가지게 된 외국인은 양육 자녀가 만 19세 성인이 될 때까지 F6-2비자의 형식으로 체류연장이 가능한 것이다(3년 단위 연장 가능). 그러나 자녀가 성년이 된 경우 이혼 외국인은 (F6-2비자가 아니라) 일정한 요건충족을 전제로 F2(거주) 비자의 형식으로[51] 체류 연장이 가능하다(요건 미충족의 경우는 단기방문비자로서 수시 체류만 가능할 것임).[52] 그리고 미성년 자녀는 있지만 양육권을 가지지 않은 이혼 외국인이더라도 자녀와의 면접교섭권 행사를 위한 F6-2 비자 형식의 체류연장이 가능하다(1년 단위 연장 가능).[53] 그리고 양육 내지 면접 교섭할 자녀가 아예 없는 이혼 외국인(아래 F6-3 대상자는 예외)의 경우는 가사정리를 위한 체류기간 연장이 어느 정도 가능한데, 이 경우에는 "F1 방문동거 비자"의 형식으로서 연장된다(6개월 단위 연장 가능).[54] 이에 해당하는 대표적인 경우가 외국인이 협의이

---

51. "거주(F2) 비자"는 한국에서 장기적으로 거주하고 취업할 수 있는 비자이다. 이 비자의 취득 대상으로는 국민의 미성년 외국인 자녀, 영주자격 소지자의 배우자 및 미성년 자녀, 난민인정을 받은 자, 고액투자 장기 체류 외국인, 숙련 생산기능 외국 인력, 점수제에 의한 우수 전문 인력, 점수제 해당자의 배우자 및 미성년 자녀, 부동산 투자 이민자, 영주자격 상실자, 공익사업 투자 이민자, 공익사업 투자 이민자나 은퇴 이민자의 배우자 및 미성년 자녀, 은퇴이민 투자자, 기타 장기 체류자 등이 있다. F2 비자는 1회 체류 기간 최장 3년으로서 합법적으로 3년 이상 체류하게 되면 "영주(F-5)비자"로 변경할 수 있다. 자녀가 성년이 된 이후 이혼 외국인의 경우는 F-2-15비자를 신청할 수 있는 대상이 된다. 즉, F2-15비자의 대상은 한국인과의 결혼이 단절된 후, 한국인 배우자와의 사이에 출생한 자녀가 성년이 될 때까지 양육한 외국인 부 또는 모이다. F-2-15비자 신청일 현재 F-6-2비자 자격이어야 하며, F-6비자 체류자격으로 5년 이상 계속해서 국내에 체류하여야 한다(거주요건 이외에도 품행단정, 생계유지, 기본소양의 요건도 충족되어야 함).

52. 단기 방문비자는 시장조사, 업무연락, 상담, 계약 등 상용 활동, 관광, 통과, 요양, 친지방문, 친선경기, 각종 행사나 회의 참가 또는 참관, 문화예술, 일반연수, 강습, 종교의식 참석, 학술자료 수집, 그 밖에 이와 유사한 목적으로 90일이 넘지 않은 기간 동안 체류하려는 자를 대상으로 발급되는 비자이다. 단기방문 (C-3) 자격은 영리를 목적으로 하는 사람에게 발급할 수 없는 비자이다.

53. 행정소송의 예 : 면접교섭권을 가진 이혼 외국인 여성이 서울출입국관리사무소장을 상대로 제기한 체류기간연장 등 불허가처분 취소소송에서 2017년 서울행정법원 행정9단독이 내린 원고승소 결정 (2016구단61337)

54. F1 비자는 한국으로의 친척 방문, 가족과의 동거, 부모 부양, 가사 정리 등으로 체류하기 위해 발급을 받아 입국을 하거나 체류자격을 변경하는 경우에 받는 비자이다. F1 비자의 발급 자격으로는 (i) 대한

혼을 하고서 한국인 배우자에게 재산분할을 청구하는 경우가 될 것이다.

다음으로 아예 자녀가 없는 외국인의 체류연장은 자신에게 책임이 없는 사유로 이혼한 경우에 가능하다(다만 F−6−다. 자격으로서 F6−3의 비자 형식으로 바뀜).[55] 여기서 중요한 점은 '자신에게 책임이 없는 사유로 정상적인 혼인관계를 유지할 수 없는 사람'의 의미인데, 이에 대한 대법원 판례에 따르면 "'자신에게 주된 책임이 없는 사유로 정상적인 혼인관계를 유지할 수 없는 사람'이란 혼인파탄의 **〈주된〉** 귀책사유가 국민인 배우자에게 있는 경우를 의미한다고 봄이 타당하다. 결혼이민(F−6 다.목) 체류자격을 신청한 외국인에 대하여 행정청이 그 요건을 충족하지 못하였다는 이유로 거부처분을 하는 경우에는 '그 요건을 갖추지 못하였다는 판단' 다시 말해 '혼인파탄의 주된 귀책사유가 국민인 배우자에게 있지 않다는 판단' 자체가 처분사유가 된다. 부부가 혼인파탄에 이르게 된 여러 사정들은 그와 같은 판단의 근거가 되는 기초사실 내지 평가요소에 해당한다. 결혼이민(F−6 다.목) 체류자격 거부처분 취소소송에서 원고와 피고 행정청은 각자 자신에게 유리한 평가요소들을 적극적으로 주장·증명하여야 하며, 수소법원은 증명된 평가요소들을 종합하여 혼인파탄의 주된 귀책사유가 누구에게 있는지를 판단하여야 한다. 수소법원이 '혼인파탄의 주된 귀책사유가 국민인 배우자에게 있다'고 판단하게 되는 경우에는, 해당 결혼이민(F−6 다.목) 체류자격 거부처분은 위법하여 취소되어야 할 것이므로, 이러한 의미에서 결혼이민(F−6 다.목) 체류자격 거부처분 취소소송에서도 그 처분사유에 관한 증명책임은 피고 행정청에게 있다고 보아야 한다. 행정소송의 수소법원이 관련 확정판결의 사실인정에 구속되는 것은 아니지만, 관련 확정판결에서 인정한 사실은 행정소송에서도 유력한 증거자료가 되므로, 행정소송에서 제출된 다른 증거들에 비추어 관련 확정판결의 사실 판단을 채용하기 어렵다고 인정되

민국 국적을 보유하지 않는 외국인, (ii) 방문, 가족동거, 부모부양, 가사정리 등의 목적으로 체류하는 경우 (iii) 체류기간이 90일 이내인 경우 (iv) 취업활동을 하지 않는 경우에 해당하여야 한다.

55. 실무에서 전술한 자녀양육(F6−2비자)과 여기의 혼인단절(F6−3비자)이 경합하는 경우에는 F6−3 비자가 부여된다.

는 특별한 사정이 없는 한, 이와 반대되는 사실은 인정할 수 없다. 나아가 '혼인파탄의 주된 귀책사유가 누구에게 있는지'라는 문제는 우리의 사법제도에서 가정법원의 법관들에게 가장 전문적인 판단을 기대할 수 있으므로, 결혼이민(F-6 다.목) 체류자격 부여에 관하여 출입국관리행정청이나 행정소송의 수소법원은 특별한 사정이 없는 한 가정법원이 이혼확정판결에서 내린 판단을 존중함이 마땅하다. 이혼소송에서 당사자들이 적극적으로 주장·증명하지 않아 이혼확정판결의 사실인정과 책임판단에서 누락된 사정이 일부 있다고 하더라고 그러한 사정만으로 이혼확정판결의 판단 내용을 함부로 뒤집으려고 하여서는 아니 되며, 이혼확정판결과 다른 내용의 판단을 하는 데에는 매우 신중하여야 한다"(대법원 특별2부 2019. 7. 10. 선고 2018두66869 판결 ; 원심은 원고가 F-6-다. 체류자격을 부여받기 위해서는 한국인 배우자에게 혼인파탄에 관한 "전적인 책임"이 있음을 원고가 증명하여야 하는데 원고에게도 혼인파탄에 관하여 일정 부분 책임이 있으므로 결혼이민 체류자격의 요건을 충족하지 못하였다고 판단하였음. 그러나 대법원은 혼인파탄에 관한 주된 귀책사유가 한국인 배우자에게 있다는 이혼확정판결이 있고 그 판단을 뒤집을 특별한 사정도 없으므로 원고가 결혼이민 체류자격의 요건을 충족하였다고 판단하여 파기 환송하였음).

상기한 실무규칙(내지 판례태도)에 따라 체류연장을 원하는 외국인은 자신에게 이혼 귀책사유가 없다는 것을 주장하여야 하기 때문에 한국인 이혼 상대방의 (주된, 전적인) 귀책사유를 이유로 하는 이혼재판을 청구하거나 상대방 배우자의 이혼 재판청구에 대해 반소를 제기하여야 할 것이다. 즉, 이혼 판결문을 통해 한국인 상대 배우자의 주된(또는 전적인) 귀책사유가 입증되어야 F6-3 형식의 체류연장이 가능하다(참고로, 협의이혼의 경우는 이러한 F6-3 형식의 체류연장은 원칙상 불가능).[56] 다만 한 가지 예외로서 귀책사유가 상당한 이혼 외국인이더라도 한국인의 부모 또는 가족을 부양하는 경우 F6-3 형식의 비자자격으로 체류연장이 인정될 수 있다.

56. 다만 외국인이 협의이혼을 하면서 이혼 위자료 합의까지 받아 낸 경우에는 한국인 배우자의 불법행위가 문서상 인정되기 때문에 가능할 수도 있을 것임.

[§ 13] 이혼 시 재산문제 (1) : 위자료(청구권)의 문제

Ⅰ. 절차법적 기본사항

〈설문〉 이혼 시 위자료 청구소송의 관할법원은?

이혼하는 경우에는 그 이혼을 하게 된 것에 책임이 있는 배우자(유책 배우자)에게 이혼으로 인한 정신적 고통(예를 들어 배우자의 혼인파탄행위 그 자체와 그에 따른 충격, 불명예 등)에 대한 배상, 즉 위자료를 청구할 수 있다(민법 제806조 및 제843조). 그리고 위자료 청구는 유책 배우자는 물론이고, 그와 간통한 상간자(소위 상간자 소송), 혼인기간 중 학대한 직계존속 등을 상대로 할 수도 있다. 또한 이혼으로 인한 위자료 청구는 재판상 이혼뿐만 아니라 협의이혼, 더 나아가 가사소송법에 의하면 혼인의 무효·취소의 경우에도 할 수 있다. 이 경우 위자료 청구소송의 관할법원이 문제된다. 우선 배우자와 이혼을 하지 않은 채 상간자만을 상대로 위자료 청구소송을 제기하고자 하는 경우에는 민사 지방법원에 소를 제기하여야 하는 독립된 민사사건이 된다(즉, 원고의 주민등록지 또는 상간자의 주민등록지 소속의 민사 지방법원이 관할법원이 될 것임). 그러나 배우자와 이혼을 한 이후 또는 배우자와의 이혼과 (이혼 배우자 내지 상간자를 상대로 한) 위자료 청구 소송을 동시에 제기하는 경우에는 이혼소송의 관할법원(가정법원)에 소를 제기하여야 하는 가사사건이 된다. 즉, 이혼을 원인으로 하는 손해배상청구(제3자에 대한 청구를 포함한다)는 가사소송법이 규율하는 "**다류**"의 **가사소송사건**이 된다(가사소송법 제2조 제1항 제1호 다목 2). 따라서 소송 시 관할은 **가정법원의 전속관할**에 속한다(원고의 피고 1에 대한 이 사건 청구 중 위 피고와 원고 남편 사이의 간통 등 부정행위로 인하여 원고가 남편과 협의이혼을 함으로써 원고의 혼인관계가 파탄에 이르렀음을 원인으로 위자료 5,000만 원 및 이에 대한 지연손해금의 지급을 구하는 손해배상청구는 이혼을 원인으로 하는 제3자에 대한 손해배상청구에 해당하고, 따라서 위 손해배상청구는 가정법원의 전속관할에 속한다고 판시한 대법원 2008. 7. 10. 선고 2008다17762 판결).

배우자와 협의이혼이 진행 중일 때 상간자 소송을 제기하고자 하는 경우에도 일단 상간자의 주소지를 관할하는 가정법원에 소를 제기하면 된다. 가정법원은 협의이혼 과정을 지켜보다가 협의이혼이 무산될 경우에만 민사법원으로 사건을 이송할 것이다.

〈설문〉 재산분할을 청구한 자는 위자료 청구도 별개로 할 수 있는가? (가사비송사건과 가사소송사건 ; 관련 사건)

가사소송법에 의하면 이혼에 따른 위자료(손해배상) 청구는 (다류) 가사소송사건으로, 재산분할 청구는 (마류) 가사비송사건으로 다르게 분류된다. 다만 양자는 **관련 사건으로서 하나의 소 제기 또는 하나로 병합 심리**될 수 있다(제14조).

판례에 따르면 이혼 위자료는 부부 일방의 잘못으로 이혼하게 된 사람의 정신적 고통을 위로하는 것을 목적으로 하고, 재산분할은 혼인 중 부부가 공동으로 모은 재산에 대해 본인의 기여도에 따른 상환을 청구하는 것을 목적으로 하는 등 그 권리의 발생근거, 제도의 입법취지, 재판절차 진행 등 여러 가지 관점에서 차이가 있어 이를 별개의 제도로 보게 된다(대법원 2001. 5. 8. 선고 2000다58804 판결). 따라서 위자료청구와 재산분할청구는 양자를 개별적으로 청구하는 것이 가능할 것이고, 하나의 소로서 청구할 수도 있을 것인데, 다만 별개로 청구하더라도 양자는 관련사건으로서 병합 심리될 수 있는 것이다. 여하튼, 위자료의 액수는 ① 이혼에 이르게 된 경위와 정도, ② 혼인관계파탄의 원인과 책임, ③ 당사자의 재산상태 및 생활정도, ④ 당사자의 연령, 직업 등 변론에 나타나는 모든 사정을 고려해서 정한다(대법원 2004. 7. 9. 선고 2003므2251, 2268 판결 ; 대법원 1987. 10. 28. 선고 87므55, 56 판결).

〈설문〉 이혼 및 "재산분할" 청구인이 상대방 배우자로부터 별거 위자료 조로 재산을 이미 증여받았다고 한 주장(증여받았으므로 특유재산이라는 주장)이 법원에 의해 (재산분할심판 시) 배척되자 별개의 위자료 청구소송을 제기하였다면 이 행위는 금반언의 원칙에 반하는가?

[실제사례] 甲이 남편 乙과 '乙이 다른 여자와 살기 위해 乙의 요구로 별거한다. 乙은 별거 위자료 조로 甲에게 아파트 소유권을 이전하기로 한다'는 내용의 합의서를 작성하여 乙로부터 아파트 소유권을 이전받았는데, 그 후 이혼 및 재산분할 소송에서 위 아파트는 위자료로 증여받은 것이어서 재산분할대상에서 제외하여야 한다는 甲의 주장이[57] 받아들여지지 않자, 甲은 乙을 상대로 이혼에 따른 위자료의 지급을 구하는 별개의 소송을 제기하였다.

다른 특별한 사정이 없으면 유책배우자는 상대방에게 〈위자료〉를 지급할 의무가 있다(따라서 상호 이혼 등의 본소 및 반소를 제기한 경우 유책배우자의 이혼 및 위자료 청구는 배척되고, 상대 배우자의 이혼 및 위자료 청구만 인용될 수도 있을 것임). 그리고 위자료 청구는 유책 배우자의 상간 여를 상대로 제기할 수도 있다. 문제는 재산분할 심판 시 이혼 위자료 주장에 대한 배척판단이 있자 별도로 제기한 이혼 위자료 청구소송의 적법성 여부에 있다.

57. 반면에 이혼 피고(재산분할 청구의 상대방)와 상간 여(위자료 청구의 상대방)는 '원고가 이 사건 합의서를 작성함으로써 피고와 소외인의 부정행위에 대하여 사후용서 또는 사전 동의의 의사를 표시하였고, 이 사건 합의서에 따라 피고가 원고에게 이 사건 부동산을 이전해줌으로써 위자료 지급이 완료되었다'는 취지의 주장이 있었음. 그러나 이 주장은 법원에 의해 모두 배척되었음.

상기한 〈설문〉 및 [실제사례]에 대한 하급심 판례에 따르면 "甲이 합의서의 내용에 대한 법적 판단을 잘못하여 위자료 주장을 하였다가 그것이 받아들여지지 않자 별개의 위자료 소송을 제기한 점, 위자료 주장이 배척되어 아파트가 재산분할 대상에 포함됨으로써 甲이 입은 불이익이 별개의 소송으로 구하는 위자료보다 훨씬 다액인 점 등을 고려하면, 甲이 별개의 소로써 위자료 지급을 구하는 것이 금반언의 원칙이나 신의칙에 반한다고 볼 수 없다"(부산가법 2018. 4. 4., 선고, 2017드단214219, 판결).

〈설문〉 당사자가 본소와 반소로서 서로 대립하는 이혼 등 심판소송에서 문제되는 "부대항소"란 무엇인가? 그리고 이 경우 정식 항소하지 않은 자에게 유리한(역으로 항소한 자에게 제1심보다 불리한) 위자료 액수 변경도 가능한가?

부대항소란 피항소인의 항소권이 소멸하여 독립하여 항소를 할 수 없게 된 후에도 상대방이 제기한 항소의 존재를 전제로 이에 부대하여 원판결을 자기에게 유리하게 변경을 구하는 제도를 말한다(민사소송법 제403조).[58] 예컨대, 제1심에서 원고(반소피고)가 본소로서 이혼 및 위자료 지급을 구하고, 피고(반소원고)가 반소로서 이혼 및 위자료 지급과 재산분할을 구하여 피고의 반소 이혼과 위자료 및 재산분할 청구 일부가 인용되고 원고의 본소 청구가 모두 기각되었는데, 이에 대하여 원고만이 본소 청구 중 이혼 부분과 피고의 반소 청구에 대하여만 항소를 제기하였다면 위자료 증액에 대한 피항소인의 부대항소가 원용될 수 있다.

상기한 〈설문〉에 대한 판례에 따르면 "부대항소를 할 수 있는 범위는 항소인이 주된 항소에 의하여 불복을 제기한 범위에 의하여 제한을 받지 아니한다"(상기

58. 민사소송법 **제403조(부대항소)** 피항소인은 항소권이 소멸된 뒤에도 변론이 종결될 때까지 부대항소(附帶抗訴)를 할 수 있다.

한 예에서 원고는 본소 청구 중 이혼 부분과 피고의 반소 청구에 대하여만 항소를 제기하여 본소 청구 중 위자료 부분에 대하여는 항소를 제기하지 아니하였다고 하더라도 피고가 부대항소로서 반소 청구 중 제1심에서 기각된 위자료 부분의 지급을 구하는 데 법률상 지장이 없다고 할 것이므로, 원심이 피고의 부대항소를 일부 받아들여 원고에게 제1심에서 인정된 위자료를 초과하여 지급을 명하였다고 하여 거기에 항소심의 판단범위에 관한 어떠한 법리오해의 위법이 있다고 할 수 없다고 판시한 대법원 1999. 11. 26. 선고 99므1596, 1602 판결).

II. 청구와 심판

〈설문〉 부정행위로 인한 이혼 위자료청구권의 행사기간은 어떻게 되는가? (손해배상청구권의 소멸시효)

[실제사례] A(84 · 여)와 B는 1956년 결혼해 슬하에 자녀 넷을 두었다. 1970년대 중반 남편 B는 한동네에 살던 C와 부적절한 관계를 맺었다. B는 1979년 아예 집을 나가 C와 동거를 시작한 것이었다. 가족과 왕래를 끊고 살던 B는 1996년 직장암 진단을 받고 2015년 4월 숨을 거뒀다. A는 2015년 6월 남편과 동거했던 C를 상대로 혼인파탄의 책임을 물어 "3억 원을 배상하라"며 소송을 제기하였다.

부정행위를 이유로 부부가 이혼하는 경우의 위자료청구권은 그 손해 또는 가해자를 안 날부터 3년이 지나면 시효로 인해 소멸한다(민법 제766조 제1항).[59] 그리

59. 민법 제766조(손해배상청구권의 소멸시효) ① 불법행위로 인한 손해배상의 청구권은 피해자나 그 법정대리인이 그 손해 및 가해자를 안 날로부터 3년간 이를 행사하지 아니하면 시효로 인하여 소멸한다. ② 불법행위를 한 날로부터 10년을 경과한 때에도 전항과 같다. [단순위헌, 2014헌바148, 2018. 8. 30. 민법(1958. 2. 22. 법률 제471호로 제정된 것) 제766조 제2항 중 '진실·화해를 위한 과거사정리 기본법' 제2조 제1항 제3호, 제4호에 규정된 사건에 적용되는 부분은 헌법에 위반된다.] ③ 미

고 이혼의 원인인 불법행위를 한 날로부터 10년을 경과한 때에도 시효로 인해 소멸한다(민법 제766조 제2항). 소멸시효의 만료 여부는 법원의 직권 조사사항이 아니라 피고의 항변사유에 불과하다. 그리고 여기서 손해 또는 가해자를 안 날이란 부정행위 그 자체가 아니라 그 부정행위로 인해 (혼인파탄의) 손해가 발생한 시점으로 해석하여야 하기 때문에 결국 이혼성립 시점을 기산점으로 보아야 할 것이다(부산가정법원 2018. 8. 6. 선고 2017드합200958 판결).[60] 여기서 이혼한 날이란 협의이혼의 경우는 이혼신고일, 재판상 이혼·혼인취소의 경우는 이혼판결 또는 혼인취소 판결의 확정일을 말할 것이다. 재판상 이혼을 하는 경우에는 상대방 배우자에 대한 위자료청구를 이혼청구와 함께 하는 것이 일반적이므로 위자료청구권의 행사기간이 경과할 우려가 거의 없을 것이다. 그러나 제3자(예컨대 상간자)에 대한 위자료 청구는 대개 이혼청구와 별도로 제기될 것이고, 협의이혼을 하는 경우에도 위자료에 대한 합의가 되지 않은 채 이혼하는 경우가 종종 있을 것이다. 이런 경우에는 상기한 소멸시효의 경과 여부가 문제될 것이다. 참고로, 상간자 위자료 청구소송을 당한 피고는 법원에 의해 선고받은 위자료 액수를 일단 원고에게 지급하여야 하겠지만, 원고의 배우자(불륜 상대방)에게 구상권 청구 소송을 제기하면 지급액의 상당 부분을 구상 받을 수 있을 것이다(위자료는 불륜 행위자 2명의 공동책임에 해당하기 때문임).

상기한 [실제사례]에 대해 2016년 서울고법 민사12부는 "A가 남편이 가출한 무렵부터 남편과 C가 동거하고 있다고 알았으므로, A의 손해배상청구권은 이미 소

성년자가 성폭력, 성추행, 성희롱, 그 밖의 성적(性的) 침해를 당한 경우에 이로 인한 손해배상청구권의 소멸시효는 그가 성년이 될 때까지는 진행되지 아니한다. 〈신설 2020. 10. 20.〉

60. [대법원 판례] 민법 제766조 제1항 '손해 및 가해자를 안 날'이란 손해의 발생, 위법한 가해행위의 존재, 가해행위와 손해 발생 사이의 상당인과관계 등 불법행위의 요건사실에 대하여 "**현실적이고도 구체적으로 인식하였을 때**"를 의미한다. 피해자 등이 언제 불법행위의 요건사실을 현실적이고도 구체적으로 인식한 것으로 볼 것인지는 개별 사건에서 여러 객관적 사정을 참작하고 손해배상청구가 사실상 가능하게 된 상황을 고려하여 합리적으로 인정해야 한다(대법원 2022.5.12. 선고 2020다255375, 255382 판결 ; 대법원 2008. 4. 24. 선고 2006다30440 판결 ; 대법원 2019. 12. 13. 선고 2019다259371 판결).

멸시효가 완성되어 소멸하였다. 소를 제기한 2015년 6월부터 역산해 3년이 넘은 부분은 소멸시효 기간이 지났다. 아직 소멸시효가 완성되지 않은 2012년 6월 5일 이후의 손해에 대해서도 C의 책임이 없다. B의 병간호를 C가 맡았고, 장례도 C와 그 자식들이 치렀다. 소멸시효가 완성된 이후에는 두 사람의 부부 공동생활은 사실상 파탄에 이른 상태였으므로 B와 C의 동거로 인해 A가 정신적 손해를 입었다고 보기 어렵다"는 취지로 판시하였다(2016나2042150).

〈설문〉 부부 쌍방이 혼인파탄에 비슷한 정도의 책임이 있는 경우 그중 일방의 〈위자료청구〉는 허용될 것인가?

[실제사례] A(여)와 B는 결혼 중 성격 차이로 갈등을 빚었다. B는 아내 A의 귀가시간이 자주 늦어지자 A와 같은 연주 단체 소속인 C와의 불륜을 의심하였다. A는 B의 추궁에 결국 불륜관계를 실토하였다. A는 다시는 이런 일이 없도록 하겠다는 각서를 쓰고 일단 화해하였다. 그 이후 B가 공갈미수죄로 실형을 선고받자 크게 실망한 A는 B에게 이혼을 제의하였다. 그러자 B는 이번에는 아내와 D와의 불륜을 의심하여 몰래 A의 가방 밑 부분을 뜯어내고 녹음기를 달고, A의 피아노 교습소에도 녹음기를 설치하였다. 녹음기에는 A와 D의 불륜 관계를 암시하는 말들이 그대로 담겼다. 남편의 녹음기 설치 사실을 알게 된 A는 B를 상대로 이혼 등 청구 소송을 제기하였다. 이에 대해 B도 반소를 제기하였다.

부부 쌍방이 혼인파탄에 비슷한 정도의 책임이 있는 경우 그중 일방의 위자료청구가 허용될 것인지가 문제된다. 상기한 〈설문〉에 대한 대법원 판례에 따르면 위자료에는 과실상계의 규정이 준용되므로(민법 제396조 및 제763조) 부부 쌍방이 혼인파탄에 비슷한 정도의 책임이 있는 경우에는 그중 일방의 위자료청구는 기각된다(대법원 1994. 4. 26. 선고 93므1273, 1280 판결).

그리고 상기한 [실제사례]에 대해 2016년 서울고법 가사3부도 "남편 B는 자기 중심적인 사고와 행동으로 A와 소통하지 못한 채 계속 A를 힘들게 하였다. 공갈미수 사건으로 A에게 인간적인 실망감까지 주는 등 계속 쌓인 잘못이 있었다. 아내 A도 남편을 이해하려는 노력이 다소 부족하였고 혼인기간에 C·D와 부정행위를 저지르는 등 배신을 함으로써 둘 사이를 회복 불가능하게 이끌었다. 혼인관계의 파탄에 있어서 쌍방의 잘못이 같다. 이혼 및 재산분할 청구에 대해서는 결정하지만 양측의 위자료 청구는 기각한다"는 취지로 판시하였다(2016르202).

〈설문〉 유책배우자의 이혼 청구가 예외적으로 인용된 경우, 상대방의 위자료는 어느 정도로 산정되겠는가? 특히 2024. 5. SK 회장 이혼사건에서 항소심이 20억 원의 위자료를 선고한 것은 이론적으로 부당한가?

배우자의 불륜 부정행위를 이유로 하는 재판상 이혼은 대개 피해 배우자가 불륜 부정행위를 행한 유책배우자를 상대로 이혼및위자료(재산분할) 청구 소송을 제기하는 것이 보편적인 모습일 것이다. 반면에 유책배우자가 제기한 이혼재판은 원칙적으로 기각될 뿐이다(다만 전술한 바와 같이, 유책성이 희석되는 경우에는 유책배우자의 이혼청구도 예외적으로 인용될 수 있을 것임. 그리고 SK 최 회장의 이혼 청구사건에서 나타난 바와 같이 상대방 배우자의 반소제기로 이혼이 성사될 수 있을 것임). 그런데 실무에서 일반인에 의한 이혼을 원인으로 한 손해배상청구 사건에서는 위자료 액수가 1억 원을 넘는 경우가 드물다. 교통사고의 경우 2015년 1월 서울중앙지법 교통·산재실무연구회가 공표한 교통사고 사망 피해자의 위자료 기준금액인 1억 원을 대부분 상한선으로 보기 때문이다. 이혼 관련 손해배상 청구 사건에서는 이 상한선을 넘는 경우가 흔치 않고, 청구 금액 역시 대체로 이를 넘지 않았다. 그러나 불륜 부정행위를 한 유책배우자의 이혼청구에 대해 상대방 배우자가 이혼을 원치 않는다고 오랜 기간 고통스럽게 소송과정에서 다투다가 결국 예외적으로(예컨대,

혼인기간 동안 부부 사이에 재산관리 주도권 등을 둘러싼 갈등도 혼인 파탄의 상당한 원인이 된 예외사유가 인정되어) 재판상 이혼이 이루어진 경우의 위자료 액수는 더 크게 책정되어야 한다는 실무 계 주장이 점차 강하게 대두되고 있다. 장기간의 이혼 소송 끝에 유책배우자의 이혼 청구가 예외적으로 받아들여진 것은 상대방 배우자에게 적지 않은 정신적 충격을 주었을 것이기 때문이다. 그리고 이혼소송을 통해 유책배우자의 불륜 등 부정행위가 인정됐다면 혼인관계 파탄에 직접적인 책임이 없음에도 원하지 않은 이혼을 하게 된 상대방에게는 상대적으로 더 높은 기준을 적용한 위자료를 지급해야 할 것이다. 유책배우자의 부정행위 기간 동안 상대방에게 발생한 정신적 손해를 전보할 수 있어야 하기 때문이다(1심에서 3,000만 원만 인정된 위자료가 2심 서울고법 가사2부에서 2억 원으로 증액되었으며 이 판결이 대법원의 심리불속행 결정으로 확정된 사례에 대한 소개로는 법률신문 2023년 10월 25자 기사).

문제는 SK 최 회장 이혼사건에서 항소심이 20억 원의 위자료를 선고한 것은 이론적으로 타당한가에 있다. 항소심은 최 회장이 신문에 외도 사실을 일방적으로 공개한 점, 공개적으로 동거녀를 유사 배우자로서 행동하도록 한 점, 이 시기에 노 관장이 유방암에 걸린 정황이 있는 점, 유책 배우자임에도 오히려 이혼소송을 제기한 점, 이혼소송 중에도 법률상 배우자에 대한 부양의무가 존재함에도 불구하고 생활비 지급 및 카드 사용을 일방적으로 끊은 점 등에 기초하여 일부일처제의 헌법가치를 너무나 크게 무시하였다는 이유로 실무상 이례적인 20억 원의 위자료 금액을 결정한 것이다. 생각건대, 간통죄 폐지 전에는 형사 처벌이 가능하였기 때문에 이를 감안해 위자료 액수가 실무상 비교적 낮게 형성되었으나 간통죄가 폐지되었음에도 불구하고 과거 관행이 그대로 남아 있는 것은 이론적으로 문제 되지 아니할 수가 없다. 따라서 그 공백을 위자료라는 불법행위책임으로 해소한다는 관점에서 SK 최 회장 사건의 항소심 판례는 이론적으로도 상당히 전향적이고 유의미한 위자료 판결이라고 평가할 수 있다(앞으로의 다른 이혼 위자료 청구 사건에서 원용될 가능성이 큼).

〈설문〉 이혼에 따르는 위자료청구권은 양도·상속의 대상이 될 수 있는가?[61] (청구자의 소송 도중 사망 사례)

앞의 제2장 실체법 편 [§ 9. II.]에서 이 문제점에 대해 상세히 전술되었다. 거기서 서술된 핵심만 다시 요약하면 다음과 같다 : 재판상 이혼청구권은 부부의 일신전속적 권리이므로 이혼소송 계속 중 배우자 일방이 사망한 때에는 상속인이 수계할 수 없음은 물론 검사가 수계할 수 있는 특별한 규정도 없으므로 이혼소송은 종료된다(재심 절차에서의 검사 수계 가능성은 있음). 그러나 재판상 이혼과 함께 제기된 이혼 위자료청구권은 상대방 배우자의 유책불법한 행위에 의하여 혼인관계가 파탄상태에 이르러 이혼하게 된 경우 그로 인하여 입게 된 정신적 고통을 위자하기 위한 손해배상청구권으로서 이혼시점에서 확정, 평가되고 이혼에 의하여 비로소 창설되는 것이 아니다. 이혼 위자료청구권의 양도 내지 승계의 가능 여부에 관하여 민법 제806조 제3항은 약혼해제로 인한 손해배상청구권에 관하여 정신상 고통에 대한 손해배상청구권은 양도 또는 승계하지 못하지만 당사자 간에 배상에 관한 계약이 성립되거나 소를 제기한 후에는 그러하지 아니하다고 규정하고 같은 법 제843조가 위 규정을 재판상 이혼의 경우에 준용하고 있으므로 이혼 위자료청구권은 원칙적으로 일신전속적 권리로서 양도나 상속 등 승계가 되지 아니하나 이는 행사상 일신전속권이고 귀속상 일신전속권은 아니라 할 것인바, 그 청구권자가 위자료의 지급을 구하는 소송을 제기함으로써 청구권을 행사할 의사가 외부적 객관적으로 명백하게 된 이상 양도나 상속 등 승계가 가능하다(청구인이 소송 도중 사망하여 그 부모들이 소송수계를 신청한 사례에서 대법원 1993. 5. 27. 선고 92므143 판결).[62]

---

61. 관련 글로는 엄상필, 「재판상 이혼 및 위자료사건에 관한 몇 가지 문제 : 대법원 판례 및 가정법원 실무 례를 중심으로」, 『가사조정』 4호, 서울가정법원 조정위원회, 2001 ; 진현민, 「당사자의 사망이 이혼, 위자료, 재산분할 청구소송 및 보전절차에 미치는 영향」, 『실무연구 X』, 서울가정법원, 2005.

62. [참조 : 파기된 원심의 논지] 이혼청구소송 부분에 대하여는 재판상 이혼청구권이 일신전속적인 권리

〈설문〉 이혼 당사자가 아닌 시어머니를 상대로 위자료 청구를 할 수 있는가? (제3자에 대한 위자료 청구)

위자료는 이혼의 원인을 제공한 사람에게 청구할 수 있다["민법" 제750조, 제751조, 제806조, 제843조 및 "가사소송법" 제2조 제1항 제1호 다목 2)]. 따라서 배우자가 혼인파탄에 책임이 있다면 그 배우자를 상대로, 시부모나 장인·장모 등 제3자가 혼인파탄에 책임이 있다면 그 제3자를 상대로 위자료를 청구할 수 있다. 후자의 제3자가 혼인파탄에 책임이 있는 것으로는 시부모나 장인·장모 또는 첩(妾)이나 배우자의 간통 상대방 등이 혼인생활에 부당하게 간섭해서 혼인을 파탄에 이르게 한 경우나 혼인생활의 지속을 강요하는 것이 가혹하다고 여겨질 정도로 시부모나 장인·장모에게 폭행, 학대 또는 모욕당하는 경우(대법원 2004. 2. 27. 선고 2003므1890 판결 ; 대법원 1998. 4. 10. 선고 96므1434 판결 등), 시어머니가 아들이 처자를 내버려둔 채 다른 여자를 데리고 자신의 집으로 들어와 동거생활을 하는 것을 방치하였을 뿐더러 그 동거녀를 사실상 며느리로 대우한 경우(시어머니에게 혼인파탄의 원인행위에 가담한 책임이 있다는 대구고법 1999. 7. 30. 선고 99르75, 판결) 등을 들 수 있다.

로서 이혼소송의 계속중 부부의 어느 일방이 사망한 때에 그 소송은 종료되었고, 이혼에 따른 위자료 청구권은 이혼 그 자체로 인하여 생기는 정신적 고통에 대한 것으로 **상속이 가능하다고 한다면 부부 일방 중 생존한 일방이 이를 상속하게 되는 이상한 결론에 봉착**하게 되고, 그 부부 사이에 미성년의 자가 있는 경우의 문제, 그 자녀가 나머지 일방 당사자와 생활을 같이하는 경우 윤리적인 문제 및 그 사실상의 관리문제 등과 가사소송법 제2조 제1항 다류 제2호에서 이혼에 따른 위자료의 청구에 관하여 이혼을 원인으로 하는 손해배상청구권이라는 표현을 하고 있는 점 등을 종합할 때, 위자료청구권 역시 그 성질상 상속의 대상이 될 수 없는 일신전속적 권리이므로 당사자가 사망하면 상속 또는 수계가 되지 아니하고 소송이 종료된다고 봄이 상당하다 하여, 원고의 이 사건 이혼 및 위자료청구소송은 원고가 사망함에 따라 종료되었고 이 사건 소송수계신청은 부적법하다.

〈설문〉 사실혼 상태임을 알고도 불륜관계를 지속하여 사실혼 파경에 이르게 한 제3자에 대해서도 피해 사실혼 배우자는 손해배상을 청구할 수 있는가?

[실제사례] 업무상 관계로 B를 알게 된 C는 B와 문자메시지를 주고받으며 가깝게 지냈다. C는 B가 A와 결혼식을 올리고 사실혼 관계만을 유지하고 있다는 사실도 알게 되었지만, B와 성관계를 갖는 등 수차례에 걸쳐 부적절한 관계를 가졌다. 그 이후 B가 A와 함께 살던 집을 나와 친정으로 거처를 옮겼고 두 사람의 사실혼 관계는 파경을 맞았다. 이에 A는 C를 상대로 손해배상청구 소송을 제기하였다.

위에서 설명한 바와 같이 사실혼 배우자 사이에도 사실혼 해소 시 위자료 및 재산분할의 청구가 가능하다. 문제는 사실혼 배우자의 일방이 (불륜) 제3자에 대해서도 위자료를 청구할 수 있는지에 있다. 상기한 〈설문〉 및 [실제사례]에 대해 2016년 서울중앙지법 민사8부는 "C는 B가 사실혼 관계의 배우자가 있는 사람임을 알면서 부정한 행위를 해 사실혼 관계를 파탄에 이르게 하였다. 부정행위는 상대방 배우자에 대한 불법행위이기 때문에 C는 A가 입은 정신적 고통을 금전으로 위로할 의무가 있다"는 취지로 판시하였다(2016나10383). 이에 따라 사실혼 배우자도 (불륜) 제3자에 대한 위자료 문제에 있어서 법률혼과 동일하게 보호받게 되는 것이다.

〈설문〉 배우자의 일방이 장기간의 별거로 부부공동생활이 파탄된 상태에서 제3자와 불륜행위를 한 경우 상대 배우자는 그 제3자를 상대로 손해배상 청구를 할 수 있는가?

[실제사례] A(여)와 B는 결혼생활 중 경제적 문제나 자녀 양육문제 등을 이유로 지속적으로 다퉜고 문제가 해결되지 않아 관계가 악화되자 A가 아이들을 데리고 친정으로 가면서 별거 상태가 되었다. 그 이후 두 사람은 이혼얘기를 하였고 위자료나 양육비에 대해서도 논의하였으며, B는 원룸에 살면서 A에게 자녀 양육비를 보내기도 하였다. 장기간의 별거상태 이후 B는 C(여)를 만나면서 자신은 이혼한 상태라고 소개하며 교제하였다. 그 이후 C는 A의 전화를 받고 나서야 B가 아직 이혼한 상태가 아니라는 것을 알게 되었다. 그로부터 10일 정도 경과한 시점에 A는 B를 상대로 이혼소송을 내면서 C를 상대로 손해배상소송도 제기하였다.

부부가 불화와 장기간의 별거로 부부공동생활이 파탄되어 부부생활의 실체가 더 이상 존재하지 않고 객관적으로 회복할 수 없는 정도에 이른 후에는(즉, 사실상 이혼상태) 제3자가 부부의 일방과 외도를 하는 사례가 상당히 발생할 것이다. 이 경우 상대 배우자는 외도한 제3자에게 손해배상을 청구할 수 있는지가 문제된다.

상기한 〈설문〉에 대한 대법원 판례에 따르면 "부부가 아직 이혼하지 아니하였지만 실질적으로 부부공동생활이 파탄되어 회복할 수 없을 정도의 상태에 이르렀다면, 제3자가 부부의 일방과 외도를 하더라도 이를 두고 부부공동생활을 침해하거나 그 유지를 방해하는 행위라고 할 수 없고 또한 그로 인하여 배우자의 부부공동생활에 관한 권리가 침해되는 손해가 생긴다고 할 수도 없으므로 불법행위가 성립한다고 보기 어렵다. 그리고 이러한 법률관계는 재판상 이혼청구가 계속 중에 있다거나 재판상 이혼이 청구되지 않은 상태라고 하여 달리 볼 것은 아니다"(대법원 2014. 11. 20. 선고 2011므2997 판결).

그리고 상기한 [실제사례]에 대해 2017년 부산가정법원 가사3단독도 "혼인관계 파탄에 대한 손해배상 책임이 인정되기 위해서는 피고의 부정행위와 이 사건 혼인관계 파탄 사이의 인과관계가 인정되어야 한다. B가 이혼하지 않은 상태라는 것을 C가 알게 된 시점으로부터 얼마 지나지 않은 시점에 A가 이혼소송을 제기한 점에 비춰보면 혼인관계는 B와 C가 만나기 이전부터 이미 파탄에 이르렀다고 보아야 한다. C의 부정행위로 혼인관계가 파탄에 이르렀다고 보기 어렵다"는 취지로 판시하였다(2015드단18035).

〈설문〉 불륜을 다시 저지르면 위자료를 지급하기로 한 내용의 각서를 작성한 경우 그 각서는 재판상 이혼 시에 효력이 있겠는가?

[실제사례] B(여)는 내연남 C와의 불륜관계가 남편 A에게 발각되자 내연관계를 정리하겠다는 내용의 각서를 작성해 남편에게 주었다. B는 각서에서 C와의 관계 청산 및 원활한 부부관계 개선, 추가 만남과 통화 등이 있을 경우 불륜 인정, 이혼 시 배우자와 이룩한 모든 재산 양도, 매월 일정액의 위자료 지급, 어떠한 처벌도 감수하며 이의제기를 하지 않을 것을 약속했다. 그러나 그 이후에도 B와 C가 계속 만나고 있다는 것이 밝혀지면서 A와 B는 모두 이혼소송을 제기하기에 이르렀다.

상기한 〈설문〉 및 [실제사례]에 대해 2015년 서울고법 가사1부는 "B가 (내연남을 다시 만날 경우 위자료를 주겠다는) 각서를 작성하긴 했지만, 이 각서는 이혼 전의 당사자들이 이후 협의이혼할 경우를 전제로 위자료를 포함한 재산분할에 관해 조건부 의사표시를 한 것으로 보아야 한다. 문제의 각서는 협의이혼을 조건으로 한 것으로 해석되기 때문에 이들이 각자 이혼소송을 제기해 재판상 이혼에 이르게 된 이상 각서에 따른 합의는 조건불성취로 효력이 없다"는 취지로 판시하였다(법원이 각서내용과는 달리 직접 위자료 액수를 정한 2015르588).

〈설문〉 간통한 배우자와 일정액의 위자료를 받기로 합의(결정)되었더라도, 상간자에게 별도로 위자료를 청구할 수 있는가? (소위 부진정 연대채무로서의 성격)

[실제사례] A가 불륜행위를 범하고 있는 부인 B를 상대로 이혼 등 청구소송을 제기하자, 법원은 "B는 A에게 위자료 1,000만 원을 주라"는 화해권고결정을 내렸다. 그 이후 A는 상간자인 C에게도 위자료 3,000만 원을 요구하였는데 거절당하자 곧바로 C를 상대로 위자료 등 청구소송을 제기하였다.

이혼 시 불륜 배우자와 그 상간자 사이의 위자료 채무는 소위 부진정 연대채무에 해당한다. 부진정연대채무란 연대채무자 사이의 합의 없이 우연히 발생한 연대채무를 말한다(채무자 사이의 합의에 의한 진정 연대채무와 대비되는 개념). 자가용 운전기사와 자동차 소유자 사이, 동물 점유자와 보관자 사이(민법 제759조), 공동불법행위자 사이(민법 제760조) 등도 부진정 연대채무에 해당한다. 일반적으로 연대채무란 하나의 동일한 급부(채무)에 대하여 수인의 채무자가 "각기 독립하여" 그 전부를 급부(변제)해야 하는 의무를 부담하는 채무를 말한다. 그리고 연대채무는 한 사람 또는 여러 사람이 급부를 완료하면 모든 채무자의 채무가 소멸하는 바, 이 점에서는 진정 연대채무와 부진정 연대채무 사이에 차이가 없다. 그러나 부진정연대채무의 경우 변제 등 채권의 목적을 달성하는 사유 이외에는 다른 채무자에게 영향을 미치지 않는다. 즉, 채무자들 중 1인에게만 채무를 면제해주었거나 1인의 채무만 소멸시효가 완성된 경우는 상대적 효력이 발생하기에 해당 채무자에게만 그 효력이 있고, 나머지 채무자들은 여전히 변제책임을 진다. 유책 배우자와는 이혼하지 않고 상간자만을 상대로 위자료 청구 소송을 제기하는 경우 상간자만 위자료 지급 선고를 받을 것인데, 이 경우 위자료 전부를 지급한 상간자는 불륜 배우자에게 1/2 정도의 구상금을 청구할 수 있을 것이다. 참고로, 위자료청구권은—재판 확정 전

—가집행의 대상도 된다(연대채무이기 때문에 불륜 배우자 또는 그 상간자의 재산 중 선택하여 가집행 할 수도 있을 것임). 그리고 위자료 지급 선고가 내려지면 소장부본의 송달 시점부터 기산하여 이행 완료 때까지의 기간에 대하여 지연이자도 부과된다(지연 이자율에 대해서는 전술하였음).

상기한 〈설문〉 및 [실제사례]에 대해 2014년 대구가정법원 가사 단독은 "1,000만 원의 위자료를 정한 화해권고결정을 한 것은 A와 B 사이에 위자료 전부 혹은 일부를 포기하거나 손해배상을 면제해 준 것으로 보더라도, 그 권리 포기나 채무 면제의 효과가 C에게도 있다고 볼 수 없다. A와 B 사이에 위자료를 일정 금액으로 정하는 합의를 했더라도 C의 손해배상 책임이 같은 금액으로 한정될 수 없고, 다만 A와 C 사이의 위자료를 정할 때 고려 요인으로만 작용할 수 있다. C와 B의 부정행위로 발생한 위자료 지급채무는 공동불법행위로 인한 손해배상채무로서 부진정연대채무에 해당한다. 부진정연대채무자 상호 간에 있어서 채권의 목적을 달성하는 변제와 같은 사유로는 채무자 전원에 대해 효력이 발생하지만, 그 밖의 사유는 채무자 개인에게만 그 효력이 미치므로 A와 B가 합의했더라도 C에게는 그 효력이 미치지 않는다"는 취지로 판시하였다(2013드단22845).

〈설문〉 위자료 및 재산분할에 관한 합의서를 작성한 후 협의이혼 신고까지 마친 이혼 배우자의 일방이 합의 이행 과정에 다소의 차질이 생기자 다시 상대방을 상대로 위자료 및 재산 분할금 지급의 소송을 제기하였다면 이는 적법한 것인가?

[실제사례] 법률상 부부인 甲과 乙이 위자료 및 재산분할에 관한 합의서(내용 중에는 "원고와 피고는 위자료에 관하여 서로 청구하지 않기로 합의한다"를 포함)를 작성한 후 협의이혼 신고까지 마쳤는데, 甲이 乙의 폭행 등 귀책사유로 혼인이 파탄되었다고 주장하면서 다시 乙을 상대로 위자료 및 재산분할금의 지급을 구하는 청구소송을

제기하였다.

협의이혼의 신고까지 마친 경우에는 협의이혼이 이미 성립된 것이다. 그리고 협의이혼 서류에 포함된 기타의 합의사항도 원칙상 유효한 것으로 보아야 할 것이다. 따라서 유효한 합의사항에 반하여 법원의 심판을 구하는 경우에는 부적법 각하 재판의 사유가 될 것이다.

상기한 〈설문〉 및 [실제사례]에 대한 하급심 판례에 따르면 "甲은 乙로부터 재산분할을 받고 혼인기간 중 발생한 일에 대해서는 위자료 청구를 하지 않기로 乙과 합의하였는바, 위자료 청구는 부제소 합의에 위배되는 것으로서 권리보호의 이익이 없어 부적법하고, 협의이혼 경위, 합의서 문언 등에 비추어 보면 합의서 작성 당시 甲과 乙 사이에는 앞으로 乙이 甲에게 약정 재산 분할금을 지급하고 전세보증금 및 시설, 자동차 등을 甲의 소유로 이전하면 甲이 乙에게 더 이상의 재산분할을 구하지 않기로 하는 재산분할에 관한 협의가 있었다고 보이며, 위 재산분할 협의는 협의이혼을 조건으로 하는 의사표시로서 이후 甲과 乙이 협의이혼을 함으로써 조건이 성취되어 효력을 발생하였으므로, 재산분할 청구는 청구의 이익이 없어 부적법하다"(부산가법 2017. 6. 29. 선고, 2015드합201193).

〈설문〉 자신의 배우자와 간통한 제3자에 대한 '이혼을 원인으로 하는 손해배상' 청구사건의 심리절차에서 청구자가 이혼과 무관한 부부공동생활 중 발생한 특정 유책행위를 이유로 한 민사상 손해배상을 청구한 것으로 해석되는 주장을 할 경우 법원의 심판방법은? (민사소송절차, 당사자처분주의)

가사소송법 제2조 제1항 제1호 (다)목 2)에서는 '이혼을 원인으로 하는 손해배상청구'를 제3자에 대한 청구를 포함하여 다류 가사비송사건으로 정하고 있다.

이때 '이혼을 원인으로 하는 손해배상청구'는 이혼의 원인이 되는 개별적 유책행위의 발생으로부터 최종적 이혼에 이르기까지 일련의 경과 전체를 불법행위로 파악하여 손해배상을 청구하는 경우를 의미한다. 이와 달리 이혼과 무관하게 부부공동생활 중 발생한 개별적 특정 유책행위를 불법행위로 파악하여 민사상 손해배상을 청구하는 것이 명백한 경우에는 가사소송법 제2조 제1항 제1호 (다)목 2)에서 정한 다류 가사비송사건에 해당한다고 볼 수 없다. '이혼을 원인으로 하는 손해배상청구'에 해당하는지 여부는 구체적 사안에서 당사자의 의사, 당사자가 혼인관계를 유지하고 있는지, 협의이혼의 성립 여부 또는 부부 일방이 재판상 이혼을 청구하였는지, 재판상 이혼청구소송의 경과 등을 종합적으로 판단하여야 한다.

상기한 〈설문〉에 대한 판례에 따르면 "민사소송절차에서 심판 대상은 원고의 의사에 따라 특정되고 한정되므로, 법원은 당사자가 신청한 사항에 대하여 신청 범위 내에서만 판단하여야 한다. 또한 주요사실은 당사자가 변론에서 주장하지 않으면 판결의 기초로 삼을 수 없다(대법원 2013. 5. 9. 선고 2011다61646 판결 ; 대법원 2020. 12. 24. 선고 2018다256023 판결). 따라서 청구인이 '원고가 이혼을 원인으로 한 위자료 청구가 아니라, 원고가 부부생활을 유지하는 동안 피고가 원고의 배우자와 부정행위를 함으로써 혼인의 본질에 해당하는 부부공동생활을 침해하거나 유지를 방해함으로써 원고에게 정신적 고통을 가하는 불법행위를 저질렀다는 것이다'라고 주장하였다면 가정법원은 가사소송절차에 따른 위자료 재판을 할 수 없다"(만약 가정법원이 '원고의 주장은 피고의 부정행위로 원고와 소외인의 혼인관계가 파탄에 이르렀다는 주장과 다르지 않으므로, 이혼을 원인으로 하는 손해배상청구에 해당한다'고 판단하였다면 이것은 원고가 신청하지도 않은 사항에 대하여 판결함으로써 민사소송법 제203조에서 정한 처분권주의를 위반한 위법이 있다고 판시한 대법원 2021. 11. 25. 선고 2021다253154, 253161 판결).

Ⅲ. 특수문제(위자료의 확보방법과 세금문제)

1. 위자료의 확보방법

〈설문〉 현행법 상 어떠한 위자료 지급의 강제방법이 제도적으로 갖추어져 있는가?

위자료 지급의 강제방법으로는 이행명령과 강제집행의 방법이 있고, 이행명령은 불이행 시 다시 과태료부과와 감치에 의해 실현될 수 있다. 이를 분설하면 다음과 같다 :

(1) 이행명령 : 이행명령이란 가정법원의 판결·심판·조정조서·조정에 갈음하는 결정 또는 양육비부담조서에 따라 금전의 지급 등 재산상의 의무, 유아의 인도(引渡)의무 또는 자녀와의 면접교섭허용의무를 이행해야 할 의무자가 정당한 이유 없이 그 의무를 이행하지 않을 때 당사자의 신청에 의해 가정법원이 일정한 기간 내에 그 의무를 이행할 것을 명하는 것을 말한다(가사소송법 제64조 제1항). 명령을 할 때에는 특별한 사정이 없으면 미리 당사자를 심문하고 그 의무를 이행하도록 권고하여야 하며, 위반 시 적용될 제67조 제1항 및 제68조에 규정된 제재를 고지하여야 한다(제2항). 이 규정에 따라 상대방이 위자료를 지급하지 않는 경우에는 위자료 지급을 명한 판결·심판 또는 조정을 한 가정법원에 이행명령을 신청해서 상대방이 위자료지급의무를 이행할 것을 법원이 명하도록 할 수 있다. 위자료를 지급해야 할 의무자가 이행명령을 받고도 위자료를 지급하지 않는 경우 가정법원은 다음의 방법으로 그 이행을 강제할 수 있다.

1) 〈과태료의 부과〉 : 의무자가 위자료 지급 이행명령을 받고도 정당한 이

유 없이 위자료를 지급하지 않으면 가정법원·조정위원회 또는 조정담당판사는 직권 또는 권리자의 신청에 의해 결정으로 1천만 원 이하의 과태료를 부과할 수 있다(가사소송법 제67조 제1항).

2) 〈감치(監置)〉 : 의무자가 위자료 지급 이행명령을 받고도 정당한 이유 없이 위자료를 3기 이상 지급하지 않으면 가정법원은 권리자의 신청에 의해 결정으로 30일 이내의 범위에서 위자료를 지급할 때까지 의무자를 감치에 처할 수 있다(가사소송법 제68조 제1항 제1호). 감치란 법원의 명령 등을 위반한 의무자에 대해 권리자가 감치에 처하는 재판을 신청해서 법원의 결정으로 의무자를 경찰서유치장, 교도소 또는 구치소 등 감치시설에 구인(拘引)하는 것을 말한다(가사소송법 제70조, "가사소송규칙" 제130조, 제132조, 법정등의질서유지를위한재판에관한규칙 제23조 제1항). 의무자가 감치 중에 그 의무를 이행하면 감치가 종료되어 석방된다(가사소송규칙 제137조 제2항).

(2) 강제집행 : 강제집행은 집행권원에 표시된 사법상의 이행청구권을 국가권력에 기하여 강제적으로 실현하는 법적 절차이다. 예컨대 확정판결, 화해조서, 인낙조서, 조정조서, 확정된 지급명령 등을 받고도 채무자가 이를 이행하지 않는 경우 진행될 수 있는 것이 강제집행절차이다. 따라서 위자료 지급의무를 이행해야 할 의무자가 위자료를 지급하지 않는 경우에 권리자가 그 의무자의 부동산을 강제경매해서 위자료로 충당하는 방법이 가능할 것이다. 상대방이 위자료를 지급하지 않는 경우에는 집행권원(예를 들어 판결, 조정조서, 화해조서 등)을 근거로 강제집행을 할 수 있다는 집행문을 부여받아 상대방 재산에 강제집행을 신청해서 경매처분을 통해 위자료를 받을 수 있다(민사집행법 제28조, 제39조, 제56조, 제90조, 가사소송법 제41조).

참고로, 상대방에게 재산이 없으면 위와 같은 방법을 이용하더라도 위자료를 지급받는 것이 불가능하므로 소송을 제기하기 전에 상대방의 재산에 대해 가압류·가처분 등의 보전처분을 해 놓는 것이 좋다. 그리고 위자료 재판이 선고된 경우 위자료청구권에 대해서는—재판 확정 전이라도(즉, 상대방이 상소하여 절차가 계속 진행 중인 경우에도)—가집행의 대상이 될 수 있고, 지급 의무자의 불이행 시 지연이자도 부과될 수 있다(지연이자가 부과되는 기산점 및 기간과 이자율에 대해서는 전술하였음).

2. 위자료에 대한 세금문제

〈설문〉 위자료가 실제로 지급된 경우 과세문제는 어떻게 되는가?

과세와 관련하여서는 위자료를 받은 사람에게는 증여세, 소득세, 부동산인 경우 취득세 등이 문제될 수 있고, 위자료를 지급한 사람에게는 부동산인 경우 양도소득세가 문제될 수 있다.

(1) 위자료를 받는 사람에 대한 과세 문제 : 위자료는 이혼에 따른 정신적 고통을 배상받는 일종의 손해배상금으로서, 위자료 지급은 상속세 및 증여세법 제2조 제6호에 따른 증여에 해당하지 않으므로, 증여받은 재산에 부과되는 세금인 증여세(상속세 및 증여세법 제4조 제1항)는 문제되지 않는다. 그러나 조세포탈을 목적으로 한 가장이혼(假裝離婚) 등과 같이 사실상 증여에 해당한다고 인정되는 경우에는 증여세가 부과될 여지가 있다(이에 관하여는 이미 [§ 12]에서 상론하였음).

그리고 위자료는 소득세법 제4조에 따른 소득에도 해당하지 않으므로 소득에 대해 부과되는 세금인 소득세(소득세법 제3조)도 문제되지 않는다.

다만 위자료로 부동산의 소유권을 이전받은 경우에는 지방세법상 취득세, 지방교육세, 농어촌특별세를 납부하여야 한다(지방세법 제7조, 제150조, 농어촌특별세법 제3조).

(2) 위자료를 지급하는 사람에 대한 과세 문제 : 위자료로 부동산의 소유권을 이전하는 경우에는 그 부동산을 양도한 대가로 위자료와 양육비지급의무의 소멸이라는 경제적 이익을 얻은 것으로서 소득세법상 유상으로 양도하는 경우에 해당하므로(소득세법 제88조), 과세대상이 될 정도의 양도차익이 발생했다면 양도소득세를 납부하여야 한다(소득세법 제2조, 제4조, 제94조).

[§ 14] 이혼 시 재산문제 (2) : 재산분할(청구권)의 문제

I. 재산분할 청구사건의 절차법적 기본사항

부부가 이혼하면 혼인 중 부부가 공동으로 모은 재산을 나눌 필요가 생긴다. 이 때 이혼한 부부 일방이 상대 배우자에 대해 재산분할을 청구할 수 있는 권리가 재산분할청구권이다. 재산분할청구권은 협의이혼(협의이혼 시 함께 합의, 협의이혼 후 별도 합의 또는 별도 심판청구의 방법), 재판상 이혼(대부분 이혼 재판청구와 함께 심판청구 또는 이혼재판 후 별도 심판청구의 방법)의 경우에 모두 인정되며, 부부 사이에 재산분할에 관한 합의가 이루어지지 않으면 가정법원에 재산분할심판을 청구할 수 있다[민법 제839조의 2, 제843조, 가사소송법 제2조 제1항 제2호 나목 4), 제36조 제1항].

〈설문〉 재산분할청구 사건의 심판구조는 어떻게 되는가? (가사비송사건, 직권탐지주의)

재산분할심판 사건은 〈마류 가사비송사건〉에 해당한다[가사소송법 제2조 제1항 제2호 (나)목 4)], 가사비송절차에 관하여는 가사소송법에 특별한 규정이 없는 한 비송사건절차법 제1편의 규정을 준용하며(가사소송법 제34조 본문), 비송사건절차에 있어서는 민사소송의 경우와 달리 당사자의 변론에만 의존하는 것이 아니고, 법원이 자기의 권능과 책임으로 재판의 기초가 되는 자료를 수집하는, 이른바 〈직권탐지주의〉에 의하고 있으므로(비송사건절차법 제11조 ; "법원은 직권으로 사실의 탐지와 필요하다고 인정하는 증거의 조사를 하여야 한다"), 법원으로서는 당사자의 주장에 구애되지 아니하고 재산분할의 대상이 무엇인지 직권으로 사실조사를 하여 포함시키거나 제외시킬 수 있다(대법원 1996. 12. 23. 선고 95므1192, 1208 판결 ; 대법원 2010. 12. 23. 선고 2009므3928 판결 ; 대법원 2022. 11. 10. 선고 2021스766 결정).

〈설문〉 이혼(사실혼 해소) 시 재산분할청구 사건에서 법원이 구체적으로 어떻게 판시하는지의 실제 예를 찾아서 소개하면?

이혼(사실혼 해소) 시 재산분할청구 사건에서 법원이 재산분할의 방법과 내용 등에 대해 구체적으로 어떻게 판시하는지의 실제 예를 들면 다음과 같다[협의이혼 후 계속 사실혼 관계를 유지하다가 종국적으로 사실혼 해소로 인하여 재산분할이 청구된 서울고등법원 2017. 5. 24. 선고 2016르22493(본소), 2016르22509(반소) 판결의 예] :

1. **분할대상 재산 및 가액**

1) 인정되는 분할대상 재산 : 별지 분할재산 명세표 기재와 같다.

(가) 원고의 순재산 : 1,299,379,327원

(나) 피고의 순재산 : – 53,417,717원

(다) 합계 : 1,245,961,610원

2) 인정되지 않는 분할대상 재산 : 별지 불인정 재산명세표 기재와 같다.

2. **재산분할의 비율** : 원고 65%, 피고 35%

[판단 근거] 원고와 피고의 나이, 소득, 경제력, 혼인생활의 과정과 기간, 사실혼 파탄의 경위, 혼인 당시 원고와 피고가 각자 보유하고 있던 재산의 정도, 분할대상 재산의 형성 및 유지에 대한 원·피고의 기여 정도, 원고가 가사와 자녀양육을 주로 담당하면서도 소득활동을 병행하여 부부 공동재산의 증식에 기여하였던 점, 원·피고가 원고의 부모로부터 금전적 지원을 받아왔던 점, 원고가 사실혼이 해소되기 전의 몇 달 동안 피고의 마이너스 통장에서 인출된 금액 중 일정 부분을 사용하였던 점, 피고가 법률혼 및 사실혼 기간 동안 꾸준히 급여를 받아왔던 점 등 여러 사정을 참작

3. **재산분할의 방법**

원고 및 피고 명의의 적극재산 및 소극재산은 그 명의대로 각자에게 귀속하되, 원고가 피고에게 아래 계산식에 따른 재산분할금을 현금으로 지급함이 상당하다.

① 1,45,961,610원(원고와 피고의 순재산 합계액)

× 35%(피고의 재산분할 비율) – [–53,417,717원(피고의 순재산액)]

= 489,504,280원(원 미만은 버림)

② 원고가 피고에게 지급하여야 하는 재산분할금 : 위 ①항의 금액을 다소 하회하는 489,000,000원

4. **소결**

따라서 원고는 피고에게 재산분할로 489,000,000원 및 이에 대한 이 판결 확정일 다음날부터 다 갚는 날까지 민법에서 정한 연 5%의 비율로 계산한 지연손해금을 지급할 의무가 있다.

〈설문〉 이혼 및 재산분할을 구하는 가사사건에서 민사사건 성격의 청구를 추가 신청하였다면 법원의 조치는? 그리고 당사자 사이 맺어져 있던 재산분배 약정의 이행을 이혼 재산분할 심판에서 고려되어 종국적으로 재산분할 재판이 확정된 경우 그 확정된 가사재판의 기판력은 별도로 제기된 민사사건에도 미치는가? (가사사건과 민사사건의 병합 내지 기판력의 문제)

[실제사례] A는 나류 가사소송사건 및 마류 가사비송사건인 이혼청구 및 재산분할청구를 병합한 가사소송을 서울가정법원에 제기하였다가 제1심에서 원고 패소판결이 선고되자 항소하여 주위적으로 위와 같은 취지의 청구를 유지하는 한편, 부부간의 명의신탁약정의 해지에 관한 법리에 의하거나 민법 제829조 제3항의 부부공유의 재산분할청구권에 관한 규정이 혼인 전 부부재산약정이 없는 경우에도 유추 적용될 수 있음을 전제로 하여, 제1차 예비적 청구로, 피고 B 명의의 부동산들 중 1/2 지분에 관하여 명의신탁해지를 원인으로 한 소유권이전등기절차의 이행을 구하고, 제2차 예비적 청구로, 부부 공유재산인 피고 명의의 부동산들을 경매에 붙여 그 대금을 원·피고에게 1/2씩 분할할 것을 구하는 추가적·예비적 청구변경신청을 하였다.

가사소송법은 가정법원의 전속관할로 하는 가사소송사건과 가사비송사건을 정하고 있는데, 민법 제839조의 2 제2항에 따른 재산분할에 관한 처분을 마류 〈가사비송사건〉으로 분류하고 있고[가사소송법 제2조 제1항 제2호 (나)목], 마류 가사비송사건은 상대방의 보통 재판적이 있는 곳의 가정법원이 관할하도록 정하고 있다(가사소송법 제46조). 한편 여러 개의 가사소송사건 또는 가사소송사건과 가사비송사건의 청구의 원인이 동일한 사실관계에 기초하거나 1개의 청구의 당부가 전제가 되는 경우에는 이를 1개의 소로 제기할 수 있고, 이 경우 여러 개의 청구에 관하여 1개의 판결로 재판한다(가사소송법 제14조 제1항, 제4항). 그러나 가사사건은 민사사건과 다른 종류의 소송절차에 따르는 것이므로, 원칙적으로 가사사건에 관한 소송에서 통상의 민사사건에 속하는 청구를 병합할 수는 없다.

상기한 [실제사례]에 대한 판례에 따르면 "부부간의 명의신탁해지를 원인으로 한 소유권이전등기청구나 민법 제829조 제2항에 의한 부부재산약정의 목적물이 아닌 부부 공유재산의 분할청구는 모두 통상의 민사사건으로, 그 소송절차를 달리하는 나류 가사소송사건 또는 마류 가사비송사건인 이혼 및 재산분할청구와는 병합할 수 없다. 따라서 원심이 같은 취지에서 원고의 추가적·예비적 청구변경신청은 부적법하다는 이유로 이를 허용하지 않은 것은 위 법리에 따른 것으로서 정당하다"(대법원 2006. 1. 13. 선고, 2004므1378 판결).

다음으로 재산분할 심판절차에서 재산분배 약정의 이행을 구하는 민사적 성격의 청구가 개입·심리되어 종국적으로 재산분할 재판이 확정되는 경우도 있을 것이다. 이 경우 재산분할 재판의 확정에 따른 기판력이 재산분배 약정의 이행을 구하는 별도의 민사소송사건에도 미칠 것인지가 문제된다. 제2장 실체법 편에서 이미 밝힌 바와 같이, 재산분할 제도는 이혼 등의 경우에 부부가 혼인 중 공동으로 형성한 재산을 청산·분배하는 것을 주된 목적으로 한다[대법원 2013. 6. 20. 선고 2010므4071(본소), 2010므4088(반소) 전원합의체 판결]. 그러나 이혼에 따른 재산분할을 할 때에는 혼인 중 형성한 재산의 청산적 요소와 이혼 후의 부양적 요소 외에 정신적 손해(위자료)를 배상하기 위한 급부로서의 성질까지 포함하여 분할할 수 있다(대법원 2006. 6. 29. 선고 2005다73105 판결). 재산분할은 현물분할, 금전지급에 의한 분할, 경매분할 등 다양한 방법으로 이루어질 수 있고, 분할대상 재산이 현금 또는 예금계좌에 보유하고 있는 금융자산이라면 금전지급에 의한 분할이 이루어질 수밖에 없다. 그런데 재산분할청구는 당사자 사이에 협의가 이루어지지 않거나 협의할 수 없을 때 비로소 할 수 있으므로, 이미 이루어진 재산분할에 관한 약정의 이행을 구하는 민사청구와는 구별된다.

상기한 〈설문〉에 대한 판례에 따르면 "당사자가 재산분할청구 사건에서 금전의 지급을 구하는 청구를 하는 경우 그 청구가 재산분할청구인지 아니면 이와 별개의 민사청구인지 여부는 당해 사건에서의 청구원인과 당사자의 주장 취지, 청구에 대한 법원의 판단 및 이를 전후한 사건의 경과 등을 종합적으로 고려하여 판단하여야 한다"(원고는 이혼 등 소송에서 재산분할청구를 하면서 그 청구원인으로 이 사건 각 상가에 관한 임대수익 분배약정을 포함하여 주장하였고, 법원도 위 주장을 분할대상 재산 및 가액에 관한 부분에서 판단하였음을 알 수 있을 뿐, 원고가 위 재산분할청구와는 별도로 부당이득반환청구를 병합하여 제기하였다거나, 법원이 원고의 주장을 민사청구로 판단하여 기각하였다고 볼 수 없기 때문에 이혼 등 소송 확정판결의 기판력이 민사청구인 이 사건 부당이득반환청구에 미친다고 할 수 없다는 취지로 판시한 대법원 2021. 6. 24. 선고 2018다243089, 판결).

〈설문〉 청구자가 선고받은 재산분할 청구권을 해당 재판의 확정 전에 제3자에게 양도하거나, 원심법원이 (상소절차가 진행됨에도) 의무자의 재산에 대해 가집행을 허용할 수 있겠는가? (재산분할청구권의 양도와 가집행 허용 여부)

법원으로부터 이혼 재산분할청구권을 인정하는 선고를 받은 사람이 해당 재판의 확정 이전에 제3자(대개 청구권자의 채권자)에게 그 (선고받은) 재산분할청구 채권을 양도할 수 있는지가 문제된다. 이 문제에 대한 판례에 따르면 "이혼으로 인한 재산분할청구권은 이혼을 한 당사자의 일방이 다른 일방에 대하여 재산분할을 청구할 수 있는 권리로서, 이혼이 성립한 때에 법적 효과로서 비로소 발생하며, 또한 협의 또는 심판에 의하여 구체적 내용이 형성되기 전까지는 범위 및 내용이 불명확·불확정하기 때문에 구체적으로 권리가 발생하였다고 할 수 없다. 따라서 당사자가 이혼이 성립하기 전에 이혼소송과 병합하여 재산분할의 청구를 한 경우에, 아직 발생하지 아니하였고 구체적 내용이 형성되지 아니한 재산분할청구권을 미리 양도하는 것은 성질상 허용되지 아니하며, 법원이 이혼과 동시에 재산분할로서 금전의 지급을 명하는 판결이 확정된 이후부터 채권 양도의 대상이 될 수 있다(대법원 2017. 9. 21. 선고 2015다61286 판결)."

다음으로 이혼 재산분할청구권에 대해 해당 심판의 확정 전이라도 가집행을 할 수 있는지도 문제된다(참고로, 위자료청구권과 양육비청구권에 대한 가집행 선고는 가능함). 이 문제에 대한 판례에 따르면 "민법상의 재산분할청구권은 이혼을 한 당사자의 일방이 다른 일방에 대하여 재산분할을 청구할 수 있는 권리로서 이혼이 성립한 때에 그 법적 효과로서 비로소 발생하는 것이므로, 당사자가 이혼이 성립하기 전에 이혼소송과 병합하여 재산분할의 청구를 하고, 〈법원이 이혼과 동시에 재산분할을 명하는 판결을 하는 경우〉에도 이혼판결은 확정되지 아니한 상태이므로, 그 시점에서 가집행을 허용할 수는 없다(대법원 1998. 11. 13. 선고 98므1193 판결)." 또 다른 판례에 따르면, "민법 제839조의 2에 따른 재산분할 청구사건은 마류 가사비송사건으로서 즉시항고의 대상에 해당하기는 하지만, 재산분할은 부부가 혼인 중에 취득한 실질적인 공동재산을 청산 분배하는 것을 주된 목적으로 하고, 법원이 당사자 쌍방의 협력으로 이룩한 재산의 액수 기타 사정을 참작하여 분할의 액수와 방법을 정하는 것이므로, 재산분할로 금전의 지급을 명하는 경우에도 판결 또는 심판이 확정되기 전에는 금전지급의무의 이행기가 도래하지 아니할 뿐만 아니라 금전채권의 발생조차 확정되지 아니한 상태에 있다고 할 것이어서, 재산분할의 방법으로 금전의 지급을 명한 부분은 가집행선고의 대상이 될 수 없다. 그리고 이는 〈이혼이 먼저 성립한 후에 재산분할로 금전의 지급을 명하는 경우〉라고 하더라도 마찬가지이다(대법원 2014. 9. 4. 선고 2012므1656 판결)."[63]

63. 참고로, 동 판례에 따르면 "가사소송법 제42조 제1항은 재산상의 청구 또는 유아의 인도에 관한 심판으로서 즉시항고의 대상이 되는 심판에는 담보를 제공하게 하지 아니하고 가집행할 수 있음을 명하여야 한다고 규정하고, 가사소송규칙 제94조 제1항은 마류 가사비송사건의 심판에 대하여는 청구인과 상대방이 즉시항고를 할 수 있다고 규정하고 있는바, 민법 제837조에 따른 이혼 당사자 사이의 양육비 청구사건은 마류 가사비송사건으로서 즉시항고의 대상에 해당하고, 가집행선고의 대상이 된다."

〈설문〉 법원은 원고와 피고의 이혼이 성립하였다는 이유로 재산분할금 3억 7,800만 원에 대하여 이혼 성립일 다음 날인 2011. 8. 17.부터 판결 선고일인 2012. 2. 21.까지는 민법이 정한 연 5%, 그 다음 날부터 다 갚는 날까지는 특례법이 정한 연 20%의 비율에 의한 〈지연손해금을 지급〉하라고 명하였다면, 이러한 법원의 명령은 적법한가?

전술한 바와 같이, 이혼으로 인한 재산분할청구권은 이혼이 성립한 때에 그 법적 효과로서 발생하는 것이지만 협의 또는 심판에 의하여 구체적 내용이 형성되기까지는 그 범위 및 내용이 불명확하기 때문에 구체적으로 권리가 발생하였다고 할 수 없다(대법원 2001. 9. 25. 선고 2001므725, 732 판결). 따라서 재산분할 판결에 대한 지연이자는 —이혼 자체와 재산분할 재판의 확정 시점이 다른 경우—이혼 자체가 성립한 때가 아니라 이혼을 원인으로 한 재산분할 재판이 확정된 시점이 기준일이 되어야 한다. 그리고 이에 대한 지연이자는 "소송촉진등에관한특례법" 제3조(법정이율)의 적용대상도 될 수 없다고 보아야 한다.

상기한 〈설문〉에 대한 판례에 따르면 "당사자가 이혼 성립 후에 재산분할 등을 청구하고 법원이 재산분할로서 금전의 지급을 명하는 판결이나 심판을 하는 경우에도, 이는 장래의 이행을 청구하는 것으로서 분할의무자는 그 금전지급의무에 관하여 판결이나 심판이 "확정"된 다음 날부터 이행지체책임을 지고, 그 지연손해금의 이율에 관하여는 소송촉진 등에 관한 특례법 제3조 제1항 본문이 정한 이율도 적용되지 아니한다"(특례법 제3조 제1항 단서,[64] 민사소송법 제251조)[65] (대법원

64. 소송촉진등에관한특례법 **제3조(법정이율)** ① 금전채무의 전부 또는 일부의 이행을 명하는 판결(심판을 포함한다. 이하 같다)을 선고할 경우, 금전채무 불이행으로 인한 손해배상액 산정의 기준이 되는 법정이율은 그 금전채무의 이행을 구하는 소장(訴狀) 또는 이에 준하는 서면(書面)이 채무자에게 송달된 날의 다음 날부터는 연 100분의 40 이내의 범위에서 "은행법"에 따른 은행이 적용하는 연체금리 등 경제 여건을 고려하여 대통령령으로 정하는 이율에 따른다. 다만, "민사소송법" 제251조에 규정된 소(訴)에 해당하는 경우에는 그러하지 아니하다.

65. 민사소송법 **제251조(장래의 이행을 청구하는 소)** 장래에 이행할 것을 청구하는 소는 미리 청구할 필

2014. 9. 4. 선고 2012므1656 판결).

Ⅱ. 재산분할청구권 행사의 제척기간

〈설문〉 (협의 또는 재판상) 이혼 후 오랜 기간이 경과한 시점에 별도로 재산분할을 청구할 수 있는가? 이 경우의 문제점은 무엇인가? (유의사항 : 재산분할청구권의 소멸시효·제척기간)

협의이혼의 경우는 (자녀 문제가 아닌) 부부간 위자료 문제와 재산분할 문제에 대해서는 법원이 개입하지 않는다. 그러므로 배우자와 사이가 악화되어 빨리 이혼하기를 원하는 경우에는—특별한 재판상 이혼사유가 없다면—일단 협의이혼이라도 해 놓고 이혼 후 별도로 위자료 및 재산분할을 청구할 수 있다. 그리고 재판상 이혼 자체를 위한 소 제기와 재산분할 심판청구도 별개로 진행할 수 있다. 그렇지만 재판상 이혼과 재산분할 청구는 함께 이루어지는 것이 일반적 모습이다. 이 경우 가정법원은 이혼 및 재산분할에 대해 함께 해결해주는 재판을 내릴 것이다. 만약 법원이 이혼도 인용하면서 이혼 당사자의 공동재산을 대상으로 재산분할 심판도 적절히 내린 경우에는 이혼 후 별도의 재산분할 청구는 원칙적으로 생길 여지가 없을 것이다. 왜냐하면 재산분할의 대상은 전체로서의 부부 공동 재산(즉, 공동재산으로 파악되는 각자의 적극재산과 소극재산)이기 때문이다. 다만 이혼 후 개별재산에 대한 분할청구를 특별법으로 인정하는 것이 있는데, 이것이 바로 공적연금에 대한 분할청구제도이다(이에 대해서는 뒤에서 자세히 서술할 것임). 그런데 분할연금청구는 이혼 배우자가 연금공단에 청구하는 것이고, 이에 대한 쟁송은 분할연금 결정(지급 또는 거부의 결정)을 내린 연금공단을 상대로 한 행정소송으로 해결될 것이다.

그런데 법원이 이혼과 재산분할에 대해 함께 재판하였지만 추후 또다시 재산

요가 있어야 제기할 수 있다.

분할 심판청구가 이루어지는 경우도 있을 수 있다. 예컨대 상대방이 제기한 전심 이혼 및 재산분할 재판에서 상대방의 순재산이 귀속될 분할액수를 훨씬 초과한다는 이유로 재산분할청구만 기각되었거나 전심에서 전혀 다루지 않은 누락 재산이 새로이 발견된 경우에는 상대방의 재산에 대하여 다시 별도의 재산분할심판을 청구할 수 있을 것이다.[66] 실무에서 실제로 이러한 유형의 재산분할 청구 사례가 발생된 바가 있는데, 이에 대한 판례태도는 아래 〈설문〉에서 소개하기로 한다.

동일한 당사자 사이에 재산분할 심판이 2번에 걸쳐 가능한 것은 재산분할사건은 비송사건이므로 확정되었다 하더라도 기판력이 발생하지 않기 때문에 전심에서 다루지 않은 누락재산에 대한 분할청구가 가능한 것이다. 다만 실무 법원의 태도는 추가적인 재산분할의 청구에 대해서는—전심재판에서 누락되었다고 보기 어렵다는 이유로—대개 기각하는 경향을 띠고 있다. 이러한 경향 때문에 상대방 배우자의 재산에 대한 파악이 안 된 상태에서는 일단 이혼을 해 놓고 추후 재산분할을 별도로 청구하는 것도 하나의 방책이 될 것이다. 다만, 이혼 후 오랜 기간이 경과한 시점에 별도로 재산분할을 청구하는 경우에는 소멸시효기간(제척기간)의 경과 여부가 중요한 문제점으로 대두될 것이다.

〈설문〉 이혼 후 재산분할을 청구할 경우의 "제척기간"에 대해 그 내용을 다시 요약하면? (제2장 실체법 상세 설명을 여기 절차법에서 다시 복습)

이혼 후 재산분할청구권의 제척기간에 대해서는 제2장 실체법(민법)에서 이미 상세하게 설명하였다. 앞에서 살펴본 바와 같이 협의이혼의 경우는 재산분할의 합의가 없더라도 일단 가능하기 때문에 협의이혼 후 재산분할심판이 청구될 수 있을 것이고, 재판상 이혼의 경우에도 누락된 이혼 상대방의 분할재산에 대하여 재판상

66 재산분할 청구사건의 경우 재판의 형식은 이혼소송 내지 위자료소송과 병합한 경우에는 판결이고, 재산분할만 청구한 경우에는 심판이 된다.

이혼 후 다시 재산분할심판을 청구할 수 있을 것이다. 재산분할재판에서 분할대상인지 여부가 전혀 심리된 바 없는 재산이 재판확정 후 추가로 발견된 경우에는 이에 대하여 추가로 재산분할청구를 할 수 있다(대법원 2003. 2. 28. 선고 2000므582 판결). 다만 추가 재산분할청구 역시 이혼한 날부터 2년 이내라는 제척기간을 준수하여야 한다. 민법 제843조, 제839조의 2 제3항은 협의상 또는 재판상 이혼 시의 재산분할청구권에 관하여 '이혼한 날부터 2년을 경과한 때에는 소멸한다'고 정하고 있는데, 위 기간은 〈제척기간〉이고, 나아가 재판 외에서 권리를 행사하는 것으로 족한 기간이 아니라 그 기간 내에 재산분할심판 청구를 하여야 하는 〈출소기간〉이다(대법원 2022. 6. 30. 선고 2020스561 결정). 그리고 원고는 청구의 기초가 바뀌지 아니하는 한도 안에서 변론을 종결할 때까지 청구취지나 청구원인을 바꿀 수 있다(민사소송법 제262조). 이러한 청구변경 절차까지 밟고서도 제척기간의 경과 시점(이혼한 날부터 2년)까지 청구 목적물로 하지 않은 재산에 대해서는 특별한 사정이 없는 한 재산분할청구권을 행사할 수 없다(대법원 2022. 11. 10. 선고 2021스766 결정). 다만 제척기간 경과 후에 분할대상을 추가하였다고 하더라도 이혼 후 2년 이내에 재산분할 심판청구서를 제출하였을 뿐만 아니라 청구취지까지 확장하여 추가적 분할청구가 확장된 청구금액의 범위 내인 경우까지 소멸시효 만료를 인정하여야 할 것인지의 의문점이 대두된다.

재산분할청구권의 제척기간은 재산분할청구자의 "상대방"이 반심판을 제기한 경우 그 반심판 "청구"에 대해서도 적용되어야 할 것이다. 문제는 반심판의 제기"(청구)" 없이 상대 배우자가 제기한 재산분할청구 사건의 심리절차에서 새로이 발견된 상대 배우자의 퇴직수당도 재산분할에 포함되어야 한다고 "주장"만 한 경우에도 이와 동일할 것인가에 있다. 이에 대해서는 다음의 〈설문〉에서 상세히 살펴보기로 한다.

〈설문〉 **갑이 A을 상대로 이혼 및 재산분할을 청구한 것에 대해 법원이 이혼청구에 대해서는 이를 인용하고 재산분할청구에 대해서는 갑이 보유하는 순재산이 귀속될 분할액수를 훨씬 초과한다는 이유로 기각하였으며, 이 재판은 2018. 7. 5. 확정되었다. 그런데 이혼확정 후 2년의 제척기간 도과가 임박한 시점인 2020. 6. 17. A는 갑을 상대로 전 소송에서 초과보유재산으로 인정된 액수 상당의 재산분할(* 분할대상 재산의 한정선택)을 구하는 심판청구를 하였지만, 갑은 이혼 후 2년이 경과한 시점에 새로이 발견된 A의 퇴직수당도 재산분할에 포함시켜야 한다고 주장하였다. 법원이 갑의 이 주장에 대해 제척기간이 경과하였다는 이유로 배척하였다면 이 판단은 적법한가? (재산분할 청구자의 상대방 주장은 제척기간 불적용. 법원 직권탐지도 가능)**

이 사례에 대해서는 제2장 실체법 편에서 이미 설명하였지만 다시 기술하기로 한다. 상기한 바와 같이 재산분할사건은 가사비송사건에 해당하고, 가사비송절차에 관하여는 가사소송법에 특별한 규정이 없는 한 비송사건절차법 제1편의 규정을 준용하며(가사소송법 제34조 본문), 비송사건절차에 있어서는 민사소송의 경우와 달리 당사자의 변론에만 의존하는 것이 아니고, 법원이 자기의 권능과 책임으로 재판의 기초가 되는 자료를 수집하는, 이른바 직권탐지주의에 의하고 있으므로(비송사건절차법 제11조), 법원으로서는 당사자의 주장에 구애되지 아니하고 재산분할의 대상이 무엇인지 직권으로 사실조사를 하여 포함시키거나 제외시킬 수 있다. 따라서 상대방의 지위에서 분할대상 재산을 주장하는 것은 재산분할의 대상 확정에 관한 법원의 직권 판단을 구하는 것에 불과하다.

〈설문〉에서 새로 발견된 퇴직수당에 대한 갑의 재산분할청구권 행사에 대한 소멸시효 만료 여부가 판례사례로서 실제 문제되었다. 이혼 시(이혼종류는 불문) 이미 재산분할이 결정으로 이루어졌더라도 그 이후 전소에서 포함되지 않았던 누락재산이 발견된 경우(예컨대, 전소의 분할대상에 포함되지 않았던 퇴직수당의 경우) 이혼한 날로부터 "2년의 제척기간" 이내에서만 그 누락된 재산에 대하여 "별도로" 재산분할을 청구할 수 있을 뿐이다(대법원 2003. 2. 28. 선고 2000므582 판결의 태도 ; 다만, 제척기간 내 누락재산 추가 분할 청구에서 기재한 "특정" 누락재산 이외의 다른 누락 재산에 대해서는 제척기간이 도과하는 시점에 소멸한다는 취지로 판시하였음). 다만 이 사례에서는 A가 제기한 재산분할 청구절차에서 갑은 전심 재산분할 시 누락되었던 A의 퇴직수당도 이번의 재산분할에서는 포함시켜야 한다는 주장을 소멸시효기간이 경과한 시점에 하였을 뿐이다.

상기한 〈설문〉에 대한 판례에 따르면 "청구인 지위에서 대상 재산에 대해 적극적으로 재산분할을 청구하는 것이 아니라, 이미 제기된 재산분할청구 사건의 상대방 지위에서 분할대상 재산을 주장하는 경우에는 제척기간이 적용되지 않는데, 이는 민법 규정의 문언상 명백히 재산분할'청구'를 할 수 있는 기간이라고 되어 있기 때문이다. 만약 상대방의 분할대상 재산 주장에 대하여 제척기간을 적용하면, 제척기간 도과가 임박한 시점에 청구인이 자신에게 일방적으로 유리하게 분할대상 재산을 선별하여 재산분할심판을 청구한 경우 상대방으로서는 이에 대응할 수 있는 방법이 봉쇄되는바, 이는 부부가 혼인 중 형성한 재산관계를 청산·분배하는 것을 본질로 하는 재산분할제도의 취지에 맞지 않고, 당사자 사이의 실질적 공평에도 반하여 부당할뿐더러, 가사소송법이 재산분할 등 사건에서 직권 또는 신청에 따른 재산명시·재산조회 제도(가사소송법 제48조의 2, 제48조의 3)를 둔 취지에도 맞지 않다"(대법원 2022. 11. 10. 선고 2021스766 결정).[67]

Ⅲ. 재산분할의 방법과 내용

제2장 실체법 편 [§ 7]에서 이미 상세히 서술한 바와 같이, 실무상 재산분할의 방식은 (i) 부부 공동재산에 해당하는 이혼 당사자 모두의 전체 재산(각자의 적극재

67 이에 대한 평석으로는 염경천, 법률신문(인터넷) 2023. 3. 16.자 글

산은 물론이고 소극재산도 포함)을 파악하고, (ii) 이것을 기초로 법원은 당사자 각자의 기여도를 결정한 다음, (iii) 분할 받을 당사자의 기여도를 곱한 금액에서 분할 받을 당사자가 보유하는 분할대상 재산액수를 공제하여 최종적인 재산분할 금액으로 확정하는 것이다. 최종 분할금액에 상응하는 구체적 분할 방식으로는 현금분할의 방식이 원칙(부동산 또는 주식의 경우는 기존 명의자의 계속 보유가 원칙)이지만 당사자 쌍방의 합의가 있으면 부동산 또는 주식의 현물분할도 가능하다(현물분할의 경우 취득세의 발생 가능). 뒤에서는 절차법의 관점에서 〈설문〉을 통해 다시 설명하기로 한다.

〈설문〉 이혼 시 재산분할(분할비율)을 최대한 많이 받아내는 방법은 무엇인가? (재산분할청구권의 3가지 기능 ; 청산적 기능, 부양적 기능 및 위자료적 기능)

이혼 시 재산분할은 재산분할청구권의 3가지 기능(청산적 기능, 부양적 기능, 위자료적 기능)을 함께 고려하여 결정되어야 한다. 이 중에서 "혼인 중" 재산형성에 더 많은 기여를 한 당사자에게 더 많은 재산을 분할해 주어야 한다는 청산적 요소가 기본적 원칙이다. 청산적 요소에 따라 이혼 시 재산분할을 많이 받아내기 위해서는 자신이 재산형성에 기여한 정도가 크다는 점과 이를 입증할 증거를 확보하여야 한다. 구체적으로 공동생활 중 자신의 소득이 상대방보다 많았고 자신의 소비는 상대방보다 적었다는 사실(예컨대 상대방의 유흥, 과소비, 도박, 주식투자 실패, 사기피해 등으로 인해 공동재산의 감소가 있었다는 사실), 자신의 경제활동으로 공동 재산의 증식이 있었다는 사실, 자신이 육아 가사를 분담했다는 사실, 자신이 부모 친지로부터 경제적 원조를 더 많이 받았다는 사실, 상대방은 자신의 부모 등을 부양하기 위하여 공동재산을 상당히 소비하였다는 사실, 자신의 특유재산이 존재하였고 상대방의 특유재산에 대해서는 자신이 그 유지 감소를 방지했다는 사실, 결혼 당시 자신의 재산이 많았고 상대방은 채무가 존재하였다는 사실 등을 주장하고 이를 확보된 자료로서 입증하여야 할 것이다.

다음으로 부양적 요소(기능) 내지 사회보장적 요소에 따라서 혼인 중에 이룩한 재산관계의 청산뿐 아니라 "이혼 이후" 당사자들의 생활보장에 대한 배려 등 부양적 요소 등도 함께 고려하여야 한다(대법원 2013. 6. 20. 선고 2010므4071, 4088 전원합의체 판결). 부양적 요소는 이혼 후 상대적으로 더 많은 경제적 어려움을 겪을 당사자의 처지를 고려하여야 한다는 것이다. 이를 위해서는 상대방과는 달리 자신은 이혼 후 육아를 위해 경력 단절이 있을 것이라는 사실, 이혼 후 연금 내지 보험 등으로 노후대비가 마련되어 있는 상대방과는 달리 본인은 그러한 노후 안전장치가 없다는 사실, 이혼 후 부모로부터 상속 증여받을 재산이 많은 상대방과는 달리 본인은 그렇지 않다는 사실 등을 주장하고 이를 확보된 자료로서 입증하여야 할 것이다.

다음으로 위자료적 요소(기능) 내지 손해 배상적 요소에 따라서 이혼 시 재산분할을 할 때에는 혼인 중 형성한 재산의 청산적 요소와 이혼 후의 부양적 요소 외에 정신적 손해(위자료)를 배상하기 위한 급부로서의 성질까지 포함하여 분할할 수 있다(대법원 2000. 10. 10. 선고 2000다27084 판결). 위자료적 요소는 혼인파탄에 책임 있는 자에게 부과될 수 있는 위자료와는 별개로 재산분할을 할 때 그에게 불이익을 줄 수 있다는 것이다(부정행위 자체와 부정행위에 의한 재산손실의 구별). 이를 위해서는 상대방 배우자의 유책행위(간통과 같은 부정행위, 지속적인 폭행 폭언 등의 가혹 행위 등)에 따른 재산손실을 입증할 수 있는 증거를 확보하여야 할 것이다.

이상의 3가지 요소를 실무 소송에서 충분히 입증해 낼 수 있다면 전업주부로서 가사 및 자녀 양육 책임까지 다하면서 혼인기간이 장기인 황혼이혼의 경우 50% 정도의 분할비율을 인정받는 데 비하여, 그것보다 훨씬 더 많은 재산분할을 받아 낼 수 있을 것이다.

〈설문〉 재산분할의 대상 및 가액평가의 기준시점에 있어서 법률혼 이혼 시(재판상 이혼과 협의이혼)와 사실혼 해소 시 사이에 차이가 있는가? 그리고 오랜 별거기간 동안 배우자 일방에 의한 재산변동(예컨대, 사업성공에 따른 소득증대 등)이 있는 경우의 처리는?

재산분할 제도는 이혼 등의 경우에 부부가 혼인 중 공동으로 형성한 재산을 청산·분배하는 것을 주된 목적으로 하는 것으로서, 부부 쌍방의 협력으로 이룩한 적극재산 및 그 형성에 수반하여 부담하거나 부부 공동생활관계에서 필요한 비용 등을 조달하는 과정에서 부담한 채무를 분할하여 각자에게 귀속될 몫을 정하기 위한 것이다(대법원 2013. 6. 20. 선고 2010므4071, 4088 전원합의체 판결). 혼인 중에 쌍방의 협력에 의하여 이룩한 부부의 실질적인 공동재산은 부동산은 물론 현금 및 예금자산 등도 포함하여 그 명의가 누구에게 있는지 그 관리를 누가 하고 있는지를 불문하고 재산분할의 대상이 되는 것이다. 그러나 부부 일방에 의하여 생긴 적극재산이나 채무로서 상대방은 그 형성이나 유지 또는 부담과 무관한 경우에는 이를 재산분할 대상인 재산에 포함할 것이 아니다. 그리고 재산분할 시 분할대상 재산에 대한 가액평가의 기준시기도 중요한 요소가 된다. 왜냐하면 부부가 상당히 오래 별거하였다가 이혼 및 재판 분할의 심판이 청구된 경우 그 사이 재산가액의 급격한 증가가 있을 수 있기 때문이다. 뒤에서 분할대상 재산에 대한 가액평가의 기준시기에 대해 재판상 이혼, 협의이혼 및 사실혼 해소의 경우로 나누어 설명하기로 한다.

(1) 재판상 이혼에 따른 재산분할에 있어 분할의 대상이 되는 재산과 그 액수는 이혼소송의 사실심 변론종결일을 기준으로 하여 정하는 것이 원칙이다(대법원 2000. 5. 2. 선고 2000스13 결정 ; 대법원 2000. 9. 22. 선고 99므906 판결). 그러나 혼인관계가 파탄된 이후(별거 상태) 변론종결일 사이에 생긴 재산관계의 변동이 부부 중 일방에 의한 후발적 사정에 의한 것으로서 혼

인 중 공동으로 형성한 재산관계와 무관하다는 등 특별한 사정이 있는 경우에는 그 변동된 재산은 재산분할 대상에서 제외하여야 할 것이다(대법원 2013. 11. 28. 선고 2013므1455, 1462 판결). 이에 반하여 부부의 일방이 별거 후에 취득한 재산이라도 그것이 별거 전에 쌍방의 협력에 의하여 형성된 유형·무형의 자원에 기한 것이라면 재산분할의 대상이 된다고 할 것이고, 한편 부부 일방이 혼인중 제3자에 대하여 채무를 부담한 경우에 그 채무 중에서 공동재산의 형성에 수반하여 부담하게 된 채무는 청산의 대상이 되는 것인데, 부동산에 대한 임대차보증금반환채무는 특별한 사정이 없는 한 혼인 중 재산의 형성에 수반한 채무로서 청산의 대상이 되는 것이다(대법원 1999. 6. 11. 선고 96므1397 판결). 결국, 이혼 전 별거의 경우 해당재산이 분할대상으로 인정될 경우 그 가액을 산정하는 기준은 원칙대로 변론종결 시를 기준으로 하지만(분할대상 재산이 별거 후에 증가된 경우 그 이득이 일방에게만 귀속되어서는 안 되기 때문임), 별거 후 변론종결일 사이에 생긴 재산관계의 변동이 부부 중 일방에 의한 후발적 사정에 의한 것으로서 혼인 중 공동으로 형성한 재산관계와 무관하다는 등 특별한 사정이 있으면 아예 재산분할 대상에서 제외될 수 있다는 것이 우리나라 판례의 태도가 된다. 그리고 이혼소송에서 법원은 재산분할의 대상이 된 재산(변론 종결 시 가액을 기준)에 대한 각자의 "분할비율"로서 한 쪽이 일방적으로 피해를 입지 않도록 하는 결정을 내릴 수 있을 것이다.[68]

(2) 협의이혼을 예정하고 미리 재산분할 협의를 한 경우 협의이혼에 따른 재산분할에 있어 분할의 대상이 되는 재산과 액수는 협의이혼이 성립한 날(이혼

68. 전업주부가 오랜 별거 후 (황혼)이혼 및 재산분할 소송을 제기하거나 당한 사례에서, 혼인 중 전업주부의 명의로 된 부동산이 재산분할의 대상이 된 경우(예컨대, 별거 시작 시에는 시세가액이 1억이었다가 변론종결 시에는 10억으로 증가되었다고 가정함), 법원은 전업주부에게 (일단 변론종결 시 10억 가액을 기준으로) "분할비율"을 높게 책정하는 방법을 취하는(예컨대 80%, 90%) 반면 상대방에게 돌아가는 가액은 과거 별거 시점의 가액으로 낮출 수 있을 것이다.

신고일)을 기준으로 정하여야 한다(대법원 2006. 9. 14. 선고 2005다74900 판결). 따라서 재산분할 협의를 한 후 협의이혼 성립일까지의 기간 동안 재산분할 대상인 채무의 일부가 변제된 경우 그 변제된 금액은 원칙적으로 채무액에서 공제되어야 한다. 그런데 채무자가 자금을 제3자로부터 증여받아 위 채무를 변제한 경우에는 전체적으로 감소된 채무액만큼 분할대상 재산액이 외형상 증가하지만 그 수증의 경위를 기여도를 산정함에 있어 참작하여야 하고, 채무자가 기존의 적극재산으로 위 채무를 변제하거나 채무자가 위 채무를 변제하기 위하여 새로운 채무를 부담하게 된 경우에는 어느 경우에도 전체 분할대상 재산액은 변동이 없게 될 것이다.

(3) 사실혼 해소 시에 대한 판례에 따르면 "사실혼 해소를 원인으로 한 재산분할에서 분할의 대상이 되는 재산과 액수는 사실혼이 해소된 날을 기준으로 하여 정하여야 한다. 한편 재산분할 제도가 혼인관계 해소 시 부부가 혼인 중 공동으로 형성한 재산을 청산·분배하는 것을 주된 목적으로 하는 것으로서, 부부 쌍방의 협력으로 이룩한 적극재산 및 그 형성에 수반하여 부담한 채무 등을 분할하여 각자에게 귀속될 몫을 정하기 위한 것이므로(대법원 2013. 6. 20. 선고 2010므4071, 4088 전원합의체 판결 참조), 사실혼 해소 이후 재산분할 청구사건의 사실심 변론종결 시까지 사이에 혼인 중 공동의 노력으로 형성·유지한 부동산 등에 발생한 외부적, 후발적 사정으로서, 그로 인한 이익이나 손해를 일방에게 귀속시키는 것이 부부 공동재산의 공평한 청산·분배라고 하는 재산분할제도의 목적에 현저히 부합하지 않는 결과를 가져오는 등의 특별한 사정이 있는 경우에는 이를 분할대상 재산의 가액 산정에 참작할 수 있다"(협의이혼을 한 이후에도 사실혼관계를 계속 유지하여 왔고, 2013. 5.경 비로소 사실혼관계가 해소되었는데, 우리은행 마이너스통장 대출금 채무에 관한 2013. 6. 6. 이후 이자 1,291만 원 상당은 사실혼 해소 이후에 발생한 이자로서 부부 공동생활과 관련이 있음을 인정하기에 부족하므로 분할대상인 소극재산에 해당하지 않는다고 판시한 대법원 2023. 7. 13. 선고 2017

므11856, 11863 판결).

〈설문〉 이혼·재산분할 등 심판 사건의 심리 결과 청구인 A가 보유하고 있는 재산이 재산분할 비율에 따른 청구인의 몫을 초과한다는 점이 밝혀진 경우 (상대방도 해당 절차에서 재산분할을 주장하였다면) 법원은 이혼 청구의 인용 시 청구인 (초과)재산에 대한 분할 심판도 하여야 하는가? (상대방의 반 심판 청구가 없다면 청구 기각만 하여야 할 것임)

민법 제839조의 2 제3항, 제1항은 이혼한 날부터 2년이 지나면 재산분할을 청구할 수 있는 권리, 즉 재산분할청구권이 소멸한다고 규정하고 있다. 이 조항이 규정하는 2년의 제척기간은 재산분할을 청구하는 경우에 적용됨이 법문언상 명백하고 또한 이는 재판청구기간이므로, 결국 이 제척기간은 법원에 재산분할심판을 청구하는 청구인의 권리에 대하여 적용되는 것이다. 그리고 재산분할심판 사건은 마류 가사비송사건에 해당하는데[가사소송법 제2조 제1항 제2호 (나)목 4)], 금전의 지급 등 재산상의 의무이행을 구하는 마류 가사비송사건의 경우 원칙적으로 청구인의 청구취지를 초과하여 의무의 이행을 명할 수 없다(가사소송규칙 제93조 제2항 본문).

(제2장 실체법 편에서 이미 다루었던 ; 여기 절차법에서 다시 복습) 상기한 〈설문〉에 대한 판례에 따르면 "설령 재산분할심판 사건의 심리 결과 청구인이 보유하고 있는 재산이 재산분할 비율에 따른 청구인의 몫을 초과한다는 점이 밝혀지더라도, 상대방이 반심판을 청구하지 않는 이상 원칙적으로 청구인의 재산분할청구가 기각될 뿐, 나아가 청구인에게 초과 보유분의 재산분할을 명할 수는 없다. 결국 상대방의 지위에서 청구인의 적극재산 등을 분할대상 재산으로 주장하는 것은 청구인의 재산분할심판 청구에 대하여 일종의 방어방법을 행사하는 것으로 볼 수 있고, 이를 청구인의 지위에서 적극적으로 대상 재산의 분할심판을 구하는 것과 동일하게 평가할 수 없다"(대법원 2022. 11. 10. 선고 2021스766 결정). 상대방 배우자가

청구자의 초과 재산에 대해 추후 재산분할 심판을 별도로 청구한 경우의 논점에 대해서는 앞에서 이미 설명하였다.

〈설문〉 재산분할에 관한 당사자의 합의는 유효한가, 그리고 그 합의는 법원을 기속하는가?

[실제사례] A와 B(여)는 금전문제 등으로 갈등을 겪다 서로 협의이혼을 하기로 하고, B 명의로 된 화물차를 A에게 이전해주기로 하는 내용 등의 이혼약정서를 작성한 뒤 공증을 받았다. 그러나 A가 B 명의로 대출을 받는 등 상당 액수의 빚을 지자, B는 화물차를 팔고 위자료 및 이혼소송을 제기하였다. 이에 대응하여 A도 이혼 및 재산분할 청구소송을 제기하였다.

협의이혼을 전제로 당사자가 재산분할에 대해 합의한 것은 실제로 협의이혼으로 귀결될 경우에는 당연히 효력이 있을 것이다. 문제는 재판상 이혼으로 귀결된 경우에 발생할 것이다. 상기한 [실제사례]에 대해 2015년 부산가정법원 가사2단독은 "재판상 이혼 전 둘은 협의이혼 하기로 합의하면서 B가 A에게 화물차를 주기로 재산분할 약정을 한 사실은 인정되나, 두 사람이 협의이혼에 이르지 못한 이상 이 사건 합의는 효력이 없으므로 화물차는 A의 특유재산에 해당한다고 볼 수 없다. 이 사건 약정은 협의이혼이 이루어 질 것을 조건으로 한 것으로, 협의이혼이 이루어지지 않고 재판상 이혼으로 간 경우에는 재산분할 약정은 효력이 없다"는 취지로 판시하였다.

그리고 재산분할 심판 시 당사자가 재산분할에 관해 합의를 한 경우 법원이 이에 기속되어야 하는지도 문제된다. 상기한 〈설문〉에 대한 판례에 따르면 "일방 당사자가 특정한 방법으로 재산분할을 청구하더라도 법원은 이에 구속되지 않고 타당하다고 인정되는 방법에 따라 재산분할을 명할 수 있다. 그리고 당사자가 소송 중에 일부 재산에 관한 분할방법에 관한 합의를 하였다고 하더라도, 법원으로서는 당사자가 합의한 대로 분할을 하여야 하는 것은 아니다(대법원 2013. 7. 12. 선고, 2011므1116, 1123, 판결). 다만 재산분할심판은 재산분할에 관하여 당사자 사이에 협의가 되지 아니하거나 협의할 수 없는 때에 한하여 하는 것이므로(민법 제843조, 제839조의 2 제2항), 쌍방 당사자가 일부 재산에 관하여 분할방법에 관한 합의를 하였고, 그것이 그 일부 재산과 나머지 재산을 적정하게 분할하는 데 지장을 가져오는 것이 아니라면 법원으로서는 이를 최대한 존중하여 재산분할을 명하는 것이 타당하다"(그 경우 법원이 아무런 합리적인 이유를 제시하지 아니한 채 그 합의에 반하는 방법으로 재산분할을 하는 것은 재산분할사건이 가사비송사건이고, 그에 관하여 법원의 후견적 입장이 강조된다는 측면을 고려하더라도 정당화되기 어렵다는 대법원 2021. 6. 10. 선고 2021므10898 판결).

〈설문〉 재산분할의 대상이 되는 재산은 어떤 것인가(특히 특유재산에 대한 실무 태도는, 재혼부부의 경우는)? 재판상 이혼이 확정되고 재산분할 과정이 모두 끝났더라도 배우자가 숨겨놓은 부동산이 발견됐다면 이 부동산에 대해서도 별도의 재산분할을 청구할 수 있는가?

[실제사례] A와 B는 30년 이상을 부부관계로 지내오던 중 재산관리 문제 등으로 다투다 사이가 악화되면서 법적으로 재판상 이혼하였다. 이혼소송 과정에서 법원은 B는 A에게 재산분할로 1억 6,000여만 원을 지급하라는 판결을 내렸고 B는 그 판결에 따라 이를 전액 A에게 지급하였다. 그 이후 A는 우연히 부동산 관리사무실에서 B에게 보낸 누수 공사 관련 쪽지를 발견하였다. B에게 (이 전의 이혼절차에서 재산분할의 대상이 되지 않았던) 또 다른 숨겨놓은 부동산이 있다는 사실을 알게 된 A는 이에 대한 재산분할을 별도로 청구하였다.

재산분할의 대상이 되는 재산은 원칙적으로 혼인 중 부부가 공동으로 협력해서 모은 재산으로서 부부 중 누구의 소유인지가 불분명한 〈공동재산〉이다. 판례에 따르면 그 재산이 비록 부부 일방의 명의로 되어 있거나 제3자 명의로 명의신탁되어 있더라도 실제로 부부의 협력으로 획득한 재산이라면 재산분할의 대상이 된다(대법원 1998. 4. 10. 선고 96므1434 판결). 부부의 협력이란 맞벌이는 물론이고, 육아 및 가사노동도 포함된다(대법원 1993. 5. 11. 자 93스6 결정). 부부의 공동재산에는 주택, 예금, 주식, 대여금 등이 모두 포함되고, 채무가 있는 경우 그 재산에서 공제된다.

혼인 전부터 부부가 각자 소유하고 있던 재산이나 혼인 중에 부부 일방이 상속·증여·유증으로 취득한 재산 등은 부부 일방의 〈특유재산〉으로서("민법" 제830조 제1항) 원칙적으로 재산분할의 대상이 될 수 없다. 다만, 다른 일방이 그 특유재산의 유지·증가를 위해 기여했다면 그 증가분에 대해 재산분할에 포함시킬 수 있다(대법원 1994. 5. 13. 선고 93므1020 판결 ; 대법원 1998. 2. 13. 선고 97므1486·1493 판결 ; 대법원 2002. 8. 28. 선고 2002스36 결정 등).[69]

실무에서는 혼인 기간이 길면 길수록 결혼초기에는 특유재산의 성격이었던 재산이라도 재산분할의 대상으로 삼을 가능성이 크게 된다(동시에 청구권 배우자의 기여도 계산 시 혼인기간이 길어질수록 점차 높아질 것임). 그리고 재산규모는 적으면 적을수록 특유재산의 성격의 재산도 재산분할 대상이 될 가능성이 클 것이다(적어도 해당 재산 감소 방지에 기여하였을 것이기 때문임). 반면에 재산규모가 매우 큰 부분(특히 분할 시 회사 경영권 방어에 크게 영향을 끼치는 회장 보유 주식 등)에 대해서는 분할의무자의 특유재산으로 인정하여 아예 재산분할의 대상으로 삼지 않거나 재산분할의 대상에 넣는 경우에는 청구자의 기여도 계산 시 다소 낮게 책정하는 것이 오랜 실무 태도이기도 하였다. 그래서 SK 최 회장 이혼사건에서 제1심 법원이 최 회장

69. 참고로, 재혼 부부인 경우 재혼 이전에 상대방 배우자가 가지고 있었던 특유재산에 대해서는 이러한 부부로서의 공동기여와 이에 따른 재산 분할이 쉽게 인정되지 않는다(다만 상대방의 전혼 자녀를 양육하였을 때에는 초혼부부와 동일한 특유재산 분할이 가능할 것임).

보유주식을 재산분할의 대상으로 삼지 않았던 것이다(그러나 항소심 법원은 이러한 차별 없이 재산분할의 대상에 넣었음). 또한 결혼 당시 일방 소유의 주택, 전세보증금, 월세보증금 등은 부부가 함께 살면서 관리해 온 재산이기 때문에 재산분할의 대상이 될 가능성이 높다. 그리고 상대방의 소득이 자신보다 더 많은 경우, 자녀 양육권이 상대방에게 인정된 경우, 부부에게 공동으로 양육한 자녀가 있는 경우, 경제활동으로서 맞벌이 한 경우 등과 같이 오랜 부부 관계 유지로 인해 특유재산으로서의 성질이 희석된 것으로 평가될 수 있다면 자신의 상대방 결혼초기 기준 특유 재산에 대한 분할청구는 그 인용가능성이 상대적으로 높아질 것이다. 이에 반하여 특유재산의 종류가 조상 묘가 있는 선산, 관리자가 없는 임야 등인 경우에는 재산분할의 대상이 될 가능성이 상대적으로 적다. 그리고 실무에서 결혼초기 기준 특유 재산에 대한 청구자 기여도는 50%를 넘겨 인정받기는 어렵다(대개 기여도는 낮게 책정됨).

그리고 혼인 중 〈부부 일방이 다른 일방의 도움으로 변호사, 의사, 회계사, 교수 등 장래 고액의 수입을 얻을 수 있는 능력이나 자격을 취득한 경우〉 이 능력이나 자격으로 인한 "장래 예상 수입" 등은 재산분할의 액수와 방법을 정하는 데 참작될 수 있다(대법원 1998. 6. 12. 선고 98므213 판결).

상기한 [실제사례]에 대해 2020년 부산가정법원 가사5단독은 "이혼소송 때 재산분할 과정에서 분할대상인지 여부가 전혀 심리되지 않은 재산이 재판이 확정된 후 추가로 발견된 경우에 추가로 재산분할청구를 할 수 있다. 다만 청구인이 이전 재판 때 재산의 존재를 알지 못한 채 재산분할의 협의를 하였고, 재산의 존재를 알았다면 재산분할협의 과정에서 그 재산도 포함시켰을 것이라는 점 등이 인정되어야 한다. 사례에서 두 사람의 혼인관계가 악화된 원인 중 하나가 B가 A의 동의 없이 임의로 아파트 전세금을 사용하거나 전세계약을 변경하는 등 부동산을 사용·처분하였기 때문이란 점을 고려했을 때 B가 당시 대상 부동산의 존재를 A에게 알렸을 가능성은 낮다고 보인다. A가 쪽지를 발견하는 등 대상 부동산의 존재를 알게 된 경위를 봤을 때도 대상 부동산은 이혼소송 때 심리되지 않은 추가로 발견된 재산으로 보인다. A가 대상 부동산의 존재를 알았다면 당연히 이를 B의 적극재산에 포함시키려고 했을 것이므로 대상 부동산은 별도의 재산분할대상에 해당한다. B는 A에게 1,900만 원을 지급하라"는 취지로 판시하였다(2019느단201205). 이혼확정 후 새로 발견된 재산에 대한 추가 재산분할청구 시 대두되는 소멸시효의 문제점에 대해서는 이미 앞에서 상세히 설명하였다.

〈설문〉 막 신축한 건물과 토지의 실질상 소유자인 남편이 (결혼하면서) 아내의 명의로 등기를 해 주었다. 그런데 짧은 결혼생활 후 재판상 이혼이 제기되었는데, 여기서 재산분할 문제가 제기되자 이혼 당사자 각각은 자신의 특유재산임을 주장하였다. 각자의 주장(남편은 소유권 반환청구, 아내는 증여로 인한 본인의 특유재산으로서 재산분할 제외의 주장)은 타당한가? (배우자에게 해 준 명의신탁 재산의 분할 문제)

이혼 시 재산분할 문제에서 해당 재산이 비록 부부 일방의 명의로 되어 있거나 제3자 명의로 명의신탁되어 있더라도 실제로 부부의 협력으로 획득한 재산이라면 재산분할의 대상이 된다(대법원 1998. 4. 10. 선고 96므1434 판결). 그러나 혼인 전부터 부부가 각자 소유하고 있던 재산이나 혼인 중에 부부 일방이 상속·증여·유증으로 취득한 재산 등은 부부 일방의 특유재산으로서(민법 제830조 제1항) 원칙적으로 재산분할의 대상이 될 수 없다.

상기한 〈설문〉에서 명의신탁 부동산의 소유권은 대내관계에서는 신탁자 소유이므로 원칙상 남편의 특유재산이 된다. 따라서 해당 부동산이 증여로 인한 본인의 특유재산이 된다는 재혼 아내의 주장은 일단 타당하지 않다(재혼 남편 입장에서는 자기재산을 지키기 위한 해당 부동산에 대한 가처분, 아내가 해당 부동산을 임대하여 받은 임대보증금의 확보를 위한 다른 재산에 대한 가압류 등을 신속히 하여야 할 것임). 다만 아내의 입장에서는 남편의 특유재산의 유지·증가를 위해 기여했다는 것을 입증하여 그 증가분에 대해 재산분할을 청구할 수 있을 것이다. 실무에서는 혼인 기간이 길면 길수록 결혼초기 기준 특유재산을 분할대상으로 삼을 가능성이 있지만 혼인 기간이 짧으면 부인의 입장에서는 이것도 인정받기 어렵다.

〈설문〉 소극재산의 분할대상 여부와 분할방법은? 특히 소극재산의 총액이 적극재산의 총액을 초과하는 경우에도 재산분할절차가 진행되는가?

[실제사례] A와 B는 결혼해 아이를 낳고 15년 이상 부부 관계를 유지해 왔다. 결혼 후 B는 여러 곳에 소재하는 모텔 등을 매수해 숙박업을 하면서 모텔 직원인 C와 내연관계를 이어왔다. 이 같은 사실을 알게 된 A는 B와 별거하다가 재산을 분할하고 위자료를 달라며 이혼소송을 제기하였다. 변론종결일 기준 금전적 가치가 있는 재산권을 모두 합친 적극재산에서 채무 등 소극재산을 공제한 A의 순재산은 4,000여 만 원이었고 유책 배우자 B의 순재산은 −5억여 만 원으로서 빚더미에 있었다.

혼인 중 부부 일방이 제3자에게 〈채무가 있는 경우〉 그것이 부부의 공동재산 형성에 따른 채무(예를 들어 같이 살 집을 마련하기 위해 대출받은 돈)이거나 일상가사에 관한 채무(예를 들어 생활용품 구입비)라면 재산분할의 대상이 될 수 있다(대법원 2002. 8. 28. 자 2002스36 결정 ; 대법원 1999. 6. 11. 선고 96므1397 판결 ; 대법원 1998. 2. 13. 선고 97므1486, 1493 판결 등). 그리고 경제활동을 책임지는 과정에서 〈빚을 떠안은 한쪽 배우자가 이혼을 청구할 경우〉 그 빚도 재산분할청구 대상이 될 수 있다. 재산분할은 이혼 당사자 각각의 분할대상 적극재산과 소극재산을 추출하여 결정된다. 적극재산의 합계가 소극재산의 합계보다 많으면 당연히 재산분할이 될 것이다. 이혼 당사자 각자가 보유한 적극재산에서 소극재산을 공제하는 등으로 재산상태를 따져 본 결과 재산분할 청구의 상대방이 그에게 귀속되어야 할 몫보다 더 많은 적극재산을 보유하고 있거나 소극재산의 부담이 더 적은 경우에는 〈적극재산을 분배하거나 소극재산을 분담〉하도록 하는 재산분할은 어느 것이나 가능하다고 보아야 하고, 후자의 경우라고 하여 당연히 재산분할 청구가 배척되어야 한다고 할 것은 아니다. 참고로, 개별 소극재산(채무)은 해당 채권자가 있기 때문에 이혼 배우자 일방의 채무를 타방에게 일부 분할하는 방법으로 해당 채권자의 채무자를 2명으로 만들 수는 없고(채권자는 채무자 자체가 분할되는 것을 원하지 않을 것임), 해당 채권자에 대한 채무자는 그대로 1명으로 유지되면서 타당에게는 다른 방법(현금정산 등)으로 분담시켜야 하는 것이다.

상기한 〈설문〉에 대한 판례도 "소극재산의 총액이 적극재산의 총액을 초과하여 재산분할을 한 결과가 결국 채무의 분담을 정하는 것이 되는 경우에도 법원은 채무의 성질, 채권자와의 관계, 물적 담보의 존부 등 일체의 사정을 참작하여 이를 분담하게 하는 것이 적합하다고 인정되면 구체적인 분담의 방법 등을 정하여 재산분할 청구를 받아들일 수 있다 할 것이다. 그것이 부부가 혼인 중 형성한 재산관계를 이혼에 즈음하여 청산하는 것을 본질로 하는 재산분할 제도의 취지에 맞고, 당사자 사이의 실질적 공평에도 부합한다. 다만 재산분할 청구 사건에 있어서는 혼인 중에 이룩한 재산관계의 청산뿐 아니라 이혼 이후 당사자들의 생활보장에 대한 배려 등 부양적 요소 등도 함께 고려할 대상이 되므로, 재산분할에 의하여 채무를 분담하게 되면 그로써 채무초과 상태가 되거나 기존의 채무초과 상태가 더욱 악화되는 것과 같은 경우에는 채무부담의 경위, 용처, 채무의 내용과 금액, 혼인생활의 과정, 당사자의 경제적 활동능력과 장래의 전망 등 제반 사정을 종합적으로 고려하여 채무를 분담하게 할지 여부 및 분담의 방법 등을 정할 것이고, 적극재산을 분할할 때처럼 재산형성에 대한 기여도 등을 중심으로 일률적인 비율을 정하여 당연히 분할 귀속되게 하여야 한다는 취지는 아니라는 점을 덧붙여 밝혀 둔다"는 취지로 판시하였다(경제적 능력이 없는 남편을 뒷바라지하며 지내온 아내가 남편을 상대로 낸 이혼 및 재산분할 청구소송에서 대법원 2013. 6. 20. 선고, 2010므4071, 4088 전원합의체 판결).

상기한 [실제사례]에 대해 2020년 부산가정법원 가사1부는 "재산분할 시 소극재산의 총액이 적극재산의 총액을 초과하더라도 그 채무의 성질, 채권자와의 관계

등의 사정을 참작해 채무의 분담을 정하는 것이 적합하다고 인정되면 재산분할 청구를 할 수 있다. 다만 재산분할에 의해 채무를 분담하게 되면 채무초과 상태가 되는 경우에는 채무부담의 경위 등을 살펴 채무를 분담하지 않게 할 수 있다. 사례에서 부부공동재산 형성 과정을 보면 주로 B가 주도적으로 투자 여부를 판단하거나 자산관리를 하였고, 특히 모텔을 매수할 때 거액의 담보대출을 받은 것으로 보인다. 반면 별거 중에도 B는 A에게 생활비나 양육비 등 경제적 지원을 하지 않았고, 자녀들을 A 혼자 양육하고 있어 A가 B의 채무를 분담하게 될 경우 A는 채무초과 상태가 될 가능성이 크다. 혼인 파탄의 주된 책임은 B에게 있으므로 B는 A에게 위자료를 지급하며, 재산분할은 하지 않고 A와 B의 적극재산 및 소극재산은 그 명의대로 각자에게 귀속하는 것이 타당하다. B는 A에게 위자료를 지급하고 둘은 이혼하되, A의 재산분할청구는 기각한다"는 취지로 판시하였다(2018드합201361).

〈설문〉 불륜 등 부정행위로 인해 혼인 생활을 이어갈 수 없도록 원인을 제공한 사람이 부정행위 상대방에게 경제적 이익을 제공했다면, 이러한 사정을 재산분할 비율의 결정 시 반영할 수 있는가? (부정행위 자체와 부정행위에 의한 재산손실은 다른 차원)

SK 최 회장 이혼사건에서 2024. 5. 항소심 법원이 이 문제점에 대해 판시한 것을 비롯한 실무태도에 관해서는 제2장 실체법 편에서 이미 상세히 서술되었다. 거기서 서술된 핵심사항을 다시 요약하면 다음과 같다.

종전의 실무는 배우자의 부정행위를 재산분할의 비율을 산정함에 있어 판단근거로 고려하지 않았다. 배우자의 부정행위는 위자료 청구에서 위자료 인정 여부 및 위자료 액수를 정함에 있어서 고려 대상이었다. 그러나 부정행위 상대방에게 경제적 이익을 제공하거나 부정행위 상대방과 함께 금전을 소비한 경우 그러한 사정을 재산분할을 함에 있어 참작하는 것이 타당할 것이다. 왜냐하면 배우자의 부정행위 자체(위자료 청구의 사유)와 부정행위에 따른 재산적 손실(재산분할의 사유)은 다른 것이기 때문이다.

이혼 시 재산분할비율은 앞에서 이미 언급한 3가지 재산분할청구권의 기능을 고려하여 결정되어야 한다. (i) 청산적 요소(기능)에 따라서 재산분할청구권은 혼인 중에 부부 쌍방의 협력에 의하여 형성된 재산을 각자의 기여에 따라 분할하여야 한다. 민법 제839조의 2 제2항도 "당사자 쌍방의 협력으로 이룩한 재산의 액수 기타 사정을 참작하여" 분할의 액수와 방법을 정하도록 하고 있다. (ii) 부양적 요소(기능)에 따라서 혼인 중에 이룩한 재산관계의 청산뿐 아니라 이혼 이후 당사자들의 생활보장에 대한 배려 등 부양적 요소 등도 함께 고려하여야 한다(대법원 2013. 6. 20. 선고 2010므4071, 4088 전원합의체 판결). (iii) 위자료적 요소(기능)에 따라서 이혼 시 재산분할을 할 때에는 혼인 중 형성한 재산의 청산적 요소와 이혼 후의 부양적 요소 외에 정신적 손해(위자료)를 배상하기 위한 급부로서의 성질까지 포함하여 분할할 수 있다(대법원 2000. 10. 10. 선고 2000다27084 판결).

구체적으로는 재산분할비율을 정함에 있어 분할대상 재산의 취득 경위, 분할대상 적극재산의 형성 및 유지에 대한 각자의 기여 정도, 소득재산의 발생 경위, 혼인 생활의 과정 및 기간(재산분할의 청산적 기능의 관점에서 혼인 기간이 장기이면서 혼인 동안 주로 가사와 자녀의 양육을 담당하며 가정경제에 기여한 전업주부에게 유리하게 작용할 것임), 각자의 나이, 직업, 소득, 경제력 등 여러 사정(재산분할의 부양적 기능의 관점에서 앞으로도 많은 소득이 있을 남편보다 소득 없이 자녀 양육을 계속 해야 할 전업주부에게 유리하게 작용할 것임)을 참작하여 정하여 질 것이다(실무상 재산규모도 고려함. 따라서 분할재산이 적으면 황혼이혼의 전업주부에게 50% 이상도 가능하겠지만, 남편이 결혼 중 이룩한 분할재산이 매우 크면 전업주부에게 돌아가는 비율이 50%를 넘기 힘들 것임).

현재의 실무는 외도 상대방에게 수천만 원에 이르는 돈을 증여하고,[70] 상당한

70. 실무에서 흔히 보는 상간자에게 주식을 넘긴 경우에는 주주명부 제출명령을 법원에 청구하여 입증할

금전을 함께 소비하는 등의 방법으로 부부공동재산을 유출시킨 것으로 보이는 점 등의 사정을 참작해 전업주부에게 돌아갈 재산분할의 비율을 바꾸어 높여 준 상급심 판례가 상당히 등장하고 있다(서울고등법원 2022르23237, 23244 판결, 대법원 심리불속행기각 ; 서울고등법원 2023. 2. 9. 선고 2022르21002 판결, 대법원 심리불속행 기각 ; "부정행위 기간 동안 상대방에게 상당한 규모의 재산을 이전하거나 함께 소비한 경우, 최소한 배우자와의 관계에서는 그러한 처분행위가 적법하다고 볼 수 없고 부부공동재산을 감소시킨 행위에 해당한다. 외도한 자가 그 상대방에게 경제적인 지원을 하는 관계가 형성됐고 그 당사자나 소송상대방인 배우자가 이에 대해 적극적으로 주장할 경우, 부정행위와 관련해 재산에 변동이 있다면 그 분할대상 재산의 범위와 분할비율 등의 산정과정에서 고려하는 것이 타당하다. 이 사정이 고려되면 재산분할 비율을 정함에 있어 부정행위자에게 상대적으로 불리하게 귀결될 수 있다"고 판시한 대법원 가사2부 2023. 6. 15. 판결).

〈설문〉 이혼 당사자가 제3자 자녀 명의로 해 준 재산도 분할 대상이 될 수 있는가? (자녀 또는 제3자 명의의 재산에 대한 분할)

[실제사례] 오랜 기간 결혼생활을 영위해 오던 노 부부 중에서 남편(갑)이 제3자와 첩 계약을 맺고 동거생활을 하게 되었다(본처에게는 딸만 있었고, 첩은 아들을 낳았음). 그런데 남편(갑)은 장차 본처와의 이혼 시 재산분할문제에 대비하여 본인이 아주 오래 전에 부모로부터 상속받았던 토지의 일부를 상당히 오래 전에 첩이 낳은 아들의 명의로 돌려놓았다. 그 이후 본처가 이혼소송을 제기하였고, 첩이 낳은 아들의 명의로 된 토지는 재산분할의 대상이 될 것인지가 문제되었다.

재산분할은 부부가 공동으로 기여한 재산의 분배이기 때문에 원칙상 부부의 일방 또는 쌍방의 명의로 되어 있는 재산이어야 할 것이다. 그러나 해당 재산의 형

수 있을 것임.

식적 명의와는 관계없이 실제로 부부의 협력으로 획득한 재산이라면 재산분할의 대상이 될 수 있다. 따라서 정식의 명의신탁 재산이라면 재산분할의 대상이 될 수 있는 것은 명확하다. 문제는 자녀 등 제3자에게 증여나 매매 등의 방법으로 명의를 변경한 경우에는 어떻게 되는가에 있다. 판단컨대, 이 경우에도 적어도 부부의 일방이 실질적으로 지배하고 있는 재산이라면 재산분할의 대상이 되어야 할 것이다(제3자 명의이므로 분할방법은 소유권 이전 이전의 상태라면 시장가액에 대한 분할이 되어야 할 것임). 다만 상기한 [실제사례]에서는 아주 오래 전에 부모로부터 상속받았던 토지의 일부를 상당히 오래 전에 첩이 낳은 아들의 명의로 돌려놓았기 때문에 실질적으로는 남편의 특유 재산으로 평가될 수 있을 것이다. 이 경우 이혼 및 재산분할을 청구한 아내의 입장에서는 그 특유재산의 유지 및 가치 증가에 기여한 바가 있다는 것을 입증하여 재산분할을 주장한다면 인용될 수 있을 것이다(오랜 결혼생활을 이어온 노인이라면 인용될 것임).

〈설문〉 제3자의 재산을 부부의 일방이 명의신탁 받은 경우라면 그 재산(부동산)은 부부 이혼 시 재산분할의 대상이 될 수 있는가? 명의신탁 관련의 세금문제는 어떻게 되는가?

그동안 1가구 2주택 중과를 피할 절세, 고위공직자의 재산누락, 자금추적의 회피, 회계처리(예컨대 회사가 재직 직원 명의로 한 경우) 등의 목적으로 부동산 명의신탁이 상당히 이루어지고 있다. 앞에서 설명한 바에 의하면 명의신탁 부동산은 실질적 소유자인 신탁자의 소유로 해석된다(그리고 부동산실명법에 의하면 부동산 명의신탁은 범죄 행위이기도 함). 따라서 부부의 일방이 제3자로부터 받은 명의신탁 부동산은—실질상 부부 아닌 제3자의 재산이므로—재산분할의 대상이 될 수 없는 것으로 해석될 수 있다. 그러나 명의신탁의 과세문제에 대한 다음의 판례태도에 의하면 수탁자(부부 중 한 명)가 오랫동안 재산세를 납부해 왔다면 재산분할의 대상으로 편입시킬 수도 있을 것이다(적어도 세금 및 유지 관리비 등의 지출부분).

[대법원 2020. 9. 3. 선고 2018다283773 판결의 태도] 지방세법 제107조 제1항에 따라 재산세 납세의무를 부담하는 '재산을 사실상 소유하고 있는 자'는 공부상 소유자로 등재된 여부를 불문하고 당해 토지나 재산에 대한 실질적인 소유권을 가진 자를 의미한다. 명의신탁자가 소유자로부터 부동산을 양수하면서 명의수탁자와 사이에 명의신탁약정을 하여 소유자로부터 바로 명의수탁자 명의로 해당 부동산의 소유권이전등기를 하는 3자간 등기명의신탁의 경우 명의신탁자의 매수인 지위는 일반 매매계약에서 매수인 지위와 근본적으로 다르지 않으므로, 명의신탁자가 부동산에 관한 매매계약을 체결하고 매매대금을 모두 지급하였다면 재산세 과세기준일 당시 그 부동산에 관한 소유권이전등기를 마치기 전이라도 해당 부동산에 대한 실질적인 소유권을 가진 자로서 특별한 사정이 없는 한 그 재산세를 납부할 의무가 있다.

과세관청이 3자간 등기명의신탁에 따라 해당 부동산의 공부상 소유자가 된 명의수탁자에게 재산세 부과처분을 하고 이에 따라 명의수탁자가 재산세를 납부하였더라도 명의수탁자가 명의신탁자 또는 그 상속인을 상대로 재산세 상당의 금액에 대한 부당이득반환청구권을 가진다고 보기는 어렵다. 그 상세한 이유는 다음과 같다 : ① 명의수탁자가 재산세를 납부하게 된 것은 명의수탁자가 해당 부동산에 관한 공부상 소유자로 등재되어 있어 명의수탁자에게 재산세가 부과되었기 때문이고, 명의수탁자가 자신에게 부과된 재산세를 납부하였다고 하여 명의신탁자가 재산세 납부의무를 면하는 이득을 얻게 되었다고 보기 어렵다. 명의신탁자는 여전히 해당 부동산에 대한 재산세 납부의무를 부담한다. ② 명의수탁자에 대한 재산세 부과처분은 특별한 사정이 없는 한 위법한 것으로 취소되지 않은 이상 유효한 처분이고, 과세관청이 명의수탁자에게 재산세를 부과하여 명의수탁자가 이를 납부한 것을 두고 민법 제741조에서 정한 '법률상 원인없이' 명의신탁자가 이익을 얻었거나 명의수탁자에게 손해가 발생한 경우라고 보기는 어렵다. ③ 명의수탁자는 항고소송으로 자신에게 부과된 재산세 부과처분의 위법을 주장하거나 관련 부동산의 소유권에 관한 판결이 확정됨을 안 날부터 일정 기간 이내에 지방세기본법 제50조 제2항 제1호의 후발적 사유에 의한 경정청구를 하는 등의 방법으로 납부한 재산세를 환급받을 수 있다. 따라서 명의수탁자가 위법한 재산세 부과처분을 다툴 수 없어(다투지 않아) 재산세 납부로 인한 손해가 발생하고 이를 회복할 수 없게 되었더라도 이러한 손해는 과세처분에 대한 불복기간이나 경정청구기간의 도과 등으로 인한 것이라고 볼 수 있다. 설령 과세관청이 명의신탁자에게 해당 부동산에 대한 재산세 부과처분을 하지 않게 됨으로써 결과적으로 명의신탁자가 재산세를 납부하지 않게 되는 이익을 얻게 되더라도 이것은 사실상 이익이나 반사적 이익에 불과할 뿐이다. 명의수탁자가 납부한 재산세의 반환이나 명의신탁자의 사실상 이익 발생의 문제는 명의수탁자와 과세관청, 과세관청과 명의신탁자 각각의 관계에서 해결되어야 할 문제이다. 명의수탁자와 과세관청 사이에서 해결되어야 할 문제에 대하여 명의수탁자에게 또 다른 구제수단을 부여하여야 할 필요성을 인정하기는 어렵다. ④ 명의수탁자의 명의신탁자에 대한 부당이득반환청구권을 인정하게 되면, 과세처분의 취소 여부에 따라 복잡한 문제가 발생할 수 있다. 명의수탁자가 명의신탁 부동산에 대한 재산세를 납부함으로써 명의신탁자에 대한 부당이득반환청구권을 가지게 된다고 볼 경우 이러한 사정이 명의수탁자가 과세관청을 상대로 과세처분의 취소를 구하는 항고소송을 진행하거나 후발적 사유에 의한 경정청구를 하는 것에 장애가 되지 않는다. 그렇다면 명의수탁자는 이중의 구제가 가능하게 된다.

〈설문〉 부부의 공동채무를 모두 처에게 귀속됨을 전제로 이를 재산 분할금에 〈가산하여〉 재산분할의 판결을 할 수 있는가?

[실제사례] 법원은 갑 녀의 재산분할 청구에 대하여, 상대방 을 남과 갑이 혼인생활 중 공동으로 형성하거나 부담한 재산 중 갑과 을이 갑의 친정으로부터 차용한

금 37,000,000원의 채무는 갑의 명의로 귀속시키고, 나머지 재산은 각 그 명의대로 귀속시키되 일방 당사자에게 귀속되는 재산액이 그 기여도에 미달하는 경우에는 그 부족분에 해당하는 가액을 타방 당사자가 금전으로 지급하여 청산하는 방법에 의하여 재산을 분할하기로 하여, 모두 을 명의로 된 적극재산의 가액에서 을과 갑이 부담한 소극재산을 뺀 순 재산 금 43,973,237원 중 갑의 기여도를 약 30%인 금 13,000,000원으로 보고 여기에 갑에게 귀속하게 되는 채무인 위 금 37,000,000원과 갑 명의로 당진농업협동조합으로부터 차용한 금 11,284,409원의 채무를 감안하면 을은 갑에게 재산 분할금으로 금 61,284,409원의 "증액" 지급함이 상당하다고 판시하였다.

공동채무를 처에게 귀속시킬 경우 남편이 그 채무를 면제받는다면 채무 귀속받은 처에게 재산분할 시 증액해 주는 것이 합당할 것이다. 문제는 공동채무를 처에게 귀속시킬 경우 법률적으로 남편이 그 채무를 실제로 면제받는가에 있다. 상기한 [실제사례] 및 〈설문〉에 대한 판례에 따르면 "재산분할에 관한 판결의 이유에서 부부의 공동채무를 처에게 귀속시킨다고 설시한 경우, 그 판결이 그대로 확정된다고 하더라도 그로써 위 채무 중 남편이 부담하여야 할 부분이 처에게 면책적으로 인수되는 법률적 효력이 발생한다고 볼 근거는 없으므로, 위 채무가 모두 처에게 귀속됨을 전제로 이를 재산 분할금에 가산하여 재산분할의 판결을 할 수는 없다"(대법원 1999. 11. 26. 선고 99므1596, 1602 판결).

Ⅳ. 5대 공적연금에 대한 분할청구(특히 특별법상 연금분할청구제도)

〈설문〉 이혼 시 퇴직연금에 대한 민법상 재산분할청구와 특별법상 연금분할청구 사이의 관계는 어떻게 되는가?

이혼 상대 배우자가 수급하는 연금에 대한 재산분할의 방법으로는 민법상 재산분할과 해당 연금 특별법에 의한 연금분할의 2가지 방식이 있다. 전술한 바와 같이 연금도 민법상 재산분할의 대상이 되기 때문에 협의이혼 또는 재판상 이혼 시에 연금에 대한 재산분할이 합의 내지 심판으로 결정될 수 있다(여기서 합의 내지 심판 결정된 연금분할 "액수"에 관한 것은 아래의 특별법상 연금분할청구에서도 그대로 인정됨). 이혼 시 연금에 대한 재산분할이 전혀 합의 내지 심판 결정되지 않았다면 추후 누락된 연금에 대한 민법상 재산분할의 심판 청구도 가능할 것이다. 그런데 실무에서는 이혼 시 연금에 대해서는 재산분할의 대상에 넣지 않고 아래에서 자세히 설명할 이혼 후 특별법에 의한 연금분할 청구제도가 활용되고 있다. 그리고 실무에서는 이혼 시 합의서 또는 조정조서에 서로 합의한 재산분할 내용 이외에 (명시적으로 추후 연금분할을 배제하기로 한다는 문구가 아니라 ; 이러한 명시적 문구가 있는 경우에는 추후 연금분할청구권 행사는 불가능할 것임) 단순히 '추가적으로 어떠한 재산 또는 위자료를 청구하지 않기로 한다'는 문구가 포함된 경우라 하더라도 추후 아래의 연금분할 청구권 행사는 허용된다(공단에 분할연금 수급권을 행사하지 않기로 하는 합의까지 있었다고 보기 어렵다고 판시한 서울행정법원 2018구합90671 판결). 반면에 이혼소송에서 연금 등에 대한 재산분할이 기각되었다면 이혼 배우자는 분할연금을 다시 청구할 수 없을 것이다(공무원연금공단을 상대로 낸 분할연금 일시금 지급처분 취소 청구소송에서 이혼소송 담당 가사법원이 해당 공무원의 자산보다 빚이 더 많다는 이유로 재산분할 없이 이혼하라고 판결했으므로 다시 분할연금 청구권을 행사하는

건 부당하다고 판시한 서울행정법원 행정5부 2023. 5. 선고 2023구합77511 판결).[71]

그리고 분할연금제도는 혼인 파탄사유나 기여 정도와 관계없이 배우자와 이혼한 사람의 노후 안정을 위해 일정액의 소득을 보장해 주는 것이며 분할 급여를 받을 권리는 양도·압류되거나 임의로 포기될 수 없다(노령연금에 대한 분할 수급권을 포기한다는 문서를 한 때 제출한 이혼 상대방에게 공단이 추후 포기 취소 및 연금청구에 따라 분할연금을 지급하자 연금 전부를 받고 있었던 이혼 배우자가 국민연금공단을 상대로 제기한 연금액 변경결정 취소소송에서 2014년 서울행정법원 행정11부가 이렇게 판시한 2014구합53629).[72]

〈설문〉 배우자가 수급할(또는 수급하고 있는) 연금에 대해 이혼 당사자가 특별법상 연금분할의 방식으로 청구가 가능한 것은? (5대 공적연금의 연금분할청구제도, 특히 선 청구제도의 유용성, 이혼 후 재혼한 경우)

(1) 관련 법률에 의한 제도 시행

소위 연금분할청구제도가 도입된 연금의 경우는 해당 특별법이 규정한 이혼에

---

71. [사실관계] B는 배우자 A를 상대로 이혼소송 및 재산분할 심판을 청구하였다. 이혼소송에서 B는 공무원 A의 재산인 퇴직급여와 저축금 등 분할대상재산의 절반에 해당하는 1,590만 원의 지급을 청구한 것이다. 가사법원은 A의 순재산이 −469만 원인 점, B가 이미 자신 몫을 초과하는 순재산을 보유한 점 등을 고려해 B의 재산분할 청구를 기각하였다. 그럼에도 B는 2022년 2월 공무원연금공단에 공무원 A의 퇴직연금 6,100만 원 중 일부를 조기 분할한 1,500만 원의 분할연금을 미리 청구하였다. 공단은 B의 청구를 받아들이고 A에게 통지하였다. A는 이혼소송 당시 법원이 B의 재산분할 청구를 기각한 점을 들며 공단의 처분에 불복해 이 사건 행정소송을 제기하였다. 이러한 사실관계에 대해 행정법원은 "명시적인 문구가 없더라도 법원은 퇴직연금을 분할한 금액인 분할연금도 공무원연금법에서 정한 비율과 달리 모두 A에게 귀속시키기로 한다는 점을 분명히 드러내었다고 봄이 타당하다"는 취지로 판시하였음.

72. 추가적으로 수급권 포기는 수급권 양도와 동일해서 무효이고, 아내가 수급권 포기 당시 해당 권리가 발효되는 년 령 이전이었고, 설령 수급권 사전 포기가 가능하다 해도 법률상 언제든지 철회할 수 있어 공단 처분은 적법하다고 판시하였음.

따른 연금 분할 방식으로 지급받을 수 있다.[73] 현재 5대 공적연금인 (i) 국민연금, (ii) 공무원연금, (iii) 사학연금, (iv) 군인연금, (v) 별정우체국직원연금에 대해서는 이혼 상대 배우자가 받을 해당 연금을 분할해서 받을 수 있는 소위 연금분할청구제도가 관련 법률에 의해 각각 도입되어 있다(이 제도가 도입되어 있지 않으면 다른 분할재산이 있는 경우에 한하여 연금분할청구 방식이 아닌 민법상 재산분할방식으로 받을 수 있을 뿐임). 그런데 그 도입의 시점이 연금별로 다소 다르다. 국민연금(국민연금법)의 경우는 2007년 7월에, 사학연금(사립학교교직원연금법), 공무원연금(공무원연금법) 및 별정우체국직원연금(별정우체국법)의 경우는 2016년 1월에, 군인연금(군인연금법)의 경우 가장 늦은 2020년 6월11일에 연금분할청구제도가 각각 도입 시행되고 있다.

그리고 뒤에서 서술할 요건충족의 연금분할청구가 이루어지면 별도의 합의 또는 판결이 없는 이상 상대방 배우자가 받을 해당연금 중에서[74] 혼인기간(별거, 가출 등의 실질적 혼인관계를 부정할 요소가 있는 기간은 혼인기간 계산에서 제외됨)에[75] 해당

73. 참고로, 이혼을 하지 않고 법률혼 상태인 경우에는 연금분할 형식은 불가능하고 생존 부부 사이의 부양료 청구의 형식으로 받을 수 있을 것임. 그리고 배우자가 사망하면 유족연금을 받을 수 있을 것임(사학 유족연금의 경우는 60%). 다만 유족이 다른 종류의 연금을 받으면 유족연금액수가 1/2로 감액되고(즉, 이 경우는 2 종류의 연금을 수령할 것임), 동종연금을 받을 경우는 선택이 가능한데 (i) 본인연금을 포기하고 사망 배우자 연금액수의 60%에 해당하는 유족연금만을 받거나, (ii) 본인연금을 계속 받기를 원하면 본인연금 액수에다가 유족연금 액수의 30%(결국 사망 배우자 연금액수의 18%)에 해당하는 금액을 가산하여 받을 수 있음(즉, 이 경우에는 양자 중에서 계산상 큰 금액을 선택할 것임)

74. 현재 정식 수령연령의 최대 5년 전까지에 대해서는 조기수령제도(조기퇴직연금제도)가 마련되어 있음. 이 경우에는 연금수령금액이 연차별로 누진 삭감됨(예컨대, 1년 단위로 5%, 최대치인 5년 전 조기퇴직의 경우는 25% 삭감). 그러나 조기수령연금에 대한 분할연금 청구는 수령연령 요건 미비로 허용되지 않을 것임.

75. [혼인기간에 관한 개정법(현행법)의 소급적용 문제] 헌법재판소는 2024. 5. 30. 재판관 전원일치의 의견으로 실질적인 혼인관계가 존재하지 아니한 기간을 제외하고 분할연금을 산정하도록 개정된 국민연금법 제64조 제1항, 제4항을 개정법 시행 후 최초로 분할연금 지급사유가 발생한 경우부터 적용하도록 규정한 국민연금법 부칙(2017. 12. 19. 법률 제15267호) 제2조가 헌법에 합치되지 아니한다는 헌법불합치 결정을 내렸다(헌재결 2024. 5. 30. 2019헌가29). 동시에 법원 기타 국가기관 및 지방자치단체는 입법자가 개정할 때까지 위 법률조항의 적용을 중지하여야 하고, 입법자는 2025. 12. 31.까지

하는 연금액수의 50%를 연금형태로 받을 수 있다(요건충족 후 수급 배우자가 재직 중 직무와 관련하여 형사처벌을 받아 연금 정지 또는 박탈이 되지 않는 이상 그가 추후 사망하여도 받을 수 있음). 그리고 법률혼 배우자뿐만 아니라 "진정한" 사실혼 배우자도 분할연금을 받을 수 있다. 더 나아가 이혼에 따른 분할연금의 수급자는 추후 재혼을 하더라도 계속 지급받을 수 있다(예컨대 2번 재혼하였다면 각자의 요건을 충족한 경우 2개의 분할연금도 받을 수 있을 것임). 분할연금은 전 배우자와의 혼인기간에 한정하여 자신이 기여한 몫을 받는 것이기 때문에 재혼 여부와 관계없는 것이기 때문이다. 참고로, (분할연금과는 다르게) 사망자의 법률혼 배우자이었던 자로서 받는 유족연금의 경우는 재혼을 하게 되면 받지 못한다.[76] 판례에 따르면 남편 사망 후 유족연금을 받고 있는 여성의 주민등록에 남성 동창이 동거인으로 등재되어 있다는 이유만으로 이들이 사실혼 관계에 있다고 보고 근로복지공단이 유족연금을 지급하지 않는 것은 부당하다(유족연금 부지급처분 취소소송에서 2014년 서울행정법원 행정7부가 이와 같이 판시한 2013구합60071).

(2) 분할연금청구의 요건

종국적으로 분할연금을 받아내기 위해서는 당연히 모든 청구 요건이 갖추어져야 한다[* 공무원(사학)연금에 대한 법 규정은 아래 참조]. 청구할 수 있는 기본 요건으로서 우선 해당 법률에서 일정 기간 이상의 부부 사이의 혼인기간과 수급 배우자의 재직기간(국민연금의 경우는 보험료 납부기간)이 요구된다(여기의 혼인기간도 실질적 혼인관계만 인정됨. 보통 혼인기간 중 5년 이상 재직이 요구됨).[77] 다음으로 배우자였던

위 법률조항을 개정하여야 한다고 판시하였다.

76. 참고로, 국민연금의 경우 "자녀"가 유족연금 수급자이면 25세가 될 때까지 계속 받을 수 있음(단, 법정 유족이 없을 때 더 넓은 유족에게 일시금으로 지급되는 소위 사망일시금보다 적을 경우는 차액보상이 됨).

77. 따라서 혼인기간과 재직기간이 적어도 각각 5년이 되어야 할 것이고, 혼인기간 중 재직기간의 병합요건도 충족되어야 할 것임.

사람이 해당 연금의 수급권자이어야 한다(여기에는 연금별로 일정 기간 이상의 재직기간, 그리고 연금을 실제로 지급받기 위한 연금수령 연령이 제시되기도 함. 그리고 수급권자가 될 때까지는 생존하여야 함).[78]

또한 분할연금 청구권의 행사기간에 대한 제한도 있는데, 정식의 연금분할청구는 모든 요건(특히 공무원 및 사학 연금의 경우 청구자의 법률상 65세 수령연령의 도달)을 갖추게 된 때부터 3년 이내에 청구하여야 한다. 배우자였던 사람이 연급수급자가 되고 본인도 수령연령에 도달하여야만 청구할 수 있는 이러한 행사기간은 황혼이혼을 하는 사람은 이용할 수 있겠지만, 젊은 나이에 이혼하는 사람에게는 여간 불편한 것이 아니다(수령연령까지 오랜 세월을 청구 기산점 도달 여부와 청구 기간 도과 여부를 노심초사 염려하면서 보내야 할 것임).

이러한 문제점을 해결하기 위하여 도입되어 있는 것이 〈"선 청구" 제도〉이다. 공무원 및 사학 연금의 경우 선 청구는 65세 연금 수령 연령 이전에 이혼한 사람이 이혼한 날로부터 3년 이내에 (연금관리공단 등에) 청구하면 되는 것이다(다만 함께 한 혼인기간 5년 이상의 기본요건은 갖추어야 할 것임).[79] 그 이후 상기한 요건이 모두 갖추어지는 시점에 선 청구해 놓은 사람은 자동적으로 분할연금을 지급받을 수 있는 것이다. 선 청구와 정식 청구의 양자의 행사기간을 모두 놓친 경우에는 분할연금청구권 자체가 실효된다.

참고로, 연금 이외에 퇴직수당도 있는데, 혼인기간 동안 적립된 금액에 대해서는 당연히 민법상 재산분할의 대상 내지 다른 재산분할 시 고려대상으로 삼을 수 있고, 그 기간 외의 퇴직수당은 배우자의 특유재산으로서 원칙상 재산분할의 대상이 되지 않지만 그 보존 유지에 공헌한 바가 있다면 예외적으로 재산분할을 받을

---

78. 공무원연금, 사학연금의 경우 재직기간(* 국민연금의 경우는 납부기간)은 10년 이상임(현행법 상 수령연령은 65세. 그러나 **2033년까지 부칙에 경과 조치되어 있음**). **노령 국민연금의 경우는 수령나이가 2023부터 만 63세임(58 ~ 62세 사이의 조기노령연금과 68세까지의 연기연금 제도도 시행됨)**. 군인연금의 경우는 재직기간 요건이 20년으로 길고 수령연령 제한은 없음.

79. 수령연령의 제한이 없는 군인연금의 경우는 이혼 후 5년의 선 청구기간과 모든 요건 충족 후 5년의 정식 청구기간으로 구성되어 있음.

수 있을 것이다.

[사학연금에도 준용되는 공무원연금법상 분할연금청구제도의 내용]

(1) 공무원 연금법 제45조(분할연금 수급권자 등) ① 혼인기간(배우자가 공무원으로서 재직한 기간 중의 혼인기간으로서 별거, 가출 등의 사유로 인하여 실질적인 혼인관계가 존재하지 않았던 기간을 제외한 기간을 말한다. 이하 같다)이 5년 이상인 사람이 다음 각 호의 요건을 모두 갖추면 그 때부터 그가 생존하는 동안 배우자였던 사람의 퇴직연금 또는 조기퇴직연금을 분할한 일정한 금액의 연금(이하 "분할연금"이라 한다)을 받을 수 있다 ; (1) 배우자와 이혼하였을 것 (2) 배우자였던 사람이 퇴직연금 또는 조기퇴직연금 수급권자일 것[80] (3) 65세가 되었을 것 ② 〈분할연금액〉은 배우자였던 사람의 퇴직연금액 또는 조기퇴직연금액 중 혼인기간에 해당하는 연금액을 균등하게 나눈 금액으로 한다. ③ 분할연금은 제1항 각 호의 요건을 모두 갖추게 된 때부터 3년 이내에 청구하여야 한다. ④ 제1항부터 제3항까지의 규정에 따른 분할연금의 청구, 혼인기간의 인정기준 및 방법 등에 필요한 사항은 대통령령으로 정한다.

(2) 제46조(분할연금 지급의 특례) 제45조 제2항에도 불구하고 "민법" 제839조의 2 또는 제843조에 따라 연금분할이 별도로 결정된 경우에는 그에 따른다.[81]

(3) 제47조(분할연금과 퇴직연금 등과의 관계) ① 제45조 제1항에 따른 분할연금 수

---

80. 공무원연금법 제43조(퇴직연금 또는 퇴직연금일시금 등) ① 공무원이 10년 이상 재직하고 퇴직한 경우에는 다음 각 호의 어느 하나에 해당하는 때부터 사망할 때까지 퇴직연금을 지급한다. : (1) 65세가 되는 때(종래는 60세이었다가 점차 높이고 있음. 2033년까지는 경과규정이 적용됨) [이하 생략]

81. 2018년 전면 개정된 본 법률의 이 조항은 '분할연금액은 혼인기간에 해당하는 연금액을 균등하게 나눈 금액'이라고 정한 공무원연금법 제45조 제2항의 예외를 정한 것뿐이기 때문에 이를 제외한 나머지 요건은 모두 갖추어져야 할 것임(참고로, 2017년 서울행정법원 행정5부는 구법 시행 당시 분할연금 지급 특례규정이었던 제 46 조의 4는 제 46 조의 3 전체 규정에 대한 예외규정으로 봐, 협의나 재판상 이혼으로 연금분할 비율이 별도로 결정된 경우 청구자 연령 도달 등 기타 요건을 충족하지 않더라도 분할연금을 신청할 수 있다고 해석하는 것이 타당하다고 판시한 적이 있었음 ; 공무원연금공단을 상대로 낸 분할연금 지급불가처분 취소소송 2017구합63825).

급권은 그 수급권을 취득한 후에 배우자였던 사람에게 생긴 사유로 퇴직연금 또는 조기퇴직연금의 수급권이 소멸·정지되어도 영향을 받지 아니한다. 다만, 형벌 등에 따른 사유로 배우자였던 사람의 퇴직연금액 또는 조기퇴직연금액이 감액되거나 지급이 정지된 경우에는 제65조를 준용한다. ② 수급권자에게 둘 이상의 분할연금 수급권이 생기면 둘 이상의 분할연금액을 합하여 지급한다. ③ 분할연금 수급권자는 제54조에 따른 퇴직유족연금을 지급할 때 퇴직연금 또는 조기퇴직연금 수급권자로 보지 아니한다. ④ 분할연금 수급권자에게 퇴직연금 또는 조기퇴직연금 수급권이 발생한 경우에는 분할연금액과 퇴직연금액 또는 조기퇴직연금액을 합하여 지급한다. ⑤ 분할연금 수급권이 소멸된 경우에는 그 사유가 발생한 날이 속하는 달의 다음 달부터 배우자였던 사람에게 분할되기 전의 금액을 지급한다. ⑥ 분할연금 수급권자와 그 배우자였던 사람이 모두 퇴직연금 또는 조기퇴직연금 수급권자인 경우에는 당사자들의 합의에 따라 각각의 분할연금을 지급하지 아니할 수 있다.

(4) 제48조(분할연금 청구의 특례 등) ① 제45조 제3항에도 불구하고 제45조 제1항 제3호의 연령에 도달하기 전에 이혼하는 경우에는 이혼의 효력이 발생하는 때부터 분할연금을 미리 청구할 수 있다. ② 제1항에 따라 분할연금을 미리 청구(이하 "분할연금 선청구"라 한다)한 때에는 제45조 제3항에 따른 청구를 한 것으로 본다. 다만, 분할연금 선청구를 하고 제3항에 따른 선청구의 취소를 하지 아니한 경우만 해당한다. ③ 분할연금 선청구는 이혼의 효력이 발생하는 때부터 3년 이내에 하여야 하며, 제45조 제1항 제3호의 연령에 도달하기 전에 분할연금 선청구를 취소할 수 있다. 이 경우 분할연금 선청구 및 선청구의 취소는 각각 1회로 한정한다. ④ 분할연금을 선청구한 경우에도 제45조 제1항 각 호의 요건을 모두 갖추게 된 때에 분할연금을 지급한다. ⑤ 제1항부터 제3항까지의 규정에 따른 분할연금 선청구와 그 취소의 방법 및 절차 등에 필요한 사항은 대통령령으로 정한다.

(5) 부칙 제4조(분할연금 지급 및 선청구 등에 관한 적용례) ① 제45조부터 제48조까

지의 개정규정(제45조 제1항·제4항의 개정규정에 따른 혼인기간 인정기준은 제외한다)은 2016년 1월 1일 이후에 이혼한 사람부터 적용한다. 이 경우 분할연금액 지급 대상 혼인기간에는 2016년 1월 1일 전에 배우자 또는 배우자였던 사람이 공무원으로서 재직한 기간 중의 혼인기간을 포함한다. ② 제45조 제1항 제1호 및 제2호의 개정규정의 요건에 해당한 사람으로서 다음 각 호에서 정한 연도별로 정한 연령에 도달한 경우에는 제45조 제1항 제3호의 개정규정에도 불구하고 분할연금을 받을 수 있다. : (1) 2016년부터 2021년까지 : 60세 (2) 2022년부터 2023년까지 : 61세 (3) 2024년부터 2026년까지 : 62세 (4) 2027년부터 2029년까지 : 63세 (5) 2030년부터 2032년까지 : 64세 ③ 제49조의 개정규정은 2016년 1월 1일 이후부터 이 법 시행일 전까지 이혼한 사람이 이 법 시행 후 퇴직연금일시금·퇴직연금공제일시금·퇴직일시금의 분할 지급 및 선청구를 하는 경우에도 적용한다. 이 경우 분할대상 혼인기간에는 이 법 시행 전에 배우자 또는 배우자였던 사람이 공무원으로서 재직한 기간 중의 혼인기간을 포함한다.

〈설문〉 이미 상대방 배우자 을과 이혼하면서 재산분할을 상당히 많이 받은 갑이 그 이후 을의 국민연금 중 일부를 나누어 달라는 신청을 국민연금공단에 한 경우 국민연금에 대한 분할이 추가적으로 이루어질 것인가?

상기한 바와 같이 국민연금법도 이혼에 따른 연금 분할청구 제도를 규정하고 있다. 국민연금법에 따른 급여 중 노령연금에 관하여는 일정한 요건 하에 이혼한 배우자를 분할연금의 수급권자로 인정하여 혼인기간에 해당하는 연금액을 균등하게 나눈 금액을 지급받도록 규정하고 있는 것이다(국민연금법 제64조). 실질적 혼인기간 중 형성된 연금이 분할 대상이고, 그 절반을 달라고 청구할 수 있다. 만약 혼인 기간이 30년 정도라면 연금 대부분이 혼인기간 중 형성되었을 것으로 보인다.

그렇다면 연금 절반을 이혼한 전 배우자가 받게 될 것으로 보인다. 이미 다른 재산을 분할대상으로 하여 재산분할을 많이 해 주었더라도 분할 연금은 국민연금법에서 정한 제도이므로 전 배우자에게 주지 않을 방법은 없다(이혼한 배우자가 재혼하여도 마찬가지. 그러나 상기한 바와 같이 이혼심판절차에서 연금을 포함한 재산분할 청구가 기각된 경우의 불인정 판례가 있음).[82] 다만 국민연금법은 분할 연금에 대해 양측 합의를 인정한다. 이혼하면서 분할 연금은 청구하지 않기로 합의하거나, 분할 비율을 합의할 수도 있다. 이런 합의를 할 때 주의해야 할 사항은 "향후 분할 연금을 청구하지 않기로 한다"고 내용으로 명확하게 문서작성을 하여야 한다. 단지 "향후 재산분할을 청구하지 않기로 한다"는 합의문서에는 분할 연금은 포함되지 않는다는 것이 판례의 태도이다.

〈설문〉 다른 법률에 의해 특별히 분할 청구 제도가 도입되어 있는 퇴직연금과는 달리 퇴직금과 명예퇴직금은 이혼 시 민법상 재산분할에서의 분할대상 재산이 될 수 있는가?[83] (퇴직금의 경우는 장래 퇴직금도 가능, 그러나 명예퇴직금은 이미 수령한 것에 대해서 한정적으로만 가능)

이혼 당시에 이미 수령한 퇴직금은 당연히 재산분할의 대상이 될 수 있다(대법원 1995. 5. 23. 선고 94므1713, 1720 판결 ; 대법원 1995. 3. 28. 선고 94므1584 판결), 문제는 이혼 상대 배우자가 아직 재직 중인 경우 장래 받을 그의 퇴직금을 재산분

---

82. 부산가법 2011. 6. 23., 선고, 2008드합866, 판결 : 국가유공자 등 예우 및 지원에 관한 법률 제19조에 의하면 위 보상금(**국가유공자 보상금**)을 받을 권리는 양도, 압류 및 담보 제공이 금지된 권리로 특유재산이라고 할 것이므로 재산분할대상에 포함되지 아니한다.

83. 관련 글로는 조수진, 「퇴직금, 퇴직연금이 재산분할 대상이 되는지에 관하여」, 『가정법원 50주년 기념논문집』, 서울가정법원, 2014 ; 현소혜, 「장래의 퇴직급여와 재산분할」, 『법학논총 특집호 : 학술상 수상논문집 1회~7회』, 조선대학교 법학연구소, 2018 ; 홍남희, 「이혼 시 퇴직금과 연금의 분할 문제에 대한 고찰 : 대법원 2014.7.16. 선고 2013므2250 및 2012므2888 전원합의체 판결을 중심으로」, 『법학논고 제49집』, 경북대학교 출판부, 2015.

할의 대상으로 주장할 수 있는가에 있다. 판례에 따르면 "이혼 당시 부부 일방이 아직 재직 중이어서 실제 퇴직급여를 수령하지 않았더라도 이혼소송의 사실심 변론종결 시에 이미 잠재적으로 존재하여 그 경제적 가치의 현실적 평가가 가능한 재산인 퇴직급여채권도 재산분할의 대상에 포함시킬 수 있고 사실심 변론 종결 시를 기준으로 그 시점에 퇴직할 경우 수령할 수 있을 것으로 예상되는 퇴직급여 상당액의 채권이 그 대상이 된다"(대법원 2014. 7. 16. 선고 2013므2250 판결).

다음으로 명예퇴직금의 경우는 장차 받지 못하게 되는 근로소득 상실과 새로운 직업을 얻기 위한 비용지출에 대한 위로금이라는 점에서는 특유재산으로 볼 여지도 있지만 근속연수에 따라 위로금액이 달라지는 점에서는 과거 근로에 대한 대가적 성격도 있기 때문에 재산분할의 대상이 될 여지도 있는 것이다. 이에 대해 판례는 이혼소송 사실심 변론종결 시 이미 수령하였고, 상대방 배우자가 근속요건에 협력하였다고 인정되는 경우(기여 정도와 정년기간까지 남은 기간 등을 고려하여 결정)에는 명예퇴직금 전부를 재산분할의 대상이 되는 것으로 보고 있다(갑이 을과 혼인 후 병 회사에 입사하여 28년간 근무하다가 이혼소송의 제1심 변론종결일 전 퇴사를 하고 명예퇴직금 명목의 돈을 수령한 사안에서, 갑이 명예퇴직에 이르기까지 병 회사에서 근무할 수 있도록 을의 내조가 기여하였다고 보아야 하므로, 명예퇴직금 명목의 돈도 분할대상 재산에 포함되어야 한다고 판시한 대법원 2011. 7. 14. 선고 2009므2628, 2635 판결).

〈설문〉 공무원 연금수급권에 한정된 재산분할의 방법도 허용될 것인가? (전합 판례에 따라 개별적 재산분할이 가능함)

상기한 바와 같이 공무원연금의 경우 공무원연금법에 의한 이혼에 따른 연금분할 방식(이혼에 따른 연금분할청구제도)으로 재산분할이 개별적으로 이루어 질 수 있다. 이 제도를 이용하지 않을 경우에는 당연히 민법상 재산분할의 문제가 대두될 것이다. 부부 중 일방이 공무원 〈퇴직연금〉을 실제로 수령하고 있는 경우에, 위

공무원 퇴직연금에는 사회보장적 급여로서의 성격 외에 임금의 후불적 성격이 불가분적으로 혼재되어 있으므로, 혼인기간 중의 근무에 대하여 상대방 배우자의 협력이 인정되는 이상 공무원 퇴직연금수급권 중 적어도 그 기간에 해당하는 부분은 부부 쌍방의 협력으로 이룩한 재산으로 볼 수 있다. 따라서 재산분할제도의 취지에 비추어 허용될 수 없는 경우가 아니라면, 이미 발생한 공무원 퇴직연금수급권도 부동산 등과 마찬가지로 재산분할의 대상에 포함될 수 있다고 봄이 상당하다.[84] 그런데 종전의 판례에 따르면 공무원 퇴직연금은 수급권자의 사망으로 그 지급이 종료되는데 수급권자의 여명을 확정할 수 없으므로 그 자체를 재산분할의 대상으로 할 수 없고, 다만 이를 분할액수와 방법을 정함에 있어서 참작되는 '기타의 사정'으로 삼는 것으로 족하였다(대법원 1997. 3. 14. 선고 96므1533, 1540 판결 등). 그러나 전원합의체 판례에 따르면 이미 발생한 공무원 퇴직연금수급권도 재산분할의 대상에 포함될 수 있고, 구체적으로는 연금수급권자인 배우자가 매월 수령할 퇴직연금액 중 일정 비율에 해당하는 금액을 상대방 배우자에게 정기적으로 지급하는 방식의 재산분할도 가능하다(대법원 2014. 7. 16. 선고 2012므2888 전원합의체 판결 ; 부부 일방이 퇴직하여 이미 공무원 퇴직연금을 수령하고 있는 경우, 비록 그의 여명을 확정할 수 없더라도 그가 가진 공무원 퇴직연금수급권은 부부 쌍방의 협력으로 이룩한 재산에 해당하므로 재산분할의 대상이 될 수 있고, 구체적으로는 그가 매월 수령하는 연금액 중 일정 비율에 해당하는 금액을 상대방에게 정기적으로 지급하는 방식의 재산분할도 가능하다고 하여 이에 반하는 기존 대법원 판례를 변경하였음. 위와 같이 공무원 퇴직연금수급권에 대한 재산분할을 하는 경우, 가액을 특정할 수 없는 공무원 퇴직연금수급권의 특성 등을 고려하여 공무원 퇴직연금수급권과 일반재산을 구분하여 개별적으로 분할비율을 정할 수 있음을 밝혔음).

---

84. 서울가법 2011. 8. 25. 선고, 2010드합10979, 10986, 판결 : 〈공무원연금 중 퇴직연금〉과는 달리 **〈공무원연금 중 재해연금〉**은 피고가 공무상 재해를 입어 재해연금을 지급받게 된 것에 관한 배우자의 기여도를 인정할 수 없으므로 재산분할 대상에서 제외하는 것이 타당하다.

V. 재산분할 관련 채권자 취소권과 채권자 대위권(특히 회생과 파산 사례)

부당한 재산분할과 관련한 채권자 취소권과 대위권에 대한 특수문제(세금문제 포함)에 대해서는 이미 제2장 실체법 편 [§ 7]에서 상세히 서술한 바가 있다. 다음으로 절차법적 관점에서 다시 〈설문〉을 통해 그 핵심 내용을 설명하기로 한다.

〈설문〉 상대방 배우자(A)로부터 이혼소송을 당한 사람(갑)이 이혼소송 전후에 앞으로 닥칠 재산분할을 유리하게 하기 위하여 그의 재산을 제3자에게 빼돌리려 하거나 이미 빼돌렸다면 갑의 채권자 또는 A는 어떻게 조치하여야 하는가? 협의이혼의 당사자인 갑이 자신 명의의 재산을 이혼 상대방(A)에게 재산분할로 모두 이전시켰다면 갑의 채권자는 어떻게 조치하여야 하는가? (제3자에로의 처분행위와 배우자에로의 재산분할 사이의 차이, 재산분할 청구자와 일반 채권자 사이의 차이)

(1) (부당한) 제3자에로의 처분행위

이혼 및 재산분할 소송을 당한 사람(갑)이 재산분할을 면하거나 적게 해 줄 목적으로 이혼소송 전후에 자신의 명의로 되어 있는 부동산, 주식, 보험, 예금 등을 처분, 이를 담보로 한 대출, 처분에 필요한 가등기 등을 하는 방법으로 재산을 빼돌리려고 하거나 이미 빼돌렸을 수도 있을 것이다. 이 경우 아직 처분하기 이전이라면 그의 채권자는 채무자 재산에 대해 가압류나 가처분과 같은 보전처분을 할 수 있다. 다음으로 이미 빼돌린 경우에는 우선 형법상 강제집행면탈죄의 성립이 문제될 수 있다. 강제집행면탈죄는 강제집행을 면할 목적으로 재산을 은닉·손괴·허위양도 또는 허위의 채무를 부담하여 채권자를 해함으로써 성립하는 범죄이다(형법 제327조). 행위가 양도인 경우는 '허위'이어야 하기 때문에 정식의 매매대금을 수수하면서 진의에 의하여 재산을 양도하였다면 설령 그것이 강제집행을 면탈할 목적으로 이루어진 것으로서 채권자의 불이익을 초래하는 결과가 되었다고 하더라도 여기의 허위양도에는 해당하지 아니한다(대판 2000. 9. 8., 2000도1447 ; 대판 1998. 9. 8, 98도1949). 허위의 채무부담이란 채무가 없음에도 불구하고 제3자에게 채무를 부담하는 것처럼 가장하는 것을 의미한다. 따라서 이혼 시 재산분할을 면하기 위하여 매매, 담보설정, 증여, 가등기설정 등과 같은 처분행위가 제3자와의 통정한 허위행위라면 본 죄가 성립할 수 있을 것이다. 만약 강제집행면탈죄가 성립한다면 그 효력은 강력할 것이다. 채권자 또는 이혼소송을 제기한 상대방 배우자(A)는 갑을 강제집행면탈죄로 형사 고소할 수 있을 것이고, 갑은 형사처벌(3년 이하의 징역 또는 3천만 원 이하의 벌금)이 두렵다면 빼돌린 재산을 스스로 원상회복시켜 처벌불원서(합의서)를 받으려고 노력할 것이다. 그러나 이러한 노력 없이 버티다가 강제집행면탈죄의 유죄판결이 확정되면 민사적으로 빼돌린 재산은 통정허위표시 내지 사회질서에 반하는 행위로서[85] 당연 무효가 될 수 있을 것이다. 그렇다면 채권자는 "채권자 대위권(민법 제404조)"을 행사하여 제3자 명의의 해당 재산을 갑 명의로 원상회복시킬 수 있을 것이다.

그리고 갑이 민법상 사해행위에 해당하는 제3자에로의 재산처분을 한 경우라면 "일반 채권자"가 일정한 요건 하에서 그 사해행위를 취소하여 원상회복시킬 수 있는 채권자 사해행위취소권을 행사할 수도 있을 것이다(민법 제406조 제1항).

그리고 이혼및재산분할 소송을 제기한 배우자(A)의 입장에서는 민법 제839조의 3이 특별히 규정하고 있는 재산분할청구권 보전을 위한 사해행위취소권을 행사하는 것이 바람직할 것이다.[86] 민법 제839조의 3은 이혼 시 재산분할청구권을 침

---

85. 민법 제103조(반사회질서의 법률행위) 선량한 풍속 기타 사회질서에 위반한 사항을 내용으로 하는 법률행위는 무효로 한다. 민법 제108조(통정한 허위의 의사표시) ① 상대방과 통정한 허위의 의사표시는 무효로 한다.

86. 민법 제839조의 3(재산분할청구권 보전을 위한 사해행위취소권) ① 부부의 일방이 다른 일방의 재산분할청구권 행사를 해함을 알면서도 재산권을 목적으로 하는 법률행위를 한 때에는 다른 일방은 제406조 제1항을 준용하여 그 취소 및 원상회복을 가정법원에 청구할 수 있다. ② 제1항의 소는

해하는 사해행위를 한 배우자의 "상대 배우자"도 "민법"의 채권자 취소권에 관한 조항을 준용해서 그 사해행위의 취소 및 원상회복을 가정법원에 청구할 수 있도록 규정한 것이다. 이 방법도 이혼소송 및 재산분할을 청구한 측의 입장에서는 매우 효과적이라 할 것이다. 유의할 것은 배우자 일방에 의한 사해행위취소소송은 그 취소원인을 안 날부터 1년, 법률행위가 있은 날로부터 5년 이내에 제기하여야 한다(민법 제406조 제2항, 제839조의 3 제2항).

(2) (부당한) 배우자에로의 재산분할

협의이혼의 당사자는 재산분할에 대해 서로 합의하고 합의에 상응하여 조치되었다면 양자 사이에는 재산분할 그 자체에 대해서는 별다른 법률문제가 발생할 여지가 없다. 그런데 협의이혼을 하면서 채무자가 자기명의의 재산을 배우자에게 재산분할로 넘긴 경우에는 일반 채권자의 입장에서는 필요하다면 채무자의 사해행위에 대해 채권자취소권을 행사할 수 있을 것이다. 다만 배우자에로의 재산분할이 사해행위의 요건을 갖추었고 상당성을 초과할 정도로 과도하게 이루어졌음을 채권자 측에서 입증하여야[87] 채권자 취소권에 의한 재산환수가 가능할 것이다(취소대상이라 하더라도 상당성 초과 부분에 한하여 환수가 가능할 뿐이라는 대법원 2001. 5. 8. 선고 2000다58804 판결).[88]

제406조 제2항의 기간 내에 제기하여야 한다.

87. 참고로, 채무자가 (이혼 배우자 아닌) 제3자에게 재산을 처분하였을 때에는 채권자 측은 채무자의 사해행위에 대한 요건 충족만을 입증하면 되는 것과 차이가 있음.

88. 재산분할의 과도성에 대한 추가 입증까지 요구되기 때문에 이혼 시 배우자 분할재산에 대한 채권자 취소권 행사는 실무에서 잘 이루어지지 않음.

〈설문〉 이혼에 따른 재산분할이 아직 안 된 상태의 분할대상 재산에 대해 재산분할청구권자에 해당하는 이혼 당사자 일방의 채권자는 채권자대위권을 행사할 수 있는가?

[실제사례] A(여)와 B는 협의이혼을 하였다. A는 C회사 직원으로 일하던 중 자금을 횡령하였고 이를 안 회사는 A를 상대로 손해배상소송을 제기하여 'A는 회사에 2억원을 지급하라'는 승소판결을 받았다. C회사는 A에게 승소판결에 따른 채권이 있으니 A가 B에게 행사할 재산분할청구권을 대위해 행사할 수 있다고 주장하며 재산분할대상인 부동산의 지분을 달라고 소송을 제기하였다.

상기한 〈설문〉 및 [실제사례]에 대해 2015년 공주지원 가사단독은 "민법 제404조 제1항은 '채권자는 자기의 채권을 보전하기 위하여 채무자의 권리를 행사할 수 있다. 그러나 일신에 전속한 권리는 그러하지 아니하다'고 규정하고 있는데, 재산분할 심판은 부부 중 일방이 다른 일방을 상대방으로 해 청구하여야 하는 일신전속권으로 보아야 한다. 일신전속권은 권리주체만이 행사할 수 있으며 타인에게 양도되지 않는 권리를 말한다. 따라서 부부 중 일방의 채권자는 재산분할청구권이 협의 또는 심판에 의해 구체적인 금전채권으로 변경된 이후에야 다른 일방을 상대로 채권자 대위권을 행사할 수 있다. 채권자가 이혼한 부부 중 일방에게 채권을 가지고 있더라도 아직 분할되지 않은 부부 공동재산에 대해 채권자 대위를 행사해 돈을 받아낼 수는 없다"는 취지로 C회사의 청구를 기각하였다(지분에 상응하는 소유권이전등기 청구소송인 2015드단3426).

〈설문〉 개인파산을 신청한 채무자가 이혼 시 재산분할청구권을 행사하지 않은 것을 알게 된 채권자는 채권자 대위권을 행사하여 이혼 배우자 명의의 재산에 대한 환수(또는 파산관재인은 전 배우자 명의 재산의 1/2 환가 요구)를 할 수 있겠는가? (부부별산제 하에서는 원칙상 불가능)

개인회생과 개인파산에 대해서는 '채무자 회생 및 파산에 관한 법률'이 규율하고 있다. 개인회생제도는 채무자에게 일정한 수입이 있는 것을 전제로 채무자가 원칙적으로 3년간(일부의 경우 5년) 원금의 일부를 변제하면 나머지를 면책 받을 수 있는 제도이다(따라서 개인회생에서는 채무자가 변제하여야 할 변제금액이 남은 채무자 재산의 청산가치보다 반드시 커야 함). 개인회생절차는 재정적 어려움으로 파탄에 직면한 개인채무자 중 장래에 계속적으로 또는 반복해 수입을 얻을 가능성이 있는 사람의 채권자 등 이해관계인의 법률관계를 조정해 채무자의 효율적 회생과 채권자의 이익을 도모하기 위해 마련된 절차다.

이에 비하여 개인파산은 채무자가 자신의 재산으로 모든 채무를 변제할 수 없는 상태에 빠진 경우 그 채무의 정리를 위해 스스로 파산신청을 하는 경우를 말한다. 이 경우 법원에 의해 파산관재인(* 개인회생의 경우는 회생위원)이 선임되어 채무자의 재산을 조사한 이후 종국적으로 파산절차를 통해 변제되지 않고 남은 채무에 대한 채무자의 변제 책임을 파산법원의 재판에 따라 면제시키는 면책결정을 하게 된다. 면책을 받은 채무자는 파산절차에 의한 배당을 제외하고는 파산채권자에 대한 채무의 전부에 관해 그 책임이 면제된다. 파산선고를 받은 채무자는 파산선고 후 재산에 관해 법률행위를 할 수 없다. 파산선고를 받고 복권되지 않은 사람은 공·사법상의 자격 제한도 받게 된다.

그런데 실무상 채무자의 개인회생 및 개인파산 신청 시 배우자 재산의 환수 내지 환가 여부가 상당히 문제된다.[89] 이론적으로는 채무자가 기여한 바가 없는 배우

89. 만약 배우자 재산의 환가가 결정되면 개인회생의 경우에는 그 액수만큼 채무자가 갚아 나가야 할 채

자의 고유재산(특유재산)은 채무자의 재산으로 환수 내지 환가될 수 없다. 그러나 채무자가 배우자의 재산형성에 기여한 경우에는 1/2 정도의 재산 환수 내지 환가가 이루어질 수 있다. 그런데 실무 현실에서는 서울회생법원, 부산회생법원, 수원회생법원과 같이 배우자 재산의 환수 내지 환가를 원칙적으로 금지시키는 실무준칙을 내린 법원도 있지만, 그렇지 않고 오히려 배우자 재산의 1/2 환수 내지 환가를 원칙으로 시행하는 법원도 있다. 전자의 법원에서는 배우자 재산의 환수 내지 환가가 "예외적으로만" 다투어 질 것이고(따라서 후자 법원에 비하여 전자의 법원에서는 배우자 재산의 환가 없이 채무자를 위한 파산 면책 결정까지 상대적으로 쉽게 도달될 수 있음), 후자의 법원에서는 채무자 측이 배우자의 재산형성에 본인이 기여한 바가 없음을 입증(성공)하려고 노력하여야 할 것이다. 여하튼 실무에서는 배우자 재산의 형성에 채무자 기여가 있었다고 판단되는 경우에는 파산관재인 내지 회생위원은 배우자 재산이 채무자에 의해 명의 신탁된 것이라는 주장, 의도적으로 배우자 명의로 빼돌린 재산이라는 소위 부인권 행사를 하게 된다.[90] 부인권 행사 대상이 되는

무액수(청산가치)가 더 증가하는 것이고, 개인파산의 경우에는 그 액수만큼 채무자가 법원에 납입하여야 면책결정이 내려질 수 있을 것이다.

90. 채무자 회생 및 파산에 관한 법률 제391조(부인할 수 있는 행위) 파산관재인은 파산재단을 위하여 다음 각호의 어느 하나에 해당하는 행위를 부인할 수 있다 : (1) 채무자가 파산채권자를 해하는 것을 알고 한 행위. 다만, 이로 인하여 이익을 받은 자가 그 행위 당시 파산채권자를 해하게 되는 사실을 알지 못한 경우에는 그러하지 아니하다. (2) 채무자가 지급정지 또는 파산신청이 있은 후에 한 파산채권자를 해하는 행위와 담보의 제공 또는 채무소멸에 관한 행위. 다만, 이로 인하여 이익을 받은 자가 그 행위 당시 지급정지 또는 파산신청이 있은 것을 알고 있은 때에 한한다. (3) 채무자가 지급정지나 파산신청이 있은 후 또는 그 전 60일 이내에 한 담보의 제공 또는 채무소멸에 관한 행위로서 채무자의 의무에 속하지 아니하거나 그 방법 또는 시기가 채무자의 의무에 속하지 아니하는 것. 다만, 채권자가 그 행위 당시 지급정지나 파산신청이 있은 것 또는 파산채권자를 해하게 되는 사실을 알지 못한 경우를 제외한다. (4) 채무자가 지급정지 또는 파산신청이 있은 후 또는 그 전 6월 이내에 한 무상행위 및 이와 동일시할 수 있는 유상행위

제392조(특수관계인을 상대방으로 한 행위에 대한 특칙) ① 제391조 제2호 단서의 규정을 적용하는 경우 이익을 받는 자가 채무자와 대통령령이 정하는 범위의 특수관계에 있는 자(이하 이 조에서 "특수관계인"이라 한다)인 때에는 그 특수관계인이 행위 당시 지급정지 또는 파산신청이 있은 것을 알고 있었던 것으로 추정한다. (이하 조항은 생략)

배우자 재산의 환수 내지 환가가 없으면 파산절차종결 및 면책결정 등이 이루어질 수 없게 된다(실무에서는 개인회생 내지 개인파산을 성사시키기 위해 채무자 측은 1/2보다 상당히 낮은 액수의 환가에 합의하기도 함). 문제는 채무자가 이혼 시 상대 배우자 명의 재산에 대해 재산분할청구권을 행사하지 않은 것을 이유로 파산관재인이 전 배우자 재산의 환수 내지 환가를 요구할 경우 어떻게 될 것인가에 있다.

상기한 〈설문〉에 대한 판례에 따르면 "이혼으로 인한 재산분할청구권은 이혼을 한 당사자의 일방이 다른 일방에 대하여 재산분할을 청구할 수 있는 권리로서 청구인의 재산에 영향을 미치지만, 순전한 재산법적 행위와 같이 볼 수는 없다. 오히려 이혼을 한 경우 당사자는 배우자, 자녀 등과의 관계 등을 종합적으로 고려하여 재산분할청구권 행사 여부를 결정하게 되고, 법원은 청산적 요소뿐만 아니라 이혼 후의 부양적 요소, 정신적 손해(위자료)를 배상하기 위한 급부로서의 성질 등도 고려하여 재산을 분할하게 된다(대법원 2006. 6. 29. 선고 2005다73105 판결 ; 대법원 2021. 6. 24. 선고 2018다243089 판결). 또한 재산분할청구권은 협의 또는 심판에 의하여 그 구체적 내용이 형성되기까지는 그 범위 및 내용이 불명확·불확정하기 때문에 구체적으로 권리가 발생하였다고 할 수 없어 채무자의 책임재산에 해당한다고 보기 어렵고(대법원 2013. 10. 11. 선고 2013다7936 판결), 채권자의 입장에서는 채무자의 재산분할청구권 불행사가 그의 기대를 저버리는 측면이 있다고 하더라도 채무자의 재산을 현재의 상태보다 악화시키지 아니한다. 이러한 사정을 종합하면, 이혼으로 인한 재산분할청구권은 그 행사 여부가 청구인의 인격적 이익을 위하여 그의 자유로운 의사결정에 전적으로 맡겨진 권리로서 행사상의 일신전속성을 가지므로, 채권자대위권의 목적이 될 수 없고 파산재단에도 속하지 않는다고 보아야 한

시행령 제4조(특수관계인) 법 제101조 제1항, 법 제218조 제2항 각 호 및 법 제392조 제1항에서 "대통령령이 정하는 범위의 특수관계에 있는 자"라 함은 다음 각 호의 어느 하나에 해당하는 자를 말한다 : (1) 본인이 개인인 경우에는 다음 각 목의 어느 하나에 해당하는 자 ; (가) 배우자(사실상의 혼인관계에 있는 자를 포함한다. 이하 같다) (이하 목은 생략)

다"(대법원 2022. 7. 28. 선고 2022스613 결정).[91]

〈설문〉 채무자가 가장 (협의)이혼을 하면서 자기 명의의 부동산을 배우자에게 재산 분할로 넘기고서 개인회생 또는 개인파산을 신청한 경우의 민사 법률관계는 어떻게 되는가? (일반적 재산분할의 경우와 개인회생 개인파산 목적인 경우의 차이)

앞에서 이미 설명한 바와 같이, 진정한 이혼을 하면서 채무자가 자기명의의 재산을 배우자에게 재산분할로 넘긴 경우에는 채권자의 입장에서는 필요하다면 채무자의 사해행위에 대해 채권자 취소권을 행사할 수 있을 것이다. 다만 배우자에로의 재산분할이 사해행위의 요건을 갖추었고 상당성을 초과할 정도로 과도하게 이루어졌음을 채권자 측에서 입증하여야 채권자 취소권에 의한 재산환수가 가능할 것이다(취소대상이라 하더라도 상당성 초과 부분에 한하여 환수가 가능할 뿐이라는 대법원 2001. 5. 8. 선고 2000다58804 판결).

문제는 채무자가 가장 (협의)이혼을 하면서 배우자에게 재산분할로 자신의 재산을 넘긴 경우에 어떻게 될 것인가에 있다. 이론적으로는 위의 설명과 동일한 원리가 적용되어야 하겠지만(가장이혼도 당사자 간 이혼의사가 실제 있었으면 법률상 이혼으로 보기 때문임), 채무자가 개인회생 내지 개인파산을 신청한 경우에는 이혼 배우자 재산에 대해서 위에서 설명한 채권자 측을 위한 환가요구가 있을 것이기 때문에—채권자 취소권 행사가 없었더라도—채무자의 입장에서는 종국적 파산 및 면책 결정을 받기 위해서 환가요구를 일부라도 받아들일 수밖에 없을 것이다(완전불응하면 채무자를 위한 파산 또는 회생 결정 자체가 불발될 것이기 때문임).

---

91. 이 판례는 채무자의 개인회생 내지 개인파산 신청과 관련하여 이혼 전부터 배우자 명의의 재산에 대한 이혼 및 재산분할 이후 환가 문제를 다룬 것으로서, 원래 채무자 명의의 재산을 이혼 시 재산분할로 배우자에게 넘긴 사례와는 구별을 요함.

VI. 재판진행 중의 사전청구와 상대방 재산의 파악

〈설문〉 사이가 안 좋은 부부가 이혼 문제로 다투는 중 상대 배우자가 생활비 지급을 끊어 버리면 경제적으로 곤궁한 타방 당사자는 어떻게 조치하여야 하는가? (부양료 청구 내지 소송 중 사전청구, 소송 중 자녀 양육비 사전청구)

이혼재판 시 양육비, 위자료, 재산분할의 심판청구가 함께 병합될 경우 후자의 재산 청구에 있어서는 소제기 이전에도 청구가 가능한 가압류·가처분의 보전제도, 재판 도중에 가능한 사전청구제도, 해당 재판 선고 시 함께 선고될 수 있는 가집행 제도(재산분할의 경우 가집행의 대상이 될 수 없음은 이미 전술하였음), 재판확정 후의 정식 강제집행(소위 본집행) 제도와 같이 상대방 재산에 대한 집행을 미리 보전하거나 실천하는 제도가 필요할 것이다. 이 중에서 이혼 가사사건에서 사전청구제도가 이용되는 대표적 영역은 자녀 양육비에 관한 것이다. 재산분할에서는 소제기 이전에도 청구가 가능한 가압류·가처분과 소 제기 이후 청구할 수 있는 재산명시·재산조회가 대표적으로 이용된다. 그리고 가집행이 허용되는 대표적 영역이 위자료에 대한 재판 선고의 경우이다.

상기한 〈설문〉과 같이 부부 사이가 안 좋아 이혼 문제로 다투는 동안 상대 배우자가 생활비를 끊어 버리는 경우가 있을 것이다. 이 경우 이혼소송이 아직 진행되지 않은 단계에서는 법원에 부양료심판청구소송을 제기하여 부양료를 받아낼 수 있을 것이다(다만 이 경우에는 대개 이혼소송으로 진행될 것임). 반면에 이혼소송이 제기된 단계라면 당사자는 법원에 가사소송법상 부양료 "사전처분" 신청을 하여 이혼소송이 종결될 때까지 생활비를 받아 쓸 수 있다. 부부간 부양의무는 혼인관계의 본질적 의무로서 부양받을 자의 생활을 부양의무자의 생활과 같은 정도로 보장하여 부부공동생활의 유지를 가능하게 하는 것이다. 따라서 혼인이 사실상 파탄되어 부부가 별거하면서 서로 이혼소송을 제기하는 경우라고 하더라도, 특별한 사정이 없는 한 이혼을 명한 판결의 확정 등으로 법률상 혼인관계가 완전히 해소될 때까지는 부부간 부양의무가 소멸하지 않기 때문이다(대법원 2023. 3. 24. 선고 2022스771, 결정). 다만 본인에게 상대방의 부양료 지급 없이도 생활이 가능할 정도의 경제적 능력이 있는 경우에는 부양료 사전처분은 물론이고 부양료심판청구도 불가능할 것이다. 그러나 양육해야 할 미성년 자녀가 있는 경우에는 본인의 경제력과는 관계없이 양육비 사전처분을 신청해 소송 중 양육비를 받아 낼 수 있다.

소송 도중에 내려지는 부양료 사전처분 결정에는 집행력이 없다(참고로, 해당 재판의 선고 시 함께 내릴 수 있는 가집행의 경우는 재판확정 전이라도 강제집행을 할 수 있을 것임). 그래서 부양료 사전처분을 통해 통장압류와 같은 강제집행은 할 수 없지만, 불이행 시 과태료는 법률상 부과될 수 있다. 그리고 사전처분을 불이행할 경우 본안심리에서 이혼사유, 위자료, 재산분할, 양육권, 양육비, 면접교섭 등의 심리에서 불리하게 작용할 것이기 때문에 실무에서는 대부분 이행되고 있다.

참고로, 이혼소송 과정에서 지난 혼인 기간 동안의 과거 부양료까지 청구하려면 이는 경제력 없는 본인이 경제력 있는 상대방에게 명시적으로 부양료 지급을 요구한 이후부터만 가능하게 된다. 따라서 과거 이를 요구한 통신 문자 등의 증거 확보가 청구자에게 중요할 것이다.

〈설문〉 재산분할을 확실히 받기 위하여 이용할 수 있는 제도로서의 재산명시 및 재산조회의 실무 제도는 어떠한 것인가?

이혼 및 재산분할 소송에서 상대방 배우자의 재산을 파악하기 위해서는 (법원 직권으로도 가능하지만) 재산명시신청, 재산조회신청, 사실조회신청, 문서제출명령신청, 금융거래내역조회신청 등이 이용될 수 있다. 이 중에서 가장 효과적인 것이 다음의 재산명시신청과 재산조회신청이 될 것이다.

(1) 재산명시제도

가정법원은 재산분할청구사건을 위해 특히 필요하다고 인정하는 때에는 직권 또는 당사자의 신청에 의하여 상당한 제출기간(* 실무 : 30일 정도)을 정하여 당사자에게 재산 상태를 명시한 재산목록을 제출하도록 명(이하 "재산명시명령"이라 함)할 수 있다(가사소송법 제48조의 2, 가사소송규칙 제95조의 3 제1항). 당사자의 재산명시를 요구하는 신청은 신청취지와 신청사유를 적은 서면으로 하여야 한다(가사소송규칙 제95조의 2 제1항).[92] 가정법원은 위 신청서를 상대방에게 송달하여 의견을 표명할 기회를 주어야 한다(가사소송규칙 제95조의 2 제2항). 가정법원은 재산명시명령을 재산명시 대상 당사자에게 송달하여야 하고, 이때에는 재산 명시 대상 당사자가 정당한 사유 없이 재산목록의 제출을 거부하거나 거짓의 재산목록을 제출하면 1천만 원 이하의 과태료를 부과 받을 수 있음을 함께 고지하여야 한다(가사소송법 제67조의 3, 가사소송규칙 제95조의 3 제2항). 재산명시명령이 재산명시 대상 당사자에게 송달되지 않은 때에는 가정법원은 상대방에게 상당한 기간을 정하여 재산명시 대상 당사자의 주소를 보정하도록 명하며, 상대방이 이를 이행하지 않은 때에는 재산명시명령을 취소하고, 재산명시신청을 각하한다(가사소송규칙 제95조의 3 제4항, 제5항).

재산명시 대상 당사자는 가정법원이 정한 상당한 제출기간 이내에 자신이 보유하고 있는 재산과 다음 각 호의 사항을 명시한 재산목록을[93] 제출하여야 한다(가사소송규칙 제95조의 3 제1항, 제95조의 4 제1항) : (1) 재산명시명령이 송달되기 전 2년 이내에 한 부동산의 양도 (2) 재산명시명령이 송달되기 전 2년 이내에 배우자, 직계혈족 및 4촌 이내의 방계혈족과 그 배우자, 배우자의 직계혈족과 형제자매에

92. 참고로 재산명시신청서 양식은 〈대한민국법원 전자민원센터-이용안내-양식모음〉에서 확인할 수 있음.

93. 참고로 각 호의 사항을 명시하는 때에는 양도나 처분을 받은 사람의 이름·주소·주민등록번호 등과 그 거래내역을 함께 적어야 함.

게 한 부동산 외의 재산으로서 권리의 이전이나 행사에 등기·등록 또는 명의개서가 필요한 재산의 양도 (3) 그 밖에 가정법원이 정하는 재산의 처분행위.

재산목록에 적어야 할 재산은 다음과 같으며, 당사자 및 당사자와 같이 사는 친족(사실상 관계에 따른 친족을 포함)의 생활에 필요한 의복, 침구, 가구, 부엌기구 등 생활필수품과 그 밖의 공동생활용품은 제외한다(가사소송규칙 제95조의 4 제2항부터 제4항까지)[94] : (1) 부동산에 관한 소유권·지상권·전세권·임차권·인도청구권과 그에 관한 권리이전청구 (2) 등기 또는 등록의 대상이 되는 자동차·건설기계·선박·항공기의 소유권, 인도청구권과 그에 관한 권리이전청구권 (3) 광업권·어업권, 그 밖에 부동산에 관한 규정이 준용되는 권리와 그에 관한 권리이전청구권 (4) 특허권·상표권·저작권·디자인권·실용신안권, 그 밖에 이에 준하는 권리와 그에 관한 권리이전청구권 (5) 100만 원 이상의 금전과 합계액 100만 원 이상의 어음·수표 (6) 합계액 100만 원 이상의 예금과 보험금 100만 원 이상의 보험계약 (7) 합계액 100만 원 이상의 주권·국채·공채·회사채, 그 밖의 유가증권 (8) 100만 원 이상의 금전채권과 가액 100만 원 이상의 대체물인도 채권(같은 채무자에 대한 채권액의 합계가 100만 원 이상인 채권을 포함), 저당권 등의 담보물권으로 담보되는 채권은 그 취지와 담보물권의 내용 (9) 정기적으로 받을 보수·부양료, 그 밖의 수입 (10) "소득세법"상의 소득으로서 제9호에서 정한 소득을 제외한 각종소득 가운데 소득별 연간합계액 100만 원 이상인 것 (11) 합계액 100만 원 이상의 금·은·백금·금은제품과 백금제품 (12) 품목당 100만 원 이상의 시계·보석류·골동품·예술품과 악기 (13) 합계액 100만 원 이상의 사무기구 (14) 품목당 100만 원 이상의 가축과 농기계를 포함한 각종 기계 (15) 합계액 100만 원 이상의 농·축·어업생산품(1월 안에 수확할 수 있는 과실을 포함한다), 공업생산품과 재고상품 (16)

---

94. 참고로 가정법원은 재산목록에 기재할 재산의 종류와 하한이 되는 액수를 이와 다르게 정할 수 있음. 재산명시 대상 당사자는 합계액 100만 원 이상의 금전채무, 합계액 100만 원 이상인 목적물에 대한 인도·권리이전 채무, 재산명시명령을 송달받은 날부터 6개월이 경과한 날 이후까지 정기적으로 지출이 예상되는 비용을 재산목록에 기재할 수 있음.

위 11부터 15까지 규정된 유체동산에 관한 인도청구권·권리이전청구권, 그 밖의 청구권 (17) 위 11부터 15까지 규정되지 않은 유체동산으로 품목당 100만 원 이상인 것과 그에 관한 인도청구권·권리이전청구권, 그 밖의 청구권 (18) 가액 100만 원 이상의 회원권, 그 밖에 이에 준하는 권리와 그에 관한 이전청구권 (19) 그 밖에 가정법원이 범위를 정하여 적을 것을 명한 재산.

재산목록은 다음의 기준에 따라 적어야 한다(가사소송규칙 제95조의 4 제5항)[95]: (1) 위 재산목록에 적어야 할 재산 중 권리의 이전이나 그 행사에 등기 등이 필요한 재산으로서 제3자에게 명의신탁 되어 있거나 신탁재산으로 등기·등록 또는 명의개서가 되어 있는 것도 적어야 한다. 이 경우에는 재산목록에 명의자와 그 주소를 표시해야 한다. (2) 위 재산목록에 적어야 할 재산 중 8 및 11부터 18까지 규정된 재산의 가액은 재산목록을 작성할 당시의 시장가격에 따른다. 다만, 시장가격을 알기 어려운 경우에는 그 취득가액에 따른다. (3) 어음·수표·주권·국채·공채·회사채 등 유가증권의 가액은 액면금액으로 한다. 다만, 시장가격이 있는 증권의 가액은 재산목록을 작성할 당시의 거래가격에 따른다. (4) 위 재산목록에 적어야 할 재산 중 1부터 4까지 규정된 것 가운데 미등기 또는 미등록인 재산에 대하여는 도면·사진 등을 붙이거나 그 밖에 적당한 방법으로 특정해야 한다.

가정법원은 필요한 때에는 당사자에게 재산목록에 적은 사항에 관한 참고자료의 제출을 명할 수 있으며, 당사자는 가정법원에 제출한 재산목록에 형식적인 흠이 있거나 불명확한 점이 있는 때에는 가정법원의 허가를 얻어 이미 제출한 재산목록을 정정할 수 있다(가사소송규칙 제95조의 4 제6항, 제7항). 가정법원에 제출된 재산목록을 재산분할 청구사건의 심판 외의 목적으로 사용한 사람은 2년 이하의 징역 또는 500만 원 이하의 벌금에 처한다(가사소송법 제73조).

95. 참고로 재산목록 작성양식 및 작성요령은 〈대한민국법원 전자민원센터-이용안내-양식모음〉에서 확인할 수 있음.

(2) 재산조회제도

가정법원은 재산명시절차에 따라 제출된 재산목록만으로는 재산분할청구사건의 해결이 곤란하다고 인정할 경우에 직권 또는 당사자의 신청에 의하여 당사자 명의의 재산에 관하여 조회할 수 있다(가사소송법 제48조의 3 제1항). 당사자 명의의 재산에 관한 조회를 요구하는 신청은 다음의 사항을 적은 서면으로 하여야 하고, 신청의 사유를 소명하여야 한다("가사소송규칙" 제95조의 6)[96] : (1) 조회의 대상이 되는 당사자 (2) 조회할 공공기관, 금융기관 또는 단체 (3) 조회할 재산의 종류 (4) 과거의 재산보유내역에 대한 조회를 요구하는 때에는 그 취지와 조회기간 (5) 신청취지와 신청사유.

재산조회를 신청하는 당사자는 재산조회에 〈필요한 비용〉으로서 가정법원이 정하는 금액을 미리 내야 한다. 가정법원이 부족한 비용을 미리 내라고 명하는 때에도 같다(가사소송규칙 제95조의 7 제1항). 가정법원이 직권으로 재산조회를 하는 때에는 그 재산조회로 이익을 받을 당사자에게 비용을 내게 할 수 있다. 재산조회로 이익을 받을 당사자가 분명하지 않은 때에는 조회대상자의 상대방을 재산조회로 이익을 받을 당사자로 본다(가사소송규칙 제95조의 7 제1항, 제2항). 가정법원은 당사자가 비용을 내지 않는 경우에는 신청을 각하하거나 재산조회결정을 취소할 수 있다(가사소송규칙 제95조의 7 제3항). 재산조회의 결과를 재산분할청구의 심판 외의 목적으로 사용한 사람은 2년 이하의 징역 또는 500만 원 이하의 벌금에 처한다(가사소송법 제48조의 3 제4항, 제73조).

96. 참고로 재산조회신청서 양식은 〈대한민국법원 전자민원센터-이용안내-양식모음〉에서 확인할 수 있음.

〈설문〉 이혼에 따른 재산분할과 양육비 청구 사건에서 법원은 가집행을 선고할 수 있겠는가?

[실제사례] A(여)는 자녀 양육에 대한 의견 차이 등으로 심각한 갈등을 겪었던 B를 상대로 자녀에 대한 친권과 양육권, 위자료, 재산분할의 청구와 함께 이혼소송을 제기하였다. 이 소송절차는 항소심에 이르러 조정이혼이 성립하였지만, 재산분할에 대해서는 견해차를 좁히지 못해 다시 판결을 받았다. 항소심은 구체적으로 재산분할 및 양육비 지급을 명하면서 그 재산분할과 양육비에 대해 가집행할 수 있다고 덧붙였다.

재산분할청구권의 "양도"와 "가집행" 허용 여부에 대해서는 이미 앞에서 자세히 서술한 바가 있다. 그리고 가집행 허용 여부에 관하여 위자료청구권과 재산분할청구권 사이의 비교도 전술한 바가 있다(지연이자의 기산시점 및 이자율에 대한 비교도 하였음). 여기서는 이혼재판 시 함께 판시되는 재산분할청구권과 양육비 청구권 사이의 가집행 허용 여부에 대해 비교 서술하고자 한다. 가사소송법 제42조 제1항은 "재산상의 청구 또는 유아의 인도에 관한 심판으로서 즉시항고의 대상이 되는 심판에는 담보를 제공하게 하지 아니하고 가집행할 수 있음을 명하여야 한다"라고 규정하고, 가사소송규칙 제94조 제1항은 마류 가사비송사건의 심판에 대하여는 청구인과 상대방이 즉시항고를 할 수 있다고 규정하고 있다.

상기한 〈설문〉 및 [실제사례]에 대한 판례에 따르면 "민법 제837조에 따른 이혼 당사자 사이의 양육비 청구사건은 마류 가사비송사건으로서 즉시항고의 대상에 해당하고, 가집행선고의 대상이 된다, 그러나 민법 제839조의 2에 따른 재산분할 청구사건은 마류 가사비송사건으로서 즉시항고의 대상에 해당하기는 하지만, 재산분할은 부부가 혼인 중에 취득한 실질적인 공동재산을 청산 분배하는 것을 주된 목적으로 하고, 법원이 당사자 쌍방의 협력으로 이룩한 재산의 액수 기타 사정을 참작하여 분할의 액수와 방법을 정하는 것이므로, 재산분할로 금전의 지급을 명하는 경우에도 그 판결 또는 심판이 확정되기 전에는 금전지급의무의 이행기가 도래하지 아니할 뿐만 아니라 금전채권의 발생조차 확정되지 아니한 상태에 있다고 할 것이어서, 재산분할의 방법으로 금전의 지급을 명한 부분은 가집행선고의 대상이 될 수 없다고 봄이 상당하다. 그리고 이는 이혼이 먼저 성립한 후에 재산분할로 금전의 지급을 명하는 경우라고 하더라도 마찬가지이다"(동시에 재산분할로서 금전의 지급을 명하는 판결이나 심판을 하는 경우에도, 분할의무자는 금전지급의무에 관해 판결이나 심판이 확정된 다음 날부터 이행지체책임을 지고, 지연손해금의 이율에 관해 소송촉진 등에 관한 특례법 제3조 제1항에서 정한 이율도 적용되지 않는다고 판시한 대법원 2014. 9. 4. 선고 2012므1656 판결).

상기한 판례태도에 따르면 양육비 청구권과는 달리 재산분할청구권에 대해서는 법원이 재판 시 가집행 선고를 부가할 수 없다. 그러면 상대방이 상소하여 재판이 확정되지 않으면 강제집행(가집행)은 상소심 절차가 진행되는 동안 진행할 수 없는 것이다. 상소절차를 모두 거치고 종국적으로 재판이 확정되어야 비로소 재산분할청구권에 대해서는 강제집행(본집행)이 가능할 것이고, 그 확정 시점을 기산일로 하여 이행 완료 때까지 지연이자(연 5% 이자율)도 부과될 수 있을 것이다. 여기서 재산분할청구권과 비교된 양육비 청구권에 대한 기타의 이행확보방안에 대해서는 [§ 16]에서 후술하기로 한다.

VII. 재산분할에 따른 세금 문제

재산분할 시의 세금문제에 대해서는 제2장 실체법 편 [§ 7] V와 앞의 {§ 12} V에서 이미 상세히 설명하였다. 이를 요약하면 다음과 같다.

(1) 재산분할을 받는 사람에 대한 과세 ; 재산분할은 본질적으로 혼인 중 부부 쌍방의 협력으로 형성된 공동재산을 나누는 것이라는 점에서 상속세 및 증여세법

제2조 제6호에 따른 증여에 해당하지 않으므로, 증여받은 재산에 부과되는 세금인 증여세(상속세 및 증여세법 제4조 제1항)는 문제되지 않는다.

그리고 분할 받은 재산은 소득세법 제4조에 따른 소득에도 해당하지 않으므로 소득에 대해 부과되는 세금인 소득세(소득세법 제3조)도 문제되지 않는다.

그러나 분할재산으로서 부동산의 소유권을 이전받은 경우(즉, 현물분할의 방식)에는 재산분할로서 취득한 자가 지방세법상 취득세, 지방교육세, 농어촌특별세를 납부하여야 한다(지방세법 제7조, 제150조, 농어촌특별세법 제3조).

(2) 재산분할을 해주는 사람에 대한 과세 ; 판례에 따르면 "이혼할 때 재산분할은 혼인 중 형성한 부부공동재산을 각자가 나누어 갖는 것으로서, 재산분할로 부동산의 소유권을 이전하는 경우 부부 각자의 소유명의로 되어 있던 각 부동산을 상대방에게 서로 이전했다고 해도 유상양도에 해당한다고 볼 수 없고, 또한 재산분할이 이루어짐으로써 분여자(分與者)의 재산분할의무가 소멸하는 경제적 이익이 발생한다고 해도 이런 경제적 이익은 분할재산의 양도와 대가적 관계에 있는 자산이라 할 수 없으므로 유상양도에 포함되지 않아 원칙상 양도소득세 과세대상이 되지 않는다"(대법원 1998. 2. 13. 선고 96누14401 판결). 그러나 분할 의무자가 정하여진 분할액수를 권리자에게 지급하기 위하여 보유 부동산 내지 주식을 "제3자에게" 처분하여 자금을 마련한다면 양도소득세의 문제가 발생할 수 있을 것이다. 그리고 과도한 재산분할, 가장이혼 재산분할 등에서는 세금문제가 발생될 수도 있다(이에 대해서는 [§ 12]에서 상술하였음).

[§ 15] 이혼 시 자녀문제 (1) : 자녀에 대한 친권(친권자 지정)

이혼 시 미성년 자녀를 위한 친권자 지정의 문제에 대해서는 이미 제2장 실체법 편 [§ 6] 및 [§ 10]에서 민법 규정의 주석 차원에서 서술한 바가 있다. 다음으로는 절차법적 관점도 포함시켜 〈설문〉을 통해 그 핵심 내용을 다시 설명하기로 한다.

〈설문〉 친권이란 무엇인가?

친권이란 부모가 미성년인 자녀에 대해 가지는 신분 · 재산상 권리와 의무를 말한다. 부모는 미성년자인 자녀의 친권자가 되고, 양자(養子)의 경우에는 양부모가 친권자가 된다(민법 제909조 제1항). 친권은 부모가 혼인 중인 때에는 부모가 공동으로 행사하고, 이혼하는 경우에는 친권자를 지정하여야 한다(민법 제909조 제2항부터 제5항까지).

친권을 행사하는 부(父) 또는 모(母)는 미성년자인 자녀의 법정대리인이 되고(민법 제911조) 친권을 행사하는데, 그 주요 내용은 다음과 같다 : (1) 자녀를 보호 · 교양할 권리의무(민법 제913조) (2) 자녀가 거주하는 장소를 지정할 수 있는 거소지정권(민법 제914조) (3) 자녀가 자기명의로 취득한 특유재산에 관한 관리권(민법 제916조). 다만, 무상(無償)으로 자녀에게 재산을 수여한 제3자가 친권자의 관리에 반대하는 의사를 표시한 경우에는 친권자는 그 재산을 관리하지 못한다. 이 경우 제3자가 그 재산관리인을 지정하지 않으면 법원은 재산의 수여를 받은 사람 또는 친족(8촌 이내의 혈족, 4촌 이내의 인척 및 배우자)의 청구에 따라 관리인을 선임한다(민법 제777조, 제918조). (4) 자녀의 재산에 관한 법률행위의 대리권(민법 제920조)

〈설문〉 자녀가 친권자에 대해 가지는 보험금 반환 청구권에 대해 그 자녀의 채권자가 압류할 수 있는가?

[실제사례] 갑은 을과 결혼해 A, B를 낳은 뒤 이혼을 하였다. 갑이 사망하자 을은 자녀인 A, B를 대신해 X손해보험으로부터 (자녀에게 귀속되는) 보험금을 수령하였다. 그런데 이후 갑의 사망이 투신자살인 것이 밝혀져 X손해보험은 A, B 자녀를 상대로 보험금의 반환을 청구하는 소송을 내 승소 확정 판결을 받았다. X손해보험은 이 판결에 기해 A, B의 을에 대한 보험금 반환 청구권에 관해 압류 및 추심명령을 받고, 을을 상대로 추심금을 청구하는 소송을 제기하였다.

상기한 [실제사례] 및 **〈설문〉에 대한 대법원 판례**에 따르면 "친권자는 자녀가 그 명의로 취득한 특유재산을 관리할 권한이 있는데(민법 제916조),[97] 그 재산 관리 권한이 소멸하면 친권자는 자녀에게 귀속되어야 할 재산을 인도하거나 이전할 의무가 있다. 친권자는 자녀의 특유재산을 자녀의 통상적인 양육비용으로 사용할 수 없음이 원칙이나, 친권자가 무자력이거나 통상적인 범위를 넘는 현저한 양육비용이 필요한 경우 등과 같이 정당한 사유가 있는 경우에는 자녀의 특유재산을 그와 같은 목적으로 사용할 수 있다. 친권자는 자녀에 대한 재산 관리 권한에 기하여 자녀에게 지급되어야 할 돈을 자녀 대신 수령한 경우 그 재산 관리 권한이 소멸하면 그 돈 중 재산 관리 권한 소멸 시까지 이와 같이 정당하게 지출한 부분을 공제한 나머지를 자녀 또는 그 법정대리인에게 반환할 의무가 있다. 이에 대응하는 **자녀의 친권자에 대한 위와 같은 반환청구권은 재산적 권리로서 일신전속적인 권리라고 볼 수 없으므로, 자녀의 채권자가 그 반환청구권을 압류할 수 있다.** 이 사건에서 원심이 자녀의 친권자에 대한 반환청구권이 일신전속적인 권리로서 압류할 수 없

97. 민법 **제916조(자의 특유재산과 그 관리)** 자가 자기의 명의로 취득한 재산은 그 특유재산으로 하고 법정대리인인 친권자가 이를 관리한다.

다고 한 부분은 잘못이지만, 을이 양육비 등으로 정당하게 지출해 반환채권이 존재하지 않는다고 판단한 원심의 가정적·부가적 판단은 수긍할 수 있다"(대법원 2022. 11. 17. 선고 2018다294179 판결).

〈설문〉 이혼 시 친권자 지정이란 무엇인가? (양육자와의 차이)

미성년 자녀가 있는 부부는 이혼 시 친권자와 양육자를 누구로 할 것인가와 양육비에 관한 사항을 필수적으로 결정(합의)하여야 한다. 이것 없이는 소송이혼, 조정이혼은 물론이고 협의이혼도 불가능하다. 여기서 양육자는 미성년 자녀와 함께 생활할 사람으로 정해야 한다. 이에 비해 친권자는 미성년 자녀가 (유학, 해외여행 등을 위해) 비자를 발급받을 때, 이민을 갈 때, 중등 이상 교육 과정에서 전학을 할 때, 큰 수술을 받을 때, 미성년 자녀 명의 재산을 처분할 때 등의 요구에 동의할 사람, 즉 동의권자이다. 판례에 따르면 친권은 특별한 사정이 없으면 단독 친권을 원칙으로 한다. 예컨대 (이혼 부부 중 일방만이 재직하는) 회사의 자녀 학자금 지원이 친권자로 지정되어 있을 것을 요건으로 할 경우에는 특별 사정에 따른 예외로서 공동친권을 지정할 수 있을 것이다.[98]

법률에 따르면 협의이혼을 하는 경우 부부가 합의해서 친권자를 지정해야 하고, 합의할 수 없거나 합의가 이루어지지 않는 경우에는 가정법원이 직권으로 또는 당사자의 청구에 따라 친권자를 지정한다[민법 제909조 제4항, 가사소송법 제2조 제1항 제2호 나목 5)]. 재판상 이혼을 하는 경우 가정법원은 직권으로 친권자를 정한다(민법 제909조 제5항). 자의 양육을 포함한 친권은 부모의 권리이자 의무로서 미성년인 자의 복지에 직접적인 영향을 미치는 것이므로 부모가 이혼하는 경우에 부모 중 누구를 미성년인 자의 친권을 행사할 자 및 양육자로 지정할 것인가를 정함

98. 양육자 지정의 경우도 부부 중 일방만이 양육자로 지정되고 상대방에게는 면접교섭권을 보장하는 방법이 원칙임(단독양육의 원칙, 공동양육은 예외).

에 있어서는, 미성년인자의 성별과 연령, 그에 대한 부모의 애정과 양육의사의 유무는 물론, 양육에 필요한 경제적 능력의 유무, 부 또는 모와 미성년인 자 사이의 친밀도, 미성년인 자의 의사 등의 모든 요소를 종합적으로 고려하여 미성년인 자의 성장과 복지에 가장 도움이 되고 적합한 방향으로 판단하여야 한다(대법원 2008. 5. 8. 선고 2008므380 판결). 따라서 법원이 친권자 및 양육자 지정을 임의로 하고 그 상대방에게 양육비 지급을 명하였다면 이는 잘못된 결정이 된다(대법원 2009. 4. 9. 선고, 2008므3105, 3112, 판결).

[협의권고 규정에 관한 판례태도] 가사소송법 제25조(친권자 지정 등에 관한 협의권고)에 의하면, 가정법원은 미성년자인 자녀가 있는 부부의 혼인의 취소나 재판상 이혼의 청구를 심리할 때에는 그 청구가 인용될 경우를 대비하여 부모에게 다음 각 호의 사항에 관하여 미리 협의하도록 권고하여야 한다. : (1) 미성년자인 자녀의 친권자로 지정될 사람 (2) 미성년자인 자녀에 대한 양육과 면접교섭권(제1항). 가정법원이 혼인무효의 청구를 심리하여 그 청구가 인용되는 경우에 남편과 부자관계가 존속되는 미성년자인 자녀가 있는 경우에도 제1항과 같다(제2항). 판례에 따르면 "제1심 및 항소심이 원·피고에게 가사소송법 제25조에 의한 협의권고를 하지 아니하였더라도, 그러한 협의권고가 있었더라면 원심판결과 다른 내용의 협의가 이루어졌으리라는 사정이 보이지 않는다면 그러한 위법이 판결결과에 영향을 미쳤다고 보기 어렵다"(상소를 기각한 대법원 1993. 12. 7. 선고 93므775 판결).

〈설문〉 친권자 변경 청구권을 제한하는 내용의 약정은 효력이 있겠는가?

친권자가 지정된 후에도 자녀의 복리를 위해 필요한 경우에는 자녀의 4촌 이내의 친족의 청구에 따라 가정법원이 친권자를 변경할 수 있다(민법 제909조 제6항). 그리고 이를 위한 쟁송방법은 가사소송법상 마류 가사비송사건에 해당한다[가사소송법 제2조 제1항 제2호 나목 5), 민법 제909조 제4항, 제6항(혼인의 취소를 원인으로 하는 경우를 포함한다)에 따른 친권자의 지정과 변경].

상기한 〈설문〉에 대한 판례에 따르면 "자의 4촌 이내 친족이 가정법원에 친권자 변경을 청구하는 것은 미성년인 자의 복리를 위한 것이므로, 그러한 청구권을 포기하거나 제한하는 내용의 약정은 민법 제103조의 선량한 풍속 기타 사회질서에 반하는 것이어서 사법상 효력을 인정할 수 없다"(자녀들의 친권자가 원고로 변경되면서 피고에게 위자료를 지급하였더라도, 모인 피고는 자녀들의 복리를 위해 가정법원에 친권자 재변경 청구를 할 수 있고, 그러한 청구권을 포기하거나 제한하는 내용의 약정은 선량한 풍속 기타 사회질서에 반하여 무효이라고 판시한 대법원 2019. 11. 28. 선고, 2015다225776, 판결).[99]

〈설문〉 협의이혼 확인 후 신고 전의 시점에 자녀의 친권자로 합의 지정되었던 일방이 사망한 경우 친권자로 지정되지 않았던 상대방은 친권을 행사할 수 있는가?

[실제사례] 갑과 을은 법원으로부터 협의이혼의사 확인을 받고 을을 미성년 자녀에 대한 친권행사자로 협의 지정하였다. 그 이후 을은 교통사고로 사망하였는데, 갑은 을의 사망 사실을 모르고 구청에 이혼신고를 하였다. 갑은 자녀를 대리하여 교통사고 가해자를 상대로 손해배상 청구소송을 제기하였다. 이에 대해 가해자 측(피고)은 갑에게는 청구적격이 없다고 항변하였다.

99. 판례 사례 : 원고와 피고는 조정으로 이혼하면서 미성년인 자녀들의 친권자를 부모 공동으로, 양육자를 모인 피고로 정하였다(원 피고는 자녀와 함께 거주). 그 이후 불화가 계속되자 원고와 피고는 관계를 정리하기로 하면서, 피고가 친권을 포기하는 조건으로 원고는 피고에게 금원을 지급하고, 향후 피고가 친권을 회복하고자 할 경우 피고는 원고에게 받은 위자료의 두 배를 지급하기로 약정하였다. 이후 피고는 자녀들의 친권자를 자신으로 변경하여 달라는 청구를 하였다. 원고는 '피고가 친권자 지위를 회복하고자 하였으므로 원고로부터 받은 1억 2,200만 원의 두 배를 원고에게 지급해야 한다'고 주장하면서 원고가 친권 재회복 청구로 인해 약정된 위자료 상환(손해배상)을 청구한 사건

상기한 〈설문〉 및 [실제사례]에 대해 판례는 "부부가 이혼하기로 협의하고 법원으로부터 협의이혼의사 확인을 받았다고 하더라도 행정관청에 신고를 하기 전에는 협의이혼의 효력이 발생하지 않는 것이고, 위와 같은 협의이혼 시 부모의 일방이 친권을 행사할 자로 지정된 경우, 다른 일방이 가졌던 친권은 그 행사가 정지될 뿐이고 친권자로 지정되었던 일방이 친권을 행사할 수 없게 되면(* 예컨대 사망의 경우) 정지되었던 타방의 친권행사가 당연히 부활된다"는 취지로 판시하였다(서울민사지법 1994. 5. 10. 선고, 93가합81276 판결).

〈설문〉 이혼 후 자녀에 대한 친권자와 양육자는 동일인이어야 하는가?

자의 양육을 포함한 친권은 부모의 권리이자 의무로서 미성년인 자의 복지에 직접적인 영향을 미친다. 그러므로 부모가 이혼하는 경우에 부모 중에서 미성년인 자의 친권을 가지는 사람 및 양육자를 정함에 있어서는, 미성년인 자의 성별과 연령, 그에 대한 부모의 애정과 양육의사의 유무는 물론, 양육에 필요한 경제적 능력의 유무, 부 또는 모와 미성년인 자 사이의 친밀도, 미성년인 자의 의사 등의 모든 요소를 종합적으로 고려하여 미성년인 자의 성장과 복지에 가장 도움이 되고 적합한 방향으로 판단하여야 한다.

상기한 〈설문〉에 대한 판례에 따르면 "민법 제837조, 제909조 제4항, 가사소송법 제2조 제1항 제2호 나목의 3) 및 5) 등이 부부의 이혼 후 그 자의 친권자와 그 양육에 관한 사항을 각기 다른 조항에서 규정하고 있는 점 등에 비추어 보면, 이혼 후 부모와 자녀의 관계에 있어서 친권과 양육권이 항상 같은 사람에게 돌아가야 하는 것은 아니며, 이혼 후 자에 대한 양육권이 부모 중 어느 일방에, 친권이 다른 일방에 또는 부모에 공동으로 귀속되는 것으로 정하는 것은, 비록 신중한 판단이 필요하다고 하더라도, 일정한 기준을 충족하는 한 허용된다고 할 것이다"(대법원 2012. 4. 13. 선고 2011므4719 판결).

[§ 16] 이혼 시 자녀문제 (2) : 자녀에 대한 양육 문제(양육자 지정과 양육비)

이혼 시 미성년 자녀를 위한 양육자 지정과 양육비의 문제에 대해서는 이미 제2장 실체법 편 [§ 6] 및 [§ 10]에서 민법 규정의 주석 차원에서 서술한 바가 있다. 다음으로는 절차법적 관점도 포함시켜 〈설문〉을 통해 그 핵심 내용을 다시 설명하기로 한다.

I. 이혼에 따른 미성년 자녀 양육에 관한 기본사항

〈설문〉 양육권(친권) 내지 양육자(친권자) 지정이란 무엇인가? 이혼 시 양육권 없는 미지정 부모의 지위는 어떻게 되는가?

양육이란 미성년인 자녀를 자신의 보호 하에 두고 키우면서 가르치는 것을 의미하며, 양육권이란 이러한 자녀의 양육에 필요한 사항을 결정할 수 있는 부모의 권리를 말한다. 친권은 자녀의 신분과 재산에 관한 사항을 결정할 수 있는 (자녀의 법률행위 시 동의 내지 대리할 수 있는) 권리이므로 양육권보다는 친권이 좀 더 포괄적인 개념이라고 할 수 있다. 부부가 혼인 중인 때에는 양육권을 공동으로 행사할 수 있지만, 이혼하는 경우에는 양육자 지정이 필요하게 된다. 이혼하는 경우에는 친권자와 양육자를 부모 중 일방 또는 쌍방으로 지정할 수 있고(실무상 원칙적 모습은 단독양육임. 이 경우 타방은 면접교섭권을 가짐), 친권자와 양육자를 각각 달리 지정할 수도 있다. 친권자와 양육자가 달리 지정된 경우에는 친권의 효력은 양육권을 제외한 부분에만 미치게 될 것이다.

이혼으로 양육에 관한 사항이 정해진다고 해서 부모와 자녀 사이의 권리의무에 변화가 있는 것은 아니다(민법 제837조 제6항). 즉, 부모와 자녀 사이에 혈족관계(민법 제768조)가 지속되며, 미성년자인 자녀의 혼인에 대한 동의권(민법 제808조 제1항),[100] 부양의무(민법 제974조 제1호),[101] 상속권(민법 제1000조 제1항)[102] 등도 그대로 존속한다.

〈설문〉 이혼소송을 심리한 재판부가 부부의 이혼에 대해서만 결정하고 미성년 자녀를 위한 양육자 지정을 하지 않았다면 그 재판은 적법한가? (재판 누락에 해당)

민법 제843조 등은 이혼 시 미성년 자녀의 양육에 관한 사항의 협의가 이루어지지 않았거나 협의할 수 없는 때에는 가정법원이 직권 또는 당사자의 청구에 따라 이에 관한 결정을 내리도록 규정하고 있다. 그런데 재판과정에서 당사자 모두 양육자를 정해달라는 의사표시를 하지 않는 경우(특히 자녀를 그 동안 사실상 양육해 왔던 당사자 일방이 이혼 자체를 원하지 않는 경우)도 있는데, 이 경우 재판부도 이혼청구는 받아들이면서 미성년 자녀의 양육자를 지정하지 않는 오류를 범할 수 있다. 이와 같이 이혼청구는 받아들이면서 미성년 자녀의 양육자를 지정하지 않은 경우 법원의 이혼 결정이 적법한지가 문제된다.

상기한 〈설문〉에 대한 판례에 따르면 "이혼 과정에서 친권자 및 자녀의 양육

100. 민법 **제808조(동의가 필요한 혼인)** ① 미성년자가 혼인을 하는 경우에는 부모의 동의를 받아야 하며, 부모 중 한쪽이 동의권을 행사할 수 없을 때에는 다른 한쪽의 동의를 받아야 하고, 부모가 모두 동의권을 행사할 수 없을 때에는 미성년후견인의 동의를 받아야 한다.

101. 민법 **제974조(부양의무)** 다음 각호의 친족은 서로 부양의 의무가 있다. 1. 직계혈족 및 그 배우자간 (이하 생략)

102. 민법 **제1000조(상속의 순위)** ① 상속에 있어서는 다음 순위로 상속인이 된다. 1. 피상속인의 직계비속(이하 생략)

책임에 관한 사항을 의무적으로 정하도록 한 민법 제837조 제1항, 제2항, 제4항 전문, 제843조, 제909조 제5항의 문언 내용 및 이혼 과정에서 자녀의 복리를 보장하기 위한 위 규정들의 취지와 아울러, 이혼 시 친권자 지정 및 양육에 관한 사항의 결정에 관한 민법 규정의 개정 경위와 변천 과정, 친권과 양육권의 관계 등을 종합하면, 재판상 이혼의 경우에 당사자의 청구가 없다 하더라도 법원은 직권으로 미성년자인 자녀에 대한 친권자 및 양육자를 정하여야 하며, 따라서 법원이 이혼 판결을 선고하면서 미성년자인 자녀에 대한 친권자 및 양육자를 정하지 아니하였다면 재판의 누락이 있다"(대법원 2015. 6. 23. 선고 2013므2397 판결).

민사소송법 제212조에 따르면[103] 재판을 누락한 경우 그 부분에 관한 소송은 해당 법원이 계속하여 재판해야 하고 적법한 상소의 대상이 되지는 않는다. 따라서 판례에 따르면 이혼을 원치 않았던 당사자가 양육자 미지정을 문제 삼아 이혼판결을 파기해 달라고 상소할 경우—파기환송 재판이 아니라—상소기각재판이 내려질 것이다(재판누락 부분에 대한 절차가 계속될 원심에서 이혼 여부에 대해서는 다시 다툴 수 없고 오로지 친권자 및 양육자 지정에 대해서만 다툴 수 있다는 취지임).

〈설문〉 이혼 당사자 중에서 한국어 소통능력이 부족한 외국인도 미성년 자녀의 양육자로 지정될 수 있는가? (외국인 양육권의 문제)

대한민국은 공교육이나 기타 교육여건이 확립되어 있어 미성년 자녀가 한국어를 습득하고 연습할 기회를 충분히 보장하고 있으므로, 외국인 부모의 한국어 소통능력이 미성년 자녀의 건전한 성장과 복지에 있어 중요한 의미를 가진다고 보기 어렵다. 오히려 가정법원은 양육자 지정에 있어 한국어 소통능력에 대한 고려가 자칫 출신 국가 등을 차별하는 의도에서 비롯되거나 차별하는 결과를 낳게 될 수 있

103. 민사소송법 **제212조(재판의 누락)** ① 법원이 청구의 일부에 대하여 재판을 누락한 경우에 그 청구부분에 대하여는 그 법원이 계속하여 재판한다.

다는 점, 외국인 부모의 모국어 및 모국문화에 대한 이해 역시 자녀의 자아 존중감 형성에 중요한 요소가 된다는 점 등에 대해서도 유의하여야 한다. 문화다양성의 보호와 증진에 관한 법률은 모든 사회구성원은 문화적 표현의 자유와 권리를 가지며, 다른 사회구성원의 다양한 문화적 표현을 존중하고 이해하기 위하여 노력하여야 한다(제4조)고 규정하고 있다. 나아가 외국인 배우자가 국제결혼 후 자녀의 출산 등으로 한국어를 배우고 활용할 시간이 부족하였다는 사정 등을 외면한 채 이혼 시점에 한국어 소통능력이 다소 부족하다는 사정에만 주목하여, 외국인 배우자의 한국어 소통능력 역시 사회생활을 해 나가면서 본인이 의식적으로 노력한다면 계속하여 향상될 수 있다는 점을 놓쳐서는 안 된다. 특히 다문화가족지원법은 국가와 지방자치단체가 다문화가족에 대한 사회적 차별 및 편견을 예방하고 사회구성원이 문화적 다양성을 인정하고 존중할 수 있도록 다문화 이해교육을 실시하고 홍보 등 필요한 조치를 취하도록 할 책임이 있음을 규정하고 있고(제5조 제1항), 결혼이민자 등이 대한민국에서 생활하는 데 필요한 기본적 정보를 제공하는 것은 물론 언어소통 능력 향상을 위한 한국어교육 등을 받을 수 있도록 필요한 지원을 할 수 있으며(제6조 제1항), 해당 법률은 다문화가족이 이혼 등의 사유로 해체된 경우에도 그 구성원이었던 자녀에 대해 적용되는 것으로(제14조의 2) 규정하고 있다.

상기한 〈설문〉에 대한 판례에 따르면 "대한민국 국민과 혼인을 한 후 입국하여 체류자격을 취득하고 거주하다가 한국어를 습득하기 충분하지 않은 기간에 이혼에 이르게 된 외국인이 당사자인 경우, 미성년 자녀의 양육에 있어 한국어 소통능력이 부족한 외국인보다는 대한민국 국민인 상대방에게 양육되는 것이 더 적합할 것이라는 추상적이고 막연한 판단으로 해당 외국인 배우자가 미성년 자녀의 양육자로 지정되기에 부적합하다고 평가하는 것은 옳지 않다"(대법원 2021. 9. 30. 선고 2021므12320, 12337 판결).

〈설문〉 이혼 부모 중 자녀의 의사에 반하는 일방을 법원이 양육자로 지정하는 것도 가능한가?

[실제사례] A(여)와 B는 결혼생활 중 재산이나 종교 문제로 갈등을 빚다가 다툼 끝에 B가 A에게 폭언이나 손찌검까지 하는 지경에 이르렀다. 참다못한 A는 집을 나와 별거를 시작하였고, 어린 자녀들은 시댁식구들에게 빼앗겼다. B는 상당 기간 아이들을 A에게 보여주지 않았다. A는 결국 이혼소송을 내며 아이들을 돌려보내라고 요구하였다. 하지만 법정에서 만난 아이들은 충격적인 반응을 보였다. 어린 두 남매는 A를 보자마자 소리를 지르고 울며 헛구역질까지 하였다. 일관되게 엄마를 거부하며 아빠와 살고 싶다고 하였다. 그럼에도 법원은 A의 이혼 청구를 받아들이고 자녀의 친권자 및 양육자로 A를 지정하였다. B는 판결에 불복해 항소하였다.

양육자를 지정할 때는 자녀의 의사와 복지가 가장 중요한 기준이 될 것이다. 그런데 자녀의 심리상태가 정상적이지 않은 경우에는 자녀의 의사에 반한 양육자 지정도 자녀의 복지에 더 좋다고 판단할 수 있다. 상기한 [실제사례]에 대해 2015년 서울가정법원 가사3부는 "자녀들이 A를 거부하고 있지만 이는 16개월이 넘도록 A와 떨어져 지내는 동안 A에 대한 잘못된 말이나 나쁜 생각을 자주 들었기 때문일 가능성이 매우 커서 자녀들의 의사에도 불구하고 양육자로 A를 지정한다. B가 아이들에게 A에 대한 나쁜 감정이나 잘못된 생각을 갖도록 내버려 둔 것은 자녀를 키우는 사람으로서 매우 부적절하다. A는 경제적으로 안정되어 있고 외가친척들이 아이 키우는 일을 도우면 A와 자녀들의 정상적인 관계가 금방 나아질 것으로 보이는 점 등을 고려하였다"는 취지로 판시하였다. 참고로, 법원의 명령이 있다 하여도 아이들은 물건을 주고받는 것과 다르기 때문에 아이들이 A에게 가지 않겠다고 버티면 법원 판결을 강제할 방법은 사실상 없는 것으로 사료된다.

〈설문〉 양육에 관한 사항의 결정 내용은 무엇으로 이루어져야 하는가?

이혼을 하는 경우 부부가 합의해서 다음과 같은 자녀의 양육에 관한 사항을 결정해야 하고, 합의할 수 없거나 합의가 이루어지지 않는 경우에는 가정법원이 직권으로 또는 당사자의 청구에 따라 양육에 관한 사항을 결정한다(민법 제837조 제1항, 제2항, 제4항) ; (i) 양육자의 결정 (ii) 양육비용의 부담 (iii) 면접교섭권의 행사 여부 및 그 방법.

판례에 따르면 "가정법원은 혼인 파탄의 주된 원인이 누구에게 있는지에 대한 당사자들 사이의 다툼에만 심리를 집중한 나머지 친권자 및 양육자 지정 등에 관한 심리와 판단에 있어 소홀해지는 것을 경계할 필요가 있다. 특히 가정법원은 가사소송법 제6조, 가사소송규칙 제8조 내지 제11조에 따라 가사조사관에게 조사명령을 하고, 이에 따라 사실조사를 마친 가사조사관이 작성한 조사보고서를 보고받는 방법으로도 양육 상태나 양육자의 적격성 심사에 필요한 자료 등을 얻을 수 있다. 가정법원은 충실한 심리를 통해 실제의 양육 상태와 양육자의 적격성을 의심케 할 만한 사정이 있는지에 관하여도 구체적으로 확인하여야 한다"(대법원 2021. 9. 30. 선고 2021므12320, 12337 판결).

양육에 관한 사항이 결정된 후에도 자녀의 복지를 위해 필요한 경우에는 직권 또는 부(父), 모(母), 자녀 및 검사의 청구에 따라 가정법원이 양육에 관한 사항을 변경할 수 있다(민법 제837조 제5항 ; 대법원 1992. 12. 30. 선고 92스17, 18 결정).

〈설문〉 이혼 시 지정되었던 친권자 및 양육권자에 대해 그 이후 달리 변경하는 것도 가능한가? (친권자 내지 양육권자의 변경)

이혼 당시 자녀의 친권자 및 양육자를 정했더라도 자녀의 복리를 위해 필요한 경우에는 친권자 및 양육자를 변경할 수 있다(민법 제837조 제5항, 제843조 및

제909조 제6항). 친권자는 가정법원에 지정변경을 청구해서 변경할 수 있으며(가사비송사건), 양육자 변경은 이혼 후 당사자 간 합의로 할 수 있고, 합의가 이루어지지 않는 경우에는 가정법원에 지정변경을 청구해서 변경할 수 있다[가사소송법 제2조 제1항 제2호 나목 양육은 3) 및 친권은 5)]. 양육자 변경은 부(父), 모(母), 자녀 및 검사가 가정법원에 청구할 수 있으며, 가정법원이 직권으로 변경할 수도 있다(민법 제837조 제5항, 제843조). 다만, 친권자 변경은 자녀의 4촌 이내의 친족이 청구할 수 있다(민법 제909조 제6항).

가정법원은 자녀의 연령, 부모의 재산상황과 그 밖의 사정을 고려해서 친권자 및 양육자 변경 여부를 결정한다(대법원 1998. 7. 10. 선고 98스17, 18 결정). 특히, 자녀가 13세 이상인 경우에 가정법원은 그 자녀의 의견을 들어야 하며, 자녀의 의견을 들을 수 없거나 자녀의 의견을 듣는 것이 오히려 자녀의 복지를 해칠만한 특별한 사정이 있다고 인정되는 경우에는 자녀의 의견을 듣지 않을 수 있다(가사소송규칙 제100조).

친권자를 변경하는 재판이 확정된 경우에는 그 재판을 청구한 사람이나 그 재판으로 친권자 또는 그 임무를 대행할 사람으로 정하여진 사람이 재판의 확정 일부터 1개월 이내에 재판서의 등본 및 확정증명서를 첨부하여 등록기준지 또는 주소지 관할 시청·구청·읍사무소 또는 면사무소에 친권자 변경신고를 해야 한다(가족관계의 등록 등에 관한 법률 제58조, 제79조 제2항 제1호).

〈설문〉 양육자의 자녀인도청구는 실무상 어떻게 실현될 수 있는가?

양육자는 자녀의 양육을 위해 자녀를 자기의 보호 하에 둘 필요가 있다. 그러나 양육자가 아닌 상대방이 자녀를 데려가서 보내주지 않는다고 해서 임의대로 자녀를 데려오는 것은 바람직하지 않다. 개인의 실력행사(實力行使)에 의한 자력구제는 원칙적으로 금지되어 있기 때문이다(형법상 범죄 성립도 가능함). 양육자가 자녀를 되찾아 오기 위해서는 가정법원에 유아인도심판을 청구하면 된다[가사소송법 제2조 제1항 제2호 나목 3)].

유아인도심판이 확정될 때까지는 다소 시간이 걸릴 수 있다. 만약, 자녀를 신속히 인도받아야 할 이유가 있는 경우라면 심판이 확정되기 전에 자녀를 데려올 수 있도록 해당 사건을 담당하고 있는 법원에 〈유아인도 사전처분을 신청〉할 수 있다(가사소송법 제62조).[104]

상대방이 유아인도명령을 받고도 자녀를 보내주지 않으면 가정법원에 〈유아인도의무의 이행을 촉구하는 명령(이행명령)〉을 해 줄 것을 신청할 수 있다(가사소송법 제64조).[105] 상대방이 이행명령을 받고도 불응하면 다시 가정법원에 신청해서 상대방에게 1천만 원 이하의 〈과태료〉를 부과시킬 수 있고(가사소송법 제67조 제1항), 그 후 30일 이내에 자녀를 보내주지 않으면 경찰서유치장, 교도소 또는 구치소 등 감치시설에 상대방을 〈감치(監置, 붙잡아 가둠)〉하는 방법으로 그 이행을 강제할 수 있다(가사소송법 제68조 제1항 제2호).

이행명령에 의한 방법 외에도 집행관에게 〈강제집행〉을 위임해서 자녀를 강제로 데려올 수도 있지만(가사소송법 제41조),[106] 그 집행과정에서 자녀가 정신적 충격을 받을 수 있다는 점을 유의하여야 한다.

---

104. 가사소송법 **제62조(사전처분)** ① 가사사건의 소의 제기, 심판청구 또는 조정의 신청이 있는 경우에 가정법원, 조정위원회 또는 조정담당판사는 사건을 해결하기 위하여 특히 필요하다고 인정하면 직권으로 또는 당사자의 신청에 의하여 상대방이나 그 밖의 관계인에게 현상(現狀)을 변경하거나 물건을 처분하는 행위의 금지를 명할 수 있고, 사건에 관련된 재산의 보존을 위한 처분, 관계인의 감호(監護)와 양육을 위한 처분 등 적당하다고 인정되는 처분을 할 수 있다.

105. 가사소송법 **제64조(이행 명령)** ① 가정법원은 판결, 심판, 조정조서, 조정을 갈음하는 결정 또는 양육비부담조서에 의하여 다음 각 호의 어느 하나에 해당하는 의무를 이행하여야 할 사람이 정당한 이유 없이 그 의무를 이행하지 아니하는 경우에는 당사자의 신청에 의하여 일정한 기간 내에 그 의무를 이행할 것을 명할 수 있다. : (2) 유아의 인도 의무

106. 가사소송법 **제41조(심판의 집행력)** 금전의 지급, 물건의 인도(引渡), 등기, 그 밖에 의무의 이행을 명하는 심판은 집행권원(執行權原)이 된다.

〈설문〉 별거 상태(사실상 이혼상태)에 있는 남편이 일본에서 자녀를 양육하고 있는 부인에 대해 다소 기망적인 방법으로 자녀를 한국으로 데려온 뒤 연락을 끊었다면 부인은 아동반환을 청구하여 성공할 수 있겠는가?

[실제사례] A와 B는 일본에서 결혼해 두 아이를 낳았다. 그런데 부부 사이가 차츰 멀어져 별거를 시작했고, 아이들은 엄마인 A가 일본에서 키웠다. 그 이후 A와 B는 이혼신청서를 작성하면서 아이들의 친권자를 A가 행사하는 것으로 협의했지만, 이혼신고를 마무리짓진 않았다. 그 이후 B는 '의식을 잃었다 되찾은 아버지에게 아이들을 보여주고 싶기 때문에 아이들을 한국으로 데려갔다가 다시 일본에 데려다 주겠다'고 약속하였고, A는 그 말을 믿고 아이들을 한국으로 보냈다. B는 아이들을 데리고 한국에 들어온 뒤 A와 연락을 끊었다. 그러자 A는 한국 법원에 아동반환 심판청구를 제기하였다.

헤이그 국제아동탈취협약 이행에 관한 법률 제12조에 의하면, 아동의 대한민국으로의 불법적인 이동 또는 유치로 인하여 국제적 아동탈취의 민사적 측면에 관한 협약에 따른 양육권이 침해된 자는 관할법원에 아동의 반환을 청구할 수 있고(제1항), 위 청구에 관하여는 협약, 위 법률 및 대법원규칙으로 정한 사항을 제외하고는 가사소송법에 따른 마류 가사비송사건에 관한 규정을 준용한다(제2항).

상기한 〈설문〉 및 [실제사례]에 대해 2016년 서울가정법원 가사23단독은 "A와 B의 법률상 이혼절차가 마무리되진 않았지만 별거하면서 A로 하여금 아이들을 실질적으로 양육하게 하는 의사가 있었다. 이에 따라 A가 일본에서 아이들을 양육해 왔으므로, 엄마인 A가 실질적인 양육자로 보인다. 그런데도 B는 약속을 어기고 아이들을 돌려보내지 않고 있을 뿐만 아니라 A와 연락을 끊고 아이들과 일체의 면접을 허용하지 않고 있다. 이는 양육자인 A의 의사에 반하거나 아이들이 머물 곳에 대한 약정을 위반해 무단으로 돌려보내지 않았다고 봐야 한다. B는 일본에 살던 아이들을 한국에서 불법적으로 데리고 있어 헤이그 국제아동탈취협약에 따른 A의 양육권을 침해하였다. B는 A에게 헤이그 국제아동탈취협약 이행에 관한 법률에 따라[107] 아이들을 되돌려줄 의무가 있다"는 취지로 판시하였다.

〈설문〉 양육자변경 본 심판 청구와 이와 상반되는 유아인도 반 심판 청구가 있는 경우 법원의 심리방법은? (양립할 수 없는 것에 대한 기각재판)

이혼 배우자 사이에 자녀를 사실상 양육하고 있는 사람과 양육권을 인정받은 사람이 다른 경우가 있을 것이다. 이 경우 자녀 인도에 대해 이혼 배우자 간 다툼이 발생하여 법원에 모순되는 심판청구를 하는 사례가 발생할 수 있을 것이다.

상기한 〈설문〉에 대한 판례에 따르면 "자녀를 사실상 양육하고 있는 청구인은 사건본인의 친권자 및 양육자를 청구인으로 변경·지정하여 달라는 본심판청구를 하고 상대방은 기존 양육자의 지위에서 청구인에 대하여 유아인 사건본인의 인도를 구하는 반심판청구를 하는 사안에서, 법원이 본심판청구와 반심판청구를 함께 심리한 다음 그 본심판청구를 인용하는 것이 타당하다고 판단하는 경우에, 법원이 후견적 입장에서 합목적적인 재량에 의하여 사건을 처리하는 가사비송사건의 일반적 성격과 '자녀의 복리'를 최우선적으로 고려하는 양육처분에 관한 가사비송사건의 특성 등에 비추어 볼 때 이와 같이 본심판에 의하여 형성될 새로운 법률관계를 전제로 하여 이와 양립되기 어려운 반심판청구는 이를 기각함이 상당하다"(대법원 2006. 4. 17. 선고 2005스18, 19 결정).

---

107. 협약이 적용되려면 자녀가 살던 나라와 현재 있는 나라가 모두 협약에 가입돼 있어야 하는데 우리나라는 2012년 5월 협약에 가입해 이듬해 3월 관련법이 시행되었고, 일본은 2013년 5월 협약에 가입해 2014년 4월 법이 시행되었음. 관련 법률에 따르면 16세 미만인 자녀가 우리나라에 불법적으로 이동하거나 유치돼 양육권이 침해되는 경우 법원에 아이를 돌려달라고 청구할 수 있음.

〈설문〉 헤이그 국제아동탈취협약 이행에 관한 법률에 따른 아동반환심판청구 사건이 가정법원 합의부에 계속 중인 경우, 재판장이 수명법관을 지정하여 사전처분의 심문기일을 진행할 수 있는지 여부와 이때 수명법관이 단독으로 가사소송법 제62조에 따른 사전처분 결정을 할 수 있는지 여부는?

상기한 헤이그 국제아동탈취협약 이행에 관한 법률에 의하면, 법원은 아동반환심판청구 사건에 관하여 아동의 권익 보호 또는 아동의 추가적인 탈취나 은닉을 예방하기 위하여 가사소송법 제62조에 따른 사전처분을 할 수 있다(제12조 제3항). 그리고 가사소송법 제62조에 의하면, 가사사건의 소의 제기, 심판청구 또는 조정의 신청이 있는 경우에 가정법원, 조정위원회 또는 조정담당판사는 사건을 해결하기 위하여 특히 필요하다고 인정하면 직권으로 또는 당사자의 신청에 의하여 상대방이나 그 밖의 관계인에게 현상을 변경하거나 물건을 처분하는 행위의 금지를 명할 수 있고, 사건에 관련된 재산의 보존을 위한 처분, 관계인의 감호와 양육을 위한 처분 등 적당하다고 인정되는 사전처분을 할 수 있으며(제1항), 급박한 경우에는 재판장이나 조정장이 단독으로 위 사전처분을 할 수 있다(제3항). 이러한 사전처분 재판은 결정의 형식으로 한다.

상기한 〈설문〉사례에 대한 판례에 따르면 "헤이그아동탈취법에 따른 아동반환심판청구 사건의 제1심 또는 그 항고심에서 사전처분의 결정 주체는 원칙적으로 아동반환심판청구 사건이 계속되어 있는 가정법원(합의체로서의 재판부 또는 단독사건을 처리하는 법관), 조정위원회 또는 조정담당판사이고, 예외적으로 급박한 경우에 한하여 재판장 또는 조정장이 단독으로 위 사전처분의 결정을 할 수 있다. 이에 따라 아동반환심판청구 사건이 가정법원 합의부에 계속 중인 경우에 재판장은 수명법관을 지정하여 사전처분의 심문기일을 진행할 수는 있지만, 수명법관은 단독으로 사전처분 결정을 할 수 없다고 보아야 한다"(대법원 2021. 11. 25. 선고 2021스

713 결정).

〈설문〉 이혼소송 시 법원에 의해 양육자로 지정되기를 희망하는 당사자 측은 이를 위해 어떠한 노력을 하여야 하는가? (양육자 임시지정, 공동양육)

미성년 자녀가 있는 부부가 이혼하려면(이혼의 종류는 관계없음) 그 자녀에 대한 친권자와 양육권자가 지정되어야 하고 양육비도 정해져야 한다. 미성년자 보호는 부모뿐만 아니라 국가의 의무이기도 하기 때문에 이혼의 과정에서 이 부분에 국가가 적극적으로 개입하려는 것이다(협의이혼 시는 자녀의 성장과 복지에 반하는 합의에 대해서는 이를 확인하는 가정법원이 그 변경을 요구할 수도 있을 것임). 그런데 이혼 시 자녀만큼은 꼭 자신이 키우고 싶다는 어머니는 물론이고 아버지도 있을 수 있다. 특히 추후 상대방으로의 양육비 지급을 아껴서 현재 경제력을 유지한 상태에서 재혼을 하고자 하는 당사자는 법원이 꼭 자신을 양육자로 지정해 주기를 바랄 것이다.

판단컨대, 양육은 자녀의 성장과 복지를 목적으로 하기 때문에 법원이 양육자를 지정할 때에는 그 동안 양육을 더 많이 담당한 쪽(현상유지의 실무 경향), 자녀에 대한 양육계획이 더 합리적인 쪽, 양육의지가 확고한 쪽, 자녀를 사랑하는 조부 조모와 같은 양육보조자가 있는 쪽, 양육환경이 더 좋은 쪽(자녀와 떨어진 지방근무는 다소 불리한 요소가 될 것임), 자녀와의 친밀도가 더 큰 쪽(자녀만을 돌보는 전업주부라면 다소 유리한 요소가 될 것임)이 확률적으로 더 유리하게 고려될 수 있을 것이다(반면에 경제력이 큰 쪽이라고 반드시 유리한 것은 아님). 이러한 요소를 고려하여 자신이 상대방보다 유리할 것으로 판단하는 쪽은 뒤에서 설명할 양육자임시지정 및 양육비 사전처분 신청을 해 심판을 받아 두는 것이 종국적으로 양육자로 지정되는 데 결정적으로 작용할 것이다.

반면에 자신이 상대적으로 불리한 위치에 있다고 판단되는 당사자 쪽은—본인의 단독양육은 거의 불가능할 것이고—법원이 결정하기에 부담이 적은 1주일을 일부분씩 나누는 "공동양육" 결정으로 귀결되도록 노력하여야 할 것이다(공동양육이면 양육비는 상호 지급하지 않는다는 결정도 가능할 것임).

〈설문〉 양육자 임시지정의 사전처분(가처분)은 무엇인가? (가사소송법 제62조, 제63조)

상기한 바와 같이 이혼 시 양육자로 꼭 지정되기를 바라는 이혼 당사자도 상당히 많다. 이혼소송은 1~2년간 지속되는 경우가 상당한 바, 양육권 지정 희망자는 소송 도중이라도 미성년 자녀의 양육권자로서 법원으로부터 임시로 지정받아 두는 것이 좋다. 이러한 제도를 구체적으로는 양육자임시지정결정, 포괄적으로는 판결 선고 전이라 하여 사전처분이라고 한다. 그런데 가사소송법에 따르면 가사사건의 소의 제기, 심판청구 또는 조정의 신청이 있는 경우에 가정법원·조정위원회 또는 조정담당판사는 사건의 해결을 위하여 특히 필요하다고 인정한 때에는 직권 또는 당사자의 신청에 의하여 상대방 기타 관계인에 대하여 현상을 변경하거나 물건을 처분하는 행위의 금지를 명할 수 있고, 사건에 관련된 재산의 보존을 위한 처분, 관계인의 감호와 "양육을 위한 처분" 등 적당하다고 인정되는 처분을 할 수 있으며(가사소송법 제62조 제1항), 가정법원은 가사소송사건 또는 마류 가사비송사건을 본안사건으로 하여 가압류 또는 "가처분"도 할 수 있다(가사소송법 제63조 제1항).

가사소송법 제62조의 규정에 따라서 이혼소송, 양육자지정심판청구, 양육자변경심판청구 등의 소가 제기되었을 때 이혼 당사자는 특별히 필요하다는 근거를 제시하고서 본인을 양육자로 지정하는 임시지정(사전처분)을 신청할 수 있다. 양육자 사전처분 신청을 하여 양육자로 지정되는 측은 추후 재판 선고 시 최종적인 양육권자로 지정될 확률이 확실성에 가깝고(기존 양육 상태를 그대로 유지하려는 것이 법원 실무의 경향임), 상대방 배우자가 자녀를 강제로 데려갈 수 없게 할 수도 있다(이를 행하면 가사소송법 제67조 제1항에 의한 과태료 처분을 받을 것임). 그리고 가사소송법 제63조에 따라서 이혼소송을 제기하지 않은 상태라도 본인을 양육자로 하는 임시 지정 "가처분"을 신청할 수도 있을 것이다.

참고로, 소송 도중이라도 양육비가 필요하면 "양육비" 사전처분, 상대방이 데리고 있는 자녀를 본인에게로 옮겨올 수 있는 "유아인도" 사전처분도 함께 청구할 수 있을 것이다.

〈설문〉 상고심이나 재항고심에 가사소송법상의 사전처분 또는 가압류·가처분 신청을 할 수 있는가?

가사사건의 소의 제기, 심판청구 또는 조정의 신청이 있는 경우에 가정법원·조정위원회 또는 조정담당판사는 사건의 해결을 위하여 특히 필요하다고 인정한 때에는 직권 또는 당사자의 신청에 의하여 상대방 기타 관계인에 대하여 현상을 변경하거나 물건을 처분하는 행위의 금지를 명할 수 있고, 사건에 관련된 재산의 보존을 위한 처분, 관계인의 감호와 양육을 위한 처분 등 적당하다고 인정되는 처분을 할 수 있으며(가사소송법 제62조 제1항), 가정법원은 가사소송사건 또는 마류 가사비송사건을 본안사건으로 하여 가압류 또는 가처분을 할 수 있다 할 것이다(가사소송법 제63조 제1항).

상기한 〈설문〉사례에 대한 판례에 따르면 "상고 또는 재항고로 인하여 본안기록이 상고심 또는 재항고심에 송부되고 본안이 상고심 또는 재항고심에 계속 중일 때에는, 상고심 또는 재항고심은 사실심리를 하기에 적당하지 아니하고 가사소송법 제67조 소정의 의무불이행에 대한 제재를 가하거나 집행법원이 되기도 적당하지 아니하므로 제1심 가정법원이 가사소송법에 의한 사전처분사건이나 가압류·가처분사건의 관할법원이 된다고 하여야 할 것이다"(대법원 2002. 4. 24. 결정 2002즈합4 결정).

II. 양육비에 관한 합의 내지 심판청구

〈설문〉 협의이혼 시 양육비에 관한 협의는 유효한가? 이혼 시 자녀 양육비는 어떻게 정해지는가? 법원에 청구한 양육자 지정 및 양육비 청구 사건의 심판구조는 어떠한가? (서울가정법원의 "양육비산정기준표", 가사비송사건과 직권탐지주의)

[실제사례] 법률상 부부였던 갑과 을은 협의이혼하면서 자녀 2명의 친권자 및 양육자를 을로 지정하되, 갑과 을은 양육비에 관해서 "① 갑은 을과 협의이혼함에 있어 양육비 등으로 피고에게 1억 2,000만 원의 채무가 있음을 승인한다. ② 매월 1일에 50만 원씩 분할하여 지급한다. ③ 갑은 위 분할금의 지급을 지체하는 경우 피고에게 나머지 금원을 일시 지급하고, 지체된 금액에 대하여 연 7%의 비율로 계산한 지연손해금을 가산하여 지급한다. ④ 채무불이행시 원고는 즉시 강제집행을 당하여도 이의가 없음을 인낙한다"는 취지의 공정증서를 작성하였다. 그 이후 갑이 이 사건 공정증서에서 정한 양육비의 분할 지급을 지체하자 을은 이 사건 공정증서에 기초하여 원고의 은행계좌 및 부동산에 관한 강제집행을 신청하였다. 그런데 추후 상기한 합의내용(특히 지체 시 일시금 지급, 지연손해금의 약정)이 유효한지가 법적 쟁송으로서 다투어졌다.

자녀의 양육에 소요되는 비용은 부부가 공동으로 부담하여야 한다. 이는 부모 중 누가 양육자인지에 관계없이 친자관계의 본질로부터 발생하는 의무이므로 이혼 당사자의 경우 부모로서 각자의 소득과 재산현황 등에 따라 일정한 액수의 양육비를 분담해야 한다.[108]

108. 서울가정법원이 2007년부터 "양육비산정기준표"를 만들어 사용하였는데, 현재 전국각지 가정법원에서도 이를 적극적으로 활용하고 있다. 따라서 이혼 시 양육비가 어느 정도 산출될 것인지가 궁금하

이혼한 경우 양육자가 부모의 일방일 때에는 양육자가 아닌 다른 일방에게 상대방의 부담 몫만큼의 양육비를 청구할 수 있고(대법원 1992. 1. 21. 선고 91므689 판결), 양육자가 제3자일 때에는 부모 쌍방에 대해 양육비를 청구할 수 있다. 일반적으로 양육비를 부담해야 하는 기간은 자녀가 성년(만 19세)이 되기 전까지이며, 구체적인 양육비는 부모의 재산상황이나 그 밖의 사정을 고려해서 정하게 된다.

양육비는 이혼할 때 부부가 합의해서 정할 수 있으며(협의이혼 시 자녀 양육에 관한 사항의 합의는 필수적으로 요구됨. 현재는 양육비부담조서의 작성 제출), 합의가 이루어지지 않으면 법원에 청구해서 정할 수 있다(민법 제837조 제2항 제2호, 제843조 및 가사소송법 제2조 제1항 제2호 나목 3)). 지급받을 양육비를 미리 확정해 둘 필요가 있는 경우에는 양육자지정청구와 함께 장래의 이행을 청구하는 소송으로써 양육비지급청구를 동시에 할 수 있다[가사소송법 제14조(관련 사건의 병합) 제1항 및 제57조(관련 사건의 병합신청)].

상기한 [실제사례]에 대해 판례는 "법률상 부부인 갑과 을이 협의이혼하면서 자녀들의 친권자 및 양육자를 을로 지정하되, 갑이 을에게 자녀 양육비로 매월 일정액을 지급하기로 약정하고, 갑이 지급을 지체하는 경우 을에게 장래 발생분까지 포함한 나머지 양육비 등 전액을 일시 지급하며, 지체된 금액에 대한 지연손해금을 가산하여 지급하기로 하고, 채무불이행시 갑이 즉시 강제집행을 당하여도 이의가 없음을 인낙한다는 취지의 공정증서를 작성한 사안에서, 기한의 이익 상실 사유가 있을 때 갑으로 하여금 장래 발생분까지 포함한 양육비 등 전액과 이에 대한 지연손해금을 일시 지급하도록 정한 약정이 선량한 풍속 기타 사회질서에 반한다고 단정할 수 없다"는 취지로 판시하였다(대법원 2017. 4. 13. 선고 2016다275433, 275440 판결).[109]

다면 2022년 3월 1일부터 개정 시행되고 있는 서울가정법원의 "양육비산정기준표"를 열람하면 될 것이다.

109. 참고로, 원심(부산고법 2016. 11. 10. 선고 2015나56444, 56451 판결)은, 원고는 피고에게 이 사건 약정 당시에는 양육비를 매월 정기 지급하고 연체된 양육비에 대하여만 연 7%의 지연손해금을 지급

이혼 당사자 간의 자의 양육비에 관한 쟁송은 가사소송법 제2조 제1항 나목 (2) 마류 3호의 가사비송사건으로서 직권탐지주의가 지배하고, 불복의 경우 즉시 항고의 대상이 되며, 가집행선고의 대상이 될 뿐 아니라(가사소송법 제42조, 제43조 제1항, 가사소송규칙 제94조), 본안사건에 대한 상소가 이유 없다고 판단되는 경우에는 가집행선고의 재판을 시정하는 판단을 할 수 없는 것이다. 그리고 가사소송법상 가사소송사건과 가사비송사건 사이는 1개의 소로 제기할 수 있으나(가사소송법 제14조 1항), 가사비송사건에 민사소송 사건을 병합할 수는 없다.

〈설문〉 양육비에 관한 상담 및 협의 지원에 대한 실무는 어떻게 진행되는가? (양육비이행관리원)

양육비 이행확보 등을 지원하여 미성년 자녀의 안전한 양육환경을 조성함을 목적으로 "양육비 이행확보 및 지원에 관한 법률"이 재정 시행되고 있다(동 법률 제1조). 동 법률에 따르면 양육비 부담 등 협의가 이루어지지 않을 경우, 미성년 자녀의 양육비 청구와 이행확보 지원 등에 관한 업무를 수행하기 위해 설치된 양육비 이행관리원(종전 한국건강가정진흥원 내부 조직으로 설치되었지만 2024년 법률 개정에 의해서 독립된 기관으로 바뀌었음)에 양육비에 관한 상담 또는 협의 성립의 지원을 신

하기로 하였다가, 이 사건 공정증서 작성 당시에는 지급 지체 등으로 기한의 이익을 상실하는 경우 장래 발생분까지 포함한 양육비 등 전액과 이에 대한 연 7%의 지연손해금까지 일시 지급하기로 하였던 점, 이와 같은 이 사건 일시금 약정은 원고의 양육비 지급의무를 사실상 담보하기 위한 것으로서 민법 제837조의 양육에 관한 사항에 관한 협의에 해당하는 점, 그런데 이 사건 일시금 약정과 이 사건 공정증서에 기초한 강제집행을 그대로 허용한다면 원고의 양육비 등 일시 지급이 자녀의 복리에 부합하는지 여부에 관한 가정법원의 심판을 배제하고 그 심판 내용에도 반하는 결과를 초래할 수 있으며, 자녀의 복리를 고려하여 양육에 관한 사항 등에 대하여 가정법원의 심판을 통해 그 변경 가능성을 열어 놓은 민법과 가사소송법 관련 규정이 형해화될 수 있다는 점에서 이 사건 일시금 약정과 이 사건 공정증서에 기초한 강제집행은 선량한 풍속 기타 사회질서에 반하는 것으로 민법 제103조 위반에 해당하여 무효라고 판단하였다.

청할 수 있다(양육비 이행확보 및 지원에 관한 법률 제7조 제1항 및 제10조 제1항). 상담 결과 비양육부·모와 양육부·모 간에 양육비 부담 등 협의가 이루어질 경우 양육비이행관리원은 협의한 사항이 이행될 수 있도록 하기 위한 지원을 할 수 있다(양육비 이행확보 및 지원에 관한 법률 제10조 제2항).

그리고 양육부·모는 양육비이행관리원에 자녀의 인지청구 및 양육비 청구를 위한 소송 대리 등 양육비 집행권원 확보를 위한 법률지원을 신청할 수 있다(양육비 이행확보 및 지원에 관한 법률 제11조 제1항).

〈설문〉(제2장 실체법 편에서 상세히 설명한) 양육비채권의 소멸시효에 대해서 여기서 다시 내용을 요약한다면? (합의 내지 법원 결정이 없었으면 2024. 7. 18. 대법원 전원합의체 판례의 태도)

예컨대 자녀가 임신된 것을 모르고 부부가 이혼한 이후 자녀가 출생하여 일방 당사자가 양육한 경우에는 자녀의 양육비에 관한 합의 없이 이혼이 이루어질 수 있다. 그리고 '양육비부담조서' 제도가 도입된 2009년 8월 이전에 협의이혼한 경우에는 자녀의 양육비에 관한 합의 없이 협의이혼이 이루어 질 수 있었다(그러나 현재의 필요적 양육비부담조서 하에서는 불가능). 이와 같은 경우 자녀를 양육한 자는 이혼 상대방에게 과거 양육비를 상환 청구할 수 있다. 문제는 이혼에 따른 양육비 청구권의 소멸시효 기간의 준수 여부에 있다.

일단 당사자의 협의 또는 가정법원의 심판에 의하여 구체적인 청구권으로 확정되지 않은 상태라면 자녀가 미성년인 동안에는 소멸시효가 진행하지 않다가 자녀가 성년이 되어 양육의무가 종료된 때부터 10년의 소멸시효가 적용된다(대법원 2024. 7. 18. 선고 2018스724 전원합의체 결정). 그리고 이혼에 따른 가정법원에의 양육비 "심판청구"에 의해 확정된 양육비 청구권(채권)의 소멸시효기간은 권리를 행사할 수 있는 때로부터 10년이다(민법 제165조). 이에 비하여 2009년 8월 이전까지 협의이혼 시 정식 "합의된" 장래 양육비(상대방이 장기간 불이행을 하면 심판 청구 시에는 과거의 양육비로 변해 있을 것임)에 대해서는 3년의 단기 소멸시효기간이 적용되었지만(민법 제163조), 현재는 집행력을 가진 '양육비부담조서' 제도가 도입되어 협의이혼 시 양육비부담조서에 기재된 양육비에 대해서도 10년의 소멸시효기간이 적용되는 것으로 해석된다(명확한 판례태도는 아직 없음). 주의할 것은, 이혼에 따르는 장래 양육비는 매달 지급의 형식을 취하기 때문에 소멸시효의 만료 여부는 매달 단위로 개별적으로 계산된다. 따라서 양육비 청구권 행사 시점으로부터 "역으로" 소멸시효기간(대개 10년) 만큼은 종료하지 않기 때문에 그 기간 동안의 (지나 간) 양육비는 지급받을 수 있는 것이다.

〈설문〉 양육비에 관해 채무불이행시 즉시 강제집행을 당하여도 이의가 없음을 인낙한다는 취지의 공정증서를 작성한 당사자 간 합의는 유효한 것으로 평가될 수 있겠는가?

협의이혼 시에 필수적으로 작성되었거나 양육비 재판을 통해 선고 확정된 양육비의 지급 의무자가 그 지급을 불이행할 시에는 다양한 이행확보 제도가 법적으로 마련되어 있다(이에 대해서는 후술함). 그중의 하나가 협의이혼 시에 작성되는 양육비 부담조서에 집행문과 동일한 효력을 인정하는 것이다. 문제는 양육비 합의서에 이행지체 시 일시금으로의 전환과 지연손해금의 추가를 내용으로 한 경우 그에 대한 강제집행도 적법한가에 있다. 상기한 〈설문〉 및 [실제사례]에 대해 판례는 "기한의 이익 상실 사유가 있을 때 장래 발생 분까지 포함한 양육비 등 전액과 이에 대한 지연손해금을 일시 지급하도록 정한 약정이 선량한 풍속 기타 사회질서에 반한다고 단정할 수 없다"는 취지로 판시하였다(대법원 2017. 4. 13. 선고, 2016다275433, 275440 판결). 따라서 채무불이행시 즉시 강제집행을 당하여도 이의가 없음을 인낙한다는 합의 내용에 따른 양육비에 대한 강제집행도 허용되는 것으로 보아야 할 것이다.

〈설문〉 법 규정상 절차의 준수 없이 임의로 변경하여 자녀를 양육한 경우에도 상대방에게 양육비를 청구할 수 있는가? (위법 양육이면 청구할 수 없음)

민법 제837조 제2항의 규정에 의하여 가정법원이 일단 결정한 양육에 필요한 사항을 그 후 변경하는 것은 당초의 결정 후에 특별한 사정변경이 있는 경우뿐만 아니라, 당초의 결정이 위 법률규정 소정의 제반 사정에 비추어 부당하게 되었다고 인정될 경우에도 가능한 것이며, 당사자가 조정을 통하여 그 자의 양육에 관한 사항을 정한 후 가정법원에 그 사항의 변경을 청구한 경우에 있어서도 가정법원은 심리를 거쳐서 그 조정조항에서 정한 사항이 위 법률규정 소정의 제반 사정에 비추어 부당하다고 인정되는 경우에는 언제든지 그 사항을 변경할 수 있고 조정의 성립 이후에 특별한 사정변경이 있는 때에 한하여 이를 변경할 수 있는 것은 아니다.

상기한 〈설문〉에 대한 판례에 따르면 "청구인과 상대방이 이혼하면서 자녀의 친권자 및 양육자를 상대방으로 지정하는 내용의 조정이 성립된 경우, 그 조정조항상의 양육방법이 그 후 다른 협정이나 재판에 의하여 변경되지 않는 한 청구인에게 자녀를 양육할 권리가 없고, 그럼에도 불구하고 청구인이 법원으로부터 위 조정조항을 임시로 변경하는 가사소송법 제62조 소정의 사전처분 등을 받지 아니한 채 임의로 자녀를 양육하였다면 이는 상대방에 대한 관계에서는 상대적으로 위법한 양육이라고 할 것이니, 이러한 청구인의 임의적 양육에 관하여 상대방이 청구인에게 양육비를 지급할 의무가 있다고 할 수는 없다"(대법원 2006. 4. 17. 선고 2005스18, 19 결정).

〈설문〉 전 배우자 소생의 미성년 자녀가 있는 재혼 부부가 이혼한 경우 자녀 양육비 문제는 어떻게 되는가? 그리고 이혼 후 양육자가 재혼하여도 비양육자는 양육비 부담의무를 계속 지는가(양육비 감액청구의 가능성은)?

재혼 부부 사이에 태어난 아이(친자식)가 있다면―재혼부부가 이혼 시 해당 미성년 자녀를 위한―상기한 양육권자 지정 및 양육비에 관한 기술내용이 그대로 원용될 것이다. 반면에 재혼 중 태어난 친자식이 아니라면 이혼 시 양육비지급의무는 발생하지 않을 것이다. 그런데 재혼 시 재혼녀의 아이를 재혼한 남편의 호적에 등재시키는 경우가 있다. 만약 이혼 시 가족관계증명서에 재혼 배우자가 데려온 자녀가―그 사이 파양되지 않고―자신의 친자식으로 등재되어 있으면 양육비 지급의무를 지게 될 것이다.

이혼 시 양육비지급의무는 자녀가 성년에 달할 때까지 지게 된다. 이혼 후 "재혼을 하였더라도(어느 쪽 당사자가 재혼하였던 관계없음)" 전 배우자와의 자녀(친자식)에게는 양육비를 지급하여야 한다.

비양육자가 이혼 후―파산, 해고 등의 사유로―수입이 대폭 감소한 경우 양육비 감액청구를 할 수 있을 것이다. 그런데 실무상 양육비 증액신청은 쉽게 인용되지만 감액청구는 인용되기 어렵다(대개는 이혼 후 물가상승, 부담자의 급여 상승 등이 있기 때문임). 참고로, 양육자가 재혼하여 양육자의 새로운 배우자도 이혼 양육 자녀의 양육비를 함께 부담하는 경우 또는 비양육자가 재혼 후 새로운 자녀가 출생하여 그에 대한 양육비를 부담하는 경우 등에는―이혼 후 수입이 대폭 감소된 경우―양육비 감액청구가 인용될 수도 있을 것이다.

Ⅲ. 양육비 청구 사건의 심판

〈설문〉 양육비 청구 사건(가사비송사건)에서 가정법원은 장래의 양육비 이외에 과거의 양육비도 함께 포함시켜 양육비 결정을 할 수 있는가? (전원합의체 판례에 의해 가능함)

양육비 청구 소송은 크게 과거 양육비 청구와 장래 양육비 청구로 나누어진다. 오랜 별거기간 동안 자녀를 양육했음에도 불구하고 이혼이 성립하기까지 상대방 배우자로부터 양육비를 받지 못한 부분에 대해서는 과거 양육비 청구 소송을 제기하여야 할 것이다. 과거 양육비(단 자녀가 성년이 될 때까지의 액수)의 청구는 "자녀가 성년이 된 이후"에도 가능하다. 만약 협의이혼 시 과거 양육비 지급에 관한 합의(필요적 양육비부담조서)를 하였다면 그에 따라 양육비 채권이 발생하였기 때문에 이 경우에는 10년의 소멸시효 기간이 준수되어야 한다(양육비 소멸시효에 관한 자세한 내용은 제2장 실체법 편 참조). 과거 양육비 총액은 대개 금액이 클 것이고 일시불 방식으로 청구하여 일시금으로 지급될 것이다. 그러므로 자신의 현재 경제사정에 비추어 금액 부담이 매우 큰 양육비를 지급하여야 할 측에서는 양육비 감액 청구를 고려할 수 있을 것이다. 반면에 이혼에 따른 장래 양육비 청구는 자녀가 "미성년자인 기간 동안" 보편적으로 "매달" 지급의 형식으로 이루어진다. 현재 자녀가 미성년자인 상태에서 과거 양육비를 받지 못한 이혼 당사자는 과거 양육비(일시불)와 매달 지급되는 장래 양육비를 모두 받고 싶은 경우 장래 양육비 청구와 과거 양육비 청구를 동시에 할 수 있는지가 문제된다.

만약 이혼에 관한 협의나 심판청구가 있기 전에 지출된 과거 비용의 상환청구는 성질상 민사소송 사항이고 가사소송법이 정한 가정법원의 관할 사항이 아니라고 해석된다면,[110] 법원은 과거의 양육비 부분에 대해서는 함께 심판할 수 없을 것

110. 다음 전원합의체 판례의 소수의견이었음 ; "양육에 관한 법원의 심판절차는 거의 예외 없이 상당한

이다. 과거의 판례도 상대방에게 과거의 양육비를 청구하지 못한다고 판시한 바가 있었다(대법원 1967. 1. 31. 선고 66므40 판결 ; 1967. 2. 21. 선고 65므5 판결 ; 1975. 6. 10. 선고 74므21 판결 ; 1977. 3. 22. 선고 76므14 판결 ; 1979. 5. 8. 선고 79므3 판결).[111]

그러나 상기한 〈설문〉에 대한 〈전원합의체 판례〉에 따르면 "부모는 그 소생의 자녀를 공동으로 양육할 책임이 있고, 그 양육에 소요되는 비용도 원칙적으로 부모가 공동으로 부담하여야 하는 것이며, 이는 부모 중 누가 친권을 행사하는 자인지 또 누가 양육권자이고 현실로 양육하고 있는 자인지를 물을 것 없이 친자관계의 본질로부터 발생하는 의무라고 할 것이다. 그러므로 어떠한 사정으로 인하여 부모 중 어느 한쪽만이 자녀를 양육하게 된 경우에, 그와 같은 일방에 의한 양육이 그 양육자의 일방적이고 이기적인 목적이나 동기에서 비롯한 것이라거나 자녀의 이익을 위하여 도움이 되지 아니하거나 그 양육비를 상대방에게 부담시키는 것이 오히려 형평에 어긋나게 되는 등 특별한 사정이 있는 경우를 제외하고는, 양육하는 일방은 상대방에 대하여 현재 및 장래에 있어서의 양육비 중 적정 금액의 분담을 청구할 수 있음은 물론이고, 부모의 자녀양육의무는 특별한 사정이 없는 한 자녀의 출생과

시일을 필요로 하므로 양육에 관한 법원의 심판이 고지되기 전의 것이라도 양육에 관한 협의의 요청이 있었던 때부터 또는 심판청구서의 부본이 상대방에게 송달된 때부터 그 후의 것은 이를 상대방에게 부담하게 하여도 좋을 것이지만, 협의의 요청이나 심판청구가 있기 전의 기간에 지출한 양육비에 대하여는 이를 법원의 심판으로서 상대방에게 그 부담을 명할 수는 없다고 본다. 왜냐하면, 민법 제837조 제1항, 제2항, 가사소송법 제2조 제1항 (나)목 (2)마류 3호, 같은 법 제3편(가사비송)의 여러 규정을 종합하면, 이혼한 당사자의 아이의 양육에 관하여 가정법원이 비송사건으로서 행하는 심판은 어디까지나 아이의 현재와 장래의 양육에 관한 사항을 정하거나 이미 정하여진 사항을 변경하는 절차이지, 지나간 과거에 마땅히 이행되었어야 할 부양에 관한 사항을 다시 정하거나 이미 지출된 비용의 분담에 관한 사항을 결정하는 절차가 아니기 때문이다. 뿐만 아니라 **협의의 요청이나 심판청구가 있기 전에 지출된 비용의 상환청구는 성질상 민사소송 사항이고 가사소송법이 정한 가정법원의 관할 사항이 아니며, 가사소송법상 가사소송사건과 가사비송사건을 1개의 소로 제기할 수 있으나**(가사소송법 제14조 1항), **가사비송사건에 민사소송을 병합할 수는 없는 것이다.**"

111. 동일한 취지에서 아버지의 인도요구에 불응하고 스스로 자녀를 양육한 생모는 자활능력이 있건 없건 또 과거의 것이든 장래의 것이든 소생자의 아버지에게 부양료를 청구할 수 없다고 한 판례(대법원 1976. 6. 22. 선고 75므17,18 판결 ; 1985. 6. 11. 선고 84다카1536 판결 ; 1986. 3. 25. 선고 86므17 판결)도 있었음.

동시에 발생하는 것이므로 과거의 양육비에 대하여도 상대방이 분담함이 상당하다고 인정되는 경우에는 그 비용의 상환을 청구할 수 있다고 보아야 할 것이다. 다만 한쪽의 양육자가 양육비를 청구하기 이전의 과거의 양육비 모두를 상대방에게 부담시키게 되면 상대방은 예상하지 못하였던 양육비를 일시에 부담하게 되어 지나치고 가혹하며 신의성실의 원칙이나 형평의 원칙에 어긋날 수도 있으므로, 이와 같은 경우에는 반드시 이행청구 이후의 양육비와 동일한 기준에서 정할 필요는 없고, 부모 중 한쪽이 자녀를 양육하게 된 경위와 그에 소요된 비용의 액수, 그 상대방이 부양의무를 인식한 것인지 여부와 그 시기, 그것이 양육에 소요된 통상의 생활비인지 아니면 이례적이고 불가피하게 소요된 다액의 특별한 비용(치료비 등)인지 여부와 당사자들의 재산 상황이나 경제적 능력과 부담의 형평성 등 여러 사정을 고려하여 적절하다고 인정되는 분담의 범위를 정할 수 있다고 볼 것이다"(장래 양육비와 함께 가사비송사건에도 포함된다는 대법원 1994. 5. 13. 선고 92스21 전원합의체 결정).

〈설문〉 양육비 청구사건에서 가정법원이 행할 수 있는 재산목록의 제출명령과 재산조회는 무엇인가?

양육비지급청구는 부(父), 모(母) 또는 제3자가 양육자로 지정된 경우 그 양육자가 부모의 일방 또는 쌍방에 대해 할 수 있으며, 가정법원이 직권으로 양육비지급에 관해 정할 수도 있다(민법 제837조 제4항). 양육비 청구의 소가 제기된 이후에는 가정법원을 통해 양육자 임시지정(사전청구) 내지 양육비 사전청구가 가능할 것이다(이미 전술하였음). 그리고 가정법원은 양육비청구사건을 위해 특히 필요하다고 인정하는 때에는 직권 또는 당사자의 신청에 의해 당사자에게 재산 상태를 명시한 재산목록을 제출하도록 명할 수 있다(가사소송법 제48조의 2). 재산목록의 제출명령을 받은 사람이 정당한 사유 없이 재산목록의 제출을 거부하거나 거짓의 재산목록을 제출한 때에는 1천만 원 이하의 과태료를 부과할 수 있다(가사소송법 제67조의 3).

가정법원은 재산명시절차에 따라 제출된 재산목록만으로는 양육비청구사건의 해결이 곤란하다고 인정할 경우에 직권 또는 당사자의 신청에 의해 개인의 재산 및 신용에 관한 전산망을 관리하는 공공기관·금융기관·단체 등에 당사자 명의의 재산에 관해 조회할 수 있다(가사소송법 제48조의 3, 민사집행법 제74조). 조회를 받은 기관·단체의 장이 정당한 사유 없이 거짓 자료를 제출하거나 자료의 제출을 거부한 때는 1천만 원 이하의 과태료가 부과된다(가사소송법 제67조의 4).

〈설문〉 모가 자녀를 임의인지한 부를 상대로 가사소송법상 가사비송사건으로 친권자 및 양육자지정과 유아인도를 청구한 경우 가정법원은 직권으로 청구하지 않은 양육비에 대해서도 결정할 수 있는가? (가사소송규칙 제93조 제2항의 불적용)

'자의 양육에 관한 사항'은 우선 부모의 협의에 의하여 정하여야 한다(민법 제864조의 2, 제837조 제1항, 제2항). 그러나 부모가 자의 양육에 관한 사항을 협의할 수 없거나 협의가 이루어지지 아니하는 경우에는 가사소송법 제2조 제1항 나. (2) 3.의 마류 가사비송사건으로 '자의 양육에 관한 처분'의 심판을 가정법원에 청구하여 그 결정을 받아야 한다(가사소송법 제2조 제1항 나. (2) 5.의 마류 가사비송사건은 친권에 관한 사건임). 또한 가사소송법 제2조 제1항 나. (2) 3.의 마류 가사비송사건의 심판대상은 "민법 제837조의 규정에 의한 자의 양육에 관한 처분"이고, 민법 제837조 제2항은 '자의 양육에 관한 사항'에 ① 양육자의 결정, ② 양육비용의 부담, ③ 면접교섭권의 행사 여부 및 그 방법이 '포함되어야 한다'고 정하고 있다. 이와 같은 사정을 종합하면, 가정법원은 민법 제837조 제2항이 정하는 '자의 양육에 관한 사항' 중 일부 항목에 대한 청구만 있는 경우에도 직권으로 다른 항목에 대한 심판을 할 수 있다. 문제는 "금전의 지급이나 물건의 인도, 기타 재산상의 의무이행을 구하는 청구에 대하여는 그 청구취지를 초과하여 의무이행을 명할 수 없다"는 가사소송규칙 제93조 제2항에 위반되지 않는가에 있다.

상기한 〈설문〉에 대한 판례에 따르면 "위 규칙 조항은 마류 가사비송사건이 일반적으로 쟁송성이 강하고 소송사건적 성격을 띠고 있어 전형적인 비송사건과는 거리가 없지 않다는 점 및 당사자가 금전의 지급과 같은 재산상의 의무이행을 청구함에 있어서 청구취지를 특정하여 청구를 한 경우에는 쟁송적 성격이 더욱 강하게 드러난다는 점 등을 고려하여, 재산상의 의무이행청구에 대하여 가정법원의 재량을 제한하여 가정법원도 그 청구취지의 범위 내에서만 이를 인용할 수 있도록 하는 규정이라고 봄이 상당하다. 따라서 위 가사소송규칙 조항은 마류 가사비송사건에 있어서 당사자가 재산상의 의무이행을 청구하면서 특히 금액 등 청구취지를 특정한 경우에 한하여 적용되고, 당사자가 금액 등 청구취지를 특정하지 아니한 채 재산상의 의무이행을 구하거나 가정법원이 직권으로 재산상의 의무이행에 관한 항목을 심판하는 경우에는 적용되지 아니한다고 할 것이다"(청구인이 양육비의 금액을 특정하여 청구하지 아니한 이상 가사소송규칙 제93조 제2항은 적용될 여지가 없다고 판시한 대법원 2010. 2. 25. 선고 2009스113 결정).

〈설문〉 이혼한 전 남편을 피청구인으로 하여 피청구인과의 혼인 중에 낳은 딸(성년)의 암치료비 등으로 청구인이 지출한 비용의 구상을 청구한 사건에서 (가정) 법원이 민법 제837조 제1, 2항 소정의 자의 양육에 관한 사항의 변경을 구하는 것에 해당한다고 보아 이를 가사비송사건으로 심판하였다면 이는 적법한가?

가사소송법 제2조 제1항 제2호는 마류(類) 가사비송사건의 3)의 항목으로서 "민법" 제837조 및 제837조의 2에 따른 자녀의 양육에 관한 처분과 그 변경, 면접교섭권(面接交涉權)의 처분 또는 제한·배제·변경을 규정하고 있다. 그런데 민법

제837조 제1, 2항에 의하여 가정법원의 심판의 대상이 될 수 있는 것은 그 자가 미성년자인 경우에 한하고 자가 성년이 된 경우에는 더 이상 위 규정의 적용대상이 될 수 없다. 다만 자녀가 성년인 경우 부모는 민법 제974조 제1호, 제975조의 규정에 의하여 "부양의무"를 부담한다고 보아야 한다. 민법 제976조, 제977조는 부양을 할 자의 순위나 부양의 정도 또는 방법에 관하여 당사자 간에 협정이 없는 때에는 법원이 당사자의 청구에 의하여 이를 정한다고 규정하고, 제978조는 이에 관한 당사자의 협정이나 법원의 판결이 있은 후 이에 관한 사정변경이 있는 때에는 법원이 당사자의 청구에 의하여 그 협정이나 판결을 취소 또는 변경할 수 있다고 규정하고 있다. 그리고 가사소송법 제2조 제1항 제2호 나. 8)은 위 민법규정에 의한 법원의 처분("민법" 제976조부터 제978조까지의 규정에 따른 부양에 관한 처분)을 역시 마류 가사비송사건으로 정하여 가정법원의 전속관할로 하고 있다.

상기한 〈설문〉에 대한 판례에 따르면 "성년에 달한 자녀의 부양에 관한 사항은 위 민법 부양의무 규정에 의한 가사비송사건에 해당한다고 할 것이고, 과거의 부양료의 구상청구도 위 규정에 의하여 가사비송사건으로서 청구할 수 있다고 할 것이므로(대법원 1994. 5. 13. 선고 92스21 전원합의체 결정),[112] 당사자의 주장에 관계없이 직권으로 이 사건이 가사비송사건에 해당한다고 본 것은 결과에 있어서 정당하다"(대법원 1994. 6. 2. 선고 93스11 결정).

112. [전합의 추가내용] 민법 제974조, 제975조에 의하여 부양의 의무 있는 자가 여러 사람인 경우에 그 중 부양의무를 이행한 1인은 다른 부양 의무자를 상대로 하여 이미 지출한 과거의 부양료에 대하여도 상대방이 분담함이 상당하다고 인정되는 범위에서 그 비용의 상환을 청구할 수 있는 것이고, 이 경우 법원이 분담비율이나 분담액을 정함에 있어서는 과거의 양육에 관하여 부모 쌍방이 기여한 정도, 자의 연령 및 부모의 재산상황이나 자력 등 기타 제반 사정을 참작하여 적절하다고 인정되는 분담의 범위를 정할 수 있다고 보아야 할 것이다.

〈설문〉 재판상 이혼 시 친권자와 양육자로 지정된 부모의 일방이 상대방에게 양육비를 청구할 경우 가정법원은 양육자가 부담해야 할 양육비는 제외하고 상대방이 분담해야 할 적정 금액의 양육비만을 결정할 수 있는가?

이혼을 하더라도 부모 모두는 법적으로 자녀를 양육할 책임을 진다. 문제는 이혼 시 양육자는 대개 한 사람에게 지정되는데, 이 경우 비양육자에게만 양육비 부담의무를 부과하는 재판이 타당한지에 있다.

상기한 〈설문〉에 대한 판례에 따르면 "부모는 자녀를 공동으로 양육할 책임이 있고, 양육에 드는 비용도 원칙적으로 부모가 공동으로 부담하여야 한다. 그런데 어떠한 사정으로 인하여 부모 중 어느 한쪽만이 자녀를 양육하게 된 경우에는 양육하는 사람이 상대방에게 현재와 장래의 양육비 중 적정 금액의 분담을 청구할 수 있다(대법원 1994. 5. 13. 선고 92스21 전원합의체 결정). 재판상 이혼에 따른 자녀의 양육책임에 대하여 이혼 당사자 간에 양육자의 결정과 양육비용의 부담에 관한 사항에 대하여 협의가 이루어지지 않거나 협의할 수 없을 때에는 가정법원은 직권으로 또는 당사자의 청구에 따라 해당 사항을 정한다(민법 제837조, 제843조). 자녀의 양육에 관한 처분에 관한 심판은 부모 중 일방이 다른 일방을 상대방으로 하여 청구하여야 한다(가사소송규칙 제99조 제1항). 이러한 사항들을 종합하면, 재판상 이혼 시 친권자와 양육자로 지정된 부모의 일방은 상대방에게 양육비를 청구할 수 있고, 이 경우 가정법원으로서는 자녀의 양육비 중 양육자가 부담해야 할 양육비를 제외하고 상대방이 분담해야 할 적정 금액의 양육비만을 결정하는 것이 타당하다"(대법원 2020. 5. 14. 선고 2019므15302 판결).

〈설문〉 양육비에 관한 법원의 판결 주문은 명확히 특정되어야 하는가?

[실제사례] 甲은 乙을 상대로 이혼청구 등을 하면서 친권자와 양육자를 甲으로 지정하고 양육비를 지급할 것을 청구하였다. 이에 대해 법원은 '자녀인 丙의 양육비로 甲과 乙에게 각 일정액을 부담하도록 하면서 甲과 乙이 친권자와 양육자로 지정된 甲의 명의에 丙의 명의를 병기한 새로운 예금계좌를 개설하여 양육비를 입금하도록 하면서 양육비 목적으로만 투명하게 사용할 것을 명한다'는 내용의 판시를 내렸다.[113]

가사비송사건에서 금전의 지급, 물건의 인도, 등기, 그 밖에 의무의 이행을 명하는 심판은 집행권원이 된다(가사소송법 제41조). 따라서 양육비의 지급을 명하거나 양육비의 사용 등에 관한 의무의 이행을 명하는 심판도 집행의 문제가 남게 되므로 의문이 생기지 않도록 분명히 적어야 한다. 특히 판결 주문은 명확하여야 하고 주문 자체로서 내용이 특정될 수 있어야 한다. 주문은 어떠한 범위에서 당사자의 청구를 인용하고 배척한 것인가를 그 이유와 대조하여 짐작할 수 있을 정도로 표시되고 집행에 의문이 없을 정도로 이를 명확히 특정하여야 한다. 판결 주문이 특정되었는지 여부는 직권조사사항이다(대법원 2019. 3. 14. 선고 2017다233849 판결).

상기한 〈설문〉 및 [실제사례]에 대해 대법원은 "자녀에 대한 양육자(원고)는 자녀의 복리에 부합하는 방향으로 자녀를 양육할 권리와 의무를 가진다. 그런데 원심판결과 같이 양육비의 사용방법을 특정하는 것은 자녀의 복리에 부합하는 방식으로 자녀를 양육할 양육자의 재량을 지나치게 제한한다. 또한 양육비의 사용방법

113. 하급심 재판의 추가 내용 : 양육자는 위 예금계좌에 있는 예금 잔고가 자녀의 양육비임을 명심하고 자녀의 양육에 드는 비용으로만 지출하고 그 내역을 상대방에게 정기적으로 공개하도록 명하였음. 양육비의 지출도 체크카드를 통해서만 가능함.

에 관한 구체적인 사항에 대하여 양 당사자가 합의에 이르지 못한 상태에서 양육자에게 이 사건 예금계좌의 거래내역을 정기적으로 상대방에게 공개하도록 하는 것은 양 당사자 사이에 분쟁을 예방하는 측면보다는 추가적인 분쟁을 불러일으킬 가능성이 있다. 결국 원심법원의 판결에는 친권자와 양육자로 지정된 일방 배우자(원고)에게도 일정액의 양육비를 부담하도록 명하고 판결 주문으로서 갖추어야 할 명확성도 갖추지 못하였다"는 취지로 판시하였다(대법원 2020. 5. 14. 선고 2019므15302 판결).

〈설문〉 가정법원이 미지급 양육비에 관한 이행명령을 결정하면서 의무이행의 기간을 정하지 않았다면(예 : "피신청인은 신청인에게 2014. 8월부터 2017. 4월까지의 미지급 양육비 16,500,000원을 지급하라"는 창원지방법원통영지원 2017. 5. 10. 선고 2017즈기10003 결정), 이 재판은 적법한가? (이행 기간 없는 이행명령은 위법)

가사소송법 제64조는 가정법원은 판결, 심판, 조정조서, 조정을 갈음하는 결정 또는 양육비부담조서(성질상 재판상 화해, 화해권고결정도 포함된다고 할 것이다)에 따라 금전의 지급 등 재산상의 의무, 유아의 인도 의무, 자녀와의 면접교섭 허용 의무를 이행하여야 할 사람이 정당한 이유 없이 그 의무를 이행하지 아니하는 경우에는 당사자의 신청에 따라 일정한 기간 내에 그 의무를 이행할 것을 명할 수 있다고 규정하고 있다. 나아가 가정법원은 이러한 이행명령을 위반한 사람에게 과태료를 부과할 수 있고(같은 법 제67조 제1항), 일정한 경우에는 감치를 명할 수 있다(같은 법 제68조 제1항). 이처럼 이행명령은 판결 등에 따라 확정되어 있는 의무의 내용을 변경하거나 새로운 의무를 창설하는 것은 아니지만 재산상의 의무 등 일정한 가사채무를 과태료·감치를 통한 간접강제의 수단을 통하여 실현하는 것을 목적으로 하고 있는 가사소송법상의 이행확보제도이다(지체된 과거 양육비 합계에 대한 일시금 지급의 이행명령은 가능할 것임).

상기한 〈설문〉사례에 대한 판례에 따르면 "과태료 부과 또는 감치를 명하기 위해서는 의무자가 이행명령을 위반하였음을 전제로 하고, 의무자의 이행명령 위반 여부를 판단하기 위해서는 그 의무를 이행하기 위한 기간을 명확하게 정하는 것이 필요하다. 가사소송법 제64조가 '일정한 기간 내'에 의무를 이행할 것을 명할 수 있는 것으로 규정하고 있는 것도 그러한 취지이다. 그러므로 이행명령에는 특별한 사정이 없는 한(자녀와의 면접교섭의 경우 그 시기에 관하여 판결 등에서 통상 정기적인 면접교섭으로 하고 있어 이행명령에 따른 의무의 이행기간이 이미 설정되어 있다고 볼 수 있으므로 그러한 경우 이행명령에서 또다시 의무이행의 기간을 설정할 필요성은 그다지 크지 않다) 의무이행의 기간을 정하여야 한다"(미지급 양육비에 관한 이 사건 이행명령을 결정하면서 의무이행의 기간을 정하지 않았던 원심결정에는 재판에 영향을 미친 민사소송법 제449조 소정의[114] 대법원에의 특별항고 사유가 있다고 판시한 대법원 2017. 11. 20. 선고 2017으519 결정).

〈설문〉 양육비 지급에 관한 법원의 결정은 어떠한 방식으로 진행되는가?

양육비 산정기준은 통상 서울가정법원이 발령하는 "양육비산정기준표"에 의하여 시행된다.[115] 양육비 산정 기준표는 부부합산소득과 자녀의 나이를 고려하여 적정 양육비를 찾아주는 기준으로서 전국 모든 가정법원에서 참고하고 있는 것이다(법적 효력을 갖는 유권해석의 근거는 되지 않음). 이에 따르면 부모의 합산소득

---

114. 민사소송법 제449조(특별항고) ① 불복할 수 없는 결정이나 명령에 대하여는 재판에 영향을 미친 헌법위반이 있거나, 재판의 전제가 된 명령·규칙·처분의 헌법 또는 법률의 위반여부에 대한 판단이 부당하다는 것을 이유로 하는 때에만 대법원에 특별항고(特別抗告)를 할 수 있다. ② 제1항의 항고는 재판이 고지된 날부터 1주 이내에 하여야 한다. ③ 제2항의 기간은 불변기간으로 한다.

115. 양육비 산정기준에 관한 자세한 사항은 서울가정법원 홈페이지(http://slfamily.scourt.go.kr/) 참고.

이[116] 올라갈수록 표준양육비가 증가하고, 자녀의 나이가 올라갈수록 양육비도 증가한다. 예컨대 2023년 기준표에 따르면[117] 0～2세 자녀를 양육하는 데 최소 월 621,000원, 최대 월 2,207,000원이 양육비로 필요하고, 15～18세 자녀의 경우 최소 월 703,000원부터 최대 2,883,000원까지 양육비로 필요한 것으로 산정될 수 있다(다만 양육비 산정기준표는 부모가 2명의 자녀를 키우는 데 들어가는 양육비를 표준으로 삼은 것이기 때문에 자녀수가 2명이 아니면 그 액수는 가산 또는 감산됨). 양육비 산정기준표에 따라 표준 양육비를 결정한 뒤 법원은 다음 단계로 가산 및 감산 요소를 적용해 양육비 총액을 확정한다.[118] 그리고 최종적으로 결정된 양육비 총액을 비양육자의 소득비율로 곱하여 비양육자가 지급해야 할 양육비를 결정한다.

양육비를 지급받는 방법과 형식에는 제한이 없다. 따라서 일시에 정액으로 지급받을 수도 있고, 분할해서 받을 수도 있다. 또한 금전으로 받을 수도 있고 부동산 등 실물로 받을 수도 있다. 양육비에 관한 사항을 정한 후 〈사정이 변경〉된 경우에는 당사자가 합의해서 양육비를 변경할 수 있고, 합의가 이루어지지 않으면 법원에 심판을 청구해서 양육비를 변경할 수 있다(민법 제837조 제5항, 가사소송법 제2조 제1항 제2호 나목 3)). 양육비 부담자가 실직, 파산, 부도나 그 밖의 사정 등으로 제사정이 악화된 경우에는 〈양육비 감액을 청구〉할 수 있다. 또한, 양육자가 취직하거나 그 밖의 사정 등으로 경제사정이 호전된 경우 역시 양육비 감액을 청구할 수 있다. 이에 반하여 물가가 양육비 협의 또는 지정 당시보다 오른 경우, 자녀가 상급학교에 진학함에 따라 학비가 증가한 경우 등에는 〈양육비 증액을 청구〉할 수도 있다.

---

116. 부모 합산소득은 세전소득으로 근로소득, 사업소득, 부동산 임대소득, 이자 수입, 정부 보조금 및 연금 등을 모두 합한 순수입의 총액을 말한다.

117. 2023년에 적용 중인 표준 양육비는 2021년 12월 22일에 개정 및 공표되었고, 2022년 3월 1일부터 시행되고 있다.

118. 가산과 감산의 내용 : (1) 자녀의 거주 지역 : 도시지역은 7.9% 가산, 농촌 등은 16.5% 감산 (2) 자녀 수 : 자녀가 1인인 경우 6.5% 가산, 3인 이상인 경우 21.7% 감산 (3) 질병 여부 : 특이질환으로 고액의 치료비 필요시 가산(부모 소득에 비례 적용) (4) 교육비 : 예체능 교육비 등 고액(월 30만 원 이상)의 교육비 지출 시 가산(부모 합의 필요) (5) 부모의 재산 : 한쪽 부모의 재산 상황에 따라 가산 또는 감산 (6) 비양육자의 개인회생 여부 : 회생절차 진행 중에는 감산, 종료 후 가산

표 16-1 서울가정법원이 공개하여 시행되고 있는 (표준)양육비산정기준표(2021년)

부모합산 소득 / 자녀 만 나이	0~ 199만 원	200~ 299만 원	300~ 399만 원	400~ 499만 원	500~ 599만 원	600~ 699만 원	700~ 799만 원	800~ 899만 원	900~ 999만 원	1,000~ 1,199만 원	1,200만 원 이상
	평균양육비(원) 양육비 구간	평균양육비(원) 양육비 구간	평균양육비(원) 양육비 구간	평균양육비(원) 양육비 구간	평균양육비(원) 양육비 구간	평균양육비(원) 양육비 구간	평균양육비(원) 양육비 구간	평균양육비(원) 양육비 구간	평균양육비(원) 양육비 구간	평균양육비(원) 양육비 구간	평균양육비(원) 양육비 구간
0~2세	621,000	752,000	945,000	1,098,000	1,245,000	1,401,000	1,582,000	1,789,000	1,997,000	2,095,000	2,207,000
	264,000~ 686,000	687,000~ 848,000	849,000~ 1,021,000	1,022,000~ 1,171,000	1,172,000~ 1,323,000	1,324,000~ 1,491,000	1,492,000~ 1,685,000	1,686,000~ 1,893,000	1,894,000~ 2,046,000	2,047,000~ 2,151,000	2,152,000 이상
3~5세	631,000	759,000	949,000	1,113,000	1,266,000	1,422,000	1,598,000	1,807,000	2,017,000	2,116,000	2,245,000
	268,000~ 695,000	696,000~ 854,000	855,000~ 1,031,000	1,032,000~ 1,189,000	1,190,000~ 1,344,000	1,345,000~ 1,510,000	1,511,000~ 1,702,000	1,703,000~ 1,912,000	1,913,000~ 2,066,000	2,067,000~ 2,180,000	2,181,000 이상
6~8세	648,000	767,000	959,000	1,140,000	1,292,000	1,479,000	1,614,000	1,850,000	2,065,000	2,137,000	2,312,000
	272,000~ 707,000	708,000~ 863,000	864,000~ 1,049,000	1,050,000~ 1,216,000	1,217,000~ 1,385,000	1,386,000~ 1,546,000	1,547,000~ 1,732,000	1,733,000~ 1,957,000	1,958,000~ 2,101,000	2,102,000~ 2,224,000	2,225,000 이상
9~11세	667,000	782,000	988,000	1,163,000	1,318,000	1,494,000	1,630,000	1,887,000	2,137,000	2,180,000	2,405,000
	281,000~ 724,000	725,000~ 885,000	886,000~ 1,075,000	1,076,000~ 1,240,000	1,241,000~ 1,406,000	1,407,000~ 1,562,000	1,563,000~ 1,758,000	1,759,000~ 2,012,000	2,013,000~ 2,158,000	2,159,000~ 2,292,000	2,293,000 이상
12~14세	679,000	790,000	998,000	1,280,000	1,423,000	1,598,000	1,711,000	1,984,000	2,159,000	2,223,000	2,476,000
	295,000~ 734,000	735,000~ 894,000	895,000~ 1,139,000	1,140,000~ 1,351,000	1,352,000~ 1,510,000	1,511,000~ 1,654,000	1,655,000~ 1,847,000	1,848,000~ 2,071,000	2,072,000~ 2,191,000	2,192,000~ 2,349,000	2,350,000 이상
15~18세	703,000	957,000	1,227,000	1,402,000	1,604,000	1,794,000	1,964,000	2,163,000	2,246,000	2,540,000	2,883,000
	319,000~ 830,000	831,000~ 1,092,000	1,093,000~ 1,314,000	1,315,000~ 1,503,000	1,504,000~ 1,699,000	1,700,000~ 1,879,000	1,880,000~ 2,063,000	2,064,000~ 2,204,000	2,205,000~ 2,393,000	2,394,000~ 2,711,000	2,712,000 이상

* 전국의 양육자녀 2인 가구 기준

〈설문〉 양육비 청구사건에서 가정법원(제1심)은 상대방이 과거양육비 및 자녀가 성년에 이르기 전날까지의 장래 양육비를 청구인에게 지급하도록 결정하였다. 그런데 청구인이 일정 기간 자녀를 양육하다가 그 자녀가 청구인의 집에서 나와 오히려 상대방과 동거하게 되었다. 그러자 상대방은 위 자녀를 양육하고 있는 기간에도 장래양육비의 지급을 부담하는 것은 부당하다고 다투었다(항고제기). 상대방의 주장은 타당한가? (양육비 부담의 변경 결정을 하여야 함)

민법 제843조, 제837조 제4항, 제3항은 이혼소송에서 당사자 사이에 미성년 자녀의 양육에 관한 사항의 협의가 이루어지지 아니하거나 협의할 수 없는 때에 가정법원이 직권으로 자녀의 의사, 연령과 부모의 재산상황, 그 밖의 사정을 참작하여 양육에 관한 사항을 결정하도록 규정하고 있고, 여기에는 양육자의 결정, 양육비용의 부담, 면접교섭권의 행사 여부 및 그 방법이 포함된다. 가사소송규칙 제93조 제2항은 가정법원이 금전의 지급을 구하는 청구에 대하여는 청구의 취지를 초과하여 의무의 이행을 명할 수 없으나, 자의 복리를 위하여 양육에 관한 사항을 정하는 경우에는 그렇지 않은 것으로 규정하고 있다. 따라서 가정법원은 양육비용의 분담을 정함에 있어 자녀의 복리를 위하여 청구에 구애받지 않고 직권으로 양육비용의 분담에 관한 기간을 정할 수 있다.

이에 따라 상기한 〈설문〉에 대한 판례에 따르면 "양육자로 지정된 양육친이 비양육친을 상대로 제기한 양육비 청구 사건에서 제1심 가정법원이 자녀가 성년에 이르기 전날을 종기로 삼아 장래양육비의 분담을 정한 경우, 항고심 법원이 양육에 관한 사항을 심리한 결과 일정 시점 이후에는 양육자로 지정된 자가 자녀를 양육하지 않고 있는 사실이 확인된다면 이를 반영하여 장래양육비의 지급을 명하는 기간을 다시 정하여야 한다. 위 양육비용의 분담을 포함하여 가정법원이 양육에 관한 사항을 정함에 있어서는 친자법을 지배하는 기본이념인 '자녀의 복리를 위하여 필요한지'를 기준으로 하여야 하고, 그 결정이 궁극적으로 자녀의 복리에 필요한 것인지에 따라 판단하여야 한다"(상대방이 위 자녀와 함께 생활하면서 위 자녀를 양육하고 있다는 사실이 확인되었다면 특별한 사정이 없는 한 상대방이 청구인에게 그 시점 이후의 양육비를 지급할 의무가 있다고 볼 수 없고, 그렇다면 위와 같은 양육환경의 변화에 관하여 심리한 후 이를 반영하여 장래양육비의 지급을 명하는 기간을 다시 정하였어야 한다는 대법원 2022. 11. 10. 선고 2021스766 결정).

Ⅳ. 양육과 관련된 특수한 처분(양육비 확보방안 등)

양육비에 관해서는 소송 제기 전에도 가능한 가압류·가처분의 재산보전처분, 소송 중의 양육자 임시지정 내지 양육비 사전처분 및 재산목록제출·재산조회의 신청, 재판 선고 시 확정 전에도(즉, 상소절차가 진행 중인 경우에도) 허용되는 가집행은 물론이고 재판확정 이후 상대방의 양육비 채무 불이행 시에도 이행명령 등 다양한 확보방안이 법적으로 마련되어 있다. 다양한 방법 중에서 일부는 협의이혼이 성립(양육비부담조서의 작성)한 경우에도 원용되는 것이 있을 것이다. 그런데 재판상 이혼에서 가정법원은 장래 양육비의 경우 양육비 지급 불이행 시 지연이자를 부가적으로 선고하지 않기 때문에(위자료 및 재산분할과의 차이점) 다양한 양육비 이행 확보방안에도 불구하고 가정법원을 통해 지체 손해금을 가산하여 지급 받기는 어렵다. 그러나 권리자는 민사소송으로서 (과거 양육비, 장래 양육비 미이행분에 대해) 양육비 미지급 소송을 제기할 수 있을 것이다. 이 경우 전부승소판결이 내려질 경우는 소제기 시를 기산점으로 하여 연 12%의 지연이자를 추가할 수 있을 것이고, 일부 인용의 경우는 판결 선고 시를 기준으로 지연이자가 추가될 수 있을 것이다.

〈설문〉 협정이나 재판에 의하여 양육방법이 결정된 후 상황의 변경 때문에 그 양육방법을 변경할 필요가 생겼고 새로운 협정이나 재판이 있을 때까지 종전에 정해진 양육방법을 고수한다면 피양육자의 원만한 보호가 심히 어려워지는 급박한 사유가 있는 경우 법원은 어떠한 구제조치를 할 수 있는가? (소위 사전처분)

가사소송법 제62조(사전처분)에 따르면, 가사사건의 소의 제기, 심판청구 또는 조정의 신청이 있는 경우에 가정법원, 조정위원회 또는 조정담당판사는 사건을 해결하기 위하여 특히 필요하다고 인정하면 직권으로 또는 당사자의 신청에 의하여 상대방이나 그 밖의 관계인에게 현상을 변경하거나 물건을 처분하는 행위의 금지를 명할 수 있고, 사건에 관련된 재산의 보존을 위한 처분, 관계인의 감호와 양육을 위한 처분 등 적당하다고 인정되는 처분을 할 수 있다(제1항). 제1항의 처분을 할 때에는 제67조 제1항에 따른 제재를 고지하여야 한다(제2항). 급박한 경우에는 재판장이나 조정장은 단독으로 제1항의 처분을 할 수 있다(제3항). 제1항과 제3항의 처분에 대하여는 즉시항고를 할 수 있다(제4항). 제1항의 처분은 집행력을 갖지 아니한다(제5항).[119]

상기한 〈설문〉에 대한 판례에 따르면 "가사소송법 제62조의 사전처분의 방법에 의하여 임시로 종전의 협정을 변경하여 청구인의 양육을 적법하게 하고 피청구인에게 임시로 양육비를 분담시키는 처분을 하는 방법에 의하여 구제될 수 있는 것이다"(대법원 1992. 1. 21. 선고 91므689 판결).

---

119. 따라서 위반하더라도 가압류 가처분과 같은 조치는 할 수 없을 것임(그러나 아래의 과태료 처분은 가능).

〈설문〉 상기한 사전처분에 대한 위반을 이유로 한 과태료 재판에 대하여 이를 신청한 사전처분의 권리자가 즉시항고를 할 수 있는가? (비송사건절차법의 적용, 민사소송법 항고 규정의 준용)

가사소송법 제62조 제1항에서 가사사건의 소의 제기 등이 있는 경우에 가정법원 등은 직권으로 또는 당사자의 신청에 의하여 사전처분을 할 수 있도록 규정하고 있다. 그리고 같은 법 제67조 제1항에 따르면 당사자 또는 관계인이 정당한 이유 없이 사전처분을 위반한 경우에는 가정법원 등은 직권으로 또는 권리자의 신청에 의하여 결정으로 과태료를 부과할 수 있다. 이러한 과태료사건은 비송사건절차법 제247조 이하의 규정에 따라 규율될 것이다. 같은 법 제248조 제2항에 의하면 법원이 과태료재판을 행하기 전 당사자의 진술을 들어야 한다. 그리고 가사소송법 제69조에서는 이와 같은 과태료재판에는 비송사건절차법 제248조 및 제250조 중 검사에 관한 규정이 적용되지 않는다고 정하고 있다.

그리고 사전처분 자체에 대한 즉시항고는 가사소송법에 의해 명백히 허용된다. 그런데 사전처분 위반을 이유로 한 과태료 재판에 대하여도 신청자(사전처분 권리자)가 즉시항고를 할 수 있는지가 실무상 문제되었다. 상기한 〈설문〉에 대한 판례에 따르면 "관련 규정의 체계 및 문언 내용과 특히 가사소송법 제67조 제1항에서 사전처분의 권리자에게 과태료재판 신청권을 부여하고 있는 점, 사전처분 위반을 이유로 한 과태료재판에 적용되는 비송사건절차법 제248조 제3항은 즉시항고를 할 수 있는 자로 '당사자와 검사'를 규정하고 있는데 이러한 과태료재판에서는 검사가 제외된다는 점 및 즉시항고를 할 수 있는 자를 과태료를 부과 받을 자로 제한하거나 즉시항고의 대상을 과태료 부과결정으로 제한하지 않고 있다는 점 등을 종합하면, 사전처분의 권리자도 위 '당사자'에 포함된다고 해석하는 것이 타당하다. 따라서 사전처분 위반을 이유로 한 과태료재판의 신청인도 과태료재판에 대하여 즉시항고를 할 수 있다고 보아야 한다"(이 사건 항고가 특별항고에 해당한다고 보아

바로 대법원에 기록을 송부한 원심의 조치는 잘못이므로 관할법원인 가정법원으로 이송되어야 할 것이고 이 사건을 이송 받은 법원으로서는 비송사건절차법 제23조에 따라 이 사건 즉시항고에 민사소송법의 항고에 관한 규정이 준용되므로, 그 즉시항고기간은 민사소송법 제444조 제1항에서 정한 과태료재판이 고지된 날부터 1주 이내라는 점을 감안하여 심리하여야 할 것이라고 판시한 대법원 2022. 1. 4. 선고 2021정스502 결정).

〈설문〉 일반 민사사건에서 법원이 내리는 가집행 선고란 무엇이고, 가압류 및 가처분과의 차이는 무엇인가? 양육비 지급 청구의 가사비송사건에서도 가정법원은 양육비 금전 지급을 명하면서 "가집행도 선고"할 수 있는가? 이혼 시 재산분할의 경우도 마찬가지인가? (재산분할의 경우 가집행 선고는 불가)

(1) 일반 민사사건에서 가집행, 가압류, 가처분의 차이

일반 민사소송 사건에서 가집행이란 미확정의 종국판결에 관하여 집행력이 주어지는 형식적 재판을 말한다(확정판결에 의한 본집행과 대비되는 개념). 수소법원이 가집행선고를 할 수 있게 하는 목적은 강제집행의 지연을 위한 패소자의 고의적 상소를 막고(제3심 대법원 재판의 확정까지 진행된다면 경제력이 약한 원고는 타격을 받을 것임), 제1심에서 피고의 집중적 변론을 유도하는 것에 있다.[120] 가집행의 선고는 (본안판결과 함께 해서만 불복 가능한 상소심 절차에서) 그 선고 또는 본안판결을 바꾸는 판결의 선고로 바뀌는 한도에서 그 효력을 잃고, 이 경우

120. 민사소송법 **제213조(가집행의 선고)** ① 재산권의 청구에 관한 판결은 가집행(假執行)의 선고를 붙이지 아니할 상당한 이유가 없는 한 직권으로 담보를 제공하거나, 제공하지 아니하고 가집행을 할 수 있다는 것을 선고하여야 한다. 다만, 어음금·수표금 청구에 관한 판결에는 담보를 제공하게 하지 아니하고 가집행의 선고를 하여야 한다. ② 법원은 직권으로 또는 당사자의 신청에 따라 채권전액을 담보로 제공하고 가집행을 면제받을 수 있다는 것을 선고할 수 있다. ③ 제1항 및 제2항의 선고는 판결주문에 적어야 한다.

원고에게 가집행의 원상회복과 손해배상의 책임이 부과될 수 있다(민사소송법 제215조). 가집행의 요건은 먼저 재산상 청구할 수 있는 판결이 있을 것, 판결이 집행에 적합할 것 및 그것에 대하여 가집행선고의 필요가 있을 것 등이다(민소법 제213조). 따라서 이러한 요건을 충족한 때에는 원고가 판결 전에 신청한 경우 또는 법원의 직권에 의하여 선고하는 것이다.

이에 비하여 가압류·가처분은 강제집행의 보전 목적으로만 행하여지는 것이다. 가압류·가처분의 경우 본안소송 제기 이전에도 미리 그 청구가 가능하다. 이 점에서 본안소송의 제기와 재판 선고를 전제하면서—재판 확정 이전이라 하더라도—강제집행 자체를 실천할 수 있는 가집행과 구별되는 것이다. 먼저 가압류란[121] 금전채권이나 금전으로 환산할 수 있는 채권(매매대금, 대여금, 어음금, 수표금, 양수금, 공사대금, 임차료, 손해배상청구권 등)의 집행을 보전할 목적으로 미리 채무자의 재산을 동결시켜(부동산 가압류, 선박·항공기·자동차·건설기계에 대한 가압류, 채권 가압류, 유체동산 가압류, 전세권 등 그 밖의 재산권에 대한 가압류)[122] 채무자로부터 그 재산에 대한 처분권을 잠정적으로 빼앗는 집행보전제도를 말한다. 가압류를 신청하려는 자는 청구채권의 내용·신청취지·신청이유 등을 적은 가압류신청서 및 가압류 신청 진술서를 작성해 법원에 신청하여야 한다.

이에 비하여 가처분이란[123] 부동산 소유권이전 또는 말소등기청구권, 소유물

---

121. 민사집행법 제276조(가압류의 목적) ① 가압류는 금전채권이나 금전으로 환산할 수 있는 채권에 대하여 동산 또는 부동산에 대한 강제집행을 보전하기 위하여 할 수 있다. ② 제1항의 채권이 조건이 붙어 있는 것이거나 기한이 차지 아니한 것인 경우에도 가압류를 할 수 있다.

122. 그 밖의 재산권에는 채무자의 제3자에 대한 유체동산 인도청구권, 부동산인도청구권, 골프회원권, 스포츠회원권, 콘도회원권, 유체동산에 대한 공유지분권, 특허권, 실용신안권, 상표권, 디자인권, 저작권 등의 지식재산권(저작인격권은 제외), 합명·합자·유한회사의 사원권, 조합권의 지분권, 주식발행 전의 주식이나 신주인수권, 예탁유가증권, 전세권 등이 있다.

123. 민사집행법 제300조(가처분의 목적) ① 다툼의 대상에 관한 가처분은 현상이 바뀌면 당사자가 권리를 실행하지 못하거나 이를 실행하는 것이 매우 곤란할 염려가 있을 경우에 한다. ② 가처분은 다툼이 있는 권리관계에 대하여 임시의 지위를 정하기 위하여도 할 수 있다. 이 경우 가처분은 특히 계속하는 권리관계에 끼칠 현저한 손해를 피하거나 급박한 위험을 막기 위하여, 또는 그 밖의 필요한 이유가 있을 경우에 하여야 한다.

반환청구권, 매매목적물 인도청구권, 임차물 인도청구권 등과 같이 금전채권 외의 물건이나 권리를 대상으로 하는 청구권 등에 대해 장래의 집행을 보전하기 위한, 즉 비금전채권의 확보를 위한 보전처분이다(민사집행법 제300조에 따른 다툼의 대상에 관한 가처분과 임시의 지위를 정하기 위한 가처분으로 구분됨).[124] 가처분은 비금전채권을 확보하기 위한 보전처분이기 때문에 금전채권(제작대금)을 확보하기 위해 이미 제작된 영상물 자체의 방송금지 가처분을 신청할 수는 없을 것이다(제작대금 청구 목적이면 채무자의 재산에 대한 가압류를 신청하여야 할 것임).

(2) 가사비송사건에서의 가집행 선고 여부

가사소송법 제42조 제1항은 "재산상의 청구 또는 유아의 인도에 관한 심판으로서 즉시항고의 대상이 되는 심판에는 담보를 제공하게 하지 아니하고 가집행할 수 있음을 명하여야 한다"라고 규정하고, 가사소송규칙 제94조 제1항은 마류 가사비송사건의 심판에 대하여는 청구인과 상대방이 즉시항고를 할 수 있다고 규정하고 있다.

상기한 〈설문〉 중 양육비 청구사건에 대한 판례에 따르면 "민법 제837조에 따른 이혼 당사자 사이의 양육비 청구사건은 마류 가사비송사건으로서 즉시항고의 대상에 해당하고, 가집행선고의 대상이 된다"(가집행 선고를 위해서는 과거 양육비도 가사비송사건으로서 장래양육비와 함께 심판할 수 있어야 한다는 대법원 1994. 5. 13. 선고 92스21 전원합의체 결정).

그런데 양육비 청구사건과는 달리 상기한 〈설문〉 중 재산분할 청구사건에 대한 판례에 따르면 "민법 제839조의 2에 따른 재산분할 청구사건은 마류 가사비송

124. 실무상 많이 이용되는 가처분은 직무집행정지가처분, 이사직무집행정지 및 직무대행자선임가처분, 치료비임시지급가처분, 특허·실용신안·상표와 상호·의장·저작권 등 지식재산권침해금지가처분, 부정경쟁행위금지가처분, 보증보험금·신용장대금지급정지가처분, 국가 등이 실시하는 입찰절차속행금지가처분, 유체동산사용금지가처분 등이 있음.

사건으로서 즉시항고의 대상에 해당하기는 하지만, 재산분할은 부부가 혼인 중에 취득한 실질적인 공동재산을 청산 분배하는 것을 주된 목적으로 하고, 법원이 당사자 쌍방의 협력으로 이룩한 재산의 액수 기타 사정을 참작하여 분할의 액수와 방법을 정하는 것이므로, 재산분할로 금전의 지급을 명하는 경우에도 그 판결 또는 심판이 확정되기 전에는 금전지급의무의 이행기가 도래하지 아니할 뿐만 아니라 금전채권의 발생조차 확정되지 아니한 상태에 있다고 할 것이어서, 재산분할의 방법으로 금전의 지급을 명한 부분은 가집행선고의 대상이 될 수 없다고 봄이 상당하다. 그리고 이는 이혼이 먼저 성립한 후에 재산분할로 금전의 지급을 명하는 경우라고 하더라도 마찬가지이다(대법원 2014. 9. 4. 선고 2012므1656 판결)"

참고로, 상대방에게 이혼에 따른 재산분할이나 위자료를 받아야 할 경우에는 미리 상대방 명의의 재산에 대한 가압류 또는 가처분 신청을 하여서 이혼소송 중에 상대방이 임의로 재산을 처분하지 못하도록 할 수 있을 것이다(현금분할 목적인 경우는 가압류, 부동산 현물분할 목적인 경우는 가처분을 청구하여야 할 것임). 이를 위해 재산분할 청구사건에서는 상대방 배우자의 재산 내역을 정확히 파악하는 것이 무엇보다 중요할 것인데, 법원에 금융거래 정보 조회와 재산 명시 신청 등을 하면 상대방의 재산 내역을 확인할 수 있을 것이다. 가압류나 가처분은 이혼소송과 별도로 신청할 수 있다. 즉, 이혼소송을 제기하거나 조정신청을 한 이후에 그 사건을 관할하는 법원에 신청할 수 있지만, 조정신청이나 이혼소송을 하기 전에도 별도로 청구할 수 있는 것이다.

〈설문〉 유아의 인도를 상대방에게 명하는 제1심 가집행선고부 판결에 기하여 청구인이 이행명령을 신청한 경우 가정법원이 "미확정"의 가집행선고부 판결에 근거하여 실제로 이행명령을 내렸다면 그 재판은 적법한가? (판례에 의하면 적법함)

양육비와 유아인도에 대해 재판이 확정되지 않은 단계에서도 가집행이 허용되는 자체는 신속한 자녀 및 양육자 보호를 위해 적절한 것으로 판단된다. 문제는 가집행 선고에 근거한 이행명령(일반적으로 재판 확정 후 불이행 시 이용되는 것임)까지도—재판 확정 전의 상태에서—허용되어야 할 것인가에 있다.

상기한 〈설문〉에 대한 판례에 따르면 "판결이나 심판에서 정한 양육비지급이나 유아인도 등의 의무를 불이행하여 그에 대해 이행명령을 하는 경우에도 이행명령부터 감치에 이르기까지 여러 단계를 거쳐야 하고, 판결 등에 불복한 당사자 입장에서는 그 사정 등을 법원에 진술할 기회가 부여되어 있어 반드시 판결 등의 확정을 기다려 이행명령을 하여야 할 필요는 적은 반면, 위와 같이 여러 단계를 거쳐야 하는 절차의 특성상 원래의 판결 등이 확정되기를 기다려야 한다면 지나치게 장기간이 소요되어 실질적인 분쟁해결을 기대할 수 없게 될 우려가 있다. 한편 이행명령은 권리를 실현하기 위한 절차의 일부라는 점에서 민사집행법에 따른 강제집행과 다르지 아니하므로, 양육비지급이나 유아인도 등의 의무를 명하는 가집행선고부 판결이나 심판도 민사집행법이 정한 강제집행방법에 따라 가집행이 가능하다. 그러나 이행명령의 대상이 되는 가사채무 중 유아인도 의무나 면접교섭 허용의무는 의무자의 적극적인 행위 내지 협력이 필요하고 사건본인의 의사가 존중되어야 하므로 민사집행법이 정한 직접강제에 의하는 것이 적합하지 않은 경우가 많고, 양육비지급 의무는 다양한 방법으로 그 이행의 확보를 할 필요가 높은 등 민사집행법이 정한 강제집행방법에 따라 가집행을 하는 것만으로는 적절하거나 실효를 거두기 어려운 경우가 많고, 가사사건의 고유한 특성을 반영하는 강제집행방법이 민사집행법상의 강제집행과는 별도로 가사소송법에 규정되어 있다. 위와 같은 사정들을 모두 종합하여 보면, 확정되지 않았으나 집행력이 있는 가집행 선고부 판결이나 심판에서 정한 의무 등에 대하여도 이행명령을 할 수 있다"(확정되지 아니한 가집행선고부 판결에 의한 권리의 실현을 위해서는 이행명령을 할 수 없다는 이유로 이 사건 이행명령 신청을 기각한 원심결정에 대해 파기한 대법원 2020. 5. 28. 선고 2020으508 결정).

〈설문〉 양육비를 지급받지 못하는 경우 그 이행 강제 방법으로는 어떤 것들이 있는가? ("양육비 이행확보 및 지원에 관한 법률"의 제정, 양육비이행관리원에 의한 긴급지원제도 등)[125]

미성년 자녀를 직접 양육하는 부 또는 모가 미성년 자녀를 양육하지 아니하는 부 또는 모로부터 양육비를 원활히 받을 수 있도록 양육비 이행확보 등을 지원하여 미성년 자녀의 안전한 양육환경을 조성함을 목적으로 "양육비 이행확보 및 지원에 관한 법률"이 재정 시행되고 있다(동 법률 제1조). 이 법률에 따르면 양육비를 지급받지 못하는 경우에는 양육비 직접지급명령제도와 담보제공 및 일시금지급명령제도, 이행명령 및 강제집행 등의 방법으로 양육비 지급을 강제할 수 있다. 양육비 채권자는 합의 또는 법원의 판결에 의해 확정된 양육비를 양육비 채무자로부터 지급받지 못할 경우 양육비이행관리원(양육비 이행확보 및 지원에 관한 법률 제7조 제1항)에[126] 다음과 같은 양육비 이행확보에 필요한 법률지원을 신청할 수 있다(양육비 이행확보 및 지원에 관한 법률 제11조 제2항, 제18조 제1항) : 재산명시 또는 재산조회 신청, 양육비 직접지급명령 신청, 양육비 담보제공명령 신청, 양육비 이행명령 신청,

125. 양육비 이행확보 지원에 대한 자세한 내용은 양육비이행관리원 홈페이지(www.childsupport.or.kr) 참조

126. 종전 한국건강가정진흥원 내부 조직으로 두었던 양육비이행관리원은 2024년 3월 법률 개정(시행은 2024. 9. 27.)에 의해서 독립된 기관으로 바뀌어 그 역할과 책임이 강화되었음.

압류명령 신청, 추심 또는 전부명령 신청, 감치명령 신청 등.

그리고 양육 부모는 양육비이행관리원에 지급받을 금전, 그 밖에 채무자의 재산에 대한 〈추심지원을 신청〉할 수 있다(양육비 이행확보 및 지원에 관한 법률 제11조 제2항, 제19조 제1항). 양육비 청구 및 이행확보를 위한 법률지원 등을 신청한 양육비 채권자는 양육비 채무자가 양육비 채무를 이행하지 않아서 자녀의 복리가 위태롭게 되었거나 위태롭게 될 우려가 있는 경우에는 양육비이행관리원에 〈한시적 양육비 긴급지원(이하 "긴급지원"이라 함)을 신청〉할 수 있다(양육비 이행확보 및 지원에 관한 법률 제14조 제1항).

지원대상자가 다음의 어느 하나에 해당하는 경우 최대 9개월(추가 지원이 필요한 경우 3개월의 범위에서 연장 가능)까지 긴급지원을 받을 수 있다(양육비 이행확보 및 지원에 관한 법률 제14조 제2항 본문, 제3항 본문, 양육비 이행확보 및 지원에 관한 법률 시행령 제8조 제1항) : (i) 양육비 채권자가 속한 가구의 소득이 국민기초생활 보장법 제2조 제11호에 따른 기준 중위소득의 100분의 50 이하인 경우 (ii) 양육비 채권자가 한부모가족지원법 제5조 및 제5조의 2에 따른 지원대상자로서 여성가족부장관이 정하여 고시하는 기준에 해당하는 경우. 다만, 지원대상자가 국민기초생활 보장법 및 긴급복지지원법에 따라 동일한 내용의 보호를 받고 있는 경우에는 그 범위에서 양육비 이행확보 및 지원에 관한 법률에 따른 긴급지원을 받지 못하고, 양육비 채무자가 양육비를 지급하면 그 즉시 긴급지원이 종료된다(양육비 이행확보 및 지원에 관한 법률 제14조 제2항 단서, 제3항 단서).

〈설문〉 상기한 이행 강제 방법들 중에서 〈강제집행〉이란 무엇인가?

양육비 재판 선고 시에는 재판확정 전이라도 강제집행할 수 있는 가집행이 부가적으로 선고되는데, 이에 따라 청구권자는 강제집행을 진행할 수 있을 것이다. 그리고 재판이 확정된 이후에는 청구권자가 본집행에 해당하는 강제집행을 할 수 있을 것이다. 강제집행이란 상대방이 채무를 이행하지 않은 경우에 국가권력에 의해 강제적으로 그 의무의 이행을 실현하는 것을 말한다. 예를 들어 양육비지급의무를 이행해야 할 의무자가 양육비를 지급하지 않는 경우에 권리자가 그 의무자의 부동산을 강제경매해서 양육비로 충당하는 방법이 여기에 해당할 것이다. 가사소송법 제41조(심판의 집행력)에 따르면 금전의 지급, 물건의 인도(引渡), 등기, 그 밖에 의무의 이행을 명하는 심판은 집행권원(執行權原)이 된다. 상대방이 양육비를 지급하지 않는 경우에는 집행권원(예를 들어 판결, 조정조서, 화해조서 등)을 근거로 강제집행을 할 수 있다는 집행문을 부여받아 상대방 재산에 강제집행을 신청해서 경매처분을 통해 양육비를 받을 수 있다(민사집행법 제28조, 제39조, 제56조, 제90조).

그러나 이러한 강제집행을 실행하기 위해서는 시간과 비용이 상당하기 때문에 실무에서는 청구권자가 가사소송법 및 양육비 이행확보 및 지원에 관한 법률에서 규정하고 있는 아래의 다른 양육비 확보방법을 이용하고 있다.

〈설문〉 상기한 이행 강제 방법 중에서 〈양육비 직접 지급명령〉이란 무엇인가? (양육비 채무자의 "급여"에 대한 조치)[127]

가정법원은 양육비를 정기적으로 지급할 의무가 있는 사람(이하 "양육비 채무자"라 함)이 정당한 사유 없이 "2회 이상" 양육비를 지급하지 않은 경우에 정기금 양육비 채권에 관한 집행권원을 가진 채권자(이하 "양육비 채권자"라 함)의 신청에 따라 양육비 채무자에 대하여 정기적 급여채무를 부담하는 소득세원천징수의무자(이하 "소득세원천징수의무자"라 함)에게 양육비 채무자의 급여에서 정기적으로 양육비를 공제하여 양육비 채권자에게 (* 회사로부터) 직접 지급하도록 명할 수 있다(가사

127. 직장에서 급여를 받는 자가 아니면(프리랜스, 자영업자) 이 제도는 원용되지 못할 것임.

소송법 제63조의 2 제1항).[128]

양육비 직접지급명령신청은 신청서에 다음 사항들을 적고 집행력 있는 정본을 붙여서 한다(가사소송규칙 제120조의 4) : (i) 양육비 채권자 · 양육비 채무자 · 소득세 원천징수의무자와 그 대리인, 미성년자인 자녀의 표시, (ii) 집행권원의 표시, (iii) 2회 이상 양육비가 지급되지 않은 구체적인 내역과 직접지급을 구하고 있는 기한이 도래하지 않은 정기금 양육비 채권의 구체적인 내용, (iv) 집행권원에 표시된 양육비 채권의 일부에 관하여만 직접지급명령을 신청하거나 목적채권의 일부에 대하여만 직접지급명령을 신청하는 때에는 그 범위.

당사자 또는 관계인이 정당한 이유 없이 양육비 직접지급명령에 위반한 경우, 가정법원 · 조정위원회 또는 조정담당판사는 직권 또는 권리자의 신청에 의하여 결정으로 1천만 원 이하의 과태료에 처할 수 있다(가사소송법 제67조 제1항). 가정법원은 양육비 직접지급명령의 목적을 달성하지 못할 우려가 있다고 인정할 만한 사정이 있는 경우에는 양육비 채권자의 신청에 따라 양육비 직접지급명령을 취소할 수 있으며, 이 경우 양육비 직접지급명령은 장래에 향하여 그 효력을 잃는다(가사소송법 제63조의 2 제3항). 가정법원은 양육비 직접지급명령이나 그 취소명령을 양육비 채무자와 소득세원천징수의무자에게 송달하여야 한다(가사소송법 제63조의 2 제4항). 양육비 직접지급명령 또는 그 취소명령의 신청에 관한 재판에 대하여는 재판을 고지 받은 날부터 1주 이내에 그 재판을 한 가정법원에 항고장을 제출하여 즉시항고를 할 수 있다(가사소송법 제63조의 2 제5항, 가사소송규칙 제120조의 6). 소득세원천징수의무자는 양육비 채무자의 직장변경 등 주된 소득원의 변경사유가 발생한 경우에 그 사유가 발생한 날부터 1주 이내에 가정법원에 변경사실을 통지하여야 한다(가사소송법 제63조의 2 제6항).

128. 신청자 본인을 위한 효력은 강력하지만, 그에 반하여 직장에 알려지는 것이기 때문에 상대 배우자의 회사 내 입지에 상당한 타격을 줄 수 있는 제도임.

〈설문〉 양육비 이행 강제 방법들 중에서 〈이행명령〉이란 무엇인가?

비양육자가 월급을 받지 않는 프리랜스, 자영업자일 경우에는 전술한 양육비 직접 지급명령 제도를 원용할 수 없다. 이 경우에는 양육비 이행명령 제도를 이용하면 될 것이다. 이행명령이란 가정법원의 판결·심판·조정조서·조정에 갈음하는 결정 또는 양육비부담조서에 따라 금전의 지급 등 재산상의 의무, 유아의 인도(引渡)의무 또는 자녀와의 면접교섭허용의무를 이행해야 할 의무자가 정당한 이유 없이 (* 단 1회라도) 그 의무를 이행하지 않는 경우에는 당사자의 신청에 의해 가정법원이 일정한 기간 내에 그 의무를 이행할 것을 명하는 것을 말한다(가사소송법 제64조 제1항). 의무자가 양육비 지급 이행명령을 받고도 정당한 이유 없이 양육비를 지급하지 않으면 가정법원·조정위원회 또는 조정담당판사는 직권 또는 권리자의 신청에 의해 결정으로 1천만 원 이하의 〈과태료를 부과〉할 수 있고(가사소송법 제67조 제1항), 더 나아가 일정한 요건 하에서 〈감치〉까지 명할 수 있다.[129]

---

129. 가사소송법 **제68조(특별한 의무 불이행에 대한 제재)** ① 제63조의 3 제4항 또는 "**제64조의 명령(* 이행명령)을 받은 사람**"이 다음 각 호의 어느 하나에 해당하면 가정법원은 권리자의 신청에 의하여 결정으로 30일의 범위에서 그 의무를 이행할 때까지 의무자에 대한 감치를 명할 수 있다 : (1) 금전의 정기적 지급을 명령받은 사람이 정당한 이유 없이 3기(期) 이상 그 의무를 이행하지 아니한 경우 (2) 유아의 인도를 명령받은 사람이 제67조 제1항에 따른 제재를 받고도 30일 이내에 정당한 이유 없이 그 의무를 이행하지 아니한 경우 (3) 양육비의 일시금 지급명령을 받은 사람이 30일 이내에 정당한 사유 없이 그 의무를 이행하지 아니한 경우 ② 제1항의 결정에 대하여는 즉시항고를 할 수 있다.

〈설문〉 상기한 이행 강제 방법들 중에서 〈담보제공명령(위반 시 과태료) 및 일시금 지급명령(위반 시 감치)〉이란 무엇인가?

(1) 양육비 채무자에 대한 담보제공명령

가정법원은 양육비를 정기금으로 지급하게 하는 경우 그 이행을 확보하기 위하여 또는 양육비 채무자가 정당한 사유 없이 그 이행을 하지 않는 경우에 양육비 채무자에게 상당한 〈담보의 제공을 명〉할 수 있다(가사소송법 제63조의 3 제1항 및 제2항).

양육비 채무자가 정당한 사유 없이 그 이행을 하지 않아 담보제공을 요구하는 신청을 하는 경우, 양육비 채권자는 다음 사항들을 적고 신청인 또는 대리인이 기명날인 또는 서명한 신청서를 미성년자인 자녀의 보통 재판적이 있는 곳의 가정법원에 제출하여야 한다(가사소송규칙 제120조의 7, 제120조의 8) : (i) 신청인, 피신청인과 그 대리인, 미성년자인 자녀의 표시, (ii) 집행권원의 표시 및 내용, (iii) 채무자가 이행하지 않는 금전채무액 및 기간, (iv) 신청취지와 신청사유.

양육비 채무자는 위 담보제공명령에 대하여 재판을 고지 받은 날부터 1주 이내에 즉시항고를 할 수 있다(가사소송법 제63조의 3 제3항, 가사소송규칙 제120조의 9 제1항). 즉시항고에는 담보제공명령의 집행을 정지시키는 효력이 있다(가사소송규칙 제120조의 9 제2항). 양육비 채무자가 정당한 이유 없이 담보제공명령에 위반한 경우에는 가정법원·조정위원회 또는 조정담당판사는 직권 또는 권리자의 신청에 의하여 결정으로 1천만 원 이하의 과태료에 처할 수 있다(가사소송법 제67조 제1항).

(2) 양육비 채무자에 대한 일시금 지급명령

양육비 채무자가 담보를 제공하여야 할 기간 이내에 이를 제공하지 않는 경우에는 가정법원은 양육비 채권자의 신청에 의하여 양육비의 전부 또는 일부를 〈일시금으로 지급하도록 명〉할 수 있다(가사소송법 제63조의 3 제4항). 양육비의 일시금 지급을 요구하는 신청은 다음의 사항들을 적고 신청인 또는 대리인이 기명날인 또는 서명한 서면으로 한다(가사소송규칙 제120조의 7 및 제120조의 10) : (i) 신청인, 피신청인과 그 대리인, 미성년자인 표시, (ii) 집행권원의 표시 및 내용, (iii) 담보제공명령의 표시 및 내용, (iv) 신청취지와 신청사유.

양육비의 일시금 지급명령을 받은 자가 30일 이내에 정당한 사유 없이 그 의무를 이행하지 않은 경우 가정법원은 양육비 채권자의 신청에 의하여 결정으로 30일의 범위 내에서 그 의무이행이 있을 때까지 의무자를 〈감치〉에 처할 수 있다(가사소송법 제68조 제1항 제3호). 감치란 법원의 명령 등을 위반한 의무자에 대해 권리자가 감치에 처하는 재판을 신청해서 법원의 결정으로 의무자를 경찰서유치장, 교도소 또는 구치소 등 감치시설에 구인(拘引)하는 것을 말한다(가사소송법 제70조, 가사소송규칙 제130조, 제132조, 법정등의질서유지를위한재판에관한규칙 제23조 제1항). 의무자가 감치 중에 그 의무를 이행하면 감치가 종료되어 석방된다(가사소송규칙 제137조 제2항).

〈설문〉 양육비채무 불이행의 경우 양육비 채무자에게 출국금지도 내릴 수 있는가? (개정된 "양육비 이행확보 및 지원에 관한 법률"의 2024. 9. 27. 시행)

앞에서 이미 여러 가지의 양육비 이행강제를 위한 제도를 기술하였다. 그것 이외에도 "양육비 이행확보 및 지원에 관한 법률"은 추가적인 이행확보 제도를 갖추고 있다. 그중의 하나가 출국금지명령이다. 동 법률에 따르면 여성가족부장관은 양육비 채무 불이행으로 인하여 “가사소송법” 제64조 제1항 제1호에 따른 이행명령 결정을 받았음에도 불구하고 양육비 채무를 이행하지 아니하는 양육비 채무자 중 대통령령으로 정하는 다음 호의 사람에 대하여 위원회의 심의·의결을 거쳐 법무부장관에게 “출입국관리법” 제4조 제3항에 따라 출국금지를 요청할 수 있다(2024. 9. 27. 시행 양육비 이행확보 및 지원에 관한 법률 제21조의4 제1항, 2022. 8. 16. 시행 양육비 이행확보 및 지원에 관한 법률 시행령 제17조의 3 제1항) : (1) 양육비 채무가 3천만 원 이상인 사람 (2) 양육비 채무를 3기(期) 이상 이행하지 않은 사람

개정법 시행 전에는 이행명령 위반에 따른 감치명령의 결정을 받은 사람으로 제한되었기 때문에 출국금지명령의 실효성이 매우 적었지만 법률 개정으로 이 요건이 삭제되었다. 따라서 개정법 시행 후에는 이행명령 불이행만으로도 곧바로 출국금지명령이 내려질 수 있게 되었다. 그리고 출국금지 대상자의 범위를 정한 시행령도 개정되어 양육비 채무자 중 출국금지 대상자가 되는 양육비 채무액 기준을 종전 ‘5천만 원 이상’에서 ‘3천만 원 이상’으로 조정되었고, 출국금지 대상자의 범위에 양육비 채무를 ‘3기(期) 이상 이행하지 않은 사람’이 추가되어 시행령 개정 전 제도의 운영상 나타난 미비점이 개선·보완되었다.

여성가족부장관은 양육비 채무의 이행, 양육비 채무자의 재산에 대한 강제집행 등으로 출국금지 사유가 해소된 경우에는 즉시 법무부장관에게 출국금지의 해제를 요청하여야 한다(양육비 이행확보 및 지원에 관한 법률 제21조의 4 제3항).

〈설문〉 "양육비 이행확보 및 지원에 관한 법률"상의 추가적 이행확보 방법은? (정보공개제도. 운전면허정지, 형사처벌)

전술한 출국금지명령 이외에도 "양육비 이행확보 및 지원에 관한 법률"은 다음과 같은 추가적인 이행확보 제도를 갖추고 있다.[130]

(1) 정보공개

여성가족부장관은 양육비 채무 불이행으로 인하여 "가사소송법" 제64조 제1항 제1호에 따른 이행명령 결정을 받았음에도 불구하고 양육비 채무를 이행하지 아니하는 양육비 채무자 중 대통령령으로 정하는 사람에 대하여 양육비 채권자의 신청에 의하여 위원회의 심의·의결을 거쳐 다음 각 호의 정보를 공개할 수 있다.[131] 다만, 양육비 채무자의 사망 등 대통령령으로 정하는 사유가 있는 경우에는 그러하지 아니하다 : (1) 양육비 채무자의 성명, 나이 및 직업 (2) 양육비 채무자의 주소 또는 근무지("도로명주소법" 제2조 제5호의 도로명 및 같은 조 제7호의 건물번호까지로 한다) (3) 양육비 채무 불이행기간 및 양육비 채무액("양육비 이행확보 및 지원

130. 그리고 양육비를 국가가 먼저 지급하고 비양육자로부터 사후에 구상으로 받아내는 소위 "양육비 선지급제도"의 도입이 입법 검토되기도 한다.

131. 참고로, 사인이 온라인(인터넷 사이트 "Bad fathers")에 양육비를 지급하지 않은 나쁜 아빠 엄마의 신상을 공개하여 명예훼손죄의 성립이 인정된 사례가 있었음(피고인 갑은 양육비 채권자의 제보를 받아 양육비 미지급자의 신상정보를 공개하는 인터넷 사이트 'Bad Fathers'의 운영에 관계된 사람이고, 피고인 을은 위 사이트에 자신의 전 배우자 병을 제보한 사람인데, 피고인들은 각자 또는 공모하여 위 사이트에 병을 비롯한 피해자 5명의 이름, 얼굴 사진, 거주지, 직장명 등 신상정보를 공개하는 글이 게시되게 하고, 피고인 을은 자신의 인스타그램에 위 사이트 게시글의 링크 주소를 첨부하고 병에 대하여 '미친년'이라는 표현 등을 덧붙인 글을 게시함으로써 피해자들을 비방할 목적으로 사실을 적시하였다는 정보통신망 이용촉진 및 정보보호 등에 관한 법률 위반(명예훼손)의 공소사실로 기소된 사안에서, 제반 사정을 종합하면, 피고인들에게 피해자들을 '비방할 목적'이 인정된다는 이유로, 같은 취지에서 위 공소사실을 모두 유죄로 판단한 원심판결이 정당하다고 판시한 대법원 2024. 1. 4. 선고 2022도699 판결).

에 관한 법률” 제21조의 5 제1항 본문). 그리고 법 제21조의 5 제1항에 따른 명단 공개의 기간은 공개일부터 3년간으로 한다(양육비 이행확보 및 지원에 관한 법률 시행령 제17조의 4 제1항).

정보공개도 개정법 시행 전에는 이행명령 위반에 따른 감치명령의 결정을 받은 사람으로 제한되었기 때문에 그 실효성이 매우 적었지만 2024. 3. 26. 법률 개정으로 이 요건이 삭제되었다. 따라서 2024. 9. 27. 개정법 시행 후에는 이행명령 불이행만으로도 곧바로 정보공개가 가능하게 되었다. 다만, 다음의 경우에는 정보를 공개하지 않는 〈비공개 사유〉이다(양육비 이행확보 및 지원에 관한 법률 제21조의 5 제1항 단서, 양육비 이행확보 및 지원에 관한 법률 시행령 제17조의 4 제2항) : (i) 양육비 채무자가 사망하거나 민법 제27조에 따라 실종선고를 받은 경우 (ii) 양육비 채무자가 양육비 채무액 중 절반 이상을 이행하고 나머지 금액에 대하여 이행계획을 제출하여 위원회가 명단 공개 대상에서 제외할 필요가 있다고 인정하는 경우 (iii) 양육비 채무자가 “채무자 회생 및 파산에 관한 법률”에 따른 회생절차개시 결정을 받거나 파산선고를 받은 경우 (iv) 위원회가 인적사항 등을 공개할 실효성이 없다고 인정하는 경우

(2) 운전면허정지

양육비 이행확보 및 지원에 관한 법률 제21조의 3(운전면허 정지처분 요청)에 따르면 여성가족부장관은 양육비 채무 불이행으로 인하여 “가사소송법” 제64조 제1항 제1호에 따른 이행명령 결정을 받았음에도 불구하고 양육비 채무를 이행하지 아니하는 양육비 채무자 중 대통령령으로 정하는 사람에 대하여 위원회의 심의·의결을 거쳐 지방경찰청장(지방경찰청장으로부터 운전면허 정지처분에 관한 권한을 위임받은 자를 포함한다)에게 해당 양육비 채무자의 운전면허(양육비 채무자가 지방경찰청장으로부터 받은 모든 범위의 운전면허를 포함한다)의 효력을 정지시킬 것을 요청할 수 있다. 다만, 양육비 채무자가 해당 운전면허를 직접적인 생계유지 목적

으로 사용하고 있어 운전면허의 효력을 정지하게 되면 양육비 채무자의 생계유지가 곤란할 것으로 인정되는 경우에는 그러하지 아니하다(제1항). 제1항에 따른 여성가족부장관의 요청을 받은 지방경찰청장은 정당한 사유가 없으면 이에 협조하여야 한다(제2항). 여성가족부장관은 제1항 본문에 따라 운전면허 정지처분 요청을 한 후 해당 양육비 채무자가 양육비를 전부 이행한 때에는 지체 없이 운전면허 정지처분 요청을 철회하여야 한다(제3항). 제1항부터 제3항까지에서 규정한 사항 외에 운전면허 정지처분 요청 등에 필요한 사항은 대통령령으로 정한다(제4항).

운전면허정지도 개정법 시행 전에는 이행명령 위반에 따른 감치명령의 결정을 받은 사람으로 제한되었기 때문에 그 실효성이 매우 적었지만 2024. 3. 26. 법률 개정으로 이 요건이 삭제되었다. 따라서 2024. 9. 27. 개정법 시행 후에는 이행명령 불이행만으로도 곧바로 운전면허정지가 가능하게 되었다.

(3) 형사처벌

양육비 이행확보 및 지원에 관한 법률 제27조(벌칙)에 따르면 제17조 제5항을 위반하여 금융정보등을 사용·제공 또는 누설한 사람은 5년 이하의 징역 또는 5천만 원 이하의 벌금에 처한다(제1항). 다음 각 호의 어느 하나에 해당하는 사람은 1년 이하의 징역 또는 1천만 원 이하의 벌금에 처한다 : (1) 제25조를 위반하여 업무를 수행하면서 알게 된 비밀을 누설한 사람 (2) “가사소송법” 제68조 제1항 제1호 또는 제3호에 따른 감치명령 결정을 받았음에도 불구하고 정당한 사유 없이 감치명령 결정을 받은 날부터 1년 이내에 양육비 채무를 이행하지 아니한 사람. 다만, 피해자의 명시한 의사에 반하여 공소를 제기할 수 없다(제2항).

이 법률 조항에 따라 가사소송법 제68조 제1항 제1호 또는 제3호에 따른 감치명령 결정을 받았음에도 불구하고 정당한 사유 없이 감치명령 결정을 받은 날부터 1년 이내에 양육비 채무를 이행하지 아니한 사람은 1년 이하의 징역 또는 1천만 원 이하의 벌금에 처한다(다만, 피해자의 명시한 의사에 반하여 공소를 제기할 수 없다).

2024. 3. 26. 법률 개정 이후에도 형사처벌은 여전히 감치명령을 받은 것을 전제한다는 점에서 상기한 출국금지, 정보공개 및 운전면허정지와 차이가 있다.

양육비와 관련하여서는 이것 이외에도 형사문제가 발생할 수 있는데, 인터넷 사이트("Bad Fathers")를 통한 양육비 미지급자의 신상공개에 따른 인터넷 명예훼손죄의 성립 문제 등이 여기에 해당한다.

[§ 17] 이혼 시 자녀문제 (3) : 면접교섭권과 그 행사의 문제

이혼 시 미성년 자녀와 비양육 부모 사이의 면접교섭권의 문제에 대해서는 이미 제2장 실체법 편 [§ 6] 및 [§ 10]에서 민법 규정의 주석 차원에서 서술한 바가 있다. 다음으로는 절차법적 관점도 포함시켜 〈설문〉에서 그 핵심 내용을 다시 설명하기로 한다.

〈설문〉 면접교섭권은 누가 가지고 행사하는 것인가?

이혼 후 자녀를 직접 양육하지 않는 부모 일방과 자녀는 상호 면접교섭할 수 있는 권리를 가진다(민법 제837조의 2 제1항). 자녀와의 면접교섭은 비양육 부모의 권리이기도 하지만 동시에 자녀의 권리이기도 하다. 따라서 협의이혼 시 "면접교섭권을 포기하는 대신에 양육비를 지급하지 않음"의 면접교섭포기각서는 미성년 자녀의 면접교섭권을 침해하는 것으로서 효력을 가질 수 없다.[132] 그리고 비양육 부모도 자녀 양육비 지급, 자녀와의 약속이행 등 자신의 의무를 성실히 수행하여야 본인의 권리를 유지할 수 있는 것이다.[133]

면접교섭에는 직접적인 만남, 서신교환, 전화통화, 선물교환, 일정기간의 체재(예를 들어 주말 동안의 숙박) 등 다양한 방법이 활용될 수 있다. 이혼 후 자녀를 직접

132. 면접교섭과는 달리 양육비에 관한 합의는 원칙상 유효하겠지만, (소득이 없더라도) 완전한 양육비 없음의 합의는 인용되기 어렵고 법원의 개입이 이루어질 것이다.

133. 양육인 측이 면접교섭권 행사를 방해 내지 거부한다고 하여 양육비 지급을 중단한다면 비양육인이 제기한 면접교섭소송에서 불리하게 작용할 것임(오히려 본인이 양육비지급에 대한 이행명령을 받거나 과태료부과의 위험이 있을 것임).

양육하지 않는 부모의 직계존속은 그 부모 일방이 사망하였거나 질병, 외국거주, 그 밖에 불가피한 사정으로 자녀를 만나볼 수 없는 경우 가정법원에 자녀와의 면접교섭을 청구할 수 있다(민법 제837조의 2 제2항 전단). 이 경우, 가정법원은 자녀의 의사(意思), 면접교섭을 청구한 사람과 자녀와의 관계, 청구의 동기, 그 밖의 사정을 참작해서 면접교섭의 허용여부를 결정하게 된다(민법 제837조의 2 제2항 후단).

면접교섭권의 행사는 자녀의 복리를 우선적으로 고려해서 이루어져야 한다(민법 제912조). 따라서 자녀가 부모를 만나기 싫어하거나 부모가 친권상실사유에 해당하는 등 자녀의 복리를 위해 필요한 경우에는 당사자의 청구 또는 가정법원의 직권에 의해 면접교섭이 제한되거나 배제, 변경될 수 있다(민법 제837조의 2 제3항).

면접교섭의 행사방법과 범위에 대해서는 부부가 합의해서 정하고, 합의가 이루어지지 않으면 가정법원에 심판을 청구해서 정할 수 있다[민법 제837조 제2항 제3호, 제843조, 가사소송법 제2조 제1항 제2호 나목 3)].

〈설문〉 이혼한 부모가 재혼해서 자녀를 재혼상대 배우자의 친양자(親養子)로 입양한 경우 면접교섭권은 어떻게 되는가?

우리나라의 양자 제도는 원래 가(家)의 계승을 위한 것에서 시작되어 점차 자녀를 위한 제도로 발전해 오다가 2005. 3. 31. 민법 일부개정을 통하여 기존 민법상의 양자 제도('일반양자')는 그대로 존치시키면서 이와 별개로 이른바 완전양자 제도인 친양자 제도를 새로이 도입하였다(친양자 입양이 성립되면 양부모와의 친족관계만 인정되고 입양 전의 친생부모와 그 자녀와의 친족관계는 단절되는데, 이것이 일반양자와의 가장 큰 차이점임). 현행 민법은 친양자 입양을 위한 요건으로 ① 3년 이상 혼인 중인 부부로서 공동으로 입양하거나 1년 이상 혼인 중인 부부의 한쪽이 그 배우자의 친생자를 친양자로 하는 경우일 것, ② 친양자로 될 사람이 미성년자일 것, ③ 친양자로 될 사람의 친생부모가 친양자 입양에 동의하거나 또는 부모가 친권상실의 선고를 받거나 소재를 알 수 없거나 그 밖의 사유로 동의할 수 없는 경우일 것, ④ 친양자가 될 사람이 13세 이상인 경우에는 법정대리인의 동의를 받아 입양을 승낙할 것, ⑤ 친양자가 될 사람이 13세 미만인 경우 법정대리인이 그를 갈음하여 입양을 승낙할 것을 규정하고 있다(제908조의 2 제1항).

한편 민법은 2012. 2. 10. 일부개정을 통하여, 미성년자의 법정대리인 또는 친생부모가 친양자 입양에 대한 동의권을 남용하는 것을 방지하기 위하여 아래 사유 중의 어느 하나에 해당하는 경우 법정대리인 또는 친생부모의 동의 내지 승낙이 없이도 친양자 입양을 허가할 수 있는 예외 규정을 추가하였는데, ① 법정대리인이 정당한 이유 없이 동의 또는 승낙을 거부하는 경우(다만 법정대리인이 친권자인 경우에는 아래 ②, ③의 사유가 있어야 한다), ② 친생부모가 자신에게 책임이 있는 사유로 3년 이상 자녀에 대한 부양의무를 이행하지 아니하고 면접교섭을 하지 아니한 경우, ③ 친생부모가 자녀를 학대 또는 유기하거나 그 밖에 자녀의 복리를 현저히 해친 경우가 바로 그것이다(민법 제908조의 2 제2항).

상기한 〈설문〉과 관련하여 이혼한 부모가 재혼해서 자녀를 친양자(親養子)로 입양한 경우에는 친생(親生) 부모의 면접교섭권이 더 이상 인정되지 않는다. 친양자는 재혼한 부부의 혼인 중의 출생자로 보아(민법 제908조의 3 제1항), 입양 전의 친족관계가 종료되기 때문이다(민법 제908조의 3 제2항).[134]

---

134. [하급심 판례] 甲과 乙이 협의이혼을 하면서 丙에 대한 친권자 및 양육자로 甲을 지정하고 양육비의 지급이나 면접교섭권 등에 대하여는 별도로 정하지 않았는데, 그 후 甲이 丁과 혼인하여 丙을 함께 양육하고 丁이 丙에 대하여 친양자 입양을 청구한 사안에서, 甲과 乙은 협의이혼 당시 丙에 대한 양육자만 정하였을 뿐 따로 양육비의 지급 등에 관하여는 구체적인 협의가 없었고, 지금까지도 양육비의 지급에 관한 사항이 당사자의 협의나 가정법원의 심판에 의하여 구체적인 청구권으로 전환되지 않은 사실 등을 고려하면, 丁의 丙에 대한 친양자 입양은 민법 제908조의 2 제1항이 정하고 있는 친양자 입양의 요건을 충족하지 못하였거나, 그렇지 않더라도 같은 조 제3항의 '친양자가 될 사람의 양육상황, 친양자 입양의 동기, 양부모의 양육능력, 그 밖의 사정을 고려하여 친양자 입양이 적당하지 아니하다고 인정되는 경우'에 해당한다고 한 〈창원지법 2015. 7. 9. 선도 2014브67, 결정〉

〈설문〉 상대방이 정당한 이유 없이 면접교섭허용의무를 이행하지 않을 경우 그 이행 강제 방법은? (재판이혼과 협의이혼의 차이점)

면접교섭의 내용이 법원에 의해 강제력을 가지고 특정되는 소송이혼이나 조정이혼을 한 경우에는 불이행 시 법원에 "곧바로" 이행명령을 신청할 수 있다. 즉, 가사소송법 제64조에 따르면 상대방이 정당한 이유 없이 면접교섭허용의무를 이행하지 않으면 그 의무를 이행할 것(이행명령)을 가정법원에 신청할 수 있다(그 이후 양육자와 비양육자를 법원에 소환해 심리함).[135] 상대방이 가정법원의 이행명령을 받고도 면접교섭을 허용하지 않으면 가정법원 등은 직권 또는 권리자의 신청에 의한 결정으로 1천만 원 이하의 과태료를 상대방에게 부과시킬 수 있다("가사소송법" 제67조 제1항). 만약 다시 불이행하면 이행명령신청과 과태료부과신청을 반복할 수 있다. 그러나 위자료·유아인도청구 등의 사건과 달리 상대방을 감치(監置, 붙잡아 가둠)하는 방법으로 이행을 강제하도록 법원에 신청할 수는 없다("가사소송법" 제68조 제1항). 양육자를 감치에 처하면 양육의 공백이 발생하여 자녀의 복리를 해칠 우려가 있기 때문이다. 양육자가 계속 불이행하는 경우 마지막 수단으로는 "양육자변경심판청구소송"을 통해서 양육권과 친권을 자신에게로 가져오는 것이다.

(양육비와는 달리) 면접교섭에 관해서는 집행력을 가진 조서가 교부되지 않는[136] 협의이혼을 한 경우에는 법원에 "면접교섭(허가)심판청구소송"을 먼저 제기하고서 그 재판 집행력에 따라 상기한 절차를 밟으면 될 것이다.

---

135. 이러한 법에 따른 정식 절차를 밟지 않고 몰래 아이를 만나면 오히려 약취유인죄, 강제로 뺏으려 하였다면 아동학대죄 등의 형사처벌(또한 면접교섭권 박탈)의 가능성도 있음을 유의하여야 함.

136. 협의이혼 시 작성되는 "양육비" 부담조서에는 (협의이혼 합의서의 면접교섭에 관한 기재내용과는 달리) 집행력이 있음. 따라서 추후 면접교섭의 방해를 염려하는 당사자 측은 소송이혼 내지 조정이혼을 택하는 것이 안전할 것임.

〈설문〉 이혼 후 자녀 양육비를 지급하지 않는 등 아버지로서의 역할을 다하지 못했더라도 면접교섭권을 행사할 수 있는가?

[실제사례] A와 B(여)는 이혼하면서 어린 딸 C의 양육은 어머니인 B가 맡기로 하였다. A는 이혼 후 종종 어린이집을 찾아가 C를 만났으나 C가 어린이집을 옮기면서부터는 제대로 만나지 못했다. A는 B가 이사를 하고 어린이집을 알려주지 않는 등 일부러 딸을 볼 수 없게 한다고 생각했다. 반면 B는 재혼 가정에서 잘 자라는 아이를 A가 사전에 아무런 협의 없이 만나 아이에게 불안감을 준다고 생각해 불만을 가지고 있었다. 그 이후 B는 D와 재혼을 하고 C도 의붓아버지인 D를 '아빠'라고 부르며 생활하였다. 1년 후 D는 법원에 C를 친양자로 입양한다는 내용의 친양자입양심판 청구를 냈다. 그러자 A는 법원에 C의 친권자를 자신으로 변경해 달라는 친권자 및 양육자 변경 심판 청구를 내었고, 곧바로 B는 같은 법원에 C의 성과 본을 D의 것으로 바꿔달라는 변경허가심판청구를 하였다. 이 와중에 A는 법원에 C에 대한 면접교섭허가 신청을 내었는데 B는 심판절차에서 "A가 양육비도 주지 않는 등 아버지로서 의무를 다하지 않았고 아이에게 불안감을 준다"며 이에 반대하는 주장을 하였다.

상기한 〈설문〉 및 [실제사례]에 대해 2015년 제주지법 가사1단독은 "A가 양육비를 지급하지 않다가 올해 들어서야 B에게 40만 원만을 송금하는 등 아버지로서의 의무와 역할을 제대로 수행하지 못했고, C가 새아버지를 친부처럼 대하고 있다고 하더라도 B와 C 사이의 부모자식간의 유대감이 완전히 사라진 것은 아니어서 면접교섭을 제한하면서까지 친자 관계를 단절시키는 것은 C의 건전한 성장과 복리에 바람직하지 않다. A와 B가 이혼 이후 면접교섭과 관련해 갈등을 겪기는 했지만 이는 면접교섭 일정이나 방법이 특정되지 않았기 때문이므로 일정한 시간과 날짜에 면접교섭을 실시함으로써 갈등을 완화할 수 있다"는 취지로 판시하였다.

[§ 18] 이혼 후 자녀의 성(姓)과 본(本) 등에 대한 변경 문제

이혼 후 재혼한 배우자의 경우 자녀의 성과 본을 변경할 필요가 발생할 수 있을 것이다. 자녀의 성과 본의 변경에 관한 것은 민법상 이혼 조문에는 직접적으로 규정되어 있지 않지만(그 이전의 친족 편 제2장 중 민법 제781조에 규정되었음), 다음 〈설문〉을 통해 그 핵심 내용을 살펴보기로 한다.

〈설문〉 자녀의 성과 본을 변경할 수 있는가? 변경할 수 있다면 그 심판절차는 어떠한가? (라류 가사비송사건)

부모의 혼인 중의 출생자는 원칙적으로 아버지의 성과 본을 따른다(민법 제781조 제1항 본문). 그러나 민법 제781조 제6항 본문은 "자의 복리를 위하여 자의 성과 본을 변경할 필요가 있을 때에는 부, 모 또는 자의 청구에 의하여 법원의 허가를 받아 이를 변경할 수 있다"라고 규정하고, 이에 따른 성·본 변경허가 심판은 '라류 가사비송사건'에 속한다[가사소송법 제2조 제1항 제2호 (가)목 6)]. 가사비송사건은 가정법원이 후견적인 지위에서 재량에 의해 합목적적으로 법률관계를 형성하는 재판으로서, 직권탐지주의가 적용된다(가사소송규칙 제23조 제1항). 특히 라류 가사비송사건은 상대방이 없는 비대심적 구조로서 비송재판으로서의 성격이 더욱 두드러진다. 판례에 따르면 "민법 제781조 제6항의 문언과 성·본 변경허가제의 도입 취지, 가사소송법이 성·본 변경허가 재판을 라류 가사비송사건으로 규정한 점에 비추어 보면, 가정법원은 청구인의 주장에 구애되지 않고 직권으로 탐지한 자료에 따라 '성·본 변경이 청구된 자녀의 복리에 적합한지'를 최우선적으로 고려하여 후견적 입장에서 재량권의 범위에서 그 허가 여부를 판단하여야 한다"(대법원 2022. 3. 31. 선고 2021스3 결정).

자녀의 성과 본의 변경심판은 부(父), 모(母) 또는 자녀가 청구할 수 있다. 그러나 자녀가 미성년자이고 법정대리인이 청구할 수 없는 경우에는 친족(8촌 이내의 혈족, 4촌 이내의 인척 및 배우자) 또는 검사가 청구할 수 있다(민법 제777조, 제781조 제6항).

자녀의 성과 본의 변경심판은 사건본인의 주소지의 가정법원에 신청하면 된다(가사소송법 제44조 제1호 마목). 가정법원은 자녀의 성과 본의 변경청구가 있는 경우에 부, 모 및 자녀(13세 이상인 경우만 해당)의 의견을 들어서 변경허가 여부를 결정하는 데 반영할 수 있다. 그러나 자녀의 부모 중 자녀와 성과 본이 동일한 사람이 사망하거나 그 밖의 사유로 의견을 들을 수 없는 경우에는 자녀와 성과 본이 동일한 최근친(最近親) 직계존속의 의견을 들을 수 있다(가사소송규칙 제59조의 2 제2항).

가정법원으로부터 성과 본의 변경허가판결을 받은 경우에는 재판의 확정일부터 1개월 이내에 재판서의 등본 및 확정증명서를 첨부해서 등록기준지 또는 주소지 관할 시청·구청·읍사무소 또는 면사무소에 성과 본의 변경신고를 해야 한다(가족관계의 등록 등에 관한 법률 제100조).

〈설문〉 가사소송법 등에 직접적인 쟁송방법이 없는 경우에도 신분사항의 변경이 가능한가?

상기한 〈설문〉에 대한 판례(가족관계등록부상 출생연월일 정정)에 따르면[137] "가족관계의 등록 등에 관한 법률 제104조는 가족관계등록부의 기록이 법률상 허가

137. 이미 폐지된 구 호적법과 관련된 참조 판례로는 대법원 1995. 4. 13. 선고 95스5 결정(출생에 관한 호적정정 사례), 대법원 2006. 6. 22. 선고 2004스42 전원합의체 결정(성전환자에 대한 성별 호적정정 사례)

될 수 없는 것 또는 기재에 착오나 누락이 있다고 인정한 때에는 이해관계인은 사건 본인의 등록기준지를 관할하는 가정법원의 허가를 받아 등록부의 정정을 신청할 수 있도록 규정하고 있다. 법이 이러한 간이한 절차에 의해 가족관계등록부의 기록사항을 정정할 수 있도록 한 취지를 고려하면, 정정하려고 하는 가족관계등록부의 기록사항이 신분관계에 중대한 영향을 미치기 때문에 그 기록사항에 관련된 신분관계의 존부에 관하여 직접적인 쟁송방법이 가사소송법 등에 마련되어 있는 경우에는 법 제107조에 따라 그 사건의 확정판결 등에 의해서만 가족관계등록부의 기록사항을 정정할 수 있다. 그러나 이와 달리 가족관계등록부의 기록사항과 관련하여 가사소송법 등에 직접적인 쟁송방법이 없는 경우에는 법 제104조에 따라 정정할 수 있는데, 가사소송법 등이 사람이 태어난 일시 또는 사망한 일시를 확정하는 직접적인 쟁송방법을 별도로 정하고 있지 아니하므로 특별한 사정이 없는 한 가족관계등록부 기록사항 중 〈출생연월일·사망일시〉는 법 제104조에 의한 가족관계등록부 정정 대상으로 봄이 타당하다"(가족관계등록부 정정을 허가할 경우 민법 제844조에 따라 자로 추정되게 되어 친족법 또는 상속법상 중대한 영향을 미칠 수 있으므로 친생자관계부존재확인의 소 등의 절차를 거쳐 추정을 번복한 후 가족관계등록부 정정을 허가하여야 한다는 이유로 출생연월일 정정 신청을 배척한 원심결정에 법리오해의 위법이 있다고 판시한 대법원 2012. 4. 13. 선고 2011스160 결정).[138]

138. 갑의 법정대리인인 모(모) 을이 배우자 병과 2009. 9. 28. 이혼한 후 갑의 출생연월일을 2010. 7. 31.로 신고하였다가 뒤늦게 실제 갑의 출생연월일이 2007. 12. 18.이라며 가족관계등록부 정정을 구한 사안에서, 민법 제844조에 따라 갑이 병의 자(자)로 추정된다는 이유로 가족관계등록부 정정을 불허한 원심결정에 법리오해의 위법이 있다고 한 사례

〈설문〉 이혼 이후 부모가 자녀의 성과 본의 변경을 신청하였다면 법원은 이에 따라야 하는가?

[실제사례] A는 갑과 4년간 동거하다가 최근 재혼해 갑의 아이를 임신하였다. A는 전남편 사이에서 태어난 아이인 을이 곧 태어날 동생과 성이 달라 혼란을 겪을 것을 염려해 법원에 성·본 변경허가 신청을 내었다.

자녀의 성·본 변경허가 청구에 관하여 가사소송규칙은 가정법원이 부, 모 등의 의견을 청취할 수 있다고만 규정하고 있을 뿐(가사소송규칙 제59조의 2 제2항), 법령상 부, 모 등의 동의를 요건으로 하지 않는 점(민법 제781조 제6항 참조) 등에 비추어 보면, 성·본 변경을 청구하는 부, 모 중 일방이 단지 이를 희망한다는 사정은 주관적·개인적인 선호의 정도에 불과하며 이에 대하여 타방이 동의를 하였더라도 그 사정만으로는 성·본 변경허가의 요건을 충족하였다고 보기 어렵다.

상기한 〈설문〉에 대한 판례에 따르면 "특히 〈미성년 자녀를 둔 부부가 이혼한 후 부 또는 모가 자의 성·본 변경허가를 청구하는 경우〉, 성·본 변경허가 청구에 이르게 된 경위에 관하여 설령 청구인이 표면적으로는 자녀의 복리를 내세우더라도 비양육친이 미성년 자녀에 대해 당연히 지급하여야 할 양육비(민법 제837조, 제843조 참조)의 지급 여부나 그 액수 혹은 비양육친과 미성년 자녀가 상호간 지닌 면접교섭권(민법 제837조의 2 제1항 참조) 행사에 관련한 조건이 연계된 것은 아닌지, 양육비의 지급이나 면접교섭권의 행사를 둘러싼 갈등 상황에서 이를 해결하기 위해 마련된 법적 절차(가사소송법 제64조의 이행명령 및 그 위반 시 같은 법 제67조 제1항의 과태료, 같은 법 제68조 제1항의 감치 등)를 거치지 않고 상대방을 사실상 압박하기 위함이 주요한 동기는 아닌지, 자녀의 성과 본을 변경함으로써 비양육친과 미성년 자녀의 관계 자체를 차단하려는 의도가 엿보이는지, 이혼 당사자가 스스로 극복하여야 하는 이혼에 따른 심리적 갈등, 전 배우자에 대한 보복적 감정 기타 이혼의 후유증에서 벗어나기 위한 수단으로 여겨지는 등 미성년 자녀가 아닌 청구인의 관점이나 이해관계가 주로 반영된 측면은 없는지, 나아가 이혼 이후의 후속 분쟁에서의 유불리를 고려한 것은 아닌지 역시 살펴보아야 한다"(사건본인들이 5, 7세 남짓의 유아들로서 성과 본이 가지는 의미나 친가와 외가 등의 가족관계 속에서 형성되는 자신의 정체성에 대한 진지한 인식과 고민을 할 수 있기에는 아직 어린 나이인 점, 현 단계에서 사건본인들의 성과 본을 친모의 그것으로 변경할 이유를 찾기도 어려운 점, 청구인과 사건본인들 친부 사이의 면접교섭에 관한 갈등 상황에다가, 단순히 주관적·개인적인 선호의 수준을 넘어 사건본인들이 현재의 성과 본을 계속 사용함으로써 겪는 일상생활에서의 현실적 어려움을 뒷받침할 구체적인 자료도 제출되지 않은 점 등의 사정을 들어 이 사건 청구를 기각한 제1심 결정을 그대로 유지한 대법원 2022. 3. 31 선고 2021스3 결정).

상기한 [실제사례]에 대해 2020년 부산가정법원 가사1부는 "민법 제781조 6항에서 정한 '자의 복리를 위해 자의 성과 본을 변경할 필요가 있을 때'에 해당하는지 여부는 자녀의 나이와 성숙도 등을 감안해 자녀 또는 친권자·양육자의 의사를 고려해야 한다. 또한 자녀의 성·본 변경이 이뤄지지 않았을 때의 불이익 정도와 성·본 변경이 이뤄졌을 경우에 초래되는 친부와의 유대 관계 단절 및 정체성 혼란 등을 비교 형량 하여 자녀의 행복과 이익에 도움이 되는 쪽으로 결정하여야 한다. 사례에서 A와 갑의 혼인기간이 아직 10개월도 되지 않을 정도로 짧고, 을이 8살 나이로 이제 막 초등학교에 입학해 아직 학교생활이나 교우관계에 구체적 불이익이 발생했다고 보기 어렵다. 을이 성·본 변경을 희망한다 해도 나이를 봤을 때 성과 본의 변경이 갖는 의미가 무엇인지 구체적으로 알 수 있는 때라고 볼 수 없다. 재혼가정이 현재보다 더 안정되고 을과 갑이 가족으로서의 유대감 형성을 위한 시간을 더 가진 후에 성·본 변경을 고려하는 것이 바람직하다"는 취지로 판시하였다(불허가 결정을 내린 2020브15).

〈설문〉 협의이혼 이후 모가 재혼하여 새 아빠의 성으로 자녀의 성을 바꾸면 친 아빠와의 법적관계는 어떻게 되는가?

부모의 혼인 중의 출생자는 원칙적으로 친생부(親生父)의 성과 본을 따르지만, 자녀의 복리를 위해 필요한 경우에는 부(父), 모(母) 또는 자녀가 가정법원에 성과 본의 변경심판을 청구해서 법원의 허가를 받아 이를 변경할 수 있다[민법 제781조 제1항·제6항, 가사소송법 제2조 제1항 제2호 가목 6)]. 그런데 아이의 성(姓)만 바꾸면 친아빠와의 친자관계가 자동으로 소멸되는지가 문제 된다(예컨대 협의이혼 이후 모가 재혼하여 새 아빠의 성으로 바꿔 친아빠와의 친자관계가 저절로 소멸된다면 새 아빠는 협의이혼에 따른 자녀 관련 의무를 상당히 면할 수 있을 것임). 단순히 자녀의 성을 변경하는 것만으로는 친부모와의 친자관계가 변동되지 않으며, 자녀의 가족관계증명서에는 여전히 친아빠가 아버지로 표시된다. 그러므로 재혼할 경우 친아빠와의 친자관계를 종료시키고 자녀의 가족관계증명서에 재혼할 남편을 아버지로 표시하려면 자녀의 성을 새 아빠의 성으로 변경하는 것만으로는 부족하고 자녀를 재혼할 남편의 친양자(親養子)로 입양하여 새로운 친자관계를 발생시켜야 한다(민법 제908조의 3).

친양자 제도에 대해서는 이미 앞에서 이혼 후 비양육 부모의 자녀 면접교섭권 행사와 관련하여 살펴보았다. 다시 요약하면 다음과 같다. 친양자제도란 자녀의 복리를 위해 양자(養子)를 부부의 혼인 중의 출생자로 보아 법률상 완전한 친생자(親生子)로 인정하는 제도를 말한다(민법 제908조의 3 제1항). 친양자로 입양되면 입양 전의 친족관계(친아버지와의 관계 등)는 친양자 입양이 확정된 때 종료되고, 새롭게 양부모와 법률상 친생자관계를 형성하게 된다(민법 제908조의 3 제2항). 따라서 양부모와 친생자 사이에 친족관계 및 상속관계가 발생하며, 성과 본 역시 양부의 성과 본으로 변경할 수 있다. 친양자를 입양하려는 경우에는 다음의 요건을 모두 갖추어 가정법원에 친양자 입양청구를 하여야 한다[민법 제908조의 2 제1항, 가사소송법 제2조 제1항 제2호 가목 12)] ; (i) 3년 이상 혼인 중인 부부로서 공동으로 입양할 것. 다만, 1년 이상 혼인 중인 부부의 한쪽이 그 배우자의 친생자를 친양자로 하는 경우에는 그러하지 않다. (ii) 친양자가 될 자녀가 미성년자일 것, (iii) 친양자로 될 자녀의 친생부모가 친양자 입양에 동의할 것(다만, 부모가 친권 상실의 선고를 받거나 소재를 알 수 없거나, 그 밖의 사유로 동의할 수 없는 경우는 제외),[139] (iv) 친양자가 될 자녀가 13세 이상인 경우에는 법정대리인의 동의를 받아 입양을 승낙할 것, (v) 친양자가 될 자녀가 13세 미만인 경우에는 법정대리인이 그를 갈음하여 입양을 승낙할 것.

친양자 입양허가는 친양자가 될 자녀 주소지의 가정법원에 청구하면 된다(가사소송법 제44조 제1항 제4호). 가정법원은 친양자 입양에 관한 심판을 하기 전에 ① 친양자가 될 사람이 13세 이상인 경우에는 친양자가 될 사람, ② 양부모가 될 사람, ③ 친양자가 될 사람의 친생부모, ④ 친양자가 될 사람의 후견인, ⑤ 친양자로 될 사람에 대하여 친권을 행사하는 사람으로서 부모 이외의 사람, ⑥ 친양자로 될 사람의 부모의 후견인의 의견을 들어야 한다(가사소송규칙 제62조의 3 제1항). 그러나 친양자로 될 사람의 친생부모의 사망 그 밖의 사유로 의견을 들을 수 없는 경우에는 최근친 직계존속(동순위가 여러 명일 때에는 연장자)의 의견을 들어야 한다(가사소송규칙 제62조의 3 제2항). 이 외에도 가정법원은 친양자로 될 자녀의 복리를 위해 그 양육상황, 친양자 입양 동기, 양친의 양육능력 및 그 밖의 사정을 고려해서 친양자 입양허가 여부를 결정한다(민법 제908조의 2 제3항).

가정법원의 친양자 입양허가판결을 받은 경우에는 재판의 확정일부터 1개월 이내에 재판서의 등본 및 확정증명서를 첨부해서 등록기준지 또는 주소지 관할 시청·구청·읍사무소 또는 면사무소에 입양신고를 해야 한다(가족관계의 등록 등에 관한 법률 제58조, 제67조, 제68조).

---

139. 친양자 입양은 친양자가 될 자의 친부모의 입양동의를 얻어야 하지만, 이혼하여 부모 중 일방이 자녀를 양육하고 있던 중에 전남편이 사망하였고, 재혼하여 새남편이 친양자 입양을 하고자 하는 경우에는 모의 동의만 있으면 가능하다("민법" 제908조의 2 제1항 제3호).

〈설문〉 혼인 외 출생자가 사망한 부 사이의 친생자관계존재확인을 구하는 소를 제기하였다면 법원은 어떻게 조치하여야 하는가? (소 자체는 부적법하지만, 법원의 석명의무 이행)

혼인 외 출생자의 경우 모자관계는 인지를 요하지 아니하고 법률상의 친자관계가 인정될 수 있지만, 부자관계는 부의 인지에 의하여서만 발생하는 것이므로, 부가 사망한 경우에는 그 사망을 안 날로부터 2년 이내에 검사를 상대로 인지청구의 소를 제기하여야 하고, 친생자관계존재확인을 구하는 소는 허용될 수 없다(대법원 1997. 2. 14. 선고 96므738 판결). 그런데 가사소송법 제12조 본문에 따라 가사소송 절차에 적용되는 민사소송법 제136조 제4항은 "법원은 당사자가 명백히 간과한 것으로 인정되는 법률상 사항에 관하여 당사자에게 의견을 진술할 기회를 주어야 한다"라고 규정하고 있으므로 당사자가 부주의 또는 오해로 인하여 명백히 간과한 법률상의 사항이 있거나 당사자의 주장이 법률상의 관점에서 보아 모순이나 불명료한 점이 있는 경우 법원은 적극적으로 석명권을 행사하여 당사자에게 의견진술의 기회를 주어야 하고 만일 이를 게을리 한 경우에는 석명 또는 지적의무를 다하지 아니한 것으로서 위법하다(대법원 2010. 2. 11. 선고 2009다83599 판결).

상기한 〈설문〉에 대한 판례에 따르면 "혼인 외 출생자 등이 법률상 부자관계의 성립을 목적으로 친생자관계존재확인의 소를 제기한 경우에 법원은 친생자관계존재확인의 소의 보충성을 이유로 그대로 소를 각하할 것이 아니라 원고의 진정한 의사를 확인하여 그에 알맞은 청구취지와 청구원인으로 정리하도록 석명하여야 한다"(대법원 2021. 12. 30. 선고 2017므14817 판결).

〈설문〉 재혼하면서 아내의 친딸을 친양자로 입양했던 남성이 이혼 후 친양자파양청구소송을 제기하였다면 어떻게 귀결될 것인가?

[실제사례] A는 B의 친모 C와 재혼한 뒤 C의 딸인 B를 친양자로 입양하였다. 그런데 A와 C의 부부관계가 나빠져 혼인 생활이 파탄이 나자 C는 A를 상대로 이혼소송을 제기하여 재판상 이혼이 확정되었다. 그러자 A는 B와의 정서적 유대감이 충분하지 않아 친양자 관계를 그대로 유지하는 것은 B의 복리를 저해한다는 이유를 제시하여 친양자 파양청구소송을 제기하였다.

민법 개정으로 2008년부터 시행된 친양자 제도는 양자가 부부의 혼인 중 출생자로 간주되는 입양으로, 친양자는 양친의 친생자인 것처럼 성과 본을 따르고 가족관계등록부에도 양자가 아닌 친생자로 기재된다. 그리고 민법 제908조의 5 제1항 제1호는 양친이 친양자를 학대 또는 유기하거나 그 밖에 친양자의 복리를 현저히 해하는 때 가정법원에 친양자의 파양을 청구할 수 있도록 규정하고 있다. 그리고 가사소송법 제2조 제1항 제2호는 친양자 파양 사건을 "나류 가사소송사건 14)"로 설정하고 있다.

상기한 〈설문〉 및 [설문사례]에 대해 2015년 서울가정법원 가사6단독은 "친양자의 파양 사유를 규정한 민법 제908조의 5 제1항 제1호의 '그 밖에 친양자의 복리를 현저히 해하는 때'는 양친이 친양자를 학대하는 정도에 준하는 정도로 친양자의 복리를 현저히 해하는 경우를 의미한다. 친양자 제도는 친족관계에 중대한 변동을 가져오므로 일반 양자에 비해 인정 요건부터 파양 요건까지 엄격하게 규정돼 있으므로 제도 취지상 요건들을 제한적으로 엄격히 해석해야 한다. 친부가 파양을 주장하지만 양자가 파양에 반대하는 경우 이 조항을 제한적으로 해석해야 할 필요성이 크다. A가 B의 친모 C와 혼인관계가 파탄돼 이혼에 이르게 됐고, B의 친권자·양육자로 C가 지정될 것이 명백하며 A와 B의 정서적 유대감이 불충분하다는 이유만으로 재판상 파양 사유에 해당한다 할 수 없다"는 취지로 판시하였다.

판례 색인

대법원 1994. 5. 13. 선고 92스21 전원합의체 결정 123, 447, 450, 451, 463
대법원 1995. 5. 23. 선고 94다28444 전원합의체 판결 291
대법원 2006. 6. 22. 선고 2004스42 전원합의체 결정 50
대법원 2011. 9. 2. 선고 2009스117 전원합의체 결정 46, 50
대법원 2013. 6. 20. 선고 2010므4071, 4088 전원합의체 판결 162, 229, 371, 372, 374, 382, 384
대법원 2013. 6. 20. 선고 2010므4071(본소), 2010므4088(반소) 전원합의체 판결 361
대법원 2014. 7. 16. 선고 2012므2888 전원합의체 판결 400
대법원 2014. 7. 16. 선고 2013므2250 전원합의체 판결 160
대법원 2022. 11. 24. 선고 2020스616 전원합의체 결정 50
대법원 2023. 3. 23. 선고 2020그42 전원합의체 결정 61
대법원 2023. 7. 17. 선고 2018스34 전원합의체 결정 289
대법원 2024. 5. 23. 선고 2020므15896 전원합의체 판결 37
헌재결 1997. 7. 16. 선고 95헌가6 30
헌재결 1997. 10. 30. 선고 96헌바14 173
헌재결 2011. 11. 24. 선고 2009헌바146 47
헌재결 2013. 12. 26. 선고 2012헌바467 68
헌재결 2014. 8. 28. 선고 2013헌바119 결정 83
헌재결 2022. 10. 27. 선고 2018헌바1151 29
헌재결 2023. 3. 23. 선고 2021헌마975 87
헌재결 2024. 3. 28. 선고 2020헌바494 83, 93
헌재결 2024. 4. 25. 선고 2020헌가4 68
헌재결 2024. 5. 30. 2019헌가29 392
헌재결 2024. 6. 27. 선고 2021헌마1588 62

사항 색인

ㄱ

가사비송사건　265, 357, 438
가사비송사건에서의 가집행　275, 463
가사사건과 민사사건의 병합　351, 360
가사소송법　262, 282
가사조사절차　260
가압류　321, 461
가장(위장)결혼　38
가장이혼　99, 135, 259, 325
가족관계등록부상 출생연월일 정정　484
가족관계의 등록 등에 관한 법률　85, 243
가집행　275, 415, 461
가처분　323, 462
감치　354
강제집행면탈죄　401
강제집행절차　467
개인회생과 개인파산　405
결혼이민비자　330
겁사돈　30
공동상속인　61
공동양육　435
공동친권　89, 420
공무원연금법　395
공시송달　287, 297
공유재산　58
공적연금　390
과거 양육비　94, 123
관련사건(가사소송과 가사비송 사건)　336
국가유공자 보상금　398
국민연금법　392
국제결혼　39, 40, 427
국제사법　250, 297
국제재판 관할권(준거법)　300
국제적 소송이혼　297
국제적 협의이혼　246
군인연금법　392
귀속상 일신전속권　220
근친혼 등의 금지　29
금반언의 원칙　337
금융거래내역조회신청　410
기여분　66

ㄷ

단기소멸시효　125
단독양육　115
담보제공명령(양육비)　471
당사자표시변경신청　215
대습상속　63
동거(同居)의무　51
동성동본 혼인(동성 동반자)　45

ㅁ

면접교섭권 130, 223, 478
명예퇴직금의 분할 398
명의신탁 재산의 분할 문제 163, 380, 386
문서제출명령 285
민사집행법 462

ㅂ

반심판청구, 반소장 298, 375
방계혈족 25
Bad Fathers 474
배우자 공제제도(상속세) 76
배우자의 부정행위(불륜) 169, 188
배우자의 상속권 60
배우자의 생사불명 199
배우자 일방의 사망과 재산분할 150
법률혼의 효과 51
법률혼주의 21
별거 중에 취득한 재산 157
별정우체국법 392
보험금과 재산분할 157
보험금 반환 청구권의 압류 419
부당한 대우(재판상 이혼사유) 195
부대항소 339
부부간 부양의무 52
부부공동입양제 89
부부별산제 57, 160, 225, 405
부부 상담절차 260
부부의 공동채무 388
부부의 정조의무 54
부부의 협조의무 54
부부재산약정 59
부양료 사전처분 410
부인권 행사 406
부정으로 인한 이혼청구권의 소멸 211
부진정 연대채무 349
분할연금청구의 요건 393
비송사건의 특징 266
비송사건절차법 267
비자(VISA)연장 331

ㅅ

사기·강박에 의한 혼인 39
사립학교교직원연금법 395
사실상 이혼상태 102, 105, 252, 432
사실상혼인관계존재확인청구 85, 254
사실조회신청 410
사실혼과 당사자 일방의 사망 81, 93, 151, 316
사실혼과 일방적 해소 84, 317
사실혼 배우자의 상속권 및 재산분할청구권 여부 151, 316
사실혼의 보호 41, 77, 92, 252, 314
사실혼 해소와 재산분할 43, 92, 147, 224, 316
사전처분 320, 409
사해행위 취소권 170, 175, 232
상간자 소송 188, 272
상계적상 127, 145
상소이익 295
상속분 65
상속세 73
상속세 및 증여세법 76
상속순위 62
상속인 60
상속포기 74

상속회복청구권 62
성(姓)과 본(本) 483
성년의제 56
성년후견 23, 103
성전환, 성별정정 48, 90
소극재산의 분할 381
소멸시효의 기산점 124, 214
소송승계(소송수계) 214, 217, 220, 291
소송이혼 285
소송촉진등에관한특례법 364
쌍방책임(위자료) 219, 341

ㅇ

악의의 유기(재판상 이혼사유) 191
약혼해제와 손해배상청구권 218, 231
양도소득세 173
양육권과 사전처분 118, 434
양육비부담조서 108, 117, 123, 127, 439, 441
양육비 사전청구 409, 459
양육비산정기준표 438, 456
양육비와 운전면허정지 475
양육비와 이행명령 453
양육비와 재산목록제출 447
양육비와 재산조회 447
양육비와 재혼 444
양육비와 정보공개 474
양육비와 출국금지 472
양육비와 형사처벌 476
양육비의 감액 청구 121, 444
양육비의 상계 127
양육비의 청구취지 449
양육비의 특정 452
양육비이행관리원 440, 466
양육비 이행확보 및 지원에 관한 법률 466, 472
양육비 증액의 청구 121
양육비 직접지급명령 468
양육비청구권 소멸시효 122, 441
양육비 청구 사건(가사비송사건) 445
양육비 합의 438, 442
양육비 확보방안 459
양육에 관한 사항 429, 449
양육 자녀의 성년 도달 450
양육자 임시지정(사전처분) 435
양육자 임시지정의 가처분 437
양육자 지정, 변경 40, 424, 429
양친자관계존재확인의 소 270
SK 회장 이혼사건 155, 169, 342, 383
연금분할 선 청구 제도 394
연금분할청구 제도 158, 390
외국 법원의 이혼판결 305
외국인 양육권의 문제 426
위자료에 대한 세금문제 355
위자료와 가집행 275, 354
위자료와 재산분할의 관계 312
위자료와 즉시항고 460
위자료와 지연이자 275, 354
위자료의 확보방법 352
위자료 지급각서의 효력 348
위자료청구권의 소멸시효 146, 339
위자료청구권의 양도 상속 343
위자료 청구소송의 관할법원 335
유류분 제도 67
유산세, 유산 취득세 75, 76
유아인도 사전처분, 명령 431
유언증서 67
유책 배우자의 이혼청구 149, 184, 261, 294
유책주의와 파탄주의 182, 304

의사능력 103
이행명령 353, 465, 470
이혼 당사자의 준비사항(대응방안) 277
이혼소송의 토지 관할법원 264
이혼숙려기간 108, 241
이혼 시 자녀문제 89, 313, 418, 424, 478
이혼 시 재산문제 91, 310, 335, 357
이혼 실체법(민법) 15
이혼 외국인의 체류연장 문제 330
이혼 위자료와 소멸시효 339
이혼위자료와 쌍방책임 219, 341
이혼 위자료청구권의 양도 · 상속 344
이혼의 무효 101, 136, 255, 306
이혼의 실태 3
이혼의 준거법 250
이혼의 취소 257, 306
이혼의 효과 87
이혼 절차법(가사소송법) 239
이혼통계 3
인구절벽 문제 12
인척의 범위 26
일상가사대리권 55
일시금지급명령 466
일신전속적 권리 215, 220, 292, 344
임대차보증금반환채무와 재산분할 157
임의청산 75,
입양의 효력 88

ㅈ

자녀 또는 제3자 명의의 재산에 대한 분할 385
자녀의 성과 본의 변경 483
자녀(유아)인도청구 430, 465
장래수입과 재산분할 158
재산명시제도 410
재산분할과 가액산정 167
재산분할과 가집행 275
재산분할과 기여도 산정 166
재산분할과 지연이자 275
재산분할비율 166
재산분할 시 가액평가 167, 372
재산분할에 관한 협의 141, 376
재산분할에 따른 세금문제 170, 327, 416
재산분할의 대상 153, 225, 372, 377
재산분할의 방법 164, 227, 369
재산분할청구권 보전을 위한 사해행위취소권 177
재산분할청구권의 기능 370
재산분할청구권의 법적 성질 144
재산분할청구권의 사전포기 140
재산분할청구권의 상계, 양도, 가집행 145, 362, 415
재산분할청구권의 소멸시효 · 제척기간 146, 232, 365
재산분할청구 사건의 심판구조 357
재산조회제도 414
재소금지의 원칙 275
재판누락 425
재판상 이혼 182
재판상 이혼사유 187
재판상 이혼청구권의 소멸시효 211, 365
제3자 명의의 재산 385
조정이혼의 장점 284
조정전치주의 281
중혼적 사실혼 43, 79, 149, 290
중혼, 중혼의 금지 32, 101
증여세 173
증여재산의 가액산정 69

지연이자(지연손해금) 275, 364
직권탐지주의 357, 438

ㅊ

채권자 대위권 179, 401
채권자 취소권 170, 175, 401
채무와 재산분할 160
채무자 회생 및 파산에 관한 법률 405
처제와의 결혼 30
첩 계약 188
출산율 12
출생신고 85, 88
출입국관리법 331, 473
취득세 특례세율 327
친권 418
친권자 내지 양육권자의 변경 429
친권자와 양육자 423
친권자 지정 111, 420
친생자관계존재확인을 구하는 소 271, 490
친양자 제도 25, 479
친양자파양청구소송 491
친족의 범위 25

ㅌ

퇴직금과 재산분할 158, 398
퇴직연금과 재산분할 159, 390
특별대리인의 선임 273
특별수익자의 상속분 66
특별연고자(상속) 78
특유재산 57, 153, 377

ㅍ

파탄주의 182, 304
표준양육비 455
피성년 후견인 103

ㅎ

한부모가족지원법 467
한정승인(상속) 73, 75
핸드폰 통화기록내역 289
행사상 일신전속권 220
행위능력 103
헤이그 국제아동탈취협약 이행에 관한 법률 432
현금분할, 현물분할 166, 370, 464
혈족 25
협의이혼(실체면과 절차면) 98, 240
협의이혼과 재산분할 168
협의이혼의사의 철회 100, 243
협의이혼의 성립요건 98
협의이혼의 절차 100, 105, 107, 240
협의이혼의 취소 135, 257
협의이혼 합의서(예시) 242
협의이혼 확인신청의 관할법원 105, 245
혼인건수 11
혼인신고 24, 38
혼인 외의 출생자 78, 85, 95
혼인을 계속하기 어려운 중대한 사유(재판상 이혼 사유) 200
혼인의 무효, 혼인무효 확인의 소 34, 36
혼인의 성립요소 21
혼인의 취소 35, 102, 147
혼인의 해소 27

혼인적령 23
혼인취소와 재산분할 14
황혼이혼 12, 384

지은이 소개

손동권

고려대학교 법과대학 및 동 대학원 석사과정 졸업

독일 Bonn대학교 박사과정 졸업(Dr. jur.)

UC Berkeley Law School 방문학자

경찰대학 법학과 교수

건국대학교 법과대학 및 법학전문대학원 교수

법무부 정책위원

변호사시험 등 각종 국가고시 출제위원

건국대학교 로스쿨 원장 겸 법대 학장

법학전문대학원협의회 감사

성균관대학교 로스쿨 초빙교수

[현재]

건국대학교 법학전문대학원(로스쿨) 명예교수

이명기

전남대학교 법과대학 법학과 졸업

전남대학교 법학전문대학원 졸업(제6회 변호사 시험 합격)

한전KPS 인사위원회, 징계위원회 위원

한국수력원자력(주) EAP 근로자지원프로그램 평가위원

법무법인 21세기 종합법률사무소

법률사무소 강천 대표변호사

[현재]

대한변협등록 건설/부동산 전문변호사

법무법인 카논 대표변호사

대법원 및 광주지방법원 국선변호인

법무부 마을변호사

대한전문건설협회 전라남도회 고문변호사

전라남도 공유재산심의회 위원

전남지방노동위원회 권리구제 대리인

불공정거래 신고센터 법률전문위원

손민정

성균관대학교 자연과학대학 화학과 졸업

전남대학교 법학전문대학원 졸업(제6회 변호사 시험 합격)

성균관대학교 법학전문대학원 박사과정 수료

(주) 삼성전자

법무법인 에스앤파트너스

전남대학교 기술지주회사(주) 법률자문 변호사

전라남도 지역건설산업활성화 위원회 위원

광주북구청 지방세심의위원회 위원

[현재]

이혼/형사법 전문변호사(대한변호사협회 등록)

법무법인 카논 파트너변호사

대법원 및 광주지방법원 국선변호인

광주지방검찰청 국민소통 옴부즈만

법무부 마을변호사

전남지방노동위원회 권리구제 대리인

광주시교육청 공유재산심의위원회 위원

이혼법과 실무사례

초판 1쇄 인쇄 2024년 8월 1일
초판 1쇄 발행 2024년 8월 9일

지은이 손동권 · 이명기 · 손민정

펴낸이 박기남
기획 · 영업 박정헌
펴낸곳 **율곡출판사**
08590 서울시 금천구 가산디지털1로 84(에이스하이엔드 8차), 803호
전화 (代) 02) 718-9872/3
팩스 02) 718-9874
홈페이지 http://www.yulgokbooks.co.kr
이메일 yulgokbook@naver.com
등록 1989.11.10. 제2014-000031호
ISBN 979-11-91812-73-2 93360

정가 25,000원